# 电视节目 → 制作

全彩插图第 10 版
by **Herbert Zettl**

## 完全手册

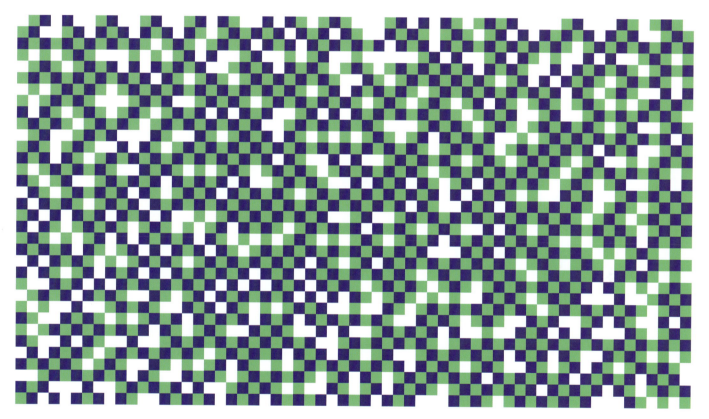

# Television Production
## *Handbook*

[奥] 赫伯特·策特尔 著　司达 陈金金 译

四川文艺出版社

献给埃丽卡

# 简 目

作者简介　11

前　言　12

致　谢　14

## 第一部分　制作流程和制作系统　1

### 第1章　电视制作流程　2

1.1 电视制作概述　4

三个制作阶段、制作模式、制作人员

1.2 制作技术系统　12

电视制作基本系统、电视制作扩展系统、现场制作系统、主要设备

## 第二部分　前期筹备　21

### 第2章　制片人在前期筹备中的工作　22

2.1 制片人要做哪些工作　24

前期筹备计划（从创意到脚本）、前期筹备计划（协调）、媒介伦理

2.2 信息资源、工会和收视率　36

信息资源、工会和法律事务、观众和收视率

### 第3章　脚　本　40

3.1 基本脚本格式　42

单栏剧情片脚本、声画分栏脚本、新闻脚本、节目大纲、详情单

3.2 戏剧性结构、矛盾冲突和剧作法　49

基础戏剧性故事结构、矛盾冲突和经典剧作法、非戏剧性故事结构

## 第三部分　拍摄阶段　53

### 第4章　模拟电视与数字电视　54

4.1 模拟信号与数字信号　56

数字化的含义、数字电视的优势、画幅比、数字扫描标准

4.2 电视扫描系统　63

图像生成的基本原理、视频显示的基本颜色、隔行扫描与逐行扫描、数字扫描系统、平板显示器

### 第5章　电视摄像机　68

5.1 电视摄像机工作原理　70

摄像机部件、从光源到视频信号、摄像机系统、摄像机种类、电子特性、操作特性

5.2 分辨率、对比度和色彩　85

图像分辨率、图像对比度、色彩基础、亮度信道与色度信道

### 第6章　镜　头　90

6.1 镜头是什么　92

变焦镜头的种类、镜头的光学特性、操作控制装置

6.2 镜头看到的世界　104

镜头是如何看世界的、影像稳定、景深和选择性聚焦

### 第7章　摄像机操作与画面构图　110

7.1 摄像机的操作　112

常规摄像机运动、摄像机支架、操作摄录一体机和EFP摄像机、操作演播室摄像机

7.2 有效镜头的构建　124

屏幕尺寸与景别、构图（标准电视和高清电视画幅比）、画面深度、屏幕运动

### 第8章　音频：拾音　134

8.1 话筒如何拾取声音　136

基于电子特性的话筒分类、基于操作特性的话筒分类

8.2 话筒的工作原理　152

声音生成元件、其他技术特性、音乐采集中的话筒布局、ENG/EFP制作中的话筒应用

### 第9章　音频：声音控制　160

9.1 声音控制和录制　162

演播室音频制作设备、演播室音频控制、现场音频制作设备和基本操作、现场音频控制

9.2 立体声、环绕声和声音美学　175

立体声和环绕声、声音美学的基本元素

**第10章 照 明** 178

　10.1 照明设备与照明控制装置 180
　演播室照明设备、现场照明设备、照明控制装置

　10.2 光线强度、灯具和彩色透明介质 196
　光线强度、光线强度的计算、操作亮度级（基础光）、
　灯泡类型、彩色透明介质

**第11章 电视照明技术** 202

　11.1 演播室照明 204
　安全性、光的性质、光的功能、具体照明技巧、对
　比、平衡光线强度、灯光设计图、演播室灯光操作

　11.2 现场照明 222
　安全问题、现场照明、场地评估

**第12章 视频录制和存储系统** 232

　12.1 磁带式和无磁带视频录制 234
　录制系统、磁带式视频录制、无磁带视频录制、视
　频录制的电子特性

　12.2 视频录制的操作 245
　视频录制和存储的用途、视频录制的具体事项

**第13章 切换或实时剪辑** 252

　13.1 切换台的工作原理 254
　切换台的基本功能、切换台的基本布局、其他切换台

　13.2 电子特效和其他切换功能 266
　标准视频特效、数字视频特效、附加切换台功能

**第14章 设 计** 274

　14.1 电视图形的设计和运用 276
　电视图形的规格、信息密度和可读性、色彩、风格、
　合成影像

　14.2 布景和道具 287
　电视布景、道具和布景装饰、场景设计要素

**第15章 电视出镜人** 296

　15.1 电视演出者和演员 298
　演出技巧、表演技巧、试镜

　15.2 化妆与服装 311
　化妆、衣着和戏服

**第16章 导演在摄制中的准备工作** 316

　16.1 导演的准备工作 318
　导演的角色、节目内容、脚本分析、形象化和序列
　化、准备节目

　16.2 联络沟通和日程表 335
　辅助人员、设备需求、日程表和联络沟通

**第17章 导演在摄制中的执导工作** 340

　17.1 多机控制室中的执导工作 342
　导演术语、多机执导程序、执导排练、节目执导、
　控制时钟时间

　17.2 单机和数字电影执导工作 358
　单机执导程序、执导数字电影

**第18章 现场制作与大型实况转播** 362

　18.1 现场制作 364
　电子新闻采集、电子现场制作、大型实况转播

　18.2 重大事件的摄制 380
　体育赛事的实况转播、现场草图和实况转播布置、
　通话系统、信号传送

**第四部分　后期制作** 399

**第19章 后期剪辑的工作原理** 400

　19.1 非线性剪辑工作原理 402
　非线性剪辑、非线性剪辑系统、预剪阶段、准备阶
　段、视频剪辑阶段、音频剪辑阶段

　19.2 线性剪辑工作原理 417
　基本和扩展线性剪辑系统、控制磁迹和时间码剪辑、
　组合剪辑和插入剪辑、离线和在线线性剪辑

**第20章 剪辑的功能和操作原理** 424

　20.1 剪辑的功能和连续性剪辑 426
　剪辑的功能、连续性剪辑

　20.2 复杂剪辑 437
　复杂剪辑中的镜头切换、轴线的跨越、特殊的复杂
　剪辑特效、蒙太奇、职业道德

后　记 443

重要词汇 444

图片来源 481

出版后记 482

# 目　录

作者简介　11
前　言　12
致　谢　14

## 第一部分　制作流程和制作系统

### 第1章　电视制作流程　2

1.1　电视制作概述　4

1.1.1　三个制作阶段　4
　　前期筹备　4
　　拍摄阶段　4
　　后期制作　4

1.1.2　制作模式　4
　　果因模式　5
　　媒介条件　5
　　过程信息塑造媒介条件　6

1.1.3　制作人员　6
　　非技术性制作人员　7
　　技术性制作人员和摄制组　8
　　新闻制作人员　10

1.2　制作技术系统　12

1.2.1　电视制作基本系统　12
　　节目主持人的形象如何显现在电视机上　12

1.2.2　电视制作扩展系统　12
　　多机演播室系统　12

1.2.3　现场制作系统　13
　　ENG 系统　13
　　EFP 系统　13

1.2.4　主要设备　13
　　摄像机　15
　　照　明　15
　　音　频　16
　　切换台　18

　　录像机　18
　　后期剪辑　18

## 第二部分　前期筹备

### 第2章　制片人在前期筹备中的工作　22

2.1　制片人要做哪些工作　24

2.1.1　前期筹备计划：从创意到脚本　24
　　开发节目创意　24
　　评估创意　25
　　节目提案　26
　　编制预算　27
　　写作脚本　30

2.1.2　前期筹备计划：协调　32
　　人员联系　33
　　设备和场地清单　33
　　制作日程表　34
　　许可证和批文　34
　　推广与宣传　34

2.1.3　媒介伦理　35

2.2　信息资源、工会和收视率　36

2.2.1　信息资源　36

2.2.2　工会和法律事务　37
　　工　会　37
　　版权和许可　38
　　其他法律事务　38

2.2.3　观众和收视率　38
　　目标观众　38
　　收视率和收视份额　38

### 第3章　脚　本　40

3.1　基本脚本格式　42

3.1.1　单栏剧情片脚本　42

3.1.2 声画分栏脚本 42
　　完整声画脚本 42
　　不完整的声画分栏脚本 42
3.1.3 新闻脚本 45
3.1.4 节目大纲 45
3.1.5 详情单 48

3.2 戏剧性结构、矛盾冲突和剧作法 49
3.2.1 基础戏剧性故事结构 49
　　结构组成部分 49
3.2.2 矛盾冲突和经典剧作法 49
　　戏剧性冲突的种类 50
　　经典剧作法 50
　　事件顺序 51
3.2.3 非戏剧性故事结构 51
　　目标导向节目 52
　　从创意到过程信息：深度报道 52
　　从创意到过程信息：目标导向节目 52


第三部分　拍摄阶段

第4章　模拟电视与数字电视 54

4.1 模拟信号与数字信号 56
4.1.1 数字化的含义 56
　　数字化的原因 56
　　模拟信号和数字信号的区别 56
　　数字化过程 57
4.1.2 数字电视的优势 57
　　声画质量 58
　　电脑兼容性和灵活性 59
　　信号传输 59
　　信号压缩 60
4.1.3 画幅比 60
　　4×3 画幅比 60
　　16×9 画幅比 61
　　便携多媒体画幅比 61
4.1.4 数字扫描标准 61

4.2 电视扫描系统 63
4.2.1 图像生成的基本原理 63
4.2.2 视频显示的基本颜色 63
4.2.3 隔行扫描与逐行扫描 64
　　隔行扫描 64
　　逐行扫描 64

　　回扫和消隐 64
4.2.4 数字扫描系统 64
　　480p 系统 64
　　720p 系统 65
　　1080i 系统 65
4.2.5 平板显示器 66
　　等离子显示器 66
　　液晶显示器 67


第5章　电视摄像机 68

5.1 电视摄像机工作原理 70
5.1.1 摄像机部件 70
5.1.2 从光源到视频信号 70
　　成像装置 70
　　分光器和色彩滤镜阵列 72
5.1.3 摄像机系统 72
　　摄像机控制器 73
　　同步发生器和电源 74
5.1.4 摄像机种类 75
　　演播室摄像机 75
　　EFP 摄像机 76
　　ENG/EFP 摄录一体机 76
　　数字电影 77
5.1.5 电子特性 78
　　成像装置 78
　　扫　描 78
　　分辨率 78
　　画幅比和安全框 78
　　增　益 78
　　电子快门 79
　　白平衡 79
　　音频信道 79
5.1.6 操作特性 79
　　电　源 80
　　电缆和接头 80
　　滤光轮 81
　　取景器 81
　　指示灯和内部通话系统 83

5.2 分辨率、对比度和色彩 85
5.2.1 图像分辨率 85
　　空间分辨率 85
　　时间分辨率 86
5.2.2 图像对比度 86
　　对比度 87

对比度控制　87

**5.2.3 色彩基础　87**
　色彩属性　87
　色彩混合　88

**5.2.4 亮度信道与色度信道　89**
　亮度信道　89
　色度信道　89

# 第6章　镜头　90

**6.1 镜头是什么　92**

**6.1.1 变焦镜头的种类　92**
　演播室镜头和现场镜头　92
　变焦幅度　92
　定焦镜头　94
　镜头规格　94

**6.1.2 镜头的光学特性　94**
　焦距　95
　焦点　96
　光透射：光圈、光孔和光圈值　97
　景深　99

**6.1.3 操作控制装置　100**
　变焦控制装置　100
　数字变焦镜头　101
　对焦控制装置　101

**6.2 镜头看到的世界　104**

**6.2.1 镜头是如何看世界的　104**
　广角镜头　104
　标准镜头　106
　窄角或远摄镜头　107

**6.2.2 影像稳定　108**
　影像稳定器　108

**6.2.3 景深和选择性聚焦　108**
　选择性聚焦　108

# 第7章　摄像机操作与画面构图　110

**7.1 摄像机的操作　112**

**7.1.1 常规摄像机运动　112**

**7.1.2 摄像机支架　113**
　单脚架　114
　三脚架与三脚移动拍摄车　114
　演播室机座　114
　云台（万向云台）　114
　特殊摄像机支架　115

**7.1.3 操作摄录一体机和 EFP 摄像机　116**
　使用摄像机的基本禁忌　117
　开始拍摄之前　117
　拍摄中　118
　拍摄后　121

**7.1.4 操作演播室摄像机　121**
　节目拍摄前　121
　节目拍摄时　122
　拍摄结束后　123

**7.2 有效镜头的构建　124**

**7.2.1 屏幕尺寸与景别　124**
　屏幕尺寸　124
　景别　124

**7.2.2 构图：标准电视和高清电视画幅比　125**
　宽高关系的处理　125
　特写构图　126
　头顶空间　127
　鼻前空间与引导空间　128
　心理补足　128

**7.2.3 画面深度　130**

**7.2.4 屏幕运动　132**

# 第8章　音频：拾音　134

**8.1 话筒如何拾取声音　136**

**8.1.1 基于电子特性的话筒分类　136**
　声音生成元件　136
　声音拾取模式　137
　话筒附属特性　138

**8.1.2 基于操作特性的话筒分类　138**
　领夹式话筒　138
　手持话筒　140
　吊杆话筒　142
　头戴耳麦式话筒　145
　无线话筒　146
　台式话筒　146
　落地式话筒　148
　悬挂式话筒　149
　隐藏式话筒　149
　远距离话筒　150

**8.2 话筒的工作原理　152**

**8.2.1 声音生成元件　152**
　动圈式话筒　152
　电容式话筒　152
　带式话筒　152

　　　　音　质　153

8.2.2　其他技术特性　153
　　　　阻　抗　153
　　　　频率响应　155

8.2.3　音乐采集中的话筒布局　156
　　　　用于歌手和普通吉他的话筒布局　156
　　　　用于歌手和钢琴的话筒布局　156
　　　　用于小型摇滚乐队和直接输入的话筒布局　157

8.2.4　ENG/EFP 制作中的话筒应用　157

**第 9 章　音频：声音控制**　160

9.1　**声音控制和录制**　162

9.1.1　演播室音频制作设备　162
　　　　调音台　162
　　　　接线板　166
　　　　录音系统　167
　　　　模拟录音系统　167
　　　　数字录音系统　168

9.1.2　演播室音频控制　169
　　　　基本的音频操作　169

9.1.3　现场音频制作设备和基本操作　172
　　　　保持声音分离　172
　　　　音频混音　172

9.1.4　现场音频控制　172
　　　　在 ENG 和 EFP 中使用自动增益控制　173
　　　　使用 XLR 转接器　173
　　　　EFP 混音　173

9.2　**立体声、环绕声和声音美学**　175

9.2.1　立体声和环绕声　175
　　　　立体声　175
　　　　环绕声　175

9.2.2　声音美学的基本元素　175
　　　　环境声　176
　　　　主体-背景　176
　　　　透　视　176
　　　　连续性　177
　　　　能　量　177

**第 10 章　照　明**　178

10.1　**照明设备与照明控制装置**　180

10.1.1　演播室照明设备　180
　　　　聚光灯　180
　　　　泛光灯　182

10.1.2　现场照明设备　183
　　　　便携式聚光灯　183
　　　　便携式泛光灯　185
　　　　散射式便携聚光灯　186
　　　　摄像机灯　187

10.1.3　照明控制装置　187
　　　　固定装置　187
　　　　方向控制装置　191
　　　　强度控制装置：灯具的尺寸、距离和光束　192
　　　　电子调光器的基本原理　193

10.2　**光线强度、灯具和彩色透明介质**　196

10.2.1　光线强度　196
　　　　英尺烛光和勒克斯　196
　　　　入射光　196
　　　　反射光　197

10.2.2　光线强度的计算　197

10.2.3　操作亮度级：基础光　198
　　　　基础光级　198

10.2.4　灯泡类型　199
　　　　白炽灯　199
　　　　荧光灯　199
　　　　镝　灯　199

10.2.5　彩色透明介质　199
　　　　彩色透明介质的使用方法　200
　　　　彩色滤光片的混合　200

**第 11 章　电视照明技术**　202

11.1　**演播室照明**　204

11.1.1　安全性　204

11.1.2　光的性质　205
　　　　定向光和漫射光　205
　　　　色　温　205

11.1.3　光的功能　206
　　　　照明术语　206
　　　　主要光源的特定功能　207

11.1.4　具体照明技巧　210
　　　　高调和低调照明　210
　　　　平调照明　211
　　　　动作连续照明　212
　　　　大范围照明　212
　　　　高光比照明　213
　　　　浮雕照明　214

　　　　剪影照明　214
　　　　抠像区域照明　215
　　　　眼部阴影和吊杆阴影的控制　216

11.1.5　对　比　218
　　　　对比度　218
　　　　对比度测量　218
　　　　对比度控制　218

11.1.6　平衡光线强度　219
　　　　主光 / 背光比　219
　　　　主光 / 辅助光比　219

11.1.7　灯光设计图　220

11.1.8　演播室灯光操作　221
　　　　维护灯泡和电力　221
　　　　使用演播室监视器　221

11.2　现场照明　222

11.2.1　安全问题　222
　　　　触　电　222
　　　　电　缆　222
　　　　火　灾　222

11.2.2　现场照明　222
　　　　明亮阳光下拍摄　223
　　　　阴天拍摄　224
　　　　室内光拍摄　224
　　　　夜间拍摄　228

11.2.3　场地评估　228
　　　　电力供应　228

第 12 章　视频录制和存储系统　232

12.1　磁带式和无磁带视频录制　234

12.1.1　录制系统　234
　　　　磁带式系统　234
　　　　模拟和数字系统　234
　　　　无磁带系统　235

12.1.2　磁带式视频录制　236
　　　　磁带系统的录制原理　236
　　　　操作控制　237
　　　　时基校准器和帧存储同步器　238

12.1.3　无磁带视频录制　238
　　　　硬　盘　238
　　　　可读写光盘　239
　　　　闪存设备　240

12.1.4　视频录制的电子特性　240
　　　　合成信号与分量信号　241
　　　　采　样　242
　　　　压　缩　243

12.2　视频录制的操作　245

12.2.1　视频录制和存储的用途　245
　　　　节目制作　245
　　　　时间延迟　245
　　　　节目的复制和传送　245
　　　　录像保存及注意事项　245

12.2.2　视频录制的具体事项　246
　　　　录制准备　246
　　　　录制阶段　247

第 13 章　切换或实时剪辑　252

13.1　切换台的工作原理　254

13.1.1　切换台的基本功能　254
　　　　监视显示器　254

13.1.2　切换台的基本布局　254
　　　　节目总线　255
　　　　混合总线　255
　　　　预览总线　256
　　　　特效总线　257
　　　　多功能切换台　257
　　　　附加切换台控制键　259
　　　　大型制作切换台　263

13.1.3　其他切换台　264
　　　　便携式切换台　264
　　　　切换软件　264
　　　　发送切换台　264
　　　　主控制切换台　264
　　　　同步锁相　264

13.2　电子特效和其他切换台功能　266

13.2.1　标准视频特效　266
　　　　叠　印　267
　　　　嵌　入　267
　　　　抠　像　267

13.2.2　数字视频特效　269
　　　　影像尺寸、形状、光线和色彩　269
　　　　动　态　270
　　　　多重影像　271

13.2.3　附加切换台功能　272

## 第 14 章　设　计　274

### 14.1　电视图形的设计和运用　276

14.1.1　电视图形的规格　276
　　扫描区域和基本区域　276
　　超出宽高比的图形　277
　　匹配 STV 和 HDTV 宽高比　278

14.1.2　信息密度和可读性　280
　　信息密度　280
　　可读性　280

14.1.3　色　彩　282
　　色彩美学　282
　　灰度等级　283

14.1.4　风　格　284

14.1.5　合成影像　285

### 14.2　布景和道具　287

14.2.1　电视布景　287
　　标准布景装置　287
　　悬挂布景装置　288
　　平台和平台车　290
　　景　片　290

14.2.2　道具和布景装饰　290
　　场景道具　290
　　布景装饰　291
　　小型道具　291
　　道具清单　291

14.2.3　场景设计要素　292
　　平面图　292
　　布景背景　293
　　虚拟布景　294

## 第 15 章　电视出镜人　296

### 15.1　电视演出者和演员　298

15.1.1　演出技巧　298
　　演出者和摄像机　298
　　演出者和声音　300
　　演出者和时间控制　301
　　现场导演的提示　301
　　提词设备　301
　　连贯性　307

15.1.2　表演技巧　307
　　观　众　307

　　走　位　308
　　记台词　308
　　时间控制　308
　　连贯性的保持　309
　　导演和演员的关系　309

15.1.3　试　镜　309

### 15.2　化妆与服装　311

15.2.1　化　妆　311
　　化妆品　311
　　化妆过程　312
　　技术要求　312

15.2.2　衣着和戏服　313
　　衣　着　313
　　戏　服　314

## 第 16 章　导演在摄制中的准备工作　316

### 16.1　导演的准备工作　318

16.1.1　导演的角色　318
　　作为艺术家的导演　318
　　作为心理学家的导演　318
　　作为技术顾问的导演　319
　　作为协调人的导演　319

16.1.2　节目内容　319
　　过程信息　319
　　摄制方法　319

16.1.3　脚本分析　320
　　同步想象点和转换　320

16.1.4　形象化和序列化　320
　　制定过程信息　321
　　决定媒介条件　321

16.1.5　准备节目　326
　　分解平面图　326
　　分解现场草图　327
　　使用故事板　328
　　脚本标记　330

### 16.2　联络沟通和日程表　335

16.2.1　辅助人员　335
　　现场导演　335
　　制片助理　336
　　副导演或助理导演　336

16.2.2　设备需求、日程表和联络沟通　337

设备需求　337
制作日程表　337
时间表　337
导演的联络沟通方式　339

## 第 17 章　导演在摄制中的执导工作　340

### 17.1　多机控制室中的执导工作　342

17.1.1　导演术语　342

17.1.2　多机执导程序　342
控制室中的执导工作　343
控制室内部通话系统　343

17.1.3　执导排练　351
读脚本　351
无机排练或走位排练　351
走场排练　352
摄像排练和彩排　353
走场和摄像联合排练　353

17.1.4　节目执导　354
预备程序　354
播出程序　354

17.1.5　控制时钟时间　356
节目表时间和播出时长　356
倒计时和顺计时　356
将帧转换成时钟时间　357

### 17.2　单机和数字电影执导工作　358

17.2.1　单机执导程序　358
形象化　358
脚本分解　358
排　练　360
录　制　360

17.2.2　执导数字电影　360
演播室执导　360
现场执导　360

## 第 18 章　现场制作与大型实况转播　362

### 18.1　现场制作　364

18.1.1　电子新闻采集　364
电子新闻采集的制作特性　365
卫星上传　365

18.1.2　电子现场制作　366
前期筹备　366
拍摄准备工作　366

拍摄阶段的设备检查　368
拍摄阶段的布景设置　369
拍摄阶段的排练　370
拍摄阶段的视频录制　370
拍摄阶段的拆景和设备检查　370
后期制作　370

18.1.3　大型实况转播　371
现场调查　371
设备的布置和操作　373
拍摄阶段现场导演和出镜人的工作步骤　377

### 18.2　重大事件的摄制　380

18.2.1　体育赛事的实况转播　380

18.2.2　现场草图和实况转播布置　380
阅读现场草图　380
公共听证会（室内实况转播）的摄制需求　388
游行（室外实况转播）的摄制要求　390

18.2.3　通话系统　391
ENG 通话系统　391
EFP 通话系统　391
大型实况转播通话系统　393

18.2.4　信号传送　393
微波传送　393
电缆传送　395
通信卫星　395

## 第四部分　后期制作

## 第 19 章　后期剪辑的工作原理　400

### 19.1　非线性剪辑工作原理　402

19.1.1　非线性剪辑　402
为何选用非线性剪辑？　402

19.1.2　非线性剪辑系统　403
计算机硬件和软件　403
素材媒介　404
音视频采集　406
导出最终剪辑　407

19.1.3　预剪阶段　407
考虑镜头间的连续性　407
保存记录　407
对原始素材进行审看和排序　408

19.1.4　准备阶段　409
时间码　409

　　场　记　410
　　采　集　411
　　音频转录　412

19.1.5　视频剪辑阶段　412
　　按照音频剪辑视频　412
　　按照视频剪辑音频　413
　　切换和特效　413

19.1.6　音频剪辑阶段　414
　　线性音频剪辑　414
　　非线性音频剪辑　414
　　压　缩　414
　　校　正　415
　　混　音　415
　　音质控制　415
　　自动对白替换　415

19.2　线性剪辑工作原理　417

19.2.1　基本和扩展线性剪辑系统　417
　　单素材源系统　417
　　多素材源系统　418
　　二对一剪辑　418
　　时间码和视窗复制　418

19.2.2　控制磁迹和时间码剪辑　418
　　控制磁迹剪辑　420
　　时间码剪辑　420

19.2.3　组合剪辑和插入剪辑　421
　　组合剪辑　421
　　插入剪辑　421

19.2.4　离线和在线线性剪辑　422
　　离线剪辑　422
　　在线剪辑　423

第20章　剪辑的功能和操作原理　424

20.1　剪辑的功能和连续性剪辑　426

20.1.1　剪辑的功能　426
　　组　接　426
　　缩　短　426
　　修　正　426
　　构　建　427

20.1.2　连续性剪辑　427
　　故事连续性　427
　　主体连续性　429
　　矢量和心理地图　429
　　屏幕位置的连续性　431

运动连续性　434
光线和色彩的连续性　435
声音连续性　436

20.2　复杂剪辑　437

20.2.1　复杂剪辑中的镜头切换　437
　　切　437
　　叠　化　437
　　淡入淡出　438
　　划　像　438
　　动画转场　438

20.2.2　轴线的跨越　439
　　背景位移　439
　　位置位移　439
　　运动方向的反转　439

20.2.3　特殊的复杂剪辑特效　439
　　闪回和闪前　439
　　实时回放　439
　　画面分屏　440

20.2.4　蒙太奇　440
　　电影化速写　440
　　复杂性　440
　　意　义　441
　　结　构　441

20.2.5　职业道德　441


后　记　443
重要词汇　444
图片来源　481
出版后记　482

# 作者简介

赫伯特·策特尔（Herbert Zettl）是旧金山州立大学广播与电子传播艺术系的荣誉退休教授，在那儿他教授了很多年的视频制作和媒介美学课程。在学校期间，他还曾出任过国际传媒学院的院长。他曾因自己的学术成就，获得了加利福尼亚州立法机构颁发的杰出教学奖，以及由广播教育协会颁发的杰出教育服务奖。

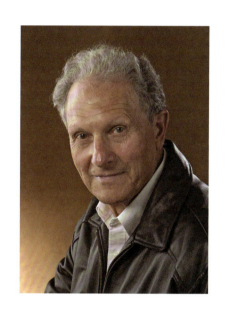

在成为旧金山州立大学教员之前，策特尔在KOVR电视台（斯托克顿-萨克拉门托地区电视台）工作，也作为制片人和导演在KPIX电视台工作过，后者为哥伦比亚广播公司（CBS）位于旧金山的下属电视台。在KPIX电视台工作期间，他参与了一系列哥伦比亚广播公司和美国全国广播公司（NBC）的电视节目制作。鉴于他在电视领域的杰出贡献，美国电视艺术与科学学院（NATAS）北加州分会授予他享有盛誉的"银圈"奖，他同时也是该学院"广播传奇"协会的成员。

除本书之外，策特尔还撰写了《电视制作练习手册》（*Television Production Workbook*）、《图像·声音·运动》（*Sight Sound Motion*）和《视频基础》（*Video Basics*）等书。上述图书均被翻译为多种文字，在全球范围内出版。他写作的关于电视制作和媒介美学的文章，大量见诸世界范围内的各主要传媒杂志上。此外，他在美国及海外的各大高校和专业广播机构举办过大量讲

座，在国内外多种传媒会议上发表过重要论文。

策特尔开发了一张交互式DVD光盘——"策特尔视频实验室3.0版"（Zettl's VideoLab 3.0），由沃兹沃斯·圣智（Wadsworth Cengage）出版公司出版，该软件的前一版CD-ROM版获得了数项杰出大奖，包括马克洛媒体公司（Macromedia）的"人民选择奖"，新媒体公司（New Media）的"高等教育金质奖章"，以及继续教育和视频应用类别中的"银质奖章"。

# 前 言

电视行业有两个时髦的词语：数字化和高清。你可能已经听过好多次这种说法：数字电视和高清电视（HDTV）革命性地改变了我们制作和观看电视和电影的方式。从一方面来说，这种说法是真实的，但从另一方面来说，高清电视对电视制作技术的影响是微乎其微的。

举例来说，尽管数字摄录机的电子构造特点与传统模拟摄录机有很大的不同，但它们的操作方式却是几乎一样的。一方面，各类型的摄录机，无论其是数字的还是模拟的，标清的还是高清的，都要求你首先通过取景器进行观察，并把镜头对准某个特定方向，以获得你想要的画面。另一方面，无论是高清电视的宽屏幕，电影的大银幕，或者微小的手机显示屏，均需要你以不同的方式对所拍摄的镜头进行构图。从线性剪辑系统到非线性剪辑系统的演变，不仅需要你掌握更广泛的操作技术，更要求你以全新的理念去理解剪辑的意义。模拟信号的电视节目只能在线性剪辑系统上进行剪辑操作，但数字电视节目可以在线性与非线性两种剪辑平台上进行操作。

## 第10版的全新框架

虽然每一款新型数字设备的构造都变得越来越复杂，但数字技术本身却变得越来越容易被用户掌握。因此，《电视节目制作完全手册》第10版聚焦的重点，不再是之前版本中那种对电视工具如何运作的技术性解释，而是这些工具能用来做什么，以及电视行业工作人员在前期筹备、拍摄阶段和后期制作中究竟在干什么。这种方式能够让针对电视制作的讲授和学习，更加符合专业电视制作的实际工作流程。

这本新版的《电视节目制作完全手册》进行了根本性的重新架构。全书由四个部分组成，对应于电视制作中的实际流程。

- ■ 第一部分 引言：制作流程和制作系统
- ■ 第二部分 前期筹备
- ■ 第三部分 拍摄阶段
- ■ 第四部分 后期制作

### 第一部分 引言：制作流程和制作系统

第一部分向学生介绍电视制作的三个阶段：前期筹备、拍摄阶段和后期制作。作为一种制作模式，此三个阶段为电视节目从初始创意到最终的屏幕图像的整个形成过程提供了一种可靠的结构，同时它也阐明了工作人员和制作设备是如何按照一种严格的程序来互相配合的。第一部分也会向学生介绍电视行业技术人员和非技术人员的首要职责。

学习和讲授电视制作的难点在于，一个学生若要真正理解单个制作元素或部分器材设备，他最好还是要了解一下这一部分与其他部分的相互运作关系。为了让学生应对这个问题，并将电视制作本身理解为一个系统，第一部分提供了对所有主要制作设备的简介。

### 第二部分 前期筹备

第二部分强调前期筹备的重要性。大部分初学电视制作的学生，时常在上完第一堂课之后，就抓起一台数字摄录机，背上一台装满了视频特效的笔记本电脑，兴冲冲地要跑到街上拍摄一部艾美奖水准的纪录片。这些学生，我可以理解，他们不愿意花费任何时间去想一想，他们究竟想表达什么，以及如何才是最佳的表达方式。然而，即便是最迫不及待的那个学生，也会很快发现，一个电视节目的成功或失败，很大程度上在前期筹备阶段就被决定了。因此，第二部分着重强调如何进行整个前期筹备阶段的工作，从创造有价值的创意开始，到开发节目提案，再到最后，撰写脚本。

经全面修订的脚本部分，包括了标准的脚本格式，以及一个对于戏剧性和非戏剧性故事结构的简要介绍。对前期筹备阶段的讨论，还将涉及主要的信息资源，并将向学生介绍工会、法律事项和收视率。

### 第三部分　拍摄阶段

毫无疑问，这是本书最为全面的部分。该部分将详尽解读数字技术的意义、各种电视扫描系统、画幅比例、主要的制作设备及其有效利用，以及在实际电视制作中，各种出镜人、导演、现场导演究竟在干什么。第三部分也包括在外景和演播室拍摄中，导演单机位或多机位的电视节目和数字电影时应注意的事项，以及为大型体育赛事布置摄像机和话筒的详细方法。

### 第四部分　后期制作

后期剪辑曾是一项需要运用昂贵器材的高度专业化工作，但在今天，笔记本电脑和相对平价的剪辑软件，让剪辑变成了甚至最朴素的视频制作阶段之一。如何让一系列影像以流畅或者极富戏剧性的方式进行排列的美学原理，并没有随着新技术的发展产生变化。电视制作专业的学生，无论他们是使用老式的线性剪辑设备，或是最复杂的非线性剪辑软件，依然必须学习各种镜头如何以及为什么能很好地接合在一起。本部分最后的两章内容不仅会解读线性和非线性剪辑的操作方法，也会介绍连续性和复杂性剪辑中的相关原理，以及如何有效地应用这些原理。

### 施教特色

为了帮助学生进行最优化学习，第 10 版《电视节目制作完全手册》再次引入了重要的施教理念。

注意力吸引　每一章都被划分为相对较短的部分，以不同的标题列出。我希望这种布局能够始终让读者保持注意力，同时在不损害章节内容完整性的前提下，抵消阅读时的疲劳感。

双层阅读法　《电视节目制作完全手册》不仅是为初学者，也是为电视制作业的专业工作者设计的。为了让初学者不至于被大量的技术性细节弄得焦头烂额，本书的每一章都分成了两小节。第一节提供了针对某一话题的基础信息；第二节则提供了更加具体的补充材料。这两节可以同时或分开阅读。

强化记忆法　就像大家都熟悉的广告行业的情况那样，让一个产品名字耳熟能详的关键，在于对它不断重复地提及。这个累赘的原理在学习语言及电视制作概念的时候同样适用。本书每一章涉及的重要词汇，都会在该章引言之后先单独列出，然后在正文中以加粗字体标明[①]，此外还会在全书最后的重要词汇表中再出现一次。要想从这种学习方法中获益，学生应该在阅读章节内容之前，先阅读重要词汇，并将章节摘要作为他们希望了解的知识点的一览表逐一与之对照。

图解示例法　本书使用了大量的全彩图片和图表，意在为描述性语言和所描述之真实物之间的鸿沟，搭建起一座桥梁。书中那些再现电视图像的插图，均采用 16×9 的高清电视画幅比。这是为了让学生能对宽屏画幅比镜头进行视觉化的理解。通常情况下，书中涉及的制作器材照片，只为了呈现此类器材本身的样貌，而非具体的推荐型号。

### 配套资料：专用教学包

与之前的版本一样，第 10 版《电视节目制作完全手册》也提供了丰富的供学生和教师使用的辅助教材

---

[①]　中文版取消了正文中的加粗，但会在重要词汇之后以括号方式注明其英文原文。——编者注

资源。[1]

试题的参考答案。

## 《电视制作练习手册》

《电视制作练习手册》（以下简称《练习手册》）的设计初衷，是为了检验学生对各种电视器材和制作概念的掌握程度。每个章节都包含对重要词汇和基本内容的复习，以及对这些知识点的正误判断测验。本书中的问答题主要用于课堂讨论。上课时，我常常让他们来做书上的这些问答题。我将《练习手册》当作一个诊断工具，这种方式可以迅速查明每个学生对电视制作有哪些方面的了解，并能够将那些他们需要了解的知识及时反馈回去。

除了问答题之外，《练习手册》中的所有试题均采用对照系统设立，亦即所有的问题旁边都有对话框以供填写答案。这种方式让学生甚至不用借助计算机的帮助，就可以轻松检查答案，也为客观评估自己的学习效果提供了基础。

## 《电视制作练习手册：教师用书（附参考答案）》

《电视制作练习手册：教师用书》主要是提供给那些在电视制作中经验丰富但教学经验相对较少的教师们。不过对那些教学经验丰富的教师来说，他们也能在本书中找到一些有用的信息，来让教授电视制作课这项困难的工作变得简单一点。它由四个部分组成：

- 第一部分，电视制作教学的一般方法。提供了关于教学方法、教学理念以及如何高效地进行教学工作的信息。
- 第二部分，关键概念、教学活动和测试题。包括了各章节当中重要词汇的扩展定义，用于巩固学习的教学活动，以及考查学生对学习材料记忆情况的测试题。
- 第三部分，补充资料。一份简洁的参考资料，用于对教学和学习资源进行补充。
- 第四部分，提供《电视制作练习手册》所有测

## 策特尔视频实验室3.0版DVD光盘

本DVD光盘同时兼容windows系统和mac系统，内含一套交互式软件，用于学习摄像机操作、演播室和外景布光、声音采集与控制、线性与非线性剪辑、切换台操作，以及其他主要的电视制作过程。本软件意图为学生提供虚拟的动手实践途径，并搭建一条行之有效的、从阅读电视制作技术到在演播室和实景中进行实际运用的捷径。

最终，教师和学生都将从出版者提供的一系列资源当中获益。

## "沃兹沃斯观察题库" 电脑化测验

"沃兹沃斯观察题库"（Wadsworth's Examview）提供了"快速测验行家"和"在线测验行家"两套系统，一步一步帮助你创建试题。它拥有一种"所见即所得"的操作界面：你在屏幕上创建的试题样式，与其最终被打印或联网显示出来的试题是完全一致的。更多信息请联系你所在地的沃兹沃斯·圣智学习机构代表，或致电沃兹沃斯学术资源中心，电话号码 1-800-423-0563。

## 致　谢

我很荣幸，沃兹沃斯·圣智教育公司为了制作这本第10版《电视节目制作完全手册》，再次派出他们的"特遣队"：出版商迈克尔·罗森堡，项目开发编辑总监卡伦·贾德，项目开发编辑埃德·多德，助理编辑克里斯蒂娜·哈尔西，助理编辑梅甘·加维，市场总监埃琳·米切尔，执行美术总监玛丽亚·埃普斯，项目内容总监乔治亚·扬，图片调研员谢里·思鲁普，以及权限编辑莫莉卡·巴苏。

"从创意到影像"公司的艺术总监和项目经理加里·帕尔马蒂，文字编辑伊丽莎白·冯·劳迪奇，校对迈克·莫利特，以及摄影师埃德·艾厄娜，他们让我交给他们的那些零散的页面、注释以及草图，变为了一本如此帅气的图书。我想给予他们我最高的赞誉：他们所有人都很专业，并具有超凡的奉献精神，和他

---

① 下文介绍的《电视制作练习手册》及其配套教师用书、策特尔视频实验室3.0版DVD光盘均只有英文版，如需购买，请查询Amazon.com或Cengage.com。——编者注

们一起工作也充满了快乐。

和之前一样，很多尽职的学者，也针对第9版《电视节目制作完全手册》提出了他们宝贵的建议，以供新版本参考。他们是明尼苏达大学的彼得·B.格雷格，得克萨斯韦科市贝勒大学的迈克尔·F.科皮，纽约布朗克斯区纽约城市大学莱曼学院的汤姆·奥汉隆，以及得克萨斯圣安东尼奥学院的弗雷德·韦斯，我感谢他们上述所有人，尤其因为我知道对图书做出这样一番评定需要付出多么大的努力。

我特别想感谢犹他大学的保罗·罗斯，他是促使我重新思考图书结构的最主要的人。他耐心地推动我进入最后一章，正如你们在这一版当中将会看到的。他也通读了整部手稿，并针对技术和制作的更新提供了很多极具价值的建议。保罗，这里是对你的特别感谢！

幸运的是，我那些来自各大学、电视台和媒介制作公司的同事和朋友，总是时刻准备着，无论我何时需要，都能第一时间与我分享他们的专业知识和技术。在这一版中，我需要把他们的名字列出来：旧金山州立大学的马蒂·冈萨雷斯、哈米德·哈尼、菲尔·基珀、史蒂夫·莱希、维奈·什里瓦斯塔瓦、温斯顿·撒普，锡拉丘兹大学的斯坦利·阿尔滕，德国图宾根大学传媒系的曼弗雷德·穆肯豪普特，辛辛那提大学的曼弗雷德·沃尔弗拉姆，瑞士卢塞恩 T.E.A.M 公司的鲁道夫·本斯勒，斯纳德联营公司的约翰·贝里茨霍夫和格雷格·戈达尔，KTVU 电视台的埃德·科西、杰夫·格林、吉姆·哈曼和史蒂夫·史利斯基，以及埃朗制片公司的埃朗·弗兰克和里德·梅登伯格。

我也想特别感谢联邦快递金考公司加州圣拉菲分部的布里奇特小姐，当我因为各种原因，无可救药地卡住了复印机的时候，她总是充满耐心、面带笑容地给予了我无数次的帮助，让机器重启或恢复正常。

当然，对于本书的图片部分而言，我也深深受惠于那些花费大量时间，站在镜头前面充当模特的志愿者们，他们是：塔利亚·艾厄娜、卡伦·奥斯汀、肯·贝尔德、杰尔姆·巴昆、鲁道夫·本斯勒、迪亚莫·贝穆勒、莫妮卡·蔡札达、威廉·卡彭特、安德鲁·蔡尔德、劳拉·蔡尔德、丽贝卡·蔡尔德、勒妮·蔡尔德、斯凯·克里斯坦森、埃德·科西、卡拉·柯里、萨布丽娜·多尔茜、塔米·冯、杰迪代亚·吉尔德斯利夫、卡桑德拉·海因、洪朴棱、洪桑勇、菊地真弓、哈米德·哈尼、菲利普·基珀、克里斯蒂娜·洛霍、奥尔均·马科克拉、迈克尔·莫娜、约翰尼·莫雷诺、阿妮塔·摩根、杰奎琳·默里、图安·源、理查德·皮希泰洛、马修·普里斯克、马林·金特罗、克斯廷·里迪格、苏珊娜·萨普托、阿莉莎·莎荷莲、史蒂夫·史利斯基、塔丽莎·蒂格、塔卡托·罗斯塔特，以及吴燕兰。

最后是我的妻子，埃丽卡，我得给她两次洋溢着巨大感谢之情的拥抱。其一，当我在奋斗着使第10版《电视节目制作完全手册》成为迄今为止最好的版本之时，她显示了巨大的耐心；其二，她重新翻修了我的书房，新的布局让我在整个写作过程中不仅更具效率，也一直保持愉悦。

赫伯特·策特尔

PART

I

第一部分

# 制作流程和制作系统

**第 1 章　电视制作流程**

　　1.1　电视制作概述

　　1.2　制作技术系统

1

第 1 章

# 电视制作流程

当你在看电视，看某人的度假录像，在网络上看某个博主的视频播客，甚至看一部电影时，你或许会觉得，你也能拍出屏幕上的这些东西，甚至还能拍得更好。这或许是真的，但很有可能，你也会发现，要达到业内电视节目高品质的平均制作水准是多么困难，哪怕这些节目的内容还有待完善。大多数制作设备的自动化功能，或许会让你误以为，电视节目制作是一件很简单的事情——直到你的运气耗尽。就算你觉得自己的度假视频看上去很美，但它也需要你付出更多的努力，使用更多的制作技巧，从而让它对别人来说看上去也同样很美。比如制作一段时长 55 秒，波特兰某新闻节目主持人与皇马俱乐部某足球明星进行简单对谈的节目，即便对那些极富经验的电视制作人员来说，也充满了巨大的挑战。本书将帮助你应对这样的挑战。

大体上说，不论你是在电视台、数字影院工作，还是独立完成某个小型视频项目，数字时代已经让数字视频及其必要的制作流程变得趋同。幸运的是，这种趋同有一个共同的基础：多机拍摄电视制作和单机拍摄电视制作。了解电视制作的来龙去脉，有助于你快速适应其他模式的数字视频制作。

学习电视制作的主要问题是，要想了解某个设备的功用，或某个电视制作阶段，你必须已经了解了其他的设备和阶段。本书第 1 章的设计，就是用于帮助你解决这个先有鸡还是先有蛋的问题。第 1 章概述了电视制作初步流程，大型和小型电视制作中的工作人员，以及生成屏幕音视频的必要工具——那些标准的电视制作设备。针对电视制作设备和制作流程，之后的章节会提供更多更详细的描述和解释。

1.1 "电视制作概述"，带你走进电视制作的三个阶段，向你展示一个实用的制作模式，以及介绍电视制作中主要的技术或非技术工作人员。

1.2 "制作技术系统"，介绍电视制作的技术系统，及其主要的制作设备。

果因模式（effect-to-cause model） 先从节目创意推导出预期的收视效果，再返回来寻找为获得这一传播效果所需的媒介条件。

EFP 电子现场制作（electronic field production）的缩写。此类电视制作在演播室之外完成，通常拍摄完要交由后期制作处理（而非用于直播），属于现场制作的一种。

ENG 电子新闻采集（electronic news gathering）的缩写。使用便携式摄录机或带独立便携式录像设备的摄像机、灯光和录音设备等制作日常新闻报道。电子新闻采集通常不进行前期策划，大多是实时直播，或在后期制作后立即播出。

线性剪辑（linear editing） 使用基于磁带的系统进行模拟或数字剪辑，不能随机选择镜头素材。

媒介条件（medium requirements） 指生产设定的过程信息需要的所有内容元素、制作元素和工作人员。

新闻制作人员（news production personnel） 专门被指派去制作新闻、纪录片和进行特别事件报道的工作人员。

非线性剪辑（nonlinear editing，缩写 NLE） 剪辑时可以即时、随机选用镜头素材和序列，并且很容易就可以对其进行重新排序。音视频信息均以数字形式储存在硬盘或可读写光盘上。

非技术性制作人员（nontechnical production personnel） 主要着力于从基本创意到最终屏幕图像中的非技术性事宜的制作人员。

后期制作（postproduction） 所有在拍摄阶段完成之后进行的制作活动。通常指视频剪辑或者音频润饰（针对录音素材所做的一系列品质调整）。

前期筹备（preproduction） 对所有的制作细节进行前期准备。

过程信息（process message） 观众在观看电视节目的过程中实际接收到的信息。

拍摄阶段（production） 记录和（或）转播某事件的实际电视制作活动。

技术性制作人员（technical production personnel） 操作制作设备的人员。

电视系统（television system） 指为制作某一特定电视节目所需要的制作设备和操作人员。基本电视系统由一台电视摄像机、一只话筒、一台电视机和扬声器组成。摄像机和话筒将图像和声音转换成电子信号，电视机和扬声器将信号转换回图像和声音。

# 1.1

# 电视制作概述

对一个画家而言，将创意放置在画布上是相对比较简单的。你所需要的只是去画，一些颜料，一支画笔，以及一点点的绘画技巧。在从创意到图像的转化过程中，你是唯一的参与者。然而，这样的一个转化过程，就算对普通的电视制作来说，也要复杂得多。在电视制作过程中，你很少会单兵作战，你得面对苛刻的截止日期，同时被迫与一堆复杂的机器设备一起工作。本节提供了电视制作三个阶段——前期筹备、拍摄阶段和后期制作——的简要概况，同时提出一种制作模式，这种模式将人员安排和器材使用以流线化的方式联系起来，并规划了主要技术性和非技术性人员的工作布局。

▶ **三个制作阶段**
   前期筹备、拍摄阶段和后期制作

▶ **制作模式**
   果因模式、媒介条件，以及决定媒介条件的过程信息

▶ **制作人员**
   非技术性制作人员、技术性制作人员，以及新闻制作人员

## 1.1.1 三个制作阶段

无论你是技术性还是非技术性工作人员，无论你是参与大型制作团队还是独自制作，你都不可避免地会涉入这三个电视制作阶段的某个或全部：前期筹备、拍摄阶段和后期制作。

### 前期筹备

前期筹备（preproduction）包括你到演播室或现场取景地拍摄节目第一天以前所涉及的一切准备活动。它通常由两个阶段构成。阶段一包括将基本创意转换为具有拍摄可行性的概念或脚本的所有必要活动，阶段二将确定所有必要的制作细节，比如拍摄场地、摄制组成员构成，以及针对单机拍摄或多机拍摄所必要的设备。

### 拍摄阶段

当你为了排练或录制视频而打开了演播室的那扇门，或当你把摄像机装上货车，准备开到现场取景地进行拍摄时，你的拍摄阶段（production）就开始了。除了排练，拍摄阶段还会涉及拍摄器材和一个工作团队的介入，他们将操作这些拍摄器材。它也包括所有那些对某个事件进行视频录制或电视播送的活动。

### 后期制作

后期制作（postproduction）的主要活动就是对视频和音频进行剪辑。该阶段也可能会涉及对不同种类的视频片段进行调色（比如让演员身上的红衬衫在不同的镜头里看上去始终保持一致），选择恰当的背景音乐，以及制作特殊的音效。当使用单机拍摄时，因为只有一台摄像机，所以每个镜头需要逐次拍摄，正因为如此，单机拍摄节目的后期制作时间往往比其拍摄期要长。

## 1.1.2 制作模式

和其他的任何模式一样，电视制作模式能够让你有效率地将最初创意转变为成形的电视作品。制作模

式的设计，是为了帮助你在第一时间找到最有效率的制作电视节目的方式，评估每个主要制作步骤，并按时完成项目。它的功能和道路交通图类似：要从这里到达那里，你没有必要非得遵循它的指示，但它让你更容易找到一条适合于你的道路。如果你觉得它限制或束缚了你的创造力和风格，就不要使用它。

### 果因模式

　　和大多数其他制作模式类似，果因模式（effect-to-cause model）同样从基础创意阶段就开始了，但创意并不直接投入生产制作过程，而是跳到针对目标观众群的预期传播效果——这是制作节目的首要目的。这种目的能通过给观众传递一些特定的信息来达到。在理想的情况下，这些信息能被观众真正地接收、内化或令其产生某种行为。因为这些重大信息是在观众观看电视节目的视频和音频内容、赋予它们某种意义的过程中产生的，所以我们称其为过程信息（process message）。这个过程要求你作为制片人，在考虑必要的技术条件之前，首先应该相当清楚自己需要观众去了解什么，做什么，感受到什么。这种模式要求你从最初的创意阶段就直接考虑预期要达到的影响效果，再返回思考以何种动因来制造这种效果。

　　实际传达的过程信息（观众效果）越符合最初的设定，传播就越成功。**见图 1.1**

　　**设定过程信息**　　制作流程要被预设的过程信息所驱动，而不是被初始创意所驱动。预设的过程信息即针对目标观众的预期收视效果。从这个点出发，你便可以着手准备媒介条件（medium requirements）——前期筹备、拍摄阶段和后期制作三阶段所必要的工作人员、设施和设备。为了优化制作流程，你需要找到一个有用的角度。

　　**角度**　　你一定知道，所谓角度，是一个特定的故事关注点，即一个描述或观察事件的视点。这个视点将导致故事讲述者的一种明显的偏见，或者，它也可以微妙地藏在故事背后，使观看故事的过程充满乐趣。

　　如果一只狗咬了邮差，那么狗主人的故事角度，或许就是社区中增长的犯罪率使狗出于保护主人做出了行动。相反，邮差也许会对整个事件有完全不同的看法。他也许关注的是，社区需要出台严格的拴绳规定，来约束凶猛的狗。上述两个角度包含了强烈而不可被对方接受的偏见。当然，你也可以选用一种不会带来强烈偏见的角度来讲述一个故事。比如，若你要拍摄关于一个流行歌星的纪录片，你可以拍她给一大群狂热观众举办音乐会，也可以拍她在录音棚里录制曲子。第一种版本就具有一个更公众化的"观看"（looking-at）的视点，第二种版本则具有一个更私密的"深入"（looking-into）视点。视点的不同不仅会决定你采用哪种设备进行拍摄（比如对第一种版本来说，就需要多机位拍摄，实时切换镜头或进行大量的后期制作），也会决定你的拍摄方式的不同（第二种版本比第一种需要更多的特写镜头）。

### 媒介条件

　　使用果因模式的好处在于，对过程信息的精确定义，以及特定的故事角度，能够让制作者齐心合力进行团队合作，并且加快挑选必备摄制人员和制作设备的步伐。周密地定义对于观众的预期传播效果之后，你就可以非常轻松地确定干这份工作的特定人员（内容专家、

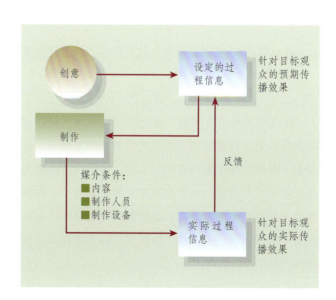

**图 1.1　果因模式**

果因模式从最初的创意和故事角度，直接跳转到预期传播效果——过程信息，然后，它会返回媒介条件，寻找来制作这种预设过程信息所需的制作元素和过程。

撰稿人、导演，以及摄制组成员），决定在哪里制作节目更有效率（演播室还是现场取景地），以及需要何种器材（演播室摄像机或现场摄像机，话筒类型等）。

### 过程信息塑造媒介条件

让我们假设你正在制作一档 15 分钟的早间现场秀。该节目的执行制片人让你去找一位律师，要求后者愿意谈论某个正在进行中的，广受瞩目的谋杀案审讯。

若依照直觉按通常的方式来完成这项任务，你可能会联系一位有名的刑事律师，然后让美术指导设计一个看上去很奢华的律师办公室场景。要有优雅的办公桌、皮椅，以及堆放在背景中的大量法律书籍。之后，你还得安排律师来录像的时间，协调演播室的占用时间，为嘉宾安排交通工具、出镜费用，以及诸多其他细节。

相反，如果你采用果因模式，你也许能够想出两个不同的角度：一个角度可以展示某辩护律师高超的才华，她在陪审团中引起合理怀疑的能力，另一个角度则可展现某辩护律师在情感方面的伪装和内心斗争，她给一位犯罪嫌疑人进行辩护，尽管一边倒的证据都表明该嫌疑人有罪。

下面展示了两种不同角度是如何影响最终的过程信息的，继而，这两个角度还会决定不同的制作方式。

**过程信息 1:** 观众应该领悟到节目嘉宾的某些主要辩护策略。

在这个例子中，问题可能会围绕该律师从前办过的案件以及这些案件成功或者失败的原因来展开。你需要一名懂法律的采访者吗？是的。该采访者能够为观众解释法律术语，或者直接在法律框架之中，对律师的道德观提出质疑。精心布置的模拟律师办公室的演播室场景同样也很合适，你甚至可以考虑在真正的律师办公室进行采访。

**过程信息 2:** 观众应该更深刻地领悟到律师在处理极其困难的案件时，其内心的良知和感受，以及该律师使用具体辩护策略时如何处理个人的道德标准。

你是否需要一个法律专家来主持节目？完全不必。一个心理学家可能更适合于引导这种谈话。在节目的大部分采访过程中，你大概会采用该律师的特写镜头。甚至在主持人提问时，镜头仍然停留在嘉宾的特写上面。反应镜头（该律师留心听主持人提问）通常比动作镜头（该律师回答问题）更加强烈而有效。那么该采访是否需要一个精心布置的律师办公室场景呢？不需要。因为这个访谈主要是将律师当作一个人来看待，而不是将一个人当作律师来看待。因此，你可以在任何环境中进行这个节目的制作。在采访的场景中，你所需要的，只是两把舒服的椅子而已。

一些不受欢迎的建议：电视制作人员在拍摄节目时一般都不愿意只显示那颗"说话的脑袋"——即只有说话人的特写，而没有其他视觉材料、特效或者一段持续流淌着的背景音乐。不要盲目相信这种偏见，只要话说得好，就不需要附加其他杂乱的视觉和听觉材料。

正如你所看到的这样，在这个案例中，角度并不是独立陈述的，而是镶嵌进了过程信息之中。但是，如果你是要写一部戏剧的话，你需要过程信息吗？当然不需要。哪怕一个规划得很好的过程信息，也不能帮你写出更有感染力的戏剧。任何一种戏剧性的呈现，都有其自身的内在结构，这种结构并不能从对观众的预期传播效果的阐述中获益。在戏剧写作中，更重要的是去考虑角色发展和矛盾冲突的建构，而不是去确定你想让观众哭还是笑。而更多的目的导向的节目模式，比如教学节目、采访、纪录片，当然还有广告，都能从精确阐述的过程信息中获得巨大的好处。

### 1.1.3　制作人员

即使是最先进的电视制作设备和电脑界面，也不能替代人在电视制作过程中的作用。你和其他工作人员，依然具有至高无上的地位——至少目前如此。机器设备不能代替人来进行伦理和审美方面的判断；它也不能准确地告诉你，为了达到最好的传播效果，应当选取事件的哪一个部分，以及以哪种方式去展现。你是在正常的交流意图中，在与制作团队中的其他工作人员的互动中做出各种决定的。这些工作人员包括摄制人员、技术人员、工程师和行政、管理人员。你可能很快就会发现，电视制作的主要任务，是和人，而非和机器一起工作。总的来说，我们能把制作人员分为技术性人员和非技术性人员。因为新闻制作人员通常独立于常规制作人员之外工作，我们把他们单独列出。

#### 非技术性制作人员

非技术性制作人员（nontechnical production per-sonnel）通常情况下参与将脚本或事件转换为有效的电视画面。因为他们和被称之为线下人员（below-the-line personnel）的技术人员处于不同的预算目录中，所以他们也被称为线上人员（above-the-line personnel）。线上人员和线下人员的区别并不是绝对的或统一的。两者会因为摄制组成员所隶属工会的不同，以及制作公司的预算习惯不同而发生改变。因此我们在这里使用更显而易见的区分方法。表 1.1 和 1.2 展示了主要非技术人员和技术人员的首要职能。**见表 1.1、1.2**

#### 表 1.1　非技术性制作人员

| 制作人员 | 职　能 |
|---|---|
| **非技术性制作人员** | |
| 行政制片人<br>Executive Producer | 负责制作一个或多个电视节目。管理预算，在客户、电视台管理部门、广告代理机构、投资人、出镜人和编剧代理人之间进行沟通协调。 |
| 制片人<br>Producer | 负责单个节目的制作。对所有参与制作的工作人员负责，同时协调技术性和非技术性制作要素。通常同时担任编剧，偶尔担任导演。 |
| 协同制片人<br>Associate Producer（AP） | 在所有制作相关事务中协助制片人。通常负责实际的协调工作，比如电话联系出镜人，确定日程。 |
| 执行制片人<br>Line Producer | 监督每日的拍摄制作活动。 |
| 现场制片人<br>Field Producer | 协助制片人负责现场拍摄事务（在演播室之外）。在小型电视台，这个工作可能是制片人负责。 |
| 制片主任<br>Production Manager | 为所有演播室和外景的电视制作排定人员和器材使用的时间表。也被称为播出运营总监（director of broadcast operations）。 |
| 制片助理<br>Production Assistant（PA） | 在实际拍摄中协助制片人和导演进行工作。在排练阶段，记录制片人和导演关于改进节目的意见。 |
| 导演<br>Director | 负责指挥出镜人和技术制作事务。最终负责把剧本转换成有效的视频和音频信息。在小型电视台中，通常兼任制片人。 |
| 副导演<br>Associate Director（AD） | 在整个节目制作过程中协助导演，在演播室节目制作中为导演计时，在复杂的制片活动中，负责保障各种操作"准备就绪（ready）"（比如为某些特殊镜头的拍摄进行预设工作，或者指示操作人员何时开机录制）。也被称为助理导演（assistant director）。 |
| 现场导演<br>Floor Manager | 负责演播室的所有制作活动。与出镜人沟通，将导演提示传达给出镜人，监督现场工作人员。除了大型节目制作外，还负责搭建和装饰布景。也被称为现场指导（floor director）或舞台监督（stage manager）。 |
| 现场工作人员<br>Floor Person | 搭建和装饰布景。操作提词板或其他提示用具，托架卡片，或需要在屏幕上出现的图形图表等。有时也帮助布置和操作现场照明设备、话筒吊杆。帮助摄像师移动摄像车和摄像机线缆。在小型电视台也充当服装和化妆工作人员。现场工作人员也被称为器械师（grips）、布景员（stagehands）和设备人员（utilities personnel）。 |

**表 1.1 非技术性制作人员（续）**

| 制作人员 | 职 能 |
|---|---|
| **非 技 术 性 制 作 人 员** | |
| 在小型节目制作中，这些制作人员并不总是摄制组的固定组成部分，或者这些工作会由其他人员兼任。 | |
| 编剧<br>Writer | 通常会雇用自由撰稿人。在小型电视台和电视公司，节目脚本通常由导演或制片人撰写。 |
| 美术指导<br>Art Director | 负责节目的视觉创意设计（布景设计、场地和 / 或图形）。 |
| 绘图师<br>Graphic Artist | 准备电脑图形、字幕、图表和电子背景。 |
| 化妆师<br>Makeup Artist | 为所有出镜人化妆，通常雇用自由职业者担任。 |
| 服装设计<br>Costume Designer | 为戏剧节目、舞蹈节目和儿童节目等提供各种设计，甚至缝制戏服，通常雇用自由职业者担任。 |
| 服装管理员<br>Wardrobe Person | 处理节目制作期间所有的服装事务。 |
| 道具员<br>Property Manager | 维护和管理各种装置和道具。只有在大型制作中才会设置该人员，否则，道具管理工作由现场导演负责。 |
| 声音设计<br>Sound Designer | 在后期制作阶段制作节目中的所有音频轨道（对话和音效）。通常雇用自由职业者担任。 |

值得注意的是，在较小规模的电视制作中，一个工作人员还往往身兼数职。比如，制片人可能同时也是该节目的编剧和导演，现场导演也可能负责执行制片的工作。你也可能发现肥皂剧和数字电影当中都有的那种副导演，很少出现在常规的电视节目制作中。美术指导也担负着绘图师的功能，大多数中型或更小的制作公司，很少会雇用长期的服装设计、服装师、道具师或者声音设计师。那些站在镜头前面的电视人才——艺人和演员，通常都被看作是非技术性制作人员的一部分（将在第 15 章中讨论）。

## 技术性制作人员和摄制组

技术性制作人员（technical production personnel）主要由操作制作设备的工作人员组成。他们通常是摄制组的一部分。技术性制作人员包括摄像师、音频和照明人员、录像机操作员、视频剪辑师、字幕机（character generator，缩写 C. G.）操作人员，以及建立

信号传送、负责传播的工作人员。技术性一词在这里并不是指电子专业技能，而是指能熟练自信地操作电子设备。真正的工程师，不仅熟悉电子技术，而且当某个部件出故障的时候，还知道从何处入手进行检修，但是他们一般不操作设备，而是保证整个系统流畅运行，监督设备安装、对设备进行维护。然而，在大型的专业节目制作中，你会发现，技术性制作人员仍然会被称为工程师，这主要是为了符合工会设立的传统工种划分方法。

摄影指导（director of photography，缩写 DP）有时会被列入非技术性制作人员，但有时又会是技术性团队的一员。这个术语是从电影制作中借过来的，也在电视行业中找到了自己的位置。在标准的影院电影制作中，摄影指导主要是对布光和胶片的恰当曝光负责，而不是去操作摄影机。在更小型的电影摄制组和电子现场制作（EFP）中，摄影指导要负责操作摄像机和布光。所以当你听到某个独立电视制片人或导演正在寻

**表 1.2** 技术性制作人员

| 制作人员 | 职　能 |
| --- | --- |
| **工 程 类 人 员** | |
| 这些人员是真正的工程师，他们负责采购、安装技术设备，使其发挥正常的功能，并对所有设备进行维护。 | |
| 总工程师<br>Chief Engineer | 统管所有的技术人员、预算和设备。设计系统，包括信号发送装置，监督设备日常的安装与使用。 |
| 副总工程师<br>Assistant Chief Engineer | 协助总工程师管理所有技术事务和设备使用。也被称为工程主管（engineer supervisor）。 |
| 演播室或现场主管工程师<br>Studio or Remote Engineer-in-charge | 监督所有的技术性操作环节。也被称为 EIC。 |
| 维护工程师<br>Maintenance Engineer | 在节目制作中负责所有技术设备的维护和故障检修。 |
| **非 工 程 类 人 员** | |
| 尽管以下的技术人员具有非常熟练的技术，但他们并不是工程师，而通常由经过技术训练的制作人员组成。 | |
| 技术导演<br>Technical Director（TD） | 主要从事视频切像工作，通常也是技术成员的主管。 |
| 摄像师<br>Camera Operator | 操作摄像机，在简单的节目制作中还担负着布光的任务。在现场制作（EFP/ENG）中，有时也被称为摄像员（videographer）或掌机员（shooter）。 |
| 摄影指导<br>Director of Photography（DP） | 在电影制作中，负责布光。在电子现场制作（EFP）中，负责操作 EFP 摄像机。 |
| 照明指导<br>Lighting Director（LD） | 负责布光，通常在大型制作中才设置此类工作人员。 |
| 视频操作员<br>Video Operator（VO） | 调整摄像机控制器以获得最优化效果的人员（调光）。有时还承担着其他技术职务，尤其在现场节目制作中。也被称为视频师（Shader）。 |
| 声音技术员<br>Audio Technician | 负责声音设备的操作，在节目进行过程中操作调音台。也被称为声音工程师（audio engineer）。 |
| 录像操作员<br>Video-record Operator | 操作磁带介质或磁盘介质的录像设备。 |
| 字幕机操作员<br>Character Generator（C. G.）Operator | 在电脑上键入或调出演职人员名单和其他图表资料，并使之与视频图像合成。 |
| 视频剪辑师<br>Video Editor | 操作后期剪辑设备，通常制定或协助完成创意性的剪辑决策。 |
| 数字图表师<br>Digital Graphic Artist | 为节目播出制作数字图表，可以是非技术性工作人员。 |

找一个既信得过又有创造力的摄像指导时，他最想找的，其实是一个熟练的 EFP 摄影机操作人员。**见表 1.2**

如上所述，正因为制作规模、拍摄场地和节目复杂程度的不同，很多技术性和非技术性制作人员的作用是相互重叠，甚至不断变化的。例如，要拍摄一位企业总裁的半年度演说，在最开始的筹备中，你可能是以制片人的身份工作，之后，从拍摄的那一天开始，你可能会发现自己忙于各种技术性事宜，比如照明和摄像机操作。在肥皂剧等大制作的节目中，你的职责要有限得多。作为制片人时，你不用去做布光或操作摄像机，而作为摄像师时，即使制片进度已落后于计划表，而且你手头也没有任何事情可以做，你也得等待照明团队先布完光，再开展你的工作。

## 新闻制作人员

几乎所有的电视台都会制作至少一档日播新闻节目。实际上，播出新闻节目通常是这些电视台最主要的制作活动。因为电视台的新闻部门必须要对各种制作任务做出迅速的反应，比如市区的一次火灾或者市政厅前的一次抗议活动，这样的事件发生前几乎都没有前期准备的时间。因此新闻部门都有自己的新闻制作人员（news production personnel）。这些人拥有高度专业化的职能，专门从事新闻、纪录片和特殊事件的制作。**见表 1.3**

**表 1.3** 新闻制作人员

| 制作人员 | 职 能 |
| --- | --- |
| 新闻导演<br>News Director | 负责所有的新闻制作。对最终的新闻播出负全责。 |
| 制片人<br>Producer | 直接负责新闻报道的选题，决定各报道事件在整个新闻播报中的位置顺序，以使新闻节目形成一个统一而平衡的整体。 |
| 责任编辑<br>Assignment Editor | 指派报道记者和摄像师对具体的事件进行报道。 |
| 报道记者<br>Reporter | 搜集新闻故事，在外景中通常站在摄像机前进行报道。 |
| 视频记者<br>Video Journalist | 能够自己编辑自己拍摄素材的记者。 |
| 摄像员<br>Videographer | 摄录一体机操作员。当报道记者不在场时，决定该对事件的哪个部分进行报道。也被称为新闻摄影师（news photographer）和摄像师（shooter）。 |
| 撰稿人<br>Writer | 以记者的笔记和拍摄素材为基础，为新闻节目主持人撰写解说词。 |
| 视频剪辑<br>Video Editor | 按照记者写的笔记、撰稿人写的稿子和制片人的指示剪辑视频。 |
| 主播<br>Anchor | 新闻节目的主要主持人，通常坐在演播室中进行播报。 |
| 天气预报员<br>Weathercaster | 出镜主持人，报道天气。 |
| 交通报道员<br>Traffic Reporter | 出镜主持人，报道当地交通情况。 |
| 体育解说员<br>Sportscaster | 出镜主持人，报道赛事新闻，进行赛事评论。 |

新闻制作人员中的一种新工种叫视频记者（video journalist，缩写 VJ），兼具报道记者、摄像师、撰稿和剪辑师的功能。这个苛刻工种的设立，明显不是为了提高新闻报道的覆盖率，而是为了省钱。然而，正如你所看到的，在电视制作行业中，你不能再盯着某个狭窄的领域进行训练，而必须对所有方面都流畅自如。

和其他组织一样，电视台和小型视频公司配备的工作人员，比本章中列出的要多，比如办事员、接电话的、安排日程的、卖广告时段的、商定合同的、搭建和绘制布景的，以及清洁工。因为这些服务性人员的工作职能在基本电视制作系统之外，所以他们的职能也不在此讨论。

## 要点

▶ 三个制作阶段是前期筹备、拍摄阶段和后期制作。

▶ 前期筹备包括节目实拍之前的准备活动。它通常由两个阶段构成。阶段一将基本创意转换到脚本；阶段二选择必备的器材（摄像机、话筒及其他）、拍摄地（演播室或现场取景地），以及将脚本变成电视节目的工作人员。

▶ 拍摄阶段包括摄制组操作制作设备来创作节目或节目片段的所有活动。直接就完成的节目可以以录制的方式保存或直接传送播出。节目片段的录制通常用于后期制作。

▶ 后期制作主要指音频和视频的剪辑，以恰当的方式排列各种在拍摄阶段录制下来的节目素材。后期制作也会涉及对视频和音频素材的质量改善。

▶ 果因模式能够促进节目制作诉求的实现。它从基础创意阶段就考虑过程信息（预期对观众的传播效果），再推导能够制造这种过程信息的媒介条件（内容、制作人员和设备）。实际传达的过程信息越符合最初的设定，节目就越成功。

▶ 非技术性制作人员由设计节目的人员（编剧、美术指导、声音设计等）和执行制作任务的人员（制片人、导演、现场导演以及助理）构成。

▶ 技术性制作人员包括安装和维护制作设备的工程师，以及操作制作设备的非工程师人员。

▶ 新闻部门拥有自己的制作人员，包括各式各样的制片人、撰稿人、责任编辑、绘图师、报道记者和摄像师，以及能够包揽报道记者、摄像师、撰稿人、剪辑等所有工作的视频记者。

# 制作技术系统

为了弄清楚各种电视制作设备，以及它们在多机位或单机位制作中的相互作用，你应该把它们理解为同一个系统的组成部分。这样一来，你便能想象它们如何共同发挥作用，虽然这些设备在这里是被分开讲述的。这一节将对演播室、现场制作系统和主要的摄制设备分别进行概述。

▶ **电视制作基本系统**
　节目主持人的形象如何显现在电视机上

▶ **电视制作扩展系统**
　多机演播室系统

▶ **现场制作系统**
　ENG（电子新闻采集）和 EFP（电子现场制作）系统

▶ **主要设备**
　摄像机、照明器材、录音设备、切换台、录像器材，以及后期剪辑设备

## 1.2.1 电视制作基本系统

一个系统包括一系列的组成部分，这些组成部分一同运作以达到某个具体的工作目的。没有任何一个组成部分能够独立工作，每个组成部分均依赖于其他组成部分的正常运作。电视制作系统（television system）由设备和操控设备来制作具体节目的工作人员组成。

### 节目主持人的形象如何显现在电视机上

任何电视节目，无论简单还是复杂，无论在演播室还是在现场取景地拍摄，其电视摄制系统均遵循着这样一个基本原则——电视摄像机将它"看到"的任何东西（光学图像），转换成电子信号，这种电子信号可以被暂时储存，或者被电视机直接再次转换为屏幕上可见的影像；话筒则把它能"听到"的任何声音（实际声音），也转换成电子信号，这一信号或被暂时存储，或被扬声器直接再次转换为声音。总的来说，电视摄制基本系统将一种能量形态（光学图像、实际声音）转导（转换）为另一种能量形态（电子能量）。**见图 1.2** 图像信号也称为视频信号，声音信号也被称为音频信号。任何小型家用摄录一体机都包含这样一套系统。

## 1.2.2 电视制作扩展系统

电视摄制扩展系统拥有更加多样化的设备配置。诸如新闻、采访、有奖竞赛和肥皂剧等电视节目，会使用多机演播室系统进行制作。

### 多机演播室系统

多机演播室系统的基本构成部分包括：两台或两台以上的摄像机，与之相应的摄像机控制器（CCU），多台预览监视器，一个切换台，一台线路监视器，一台或一台以上录像机，以及可用于传送视频信号到录像机和（或）信号传输装置的传输线路。**见图 1.3**

通常情况下，一套完善的扩展系统，还需要整合电脑服务器，用于回放的磁带设备，能够制作多种美学风格字体和图形的生成器，以及一套剪辑系统。

扩展系统中的音频部分，包括一只或一只以上的话筒，混音设备或调音台，音频监听设备（音箱），以及将声音信号传送到录像机或服务器和（或）发射器的传输线路（见图 1.3）。

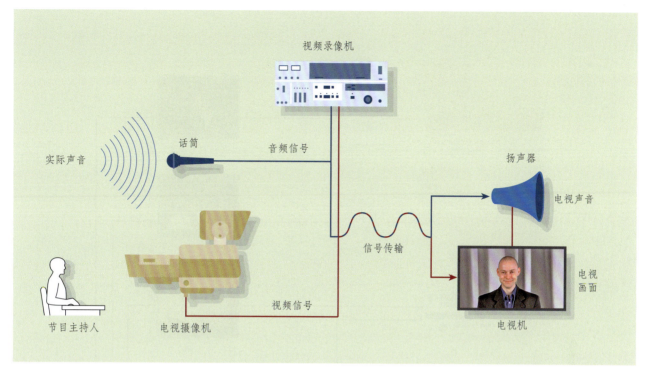

**图 1.2　电视制作基本系统**
电视制作基本系统将光线和声音转换为视频与音频的电子信号，通过无线或有线方式进行信号传输，再由电视机和扬声器将电子信号转换成电视的画面与声音。

## 1.2.3　现场制作系统

　　除了实况运动会或特别事件报道中会用到大型的远程转播设备以外，现场制作系统比普通的演播室系统简单得多。这些现场制作通常包括 ENG（electronic news gathering，即电子新闻采集）或更加复杂的 EFP（electronic field production，即电子现场制作）。

### ENG 系统

　　一台新闻摄录一体机通常即可完成电子新闻采集任务。它在一个小得出奇的盒子里容纳了整个视频系统。它包含了采集和记录某一事件所需的一切要素。扩展的 ENG 系统会使用外置话筒作为对摄像机内置话筒的补充，也会使用小型信号发射器将信号远程传送到电视台或电子新闻采编的电视车上。见图 1.4

### EFP 系统

　　电子现场制作系统通常由一台独立的便携式 EFP 摄像机和一台外接录像设备或一台摄录一体机组成，

这些设备记录事件进程中的各个环节点，以用于后期剪辑。比较复杂的制作往往会使用多部摄像机或摄录一体机，同时从不同的视点捕捉同一事件的进程。见图 1.5

## 1.2.4　主要设备

　　带着对电视摄制扩展系统已有的概念，我们将简要探究构成它的六个基础元素：摄像机、灯光、音频设备、切换台、录像机和后期剪辑设备。在理解电视摄制设备时，要把每件设备及其运作功能放到电视系统这个更广的背景中去考量，亦即要了解该设备与其他设备之间的关系。之后，将设备与操作设备的人——电视制作人员联系起来。归根结底，真正为摄制系统赋予价值的，不单纯是机器之间流畅稳定的交互运作，而是摄制组工作人员对电视制作设备熟练而稳健的使用。

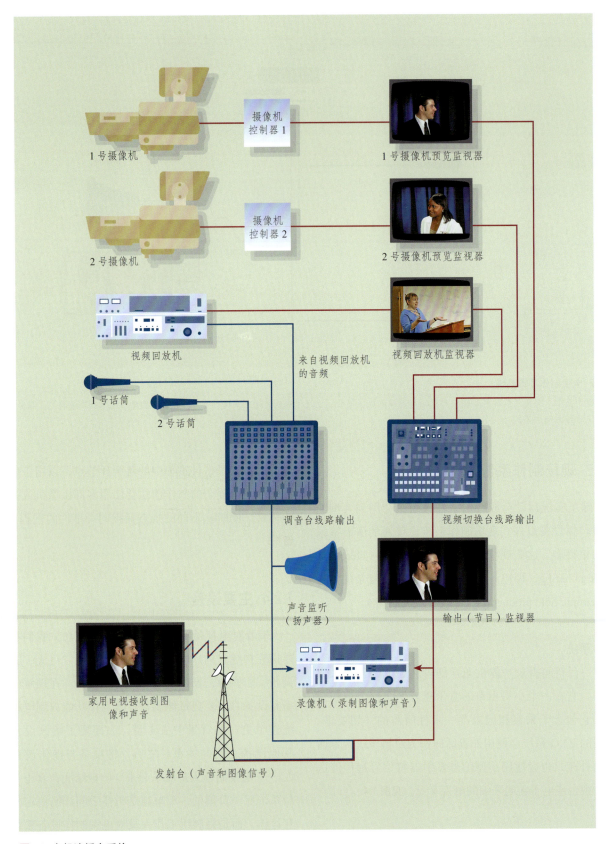

**图 1.3 多机演播室系统**

多机演播室系统包括品质控件系统（摄像机控制器和调音台），选择控件系统（切换台和调音台），以及用于预览声音与画面的监视器组。

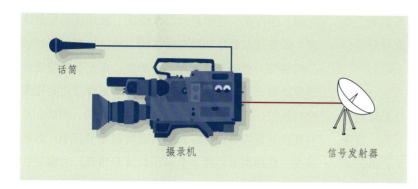

**图 1.4 ENG 系统**

ENG 系统由一台摄录一体机和一只话筒组成。摄录一体机能够记录视频和音频，也具备所有与音视频品质控制相关的操控部件。为了传送现场实况到演播室，一台便携式信号发射器是必备的。

话筒

摄录机　　　　　信号发射器

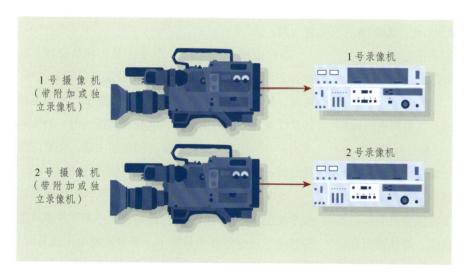

**图 1.5 EFP 系统**

EFP 系统和 ENG 系统很相似，但它通常会配备一台以上的摄像机，从而可以将不同的图像输出到不同的录像机上。

1号摄像机
（带附加或独立录像机）　　　1号录像机

2号摄像机
（带附加或独立录像机）　　　2号录像机

## 摄像机

最显而易见的摄制设备——摄像机，分为多种尺寸和不同配置。一些摄像机非常小，可以轻易地放进一件外套的口袋里；而另一些则非常重，必须使大力才能把它扛到支架上。支架让摄像师能够相对轻松地在演播室中移动沉重的摄像机、镜头和提示器。

ENG 和 EFP 摄录一体机都属于轻便式摄像机，它们可采用多种记录媒介——磁带、硬盘、光盘和记忆卡（也被称为闪存）。它们的操作方法和家用摄像机型差不多，但却拥有更好的镜头（可拆换），更好的成像装置（将进入镜头的光线转换成视频信号），以及更多的操控功能，使摄像机在不理想的环境下也能获得优质画面。事实上，一些新的 HDV（高清视频）摄录一体机仅仅是从高端的家用机型升级而来的。

很多高端的 ENG/EFP 摄录一体机已经告别了磁带这种录制介质，而是将画面和声音记录在硬盘、光盘或者记忆卡上。使用盘式介质的便利性在于，素材可以直接传送到数字化剪辑系统用于剪接。

## 照　明

和人眼一样，如果拍摄现场周围没有一定亮度的光线，摄像机也不能清晰地去观察物体。因为事实上我们看见的并不是物体，而是光线在物体上面的反射。对落在物体上面的光线进行控制，会影响我们在屏幕上对它们的感知。对光线进行有目的的操控被称为照明。

**照明方式**　所有的电视照明基本上由两种照明方式构成：定向光和漫射光。定向光有明显可见的光束，同时能投下强烈的阴影。你可以将光束瞄准要照射的某个精确区域。诸如闪光灯或汽车的前大灯发出的光线就属于定向光。在电视和电影行业，这样的灯光又被称为聚光灯。漫射光有广阔而不明显的光束，能照明相对较大的区域，同时产生柔和、半透明的阴影。

百货商店的那种荧光灯发出的光线就属于漫射光。电视和电影制作行业通常使用泛光灯来实现这种非指向性的布光。

照明工具　在电视演播室，聚光灯和泛光灯通常被悬挂于吊杆上。吊杆可以在高至贴近天花板、低至贴近地面的范围内进行调节。这让布光人员能够按照需要，将各种灯具安装到吊杆的相应位置上。当吊杆升起来的时候，摄像机和摄制组成员可以在演播室地板上自由地搬来搬去，而不会影响到布光。见图 1.6

ENG 和 EFP 系统使用更小、更灵活的设备，它们可以迅速设置，插到普通的家用插座上。

照明技术　正如之前提到过的，照明即通过操控光线和阴影来影响我们对屏幕形象的观看与感知方式。所有的电视照明都建立在这样一个简单的原则上：照亮特定区域，塑造阴影，将一个场景的总体照明水平提升至一种强度，在此强度基础上，摄像机能够捕捉到最佳画面并创造出某种特定的情绪。最佳画面意味着，色彩能够在包括阴影区在内的各种范围内均得到忠实还原。在一个场景内，最暗的部分和最亮的部分

之间，还存在一定数量的亮度级别，最佳画面也意味着，即便是在最暗和最亮的区域，你也仍然可以看到一些细节。对于一些电视节目而言，布光会被故意处理得单调而平面，这意味着亮部与阴影部分之间几乎没有反差。这样的布光方式通常见诸新闻、访谈、有奖竞技和情景喜剧，以及一些现场制作节目中。而犯罪类、推理类节目通常会采用高反差布光，为画面创造出浓重的阴影区域，从而增强其戏剧性张力。

## 音　频

虽然电视（television）二字中并不包括音频，但声音部分仍然是一个电视节目中最重要的元素之一。电视音频不仅能传达准确的信息，还能极大地增强对场景气氛和环境的渲染。在电视新闻播出时，如果你关掉声音，那么，即便是最好的新闻主播，也难以仅凭面部表情、图表和视频图像来传达新闻故事的内容。

当你在听一个犯罪题材节目的背景声时，声音的美学功能（让我们以一种特殊的方式感知某件事或某种感觉）就变得显而易见了。警察高速追击凶犯时，轮胎产生的嘎吱声固然非常真实，然而伴随在场景中的那些刺激、快速而节奏强烈的背景音乐却是人为的。

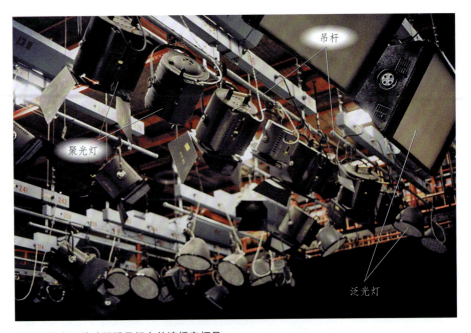

**图 1.6 挂在可移动照明吊杆上的演播室灯具**

标准的摄影棚采用聚光灯和泛光灯进行布光。所有的灯具都悬挂在吊杆上，吊杆可在高至贴近天花板、低至贴近地面的范围内进行调节。

**图 1.7　吊杆话筒**
这只枪式高指向性话筒吊在一根吊杆上，由吊杆操作员（boom operator）握持。

我们已经习惯了这样的设计，以至于如果没有这些音乐，我们在感受场景的时候，就不会那么带劲儿。事实上，一些犯罪节目和广告，会通篇贯穿一条强节拍的音轨，甚至在对话出现的时候也是这样。通常情况下，声音比画面更易于传递事件的力量。

就算你并不打算做一名声音设计师，你也需要尽可能多地了解主要的声音制作设备，它们包括：话筒、声音控制设备、声音录制和回放设备。

**话筒**　所有的话筒都可以将声波转换为电能——音频信号。声音信号被放大之后，再传送到扬声器中，扬声器又将这些信号变成可听得到的声音。当今多种多样的话筒设计，是为了满足不同的用途：采集新闻主播的声音，捕获网球比赛的声音，记录摇滚音乐会的声音——所有这些用途都会涉及不同种类的话筒或话筒套件。

有一种话筒被称为领夹式话筒（lavalier mic），体积非常小，使用时可以夹在表演者的衣服上。手持话筒要大一些，使用时由表演者手持或安装在话筒支架上。吊杆话筒（boom），又被称为长距离话筒（long-distance mic），要么悬挂在小型吊杆上（又被称为钓竿，由操作者握持），要么悬挂在大型吊杆上，其操作员坐在一个可移动的平台上。见图 1.7

**声音控制设备**　在声音制作中，最重要的声音控制设备就是调音台。在调音台上，你可以选择一个特定的话筒或其他声音输入端口，将来自话筒或其他来源的某个微弱的声音信号放大，以便下一步的操作。调音台也可以控制音量和音质，以及将两个及两个以上的声音素材进行混合（合并）。在相对比较简单的制作中，比如新闻报道或采访时，你应该主要关注的，就是让音频维持在一个适度的音量大小范围之内。如果音量太低，观众或听众就不能清楚地听到声音；如果音量太高，那么声音就变得尤为刺耳，同时因为过于失真，在后期制作中可能无法被修复。

在电子新闻采集（ENG）和电子现场制作（EFP）中，声音通常由摄像师来控制，他们会戴着一个能听到录入声音的小型耳机。由于摄像师要忙于操作摄像机，所以摄录一体机上的声音控制通常会设置为自动。在更为严格的电子现场制作中，录入声音的音量控制，通常由一台便携式混音器来完成。

**声音录制与回放设备**　当一个事件被录制下来以用于后期制作时，其大部分的对话音与环境音也随着画面被同期记录下来。

复杂的大型演播室制作，通常会采取单机逐场逐条进行拍摄。这和电影的制作方式很相像。在这种情况下，音轨在后期制作阶段将会进行很多操作。比如爆炸声、警笛声和撞车声等，通常都是在后期制作时通过配音（添加声音）来完成的。甚至连部分原始对白，偶尔也会在录音棚里重新被制作一遍，尤其当这些对白发生在户外时。就像你无疑知道，或者可能遭遇过这种经验：风时刻都在干扰你获取干净的声音。

### 切换台

切换台的工作原理和能选择不同电台的车载收音机的按键类似。切换台可以让你选择不同的视频输入信号，比如摄像机、录像机、字幕机以及其他特效，并且通过各种转换将这些信号加入正在播出中的节目里面。实际上，切换台为实时剪辑（instantaneous editing）创造了条件。

任何切换台，无论其简单或复杂，都能够发挥三项基本功能：其一，从多路输入信号中选择合适的视频素材；其二，在两路视频素材之间进行简单的转换；其三，生成或检索特效，比如画面分屏（screen split）。

如果你现在回头看图1.3，就会发现，三路视频输入信号，1号摄像机、2号摄像机，以及一台录像机，均连接在了切换台上。在这三路信号中，切换台切到了1号摄像机的信号，并将其播出。

### 录像机

电视的一个独一无二的特质，就是能进行直播（live）的信号传送。这意味着它能将某个正在发生着的事件的画面和声音采集下来，然后立即传送给世界各地的观众。当然，大多数的电视节目，采用的都是先录制素材、再回放播出的方式。这种方式由两种基本录制系统构成：使用磁带介质的录像机和不使用磁带介质的录像机。

**磁带录像机** 尽管在节目制作中，数字录制技术比磁带更有效率，数字录制技术也以日新月异的速度在持续发展着，但有时磁带录像机（VTR）我们也还

是会用到。所以，先不要急着扔掉你的老式盒式磁带录像机（VCR）、录像带收藏，以及以磁带为记录介质的摄像机。在大型和小型的摄录一体机，包括高端的高清视频（HDV）和高清电视（HDTV）系统中，磁带仍然还被广泛使用着。要注意的是，在磁带上，你可以进行模拟或数码两种形式的记录。

磁带录像机可以按照其录像时所使用的电子系统进行划分（DVCPRO、S-VHS或者VHS），有时也按照磁带的规格和型号（磁带的宽度）进行划分。一些旧式的磁带录像系统还在使用1/2英寸盒式录像带（12.7毫米，比如数字式Betacam SX、S-VHS和VHS）。大多数的数字录像系统都使用1/4英寸盒式磁带（6.35毫米），以供标准数字电视（SDTV）、高清视频（HDV）和高清电视（HDTV）使用。

**无磁带系统** 巨大而迅速的变革已经营造了一种不再需要磁带的环境。其间，所有视频的录制、储存和回放都是在不依赖磁带的系统中完成的。这种无磁带系统使用硬盘、光盘、记忆卡（闪存卡）作为记录介质。

高容量的硬盘已经被广泛地用于音频和视频信息的记录、操作以及检索，这些活动在台式电脑和后期制作中的专用剪辑系统（特制剪辑软件）上进行。那些含有超大容量（达到TB量级，1TB等于1024GB）的硬盘，又被称为服务器，它们已经在大多数电视台中取代了磁带的地位，成为每日节目的储存和播放的新载体。

### 后期剪辑

从原则上来说，后期剪辑是相对简单的：你从原始素材中选择有用的镜头，在镜头间添加过渡转换效果，把它们以某种特定顺序进行排列。但在实践当中，剪辑却是非常复杂和耗时的工作，尤其当它涉及大量的音频处理时。

**非线性剪辑系统** 非线性剪辑系统（nonlinear editing，缩写NLE）并不使用磁带。在剪辑开始之前，录制的所有素材首先要传输到剪辑系统的硬盘当

中。这一剪辑系统可以是一台笔记本电脑或台式电脑，也可以是专门为后期剪辑设计的工作站。一旦素材都存到剪辑系统的硬盘里面以后，你就可以操控音频和视频片段了，这和在文字处理系统中编辑文字是一样的。你可以调用、移动、剪切、粘贴，连接各式各样的镜头和音频片段，就像你在编辑文档时对词、句子和段落进行处理那样。这种剪辑方法被称为非线性剪辑，因为你可以调用任何的镜头或其中的一帧画面（frame）而不用理会最初采集素材时的顺序。

大部分非线性剪辑软件都能制作高分辨率、全画幅、全动态的视频和音频序列。你也可以选择使用低分辨率的画面进行粗剪，之后再生成一份剪辑决策清单（edit decision list，缩写 EDL），这份清单会引导你完成最终高分辨率母版的剪辑，使之能够用于节目的复制和播放。**见图 1.8**

**线性剪辑** 当你使用模拟或数字磁带直接进行后期制作时，你就会使用到线性剪辑（linear editing）。线性剪辑通常情况下需要两台素材录像机（source VTR）和一台录制录像机（record VTR）。前者包含用摄像机拍摄的原始素材，后者用于制作最终的完成版母带。

这三台机器通过剪辑控制器（edit controller），也叫剪辑控制装置（editing control unit）进行同步。该装置能够帮助你迅速准确地找到某个具体场景，哪怕这个场景藏在磁带的中间位置。该装置还控制着素材机和录制机的播放和停止，并且命令录制机在你指定的精确位置上进行剪辑。

**图 1.8 非线性剪辑软件操作界面**

在大多数非线性剪辑系统中，其操作界面都会有一个可用素材片段清单的窗口；一个预览监视窗口，用于显示选定的、即将要进行剪辑的镜头素材片段；一个工作监视窗口，用于显示正在进行剪辑工作的素材；一个视频轨道（蓝色，带有指甲大小的图像）；两条及两条以上的音频轨道（绿色轨道）；以及其他信息，诸如可用的镜头转换特效。

无论你使用哪种剪辑系统，它都不能帮你做出创作决策。在拍摄阶段就开始考虑后期剪辑能够极大地提高剪辑工作的效率。应该把后期剪辑当作创作环节的延伸，而不是一种补救措施。

## 要点

▶ 基本电视制作系统由能制作节目的设备和操作这些设备的工作人员组成。最简单的电视制作系统，包括以下组成元素：将拍摄内容转换为视频信号的摄像机，将录入声音转换为音频信号的话筒，以及能将这两种信号还原为图像和声音的电视机和扬声器。

▶ 扩展电视制作系统在基本电视制作系统的基础上，又增加了一些设备和程序，以便更广泛地选择素材，以更高的质量控制画面和声音，以及更好地录制和（或）传送视频和声音信号。

▶ 电子新闻采集（ENG）系统基本上由一台摄录一体机和一只话筒构成。而电子现场制作（EFP）可能包括多台摄录一体机或现场摄像机、一些照明设备，以及音频和视频控制设备。

▶ 主要的制作元素有摄像机、照明设备、音频设备、调音台、磁带录像机，以及后期剪辑设备。

▶ 摄像机有多种型号：大型演播室用摄像机，需要特别的支撑设备，以便在演播室的地板上面移动；电子新闻采集和电子现场制作摄像机相对较小，能够由操作者手持。在摄录一体机中，录制部件或者安装在机器内，或者以独立的方式附加在机器上。

▶ 照明就是对光线及阴影的控制，它直接影响着我们对屏幕上呈现事物的观感，以及对所放映事件的感受方式。

▶ 光线分为两种，由聚光灯产生的定向光和由泛光灯产生的漫射光。

▶ 音频是电视节目中的声音部分，在传达具体信息和渲染气氛方面具有重要作用。

▶ 音频制作设备包括话筒、声音控制设备和声音录制与回放设备。

▶ 切换台可以让你从多路输入信号之间选择特定画面，并能在两个视频素材之间进行基本切换，从而实现实时剪辑。

▶ 无论是模拟或数字的磁带式录像机，还是无磁带的数字视频录像机，均有多种类型规格。

▶ 无磁带录制系统包括硬盘、光盘和记忆卡（闪存卡）。大容量的硬盘系统被称为服务器，用于对节目素材的录制、储存和回放。

▶ 后期剪辑指从素材中选取不同的镜头，将它们按照一定的顺序排列起来。在非线性剪辑中，数字音视频素材储存在硬盘中，并通过计算机软件进行操作。非线性剪辑系统能制作出符合节目播放和复制标准的高质量音视频序列。对画质较差的素材进行粗剪，或者使用剪辑决策清单（EDL），这对于生成最终的高画质母版来说，有很大的指导作用。

PART

II

第二部分

# 前期筹备

**第 2 章 制片人在前期筹备中的工作**

2.1 制片人要做哪些工作

2.2 信息资源、工会和收视率

**第 3 章 脚 本**

3.1 基本脚本格式

3.2 戏剧性结构、矛盾冲突和剧作法

# CHAPTER

# 2

第 2 章

# 制片人在前期筹备中的工作

你在某个早晨醒来，突然有了一个纪录片的选题创意，这个创意可以秒杀你头天晚上看过的那部纪录片。于是你抓起你的摄像机，然后开始拍摄。一周以后，你有了成堆的素材，你把这些拍摄素材装在盒子里放到一边，在你有时间进行剪辑之前，你不会再去碰它们。然而，当你终于有机会再次观看它们的时候，你发现这些镜头看起来拍得并不好，而这个选题创意似乎也不是那么打动人。你最终放弃了整个项目。

当然，上述这个场景是虚构的。然而，它意在强调，在进入实际拍摄阶段之前，一定要对整个制作过程进行仔细思考和准备，这一步就是至关重要的前期筹备阶段。

你将会发现，当你开始学习这一部分内容时，你不能仅仅做一个被动的读者。你需要假定自己被挂上不同的头衔，扮演各种各样的制作人员角色。有时，你会扮演制片人，在一些章节之后，又开始扮演导演，或者技术团队中的某个特定成员。

在本章中，你将是制片人——一个不仅能让伟大的创意跃然纸上，更能使其成功地被立项，并督促其圆满拍摄完毕的复合人才。

在 2.1 中，你将对前期筹备阶段的第一步负责——将创意转化为脚本，进而将脚本带到拍摄阶段。2.2 介绍了信息资源、工会、法律事务、观众和收视率等，如果你真的想做一名制片人，这些知识将非常有用。

**人口统计（demographics）** 针对年龄、性别、婚姻状况以及收入状况等因素所做的观众调查。

**制作日程表（production schedule）** 关于项目进度的日程表，包括时间、地点、各人员分工，涵盖前期筹备、拍摄阶段和后期制作三个阶段。

**节目提案（program proposal）** 对过程信息和电视节目主要内容进行概括的书面文件。

**消费心理调查（psychographics）** 针对消费习惯、价值观和生活方式等方面数据进行的受众调查。

**收视率（rating）** 收看某特定电视节目的用户数量，在拥有电视的用户总量中所占的百分比。

**收视份额（share）** 收看某特定电视节目的用户数量，占正在看电视的观众的总人数百分比。也就是说，后者统计的是同一时段所有电视机都开着的用户。

**目标观众（target audience）** 传播主体筛选出的，或者期望传递予某些特定信息的观众群。

**时间表（time line）** 从拍摄之日起，显示节目制作过程中各种活动时间安排的计划表，比如召集组员、布置场景以及摄像排练等。

**节目阐述（treatment）** 对电视节目的简短叙述性描述。

► **前期筹备计划：从创意到脚本**
开发节目创意、评估创意、节目提案、编制预算、写作脚本

► **前期筹备计划：协调**
人员联系、设备和场地清单、制作日程表、许可证和批文、
推广与宣传

► **媒介伦理**
遵守社会的主流伦理标准

制片工作意味着将一个有价值的创意转化成一个有价值的电视节目。作为制片人，你主要负责所有的前期筹备活动，并且在预算范围内按时完成各项任务。你要负责节目构思、经费筹集、人员聘用，以及所有制片过程中的协调工作。无论从哪方面看，这都不是一份轻松的工作。但是，就算一个节目所有的创作都由你一个人负责，你还是得为自己扮演制片人的角色。

作为一名制片人，你也许得同时扮演心理学家和生意人，既要能说服投资人购买你的创意，也要能像个技术专家一样讨论某件具体设备，还要能像个社会学家一样开展研究，探明某个社会群体的需求与欲望。经过一些广泛而全面的创意之旅后，你或许会发现自己开始有了学究气，会反复检查某些细节，比如剧组是否给来参加节目的嘉宾准备了足够的咖啡。

考虑到进入实际拍摄阶段之前你必须要做这些痛苦的工作，你或许不想去当一名制片人了。但如果你立志成为电视和数字电影制作领域的专家，那么前期筹备阶段中对项目的详细规划工作，对你而言就至关重要了。就算你只想做一名视频记者，在奔赴报道现场的路上，你也必须做出各种决策。

## 2.1.1 前期筹备计划：从创意到脚本

尽管每个节目都有自己具体的创意和组织管理要求，然而从总体上说，一些技术和方法却是各节目都普遍适用的。一旦你了解了制片人基本的前期筹备活动，无论你在制作团队中充当什么角色，你都可以将这些技能运用到你的工作中。为了帮助你在前期筹备活动中最大限度地提高效率，我们在此重点讨论节目创意、节目提案、预算和脚本。

### 开发节目创意

你在电视和影院里看到和听到的一切，都源于创意。这听起来虽然简单，但要在常规基础上开发一个优秀且切实可行的节目创意却并不容易。作为一名电视制片人，你不能等待着灵感的偶然降临，而必须按照需求，构思有价值的创意。

尽管关于创造过程的研究浩如烟海，但创意究竟是怎么被构思出来的却仍然是一个谜。有时你会发现，好的创意一个接着一个出现，但另一些时候，无论你多么努力，却想不出任何激动人心的东西。要避免这种思维枯竭，你可以将几个人聚在一起，进行头脑风暴（brainstorm）或思维链（clustering）。

你肯定知道这种多人头脑风暴的含义：允许每个人发散思维，提出疯狂的创意，以期其中有人能打破观念的阻塞，从而为思维枯竭画上句号。头脑风暴成功的关键，在于不要对任何人的意见进行评论，即使它离题甚远，要让人畅所欲言。当回放记录这些意见的录音时，你或许会发现，那些完全不相干的意见，可能刚好触发了一个新的思路。

**图 2.1　思维链局部图**

思维链是头脑风暴的一种手写形式。你可以从中心创意开始，然后发散出你脑海中浮现的、与之关联的所有相关分支。

另一种更个人化，也更具结构性的创意方法是思维链。思维链也是头脑风暴的一种，这种方法并不要你说出创意，而是要写下它们。在开始阶段，你写下

一个关键词，比如手机，把它圈起来，然后从这个最初的关键词发散出和它相关的其他关键词。**见图 2.1**

你可以看出，思维链是更有组织性，但也更受限制的头脑风暴形式。与普通头脑风暴相比，思维链更便于展示图形，因此它是一种更好的结构化方法。尽管这种方法通常由个人使用，但你仍可以轻松地找一群人来参加，并收集结果，以备进一步的深入研究。

**评估创意**

评估创意可能是前期筹备阶段中最重要的一个步骤。你需要问两个关键问题：一、这个创意值得做吗？二、这个创意有可行性吗？如果你对这两个问题都能诚实地回答"是"，那么你就可以进入制定过程信息的阶段了。

如果你对上述问题的回答是"也许"或"不"，那就停下来，寻找更好的选题。**见图 2.2**

**这个创意值得做吗？**　不管你做什么项目，你都应该对这个世界有所改变。这意味着，无论你是做新闻简讯、专题片还是主流电影，你都应该对某些人的生活产生正面的影响（理想情况下，要对所有观看你

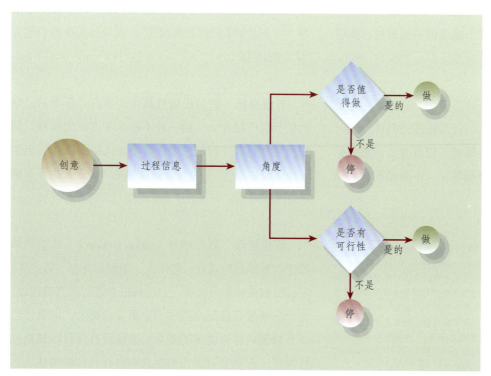

**图 2.2　创意评估**

当你把创意转换为过程信息，也找到了一个有效的角度，你就必须提出两个关键性的评估问题：这个创意是否值得做？以及这个创意是否有可行性？

节目的人产生正面影响[①]）。

如果你的创意幸运地通过了评估测试，这时你就能够进入制定过程信息和角度的阶段了。回顾一下第 1 章，过程信息是最基本的节目目标——理想情况下你希望目标观众在观看节目时学什么、做什么和感觉什么。角度是为获得和保持观众的注意力，而赋予故事的某种特定的中心点或转折，它能保证实际的过程信息尽可能地贴近你最初的预设。你对节目的定位和目标越明确，就越容易撰写节目提案，开发脚本，编制预算，以及进行前期筹备相关的其他决策。当然，除此之外，还有另一个问题需要获得解答。

**这个创意有可行性吗？** 一个创意是否可行，取决于你是否拥有对进入拍摄阶段来说必要的预算、制作时间、制作场地和设备。你或许有一个极具前景的创意，但如果你没有钱去支付必要的制作人员、器材和拍摄场地，那你最好现在就放弃这个项目。如果你只有两周时间来制作一个项目，那么你就不能选择去拍一部关于喜马拉雅山上夏尔巴人艰难生活的纪录片。如果你有三台小型摄录一体机，却没有与之匹配的切换台及其附属设备，以及信号发射装置，那么你也不能对一次高中篮球赛进行现场直播。一个创意是否可行还取决于那些不太显眼的不足因素，比如天气不好，制作成员经验匮乏，缺少某个场地的拍摄许可，或者演员未加入工会，等等。

**节目提案**

一旦你通过了上述两个可行性标准的测试，同时对过程信息以及你将如何传播这一信息有了清楚的想法，你就可以着手撰写节目提案了。不要轻视这个提

案，它是保证你的节目能够顺利播出的关键因素，否则你的努力只能化为你硬盘中一个名叫"好创意"的文件。

节目提案（program proposal）是明确你计划要在节目中做什么的书面文件。它简要记述了节目目标和节目内容的主要方面。尽管节目提案没有统一标准的格式，但它至少应该包括如下信息：

- 节目或系列节目的标题
- 节目目标（过程信息）
- 目标观众
- 节目形式（是单个节目、系列节目还是数字电影）
- 节目阐述（通常包括节目角度）
- 制作方法
- 暂定预算

如果你打算制作系列节目，还应该附上其中一集的脚本作为样稿，并列出其他各集的标题。

**节目或系列节目的标题** 要使节目的标题简短易记。或许是因为电视屏幕空间有限，电视制片人不得不使用比电影工作者更短的片名。不要把标题定为"一个大学生的磨难与困苦"，而应该简单地表述为"学生的压力"。

**节目目标** 和过程信息相比，节目目标是对"你想在节目中做什么"的一种不那么学术化的解释。例如，与其写"过程信息是让高中生认识闯红灯的至少五种主要后果"，不如写节目目标是"警告青少年司机不要闯红灯"。

**目标观众** 目标观众（target audience）是指你最希望收看节目的观众：老年人、学龄前儿童、青少年、家庭主妇或旅游爱好者。对过程信息进行恰当的阐述，会为你确定目标观众提供一个重要的提示。即便你想让节目面向尽可能多的观众，因此没有对目标观众进行界定，你也要对潜在的观众群进行具体的描述。不

---

[①] 斯图尔特·海德（Stuart W. Hyde）就"有意义的影像"（significant vision）这一理论进行了长达半个世纪的写作和演讲。具体请参看他的著作《从创意到剧本：当代媒介叙事》（*Idea to Script: Storytelling for Today's Media*，波士顿：Allyn and Bacon，2003 年），第 58—64 页。艾美奖获奖记者，丹麦新闻大学电视新闻系主任，南希·格拉汉·霍姆（Nancy Graham Holm）这样强调："任何值得讲述的故事都具备有意义的影像。"她将有意义定义为："解决某个问题，应对某个挑战，克服某个阻碍，处理某个威胁，做出某个决定或选择，释放某种压力，缓和某种张力，庆祝某次胜利，对友善表达谢意。"参看她的著作《魅力：方便观众的电视新闻》（*Fascination: Viewer Friendly TV Journalism*，丹麦奥胡斯：Ajour Danish 媒介丛书，2007 年），第 51 页。

要将你计划制作的系列喜剧的观众简单地描述为"普通观众"，而应该将首要的目标观众描述为"18—30岁的年龄段"，或者，"60岁以上需要欢笑的人群"。

当你已进入实际的前期筹备阶段，你就可以根据人口统计学（demographics）来进一步定义受众群体，比如性别、种族、受教育程度、收入水平、家庭规模、宗教信仰和地理位置（城市或郊区）。你也可以根据消费心理学（psychographics）来定义目标观众，比如消费习惯、购买力、生活方式等。这样的人口统计学和消费心理学描述方式，已在很多广告主和其他影视传播者那里得到了广泛的应用，但在最初的节目提案中，你不用写得那么具体。

**节目形式**　你是想做一个单独的节目，一个全新的系列节目，还是一个已有系列节目的一部分？这个节目的预计播出时长是多少？例如，你打算做一个时长一小时的节目，分两部分介绍世界上各种直升机的不同用途。这些信息对于编制预算来说至关重要。同样，电视台和广播网也需要此类信息，以确定该节目是否适合播出日程的安排。

**节目阐述**　对节目的简短叙述性描述称为节目阐述（treatment）。较为复杂的阐述会提供类似于故事板（storyboard）的插图说明。阐述不应该只概括节目的大致内容，还应该解释它的角度，并通过行文方式体现节目的风格。比如，一个关于计算机生成图像的系列教学节目，其阐述风格就应该有别于电视剧或情景喜剧。节目阐述中不要加入诸如布光类型或拍摄角度这样的细节，把这些信息留给导演。让阐述保持简明扼要，但不要忘了阐明节目构思中的各重要方面。一个阐述应该让忙碌的制片人一眼就对你打算做什么有一个相当明确的印象。**见图 2.3**

**制作方法**　一份陈述明确的过程信息，能够表明节目应该在哪里进行制作，怎样做效率能最高。是采用多机位或单机位在演播室制作，还是采用单机位进行电子现场制作？是以固定机位的三四台摄像机，整段进行现场录制，还是像电影一样用单机拍摄再进行

后期剪辑？需要什么样的出镜人或演员？还需要其他什么材料（戏服、道具、布景等）？

**暂定预算**　在编制预算之前，你应该掌握你所在地区所有与电视制作相关的服务、租赁和劳务的最新价格标准。独立的影视制作公司和后期剪辑工作室时常会定期公布他们的服务价格和主要制作设备的租赁价格，这些报价通常可以在他们的网站上找到。除非画面质量是你首要关心的问题，否则不要去找那些高端的服务项目。

### 编制预算

当你为客户工作时，你需要为前期筹备、拍摄阶段和后期制作各阶段会产生的所有开销编制一份预算，无论这些开销（或部分开销）是否已经可以被纳入制片方正式雇员的工资或正常的运营预算当中。你不仅要列出明显项目的成本，比如脚本、出镜人、摄制人员、演播室和设备租赁以及后期剪辑，也得列出那些可能不那么显眼的项目的成本，比如录像带或其他记录介质（专业记忆卡会很贵）、道具、食宿、娱乐、出镜人和其他制作人员的交通、车位、保险，以及场地的拍摄许可证或使用费。

制定预算有多种方式，但通常情况下会将它分为前期筹备费用（比如脚本创作、去往某地和参加某次会议、实地选景、创作故事板等方面产生的费用）、拍摄阶段费用（出镜人员酬劳、制作人员酬劳、设备和演播室租赁费），以及后期制作费用（剪辑费用和声音设计费用），大多数制作公司都按照这种三分法来显示其总预算金额，这样便于客户将他们的预算与其他竞标公司的预算进行比较。

当你第一次展示你的预算时，客户更感兴趣的，可能不是你划分预算的方式，而是制作这个节目最少要花多少钱。因此在制作预算的时候，最关键的是，一定要细致地考虑到节目可能产生的所有花费，不论这些花费产生于筹备、拍摄还是后期阶段。电脑软件能成为你强大的助手，它不仅可以帮助你详细列出各种制作费用，还可以在你需要时，轻松地重新进行经费计算。

节目阐述——关于无家可归者的 1 小时特别节目

节目标题：无家可归

预计节目时长：45 分钟

节目意图让观众感受而非仅仅观看那些无家可归者的困境。节目不是传统那种对无家可归者生活条件的侮辱式展示，比如某个无家可归的女人推着一辆捡来的超市购物车经过优雅的商店窗户，或者在垃圾桶旁某个被人丢弃的纸箱子中寻找可以栖息的地方。事实上，节目将不会展示任何无家可归者的影像。相反，节目将追踪一位年轻的教授从波士顿到西海岸开会的不幸之旅。

当他到达旧金山的时候，他的行李并没有出现在行李传送带上面。传送带上只有一只行李箱在转动着，却不是他的。当他来到行李认领处的时候，那里已挤满了人。他感到很紧张，因为所有的会议信息和他的演讲材料，都在那只箱子里。他最终来到了认领处的办公桌前，心力交瘁的工作人员向他询问行李的标签号和他住的宾馆的名字。是的，他的行李将被送到宾馆。是的，行李标签也在他手上，他在钱包里找到了它们。但是，住哪家宾馆？他记不起确切的名字了。宾馆的名字在文件夹里，而文件夹又在箱子里。站在他后面的一个不耐烦也不友好的男人开始对他骂骂咧咧、推推搡搡，试图从排队的人群中挤出来。

市区的机场大巴并不通往他所住的宾馆，他打了一辆出租车。出租车司机绕着一个街区转了一圈，拿出了他的地图，最终将这位教授放在了街区附近某处。但这里看上去并不像是一个合适的开会场地。他刚才是被载着兜风了吗？当他准备支付高昂的出租车费用时，他发现自己的钱包不见了：现金、驾照、信用卡，所有的东西都丢了。司机用电台联系了自己的老板，询问是叫警察还是放乘客走，老板让他放乘客走。

**图 2.3 节目阐述**

*节目阐述以叙述的形式告诉读者节目的内容。*

大厅闻起来有一股异味。他的手机也坏了。好吧，他可以用座机。但是这得花钱。没有钱就不能打电话。他再次打断前台后面的那位女士，向她讲述了他的故事。"是的，当然！你不能想个更好的故事吗？门外有电话亭。"被杂乱涂鸦遮盖的电话亭里，只挂着一条断了的电话线，而听筒不见了。放电话簿的地方，也只有一只空酒瓶，闻上去一股尿味。天渐渐黑了下来，又下起了雨。他走啊走啊，终于找到了一个还能用的电话亭。但是他没有钱。他向街上的几个行人走去，后者不是加快脚步，就是反倒向他要钱。最终，一位友好的穿着一件又紧又短的裙子的女人，在听完他的故事之后，给了他一张一美元的纸币。她笑道："通常都是别人付钱给我。"他在一间酒吧将纸币兑换成硬币，现在他可以打公用电话了。他打给了在东海岸的朋友，但电话那边是自动应答机。

他再次来到街上，淋着雨，在这个完全陌生的地方，又累又饿，无家可归。

他最终拦下了一辆警车，并被带到了警局。不，他们没有关于他的会议的任何信息。但是，最终，一个警察通过电脑搜索，找到了他参加会议的酒店。警察此时也下班了，就开车送他过去。谢谢！非常感谢！在他进入酒店的时候，他看到了一个人，正在乞讨喝一杯咖啡的钱。"我一分钱都没有。""哦，是吗？"他来到酒店大堂，看到了他的一位同事。对方手里端着饮料，外套上还夹了一个稍微有点弯曲的姓名牌。啊，终于安全到家了！

**图 2.3** 节目阐述（续）

**图 2.4** 制作预算明细表
这些详细的预算条目是根据前期筹备、拍摄阶段和后期制作三阶段的成本分别列出的。忽略那些对你的节目不适用的条目。

**图 2.4** 制作预算明细表
这些详细的预算条目是根据前期筹备、拍摄阶段和后期制作三阶段的成本分别列出的。忽略那些对你的节目不适用的条目。

## 制作预算

客户：

项目名称：

预算日期：

规格：

注释：这一估算以制片人对最终拍摄脚本的评估为根据。

| 总费用 | 估 价 | 实 价 |
|---|---|---|
| 前期筹备 | | |
| 　人员 | —— | —— |
| 　器材和场地 | —— | —— |
| 　脚本 | —— | —— |
| 拍摄阶段 | | |
| 　人员 | —— | —— |
| 　器材和场地 | —— | —— |
| 　出镜人 | —— | —— |
| 　美术（布景和图表） | —— | —— |
| 　化妆 | —— | —— |
| 　音乐 | —— | —— |
| 　其他（交通和各项杂费） | —— | —— |
| 后期制作 | | |
| 　人员 | —— | —— |
| 　场地 | —— | —— |
| 　录制介质 | —— | —— |
| 保险和杂费 | —— | —— |
| 意外开支（20%） | —— | —— |
| 税费 | —— | —— |
| 总计 | —— | —— |

作为例子，接下来的图表中列出了一家独立制片公司的详细预算表。该预算表是按照前期筹备、拍摄阶段和后期制作三阶段来构架的。**见图 2.4**

无论你何时准备预算，切记务实。不要为了赢得竞标而低估成本——你可能会为此后悔。无论从心理上还是经济上来说，让一个人同意削减预算，比事后让他追加更多的钱要更容易。另一方面，也不要采用夸大预算的方法，来防止预算经过大幅削减后仍有足够的制作经费结余。对于开销一定要实事求是，但不要忘了加上 15% 到 20% 的意外开支。

## 写作脚本

除非你亲自写脚本，否则你就需要雇用一名编剧。与印刷出版类的图书或杂志文章不同，媒介脚本并不追求文学性。就算最有文采也最复杂的脚本，也只是制作过程中的一个中间环节。分析脚本内容的文学性

图 2.4　制作预算明细表（续）

| 预算细目 | 估　价 | 实　价 |
|---|---|---|
| 前期筹备 | | |
| 　人员 | | |
| 　编剧（脚本） | ——— | ——— |
| 　导演（白天） | ——— | ——— |
| 　美术指导（白天） | ——— | ——— |
| 　制片助理（白天） | ——— | ——— |
| 小计 | ——— | ——— |
| | | |
| 拍摄阶段 | | |
| 　人员 | | |
| 　　导演 | ——— | ——— |
| 　　副导演 | ——— | ——— |
| 　　制片助理 | ——— | ——— |
| 　　现场导演 | ——— | ——— |
| 　　摄像师 | ——— | ——— |
| 　　音响师 | ——— | ——— |
| 　　照明师 | ——— | ——— |
| 　　录像机操作员 | ——— | ——— |
| 　　字幕机操作员 | ——— | ——— |
| 　　器械师（助理） | ——— | ——— |
| 　　技术主管 | ——— | ——— |
| 　　提词人员 | ——— | ——— |
| 　　化妆与服装人员 | ——— | ——— |
| 　　出镜人 | ——— | ——— |
| 　器材与场地 | | |
| 　　演播室 / 实景 | ——— | ——— |
| 　　摄像机 | ——— | ——— |
| 　　声音设备 | ——— | ——— |
| 　　照明设备 | ——— | ——— |
| 　　布景 | ——— | ——— |
| 　　字幕机 / 图表机 | ——— | ——— |
| 　　磁带录像机 | ——— | ——— |
| 　　提词设备 | ——— | ——— |
| 　　远程转播车 | ——— | ——— |
| 　　内部通话讯备 | ——— | ——— |
| 　交通、食宿 | ——— | ——— |
| 　版权 | ——— | ——— |
| 小计 | ——— | ——— |

或许是一项有趣的学术活动，但却和实际的电视节目或电影没什么关系，就像一幅城市地图并不能表明这个城市看起来和听起来的感觉。尽管如此，除了那些采用模式化、栏目化套路制作的电视节目之外，脚本是所有影视作品中最重要的一个制作元素。脚本除了告诉出镜人应该说什么，还应该说明相关场景在何时何地发生，以何种方式呈现。脚本也包括了关于前期筹备、拍摄阶段和后期制作的重要信息。脚本是一个

如此关键的制作元素，就算一个电视节目不需要脚本，也会发布一份类似脚本的通知，上面写有节目的名称、日期和导演名字，并标注"无脚本"字样（电视和电影脚本基本的结构组成部分，以及脚本的各种类型详见第 3 章）。

当你雇用编剧的时候，一定要确保对方充分了解该节目的制作目标，具体说来，就是要明白节目预设的过程信息。如果该编剧不同意你的节目诉求，又不

| 后期制作 | 估　价 | 实　价 |
|---|---|---|
| 人员 | | |
| 导演 | —— | —— |
| 剪辑 | —— | —— |
| 声音剪辑 | —— | —— |
| 设备 | | |
| 配音 | —— | —— |
| 视窗复制 | —— | —— |
| 离线线性剪辑 | —— | —— |
| 离线非线性剪辑 | —— | —— |
| 在线线性剪辑 | —— | —— |
| 在线非线性剪辑 | —— | —— |
| 数字视频特效 | —— | —— |
| 音频处理 | —— | —— |
| 自动对白替换 / 拟音 | —— | —— |
| 录制介质 | —— | —— |
| 小计 | —— | —— |
| | | |
| 杂费 | | |
| 保险 | —— | —— |
| 公共交通 | —— | —— |
| 停车费 | —— | —— |
| 运输 / 信息传送费 | —— | —— |
| 包装费 | —— | —— |
| 安保费 | —— | —— |
| 招待费 | —— | —— |
| 小计 | —— | —— |
| 合计 | —— | —— |

**图 2.4** 制作预算明细表（续）

能提出更好的建议来，就重新再找一个编剧。稿酬应该在撰稿之前就商定——有的编剧要价很高，可能会吃掉你整个预算。

## 2.1.2 前期筹备计划：协调

在你开始协调各种制作元素，诸如组建制作团队、联系演播室或者决定拍摄地点和器材设备之前，你应该再问自己一次，你的制作计划是否能让你在规定时间和预算之内将节目完成，同时，你所采用的制作方式（对所选定的过程信息进行不同媒介的转化和跨媒介转换）是否的确是最有效的。

比如，如果你要制作一部关于你所在城市的各种宾馆居住条件的纪录片，那么到一个真正的宾馆房间进行拍摄肯定比在演播室搭建一个宾馆房间要更容易也更经济。相反，如果你要制作一个杂志风格的节目来介绍你高中学校的历史，你可以在演播室里完成主要部分，然后在现场实景拍摄另外的一小部分。对于电视剧来说，在朋友的厨房拍摄某个特定场景，可能比在演播室拍摄复杂的厨房布景要更为便利。要知道，演播室提供了最佳的操控性，而电子现场制作却能让你获得场景和地点的无限变化，并且几乎不会产生额外的费用。不过，大多数的现场制作，因为缺少演播室所能享受的操控性，需要大量的后期制作时间和设备。

一旦你对最有效的制作方法做出了坚定的决定，你就必须开始履行你在提案中所承诺要做的事情。这个协调阶段需要你在全体制作人员之间建立清晰的沟通通道。你要负责拍摄场地和设备申请、制作日程表、拍摄许可证和相关批文、宣传和推广等方面的工作。需要强调的是，并不是偶然的灵感，而是对细节的极度重视，才能让你成为一名优秀的制片人。前期筹备并不是节目制作中最让人兴奋的部分，但从制片人的角度来说，却是最重要的一个阶段。

## 人员联系

写好脚本后，需要找什么人加入节目制作，取决于你所要达到的基本目标，即节目的过程信息，也取决于你的身份。如果你是一名独立制片人，你需要另外雇用工作人员进行节目制作。如果你为电视台或大型制作公司工作，你会发现，这些公司本身就雇用了最重要的创意和制作人员，他们随时听你调用。

作为制片人，你是各种制作人员之间的首要协调者。你必须能迅速可靠地与每个团队成员取得联系。你最重要的工作是建立一个含有制作人员关键信息的数据库，包括他们的姓名、职位、电子邮件地址、家庭住址、工作地址以及各种电话号码、手机号码和传真号码。**见图 2.5**

同时，不要忘了让每个制作人员都知道如何才能联系到你。不要依赖二手信息。在收到试图联系的人的反馈之前，你的联系工作都不算做完。一个好的制片人对任何事情都会再三检查。

## 设备和场地清单

设备和场地清单（facilities request）列出了所有的制作设备和场地，通常也包括节目制作中所有必需的

摄制人员联络信息
视听与运动教学视频
节目 4

| 姓名<br>E-mail | 职位 | 家庭地址<br>工作地址 | 家庭电话<br>工作电话 | 家庭传真<br>工作传真 | 手机 |
|---|---|---|---|---|---|
| Herbert Zettl<br>hzettl@best.com | 制片人 | 873 Carmenita, Forest Knolls<br>SFSU, 1600 Holloway, SF | (415) 555-3874<br>(415) 555-8837 | (415) 555-8743<br>(415) 555-1199 | (415) 555-1141 |
| Gary Palmatier<br>bigcheese@ideas-to-images.com | 导演 | 5343 Sunnybrook, Windsor<br>5256 Aero #3, Santa Rosa | (707) 555-4242<br>(707) 555-8743 | (707) 555-2341<br>(707) 764-7777 | (707) 555-9873 |
| Robaire Ream<br>robaire@mac.com | AD | 783 Ginny, Healdsburg<br>Lightsaber, 44 Tesconi, Novato | (707) 555-8372<br>(415) 555-8000 | (415) 555-8080 | (800) 555-8888 |
| Sherry Holstead<br>723643.3722@compuserve.com | PA | 88 Seacrest, Marin<br>SH Assoc, 505 Main, Sausalito | (415) 555-9211<br>(415) 555-0932 | (415) 555-9873<br>(415) 555-8383 | (415) 555-0033 |
| Renee Wong<br>rn_wong2@earthlink.com | TD | 9992 Treeview, San Rafael<br>P.O. Box 3764, San Rafael | (415) 555- | 555-9273 | (415) 555-3498<br>555-8988 |
| | 演员 | 253 Roberts | | | |

**图 2.5 数据库：制作人员**
为了能迅速地与摄制人员取得联系，制片人需要一些可靠的联系信息。

道具和服装。负责填写这份清单的人，会因制作节目的不同而有所不同。在小型电视台或独立制片公司，这个清单往往由制片人或导演来填写，在大型电视台，则可能由制片主任或播出运营总监负责。

设备清单一般包括：排练、录制和播出的日期与时间；节目名；制片人和导演姓名（有时还会有出镜人的姓名）；所有的技术性元素，比如摄像机、话筒、灯具、布景、图表、服装、化妆用品、录像机、音视频后期制作设备，以及其他特定的制作条件。设备清单也需要列出所需的演播室、控制室和远程实景。如果你进行的是电子现场制作，你还要写下你和剧组成员所需的交通方式，以及现场的具体位置。如果节目制作涉及在外过夜，要列出住宿地点的名字和地址，并包括常规细节，比如电话号码，第二天在何时何地集合，等等。

和脚本一样，设备和场地清单是一种基本的交流工具，在准备清单时一定要尽可能准确。事后再对清单进行修改会让你对错误付出昂贵的代价。如果你有非常精确的演播室平面图和灯光图，将它们附在清单之后，这些附件能让摄制组清楚地认识在实际制作中可能会碰到的问题。设备和场地清单除了会被打印出来分发之外，通常也会通过内部计算机系统以电子版的形式进行分发。

无论你进行的是哪种类型的制作，都要设法以尽可能少的设备去实现。设备越多，操作人员就越多，出错的可能性也就越大。不要仅仅因为拥有某台设备就一定要使用它。检查最初设定的过程信息，核实所选设备是否的确是最有效的，确保该设备能被找到，并能控制在预算范围内。向技术性人员，包括你喜爱的 DP 或 TD（摄影指导或技术总监）咨询具体设备的用法和其他制作问题。

### 制作日程表

制作日程表（production schedule）应该让参与制作的所有人明白，在三个制作阶段中，每个人各自在什么时间，什么地点，做什么事情。制作日程表和时间表（time line）不同，后者是对每一个制作日的时间细分。制订一个切实可行的制作计划，并坚持按照计划进行工作。节目制作时间安排过紧，并不能提高制作效率，只会使工作团队感到更加焦虑和沮丧。这样的计划往往会造成适得其反的后果。相反，另一方面，节目制作时间安排过长，也并不一定会提升制作质量。除了会多花钱外，浪费时间的行为还会让制作人员变得冷漠懒散，更令人惊讶的是，往往还会使他无法在截止时间前完成制作工作。

制片人最重要的职责之一，就是监督各项制作活动的进度，掌握每个人的工作进程离规定的截止日期还有多远。如果你不在意截止日期，你就不能按时完成任务。如果节目制作没有按照日程表进行，要找到原因。再次提醒，不要依赖二手信息。直接打电话给那些落后于日程表进度的工作人员，找到问题所在。你的工作要求你帮助解决问题，让每个人回归正轨，或者，在必要时改变日程表。一旦有任何变化，都要通知所有制作人员，哪怕这些变化看上去无关紧要。

### 许可证和批文

大部分的节目制作都会涉及一些并不直接隶属于电视台或制片公司的工作人员及场地设备。这些节目制作元素都需要你特别关注。要为你的制作团队获取进入某一会议或运动赛事的许可证，同时也要获取事件现场附近的停车许可证。若在市区拍摄，你或许还需要得到市政府（市长的媒体协调部门或警察局）的批文。千万不要忽略了这些许可！"稳妥总比后悔好"这句话适用于所有的现场制作——批准和许可不仅有利于推进实际的制作活动，也能让你在一些情况下免于法律诉讼，比如当制片助理不小心被电缆绊倒，或者一个旁观者在观看现场拍摄时因踩到香蕉皮而滑倒的时候。（关于版权和工会许可证，将会在 2.2 节讨论。）

### 推广与宣传

一个再好的节目，如果没有人知道，也就毫无价值。在前期筹备阶段，就要跟宣传和推广部门（二者通常会被合并在一个办公室，甚至都由一个人负责）会面，向他们告知将要制作的节目。即使你的目标观众有很强的针对性和限定性，仍然要尽可能争取更多的观众。宣传人员的工作目的，就是要缩小潜在观众和实际观众之间的差距。

不管你在节目制作中承担什么样的具体工作，是管理创意和制作日程，还是协调技术性和非技术性的人员与设备，都不要遗漏任何东西。要像一个好的飞行员一样，对每个细节都再三检查，哪怕你已经检查了上百次。

最后，你要记住下面这些训诫，并依此行事。

### 2.1.3 媒介伦理

作为一个制片人，无论你做什么，都要明白，你所做的任何一个决定，无论其多么琐碎细微，都会影响到很大的一批人——你的观众。

要永远尊重观众并对他们满怀深情。不要相信那些宣称电视观众平均智力只有五岁水平的评论家和同事。事实上，你我都是电视观众的一部分，我们谁也不想自己的智力被一个不满的制片人降级。

永远不要打破社会上主流的伦理道德标准，也不要辜负观众已有的惯常的对你的信任。这并不是要你对那些偶尔以诚实的意见和广阔的视野来打破常规的编剧实施审查，而是要求你和你的制作团队不要对观众撒谎。当某天的日常新闻较为平淡时，不要编造虚

假的新闻故事来吸引观众的眼球。也不要对某个演讲的内容进行编辑，使其有利于你支持的政治候选人。

当你认识到在制作过程总会面临妥协的时候，你要问问自己，如果妥协，妥协到何种程度，你的节目仍然有助于提高观众的生活质量。我猜你已经认识到，上述这条行为准则不仅适用于制片人，也适用于所有在电视界工作的其他人。

---

**要点**

▶ 制作意味着将一个有价值的创意转变为一个有价值的电视节目。制片人的工作是管理大量的工作人员，协调比此数量更多的各种制作活动和细节。

▶ 采用头脑风暴和思维链的方法，有利于你按照计划开发节目创意。

▶ 前期筹备阶段包括对将创意转换成脚本的策划工作。

▶ 前期筹备中的重要项目有节目提案、节目阐述、预算表和脚本。

▶ 前期筹备中的协调任务，就是要在所有制作人员之间建立沟通联系，填写设备和场地清单，制定切实可行的制作日程表，获取各种批准和许可，以及做好推广和宣传方面的相关工作。

▶ 你做的任何事情，都必须符合社会主流的道德伦理标准。

# 信息资源、工会和收视率

作为制片人，你必须能够快速获取准确的信息资源，了解广播协会和工会，掌握关于版权和其他法律事务的基础知识。最后，不管你喜欢与否，你必须熟悉收视率的基本原理。

▶ **信息资源**
  互联网、电话号码簿，以及其他资源

▶ **工会和法律事务**
  工会、版权和许可，以及其他法律事项

▶ **观众和收视率**
  目标观众群、收视率和收视份额

## 2.2.1 信息资源

作为制片人，你既是一个研究者，又是某种程度上的搜寻者。有时候，你可能只有半个小时时间来收集准确的信息，例如，收集一个正在庆祝 90 大寿的前任市长的资料。或者你得为你的医疗节目找一副骨骼模型，为你的电信主题纪录片找一个通信卫星模型，再或者为你的历史专题片准备一套 18 世纪的结婚礼服。

**互联网** 幸运的是，互联网上的海量资源，将世界的信息都放到了你的指尖。如果你知道网站的网址，你就可以瞬间获得这些信息。尽管谷歌是最著名和最具效率的搜索引擎之一，但在它之外，还有很多能为你提供更专业化的信息的搜索站点，比如 Yahoo!、Ask、AltaVista、Lycos、Netscape Search、Excite、Mamma Metasearch、MetaCrawler，以及 People Search。当然，其他的网站还有更多的专业化信息，但它们通常都依赖于大型网站。所有的器材设备制造商都有自己的专属网站，其产品信息也会在网站上即时更新。如果要查找某本特定的书，亚马逊（Amazon.com）网站通常比图书馆更快。此外，维基百科（Wikipedia）也能让你的研究活动尽快启动。

然而，你可能会发现，浩瀚的在线资源，也让快速找到一条特定的信息变得比较困难。有时使用易得的印刷材料或者联系地方图书馆会更加快捷、便利。比如，若要寻找骨骼模型，打电话联系地方医院或高中的科学教学部门，比在网络上搜索要更快。若要找通信卫星的模型，你可以联系社区学院里的科学院系甚至地方的电信公司。你也能从历史学会或者高校的戏剧艺术系借到结婚礼服。

除了网络资源，下面的这些资源和服务你也应该常备手边。

**电话号码簿** 电话号码簿中含有很多信息。拿上一本你所在城市及周边地区的号码簿，也去找一本你时常需要联系的大型机构的号码簿，比如市政厅、警察部门和消防部门、其他市县机构、联邦办公室、学校办公部门、报纸和广播台、学院和大学，以及博物馆。在互联网上，你可以即刻获取这世界上几乎所有电话使用者的电话号码。

**其他资源** 地方商会通常都会有一份社区组织和企业的名单。主要基金会及其赠款标准的清单也可能派上用场。

**表 2.1** 非技术人员工会与协会

| AFTRA | 美国电视与广播演员联合会（American Federation of Television and Radio Artists）。这是电视出镜人的主要工会，导演有时也属于该工会，尤其当他们既做解说员又要做出镜人的时候。AFTRA 规定了基本的最低工资标准，这一标准因地区而异。大多数著名出镜人（比如杰出的演员和地方新闻播音员）的工资都要比标准高出很多。 |
| --- | --- |
| DGA | 美国导演工会（Director Guild of America）。电视、电影导演和副导演的工会。大型电视台和电视网的现场导演和制片助理有时也属于该协会。 |
| WGA | 美国编剧工会（Writers Guild of America）。电视和电影编剧的工会。 |
| SAG | 美国演员工会（Screen Actors Guild）。电视和数字电影演员的工会，商业广告和大型视频制作中的出镜人也属于该工会。 |
| SEG | 影视临时演员工会（Screen Extras Guild）。参加重要电影或视频制作的临时演员属于该工会。 |
| AFM | 美国和加拿大音乐家联盟（American Federation of Musicians of the United States and Canada）。只有当制作中有现场音乐表演时才会涉及。 |

## 2.2.2 工会和法律事务

大部分的导演、撰稿人和出镜人都属于某个行业协会或者工会，大部分的技术性制作人员也一样。作为制片人，你必须留心制作范围内工会的各种规章制度。大部分工会不仅规定了工资和最低报酬标准，还规定了具体的工作条件，比如加班时间、轮休时间（工作日内）、休息周期，以及谁有资格和谁没有资格操作演播室摄像机，等等。如果你在一个有工会的电视台使用非工会人员，或者准备播出一个在电视台之外用非工会出镜人员制作的节目，比如你和你的同学一起制作的某部话剧，请与相应的工会核实一下，以获得适当的许可。

### 工 会

工会主要有两个基本类别：一类是非技术人员工会，另一类是技术人员的工会。非技术人员工会主要包括演出人员、编剧和导演。**见表 2.1** 技术人员工会包括所有的电视技术人员、工程师，以及其他的一些制作人员，比如话筒吊杆操作员、电子新闻采集和电子现场制作的摄像师，以及现场工作人员。**见表 2.2**

| IBEW | 国际电工兄弟会（International Brotherhood of Electrical Workers）。演播室、主控制室和负责器材维护的工程师和技术人员的联盟，还可能包括电子新闻采集与电子现场制作的摄像师和现场工作人员。 |
| --- | --- |
| NABET | 全国广播雇员和技师协会（National Association of Broadcast Employees and Technicians）。另一个工程师人员的工会，也可能包括现场工作人员和非工程制作人员，比如吊杆操作人员和移动摄像车操作人员。 |
| IATSE | 美国和加拿大的影剧院与摄影棚雇员、影视技术人员、艺术家和工匠国际联盟（International Alliance of Theatrical Stage Employees, Moving Picture Technicians, Artists and Allied Crafts of the United States, Its Territories and Canada）。该工会主要包括舞台工作人员、设备管理人员（包括照明技术人员），以及舞台木工。现场导演甚至是电影摄影和布光工作人员也可包含在内。 |

**表 2.2** 技术人员工会

在让嘉宾做回答采访问题之外的事情时一定多加注意。如果他们做了任何简短的表演，他们就可能会自动被划归为演员，并要按照美国电视与广播演员联合会（AFTRA）的标准进行付费（见表 2.1）。同样，也不要让现场工作人员做与他们的常规职责无直接关系的事情，否则他们就可能会要出镜费。摄像师通常会要求签合同，合同条款中确保他们一旦故意被另一台摄像机拍摄到，并显示在电视屏幕上，他们就会得到一大笔补偿金。在高中或大学制作的电视剧，如果有学生出镜并在电视上播出，那这些学生也可能成为 AFTRA 的收费主体，除非你与电视台或者当地 AFTRA 办公室一起从播出内容中清除掉他们的影像。

### 版权和许可

如果你要在节目中使用具有版权的材料，那就必须获得与之相关的许可。通常情况下，版权所有者的名字和版权的年份都印在版权标记符号"©"之后。有的照片、名画复制品和印刷品也是有版权的，当然，还包括图书、杂志、短篇小说、脚本和音乐录音。从播放中录制或从互联网上下载的节目、音乐，以及各种多媒体光盘和 DVD，同样都是有版权保护的。

奇怪的是，当你作为一名艺术家试图保护自己的权利时，你可能会发现作品的版权归属是模糊的；而当你作为一名制片人使用受版权保护的素材资源时，你又会受到严格的法律法规的约束。在制作中使用他人的材料之前，如果有疑问，请向律师咨询关于版权条例和公开使用的范围问题。

### 其他法律事务

向法律顾问咨询涉及诽谤（书面的和广播类诽谤）、造谣（较轻的口头诽谤）、剽窃（抄袭别人的构想或著作）、隐私权（各州的规定不一样）、淫秽和其他类似事项的最新规定。当没有法律顾问的时候，各主要广播电视台的新闻部门或者大学的传播系通常都会有此类事项的最新信息。

## 2.2.3 观众和收视率

作为电视台的制片人，你可能会听到太多关于电视观众和收视率的问题。收视率对于商业电视台来说尤为重要，因为电视台出售的广告时间的价格取决于节目预估的目标观众群的规模。即使是为公共电视台或机构电视台工作，你也会发现，观众的"收视率"是衡量节目成功与否的一个标准。

### 目标观众

与所有大众媒介的观众群一样，广播电视媒体的观众群通常也会按照人口统计特征和消费心理特征来划分。标准的人口统计特征包括性别、年龄、婚姻状况、教育、种族以及收入或经济状况；消费心理特征则涉及生活方式，比如消费习惯，甚至包括观众的个性以及可说服性变量。当你填写某个新的电子产品附带的注册卡片时，你就提供了非常有价值的消费心理信息。

尽管区分观众构成，确定观众生活方式以及不同观众对特定节目的潜在接受程度是一项复杂的技术工作，但有些制片人只想找个邻居当样本，希望其节目能够迎合此人的喜好。如果某个制片人以"我的邻居凯西小姐不会喜欢它"这样的理由，拒绝了你自认为很不错的一个节目策划，你不要感到吃惊。对于很多娱乐节目来说，这种对节目价值进行主观预判的方式是可行的。不过，如果你被要求制作一档目的明确的电视节目，比如驾驶员培训，或者一个关于节约用水的广告，那么你就必须更加明确地识别和分析目标观众群。你对目标观众群越了解，你界定的过程信息就越精确，最终，这些过程信息也会更有效。

### 收视率和收视份额

收视率（rating）是指正在收看某电视台节目的电视用户数量占给定人口数（电视用户总量）的百分比。把收看你电视台节目的电视用户数与电视用户总数相除，就可以得到这一百分比：

$$\frac{收看节目的电视用户数}{电视用户总数} = 收视率$$

比如，如果你抽样 500 户电视用户，发现有 75 户正在收看你的节目，那么你的节目的收视率就是 15（将小数点数字转换为百分比）：

$$\frac{75}{500} = 0.15 = 15 \text{ 收视率点}$$

收视份额（share）指收看你台电视节目的用户数与所有收看电视的用户总数（HUT）之比。HUT 代表一整个馅饼——即正在收看电视节目之用户总数的 100%。收视份额的计算公式如下：

$$\frac{收看你台电视节目的电视用户数}{所有收看节目的电视用户总数（HUT）} = 收视份额$$

例如，如果你的抽样用户中，只有 200 户电视用户正在收看电视，而其中有 75 户电视用户正在收看你台的节目，则你台的收视份额为 38：

$$\frac{75}{200} = 0.375 = 38 \text{ 收视份额}$$

收视率的服务机构，比如 A. C. 尼尔森公司，会仔细选择具有代表性的观众样本，并通过日志、电话以及装配在电视机上面的仪器进行抽样调查。

然而，收视率计算的问题，并不在于对大规模观众进行抽样时可能出现错误，而在于收视率数字并不能说明那些开着的电视机前面是否有观众在看节目，以及如果有人在看，那么人数是多少。它也不能显示节目对观众的影响（实际的过程信息）。结果你会发现，你节目的好坏，并不是由节目传递的信息的重要性来判断，也不是由节目对观众的影响来判断，更不是以过程信息的实际效果与预期效果之间的差距来判断的，而仅只是由假定的看你节目的观众与看其他节目的观众数的比例来判断的。尽管收视率系统让人沮丧，你也必须认识到，在广播电视领域，你是在与大众媒介进行合作，而根据定义，大众媒介正是以广大的受众作为其存在根基的。

## 要点

▶ 制片人必须迅速及时地获取各种各样的资源和信息。互联网几乎就是一个即时的全信息平台。电话号码簿和地方的商业社团资源也会对你有所帮助。

▶ 大部分非技术性和技术性制作人员都归属于某些协会或工会，比如美国导演工会（DGA）、全国广播雇员和技师协会（NABET）。

▶ 通常的版权法适用于在电视节目中使用一些具有版权的材料（比如视频和音频资料、印刷资料、多媒体光盘和DVD等）时的情形。

▶ 收视率是指，在给定的拥有电视机的抽样用户当中，收看特定电视台节目的用户所占的百分比。收视份额是指，在所有正收看电视的用户当中，收看特定电视节目的用户所占的百分比。

# 3

第 3 章

# 脚 本

　　脚本是三个制作阶段中最为重要的一个传播载体。一个好的脚本能让你了解节目的内容、角色，各角色说了什么，会发生什么事件，以及观众应该如何观看和聆听这些事件。无论你在制作团队中是什么身份，你都必须熟悉戏剧性和非戏剧性脚本的基本结构，以及多种多样的脚本格式。

　　3.1 将讲述脚本的基本格式。3.2 将讲述戏剧性和非戏剧性的故事结构。

**声画分栏格式**（A/V format） 声画（声音和画面）分开按两栏排列的脚本格式。

**经典剧作法**（classical dramaturgy） 戏剧性创作的技巧。

**事件顺序**（event order） 事件细节被排序的方式。

**详情单**（fact sheet） 列出了要在摄像机中显示的内容信息及其要点。也可能包括对如何描述某一产品的建议。又被称为浏览表（rundown sheet）。

**目标导向信息**（goal directed information） 打算让观众记住的节目内容。

**不完整的声画分栏脚本**（partial two-column A/V script） 这种格式的脚本并不完全把节目对话写出来，而只有提要。

**脚本**（script） 一种书面文档，用于描述节目是什么，在节目里谁说了什么，会发生什么事情，以及观众应该如何听到和看到这些事情。

**节目大纲**（show format） 只列出各个节目段落的播放次序。常在常规节目制作中使用，比如日播的竞技节目或采访节目。

**单栏剧情片脚本**（single-column drama script） 传统的剧情类电视和电影脚本格式。所有的对话和动作提示都写在同一栏中。

**声画分栏脚本**（two-column A/V script） 传统电视节目脚本格式，画面信息写在页面的左边，声音信息写在页面的右边。应用于多种电视脚本写作中，比如纪录片和广告。也被称为声画脚本（audio/video script，缩写 A/V script）。

# 3.1

# 基本脚本格式

无论你从事的是电视还是数字电影的工作，你都会碰到不同的脚本格式。更为常见的脚本格式包括单栏剧情片脚本、声画分栏脚本、新闻脚本、节目大纲，以及详情单。

▶ **单栏剧情片脚本**
   用于电视和数字电影的标准脚本格式

▶ **声画分栏脚本**
   完整声画脚本和不完整的声画分栏脚本

▶ **新闻脚本**
   一种使用较广泛的新闻脚本格式

▶ **节目大纲**
   用于标准化节目制作，列出了节目各板块的制作提示

▶ **详情单**
   列举要在节目中提及和展示的项目的清单

## 3.1.1 单栏剧情片脚本

单栏剧情片脚本（single-column drama script）包括演员对白中的每个字，谁在何处何时做了何事，通常还有对人物动作的表演指示。剧情片、情景喜

剧、滑稽短剧和肥皂剧通常会使用这种格式的脚本。见图 3.1

## 3.1.2 声画分栏脚本

这种流行的脚本格式也被称为声画格式（audio/video format，缩写 A/V format）。因为在页面的左栏中包括了画面信息，右栏中包括了声音信息。大多数的纪录片撰稿人喜欢选择这种便利的声画分栏脚本（two-column A/V script）格式，也因此把这种格式称为纪录片脚本格式。幸运的是，所有这三个名字说的都是一回事，即，脚本将需要被听到的东西放在页面的右边，将需要被看到的东西放在页面的左边。声画脚本格式可以是完整的脚本，亦即所有需要被说出来的东西都放在声音栏中，它也可以只是不完整的脚本，即只展示对话的一个部分。

### 完整声画脚本

很多完整的纪录片脚本采用这种声画分栏格式的脚本。因为纪录片的目的是记录事件而不是重构事件，因此脚本通常是在实地制作之后编写的。所以纪录片脚本不是用于指引实际拍摄的，而是用于指引后期制作阶段的。在这种脚本格式中，主要的画面内容提示都在画面栏中列出，所有话语和声音特效都被写在声音栏中。这个脚本格式能够告诉剪辑师该使用哪些声音片段，以及为某段画外音该采用哪个视频素材。使用这种格式，重要的是要指明剪辑具体的出点和入点，让导演明白该在什么时候插入视频素材，打上字幕，或者将摄像机移动到另一个场景区域。见图 3.2

给未来的纪录片撰稿人提个醒：在拍摄某个事件之前，就写下一个详尽的脚本是没有任何意义的。它并不能帮助你去记录事件。你顶多只会沿着先入为主的偏见，找到一些关于事件的细枝末节。

### 不完整的声画分栏脚本

不完整的声画分栏脚本（partial two-column A/V script）只对对话的部分内容进行提示。总体而言，场景的开头与结尾是要完全写出来的，但关于节目中的

场景 6

几天之后　内景　市立医院急诊室等候区　深夜

尤兰达焦虑地在急诊室门口的走廊走来走去。她是直接从工作单位来的医院。急诊室里，我们能看到常有的那种医务人员忙乱的情形。一个医生（查克的朋友）推着轮椅上的卡里，沿着走廊，向尤兰达走过来。

卡里

（虽然坐在轮椅上，但是兴致很好）

喂，妈妈!

尤兰达

（焦虑而担心）

卡里，你还好吗？到底发生了什么？

卡里

我还好。我只是滑倒了。

医生（同时说）

她扭到了右手腕，没什么大碍……

卡里

为什么每个人为这事儿,都要小题大做?

尤兰达

（同时打破卡里和医生的话）

疼吗? 手臂伤到了吗?

**图 3.1 单栏剧情片脚本**

单栏剧情片脚本包括对话的每一个字和对主要角色动作行为的描述。它几乎不涉及对形象化和镜头顺序的提示。

第 5 组

播放时间：7 月 15 日　下午 4 点

| 画面 | 声音 |
|---|---|
| 开场蒙太奇<br>素材带 02 第 9 条<br>声源声音（SOS）<br>00：25 | 切入点："当你驾车行驶在这个山谷时……"<br>切出点："……第 5 组，由五位世界知名艺术家构成的杰出联盟。" |
| 朱莉娅在伍德科尔摄影棚<br>00：15 | 朱莉娅（出镜）<br><br>第五组的奠基者们：一位画家，一位歌手，一位陶艺师，一位纪录片摄影师，以及一位诗人，之前并不认识对方，也同样不知道他们都居住在马林郡的圣杰罗尼莫山谷。 |
| 素材带 02 第 10 条<br>节目包 1<br>朱莉娅画外音<br>山谷镜头<br>3：38 | 朱莉娅（画外音）<br><br>他们为了远离城市生活而搬到此处，用连绵山谷、古老橡树和红杉的静寂，代替了城市的紧张。他们压根也没想到要成立艺术家协会。 |
| 塔利亚在摄影棚<br>SOS | 切入点："没有代理人，没有义务……"<br>切出点："……直到我在土墩森林的邮局碰到摄影师先生。" |
| 朱莉娅在伍德科尔摄影棚 | 朱莉娅（出镜）<br><br>摄影师先生就是菲尔·阿诺尼，一位获奖无数的纪录片制片人和视频艺术家。他以孩子般的好奇和艺术家的敏锐来观察这个世界。他的世界并不是由壮观的远景构成的，而是很像塔利亚的绘画，充满了高能量的特写细节。 |
| 素材带 02 第 11 条<br>节目包 2 SOS<br>菲尔在剪辑室<br>2：47 | 切入点："是的，当我观察事物的时候，我就变成了一个孩子，当事情发生的时候……"<br>切出点："……塔利亚和我绝对是具有同样灵魂的兄弟姐妹。" |

**图 3.2 标准声画分栏脚本**

在声画分栏脚本中，画面信息位于页面的左边，声音信息（包括对话）位于画面的右边。

| 画面 | 声音 |
|---|---|
| | 凯蒂 |
| 凯蒂的特写 | 有关森林火灾的争论仍在继续，如果我们放任火自己烧到灭，我们就会损失大量的木材，杀死无数的动物，更别说对住在那里的人的生命与财产的威胁了。霍夫博士，您站在哪一边？ |
| | 霍夫博士 |
| 切到霍夫博士的特写 | （回答说这是实情，但是动物们通常不会受伤，它们会跑出来，而且燃烧过的丛林还会长出新的树木来。） |
| | 凯蒂 |
| 切到双人镜头 | 想要控制住大火就没有可能了吗？ |
| | 霍夫博士 |
| | （回答说可以控制，但这要花很多钱，而且也仅仅是控制住火势，并不能令火灾消失。） |

**图 3.3 不完整的声画分栏脚本**
这个格式的脚本将画面信息展示在左栏中，但右栏中只有部分的对话信息。主持人的提问通常要完全写下来，但回答可以只是简要概括。

人说了什么，大部分却只有提示。比如，"海德博士谈论教育革新的创意，希尔博士回应他"。这种类型的脚本几乎总是被应用于采访节目、产品展示、教育系列节目、各种综艺节目，以及其他含有大量即兴评论或讨论的节目形态中。见图 3.3

### 3.1.3 新闻脚本

新闻报道总是需要写出完整的脚本。脚本必须包括主播要说的每个词，以及供导演使用的指示信息，诸如该在节目进程的何时何处，调用哪些视频材料或前期已录制的素材片段。这些片段包括新闻特写（也称为节目包）和事件实况，比如记者在新闻现场报道某一正在发生的灾祸。见图 3.4

### 3.1.4 节目大纲

节目大纲（show format）只列出具体节目段落的次序，比如"在华盛顿采访""广告2"或"图书评论"。大纲还会列出节目中主要动作发生的场景（或行动的起始点），以及各段落的开始时间和进行时长。节目大纲通常用于具有标准化演出流程的演播室节目中，比如日播早间节目、专题讨论节目或者智力竞赛节目。见图 3.5

| 猎人点节目包 | 午间新闻 4 月 15 日 |
|---|---|
| 演播室：克里斯蒂 | （克里斯蒂）<br>猎人点某房东，正因为公寓里危险的居住条件而遭到抨击，房客们抱怨皮疹、头痛、流鼻血。<br><br>马蒂·冈萨雷斯询问几个房客，大家都说这些是有毒霉菌造成的。 |
| 节目包 1<br>声音和画面<br>素材带 03<br>第 023 条 | （切入点："尽管公寓楼被有毒霉菌滋扰一事还没有任何官方确认，但事情看起来肯定就是这样……"）<br>节目包 0∶42<br>（切出点："……我希望有人能为此做点儿什么。"） |
| 演播室：克里斯蒂 | （克里斯蒂）<br>房东否认了这些指控，说这都是天气多雾造成的。在这些信息之后，我们会跟房东和卫生官员交谈。 |
| 素材带 03<br>第 112 条<br>第 005 条<br>第 007 条 | 节目包装片花<br>广告（加州奶酪）<br>广告（温斯顿公司） |

**图 3.4 新闻脚本**

新闻脚本包括主播（克里斯蒂）要说的每个字（除了偶尔的闲聊），以及对所有要使用的视频素材的说明。节目包由先前拍摄的镜头和采访内容组成，后者由现场记者和受访者的画面剪辑而成。

《人，地方，政治》节目大纲（附脚本）

录制日期：2月3日　　　　　　　所需设备：BECA 415
播出日期：2月17日　　　　　　　播出时长：25：30
导演：惠特尼　　　　　　　　　　主持人：基帕

开始

| 画面 | 声音 |
|---|---|
| 标准开场<br>素材带 1，条数：ST1<br>特效 117 | 声源声音（SOS）<br>播音员：旧金山州立大学广播电子传播艺术系电视<br>中心，推出《人，地方，政治》，用全新视点聚焦<br>全球事件。 |
| 嵌入标题字幕 | 今天的主题是： |

素材带 1，第 033 条，第 1、2 段

| 演播室开场镜头<br>嵌入文字<br>嘉宾特写<br>菲尔特写 | 菲尔介绍嘉宾<br>嘉宾的名字<br>嘉宾讨论主题<br>结束节目 |
|---|---|

素材带 1，第 034 条，第 3、4 段

结尾

| 嵌入地址文字 | 播音员：若想得到今天节目的拷贝，请写信至<br>《人，地方，政治》，<br><br>旧金山州立大学，广播电子传播艺术系<br>旧金山，CA94132<br>电子邮件：BECA@sfcu.edu |
|---|---|
| 嵌入下周内容 | 请收看下周节目：<br><br>主题音乐渐起渐弱 |

**图 3.5　节目大纲**

节目大纲只包括左栏（画面）内的基本信息和右栏（声音）内的标准开场白及结束语。

专业视频多媒体光盘广告

节目：
日期：


道具：
台式计算机正在运行策特尔视频实验室 3.0 版出品公司 Triple-I 的网页。该专业视频光盘的海报和多媒体奖奖牌在后景。小道具为多媒体光盘套装。


1. 依靠影像、想象和企业化运作创造的新兴多媒体产品。
2. 巨大的成功，Triple-I 迄今为止最好的产品。
3. 在策特尔视频实验室 2.1 版的基础上开发。2.1 版因卓越的性能，曾斩获多项大奖，包括非常著名的"视界金奖"（Invision Gold Medal）。
4. 为初学者和视频专业人员设计。
5. 真正的交互式体验。给你搭建一个家庭视频工作室，操作简便。
6. 你可以按照适合自己的节奏进行学习，并在每次练习后检验学习结果。
7. 可供 Windows 或 Macintosh 两种计算机操作平台使用。
8. 提供特别优惠。10 月 20 日截止，抓紧行动。在各大软件商店有售。若需了解更多情况或查询离您最近的经销商，请访问 Triple-I 网站，网址：http://www.triple-i.tv.。

图 3.6 详情单

详情单列出了在展示产品时应提出的主要观点。详情单没有提供具体的声音和画面信息。出镜人在产品展示中即兴发挥，导演用摄像机跟随出镜人活动。

## 3.1.5 详情单

详情单（fact sheet）也被称为浏览表（rundown sheet），列出了摄像机需要显示的信息，并粗略地标出了应该说的内容。见图 3.6

详情单有时以声画分栏的脚本格式进行书写，但并不给出具体的视频和音频指示信息。它通常是由制造商或广告商提供的，他们需要主持人即兴介绍他们的产品。

如果产品的演示太复杂，导演可能需要重写详情单，并标注出关键性的拍摄镜头，从而帮助协调出镜人和导演的动作。除非产品演示非常简单，比如某位著名小说家举着一本书，否则不建议导演只依靠详情单对节目进行执导。即使视频录制好后还将经过后期剪辑，如果导演和出镜人都对节目进行即兴发挥，那么节目就很难取得令人满意的效果。

### 要点

▶ 脚本是三个制作阶段中最为重要的一个传播载体。

▶ 最常使用的脚本格式有单栏剧情片脚本，声画分栏脚本，新闻脚本，节目大纲，详情单或浏览表。

# SECTION

# 3.2

# 戏剧性结构、矛盾冲突和剧作法

就算你不是编剧，你也必须具备评判脚本好坏的能力。鉴于你能在市面上找到一些关于戏剧性和非戏剧性脚本写作的经典书籍，因此本节关于脚本写作的内容，将刻意保持在最低限度。[①]

▶ **基础戏剧性故事结构**
　　结构组成部分

▶ **矛盾冲突和经典剧作法**
　　戏剧性冲突的种类、经典剧作法和事件顺序

▶ **非戏剧性故事结构**
　　目标导向节目，从创意到过程信息——深度报道，以及从创意到过程信息——目标导向节目

## 3.2.1　基础戏剧性故事结构

一个好的脚本，能在多个有意识或无意识的层面

---

① 正如第2章引用的，我所发现的关于媒介写作艺术的图书有两本：斯图尔特·海德的《从创意到剧本：当代媒介叙事》以及南希·格拉汉·霍姆的《魅力：方便观众的电视新闻》。海德的书包含了将故事进行概念化的特别清晰的方法以及戏剧性和非戏剧性脚本的多种结构方式。霍姆的这册小书则是新闻行业的珍宝。它以信念和智慧写就，包含着数量惊人的可靠信息，远远超越了以往那些教你"如何做新闻"的方法。

---

上给人以感染，但所有的这一切都得依靠编剧尤其还有演员的明确表达。

**结构组成部分**

所有银幕和舞台上的戏剧性故事都由四个基本元素构成：

- 主题——故事是关于什么的。
- 情节——故事是如何向前推动发展的。
- 人物——一个角色如何与其他角色不同，他们每个人面对各自的处境是如何反应的。
- 环境——人物的行动发生在什么地方。

情节可以由外向内发展，也可以由内向外发展。由外而内发展的故事，让主人公对外在的影响做出反应，比如自然灾害、讨厌的邻居或者失业。而在从内而外的故事中，主人公的行为和选择决定了情节的进程。大银幕电影通常由壮观的由外而内的情节来推动，但也同样能应对以人物为基础的故事。以情节为基础的故事时常强调外部动作，比如追车、爆炸和打斗。而以人物为基础的故事，则在内部动作——人物的心理构成和随之而来的行为举止中展开。

尽管你也许不能从每日播放的电视节目中找到明显的证据，但由于其天然特性，电视媒介更适宜于播出内敛的，以人物为基础的，由内而外的故事。我们通常独自一个人或者和家人一起在家里看电视，我们会把电视视为一个熟悉——如果还说不上亲密——的交流伙伴。这就是为什么政治家和广告主要花费大量的金钱来使用电视媒体把信息传递到观众的家中。

## 3.2.2　矛盾冲突和经典剧作法

所有的戏剧性故事都在矛盾冲突的基础上发展起来。没有矛盾冲突就没有戏剧性故事。所有好的故事都基于某种形式的矛盾冲突。在电视剧，比如肥皂剧或者犯罪剧中，每一集都会解决许多大大小小的问题，但总会在结尾处开启一个新的矛盾冲突，以待下一集节目再解决。诚然，这是一种相当陈词滥调的手段，

一周又一周地吸引观众回来看节目，但是它奏效。

## 戏剧性冲突的种类

在以情节为基础的创作方法中，矛盾是从人物所处的环境中产生的，这种环境能以某种特定的方式让观众产生反应。

比如，人物 A 变成了一位政治家，他曾经是足球明星，有广泛的知名度，在他娶了某富裕家庭的女儿之后，他的岳父敦促他去竞选参议员。他的妻子为他写了一篇强有力的竞选陈述，关于他如何能够单枪匹马地改变参议院的多数席位，从而将国家带回到对诚实和家庭价值观的追求上。他赢得了竞选，但是却对参议员做决策的方式感到震惊。他试图要揭发这些行为，但却遇到了重重矛盾。他在一次诡异的车祸中失去了胳膊，也依次丢了工作、老婆、朋友和自信。

在以人物为基础的创作方法中，人物在最初做出的某个决定产生了他必须应付的矛盾冲突。当你在阅读电视剧或电影脚本的时候，你应该能够分辨不同层次的矛盾冲突——有的很隐晦，有的则非常明显。

比如说，人物 B 是一个医生，她越来越对参议院忽视全体选民意愿的行为感到沮丧，因此决定对此做点事情。她从医院辞职，开始了草根参议员竞选活动，并以全民医保为题进行了竞选演讲。她以微弱优势胜出，同时，和角色 A 一样，她也对参议院做决策的方式感到震惊。她不按党派战线的要求投票，而是按照她所坚信的对人民最好的方式投票，并很快为此受到了严惩。她也遭受了一次诡异的车祸，醒过来后发现她正置身于她从前所在的医院，只不过这一次她是病人。在医院里，她得面对前同事们对她的各种方式的质疑，大家都觉得她参加竞选是为了追求权力，而非因为利他主义。当她养好伤以后，她决定回归自己从医的老本行，但她那位对她忠诚不渝的丈夫，却说服她留在参议院，因为她已经给她所代言的社会阶层带来了巨大改变。她再次从政，借助媒介的力量揭发了某些参议员的操作方式，整肃了他们的行为，介绍了一种普世性的医保系统，并从此过上了愉快的生活。

你可以看出，角色 A 的矛盾冲突基本上是由外部环境造成的（别人告诉他去做或者为他安排的），而角色 B 的矛盾冲突是由自己的抉择和信念导致的。

当你更加仔细地去看电视或电影，鉴别其中的矛盾冲突以及它们是如何产生的，你就会发现，这些故事中的矛盾冲突及其缘起都非常相似。你可能毫不费力就能写出几页矛盾冲突。所以，请把下面单子中的戏剧性冲突模式仅仅当成例子来看。见表 3.1

## 经典剧作法

几个世纪以来，行之有效的故事讲述方法几乎没有改变过。我们还在使用经典剧作法（classical dramaturgy）的所有或者大部分要素——那些构建戏剧性的相关技巧：

- 呈现（Exposition）：交代故事发生的背景信息。
- 交锋点（Point of attack）：第一次危机爆发。

**表 3.1 戏剧性矛盾冲突**

这份矛盾冲突表并没有列出所有的矛盾冲突，而旨在帮助你认识脚本中可能存在的矛盾冲突样式，并激发你去创造类似的表单。

| 矛盾冲突的大致分类 | |
| --- | --- |
| 文化与意识形态差异 | 社会与个体的对立 |
| 理想与理性世界观的对立 | 诚实与腐败的对立 |
| 感觉与理智的对立 | 富有与贫穷的对立 |
| 愿景与现实的对立 | |

| 矛盾冲突的具体分类 | |
| --- | --- |
| 故事主人公（也可能是你）和如下方面的矛盾冲突： | |
| 各种各样的境遇 | 生活方式 |
| 环境 | 权威 |
| 自然 | 官僚机构 |
| 他或她自己（你自己） | 权力 |
| 家庭成员 | 信念 |
| 亲戚 | 原则 |
| 朋友 | 道德 |
| 邻居 | 信条 |
| 同辈的压力 | 宗教 |
| 同学 | 社会系统 |
| 顺从 | 政府 |

- 上升动作（Rising action）：更多的矛盾冲突和麻烦正在酝酿。
- 高潮（Climax）：重大危机或者情节转折点。
- 下行动作与结局（Falling action and resolution）：更多的麻烦，可能赢了也可能输了。见图3.7

请翻回第2章再看一看那个故事阐述（图2.3）是如何遵从经典戏剧性结构的。

呈现与背景：机场，教授去参加会议的路上。

交锋点（第一次危机）：丢失行李箱。

上升动作（系列次要矛盾冲突）：忘记宾馆名字，必须打车去位于危险社区的宾馆。

高潮：丢失钱包。

下行动作：更多更难的矛盾出现——难以获得别人的帮助，找公用电话很困难，打电话给朋友却只听到电话留言，在陌生的城市迷路。

结局：警察拯救了教授，在参会宾馆的大厅发现了自己的同事。

可以看出，这个戏剧性故事节目完全包含经典剧作法的五个主要准则，而且故事还有一个皆大欢喜的结局（主人公被救了）。如果你想把这个故事变为悲剧，那么你可以让恶棍抢劫主人公，并因为从他身上搜不出钱来而又毒打了他。主人公错过了会议，也因此失去了晋升的机会。另外，他的新婚生活也充满了压力，主人公就此完蛋。

上述经典剧作法可以帮助你在包括电影与电视的所有的媒介中讲好一个故事。当然，这些媒介已经彻底地改变了传统剧作法中那种按照事件的顺序进展进行叙述的方法。

### 事件顺序

我们可以轻松地通过剪辑调换过去、现在和未来的次序，这消除了一个好故事必须有一个工整的开头、发展和结尾的神话，并重新定义了故事讲述中的事件顺序的概念。

借助闪回，你可以在现在的叙事时空中"闪现"过去的事件；你也可以闪前，即开篇先交代故事的结局，再展示故事是如何演变到此最终事件的过程。就算是一场实况棒球比赛的直播中，你也可以打断当前的事件进程，通过插入实时回放来展现过去时刻。这些即时的回放，在电视剧中也是一种重要的戏剧性组成部分。同时，你还会发现，肥皂剧和犯罪剧从来就没有一个明确的结尾，而是用未解决的危机，吸引你再次进行观看。

## 3.2.3 非戏剧性故事结构

非戏剧性的故事的涵盖范围非常广，从新闻报道到纪录片，到广告，再到展示某些医疗过程的复杂教学视频。所有这些都是非虚构的，其制作的主要目的是提供信息。

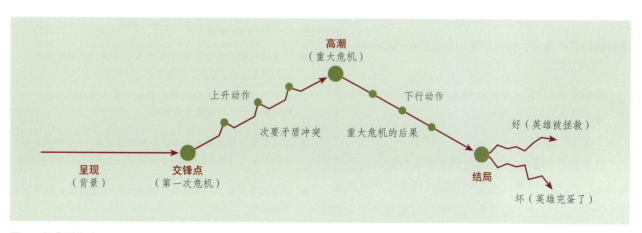

**图 3.7 经典剧作法**
经典剧作法的故事进程从呈现（背景）开始，到达交锋点（第一次危机），又经过上升动作和高潮（重大危机），到达结局。

### 目标导向节目

新闻故事和纪录片建立在故事讲述的基本准则和简单的剧作法基础上，与之不同的是，商品广告和教学演示类节目，有意囊括了不受故事讲述规则束缚的目标导向信息（goal-directed information）。这两种节目的构建，诉诸观众的购买动机或学习目标，并且要对观众产生一种就算不能被衡量，至少也是可观察的效果。所有的节目都能从过程信息中受益，但只有目标导向节目是完全依赖过程信息的。

### 从创意到过程信息：深度报道

这里的两个例子，展示了不同的过程信息是如何影响非目标导向的深度报道的。基本创意是写一个关于你喜爱的橄榄球队的故事。你究竟想如何展示这个故事呢？你希望观众看到什么和感觉到什么？让我们写两个不同的过程信息，从而简洁直观地展现你的节目内容及节目的呈现方式。

**过程信息 1**：节目应该让观众感受到橄榄球运动中的巨大体力。

当把这个过程信息转换为实际的媒介条件时，你将会需要非常近的景别来展示橄榄球运动中的抢断环节。你能在一个常规比赛中拍到这种镜头吗？可能不行。你最好在运动员训练的时候进行拍摄。这样你可以使用手持摄像机，并且在近距离拍摄。此外，声音也变得非常重要。运动员冲撞对方的声音，比起单纯看动作来说，能更好地让我们感受到那种力量。在此，事件顺序并不重要，你只需要展现最精彩的部分即可。

**过程信息 2**：节目应该让观众欣赏橄榄球运动与生俱来的美。

现在你需要集中关注那些训练有素的运动员的敏捷体态。同样，你可能也需要在训练环节而非正式比赛中进行节目拍摄，除非你有足够的时间和机会来拍摄多个正式比赛。你肯定得拍摄四分卫投球和外接手接球的镜头。你甚至可以在后期制作中使用视频特技，

比如慢动作，或用双重曝光展现接球手伸展身姿，去接一个决定比赛胜负的传球，如果你还想再大胆些，可以用叠印的方式，在画面上叠加一个做着类似起跳动作的芭蕾舞演员。

### 从创意到过程信息：目标导向节目

这种类型的节目需要一个高度精确化的过程信息，和课程的教学目标一样，这个过程信息必须被预先设定，以便可以对结果进行观察和验证。以下是剧情类电视剧《芝麻街》其中一集的过程信息：

**过程信息**：在看完节目以后，学龄前儿童要能从 1 数到 5。

节目需要完成一个具体的教育目标。在进入前期筹备阶段之后，你要考虑能满足广告业三信条的节目内容，即注意力、重复和多样性。你要学会简洁，使用能够迅速获得观众注意力的东西（比如某个卡通人物），然后以多种方式重复那些数字——比如让某个角色在沙子上绘出它们的图案，或让它们出现在人行道的跳格子游戏的方框里，让五辆画有不同数字的玩具车按顺序弹出，诸如此类。

在学校使用的那些教育节目中，要判断学生对信息的掌握程度，可以对其测验结果与过程信息进行比对，比对结果越接近，节目就越成功。

---

### 要点

▶ 戏剧性的四个基本构成部分是：主题、情节、人物和环境。

▶ 所有的戏剧性都在矛盾冲突中得以增强。矛盾冲突可以是由外因诱导的，即建立在情节之上，境遇推动着人物的反应。矛盾冲突也可以是内因诱导的，即建立在人物之上，人物的选择导致了其所遭遇的境遇。

▶ 构成经典剧作法的五个元素是呈现（背景）、交锋点（第一次危机）、上升动作、高潮（重大危机），以及下行动作和结局。

▶ 故事的事件顺序——开端、发展和结局能够在电视和电影中被改变。

▶ 非戏剧性目标导向节目，需要清晰的过程信息，以用于节目的制作和评估。

# PART III

## 第三部分

# 拍摄阶段

**第 4 章 模拟电视与数字电视**
4.1 模拟信号与数字信号
4.2 电视扫描系统

**第 5 章 电视摄像机**
5.1 电视摄像机工作原理
5.2 分辨率、对比度和色彩

**第 6 章 镜 头**
6.1 镜头是什么
6.2 镜头看到的世界

**第 7 章 摄像机操作与画面构图**
7.1 摄像机的操作
7.2 有效镜头的构建

**第 8 章 音频：拾音**
8.1 话筒如何拾取声音
8.2 话筒的工作原理

**第 9 章 音频：声音控制**
9.1 声音控制和录制
9.2 立体声、环绕声和声音美学

**第 10 章 照 明**
10.1 照明设备与照明控制装置
10.2 光线强度、灯具和彩色透明介质

**第 11 章 电视照明技术**
11.1 演播室照明
11.2 现场照明

**第 12 章 视频录制和存储系统**
12.1 磁带式和无磁带视频录制
12.2 视频录制的操作

**第 13 章 切换或实时剪辑**
13.1 切换台的工作原理
13.2 电子特效和其他切换台功能

**第 14 章 设 计**
14.1 电视图形的设计和运用
14.2 布景和道具

**第 15 章 电视出镜人**
15.1 电视演出者和演员
15.2 化妆与服装

**第 16 章 导演在摄制中的准备工作**
16.1 导演的准备工作
16.2 联络沟通和日程表

**第 17 章 导演在摄制中的执导工作**
17.1 多机控制室中的执导工作
17.2 单机和数字电影执导工作

**第 18 章 现场制作与大型实况转播**
18.1 现场制作
18.2 重大事件的摄制

# 4

第 4 章

# 模拟电视与数字电视

数字电视（digital television，缩写 DTV）的出现不仅显著地改善了电视的图像和声音，也让更加多样化的媒介功能集合于一身：电视拥有了交互性，大型集中化的数字数据库让电视新闻组织可以即时访问其新闻档案，音视频内容也可以通过互联网在计算机之间相互传输。你可以用手机拍摄你的朋友，或者在去校园的路上用它来看电视。越来越多的大制作电影采用高清电视（high-definition television，缩写 HDTV）摄像机，而非传统的电影摄影机进行拍摄。但是，在主流的电视制作中，无论原始素材是记录在电影胶片、磁带，还是其他数字录制媒介上，所有随后的制作过程，都会涉及类似的（或者相同的）器材设备和步骤。一旦转换成数字数据，电影就可以像高清电视信号一样，轻松通过电缆、微波或卫星进行传播。正如你看到的，学习数字制作工序不再是一件奢侈的事情，反而对所有电视甚至电影从业人员都很关键。

4.1 "模拟信号和数字信号"，解释了数字过程的全部内容，以及它与模拟系统的不同之处。4.2 "电视扫描系统"，介绍了生成彩色电视图像，隔行扫描和逐行扫描，当前的数字扫描系统以及平板电视显示器的基本知识。

480p　数字电视的最低分辨率扫描系统。p 代表逐行（progressive），即每一帧完整电视图像由 480 个可见或活跃的行组成，这些行会被一个接一个地扫描（总共 525 条扫描行）。

720p　高清电视逐行扫描系统。每一帧完整的电视图像由 720 个可见的或活跃的行组成（总共有 750 条扫描行）。

1080i　一种高清电视的隔行扫描系统。i 代表隔行（interlaced），即每一帧完整的电视画面由两个隔行扫描场组成，每个场各带一半的画面信息。每个场又由 540 条可见的或活跃的行组成（一共有 1125 条扫描行）。与标准的 NTSC 制式电视系统一样，1080i 高清数字电视系统每秒钟产生 60 场或 30 帧完整的画面。

模拟信号（analog）　一种在波形上和原始信号完全一样的信号。

画幅比（aspect ratio）　标准电视屏幕的宽与高的比例是 4∶3，因此所有标准电视画面的宽高比也是 4∶3。高清电视的画面比例为 16∶9。小型移动媒体（手机）屏幕的画幅比例各有不同。

二进制系统（binary）　逢 2 进位的数字记数体系。

二进制数字 / 比特（binary digit/bit）　计算机能够接受并处理的最小信息量。一个命令的存在状态由 1 来表示，而缺失状态则由 0 来表示。1 个比特可以描述两种状态，例如开 / 关，或黑 / 白。标准的十进制计数系统有 10 个数字：0 到 9。而二进制系统只有两个数：0 和 1。

编解码（codec）　压缩 / 解压缩的简称。一种对数据进行压缩和解压缩的特定方式。

编码（coding）　把量化值转换成二进制码，用 0 和 1 表示。也称为 encoding。

压缩（compression）　使用编码体系，将所有的原始数据打包到更小的存储空间（无损压缩），或者丢掉其中某些最不重要的数据（有损压缩），以此来减少存储或传送的数据量。

解码（decoding）　将声音信号和视频信号从数字编码中还原回来。

数字（digital）　通常指二进制系统——以二进制数字（开 / 关脉冲）表示数据的形式。

数字电视（digital television，缩写 DTV）　数字电视系统通常比标准电视系统（standard television，缩写 STV）拥有更高的分辨率。又称高级电视（advanced television，缩写 ATV）。

下载（downloading）　以数据包的形式传送文件的传输方式。由于数据包的传输通常并不按照数据的排列顺序进行，所以文件在下载过程结束之前不能被看到或听到。

场（field）　一次完整的扫描循环的一半，形成一帧电视画面需要两个场。在标准 NTSC 制式电视中，每秒钟有 60 场，即 30 帧画面。

帧（frame）　从画面的顶部到底部的一个完整的电子束扫描循环，也用来指一个活动影像系列中的一格画面。

高清电视（high-definition television，缩写 HDTV）　比标准电视系统（NTSC）的画面细节至少多出一倍。720p 使用 720 个可见的或活跃的行，它们通常会被以每 1/60 秒一次的速度进行逐行扫描。1080i 标准每秒使用 60 个场，每场由 540 条可见或活跃的行构成。在隔行扫描中，一个完整的帧由两个扫描场构成，每个场都拥有 540 条可见的行。不同高清电视系统的刷新率（refresh rate）——完整的一个扫描周期，会有所不同。

隔行扫描（interlaced scanning）　在该系统中，电子束在第一次扫描中每隔一行跳一次，也就是只读取奇数行，当电子束扫描至最后一个奇数行的中间时，会跳回屏幕顶部，继续扫描首行未扫描的一半，并继续扫描所有的偶数行。每次对奇数行和偶数行的扫描都各自会生成一个场，两场组成一帧。标准 NTSC 电视每秒生成 60 场，相当于每秒 30 帧画面。

逐行扫描（progressive scanning）　在这个系统中，电子束先扫描第一行，再扫描第二行，之后是第三行，以此类推。直到所有的行都扫描完成之后，电子束会返回扫描的起点，重复扫描所有的行。

量化（quantizing）　模拟信号数字化过程中的一个步骤，将采样的点转化成离散值（discrete value）。也称为 quantization。

刷新率（refresh rate）　每秒钟完成扫描循环（一帧）的次数。

RGB　代表红、绿、蓝。电视的三原色。

采样（sampling）　从模拟电子信号中读取（选择和记录）大量同等间隔的微小部分（样本值），以转换成数字编码的过程。

流式传输（streaming）　将数字音频和（或）视频作为一种无间断的数据流进行传送和接收的方式。在传送的过程中，内容能够被看到或听到。

# 4.1

# 模拟信号与
# 数字信号

当你让自己沉浸在数字电视和数字电影的世界之前，你应该明白模拟系统和数字系统的基本原理，以及标准的电视扫描模式是如何运作的。你也会对我们为什么转而使用数字电视找到答案，哪怕模拟电视一直都运转良好。

▶ **数字化的含义**
数字化的原因、模拟信号和数字信号的区别，以及数字化过程

▶ **数字电视的优势**
声画质量、电脑兼容性和灵活性、信号传输、信号压缩

▶ **画幅比**
4×3 画幅比、16×9 画幅比，以及便携多媒体的画幅比

▶ **数字扫描标准**
480p、720p 和 1080i

## 4.1.1 数字化的含义

所有的数字（digital）计算机和数字视频都建立在二进制（binary）编码的基础上，这种编码用 1 和 0 分别代表是和否，开和关，以此来描述世界。二进制数字（binary digit），又叫比特（bit），其运行原理犹如一

个电灯开关，要么开，要么关。如果是开，就用 1 表示，如果是关，就用 0 表示。

### 数字化的原因

乍一看，二进制数字的二选一系统似乎相当笨拙。比如，一个简单的十进制数字 17，在二进制系统中的表示是 00010001 这样一串非常笨重的数字。因为二进制系统是以 2 为基准进位的计数系统。[①]

二进制系统在防止文件失真和出错方面具有绝对优势。比如，在二进制编码中，灯只可能是在开或关的状态。如果灯只以一半的强度闪烁或照耀，那么数字系统会忽视这种差别，而只在开关被真正的开或关的动作触发时才进行反应。二进制的另一大特色是能够允许对数据进行任意规模的混合与重组——这对于声音与画面的操控来说至关重要。我们会在本章中详细讲解数字信号的优势。

### 模拟信号和数字信号的区别

在介绍很具体的技术之前，让我们先用一个比喻来说明数字信号和模拟信号在处理过程上的区别。模拟信号就像是一个从某一高度到另一高度的连贯斜坡。当你走上这个斜坡时，不管是走小步还是走大步，都无关紧要，坡道会逐渐且不可避免地将你引向预定的高度。**见图 4.1**

继续使用这个比喻，在数字领域中，为了达到预定的高度，你就不得不踏出特定的步伐。数字化更像是一个二选一的命题，那个预定的高度被量化（分割）成一定数量的离散值——也就是台阶，你要么迈上下一个台阶，要么停住。你不能站在台阶的一半或者四分之一处。**见图 4.2**

模拟（analog）系统处理和记录的是与原始信号的波动完全相同的连续信号（那条斜坡线）。数字系统在进行处理时，却是将斜坡改变成非连续性的数值（离

---

[①] 数字 17 用一个 8 比特的二进制代码表示。所有这样的数值都可以用 0 或 1 来表示。代表单个颜色像素或声音的一个 8 比特二进制代码为 2 的 8 次方，即 256 个离散值。关于二进制的详细信息，请参阅 Arch C. Luther 和 Andrew F. Inglis 合著的《视频工程》（*Video Engineering*，第三版，纽约：McGraw-Hill 出版社，1999 年），第 45—47 页。

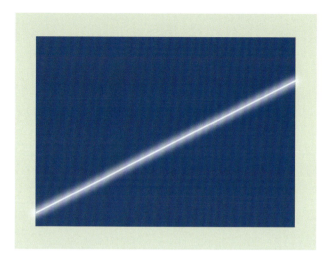

**图 4.1　模拟信号**

模拟信号可以用一个向某个高度持续倾斜上升的斜坡来表示。

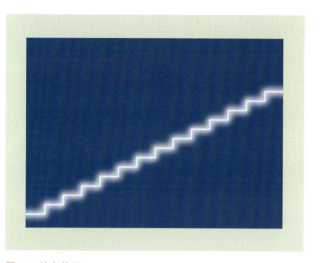

**图 4.2　数字信号**

数字信号可以用阶梯来表示，这个阶梯由很多个相互独立的台阶组成，通向某一高度。

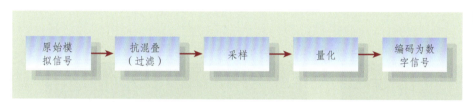

**图 4.3　数字化过程**

模拟信号的数字化过程分为四步：抗混叠、采样、量化和编码。

散值），这个处理过程就叫数字化。数字处理过程会按照一定的间隔，对模拟信号进行持续采样，然后将样本量化（为其分配具体的数值），并以 0 和 1 两个数对其进行编码。

**数字化过程**

　　将一个模拟视频信号进行数字化，需要经过四个阶段：抗混叠、采样、量化和编码。见图 4.3

　　**抗混叠**　在抗混叠（Anti-aliasing）步骤中，那些不太常见的，对于合理的采样样本而言并不必要的多余模拟信号，会被过滤掉。

　　**采样**　在采样（sampling）阶段，将斜坡（模拟信号）上的一些点的数值挑选出来组成台阶（数字值）。采样率越高，抽中的台阶越多，它们看起来就越像最初的斜坡（模拟信号）。显然，采样率高（台阶更多更小）比采样率低（较少的大台阶）更好。见图 4.4 和 4.5 视频信号的采样率通常用兆赫（MHz）来表示。

　　**量化**　在数字化的量化（quantizing）阶段，我们实际上是在建造台阶，以便达到楼梯的顶端（之前被设定好的坡度最高处），并为这些台阶分配数字。从技术上来说，量化就是将连续的信号变量分割为不同的定义级（defined level），即台阶，然后把它们填入所需的样本范围内（斜坡的高度）。比如，一个 8 比特的量化过程最多可以生成 256 级台阶（2 的 8 次方）。在我们的比喻中，我们不能使用多于 256 级的台阶。见图 4.6

　　**编码**　在编码（coding）阶段，每级台阶的量化数字被转变成二进制数字，也就是 0 和 1，这些数字又形成不同的数字组（即我们所说的那些台阶）。见图 4.7

## 4.1.2　数字电视的优势

　　为什么我们要进行这些数字化处理？难道迈开大步走上（模拟信号的）斜坡不比每秒钟攀登成千上万级（数字）台阶更加容易吗？当我们可以拥有真实、完整的模拟信号时，为什么还要选择用部分抽样的数

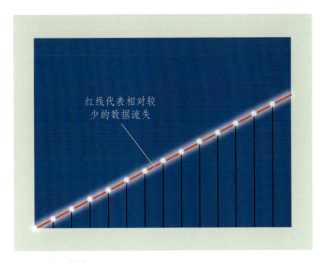

**图 4.4　高采样率**

采样是从原始模拟信号中挑选一些点出来。高采样率，意味着从原始信号中选择的点更多，组成数字信号的台阶更多，每个台阶更小，这样也就更加接近原始的斜坡。采样率越高，信号质量越好。

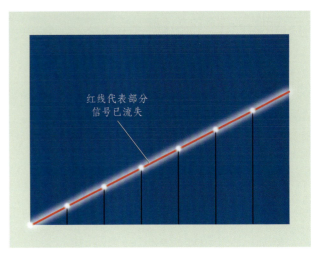

**图 4.5　低采样率**

低采样率从原始模拟信号中选取的点更少。数字信号只由少数几个大台阶组成，大量的原始信号丢失了。

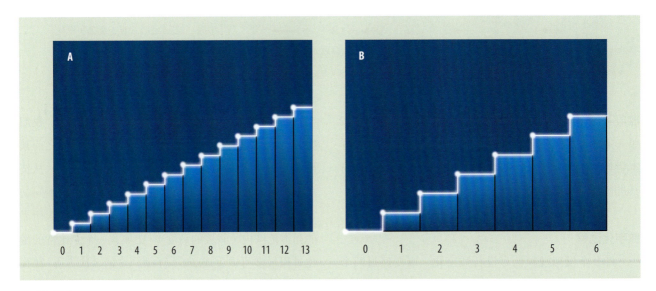

**图 4.6　量化**

量化就是将选择好的样本安排在固定的位置上。这是建造台阶的阶段。每个台阶都会被分配一个特定的数字来表示其高度。A，高采样率：很多小台阶。B，低采样率：少数几个大的台阶。

字信号？最简单的回答就是，数字格式相对模拟格式而言，有几项重要的优势：声画质量，电脑兼容性和灵活性，信号传输，以及信号压缩。

## 声画质量

　　在数字化影音系统出现之前，画面和声音的质量一直就是器材制造商和制作人员最关注的问题。高清晰度的画面质量对于大规模的后期制作来说是至关重要的。在使用模拟格式进行视频制作的时代，复杂的剪辑和特效应用都需要多次转录母版磁带（按照被转录的次数，这些拷贝的磁带被归为不同的版数）。遗憾的是，在模拟录制设备上转录的次数越多，内容的质量损失就越大。这就像在复印，不断地用上一个复印版本复印下一个文件，很快字迹就会变得模糊不清、无法识别了。

　　但这正是数字录制技术的闪光之处。首先，即便

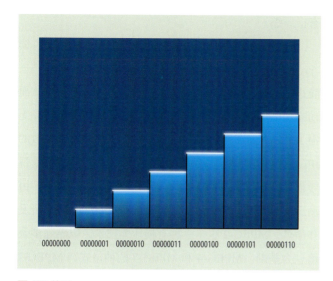

**图 4.7　编码**

编码，就是给每一个台阶指定一个二进制代码，并以某种方式对台阶进行分组。

是价钱适中的小型摄录设备，也能生产高品质的图像和声音。其次，也是更加重要的一点，即使经过了十余次的复制，数字副本的声画质量也很难看出有什么明显的损失。第十五代数字副本，看上去也和原始素材带一样清晰。实际上，经过一些数字技术魔术般的处理，你甚至可以让拷贝的质量看上去比原始素材更好。数字化还有一个品质特性。较之模拟信号，简单的二进制代码相对不受外来电子信号的干扰。像噪波（noise）和伪像（artifact）这样的外来电子信号，可以渗透和扭曲模拟信号。通过数字信号处理，即使不能完全地将电子噪波消除掉，个少也可以将它控制在最低。

不过，有得亦有失。高保真视频常常受到电影从业人员的批评，他们指责这些视频的画面过于锐利，能够"看到你脸上的每个毛孔"，因而缺乏那种柔和的"电影感"。同样，数字音乐录制品听起来则过于干脆清澈，因而缺少原始素材的温暖和质感——甚至是模拟录音的温暖和质感。你或许还记得计算机"说话"时发出的那种单调的合成声音，它们听起来缺少人类语言中的起伏变化和微妙层次（多种语调）。音频专家正试图通过提高采样率和设计更加复杂的数字信号合成方法，来弥补这种缺陷。矛盾的是，后期制作中的视频滤镜可以让高清电视画面的画质水平降低，而

数字音频也可以用添加一定噪声的方式，来获得更加"温暖"的声音。

### 电脑兼容性和灵活性

数字电视的另一大优势是，其信号不必经过数字化处理就可以直接从摄像机输入计算机。省略这个步骤，对于新闻工作机构而言尤其受欢迎，因为其成员必须在紧张的最后期限之前完成工作。对于剪辑师来说，也减轻了他们的负担，使他们能够将更多的时间花在剪辑的二次艺术创作上，而不像从前那样，在等待模拟素材数字化的过程中无所事事。

这种兼容性对于制作特效和计算机生成画面而言非常重要。即使一个简单的天气预报或者 5 分钟新闻节目，也包含了许多的数字化特效，这在模拟设备中是无法完成的。比如，节目开始时的动画字幕，从新闻主播肩膀上方的画框扩大到全屏的画面，不同故事转场时，前一个画面渐隐、后一个画面渐显的转换特效，所有这些都显示了数字特技的多样性和灵活性。诸如多个屏幕画面在主屏幕上下左右分屏显示，以及各种各样的文字条在屏幕的下方、侧边和顶部滚动这样的效果，也只能通过数字视频特效（digital video effects，缩写 DVE）才能完成。那些能够完成音视频素材的切换和合成的计算机软件，是数字制作中的必备工具。

### 信号传输

数字信号能够以有线（同轴和光纤电缆）或无线（宽带路由器或 Wi-Fi 无线网络）等多种方式进行传输。如果你对于在网上下载或上传大型电脑文件等得不耐烦，想想传送通道中那不可思议的数据量吧。哪怕仅是 1 兆 / 秒（MBps）的下载速度，也意味着电脑每秒钟在做出超过 800 万次的开 / 关选择（8388608 比特）。

人们时常会混淆下载和数据流的概念。当你在下载（downloading）的时候，你是以数据包的形式在接收数据。为了最大化地利用传送通道，这些数据包通常都没有按照顺序进行传送，所以在下载过程结束之前，你是不能调看整个文件的。而数据流流式传输（streaming）却不同，你可以接收连续不间断的数字音

视频数据，它们并不会被转换为打乱顺序的数据包。当文件的后续部分还在传送的时候，你就可以听到和看到已传输完的音乐和画面了。

然而，哪怕是宽带（多信道）和以太网（单信道）的同轴管道，也缺乏足够的容量来快速传输高清电视的海量数据，更别提去传输互动式数字电视的数据了，因此，也就需要对信号进行压缩。

## 信号压缩

压缩（compression）是对信号进行临时重组，或对冗余信息进行删除，以便于信号的储存和传送。还记得隔行扫描的过程吗？每个画面（帧）被分成不完整的两半（场），因为传输一半画面比传输整个画面要容易得多。从技术上来说，一场比一帧需要更少的带宽（数据传输通道的容量）。这就是一种原始而朴素的压缩方法，让无法被改变的模拟信号实现了更快捷的传输。

幸运的是，数字信号在这方面要更加灵活，可以用不同的方式对其进行压缩，称为编解码（codecs，压缩 / 解压缩［compression/decompression］的缩写）。这样的系统通过重组原始数据来进行压缩，而不必删除它们的任何部分。当压缩后的数据到达使用目的地之后，数据能够重新还原到其最初的位置，这个处理过程就是解码（decoding），以使得数据的输出和其原始输入完全一致。我们时常都会这样做：为了存储和传送而把一个大文件"压缩"（在 Windows 系统上）或"填充"（在 Mac 系统上），然后在打开文件时"解压缩"。当然，你也可以只删除多余的数据。

通过重新排列或重新打包数据而进行的压缩被称为无损压缩（lossless）——还原的图像与原始图像的像素量相同。如果有冗余像素或者我们通常情况下察觉不到的像素信息在压缩中被删除了，那么这种压缩就被称为有损压缩（lossy）。即便那些丢失的像素是多余的，对生成图像来说也并不重要，但还原的图像毕竟已不同于原始图像了。无损压缩的明显优势是，从原始图像中还原出来的图像在质量上没有任何损失。而它的缺点是，它会占用更大的储存空间，而且，数据的传输，以及将数据从存储设备中调用出来，都会花费更多时间。因此，大多数的图像压缩技术都属于

有损压缩。

应用最广泛的静态图像数字压缩标准是 JPEG（读"jay-peg"），这个名字源自开发出该系统的组织——静止图像专家组（Joint Photographic Expert Group），而动态 JPEG 则被用于动态的计算机图像。尽管已有无损 JPEG 格式存在，但是为了节省存储空间，大多数的 JPEG 文件还是采用有损压缩方式。另一个为高质量视频创造的压缩标准是 MPEG-2（读"em-peg two"），由动态图画专家小组（Moving Picture Expert Group）研发并命名。MPEG-2 也是一种有损压缩技术，以删除多余信息为基础。MPEG-4 和 MPEG-7 两种格式与 MPEG-2 格式有所不同，它们更多地被作为数据流的标准系统。（请在第 12 章查看更多与 MPEG 格式有关的信息。）

## 4.1.3 画幅比

传统（模拟）电视系统和数字电视系统之间最明显的差别之一，是高清电视（HDTV）的画面宽度被拉长了。新型电视的画幅比（aspect ratio）——屏幕的宽高比——就像是一个小型的电影屏幕。画幅比的问题将在第 7 章详细介绍，但在此我们还是简短地看一看两种主流画幅比的主要特点。

### 4×3 画幅比

电视和计算机屏幕的画幅比都是 4×3 的，这个传统可以上溯到最早期的电影银幕。无论是以英寸还是以英尺[1]为单位，其边框都是由 4 个单位的宽和 3 个单位的高组成的。这种画幅比还可以表示为 1.33∶1。屏幕中的每一个高度单位都有 1.33 个宽度单位与之对应。**见图 4.8**

这种传统画幅比的优点是，屏幕宽与高之间的长度差别不大，因此不会使它们中的任何一方过于突出。脸部特写和大特写非常适合这种画幅比，横向延伸的景物也同样如此。[2]其缺点是，它无法容纳那种宽高比

---

[1] 1 英寸约为 2.54 厘米，1 英尺约为 30.48 厘米。——编者注
[2] 见赫伯特·策特尔著《图像·声音·运动：媒介应用美学》（Sight Sound Motion: Applied Media Aesthetics），第 5 版（贝尔蒙特，加利福尼亚：Thomson Wadsworth 出版公司，2007 年），第 81—91 页。

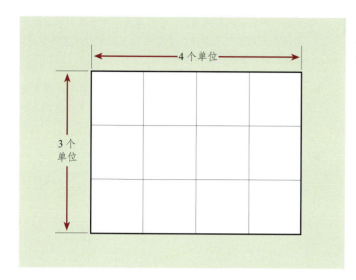

**图 4.8** 4×3 画幅比

传统电视的画幅比为 4×3（4 个单位的宽度、3 个单位的高度），也可以表示为 1.33∶1（每一个单位的高度对应 1.33 个单位的宽度）。

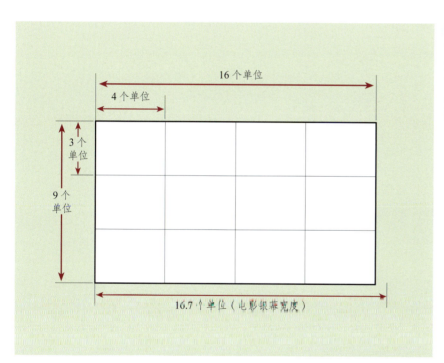

**图 4.9** 16×9 画幅比

高清电视的画幅比为 16×9（16 个单位的宽度，9 个单位的高度），这个比例是 4×3 画幅比的平方（$4^2 \times 3^2$）。这一比例也可以表示为 1.78∶1，接近于电影银幕的画幅比（1.85∶1）。

为 1.85∶1 的宽银幕电影。

### 16×9 画幅比

　　高清电视系统的画幅宽度被拉伸了，其画幅比是 16×9，即整个屏幕为 16 个单位宽，9 个单位高，也可以表示为 1.78∶1。正如你所见，这种宽高比是为了向电影银幕靠拢。**见图 4.9**

### 便携多媒体画幅比

　　便携小型多媒体设备，比如手机、iPhone 和 iPod，其画幅比有传统的 4×3，有正方形，甚至还有纵向的。

## 4.1.4 数字扫描标准

　　最常用的数字扫描标准是 480p（对 480 个可见行进行逐行扫描）、720p（对 720 个可见行进行逐行扫描）和 1080i（对 1080 个可见行进行隔行扫描）。这些标准将在 4.2 节中详细介绍。

**要点**

▶ 数字计算机采用由 0 和 1 组成的二进制代码，这种代码可以防止数据错误。

▶ 在数字化处理过程中，首先以一定的间隔对模拟信号进行连续采样，之后将样本量化（分配离散值），最后再用 0 和 1 对这些量化的样本进行编码。

▶ 数字电视可以显示高质量的图像和声音，节目经过多次转录也不用担心声画的损失。在图像处理和生成方面，数字电视具有更大的灵活性。其数据也可以进行压缩和解压，以便于更有效地储存和传送信号。

▶ 和传统电视的 4×3（1.33∶1）画幅比相比，数字电视系统拥有更宽的 16×9（1.78∶1）画幅比。小型移动多媒体设备的屏幕具有多种宽高画幅比。

▶ 数字扫描标准有 480p、720p、1080i。

本节会详细介绍彩色图像生成的基本原理,逐行和隔行扫描,主要的数字扫描系统,以及平板显示器。

▶ **图像生成的基本原理**
电子束运动形成电视图像和基本色彩

▶ **视频显示的基本颜色**
作为三原色的红、绿和蓝

▶ **隔行扫描与逐行扫描**
隔行扫描、逐行扫描、回扫和消隐

▶ **数字扫描系统**
480p 扫描系统、720p 扫描系统和 1080i 扫描系统

▶ **平板显示器**
等离子显示器和液晶显示器

## 4.2.1 图像生成的基本原理

为了描述基本的视频图像是如何在电视摄像机中被创造出来的,我们要"本末倒置",先说一下视频影像在回放时,是如何在标准(老式)电视机中的阴极射线管(CRT)上被还原的。

视频影像是被电子笔即电子束(electronic beam)

描画在电视屏幕上的。电子枪(electronic gun)发射出来的电子束,从左到右,逐行扫描电视屏幕的内表面,就像我们阅读时一样。电视屏幕里面有很多点状排列的感光图像元素或像素(pixel),形状呈圆点、小矩形或菱形。这些像素被电子束击中,就会发光。如果电子束强劲,发出的光就比较明亮;如果电子束较弱,发出的光也会较弱;当电子束弱到一定程度,这些像素就会停止发光。这个过程就像由灯泡组成的大型户外广告的屏幕,只不过电视屏幕使用的灯泡要小得多。

见图 4.10

## 4.2.2 视频显示的基本颜色

我们在电视上看到的所有漂亮的图像,甚至是黑白图像,都是由三种基本颜色合成的:红色、绿色、蓝色。随着像素被不同强度的电子束击中,它们便会发出不同强度的光。不同强度的光混合在一起,就产生了各种各样的色彩。电视画面中的每一行线,都是由 RGB(red、green 和 blue,即红、绿、蓝)三个颜色的像素组成的。但是,单个电子束如何能以不同的强度击中每一个 RGB 集合体(三个集合在一起的点)呢?的确不能。因此,每一种原色都必须有一个单独的电子束来与之对应:一个电子束对应红点,一个对应绿点,一个对应蓝点。每一个电子束以不同的强度

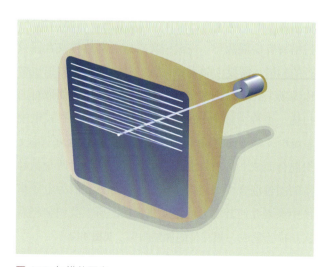

**图 4.10 扫描的要义**

位于显像管背后的电子枪,产生电子束,对位于显像管内表面的感光像素(图像元素)进行扫描。

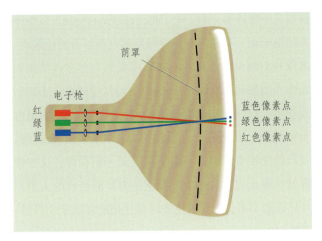

**图 4.11 彩色电视图像格式**
色彩接收器有三支电子枪，每一支负责红、绿、蓝其中的一个信号。每一条电子束都会被分配到它所对应的颜色像素点或矩阵内，荫罩防止电子束照射到邻近的其他像素点。

击中它所对应的颜色，从而创造出不同的颜色混合。关于这三种颜色是如何生成其他颜色的，将在第 5 章进行讨论。见**图 4.11**

### 4.2.3 隔行扫描与逐行扫描

要创造出视频影像，有两种基本方式：其一是通过隔行扫描，其二是通过逐行扫描。

#### 隔行扫描

要通过隔行扫描（interlaced scanning）的方式创造图像，电子束会先扫描所有的奇数行，再跳回顶部，扫描所有的偶数行。完成一次对所有奇数行或者偶数行的扫描，需要 1/60 秒的时间，这样的一次扫描也被称为场（field）。而完成一次对所有奇数行和偶数行的扫描，被称为帧（frame）。在传统的 NTSC 制式电视系统中，每秒钟有 30 帧画面。而每一帧都由两个场交织混合而成。从效果上来说，隔行扫描是将两个低品质的图像混合成一个高品质图像的方式。因为电子束击中像素并使其发亮的速度非常快，所以我们会把两次扫描感觉成一幅完整的视频图像。见**图 4.12**

#### 逐行扫描

逐行扫描（progressive scanning）系统从上到下扫描每一行，就像我们的阅读习惯一样。这样一次扫描就完成了一帧画面。逐行扫描系统中的电子束从屏幕的左上角开始扫描第一行，然后跳回到第二行的左侧起点扫描第二行，然后再跳回到第三行起点扫描第三行，以此类推。在一帧的扫描完成之后，电子束就会返回到屏幕左上角的起始位置，开始扫描第二帧，依此循环。正如你所见，电子束的扫描是逐行进行的，这正是该扫描系统之所以叫"逐行扫描"的原因。见**图 4.13**

在逐行扫描系统中，刷新率（refresh rate），即电子束跳回起点扫描另一帧的频率，通常是每秒 60 帧，但也可能会更高或更低。

#### 回扫和消隐

隔行扫描系统和逐行扫描系统都会使用回扫和消隐。电子束从被扫描行的末尾重新定位到下一行起始点的这个动作被称为水平回扫（horizontal retrace）。当电子束到达最后一行的末尾并跳回第一行的起始点，则叫作垂直回扫（vertical retrace）。为了防止图像在水平回扫和垂直回扫的过程中受到影响，电子束会自动减弱，这样就不会照亮像素，从而避免使前面完成的扫描受到干扰。这个过程就叫作消隐（blanking）。因此，水平消隐发生在水平回扫过程中；垂直消隐发生在垂直回扫过程中。下面，让我们看看这两种扫描系统在数字电视中的表现。

### 4.2.4 数字扫描系统

经过多年对较早的高级电视（ATV）和数字电视（DTV）扫描标准的争论，电视行业基本上已经认定了三种扫描系统：480p，720p 和 1080i。

#### 480p 系统

480p 系统由 480 个活动行组成，这些活动行每 1/60 秒被扫描一次。让我们再进一步研究下这些数字。正如你看到的，480p 系统拥有和标准电视一样数量的扫描行。但由于电子束在逐行扫描中每次都会读取所有的扫描行，之后才跳回去扫描第二屏，所以逐行扫

**图 4.12** 隔行扫描

A. 电子束先从左到右，从上到下，对所有奇数行进行扫描。第一轮扫描产生第一个场。

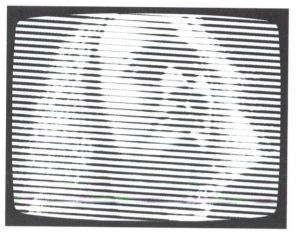

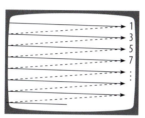

C. 这两个场组成一幅完整的电视画面，叫一帧。

B. 电子束跳回到屏幕顶端开始对所有偶数行进行扫描，第二轮扫描产生第二个场。

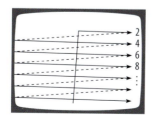

描在每一个扫描循环中都生成了一帧画面。与传统电视每秒钟扫描 60 场，也就是 30 帧不同，480p 系统每秒能生成 60 帧画面。包括其他逐行扫描系统都拥有这种更高的刷新率，因为它能提高画面的清晰度，同时防止明显的屏闪（flicker）。

### 720p 系统

在 720p 系统中，720 个可见或活跃的扫描行（总共有 750 个实际扫描行）被逐行扫描，其刷新率为 60（即每 1/60 秒完成一次对所有行的扫描）。这意味着它能提供真正意义上的高清电视画面，让画面拥有卓越的分辨率（resolution）和色彩保真度（color fidelity）。

### 1080i 系统

1080i 系统（共 1125 个扫描行，其中 1080 个行是可见行）使用隔行扫描。该系统和标准的 NTSC 制式扫描很像，每 1/60 秒扫描一场，一场由 540 个可见的行组成，每秒生成 30 帧画面。1080i 系统中扫描行的

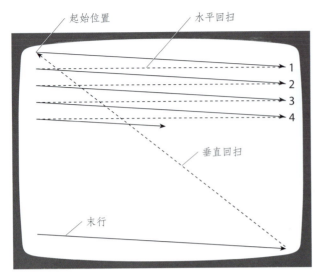

**图 4.13** 逐行扫描

在逐行扫描过程中，电子束自上而下阅读每一行。一次完整的扫描产生一帧图像。扫描过程中，回扫线（在图中用虚线表示）被消隐了，这样它们就不会出现在屏幕上。

数量很多，这使其画面分辨率得到了极大的提升，当然，在信号传输中也就需要更多的带宽。但最终，画面的质量取决于原始画质在整个制作过程中，尤其是在信号传送过程中保持得有多好。

这些扫描标准都有一个问题，就是你的所见不一定是所得。因为信号是数字的，数字的显示内容（电视接收器显示的内容）并不必精确地反映发送来的内容。比如，一台数字电视接收器可能会接收隔行扫描的画面，却按照逐行扫描的方式进行显示。它也可以按照与传送到接收器的内容不同的刷新率显示画面。

更复杂的是，不同的扫描格式（480p、720p 和 1080i），其刷新率也有所不同。比如，你可以让一台高清电视摄像机以 24p 的帧速率（每秒拍摄 24 帧画面）进行拍摄，但却将其作为 60i（每秒 60 场，即 30 帧）的序列传送。为了让你错认为画面分辨率更高，电视接收器可能决定让刷新率翻倍，以每秒 60 帧而不是 60 场的速度播放画面。所有这一切，归根结底，都是为了提供尽可能清晰的画面，并避免在传送时占用太多的传输空间和时间。

无论这三种标准的画面质量如何，它们都与其他系统一样，最终的成败取决于节目的内容。一个采用数字高清电视接收的差节目，仍然是差节目；而一个好节目，即使画质稍差一点，也依然是好节目。但是，

必须注意，如果将高清电视系统用于教学或者培训目的，比如医疗节目，那么画面质量就是一个至关重要的问题了。当然，不必意外，对于商业广告来说也是这样。

## 4.2.5 平板显示器

由于传统电视机的阴极射线管的体积有限，所以电视工业已经转向使用平板显示器，笔记本电脑屏幕就属于这种。与常规电视相比，平板显示器的优势在于，能够将屏面做得很大，而不必以增加厚度或降低分辨率为代价。实际上，平板显示器就像一幅装配了低调画框的大型油画。就算是大型平板显示器，也可以像油画一样挂在墙上。

与视频技术一样，平板显示器也分为不同的两种类型：等离子显示器和液晶显示器。它们互不兼容，但都可以还原高清晰度的电视图像。

### 等离子显示器

等离子显示器（plasma display panel，缩写 PDP）采用两块透明的有线面板（通常为玻璃），中间夹着一层薄薄的气体。当这些气体接收到视频信号的电压时，它就会激活 RGB 像素，这些像素的排列方式和标准电

视机里面的那些非常相似。

等离子显示器的好处是，它可以提供超凡的图像对比度（超过 1000∶1，也就是说，图像中最亮的点与最暗的点的亮度差别至少在 1000 倍以上），以及卓越的色彩再现。同时，哪怕你站在等离子屏幕的侧面去看，画面也没有任何的色彩或对比度失真。等离子屏幕在显示快速运动时，不会或很少会出现拖尾现象。

等离子屏幕的一个缺点是，如果一幅静态图像停留在屏幕上时间过长，图像有可能会"烧屏"（burn in）。也就是说，就算屏幕正在显示其他图像，原先的静态图像也会有残影停留在屏幕上——称为"烧屏残留影像"（burn）或"重影"（ghost）。不同制造商的产品各有不同，有的残影消失得较快（一个小时之内），有的则需要花费数小时。如果静态图像停留时间很长，残影就会变成永久性的，从而毁掉显示器。为了维护等离子屏的品质，要确保静态图像停留在屏幕上的时间不超过 15 分钟。另外，长期使用之后，等离子屏的像素就不能如初期那般明亮地发光，从而会使整块屏幕看起来很暗淡。为了防止屏幕提前老化，你可以将屏幕的亮度和对比度设定得较低一些，同时记得在不使用时关闭显示器。

### 液晶显示器

液晶显示器（liquid crystal display panel，缩写 LCD）也采用两块透明的薄层，但中间夹的不是气体而是液体。当电流接通，液体中的晶体分子会发生变化。根据电荷的不同，晶体要么阻挡光线通过玻璃，要么让某些特定的颜色透过。笔记本电脑、数字时钟、电话，以及其他许多电子产品采用的都是 LCD。

LCD 的优势是，其屏幕非常明亮，同时也没有等离子屏老化得那么快，不会在屏幕上留下残影，而且比等离子屏更省电。如果你近距离观察屏幕，会发现同样尺寸下，LCD 屏比等离子屏拥有更加清晰的影像。

LCD 的缺点是其有限的观看角度：你不能站得太侧或坐得太侧，也不能把屏幕向后倾斜太大的角度，否则图像较暗的部分看起来就会有些褪色。LCD 屏的另一个缺点是，快速移动的物体看起来会有稍许模糊

（在美学上也许并不是一个缺点）。另外，至少从技术上来说，它的色彩没有等离子屏那么准确和细腻。

除了上述这些轻微的差别，这两种显像系统都可以还原令人惊叹的高清画面。

---

**要点**

▶ 要在电视机上创造一幅视频图像，电子束会扫描 CRT（阴极射线管）里面的色彩像素。像素被击中的力度越大，其发光的亮度也就越大。

▶ 电视系统的基本颜色是红、绿、蓝（RGB）。屏幕表层的 480 条可见的扫描行中，每一行都是由红、绿、蓝三个颜色的像素集合体构成（非常小的圆形、矩形或菱形点）。三条电子束能够触发这些不同点的反应——一条电子束触发红色像素，一条触发绿色像素，另一条触发蓝色像素。三条电子束的不同强度造成了我们在电视上所见的多种颜色。

▶ 在隔行扫描中，电子束在第一轮扫描中跳行扫描，只读取所有的奇数行。在扫描完最后一个奇数行一半的时候，它会跳回到屏幕顶端，先完成第一行未扫描的一半，然后再扫描所有的偶数行。单独扫描奇数行或者偶数行，都可以生成一个场，两个场组成一个完整的帧。

▶ 在逐行扫描系统中，电子束对每一行进行扫描，从第一行开始，然后是第二行、第三行，以此类推。在对所有行都进行过扫描之后，电子束会跳回起始点，重新按照顺序扫描所有的行。每扫描完一次所有的行，便生成一个完整的帧。

▶ 在水平和垂直的回扫过程中，电子束会减弱，不激活像素，以免影响画面质量。

▶ 480p 和 720p 系统的常见刷新率是每秒 60 帧，1080i 系统的刷新率是每秒 30 帧，但各自在电视中还是可能的刷新率都是可变的。

▶ 数字电视使用三个主要的扫描格式：480p（480 个行被逐行扫描），720p（720 个行被逐行扫描），以及 1080i（1080 个行被隔行扫描）。它们都采用 16×9 画幅比，但也能够切换为传统的 4×3 画幅比。

▶ 有两种平板视频显示器。一种是等离子显示器（PDP），采用两块透明面板，中间夹有气体。别一种是液晶显示器（LCD），也采用两块透明面板，中间夹的是液体。

▶ 等离子显示屏（PDP）激活三原色（红绿蓝）像素点；液晶显示屏激活大量微小的晶体管，使其按照所接收的电荷来决定光线透过的多寡。

# 5

第 5 章

# 电视摄像机

电视摄像机仍然是电视制作设备中最为重要的一部分。事实上，仅仅通过一台小到可以放进你衬衫口袋的摄录一体机，你就可以制作和展示一段令人难忘的视频片段。几乎所有其他的电视制作设备和制作技术，都是围绕摄像机发展的，或者在很大程度上受到了摄像机技术及其性能特点的影响。

为了开发普及版的摄录一体机，录像部分必须做得特别小，以便能装在摄像机内部。由于所有的摄像机和摄录机都变得对光更敏感，我们得以依靠更少、更小的演播室或外景灯光设备完成制作。在演播室中，灯光被悬挂在天花板上，这样在进行多机位拍摄时，就不会限制摄像机的自由移动。当今的话筒也变得特别小，可以夹到衣领上，几乎看不出来。另一方面，布景的搭建却必须越来越仔细，展示更多细节，因为高清（HD）摄像机比其前任标准电视（standard television，缩写 STV）摄像机能提供更加清晰的画面。

为了能最大化地发挥摄像机的潜能，你必须了解它的工作原理。

5.1 "电视摄像机工作原理"，将介绍摄像机的部件、分类以及电子和操作特性；5.2 "分辨率、对比度和色彩"，将介绍图像分辨率、图像对比度和颜色的基本知识。

分光器（beam splitter） 电视摄像机里一体化的光学棱镜系统，能够将白光分成三原色：红、绿、蓝（RGB），也被称为棱镜块（prism block）。

亮度（brightness） 色彩的一种属性，它决定颜色在黑白电视屏幕上的明暗程度或反射光的多少。也被称为明亮度（lightness）或照度（luminance）。

摄录一体机（camcorder） 内置磁带录像机或其他录制设备的便携式摄像机。

摄像机系统（camera chain） 电视摄像机（摄像机头部）和相关电子设备，包括摄像机控制器、同步发生器和电源。

摄像机控制器（camera control unit，缩写CCU） 独立于摄像机头部之外的设备，内含各种视频控制器，用以调节色彩保真度、色彩平衡、对比度和亮度。摄像机控制器能使视频工作人员在节目进行过程中调节摄像机的画面。

电荷耦合器（charge-coupled device，缩写CCD） 电视摄像机中的图像生成传感器。由垂直和水平排列的微小图像感应元素，也就是像素（pixel）组成，这些像素将光学影像转换为电荷，最终成为视频信号。

互补金属氧化物半导体（CMOS） 和CCD相似的另一种成像传感器，但二者的工作原理不同。它将光线转化成电子视频电荷，最终成为视频信号。

对比度（contrast ratio） 画面中最亮部分和最暗部分之间的差别度（通常用英尺烛光的反射光进行测量）。对于入门级摄像机和摄录一体机来说，对比度通常为50:1，也就是说，在不损失亮部和暗部细节的前提下，图像中最亮的点与最暗的点之间的亮度差别不会超过50倍。高端数字摄像机的对比度能极大地超过此一比值，容许1000:1或更高的对比度。

数字电影摄像机（digital cinema camera） 一种高清电视摄像机，通常按每秒24帧的帧率拍摄，但在拍摄加速或减慢运动时，帧率可变。大多数数字摄像机使用高品质的CCD或CMOS成像装置，顶级镜头，以及高清取景器。

电子现场制作摄像机（EFP camera） 质量可靠的便携肩扛式现场制作摄像机，必须外接录像设备。

电子新闻采集/电子现场制作摄录一体机（ENG/EFP camcorder） 用于现场拍摄的高品质便携摄像机，录制设备被内置于机器。

高清电视摄像机（high-definition television camera，缩写HDTV camera） 视频摄像机，能提供卓越的分辨率、色彩保真度和明暗对比度。使用高品质的成像传感器和镜头。

高清视频（high-definition video，缩写HDV） 一种录制系统，能够使用类似标准数字摄录一体机的设备，生成和高清电视同等分辨率（720p和1080i）的影像。其视频信号和HDTV相比，压缩率更高，因此其图像的整体质量相对较低。

色调（hue） 颜色的三种基本属性之一，色调就是颜色本身：红、绿、黄等。

成像装置（imaging device） 电视摄像机里面的成像元件。它的传感器（CCD或CMOS）将光线转换为电子能量，并最终变成视频信号。也被称为拾像装置（camera pickup device）、芯片（chip）和传感器（sensor）。

像素（pixel） 图像元素（picture element）的简称。（1）能够用计算机识别的单个成像元素（如报纸图片上的一个点），像素越多，画面质量越高。（2）CCD上含有电荷的感光元件。

分辨率（resolution） 对图像细节的测量单位。以每个扫描行所含的像素数以及可见扫描行的总数来表述。分辨率受成像装置、镜头，以及显示画面的电视机的影响。通常作为清晰度（definition）的同义词使用。

饱和度（saturation） 描述色彩浓度和强度的色彩属性。

传感器（sensor） 视频摄像机里面的CCD和CMOS成像装置。

标准电视（standard television，缩写STV） 建立在NTSC制式扫描系统上，含有525个隔行扫描行（其中480个是可见行）。

演播室摄像机（studio camera） 带有大变焦镜头的高画质重型摄像机，如果不借助摄像机底座或其他支架，很难对其进行掌控。

同步发生器（sync generator） 摄像机系统的一个组成部分：产生电子同步信号。

白平衡（white balance） 通过调节摄像机中的色彩线路，使之在各种色温（白光的相对偏红或偏蓝程度）的照明下都产生白色。

# 电视摄像机
# 工作原理

尽管电视摄像机中的电子元件正变得越来越复杂，但是摄像机的操作方式却对用户越来越友好。你在操作自己的摄录机时可能已经明白，要让摄像机生成光学影像，你不必成为专业的电子工程师——你需要做的只是按对按钮。无论如何，按对了按钮，至少说明你知道电视摄像机的基本工作原理。这一节内容将帮助你最大化地发掘摄像机的潜能，同时了解不同类型摄像机的具体功能。

▶ **摄像机部件**
镜头、机身和取景器

▶ **从光源到视频信号**
成像装置、分光器和色彩滤镜阵列

▶ **摄像机系统**
摄像机控制器、同步发生器和电源

▶ **摄像机种类**
演播室摄像机、电子现场制作摄像机、电子新闻采集 / 电子现场制作摄录一体机，以及数字电影摄像机

▶ **电子特性**
成像装置、扫描、分辨率、画幅比和安全框、增益、电子快门、白平衡、音频信道

▶ **操作特性**
电源、电缆和接头、滤光轮、取景器、指示灯和内部通话系统

## 5.1.1 摄像机部件

当你在假期中，用自己的摄录一体机进行拍摄时，你可能从没有想过摄像机的工作原理是什么。但是，如果你拆开了摄像机（不建议这么做），看见了里面无数的电子元件和电路，你或许就想知道它是如何工作的了。无论其电子结构多么复杂，所有的电视摄像机（包括家用视频摄像机）都由三个主要部分构成。

首先是镜头。它选择一个特定的视域并产生这个视域的小幅光学图像。其二是机身，其内部的成像装置将镜头拍摄到的光学图像转换为电子信号。其三是取景器，它显示镜头看到的小幅视频图像。有的摄像机还带有一个小型折叠屏幕，这样你就不需要再通过目镜观看拍摄中的画面了。**见图 5.1**

## 5.1.2 从光源到视频信号

所有的电视摄像机，无论大小，其基本工作原理都是一样的：将光学图像转换为电子信号，再通过取景器和电视机将电子信号再次转换为可视的屏幕图像。**见图 5.2**

具体来说，镜头采集被拍摄对象反射回来的光线，并把它汇聚到成像装置上。成像装置是摄像机最重要的构成部分，它将光转换成电荷，这些电荷在放大、处理的过程中，转变成视频信号。电视利用这些信号产生我们在电视屏幕上看到的图像。记住了摄像机的这些基本功能，我们就可以观察光学图像转换为彩色电视图像的要素和过程了。具体而言，我们将观察：成像装置，分光器，以及色彩滤镜阵列。

### 成像装置

将光转换成电的主要电子部件就是成像装置（imaging device），也被称为拾像装置（pickup device）或传感器（sensor）。技术领域的行话通常把它称为芯

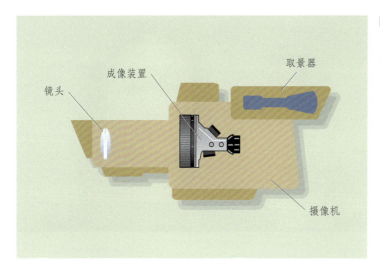

**图 5.1　摄像机部件**

电视（视频）摄像机的主要部件包括镜头，带成像装置的机身，以及取景器。

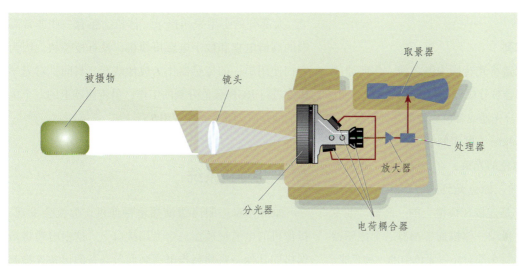

**图 5.2　摄像机的基本功能：将光线转换为视频信号**

镜头采集从被摄物上反射回来的光线，并将它们汇聚到分光器上，分光器将白光分解成红、绿、蓝三种光束，这三种光束会被传送到相应的传感器（CCD 或 CMOS）上，由传感器转换成 RGB 电荷，再经过放大和处理，由取景器还原成视频画面。

片（chip）。市面上使用两种类型的传感器：电荷耦合器（charge-coupled device，缩写 CCD）和互补金属氧化物半导体（CMOS）。尽管从技术上来说各有不同，但这两种传感器看起来很相似，其功能也一样：都是将光学影像转换为电子脉冲信号。

CCD 和 CMOS，都包含着成千上万的图像感应元素，也就是像素（pixels，由构成图像 picture 一词的 pix 和构成元素 elements 一词的 els 组成），排列在横向和纵向的行列中。在高质量芯片中，它们的数量更是高达数百万。作为离散的图像元素，每个像素都能将色彩和亮度信息转化成具体的电荷。在数字摄像机中，每一个像素都有一个唯一的计算机地址。来自所有像素的电荷最终会被转换成视频信号。

像素的功能很像是拼成一幅完整图案的马赛克方块。要想制作一幅可以被识别的图像，就必须拥有一定数量的方块。如果马赛克的方块数量较少，即使这幅马赛克图像可以被识别，但画面可能也不会有什么细节。见图5.3 马赛克图案中的方块越小越多，画面的细节就越清晰。对于传感器而言也是这样的，包含的像素越多，视频图像的分辨率就越高。大尺寸的传感器包含更多的像素，因此可以比小尺寸传感器生成更加清晰的图像。这和照片的底片是一样的，底片尺寸

**图 5.3 通过像素表现的被摄物体**
像素的功能和组成马赛克画面的方块非常
像，如果马赛克方块（像素）的数量非常
少，画面的细节也就很少。像素越多越小，
画面看起来就越清晰。

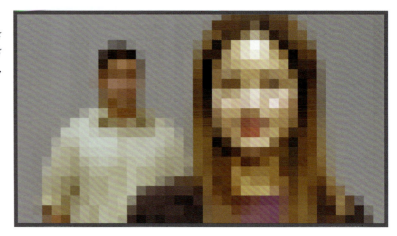

越大，其洗印出来的照片也就越清晰。

## 分光器和色彩滤镜阵列

在传感器上的像素将光转换为电之前，任何通过镜头的光学影像，都会被分成三原色光：红、绿、蓝。这个色彩分割工作由分光器或者色彩滤镜阵列组成。

分光器（beam splitter）里面的棱镜，能将从镜头进入的光线分成三原色的光束：红、绿、蓝，通常被称为 RGB。棱镜引导三原色光到达它们指定的传感器上，这些传感器都是连接在棱镜上的。高端"准专业"和专业摄像机、摄录一体机通常都有三个传感器（CCD 或 CMOS）——每个都对应三原色中的一种色光。之后，三原色以电子方式"混合"成你在电视屏幕上见到的多种颜色。由于棱镜都镶嵌在小块里，所以，

电子分光器也被称为棱镜块（prism block）。见图 5.4

大部分的小型家用摄录一体机，还有一些非常高端的高清电视和数字电影摄像机，没有棱镜块，因为它们使用单一的传感器作为成像装置。其间，对光学影像进行 RGB 颜色分割的工作，由传感器上的一个单独的滤镜阵列来完成。见图 5.5

## 5.1.3 摄像机系统

如果你看一眼高级演播室摄像机，你就会发现，摄像机的电缆被插在一个专用接口上。这根电缆将摄像机同其他一系列制作电视画面所必备的设备连接起来。摄像机系统（camera chain）的主要部件包括摄像机本身，因为它处于整个系统链条的最前端，因此也

**图 5.4 分光器**
分光器，也叫棱镜块，将入射的白光（表示由镜头看见的图像）分解为 RGB 三色光束（红、绿、蓝），然后把它们传送到各自的传感器（CCD 或者 CMOS）上。

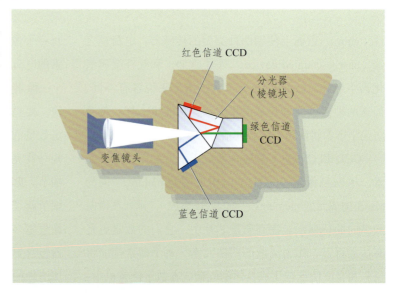

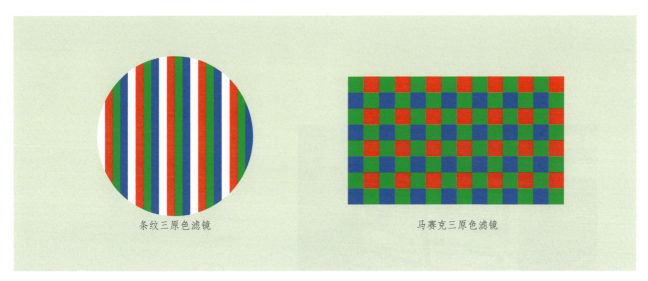

条纹三原色滤镜　　　　　　　　　　　马赛克三原色滤镜

**图 5.5　条纹滤镜和马赛克滤镜**

那些只有单个传感器的摄像机，使用条纹或者马赛克滤镜而非棱镜块，来将白色光分解为三原色光束。每一束色光，都被传感器转换成电荷，并最终变为 RGB 三原色信号。

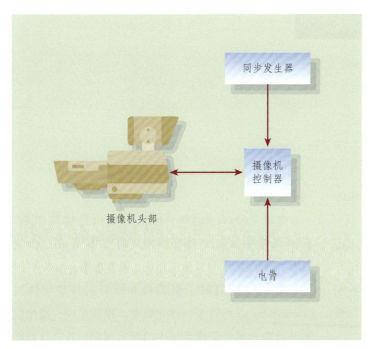

同步发生器

摄像机控制器

摄像机头部

电源

**图 5.6　标准演播室摄像机系统**

标准的摄像机系统由摄像机头部（实际的摄像机），摄像机控制器（CCU），同步发生器，以及电源组成。便携式摄像机在机身上就包含了所有这些功能。

被称为摄像机头部；摄像机控制器；能提供同步脉冲，使各个制作设备的扫描同步运行的同步发生器，以及电源。**见图 5.6**

**摄像机控制器**

　　每一台演播室摄像机都有自己的摄像机控制器（camera control unit，缩写 CCU）。CCU 主要执行两个功能：设置和控制。所谓设置，就是调整每一台摄像机的色彩还原、白平衡（在不同的灯光条件下，调节三种原色信号，使它们能够正确地再现白色）、某一场景最亮区和最暗区之间的对比度范围，以及该范围内的亮度层次。

　　假定摄像机的设置到位，且非常稳定（这就意味着摄像机必须保持自己的设置值），那么，摄像机操作员（VO）通常只需控制"基础黑电平"或"基准黑"（即调节摄像机，使之适合场景中最暗的部分），以及

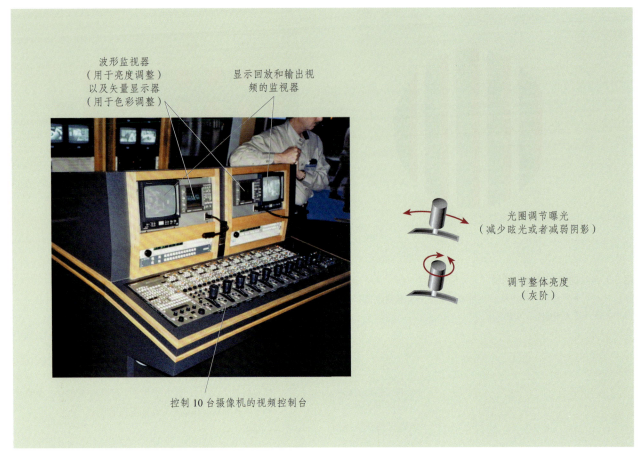

波形监视器
（用于亮度调整）
以及矢量显示器
（用于色彩调整）

显示回放和输出视
频的监视器

光圈调节曝光
（减少眩光或者减弱阴影）

调节整体亮度
（灰阶）

控制 10 台摄像机的视频控制台

**图 5.7　摄像机控制器（CCU）**
CCU 调节摄像机，以达到最好的色彩和亮度，或者去适应不同的照明条件。

"白电平"（即调节镜头的光圈，只让所需的光亮到达成像装置）。**见图 5.7**

便携式摄像机控制器被称为 RCU（遥控装置），它可以在现场摄制中连接摄像机，实现远程操控。在关键的现场制作中，遥控装置能够让摄像机操作员不仅按照技术标准，也按照制作的美学要求来"润饰"画面（保持最佳画质）。

### 同步发生器和电源

同步发生器（sync generator）产生同步电子脉冲，使各种设备（摄像机、取景器和录像机）的扫描保持同步。同步锁相（genlock）给演播室内的各种设备提供通用的同步脉冲，也叫室内同步（house sync）。通过同步锁相过程，各种设备的视频信号扫描可以达到完美的同步，从而不必再使用附加的数字设备，就能在各台摄像机和录像机的视频信号之间进行切换和混合。

电源（power supply）提供驱动摄像机的电能。在演播室中，电源将交流电（AC）转变成直流电（DC），通过电缆与摄像机相连，供其使用。

现场（ENG/EFP）摄像机和所有的摄录一体机（camcorder），均属于一体化机型。也就是说，摄像机本身就包含了摄像机系统中的所有部分，其自身就能够制作和传输令人满意的画面到录像机。唯一能从这一系统的摄像机头部（摄像机或摄录一体机本身）卸下来的部分，只有电源——也就是机器的电池。所有的 ENG/EFP 摄像机都有内置控制器，能自动执行控制功能。既然摄像机可以自动完成所有或大多数的控制功能，那么为什么我们还要那么麻烦地使用外部控制器呢？这是因为自动控制无法进行美学判断。也就是说，它们无法调节摄像机，使其提供既符合技术要求又符合艺术要求的画面。

## 5.1.4 摄像机种类

电视摄像机可以按照其使用方法和电子构成进行分类。有的摄像机只适合在演播室里使用，有的则是为了报道城区的一场火灾，或者制作一部关于污染的纪录片，还有一些摄像机更适合假期时带在身边，去记录那些值得回忆的旅行景象。按使用功能来分类，摄像机可以分为三类：演播室摄像机、电子现场制作（EFP）摄像机和电子新闻采集 / 现场制作（ENG/EFP）摄录一体机。这三类摄像机的影像格式可以是 SDTV 标准数字电视，HDV 高清视频（high-definition video）或者 HDTV 高清电视（也称为 HD，以囊括数字电影）。大部分的演播室和 EFP 摄像机都是 HDTV 格式。大型的摄录一体机也是 HDTV 格式，而小型的摄录一体机则会有 HDTV 和 HDV 两种格式。

市面上有多种小型的家用摄录一体机存在，由于这些机器并不用于电视制作，所以在此不做讨论。但我还是要鼓励你尽可能去使用这些家用机，毕竟这些机器也能帮助你理解摄录系统每个部分的互动，理解如何创造有效的画面，以及如何构造具有意义的影像序列。另一方面，如果你拍摄的是具有重大意义的事件，那么你使用的是高清摄录机还是小型家用摄录机就不重要了。

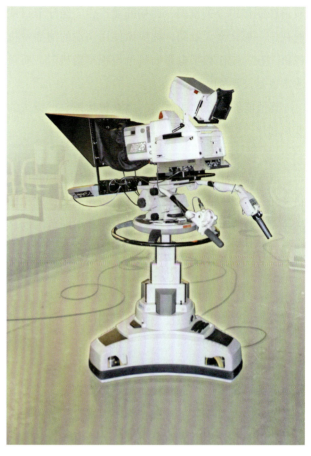

**图 5.8 架设在机座上的演播室摄像机**
演播室摄像机拥有高质量的镜头和传感器，通过摄像机控制器进行控制。演播室摄像机非常沉重，不便于搬运，必须安装在牢固的三脚架或者演播室机座上。

### 演播室摄像机

演播室摄像机这个术语通常用来描述那些具有高画质的摄像机，包括高清电视（high-definition television，缩写 HDTV）摄像机。尽管它们中间有的摄像机尺寸相对较小，但是加上大变焦镜头和附属的提示器（teleprompter）之后，就会变得很重，没有机座或其他支架的辅助，就无法正常操作。见图 5.8

演播室摄像机（studio cameras）主要用于拍摄有高画质要求的多机演播室节目，比如新闻、采访或小型座谈会，也用来拍摄广告、情景喜剧、日播系列电视剧、教育类节目等。有时你也能在"现场"看到演播室摄像机的身影，比如网球场、医疗机构、音乐厅、会议厅，以及足球场和篮球馆。

鉴于一个小得能装进衣服口袋的摄像机已经能够提供优秀的画质，那么我们为什么还要那么麻烦地使用沉重的机器及其他配套设备呢？使用演播室摄像机的首要标准是画面的质量和控制。我们通常以如下几方面标准来判断图像质量：摄像机和取景器能生成的画面清晰细节的数量，色彩还原度，画面最亮和最暗区域的对比度层级。HDV 和 HDTV（480p、720p 和 1080i）的优点在于，二者都能生成高分辨率的画面，并且拥有精细的颜色板。

但画面质量是相对的。在很多的制作中，比起操作沉重的演播室摄像机所需的额外时间和费用，利用它们获取优质的画面或者良好的操控性根本就不值得。比如，若你准备去拍摄一场正在袭来的龙卷风，你关心的大概并不是画面质量是否出色，而是如何拍到镜头，然后尽快离开那个危险的地方。但是，如果画面质量在制作中至关重要，比如商业广告、医疗节目或电视剧，那么毫无疑问，你应该使用高端的演播室摄像机。在为制作数字电影而挑选电视摄像机时，质量通常也是首要考虑的因素。

其他能够保证画面质量的因素包括镜头、镜头的变焦和焦点控制装置，以及取景器。

**镜头** 演播室摄像机的镜头通常比 ENG/EFP 摄像机和摄录一体机的镜头要大得多，也昂贵得多（见图 5.8）。大型的演播室摄像机用镜头拥有不同范围的焦段（视野从最广到最近）。你可以使用短焦距镜头拍摄演播室节目，也可以使用长焦距镜头拍摄橄榄球比赛。对于后者来说，你可能会需要使用大变焦镜头，使位于观众席区域的摄像机能够捕获场内四分卫选手表情的大特写。镜头的质量，尤其是镜头的变焦范围，是摄录一体机价格的主要决定因素。

数字电影摄像机有时会使用定焦镜头，它能比变焦镜头呈现更加清晰的画面。你不能对定焦镜头进行变焦操作，因为其焦距是固定的（定焦镜头将在第 6 章讨论）。

**变焦和焦点控制** 这些控制部件安装在演播室摄像机底座的摇摄手柄（panning handle）上面，并靠机动化伺服系统（motorized servo system）来驱动。通常情况下，摇杆式变焦控制部件位于右边的把手上，旋钮式焦点控制部件位于左边。（不同的镜头及其控制将在第 6 章讨论。）

**取景器** 当你在使用小型摄录一体机的时候，你或许希望能够有大一点，图像更加精确的取景器。然而，就算是那些较大的折叠式取景器，在强烈的阳光下面，画面也会看不清，这样就很难确定你是否对上了焦。而当你使用目镜取景器时，画面又小得糟糕。这也就是为什么演播室摄像机会使用大尺寸（5—7 英寸）高分辨率取景器，这种取景器可以倾斜或者侧向旋转。有的摄像师会给摄像机夹上外接平板取景器，尤其当他们无法在肩扛摄影中进行操作的时候。

## EFP 摄像机

电子现场制作摄像机（EFP camera）是肩扛式的便携摄像机，必须外接录像机。通常情况下，EFP 摄像机都拥有高画质，能够被扛在肩膀上或者放到三脚架上。

EFP 摄像机几乎不会被用于 ENG（电子新闻采集），而更多是在要求严苛的纪录片制作和户外单机位电影化制作（所有的镜头都是要进行后期剪辑的）中发挥着作用。由于大部分 EFP 摄像机都能生成高质量的画面，所以在演播室中，它们通常也会取代昂贵的演播室摄像机进行工作。

在演播室内使用 EFP 摄像机时，摄像机常常会被放置在一个特制的摄像框架中，并加上较大的外置信号灯，同时，为了便于取景，摄像机外壳上也会接上大型外接取景器，以替代其原配的小型目镜。变焦和焦点控制部件也被挪到了摇摄手柄上，并通过伺服电缆与镜头相连。摄像机原有的 ENG/EFP 镜头也会被变焦镜头取代，以适应演播室的拍摄环境。之后，摄像机及所有上述装备，都会被架设在演播室用底座上。在演播室的配置中，EFP 摄像机通常由 CCU 摄像机控制器来控制。

## ENG/EFP 摄录一体机

ENG/EFP 摄录一体机（ENG/EFP camcorders）是内置了录像装置的高画质便携式摄像机，用于现场制作。它基本上可分为两种类型：大型的高级 HDTV 摄录一体机，以及小型的 HD 和 HDV 摄录一体机。

**大型 SDTV 和 HD 摄录一体机** 全画幅的标清电视（SDTV）和高清（HD）数字摄录一体机看起来和过去的模拟信号类摄像机很相似，而且操作方法也是一样的。所有的大型摄录一体机都拥有高画质，可更换变焦镜头，拥有由三块大型 CCD 或 CMOS 传感器组成的包含百万级像素的高质量成像装置，其目镜也相对较大，有的型号还会提供附加的折叠式平板取景器。同时它们也内置了高质量的磁带录制部件（VTR）或者无磁带的录制部件（硬盘、光盘和闪存）。

**小型 HD/HDV 摄录一体机**　小型 ENG/EFP 数字摄录一体机的基本操作原理和家用型数字摄录一体机一样。事实上，家用型数字摄录机已经能生成非常高质量的视频，而它们的制造商还在不断地对它们进行升级，给这些机型配置更好的镜头，更高质量的成像装置，以及增加更多的音视频控制部件。由于这些机型更小、更轻也更便宜，又时常被用于专业的电子现场制作和电子新闻采集，所以它们又被称为准专业级（prosumer，由 professional 即"专业"和 consumer 即"消费者"两个单词组成）摄录一体机。由于其画面质量很高，在新闻和纪录片制作领域，这些所谓的准专业级摄录一体机，正在快速取代大型摄录一体机。它们最终摆脱了"家用级别"的污名，在专业领域成为一支主力军。

大部分优质的 HDV 摄录一体机都包含一个棱镜块，连接在三块 CCD 或高分辨率的 CMOS 传感器上。另外的机型则只有一块大型传感器，通过条纹状或马赛克状的 RGB 滤镜阵列，将进入镜头的光线分为红绿蓝三原色（见图 5.5）。大部分小型 HDTV 和 HDV 摄录一体机使用高清的磁带录像机（VTR），将内容录制在 1/4 英寸全尺寸磁带或迷你盒式磁带上，这和大型的数码磁带摄录一体机是一样的。无磁带的 HDV 摄录一体机使用闪存（记忆卡）或者光盘作为记录介质。①

和大型 HDTV 摄录一体机一样，HDV 摄录一体机能够在 720p（720 个逐行扫描行）和 1080i（1080 个隔行扫描行）之间切换，也能以不同帧率进行拍摄，通常使用的帧率有 24 帧 / 秒、30 帧 / 秒和 60 帧 / 秒。这是否意味着 HDV 影像和 HDTV 影像看起来一样好？是，也不是。在通常情况下，你可能很难分辨这两者之间的画质区别，尤其是当 HDV 影像在高分辨率的监视器上面显示时。这要归功于 HDV 独特的信号处理方式，能够检测和纠正可能的视频信号错误和失真，使 HDV 影像看上去特别清晰。

大部分的 HDV 摄录一体机的镜头都是内置的。不过你也可以安装接口，连接其他镜头，来获得比常规镜头更广的视野。但这样的外接镜头，在实际节目制作中，往往没有灵活性稍差的原装镜头那么令人满意。大部分的佳能 HDV 摄录一体机的镜头都是可以更换的。

对 HDV 画质影响最大的单个因素，是系统对视频的压缩。压缩率越高，画面质量越差。当画面含有丰富的细节，含有大量的被摄物体，用移动镜头拍摄，或者拍摄于高反差场景中时，你就能察觉到压缩的这种负面效果。

然而，你也会发现，在大多数的情况下，小型 HDV 摄像机能够生成令人惊叹的影像，这种影像的画质接近或几乎等同于那些昂贵的 HDTV 摄像器材所拍摄的画面。

## 数字电影

在摄像的概念中，数字电影指的是用电视摄像机或者摄录一体机拍摄的电影。通常情况下，带有高质量外部视频录像机的顶级 HD 摄像机和顶级 HD（HDTV）摄录一体机，都常被用于电影拍摄。同时，为了符合电影制作流程的相关要求，会对电视摄像机进行相关改造。

HD 数字电影摄像机（digital cinema camera）拥有数百万像素组成的大型 CCD 或 CMOS 传感器，通常在 1080i 或 1080p 的扫描模式下运行。数字电影的帧速率通常采用标准电影的帧速率，24 帧 / 秒（fps）。大多数用于此类电影制作的摄录一体机都拥有可变的帧速率，并且可以"升格"（"overcranked"）或"降格"（"undercranked"）。就像真正的胶片摄影机那样，升格指的是按照比正常帧速率（24 帧 / 秒）更高的帧速率进行拍摄，当拍摄的画面按照 24 帧 / 秒的标准速度回放时，会显示出慢动作的效果。降格的意思是，按照比 24 帧 / 秒更低的帧速率进行拍摄，之后，当按照 24 帧 / 秒的速度对画面进行回放时，会显示出快动作的效果。另外，这些摄像机还拥有较宽的对比度调节范围，可以获得高反差和低反差的影像效果。

摄像机的一个重要部件是它的镜头，HDTV 摄像机的镜头都是专门定制的。有的摄像机在机身上预留了接口，可以连接演播室用大型变焦镜头，也可以连

---

① 有的 ENG/EFP 摄录一体机没有内置录像装置，但可以从外接入，录像部件只需插到机身的后部即可。

接各种焦段的定焦镜头，后者就像照相机上的定焦镜头，不能进行变焦。其他帮助电影制作的部件是遮光斗（用于实现某些光学特效的镜头附件），以及一个相对较大的高分辨率黑白取景器。

正如第 4 章提到的，你也许听到过一些电影工作者抱怨 HDTV 摄像机的画面"能看到你的毛孔"，从而丧失了那种神秘的"电影感"。这个问题常被错误地归结为影像的分辨率太高，然而更可能是因为电影胶片的高对比度，以及胶片在放映过程中，前后两格画面变换时那极其短暂的黑屏中断（blackout）。正是这种帧与帧之间不停闪出的"黑屏"的存在，才让我们感受到一种更加柔和的影像。为了再现这种"黑屏中断"的感觉，有的数字电影系统通过使用视频滤镜，来人为重现老电影胶片的种种失真效果。不幸的是，这种尝试只会导致影像质量的降低，而不会实现胶片那种画格与画格之间的柔和过渡。总而言之，对于艺术创作来说，真正制作出优秀电影的，并不是器材设备，而是创造性的思维和技艺。事实上，已经有一些卓越的电影，是用小型的 SDTV 摄录一体机拍成的。[1]

## 5.1.5 电子特性

所有专业级别的摄像机和摄录一体机，都具有某些共同的电子特性，包括成像装置，扫描，分辨率，画幅比和安全框，增益，电子快门，以及白平衡。音频属性包括声道（音轨）的数量和声音的质量。

### 成像装置

大多数高质量的摄像机和摄录一体机，都使用三块 CCD 或 CMOS 传感器作为成像装置。就像先前提到的那样，一些摄录一体机，甚至顶级的数字电影摄像机，也会使用单独的大型传感器作为其成像设备，

---

① 很多大银幕纪录片和主流电影都是用小型的数字摄录一体机制作的。比如，大卫·林奇（David Lynch）使用 SONY DSR-PD150 拍摄了电影《内陆帝国》（*Inland Empire*，2006）的几乎所有镜头，而且大部分时候，摄像机的设置都调到了自动模式上。参见 Jon Silberg，《内陆帝国——大卫·林奇的 DV 梦》（"Inland Empire—David Lynch's DV Dream"），《数字摄影》（*Digital Cinematography*）第 2 辑，2006 年第 6 期，第 26—28 页。

但这些只是特例。

### 扫 描

当使用 HDTV 和 HDV 格式进行拍摄时，你可以在 480p、720p 和 1080i 三种扫描模式之间进行选择。其中 720p 和 1080i 被认为是真正意义上的高清影像。

### 分辨率

分辨率（resolution）指的是图像的清晰程度，是对图像细节的测算方式，用于描述可见图像细节的数量。HDTV 和 HDV 能够生成比标准电视（STV）分辨率更高的图像。视频的分辨率由扫描行的行数（垂直分辨率），和组成每一个扫描行的像素数量（水平分辨率）决定。例如，720p 的视频拥有 720 个可见扫描行，这些行被以逐行扫描的方式进行扫描（一行接着一行），每一行都由 1280 个像素构成。这显然比标准电视能生成更加清晰的图像，因为后者只有 480 个可见扫描行，每个行也只有 640 个像素。（关于扫描和分辨率的更多内容，请参见 5.2。）

### 画幅比和安全框

所有的 HDTV 和 HTV 取景器都拥有 16×9 的画幅比，即它们的宽是 16 个单位，高是 9 个单位。大部分可以在 16×9 和 4×3 的画幅比之间进行切换的摄像机，都提供了在取景器上指示 4×3 区域的功能。大部分的 HDTV 和 HDV 摄录一体机都设有标识来帮助你进行构图，比如安全字幕区域（在家用电视机上肯定能看到的画面区域）标记，中心十字，以及 16×9 画幅中的 4×3 区域标记。在构图时，就算没有这些标记，你也不妨把拍摄的主体放在 16×9 画面中的 4×3 区域内，这样当你在一台标准的 4×3 监视器上观看画面时，就不会丢失事件至关重要的那些部分。

### 增 益

当没有足够的光线以供成像装置生成最佳画面时，就到了增益发挥作用的时候。它是一种电荷，能够哄骗那些传感器相信它们接受的光线比它们实际从镜头获得的光线要多。增益越高，图像质量就越低。增益量用分

贝（dB）来衡量。大部分摄像机都能在 0dB（无增益）到 18dB（高增益）的范围内进行调节。见图 5.9

### 电子快门

电视摄像机中的电子快门和使用胶片的照相机中的机械快门的功能一样。拍摄对象移动得越快，所需的快门速度就越快，这样才可能避免图像模糊。机械快门的最高速度为 1/1000 秒，而电子快门的速度能够在 1/8 秒到 1/10000 秒之间进行变换。电子快门需要更高速度的原因在于，CCD 和 CMOS 传感器会耗费时间进行充电，因此，除非电子快门的速度非常高，不然快速移动的物体看上去就会变得模糊。从不利的方面来说，和照相机一样，快门速度越快，摄像机所需的光线就越多。比如，一个黄色的网球从摄像机的左侧高速飞往右侧，如果此时摄像机的快门速度设置在慢速，那么网球从屏幕上看就会模糊不清，甚至出现拖尾。而当你提高快门速度，这时，模糊现象虽然消除了，但网球看上去却会暗得多。

### 白平衡

为了让白色的物体在偏暖（蜡烛或普通灯泡）或偏冷（明亮的日光或荧光灯）的照明环境下看上去依然是白色，你需要操控摄像机对偏暖或偏冷的光线进行颜色补偿，以假装它们是在处理纯正的白色光线。摄像机的这种补偿就叫作白平衡。当摄像机进行白平衡调节时，它会以某种方式调节 RGB 三原色的视频信号，以使白色的物体在屏幕上显示为白色，并忽略该照明环境是偏冷还是偏暖（见第 11 章）。

### 音频信道

优秀的数字摄像机能够提供两个高品质声音（16 bit/48kHz［千赫］）音频信道，或者四个低品质声音（12 bit/32kHz）音频信道。大部分的数字摄像机都能在这两种声音标准之间进行切换。

## 5.1.6 操作特性

乍一看，那些机身上只有少量按键，但折叠屏幕的菜单上却藏着一大堆可用电子功能的摄像机，似乎是最值得拥有的。然而，当你在户外明亮的阳光照射环境中使用这些摄像机的时候，就不会这么想了。首先，要调出一个藏在两三级子菜单里的具体功能，本身就非常困难；其次，当明亮的阳光让屏幕完全看不清的时候，麻烦会变得更大。所以，你仍然可以在摄录一体机的机身周围找到一些开关、按钮和拨盘。不幸的是，并非所有摄录一体机的按键都布局在方便操控的位置。所谓方便是指，让操作者能够用同一只手按下录制按钮和进行变焦控制；或者，将切换手动或自动对焦状态的开关，置于镜头上的手动对焦环附近。有经验的摄像师一般会选择那些开关被安放在合适位置的摄像机，而非那些将电子功能埋藏在多层菜单之中的摄像机，即便后者拥有略高的视频图像质量。

**图 5.9　手动增益控制**
增益开关是为亮度较低的条件而准备的。亮度越低，增益越高。高增益会导致视频噪点的产生。

增益控制开关

关于演播室摄像机和摄录一体机，还有一些操作特性值得你注意：电源、电缆、接头、滤光轮、取景器、指示灯和内部通话系统。

## 电　源

当操作演播室摄像机的时候，你不用担心电源的问题。摄像机所需的电力会通过电缆进行供应。当在外景中使用 EFP 摄像机或摄录一体机的时候，电力供应就会成为你需要考虑的重要问题。所有的 EFP 摄像机和摄录一体机都使用电池作为电源。当我们为数字技术的进程欢呼雀跃的时候，我们往往会忽视同样处于快速发展中的电池技术，正是它们推动着便携式摄像机及其附属配件的革新。

大部分的大型摄录一体机都使用 12V（伏特）直流（DC）电池供电，小型摄录一体机使用 7V 或 8V 的直流电池供电。电池一般装在摄像机的后面，有时，也会位于机器的底部。一块电池续航时间的长度，取决于你录制时间的长短，以及除了录像/摄像单元以外，还有其他什么部件在用电。例如，如果你不使用指示灯（位于摄像机顶部的小灯），折叠式平板取景器，拍摄稳定系统，提示器，或者在折叠取景器上回放视频，那么电池的续航能力就会更长。

在拍摄每个镜头之间，尽可能将摄像机调到待机模式，而不要一直开着。这能让摄像机在保持运行状态的同时节省电力（顺便一提，CMOS 传感器比 CCD 传感器要更省电）。始终随身携带充满电的备用电池，并按照制造商的建议，在电池完全耗尽之前就进行更换。最能信赖的电池余量指示标志位于摄像机的取景器或者菜单上。

摄像机的替代电源包括家用交流电（AC）和汽车电池，两者都需要使用变压器。若非紧急情况，不要使用汽车电池，它对于摄像机操作者和器材而言都是危险的。

## 电缆和接头

摄像机的电缆与接头，在传送电子信号进出摄像机方面，具有明显的不同。

**电缆**　当需要电缆工作的时候，你必须知道哪种电缆适合哪种摄像机，以及需要多长的电缆。

同轴（triax）电缆很细，内部有一根中心线，被两层同心护套所包裹。光纤（fiber-optic）电缆是一根又细又软的玻璃线，能够传送大量的信息到相对很远的距离。同轴电缆最长可延伸至 5000 英尺（约 1500 米）；光纤电缆的最大长度是它的两倍，几乎达 2 英里（长达 3000 米）①。这种长度足以适应大多数远程操作。也有的摄像机使用多芯（multicore）电缆，这种电缆由很多细电线组成。多芯电缆很重，而且长度有限，但它们非常值得信赖。

**接头**　在进入制作现场之前，要仔细检查电缆上面的接头是否能够和摄像机及其配件上的插孔（接口）相匹配。整个摄制组会仅仅因为摄像机的接头和电缆的插孔对不上，而停工一两个小时，很少有比这更烦人的事情。

短距离视频连接电缆使用的接头类型包括：S 端子（S-video），RCA 端子（RCA phono），火线（FireWire，也称为 IEEE1394），以及 HDMI（高清多媒体接头）。BNC 接头用于连接长距离的同轴电缆。S 端子仅能用于传输视频信号，其他电缆和接头也能用于传输音频信号。专业的音频电缆具有强大的抗干扰能力，使用 XLR 接头。其他的音频电缆会使用 1/4 英寸的电话插头（phone plugs）或者迷你插头。尽管有适用于所有接头的转接器（比如你可以将 BNC 接头更改为 RCA 端子），但尽量不要去使用它们，因为它们可能会给你带来潜在的麻烦。**见图 5.10**

在演播室里，摄像电缆一般都已接入摄像机机身或者墙上的插孔（插座）。当在外景使用演播室或者 EFP 摄像机的时候，你需要仔细地检查电缆接头是否和远程转播车或遥控装置上面的接口一致匹配。

---

① 1 米比 3 英尺稍长一些。更准确的计算是，1 米 =3.28 英尺。若你想知道 1000 米的缆线换算成英尺有多长，那么就把 1000 乘以 3，大约就是 3000 英尺多。如果你需要精确的数据，就用 1000 乘以 3.28，即 3280 英尺。

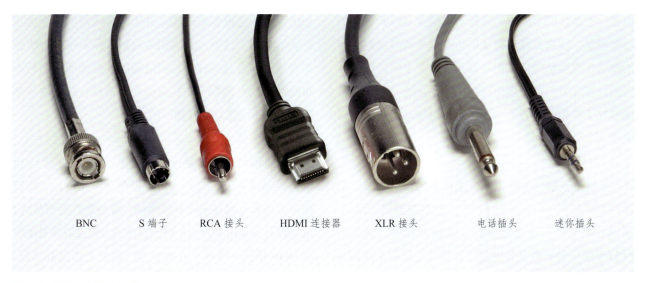

| BNC | S 端子 | RCA 接头 | HDMI 连接器 | XLR 接头 | 电话插头 | 迷你插头 |

**图 5.10 视频和音频连接器**

上面是电视摄制中最常用的一些接头。它们都可以使用转接器连接到其他类型的插孔中，不过请注意，许多设备的电缆和连接器是独一无二的。

## 滤光轮

　　滤光轮位于镜头和成像装置之间。通常包括两到三片中性密度（ND）滤镜，分别被称为 ND-1、ND-2 和 ND-3，以及两个或更多的色彩校正滤镜。

　　ND 滤镜的作用就像太阳镜一样：它们减少进入成像装置的光线，同时不会过多地影响到场景的色彩。在如下情况下你会用到它们：在过亮的日光环境中，哪怕使用最小的光圈（f 值最大），也仍然有太多的光线进入了镜头；或者，场景的对比度太高，超过了摄像机可以处理的范围。

　　外景取景、灯光照明环境下的色调偏冷，或者内景和烛光照明环境下的色调偏暖等情况，可以使用颜色校正滤镜进行色彩补偿（参见第 11 章）。你可以使用位于摄录机镜头筒附近的 ND 开关来激活这些滤镜。

## 取景器

　　一个好的取景器非常重要，因为它让你看到的画面，就是摄像机实际拍摄下来的画面。演播室摄像机会使用相对较大（5—7 英寸）的取景器，这种取景器可以旋转和倾斜，哪怕你并没有站在摄像机的正后方，也可以看到画面。见图 5.11

　　所有的 EFP 摄像机和摄录一体机，除非被改装成演播室配置，否则都拥有一个小型（1.5—2.5 英寸）的高分辨率单色（黑白）或彩色取景器。你可以通过一个灵活的橡胶目镜观看这个取景器，该目镜可以让你免受外界光线的影响，它可以调节到适合你眼睛的

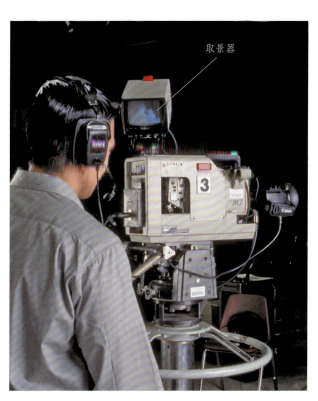

取景器

**图 5.11 演播室摄像机的取景器**

7 英寸的演播室摄像机取景器能够旋转和倾斜，这样无论摄像机的位置如何，取景器的屏幕都能始终面对摄像师。

位置。正如之前指出的，部分 EFP 摄像机以及大多数小型摄录一体机都拥有附加的折叠式平板显示器。当拍摄工作很紧张时，使用该屏幕调用菜单和进行拍摄构图，都非常便利。然而，在明亮的光线之下，这种屏幕几乎甚至完全看不清，这会给对焦甚至构图带来困难。

**外接取景器**　尽管摄像机上面有两个取景器，但在很多情况下，你会发现这两个取景器都不便于使用。这也就是为什么很多摄像师会使用外接的、更大的 LCD 平板。这种取景器通过可调节的支架装在摄像机的顶部。这样，即使摄像机放在地上，你也可以清楚地看到正在拍摄的内容。同样，如果摄像机安装在三脚架上，并固定在某个特定位置（比如拍摄采访或者婚礼时），你可以在三脚架旁边放一个小型监视器，连接摄像机，这样操作摄像机的时候就可以使用这个监视器，而不用使用原来的取景器。

**彩色和单色**　所有的 LCD 平板显示器显示的都是彩色图像，但是摄录一体机机身上的目镜取景器，甚至某些演播室摄像机上的大型取景器，经常只显示单色图像。彩色取景器的优点在于，你能够看到摄像机提供的色彩，这样，在构图的时候，你不仅可以将拍摄对象放到合适的位置，同时还能安排画面中的色彩布局。其缺点则在于，它的画面细节没有单色取景器那么多，不能进行非常精确的对焦。

**对焦辅助**　就算是使用单色取景器，HD 和 HDV 摄像机都很难进行对焦：由于影像太过高清，一切看起来似乎永远都是锐利和清晰的，哪怕焦点有所偏离，也不容易察觉出来。为了帮助对焦，一些顶级的 HDTV 和 HDV 摄录一体机会在取景器上提供对焦辅助功能，该功能可以放大影像的中心位置，如此一来，画面焦点是否偏离，识别起来就会更容易一些。见图 5.12

**信息中心**　EFP 摄像机及摄录一体机的取景器和（或）折叠屏，是一个重要的交互中心。它能显示各种摄像机和视频录制功能的菜单。当这个菜单以叠加的方式出现在取景器的画面之上时，你可以监控正在使用的控制功能，并实时看到它们应用在画面上的效果。见图 5.13 因为每个摄像机的菜单都有所不同，所以在进行重要的实际拍摄之前，你必须学习其使用说明书，

对焦辅助关　　　　　　　　　　　　　对焦辅助开

**图 5.12 对焦辅助**

对焦辅助功能可以放大影像的中心位置，从而方便对焦。放大的影像局部能让你更容易看到显示在取景器里的整个场景是否处于清晰的焦点上。

**图 5.13 平板显示屏**

摄录一体机上的平板显示屏是一个小型的信息中心，显示有摄像机关键性的功能菜单。在摄像机工作的时候，具体的参数信息会叠加于取景器画面上。

并且测试每个功能。

当你在室内时，折叠取景器上的菜单清晰可见，你最好在这个时候激活你需要使用的功能。一旦你来到户外明亮的阳光下（或者在夜间），查找菜单中的某个具体功能就会变得非常困难，此时，你会更倾向于使用机身上的那些按钮和开关，而这些开关只能让你进行最基本的操作。

### 指示灯和内部通话系统

所有的演播室摄像机都有指示灯，也就是取景器顶部的一个小红灯（见图 5.11）。指示灯对于多机位节目制作来说非常重要。当指示灯亮的时候，你就知道摄像机正"热"着，也就是说，正在传送信号。这个灯提醒其他摄像机（此时它们的信号灯没有亮），他们正处于空闲状态，可以进行调整以拍摄下一个镜头。指示灯也能帮助演播室人员了解，哪些机器正在进行拍摄。同样，为了便于摄像机操作员工作，摄像机取景器的显示屏上也有一个小指示灯。当两台摄像机同时在进行拍摄时，比如为了创造分屏画面或者叠印效果（见第 13 章），两台摄像机的指示灯都会发亮。当只有一台摄像机的时候，你并不需要指示灯。在这种情况下，取景器里，有时也可能在摄像机机头前方，会有一个小红灯会闪烁，以提示你机器是否正在进行录制。

内部通话，也叫内部通话系统，对于多机位节目制作来说至关重要，因为导演和技术总监要在节目制作过程中随时和摄像机操作员进行沟通。所有的演播室摄像机以及一些顶级的现场摄像机，都拥有至少两个通话信道，其中一个供制作人员使用，另一个供技术人员使用。一些演播室摄像机还有第三个信道，用来传输节目的音频。（内部通话系统的介绍详见第 18 章。）

### 要点

▶ 电视摄像机是制作设备中最为重要的器材。其他的制作设备和技术往往受到摄像机性能的影响。

▶ 摄像机的主要部件包括镜头、带成像设备的机身，以及取景器。

▶ 分光器将进入摄像机的白光分解为三原色光——红、绿、蓝（RGB）。

▶ 成像装置将进入摄像机的光转化为电能，电能经过放大处理变成视频信号。这个转换由成像装置，也就是电荷耦合装置（CCD）或者 CMOS 传感器完成。这两种装置都由包含大量感光像素阵列的固体芯片组成。

▶ 标准的演播室摄像机系统包括摄像机机头（即摄像机本身）、摄像机控制器（CCU），同步发生器和电源。

▶ 当按照使用功能来划分，则电视摄像机可以分为演播室摄像机，EFP 摄像机和 ENG/EFP 摄录一体机。这三种机器都能够拍摄 SDTV（标准数字电视），HDV（高清视频）和 HDTV（高清电视）画面。

▶ HDV 摄录一体机拥有跟 HDTV 摄像机相似的分辨率（水平和垂直扫描行），但其数据的压缩比要更高。

▶ 数字电影摄像机一般是 HDTV 摄像机或者摄录一体机，它们经过改装之后，可以适应电影制作过程的相关具体需求。

▶ 专业级摄像机或摄录一体机的电子特性包括：成像装置，扫描方式，分辨率，画幅比和安全框，增益，电子快门和白平衡。

音频特性包括声道（音轨）的数量和音质。

▶ 演播室摄像机、EFP 摄像机和 ENG/EFP 摄录一体机的操作特性包括：电源，电缆和接头，滤光轮，取景器和对焦辅助，指示灯和内部通话系统。

▶ 演播室摄像机通过电缆供电。ENG/EFP 摄录一体机通常用电池供电。大型的 EFP 摄像机和摄录一体机使用 12V 电池，小型的摄录一体机使用 7V—8V 的电池。

▶ 使用摄像机的某些功能会导致电池耗电增加，包括在拍摄时使用摄像灯、折叠式取景器、图像稳定系统，用折叠式取景器进行视频回放，以及使用提示器等等。

▶ 同轴电缆和光纤电缆能够传送音视频信号到相对较远的距离。

▶ 滤光轮含有一片或一片以上的中性密度（ND）滤镜，用于减少过多的光线并降低对比度；色彩校正滤镜用于帮助调整白平衡。

▶ 黑白取景器能够比彩色取景器展示更多的画面细节，对于精准对焦更有帮助。取景器还能显示摄像机功能菜单。

▶ 指示灯能够提示一台摄像机是否正"热"（在录制中）。这对于多机位节目制作来说非常重要。

# SECTION

# 5.2

# 分辨率、对比度和色彩

当那些富有经验的摄像师或者热情的器材销售人员谈话时，你常常能听到他们在争论某一台摄像机的分辨率、对比度和色彩属性的相关优点。本节将介绍这三个概念如何影响视频画面。

▶ 图像分辨率

　　空间分辨率和时间分辨率

▶ 图像对比度

　　对比度和对比度控制

▶ 色彩基础

　　色彩属性，加色法混色与减色法混色

▶ 亮度信道与色度信道

　　彩色视频信号的主要成分

## 5.2.1 图像分辨率

视频图像的分辨率高低，由组成每帧画面的像素多少，以及每秒能看到的图像的帧数决定。像素数量被称为空间分辨率，每秒的帧数被称为时间分辨率。

### 空间分辨率

视频图像的空间分辨率由每帧画面的扫描行数量的多少，以及每个扫描行所含的像素的多少决定。扫描行的纵向排列组成了画面的垂直细节（vertical detail），每个扫描行中的像素组成了画面的水平细节（horizontal detail）。见图 5.14 和 5.15

垂直排列的扫描行越多，每个扫描行的像素越多，画面的分辨率就越高。正如你所能看到的，垂直分辨率基本上由扫描系统决定。标准电视系统拥有 480 个可见扫描行，因此便具有 480 行垂直分辨率。720 和 1080 扫描系统，分别拥有 720 个或 1080 个垂直排列的扫描行，因此其垂直分辨率便是 720 和 1080。不

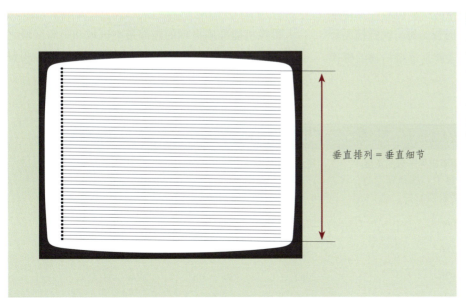

图 5.14 垂直细节（分辨率行数）
为了测量垂直细节，我们可以计算垂直排列的水平行的数量。垂直排列的行越多，分辨率越高。行数的多少取决于系统。NTSC 系统由 525 个扫描行组成，其中 480 个行是可见行；HDV 和 HDTV 系统能显示 720 和 1080 个可见（活跃）扫描行。

垂直排列＝垂直细节

**图** 5.15 水平细节（分辨率列数）

为了测量水平细节，我们需要计算每一水平行的像素数量。当我们将这些水平行上的点垂直连接起来后，就拥有了水平排列扫描行。这就是分辨率的水平"列"。对于 1080 HDTV 系统来说，每一行都包括 1920 个像素，也就是说该系统有 1920 个分辨率列。

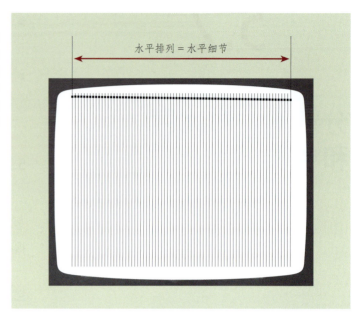

过，扫描行垂直排列的数量和垂直分辨率仍是有区别的，如果我们忽略这种区别，将扫描行的数量简单称为"垂直分辨率行"时，就会让人感到困惑。

### 时间分辨率

如果被摄物在屏幕上运动，那么画面的时间分辨率就值得注意了。高时间分辨率能让运动看起来很平滑，而不会模糊运动着的被摄物；低时间分辨率则相反。在视频图像中，时间分辨率靠帧数的密集度，也就是每秒所含的画面帧的数量来衡量。当画面帧是以隔行扫描（i）的方式进行扫描的时候，需要进行两次扫描循环才能完成完整的一帧画面。当画面帧是以逐行扫描（p）的方式进行扫描的时候，每一次扫描循环就能完成一个完整的画面帧。这就是逐行扫描的影像

比隔行扫描的影像拥有更高时间分辨率的原因。例如，一个 480p 格式的影像比一个 480i 格式的影像看起来更好，即便它们的空间分辨率（扫描行数和组成每个扫描行的像素数）是完全一样的。下面的表格列出了大部分 SDTV 和 HDTV 系统的空间分辨率和时间分辨率。**见表** 5.1 当然，你应该认识到，列表中的这些参数都是由摄像系统生成的，而不是你在家用屏幕上看到的实际分辨率。大部分的高清平板显示器都会将高清信号进行向下转换，以适应自身显示屏的像素排列。

## 5.2.2 图像对比度

摄像机能准确再现的画面最亮区域和最暗区域之间的对比度的范围是相对有限的。这种限制被称为对

**表** 5.1 数字电视分辨率表

| 空间分辨率 | | 时间分辨率 | | |
|---|---|---|---|---|
| 像素排列形成的高度<br>（扫描行数量） | 像素排列形成的宽度<br>（每个扫描行所含像素数） | 每秒帧数<br>i ＝隔行扫描<br>p ＝逐行扫描 | | |
| 480 | 704 | 24p | 30p, 30i | 60p |
| 720 | 1280 | 24p | 30p | 60p |
| 1080 | 1920 | 24p | 30p, 30i | 60p |

比度范围（contrast range），可以用比率来表示。

## 对比度

不要理会设备制造商乐观的吹嘘，哪怕那些高级摄像机，在实拍时，也对处理高反差场景有困难。每次你在明亮的阳光环境中拍摄时，都会碰到这个问题。当你按照画面里极明亮的阳光照射区域调整摄像机时，画面的阴影部分就变成一片难以区分的浓密的黑色。当你调整镜头，开大镜头的光圈，你会立即让画面的明亮区域曝光过度——或者按行话来说，让高光区域"毛掉"（blow out）。最好限制画面的明暗对比，让对比度（contrast ratio）维持在 50∶1 的范围内。也就是说，为了呈现优质的画面，画面中最亮区域的亮度不要超过最暗区域的 50 倍。带有高品质传感器的数字摄像机能够容纳更高的对比度（1000∶1 或更高），但是最好不要被摄像机的说明书误导，尽量还是避免让画面出现极端的对比度。

### 对比度控制

波形显示器用图形的方式显示图像的黑白电平（white and black level），视频操作员一边观看这一图形，一边通过摄像机控制器来控制对比度，并将其调整到最佳范围。这个过程被称为"调光"（shading）。见图 5.16

为了调整还没有达到理想状态的画面，视频师会"拉低"过亮的数值，以使其与设定的白电平（志让视频信号强度的百分比）相匹配。但是最暗部已不可能随着亮部一起变得更暗，所以这些暗部区域就会被"破坏"成一片模糊和布满噪点的深色。如果你坚持要在这些暗部区域看到细节，那么视频师可以向白电平一端"拉升黑色"。但是，除非你使用的是顶级摄像机，否则拉升暗部区域会损伤亮部区域的分辨率，使其呈现出毫无层次、死白一片的颜色。结果，图像看起来就像是对比度设置得太低，而亮度又调节得过高。再次重申，在视频师对画面进行调光之前，你必须先想办法降低场景中的对比度，将其控制在摄像机能够接受的对比度范围内。

在数字电影中，对比度范围内的亮度级别，比对

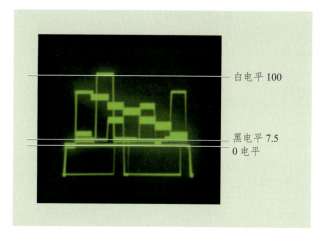

**图 5.16 波形监视器**
波形监视器能够以图表方式显示视频信号的亮度（黑白）部分。同时，它也会显示白电平（信号的亮度上限）和黑电平（信号的亮度下限）。

比度本身更值得关注。这将会在接下来的部分具体解释。

## 5.2.3 色彩基础

如果你观察一只红色的球，它的色彩并不是球体本身产生的，而是反射出来的光。球体上面的红颜料就像一面色彩滤镜一样，吸收了除红色之外的所有颜色，却把红色反弹出去。因此，球体就呈现为它唯一"拒绝"了的颜色：红色。

### 色彩属性

当你观察色彩的时候，你可以很容易地对二种基本的色彩感知做出区分，它们被称为色彩属性，分别是：色调、饱和度和亮度。见图 5.17

**色调** 色调（hue）用于描述色彩本身，比如一只红色的球，一只绿色的苹果，或者一件蓝色的外套。

**饱和度** 饱和度（saturation）用于描述某一色彩的强度和丰富度。一辆跑车车身的大红色是高饱和度的，而你洗旧了的牛仔裤上面的蓝色，或者海滩上沙砾的米黄色，则是低饱和度的。

**图 5.17 色彩属性**

色调是用于形容蓝、绿、黄等基本颜色的术语。饱和度用于描述色彩的纯度和浓度。亮度、明亮度或者照度，用于描述光线的反射程度，即某一颜色在灰阶上呈现出来的明暗程度。

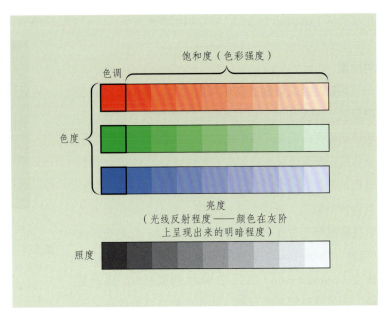

**亮度** 亮度（brightness）也被称为明亮度（lightness）或照度（luminance），描述的是某一色彩出现在黑白监视器上面的明暗程度。简单来说，就是某一色彩看上去到底有多亮或多暗。电视图像上不同的亮度级别通常显示为灰度（grayscale）。（见图 14.16。）当你在屏幕上观看黑白的电视画面时，你只能看到不同的亮度变化，图像既没有色调，也没有饱和度。在电视行业中，色彩的色调和饱和度有时又被称为色度（chrominance，从希腊语 chroma，也就是颜色一词而来），而亮度又被称为照度（luminance，从拉丁语 lumen，也就是光线一词而来）。本节之后将会讨论色度 C 信道和亮度 Y 信道。

**色彩混合**

回想一下小时候用手指画画的日子，你或许用过这三种色彩：红、蓝和黄。当蓝色和黄色混合时，你会得到绿色；当红色和蓝色混合时，你会得到紫色；当红色和绿色涂在一起时，你最有可能得到的是泥褐色。一位专业的手指画家只需要混合这三个主要颜色——红、蓝和黄，便可以得到几乎所有的颜色。不过，混合有色光线就不是这样的了。光线的三个基本颜色不是红、蓝、黄，而是红、绿和蓝。在电视语言中，它们被称为 RGB 三原色。

**加色法混色** 假设现在我们有三台独立幻灯片放映机，第一台有一张纯红色的幻灯片（滤光片），第二台为纯绿色，第三台为纯蓝色，将这三台放映机分别接上一台独立的调光器。如果将三台调光器都开到最亮，同时将三道光束同时对准屏幕的同一个点，这时我们就会得到白光（假设通过三个幻灯片的放映机光量相同）。由于这个过程中添加了不同类别的色光，所以这种方法就被称为加色法混色（additive mixing）。这并不奇怪，因为我们可以把白光分解为三原色光。如果关掉蓝色放映机而留下红色和绿色，就得到黄色光。如果将绿色放映机的调光器再调暗一些，就可以得到橙色或棕色。如果关掉绿色并再次打升蓝色，就可以得到偏红的紫色光，也就是品红色。如果这时再将红色放映机调暗一点，紫色光又会变成偏蓝的光。见图 5.18

彩色摄像机和画画不同，它利用光进行工作，它通过让三原色（红、绿和蓝）相加来产生我们在电视屏幕上所见的所有色彩。以各种比例，即以各种光线强度，将三个原色光束加起来，我们就可以生成所有其他的颜色。

**减色法混色** 如果用的是颜料而不是有色光，那么我们使用的基本色就是红色、蓝色和黄色，或者更确切地说，是品红（偏蓝的红色）、青色（偏绿的蓝

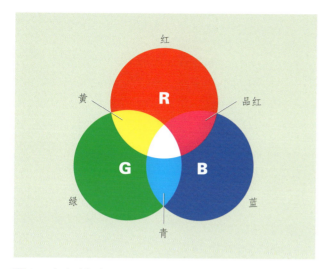

**图 5.18 加色法混色**

在混合彩色光线的时候，加色法混色的三原色是红、绿、蓝（RGB），所有的其他颜色则靠一定量的红、绿、蓝光混合而成。比如红、绿光的加色混合生成黄光。

色）和黄色。在减色法混合（subtractive mixing）中，各颜色彼此将对方过滤掉。由于电视摄像机使用的是光而不是颜料，所以对减色法混色就不做更多介绍了。

## 5.2.4 亮度信道与色度信道

面对黑白图像的时候，我们能看到比彩色图像更多的细节。这就是为什么高清电视摄像机会有一块附加的黑白取景器，哪怕它们已经有了一块高质量的彩色取景器。正如前文所提及的，色度涉及的是色彩属性中的色调和饱和度；亮度涉及的是颜色的明暗变化。摄像机的色度信道传送彩色信号；亮度信道则传送黑白信号。

### 亮度信道

亮度信道（luminance channel）又称为 Y 信道，负责彩色画面的亮度信息。为了获得 Y 信号，我们需要将之前已经被棱镜块辛勤分解的三原色信号的一部分再次混合。正如你之前读到的，如果三原色按照同等比例混合，那么我们得到的将会是白色光（以及或者一系列不同程度的灰色，它们处于最亮与最暗之间，最暗时则是黑色）。亮度信号负责完成两个基本功能：

将场景中的色彩亮度变化转变成黑白接收器能够接收的黑白图像；同时，为彩色图像提供必要的清晰度和鲜明的轮廓，如同四色印刷中的黑点一样。由于 Y 信道对画面的清晰度有着非常大的影响，因此它很受数字领域的欢迎。即便在高端数字摄像机中，色彩信号的采样频率通常也只有亮度信号的一半，而在低端的HDV 摄录一体机中，这个比例更低，只有四分之一。

### 色度信道

色度信道（chrominance channel），又被称为 C 信道，传输所有的色度属性。它由能产生各种强度的红、绿、蓝光束的三台"幻灯机"构成。只不过在电视摄像机中，这些"幻灯机"由传感器构成，这些传感器为三原色中的每一种，分别提供不同强度（电压）的电子信号。三原色信号通常会改变，并与 Y 信号混合，从而形成我们在屏幕上看到的彩色视频。它们是如何改变和混合的，将在第 12 章中进行解释。

---

**要点**

▶ 视频分辨率由每帧画面容纳的像素数量，以及每秒能看到的画面帧数决定。像素数量称为空间分辨率，每秒画面帧数称为时间分辨率。

▶ 视频摄像机能精确再现的画面内最亮区域和最暗区域之间的对比度的范围是有限的。这种限制，被称为对比度范围，极限也通过方式来表述。如果要生成优质画面，那么最好将对比度控制在 50:1 之内，也就是说，画面中最亮区域亮度不能超过最暗区域亮度的 50 倍。

▶ 在波形监视器中，画面的黑白电平是用图形的方式显示的，视频师（VO）一边观看图形，一边使用摄像机控制器来控制画面的对比度，以使其维持在最优的对比范围内。这个过程称为调光。

▶ 人们对颜色的三个基本感知，被称为色彩属性，即色度（颜色本身），饱和度（颜色的纯度和强度），以及亮度（光线的反射程度，也被称为照度或明亮度）。

▶ 彩色电视使用加色混色法处理三原色光：红、绿和蓝（RGB）。

▶ 彩色摄像机包含一个色度信道和一个亮度信道。色度信道处理色彩信号，即 C 信号，亮度信道处理黑白（亮度）信号，即 Y 信号。Y 信号为图像提供清晰度。

# 6

第6章

# 镜　头

　　镜头被广泛地用于所有形式的摄影艺术中。镜头的主要功能，是将拍摄的清晰影像，投射到电影胶片上，在数字摄影和电视领域中，则将影像投射到电子成像装置上。正如在第5章中讨论过的，镜头是摄像机的三个主要组成部件之一。对演播室摄像机来说，镜头通常比机身还要大。6.1"镜头是什么"，将介绍镜头的基本光学特点及主要的操作控制。而镜头的表现特点，即镜头是如何观看世界的，会在6.2"镜头看到的世界"中介绍。

光孔（aperture） 镜头的光圈开口，通常以 f 光圈值来衡量。

自动对焦（auto-focus） 摄像机自动将焦点对准它认定你想要拍摄的对象的功能。

校准（calibrate） 对变焦镜头进行预调，以使变焦过程中被摄对象一直保持在焦点之上。

压缩（compression） 使用窄角（长焦）镜头制作出饱满的效果，其中被摄对象的体积比例和相对距离看上去比较小。

景深（depth of field） 指距镜头不同距离的所有被摄对象都能被焦点涵盖的区域。景深取决于镜头的焦距、光圈，以及被摄对象与摄像机之间的距离。

数字变焦（digital zooming） 通过剪裁影像的中心区域，并对其进行电子化放大，来模仿变焦的效果。数字变焦会降低分辨率。

数字变焦镜头（digital zoom lens） 通过内置计算机程序来控制变焦、调整焦点的一种镜头。

快镜头（fast lens） 最大光圈能让较多光线通过的镜头（镜头最大光圈的数值较低），可以在弱光环境下使用。

景别（field of view） 通过某个镜头看到的场景范围，即视野。可以用符号来表示，比如 CU 代表特写镜头（close-up）。

焦距（focal length） 当镜头调整到无限远，又能使图像保持在焦点之上时，从镜头的光学中心到摄像机成像装置前部表面之间的距离。焦距用毫米或英寸来表示。短焦镜头拥有广角视野（视野广阔）；长焦（远摄）镜头拥有窄角视野（特写）。在可变焦距（变焦）镜头中，焦距能够在广角（变焦拉）与窄角（变焦推）之间不断变化，反之亦然。固定焦距镜头（定焦镜头）只有一个固定的焦距。

焦点（focus） 如果出现在屏幕上的图像很清楚，就说明图像在焦点上。从技术上来说，焦点指镜头折射的光线汇聚的点。

光圈值（f-stop） 衡量光孔或者光圈开口的镜头校准数值（因此也可以衡量通过镜头的光量大小）。光圈值越大，光圈越小；光圈值越小，光圈越大。

光圈（iris） 可调节的镜头开口，控制通过镜头的光量。也称作光阑（diaphragm）或镜头光阑（lens diaphragm）。

微距位置（macro position） 一种镜头设置，在此设置下，镜头能够贴着被摄物，从非常近的距离进行对焦，多用于拍摄小型被摄物的特写。

最近对焦距离（minimum object distance，缩写 MOD） 摄像机离被摄物最近，而又能够清楚地对焦的那个距离。

窄角镜头（narrow-angle lens） 能够拍摄那些距离摄像机位置相对较远的物体的特写，也被称为长焦（long-focal-length）镜头或者远摄（telephoto）镜头。

标准镜头（normal lens） 焦距同正常视觉空间关系接近的定焦镜头或变焦位置。

移焦（rack focus） 将焦点从靠近摄像机的一个物体或人身上，调整到远离摄像机的物体或人身上，反之亦然。

焦距延长器（range extender） 变焦镜头的一种能帮助延长焦距的光学辅助装置，也被称为增距器（extender）。

选择性聚焦（selective focus） 在使前景和（或）后景不进入焦点范围的同时，通过聚焦来突出浅景深中的物体。

伺服变焦控制装置（servo zoom control） 启动马达驱动机制的变焦控制装置。

慢镜头（slow lens） 光圈开到最大时也只能允许少量光线通过的镜头（光圈的最小 f 值相对较高）。只能在光线条件良好的环境中使用。

广角镜头（wide-angle lens） 提供超大视野的短焦距镜头。

Z 轴（z-axis） 一条从摄像机镜头延展到远方地平线的假想线，用于表示空间的深度。

变焦镜头（zoom lens） 可变焦距镜头，在镜头的连续变焦运动中，它可以逐渐从广角镜头变换为窄角镜头，反之亦然。

变焦幅度（zoom range） 变焦镜头在变焦过程中，焦距从广角拍摄到特写拍摄的变化幅度。变焦幅度通常用比率来表示。如 20:1 的变焦率，意味着该变焦镜头可将自己的最短焦距增加 20 倍。

# 6.1

# 镜头是什么

镜头决定了摄像机能看到什么。一种类型的镜头能让你获得宽广的视野，哪怕你离该场景非常近。另一种镜头能让你获得远离摄像机的被摄物的特写。不同类型的镜头也决定着基本的透视关系——你看到的物体是否变形；你看到的物体之间的距离比实际距离近还是远。此外，镜头还决定着画面质量，以及在不移动摄像机的前提下推拉变焦的幅度。这一节将介绍镜头的功能及其操作方法。

▶ **变焦镜头的种类**
演播室镜头和现场镜头、变焦幅度、定焦镜头，以及镜头规格

▶ **镜头的光学特性**
焦距、焦点、光透射（光圈、光孔、光圈值），以及景深

▶ **操作控制装置**
变焦控制装置、数字变焦镜头和对焦控制装置

## 6.1.1 变焦镜头的种类

当制作人员谈论变焦镜头（zoom lens）的时候，你可能会听到有人提及演播室变焦镜头，而没有提及现场变焦镜头，另一个人谈到 20×（20 倍）的变焦镜

头，第三个人则说起符合 2/3 英寸画面格式的变焦镜头。其实，这些人谈论的很可能是同一种变焦镜头。本节将介绍这些镜头的种类。

### 演播室镜头和现场镜头

顾名思义，演播室变焦镜头通常用于演播室摄像机，现场变焦镜头则包括用于远程转播，安装在高级摄像机上的大镜头，例如在拍摄游行或体育赛事时使用的镜头，还包括 ENG/EFP 摄像机使用的变焦镜头。小型摄录一体机的镜头通常是内置的，不可更换。一些高端型号的摄像机，则允许你使用不同的变焦镜头，或者附带适用于连接多种镜头的转接口。当然，你也可以将现场镜头用于演播室，反之亦然。所以，将这些镜头归类的更好、更准确的方法，是根据它们的变焦幅度和镜头规格，以及它们与何种类型的摄像机相匹配。

### 变焦幅度

假如变焦镜头在拉到最远时，能够提供一个全景，例如，能拍到整个网球场和露天看台的一部分，推到最近时（不移动摄像机靠近球场），能拍到运动员紧张表情的特写，那么，这只镜头的变焦幅度就很大。变焦幅度（zoom range）是指镜头焦距在变焦过程中能够变化（从而改变视野或景别）的幅度。

镜头的变焦幅度用比率来表示，例如 10∶1 或者 40∶1。10∶1 的变焦幅度意味着该镜头的最短焦距可以扩大 10 倍；而 40∶1 则意味着可以扩大 40 倍。为了便于识别，这些比率通常以 10×（10 倍）或 40×（40 倍）来标记，用于指示镜头所能放大影像的最大倍数。见图 6.1

那种架设在运动场看台顶上，用于运动会报道的大型（演播室）摄像机的变焦幅度可以达到 40× 甚至 70×，而在演播室内，带有 20× 变焦镜头的摄像机就已经能够很好地胜任工作了。小型的 ENG/EFP 摄录一体机的镜头很少会有超过 15× 的变焦幅度。

**光学变焦幅度和数字变焦幅度** 你也许已经注意到，小型摄录一体机上的变焦范围相当有限，甚至对

**图 6.1** 10 倍变焦镜头的最大变焦位置

10 倍变焦镜头能够将焦距增加 10 倍，它能放大场景的一部分，使之看上去更加靠近摄像机，也即更加靠近观众。

于其中的高端机型来说，能够拥有 15× 光学变焦范围就已经被认为是出类拔萃的了。这就是为什么大部分小型摄录一体机还具有以数字方式增加变焦范围的功能。当通过光学变焦将镜头推到一个更紧的景别时，影像的放大是依靠镜头内部元件的移动来实现的。从效果上来说，伴随变焦时的推拉动作所持续改变的，是镜头的焦距。但在数字变焦（digital zooming）中，焦距的这种改变不会发生。

对数字变焦来说，摄像机的电子元件只从完整镜头中剪裁出中心部分，并将它放大到整个屏幕。数字变焦的一个问题是，被放大的画面，能看得出分辨率的明显降低（回忆下第 5 章提到的马赛克方块）。当数字变焦进行到一定程度，这些"马赛克方块"会变得过大，以至于看起来不像是对原始图像的放大，而更像是一种特技效果。一些摄像机的数字变焦效果相对较好，但是就算是最好的数字变焦效果，也没有光学变焦的效果那么清晰。

所有大型演播室、现场以及 ENG/EFP 摄录一体机，其镜头都能够被拆卸，换上不同变焦范围的镜头。而大部分的小型摄录一体机，其镜头都是内置的，不可拆卸。这会带来巨大的不便，尤其当你需要拍摄广角镜头的时候，你会发现机器内置镜头的广角视野并不够广。见图 6.2

**图 6.2** 演播室变焦镜头

高级的演播室镜头一般比较重，体积比小摄像机机身还要大。

**演播室镜头和大型现场镜头**  要注意，如果将一只 20× 的演播室镜头用于现场拍摄，也就是说，拿到演播室以外的地方进行制作，那么此时这只镜头就变成了一只"现场"镜头。然而，在通常情况下，现场镜头的变焦幅度要比演播室摄像机的大得多，达到 40× 到 70×。一些现场镜头还有更大的变焦幅度，足以让摄像师将镜头从橄榄球场的广角远景推到四分卫队员的脸部特写。虽然变焦幅度很大，但这些镜头却仍然可以在低照度条件下拍出高质量的影像。如果在演播室使用，这种变焦幅度根本没有必要，甚至经常会起到反作用。

**ENG/EFP 镜头**  这些镜头更为小巧，以适应便携式摄像机。它们的常规变焦幅度在 11× 到 20× 之间。15× 的变焦镜头已经足以应付大多数 ENG/EFP 的工作，但有的时候，你也许还想拍一个距离你较远的某个事件的特写，这时，我们就得把 15× 变焦镜头换成变焦幅度更大的镜头，比如 20× 甚至 30×。你也可以使用增距镜（稍后将在本章介绍），它能让你拍摄比正常变焦范围更近的景别。

对于 ENG/EFP 镜头来说，还有一个更加重要的考量因素，就是它们的广角视野是否足够广（很短的焦距），足以让你在非常拥挤的空间中进行拍摄，例如在汽车、小房间或者飞机机舱里。另外，广角镜头的视野对于拍摄 16×9 的宽银幕画面来说也十分重要。

很多镜头都含有数字或机械的稳定器，能够吸收因长焦拍摄（变焦推）而产生的画面抖动。但要注意到，使用这些稳定功能会额外增加电池的负担。除非你没有三脚架，或者没有任何其他办法来让摄像机稳定，否则不要使用这些功能。

**增距器**  假如变焦镜头还不足以让你充分靠近拍摄场景，那么你可以利用一个附加的镜头部件，即焦距延长器（range extender），又被称为增距器（extender）。这种光学部件通常只用于专业摄像机的镜头上。其实，它并没有真正扩大变焦幅度，而只是将镜头的放大能力——远摄能力——转移到了变焦幅度的长焦一端。大多数镜头的增距器为 2×（2 倍），也

就是说，它能够使镜头的长焦端的变焦幅度增加 1 倍，但却同时会使镜头的广角端的变焦幅度减少一半。有了这种增距器，你就可以变焦推到更近的景别，但镜头拉回时得到的视野范围却没有不加增距镜时那么广。增距镜还有另一个缺点：它会大量减少进入镜头的光线，这会为在低照度环境下拍摄带来问题。

### 定焦镜头

你或许已经在单反相机上使用过定焦镜头。定焦镜头也被称为固定焦距镜头，因为其焦距长度是不能改变的。它们也时常被装配在 HD（高清）摄录一体机上，用于拍摄数字电影。你不能对定焦镜头进行推拉变焦，所以如果你想拍摄更近或更广的景别，你必须搬动摄像机到一个物理上离被摄物更近或更远的位置。

在严格的电影制作中，定焦镜头比变焦镜头更受欢迎。但是为什么不选用更加灵活方便的变焦镜头，而非要用相对笨拙的定焦镜头呢？这是因为与变焦镜头相比，定焦镜头能传递更加清晰的图像，尤其在低照度环境下。在小型屏幕（比如常规的电视机屏幕）上，你看不出这种区别，但当影像被投射在电影银幕上面时，你就会发现这种差别了。很显然，定焦镜头不是用于 ENG（电子新闻采集）和 EFP（电子现场制作）摄录一体机的。

### 镜头规格

由于摄像机镜头的设计目的是与影像传感器的大小相匹配，所以你或许听说过 1/3 英寸、1/2 英寸和 2/3 英寸这几种镜头或影像规格，这意味着你只能使用和传感器的芯片大小相匹配的镜头。大部分的摄录一体机都使用 1/2 英寸规格。术语"镜头规格"（lens format）还用于形容某个镜头是用于标准 NTSC 制式摄像机，还是 HD 高清摄像机。

## 6.1.2 镜头的光学特性

一台摄像机是否能被有效地使用，很大程度上取决于你是否理解镜头的如下四个光学特点：焦距、焦点、光透射——光圈、光孔、光圈值，以及景深。

## 焦　距

从技术上来说，焦距（focal length）指从镜头的光学中心到镜头看到的影像对焦的那一点之间的距离，那一点就是摄像机的成像装置。**见图 6.3** 从操作上来说，焦距决定着摄像机视域的宽窄度，以及拍摄对象被放大的倍数和方式。

当镜头被拉到极限时，焦距很短，处于最大的广角位置，摄像机形成的是宽阔的视域；当镜头被推到极限时，焦距很长，处于最大的窄角（远摄）位置，摄像机产生的是狭窄视域，即一个场景的特写景别。**见图 6.4** 当你在处于这两个极端的大约中段位置停止变焦时，镜头就会处于正常的焦距。这意味着你将会从镜头中看到一个近似于人眼实际看到场景的"正常"视域。由于变焦镜头可以设定在任何位置上，跨度从广角端（变焦拉）直至长焦端（变焦推），因此，它又被称为"可变焦距镜头"。

在电视屏幕上，变焦推摄给人的感觉就好像被摄物在向你靠近，而变焦拉给人的感觉则好像被摄物逐

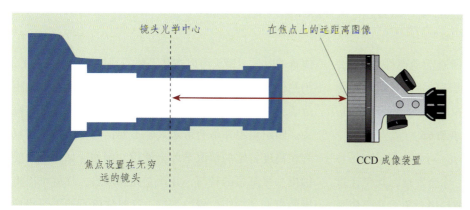

**图 6.3　焦距**
焦距指镜头的光学中心到成像装置前表面的距离。

镜头光学中心　　在焦点上的远距离图像

焦点设置在无穷远的镜头　　CCD 成像装置

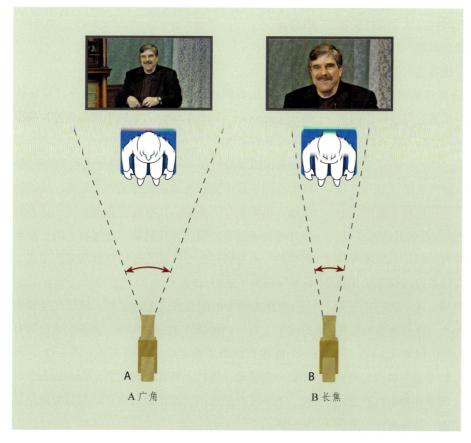

**图 6.4　广角镜头和长焦镜头的变焦位置**
A 当中的广角变焦位置（变焦拉）比 B 当中的长焦变焦位置（变焦推）的视野要更宽。注意变焦推会将被摄物体放大。

A 广角　　B 长焦

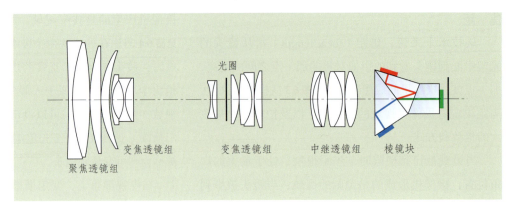

**图 6.5 变焦镜头的元件**

变焦镜头由许多活动或固定的镜头元件构成。这些元件互相作用，从而在焦距的连续变化中，保证画面始终处于聚焦状态。镜头前段的元件控制聚焦，中间的元件控制变焦。

渐远离。实际上，变焦镜头内所有活动部件的功能，就是使被摄物在保持焦点的前提下，逐渐被放大（变焦推），或者逐渐被缩小（变焦拉），在这两种操作中，摄像机的位置都保持固定不变。**见图 6.5**

**最近对焦距离和微距位置**　你会发现，既要让摄像机（以及镜头）物理地靠近被拍摄对象，又要使画面保持焦点，你往往要受到一些限制。当你想要获得一个非常小的对象的特写镜头的时候，这个问题会尤其突出。即使通过变焦将镜头推至最近，拍出来的镜头仍然有可能显得太宽。让摄像机接近被摄对象，可以使镜头显得更紧凑，但却无法再让画面对准焦点。增距器对此并没有太大的帮助，虽然它可以使你拍到更紧凑的特写镜头，但为了对焦，你却不得不跟着摄像机一起后退。

解决这个问题的一个方法就是将焦距拉出到广角位置。和通常预期所不同的是，比起使用了增距器的长焦位置（用一个 2× 增距器把镜头推到最近），广角端通常更有利于拍摄小对象的特写。但是，即使将镜头调到广角位置，如果摄像机持续靠近被摄对象，超过了某个点，也会无法再清晰对焦。这个既能靠近被摄对象，又能保证对焦的最近距离，被称为最近对焦距离（minimum object distance，缩写 MOD）。

大部分用于现场拍摄的 ENG/EFP 摄像机镜头拥有一个微距位置（macro position），能够让摄影机再进一步靠近被摄物，同时不会丢失焦点。当镜头处于微距位置的时候，镜头可以在几乎要碰到被摄物的状态下，仍然保持焦点。不过，此时你不能再进行变焦。微距位置会将变焦镜头变成固定焦距镜头，也就是定焦镜头。固定焦距并不会带来太多不便，因为微距位置只有在高度特定的情况下才会使用。例如，如果你需要拍摄一张邮票的特写，并让它充满屏幕，你就可以将摄像机调到微距位置。不过，这时你就不能再对摄像机进行变焦操作，除非你把它重新调回常规的变焦机制。

## 焦　点

如果拍摄到的图像清晰，说明画面是"对好焦的"（in focus）。焦点（focus）取决于镜头到胶片的距离（在非数字化的照片或者电影摄影机中），或者从镜头到摄像机成像装置（带有传感器的分光器）的距离。只需要调节镜头到胶片或者成像装置的距离，就可以使画面由聚焦变为虚焦。在电视变焦镜头中，这种调节并不是通过移动镜头或棱镜块（分光器）的位置来调整的，而是通过变焦控制装置相对移动某些镜头元件来完成的（见图 6.5）。

对焦控制器的配置方式多种多样。便携式摄像机的镜头上有一个可以转动的对焦环。演播室摄像机有一个连接在摇摄手柄上的扭转手柄（见图 6.12）。大多数小型摄录一体机，具有自动对焦（auto-focus）功能。本节将在后文的"操作控制装置"部分中讨论自动对焦。

如果摄像机和被拍摄对象的移动幅度都不大，那么，只要预调适当，变焦镜头就可以在整个变焦范围内始终保持焦点。但是，如果你是在走动甚至跑动的状态下携带 ENG/EFP 摄像机的，那么你就不可能总是预先设定变焦和对焦。在这种情况下，就应该将镜头拉到极限广角的位置，从而减少调整焦点的需求。在本节后面关于景深的内容中，将对这方面展开更详尽的介绍。

**预调（校准）变焦镜头**    变焦镜头有一套标准的预调或校准（calibrating）程序，以确保摄像机在整个变焦过程中能始终保持焦点。将镜头推向拍摄目标，如处在新闻背景中的新闻播音员，转动变焦控制器，将焦点集中在播音员的脸部（鼻梁或眼睛）上，当镜头被拉回远景时，你会注意到一切都仍保持在焦点上，而且，当你再次进行变焦推，依然如此。这样，你就能够在整个变焦范围内保持焦点了。但是，假如你移动了摄影机，或者在预调好变焦镜头之后，被摄对象进行了移动，那么你就需要再次校准镜头。

比如，假若你已针对播音员预调好了变焦，但此时导演却指示你将摄像机向左移近一点，以使播音员看到提词板上的文稿，在这种情况下，如果你不根据新的位置重新预调变焦，那么你的图像就没法保持焦点。假如在你预调变焦之后，导演又要求你变焦推摄播音员身后的地图，那么此时你就必须一边让镜头越过新闻播音员，一边进行对焦——即使对经验丰富的摄像师来说，这也不是一项轻松的任务。

如果摄像机的移动路线已经事先确定，而且在每期节目中都是重复的，就像在日播的新闻报道中那样，那么在这种情况下，可以利用数字变焦镜头的预调功能。镜头会记住不同的变焦位置，只要一按按键，它就能自动完成对焦。这对于使用自动化摄像机来说至关重要，这些摄像机是靠电脑而非人工操控的。

除非你有自动变焦控制装置，否则，即使在实地采访新闻事件时，你也必须预调变焦镜头。你或许已经注意到了，在未经剪辑的灾难（如龙卷风或火灾）画面中，往往有一些虚焦的特写镜头，其后则是对焦镜头和快速变焦拉镜头，摄像师这样做的目的就是要

校准变焦镜头，以便在接下来的变焦推中保持焦点。

**光透射：光圈、光孔和光圈值**

与人的瞳孔一样，所有的镜头都有一个控制光量进入的机械装置，被称为光圈（iris）或镜头光阑（lens diaphragm）。镜头光圈由一系列薄金属叶片组成，它们会形成尺寸各异的圆孔——光孔（aperture）或镜头开口。**见图 6.6**

如果你将镜头"开"到最大，或者，用更技术的话来说，将镜头调整到最大光圈，那么镜头吸收的光量就最大。**见图 6.7A** 如果你将镜头"关"小，光圈的金属片形成的光孔就更小，通过镜头的光量也随之减少。假如将镜头"关"到最小，也就是说将镜头调到最小光圈处，那么进入镜头的光量就很少很少了。**见图 6.7B** 有些光圈可以被完全关闭，这意味着光线完全无法通过镜头。

**光圈值**    无论镜头属于哪种型号，标明镜头进光量的标准都是光圈值（f-stop）。比如说，你现在有两台摄像机——虽然一台是装有 10 倍变焦镜头的摄录一体机，另一台是装有 50 倍变焦镜头的现场摄像机，但如果这两个镜头的光圈都调到 f/5.6 的光圈值时，那这两台摄像机里的成像装置所接受的光量就完全相同的。

无论是何种摄像机，都会采用一系列的数字来表示光圈值，如 f/1.7、f/2.8、f/4、f/5.6、f/8、f/11 和 f/16。光圈值数字越小，表示光圈越大（镜头光孔升得越大）；光圈值的数字越大，说明光圈越小（镜头光孔收闭得越小）。f/1.7 的镜头光圈光孔开得更大，因此其接收的光就要比 f/16 的镜头多。之所以不采用其他方法，而是用小光圈值表示大光圈开口，用大光圈值表示小光圈开口，原因就在于光圈值的数字实际上表示的是比率。在这个意义上，f/4 其实是 f1/4，读作 f 四分之一。大部分的镜头都能用 f/5.6 和 f/8 之间的光圈拍摄出最为清晰的画面。有些镜头的最佳画面甚至能延伸到 f/11。

**镜头速度**    镜头的"速度"与光线的传播快慢无

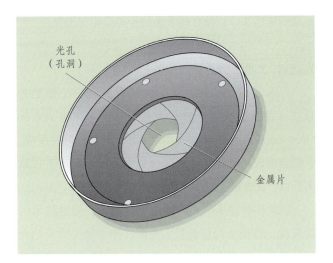

**图 6.6　镜头光圈机构**

镜头光圈，也叫镜头光阑，由一系列薄金属叶片组成，这些金属叶片通过部分重叠形成尺寸多样的光孔，即镜头开口。

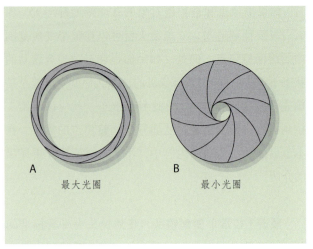

A　最大光圈　　　　　　　B　最小光圈

**图 6.7　最大光圈和最小光圈**

A 当光圈调节到最大的时候，金属片形成一个大孔，让大量的光线进入镜头。

B 当光圈调节到最小的时候，金属片重叠形成一个小孔，仅让少量光线通过。

关，但与通过的光量多少有关。能让大量光线进入的镜头叫快镜头（fast lens）。快镜头的最大光圈的光圈值较小（如 f/1.4）。大部分优秀的演播室变焦镜头光圈可以开到 f/1.6，即便在光线不足的条件下，这么快的速度也能让摄像机正常工作。

光圈在光孔全开时进光量依然较少的镜头叫慢镜头（slow lens）。最大光圈的光圈值为 f/2.8 的演播室镜头显然比光圈值为 f/1.7 的镜头速度慢。增距器不可避免地会让变焦镜头的速度变慢。一只 2 倍的增距器会让镜头的速度慢两"挡"（光圈值变大），例如，从 f/1.7 降至 f/4。不过，光的这种传输量的减少并不会造成什么大的障碍，因为增距器一般都是在光线充足的室外才会使用。比较严重的问题是增距器会使画面的分辨率略微损失。

**光圈遥控器**　由于进入摄像机的光量对图像的质量会有很大影响，所以不断地调节光圈是控制图像效果的一种重要方法。演播室摄像机一般都带有光圈遥控器（remote iris control），这意味着视频师（VO）可以通过摄像机控制器（CCU）来连续调节光圈。假如场景的灯光适度，摄像机也已调定（可以适应场景最亮和最暗时的情况），那么，视频师只需要操作光圈遥

控器（在光线弱的时候开大光圈，在光线过量的时候关小光圈），即可得到出色的画面。

**自动光圈切换**　大部分摄像机，尤其是 ENG/EFP 摄录一体机，都可以从手动光圈模式切换为自动光圈模式。这样，摄像机便能感受到进入镜头的光，并自动调节光圈，使摄像机处于最佳状态。只要场景的对比度不强烈，这种自动光圈模式的工作状态就会是良好的。

然而，在有些环境下，你也许得考虑将摄像机从自动光圈模式切换到手动模式。例如，你正在给一位站在阳光下，头戴白色帽子的女人拍摄一个构图宽松的特写镜头，此时，自动模式会按照白帽子的亮度，而非帽子下较暗（阴影区域）的脸部调节光圈。这样，你得到的就会是一顶曝光准确的帽子和一张曝光不足的人脸。在这种情况下，你应该转为手动模式调节光圈，将镜头推近至被摄对象的脸部，让白帽子从镜头里消失，同时按照脸部，而非帽了反射的光来调节光圈。不过，当你切换到手动光圈模式时，你会发现，就算是相当好的 ENG/EFP 摄像机，也不能处理好如此高对比度的场景。在这种情况下，你或许得用到中灰滤镜（neutral density filter，缩写 ND filter），它能够压

低高亮区域的亮度，而不会使暗部阴影区域变得更暗。（其他处理极端对比度场景的方式将在第11章中解释。）

### 景 深

如果将多个被摄物放到与摄像机距离不同的位置，那么就会出现它们有的在焦点上，有的不在焦点上的情况。被摄物在焦点上的区域被称作景深（depth of field）。景深可以浅，也可以大，但被摄物后面的景深总是比前面的更大。见图6.8

如果景深浅，焦点又落在前景的被摄物上面，那么场景中段和后景就会虚焦。见图6.9 如果景深大，即使只将焦点对准场景中段的被拍摄对象，所有被拍摄对象（前景、中景和后景）也都会在聚焦范围内。见图6.10

如果景深足够大，就会出现一个比较大的"清晰区域"，在这个区域内，镜头中的人或物可以靠近镜头或远离镜头而不会跑出焦点之外，也不必对摄像机的焦点进行调节。但是，如果被摄对象是在浅景深的镜

头中移动，那么，除非调节焦点，否则被摄对象很快就会变得模糊不清。移动摄像机也会出现类似的情形。较大的景深范围使得摄像机要靠近或远离被摄物变得相对容易，因为你不必为了使画面保持焦点而操作控制装置。同样，如果摄像机面对的是较浅的景深，为了使被摄对象清晰、鲜明，就得不断地调节焦点。

从操作上来说，景深的大小取决于三个因素的配合：镜头的焦距，光圈大小，摄像机和被摄对象之间的距离。

**焦距**　焦距是对景深影响最大的一个因素。一般来说，广角镜头和变焦镜头的广角位置（镜头拉出到短焦距段）拥有较大的景深；长焦镜头和变焦镜头的长焦位置（镜头推到长焦距段）拥有较小的景深。请记住下面这个简单的原则：

■ 景深随着焦距的缩短而加大。

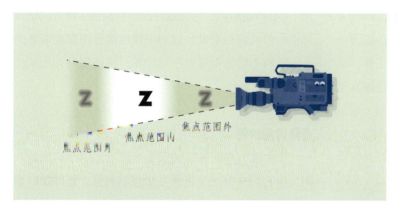

**图 6.8 景深**
景深指位于与摄像机不同距离处的被摄对象都处于焦点范围内的那个清晰区域。

**图 6.9 浅景深**
在浅景深中，被摄物处于聚焦状态的区域是有限的。

**图 6.10 大景深**
在大景深中，摄像机视野内几乎所有的被摄物都位于焦点范围内。

当你在跟踪拍摄快速变动的新闻事件时，你应该推到最近还是拉到最远？要拉到最远。为什么？因为，其一，变焦镜头的广角位置至少能让观众看到正在发生的情况；其二，也是最重要的一点，无论你是靠近还是远离这个事件，也无论你或者这个事件是否正处于运动之中，大景深都有助于你的大多数镜头保持焦点。

**光圈**　下面是两条关于光圈和景深的原则：

- 较大的光圈值（比如 f/16 或 f/22）意味着景深较大。
- 较小的光圈值（比如 f/1.7 或 f/2）意味着景深较浅。

下面这个例子充分说明了电视制作中的每一个环节是如何相互影响的：假如不得不在光线不足的条件下工作，就必须开大光圈，使摄像机得到充足的曝光，但这样的大光孔（较低的光圈值）又会削弱景深。因此，如果是在天色变黑的时候采访新闻事件，同时又没时间或没机会使用人工照明，那么对焦就会成为一个严重的问题——你只能在浅景深的条件下工作。当变焦推摄紧凑的特写镜头时，这个问题就变得越发复杂起来。而在明亮的阳光下，就可以缩小光圈（缩小光孔），从而获得大景深。现在，只要变焦镜头处在广角位置上，就不必担心焦点的问题，你可以带着摄像机跑动，或者拍摄正在靠近或远离你的人。

**拍摄距离**　摄像机离被摄对象越近，景深越浅；摄像机离被摄对象越远，景深越大。摄像机与被摄对象之间的距离，还影响着焦距作用在景深上的效果。

比如，假设要拍摄一个广角镜头（或将变焦镜头拉至广角位置），这时景深会比较大。但是，如果将摄像机移近被拍摄对象，那么景深就会变浅。反过来也是如此。假如在长焦位置用变焦镜头拍摄（变焦推），景深会比较浅。但是，如果摄像机在一个离自己相对较远的被摄对象上聚焦（比如使用架设在观众席上的现场摄像机拍摄汽车比赛），那么拍摄时的景深就比较大。除非要变焦推摄大特写镜头，否则不必过于担心调整焦点的问题。见表 6.1

- 一般来说，在照度低的条件下拍摄特写镜头，景深就比较浅；在照度高的条件下拍摄远景镜头，景深就比较深。

### 6.1.3 操作控制装置

操作变焦镜头需要用到两个基本控制装置：一个是变焦控制装置（zoom control），用来把镜头拉出至广角镜头，或者推为特写镜头；另一个是对焦控制装置（focus control），它可以使位于变焦镜头前方的镜头元件向前或向后滑动，直到图像或部分图像变清晰为止。这两个装置都可以手动操作，或使用马达驱动的伺服装置来操作。

**变焦控制装置**

变焦镜头都配备有伺服变焦装置，用马达驱动变焦。但它们也有一个机械变焦控制装置，能够随时逾越伺服部件进行变焦。

**伺服变焦控制装置**　所有类型的专业摄像机（包括演播室摄像机和 ENG/EFP 摄像机），都配备有为镜

表 6.1　景深要素

| 景深 | 焦距 | 光圈 | 光圈值 | 照明度 | 被摄对象与摄影机的距离 |
|---|---|---|---|---|---|
| 大 | 短（广角） | 小 | 数字大（f/22） | 高（亮光） | 远 |
| 小 | 长（窄角） | 大 | 数字小（f/1.4） | 低（弱光） | 近 |

头服务的伺服变焦控制装置（servo zoom control）。演播室的伺服变焦控制装置安装在右侧摇摄手柄上，你可以通过一个类似于翘板开关的拇指按钮，进行变焦拉和变焦推操作。按下按钮的右侧，变焦推；按下按钮的左侧，变焦拉。按钮离它的原始位置越远，变焦的速度越快。见图 6.11

这种自动化功能可以帮助你实现非常平滑的变焦运动。大部分演播室摄像机上的伺服装置，都可以提供至少两种不同的变焦速度：正常和快速。快速变焦通常用于强调重点。比如，导演可能会要求用一个快速变焦推的镜头去表现一部正在响着的电话机，或者一个辩论者的面部表情。正常的变焦速度不够快，无法突出表现这样的事件。

ENG/EFP 摄像机的伺服变焦控制装置直接装在镜头上。家用摄录一体机的伺服变焦控制装置有时会装在摄像机外壳上。控制变焦的翘板开关上面，通常标有 W（表示广角）和 T（表示紧或远摄）两个字母。要变焦推，按开关的 T 侧；要变焦拉，按 W 侧。伺服控制装置外有一根带子可以帮助固定机器，以便你在操作变焦控制装置的同时，将摄录一体机扛在肩膀上或者提在手里，这样，你就可以腾出另一只手来进行手动对焦。

**手动变焦控制装置** ENG 和 EFP 摄像机经常需要快速改变焦机拍速度，以便快速交焦抓特写镜头，或者快速校准变焦镜头。对于这样的用途来说，其全伺服装

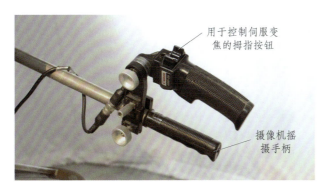

**图 6.11 演播室摄像机的伺服变焦控制装置**

这个变焦控制装置安装在摄像机的摇摄手柄上，用拇指向右或向左拨动按钮，就可以进行变焦拉或变焦推。按钮离它的原始位置越远，变焦的速度就越快。

置的快速变焦速度也显得太慢。因此，摄录一体机的镜头通常会有额外的手动变焦控制装置，即镜头镜筒上的一个圆环。通过顺时针旋转圆环（变焦推），或逆时针旋转圆环（变焦拉），你可以实现伺服系统所不能完成的极速变焦。有些变焦环上附有小把手，以方便进行手动操作。除了新闻报道，这个手动变焦控制装置对于拍摄运动赛事而言也是至关重要的，因为快速抓取特写镜头，是赛事报道的一条规则，而非例外。

### 数字变焦镜头

不要把数字变焦镜头与数字变焦相混淆。数字变焦镜头（digital zoom lens）是一个有趣（通常也容易混淆）的名字，它是指能够预设某些变焦位置，然后只要按一下开关即可实现变焦操作的镜头。如果摄像机和被拍摄对象保持其在设置时的位置不变，那么这个预设装置还能够记忆变焦校准，从而使变焦非常精确。在使用自动摄像机（摄像机的运动由计算机而非操作员来控制）工作时，比如在演播室新闻报道中，数字变焦镜头最实用。

### 对焦控制装置

对焦控制装置可以驱动变焦镜头中的对焦机制。演播室摄像机上的对焦装置和 ENG/EFP 摄像机或摄录一体机上的对焦装置是不一样的。

**演播室摄像机** 演播室摄像机的对焦控制装置一般由一个类似摩托车油门的扭柄组成，通常安装在左边的摇摄手柄上，只需要转动两三下，就可以在整个变焦幅度内进行对焦。和使用伺服变焦控制装置一样，对焦操作也是通过驱动电缆从摇摄手柄传递到镜头上的，只不过对焦工作是由镜头内部的电机来执行的。见图 6.12

**ENG/EFP 摄像机** EFP 摄像机和所有的摄录一体机都在变焦镜头的前端位置有一个对焦环，和普通照相机的定焦镜头很相似。通过顺时针或逆时针转动对焦环，直到取景器里显示的图像清晰而锐利，这样就实现了对焦。

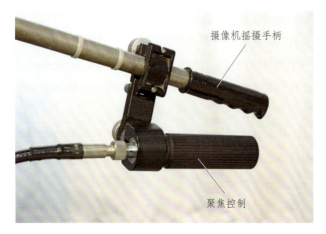

**图 6.12 演播室摄像机用伺服聚焦控制装置**
对演播室变焦镜头来说，可以通过顺时针或逆时针转动伺服聚焦控制手柄，来进行聚焦。

**数字电影摄影机**　当要使用 HDV（高清视频）或 HDTV（高清电视）摄录一体机上和定焦镜头来制作数字电影时，一条即插即用的电缆会被连接到镜头的对焦环上。在该电缆的末端会有一个可旋转的旋钮，方便摄影助理进行"跟焦"（pull focus），即在拍摄对象或摄影机进行运动时，保持聚焦。

**遥控装置**　自动摄像机或固定摄像机，比如那些安装在教室里面的，具有各种类型的聚焦控制装置，可以通过远程控制台进行控制。

**对焦辅助装置**　正如之前提到过的，对 HDTV 高清影像进行对焦并不是一件轻松的事情，因为其高分辨率会误使你以为那些没有对准焦的画面已经在焦点上了。为了帮助 HDTV 摄像师进行对焦和跟焦，一些摄像机的取景器可以放大部分画面。如果放大的画面部分是在焦点上的，那么完整的影像画面也就是清晰的。

**伺服对焦装置**　伺服对焦装置能够让你预设镜头，从而在拍摄那些经过仔细排练的摄像机和（或）被摄物运动时，时刻保持焦点聚焦。如果摄像机和被摄物的运动没有经过仔细排练，那么就算是最智能的伺服对焦系统，也不可能帮助你随时保持聚焦，在这种情况下，大部分的摄像师更青睐使用手动对焦控制装置。

**自动对焦**　自动对焦（auto-focus）技术的核心，是自动去察觉影像中你想要对焦的那个区域。它在大部分常规镜头的拍摄中运作良好，但当需要对焦的关键被摄物在画面里并不明显时，就会出现问题。自动对焦通常只会锁定大致位于画面中心且最靠近摄像机的那个被拍摄对象。假如你想把焦点放在后景中某个远一点的或偏向画面一侧的位置，那么自动对焦就难以完成这个目标。除非正忙于跟拍一个新闻故事，否则就调到手动对焦模式上。不过，不要受那些永远拒绝使用自动对焦功能的所谓"专业人士"影响，只要摄像机能提供给你满意的焦点，那么就使用自动对焦模式。在很多情况下，自动对焦要比手动对焦更快、更精准。

## 要点

▶ 镜头的主要功能是在摄像机成像装置的前表面，制造清晰的光学影像。

▶ 变焦镜头有不同的分类方法，比如将其划分为演播室镜头和现场镜头，也可以按照变焦范围和镜头规格来划分。

▶ 增距器（镜头的辅助元件）能够扩大变焦镜头的远摄能力（使之得以拍摄更近的镜头），但会缩小广角一端的范围。

▶ 所有的电视摄像机都装备了变焦（焦距可变）镜头。

▶ 一些 HDTV（高清电视）摄录一体机能够通过改装来兼容定焦镜头。

▶ 镜头的主要光学特性有焦距、焦点、光透射（光圈、光孔和光圈值），以及景深。

▶ 镜头焦距的长短决定了摄像机视域范围的宽窄程度，以及被摄对象离摄像机（观看者）的大小和远近。变焦镜头的焦距可以变化，其主要的焦距位置有广角、标准和窄角（远摄）。

▶ 广角镜头（变焦拉）可以提供一个广阔的视野；窄角镜头（变焦推）可以提供一个狭窄的视野，但同时却可以放大被拍摄对象，使之显得比实际距离更靠近摄像机。标准镜头（变焦位置靠近变焦范围的中间）同人类视觉的角度最相似。

▶ 当拍摄的图像清晰锐利的时候，说明图像聚焦准确。

▶ 在推拉变焦镜头之前，需要对镜头进行预调（校准），以便使焦点保持在变焦范围之内。如果在变焦推时镜头能正确聚焦，那么在下次变焦拉或变焦推时，它仍会保持正确聚焦。

▶ 镜头的光圈或光阑，控制着进入镜头的光量。它由一系列金属叶片构成，它们会形成一个圆孔，被称为光孔或镜头开口。

▶ 光圈值是衡量进入镜头的光量大小的标准尺度。光圈值越小，表明镜头的光孔越大；光圈值越大，表明镜头的光孔越小。

▶ 演播室摄像机拥有远程光圈控制装置，由 VO（视频师）通过 CCU（摄像机控制器）来进行操作。

▶ 对焦完成后，在焦点前后的某个范围内，距离摄像机不同距离的被摄对象均能形成清晰的成像，那么这个范围，就称为景深。景深的大小取决于镜头的焦距、光孔（光圈值）以及摄像机和被摄对象之间的距离。

▶ 变焦镜头的两个基本操作装置，是变焦控制装置和对焦控制装置。在 ENG/EFP 摄像机和摄录一体机上，这两个控制装置可以以手动方式控制，或使用伺服控制装置进行自动控制。

▶ 自动对焦是一种自动化功能，可以让摄像机自动感知被摄对象并进行对焦。HDTV 镜头拥有对焦辅助功能，可以让摄像师设定需要对焦的目标区域。

# SECTION

# 6.2

# 镜头看到的世界

镜头的表现特点指的是镜头中的景象，它能做什么，不能做什么，以及它是如何在常规的节目制作中工作的。由于摄像机通常只能处理镜头所捕获的视觉信息，所以了解镜头的表现特点——它看世界的方式和它对画面美学元素的影响——能够极大地帮助你组织有效镜头，以及完成其他诸多的摄制任务。本章将讨论上述这些概念。

▶ **镜头是如何看世界的**
　视野，被摄对象和感知距离的变形，运动，以及景深

▶ **影像稳定**
　减少或消除轻微的影像晃动

▶ **景深和选择性聚焦**
　增加或限制聚焦区域的范围

## 6.2.1　镜头是如何看世界的

虽然所有的电视摄像机都使用变焦镜头，但是，如果我们将变焦镜头当作焦距固定的镜头，分别描述它的三种变焦位置，那么我们可能会更容易了解各种变焦位置对取景器看到的内容会产生什么样的影响。焦距固定的镜头都有特定的焦距，无法改变。固定焦

距的镜头通常被分为如下几类：广角镜头，也叫短焦距镜头；标准镜头，也叫中等焦距镜头；窄角镜头，又叫远摄镜头。

让我们按照这几个焦距标准来调节变焦镜头，看一看其不同的表现特点。这些表现特点包括：视野，被摄对象在不同距离下的变形，运动和景深。

### 广角镜头

回忆一下，只有将镜头拉到最远，才能达到变焦镜头的最大短焦距或广角位置。

**视野**　广角镜头（wide-angle lens）能提供广阔的视野（field of view）。即便摄像机离场景比较近，你也可以获得一个相对较大的视野，这意味着你通过镜头看到的场景部分会比较多。当你需要一个广阔的视野（远景），或者，比如，当你要在一间相对较小的演播室中，拍摄某嘉宾小组的全部五个成员时，广角镜头（或变焦镜头广角端）就是必备的。广角镜头还非常适合拍摄宽高比为 16×9 的高清电视。见图 6.13

**对象和距离的变形**　广角镜头会使相对靠近摄像机的对象显得很大，而使只是稍微远了一点的拍摄对象显得很小。这种失真——前景对象大、中景对象小、后景对象更小——似乎会将不同的对象拉开，拉伸我们感知到的距离。广角镜头还会影响到我们的透视感觉。由于平行线的汇聚速度在这种镜头中看起来比我们通常感知的更快，因此，它会带来一种不自然

**图 6.13　广角镜头的视野和透视关系**
广角镜头能够延展空间，拉伸了整排的圆柱体。

图 6.14　广角镜头拍摄的远景镜头
广角镜头（或变焦镜头的广角位置）能够提供给你开阔的视野，虽然摄像机离新闻布景相对比较近，但我们仍然可以看到整个布景。

图 6.15　广角镜头变形：卡车
广角镜头突出了这辆卡车的驱动力。注意：通过广角镜头，车头排气扇的尺寸显得明显夸张。

图 6.16　广角镜头变形：突出前景物体
画面是对一部著名犯罪小说的影视改编，通过广角镜头的变形，突出了打这次电话的重要性。

图 6.17　广角镜头变形：清晰的纵深
用广角镜头透过一个固定的前景物体进行拍摄，可以产生一个在空间上清晰而有力的画面。

图 6.18　广角镜头变形：线性透视
这个走廊的长度被极度地夸张了。

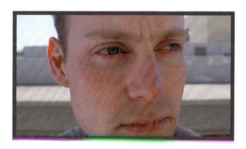

图 6.19　广角镜头变形：人脸
由于这个镜头是用广角镜头从近距离拍摄的，因此脸部严重变形。

的视角，使我们形成夸张的距离和深度错觉。利用广角镜头，可以使小房间显得宽敞，使走廊显得比实际长度更长。见图 6.14—6.18 当然，这样的失真也会产生不利。如果你使用广角镜头拍摄一张脸的特写，那么，鼻子或任何最靠近镜头的部位，看起来就会比脸上的其他部位大得过分。见图 6.19 不过，这样的变形常常是有意使用的，比如用来强调压力或者精神状态，或用来凸显一种特别的风格化效果。

**运动**　广角镜头也是优秀的移动拍摄镜头。其宽广的视野可以减少摄像机在做拍摄车推拉、横移运动和弧线运动时产生的画面晃动与颠簸（见第 7 章）。但是，由于变焦镜头能够非常轻松地实现从全景到特写的转变，于是，用广角镜头做移动拍摄几乎成了被人遗忘的艺术。

大多数时候，将镜头的变焦作为改变视野（变为更广或更近的镜头）的方式是完全可行的。不过你应该注意到，变焦产生的运动和移动拍摄车产生的运动，是有明显美学差异的。变焦运动看起来像是将场景带给观众，而移动拍摄车的运动看起来则像是将观众带入场景。因为在变焦过程中，摄影机本身并没有移动，所以被摄对象之间的空间关系并没有发生改变。这些对象像是被粘在了位置上面，其唯一的变化是变得更大（变焦推）或更小（变焦拉）了。而在移动拍摄车的运动过程中，被摄对象之间的空间关系是在不断变化的。当移动拍摄车靠近或远离对象时，你会感觉像是从被摄对象身边经过一样。[①] 一旦移动拍摄车到达其轨道终点，一定要重新预调变焦镜头，这样才能在新的位置上进行变焦拍摄而不至于失去焦点。

当人或被摄对象靠近或远离摄像机时，广角镜头能使它们的速度看起来大大加快。变焦镜头的广角端位置通常用来拍摄汽车或舞蹈演员，以突出其在运动着靠近或远离摄像机时的速度。

当你在报道一个含有大量运动元素或者需要你快速移动的新闻事件时，那么你就应该把变焦镜头调到其最大的广角位置，这样不仅能大量减少摄像机的晃动，还可以轻松地在取景器中锁定整个事件。此外，广角镜头带来的大景深也能帮助你聚焦。极端广角位置的不利之处在于，如果你想要更近的画面景别，就必须让摄像机尽可能贴近动作发生的位置。

**景深**　广角镜头的景深通常都很大。当镜头被完全拉出时，你几乎碰不到对焦方面的问题，除非你是在照明条件较差（此时需要使用大光圈）或过于靠近被摄对象的情况下工作。

### 标准镜头

正常焦距的变焦位置一般位于变焦镜头的中间某一处，或稍微靠近广角一端的位置。

**视野**　标准镜头（normal lens）产生的视野接近人眼看到的视野。它带来的画面前景和中景之间的透视关系，非常接近我们用肉眼看到的透视关系。**见图6.20**

---

① 见赫伯特·策特尔《图像·声音·运动：媒介应用美学》，第 **272—274** 页。

**图 6.20 标准镜头的视野和透视关系**
标准镜头产生的视野非常接近人眼。

**对象和距离的变形**　广角镜头能让被摄对象互相离得更远，使空间显得比实际的更大；而标准镜头或变焦镜头的中等焦距位置却能使拍摄对象及其空间关系看起来更接近我们的正常视觉。如果要拍摄放在绘图桌上的图表等物体时，你应该将变焦镜头调整到它的中等焦距位置。

**运动**　在使用标准镜头（中等变焦位置）时，即使将摄像机安装在演播室的机座上，也很难始终保持画面聚焦和避免摄像机晃动。当你携带使用 ENG/EFP 摄像机或摄录一体机时，即使你站着一动不动，这种镜头的焦距位置也使它很难避免摄像机的抖动。假如你一定要采用这样的视野，就应该将摄像机放在三脚架上。

由于标准镜头使物体的比例和它们之间的距离接近我们的正常视觉，因此，移动拍摄车的运动速度，被摄物靠近或远离摄像机的速度，也会显得正常。但是，这种运动可能会产生聚焦的问题，尤其是当被摄对象离摄像机很近的时候。

**景深**　在条件相似的情况下（光圈值、摄影机与被摄物的距离都相同），标准镜头的景深远比广角镜头的景深浅。你或许会以为，大景深应该是演播室拍摄中最理想的条件，因为这可以让所有物体都保持在焦点范围内。但事实上，在演播室和电子现场制作中，中等景深往往更受欢迎，因为聚焦的物体在虚焦的背景衬托下会更显眼。这样被摄物就被突出了，而杂乱的背景和电视布景上无法避免的污渍也就不会那么引人注意。更重要的是，在中等景深当中，前景、中景和后景的层次也更为清楚。①

当然，如果摄像机或被摄对象的运动非常剧烈，那么大景深就很有必要。此外，如果两个被摄对象之间的距离特别大，那么大景深还能帮助你同时让两者都保持聚焦。大部分的室外电视转播，比如体育比赛的实况报道，都需要大景深。

### 窄角或远摄镜头

当你将变焦镜头推至最近，镜头便处于其最大窄角位置，也即最大长焦或远摄位置。

**视野**　窄角镜头（narrow-angle lens）不仅能缩小视野，还能放大位于后景当中的被摄对象。实际上，当你变焦推的时候，所有的变焦镜头都会放大影像。你得到的图像就像从双筒望远镜中看到的那样。实际上，远摄镜头的作用就相当于一只望远镜。见图6.21

**对象和距离的变形**　由于后景中的被摄对象被放大了，相对而言前景中的被摄对象也就显得更大。因此，长焦镜头会造成前景、中景和后景之间的距离缩短的错觉。窄角镜头好像压缩了被摄对象之间的空间，这 点恰好和广角镜头的效果形成了鲜明的对比。广角镜头夸大了被摄对象的比例，也似乎增加了不同被摄对象之间的相对距离。而窄角镜头，或变焦镜头的长焦一端，则将被摄对象挤压在屏幕上。这种挤压的效果被称为美学压缩（compression），它可以产生积极或消极的效果。比如，如果你想表现高速路上下班时刻的拥挤状况，就可以把变焦镜头调整到远摄端，长焦距会让汽车之间的感觉距离缩小，从而使车辆看起来好像保险杠贴着保险杠一样。

但是，这种由窄角镜头引起的空间比例失真也会带来不利。拿棒球比赛来说，你一定熟悉电视屏幕上投球手靠近本垒板的假象。由于在绝大多数的体育比

**图6.21　窄角镜头的视野和透视关系**
窄角镜头（远摄镜头）能够压缩空间。

赛中，电视摄像机都必须与动作保持相当大的距离，因此，变焦镜头通常要推到最大远摄位置，或使用倍数大的增距器进行辅助。这种压缩效果会使观众难以判断运动员之间的真实距离。

**运动**　窄角镜头能使人产生一种被摄对象靠近或离开摄像机的速度减慢了的错觉。在被摄物体靠近或离开摄像机的时候，其在窄角镜头中的大小变化，并没有在广角镜头中那么明显，所以，它们的运动速度感觉上就会更慢。事实上，一只超窄角镜头甚至可以消除这种运动的感觉。即使被摄对象相对于摄像机移动了很远的距离，其大小变化也很难让人察觉出来。如果你想突出表现某人跑向摄像机但就是没办法靠近的那种无力感，这种减速的效果会特别好。在表现交通状况的时候，除了前面提到的压缩效果外，这种车流速度在感觉上的明显变慢，会进一步强调交通的拥堵状况。

当使用窄角镜头或变焦镜头的远摄一端（变焦推）时，你无法利用移动拍摄车进行移动拍摄，因为它的放大倍数会使摄像机根本无法进行任何平稳运动。如果你是在室外拍摄，那么连刮风也都会成为问题。强风能让摄像机产生一定程度的摇晃，这种晃动会在屏幕上被放大，从而清晰可见。

在演播室中，变焦镜头的远摄一端可能还会带来另一个问题。现场导播可能会让你变焦推事件的某一部分，例如变焦推摇滚乐队的首席吉他手，然后在你完成变焦推后，又要你横移（将摄像机向一侧移动）

---

① 见赫伯特·策特尔《图像·声音·运动：媒介应用美学》，第165—168页。

扫过乐队的其他成员。这种运动如果在远摄位置进行，很难乃至无法避免摄像机的晃动。你应该做的，是在移动之前将镜头拉回广角端，来尽可能减小这种晃动。

## 6.2.2 影像稳定

让影像保持稳定的最佳方式，是将摄像机放置到三脚架或者演播室的座架设备上。如果你要以肩扛或者手持的方式操作摄像机，那么影像稳定器就可以帮助你。

### 影像稳定器

一些镜头和摄像机的影像稳定器是内置的。镜头的稳定器大部分是机械结构；摄像机内部的影像稳定器通常是电子的。这两种系统都能减少甚至消除因为摄像机晃动而产生的图像模糊。但是，如果是在长焦端移动摄像机，那么就算用了最好的影像稳定器，不可避免的摄像机晃动也会毁了画面。

## 6.2.3 景深和选择性聚焦

长焦距镜头的景深较浅，除非被拍摄物体离摄像机很远。您可以有效地利用浅景深将观众的注意力吸引到沿 Z 轴（表示镜头从摄像机延伸到地平线的一条假想线，即画面的深度维）上演的事件的特定部分。选择性聚焦是最受欢迎的浅景深效果之一。

### 选择性聚焦

假设你要快速拍摄一个中等体积物体的特写，比如一罐汤，你不需要费事地为它设置背景，你所需要做的只是将摄像机复位，然后变焦推摄该物体。此时，变焦镜头处于其远摄（窄角）位置，很大程度上缩小了景深，背景足够虚焦，不至于分散观众的注意力。这种技术被称为选择性聚焦（selective focus）。也就是说，你既可以在前景上聚焦，让中景和后景虚焦；也可以在中景上聚焦，让前景和后景虚焦，还可以在后景上聚焦，让前景和中景虚焦。见图 6.22 和 6.23

借助选择性聚焦，你可以非常轻易地将所要强调的重点从一个被摄对象转移到另一个被摄对象上。例如，你可以将镜头推向前景的物体，从而缩小场景的景深，并在前景的被摄对象上进行聚焦。然后，通过对位于前景对象后面的人物进行重新聚焦，你可以迅速将强调的重点从前景对象转移到人物（处在画面纵深的中部位置）身上。这种技术被称为移焦（rack focus）。

当你想要忽略掉前景物体时，也可以运用浅景深。这是浅景深的另一个优势。比如，在一场高中棒球比赛中，位于本垒板后面的摄像机也许不得不穿过围栏进行拍摄。由于摄像机极有可能还要变焦推摄投球手或者离摄像机比较远的其他队员，那么你就必须在较浅景深的条件下工作。这样，凡是靠近摄像机的东西，比如围栏，就会严重虚焦，从而变得不易察觉。当你

**图 6.22 选择性聚焦：前景聚焦**
在这个镜头中，靠近摄像机的人物处于聚焦状态，能引起人们的注意，远处的两个人则不在焦点上。

**图 6.23 选择性聚焦：后景聚焦**
在这个镜头中，焦点和注意力从靠近摄像机（前景）的人转到了位于后景的两个人身上。

需要穿过鸟笼、监狱栅栏或者其他类似的前景物体进行拍摄时，你同样可以运用这个原理。

**要点**

▶ 广角镜头、标准镜头和长焦镜头（或变焦镜头所调整到的这些焦距段）的表现特点包括视野，被摄对象和距离的变形，运动，以及景深。

▶ 广角镜头(或变焦镜头的广角焦距段)能够提供开阔的视野。当摄像机离场景比较近时，利用广角镜头仍可以得到比较开阔的视野。

▶ 广角镜头会扭曲靠近镜头的被拍摄对象，也会夸大其比例。

▶ 广角镜头在用于摄像机运动时非常理想。它能减少镜头的晃动，并能让画面在移动过程中轻松保持聚焦。

▶ 标准镜头（或变焦镜头的中等焦距位置）的视野接近人眼的视野。标准镜头不会扭曲被拍摄对象或距离感知。

▶ 进行运动拍摄时，若镜头调整到变焦镜头的中等焦距位置，那么摄像机的晃动要比用广角镜头时显得更严重，而且，由于景深更浅，它在保持画面聚焦方面也会更困难。

▶ 窄角镜头（或变焦镜头的长焦距位置）的视野狭窄，能放大位于画面后景中的物体。与能够扩展物体之间感知距离的广角镜头刚好相反，窄角镜头似乎压缩了距离摄像机不同距离的各物体之间的空间。它也能在感觉上使靠近或远离摄像机的物体的运动速度减慢。

▶ 窄角镜头的放大功能会在拍摄时妨碍摄像机的移动。同时，它的景深也很浅，这会加大聚焦的难度，但却让选择性聚焦成为可能。

7

第 7 章

# 摄像机操作与画面构图

数字摄像机的自动化功能已经变得对用户非常友好，任何人都可以操作一台摄像机，对吗？错了！或许你见过某些全部由业余者制作的电视系列节目，但是专业化的摄像机操作，仍然需要以实践经验和基本知识为前提，比如如何在使用或不使用摄像机辅助设备的前提下移动摄像机，尤其是如何构建有效画面。

只要条件允许，使用电子摄像机中的自动化功能也没什么错。但是，就算是最智能的自动化摄像机也不会知道，你所认为的重点是事件的哪个部分，以及如何通过最有效的拍摄，来最好地阐明并强化你所选择的事件细节。它也不能进行美学判断——比如如何为一个大特写进行构图。这就是为什么，在你尝试制作你的纪录大片之前，尽可能了解摄像机操作知识是非常重要的。

7.1 "摄像机的操作"，将讲解摄像机运动的基本知识，标准的支架设备，以及摄像机操作中的注意事项；7.2 "有效镜头的构建"，将聚焦于在不同画幅比下进行画面构图时要注意的一些美学问题。

弧线运动（arc）　通过轨道或者移动拍摄车，使摄像机做弧线运动。

画幅比（aspect ratio）　标准电视屏幕和标准电视画面的宽高比为 4∶3，高清电视的画面比例为 16∶9，小型移动媒体（手机）屏幕的画幅比例各有不同。

摄像机稳定系统（camera stabilizing system）　摄像机支架，拥有能让摄像机在运动摄影中保持稳定的机械结构。

倾斜拍摄（cant）　使肩扛或手持摄像机倾斜向一边。

特写（close-up，缩写 CU）　从很近的距离展示某一物体或其任何一部分的紧凑画面。特写可以是大特写（extreme close-up，缩写 ECU）和稍远一些的近景（medium close-up，缩写 MCU）。

补足（closure）　心理补足（psychological closure）的缩写，指在心里自行补足不完整的画面。

摇臂／摇臂升降（crane）（1）在外表与操作上都与起重机十分相似的移动式摄像机支架，它能够将靠近演播室地面的摄像机提升到十英尺以上的高度，又被称为吊臂（boom）。（2）将摇臂升高或降低。

交叉镜头（cross-shot，缩写 X/S）　和过肩镜头很相似，只是靠近摄影机一侧的人完全不在画面里面。

移动拍摄车／推拉移动（dolly）（1）能使摄像机向各个水平方向运动的摄像机支撑物。（2）使摄像机靠近（即 dolly in，推摄）或远离（即 dolly out，拉摄）被摄对象。

大特写（extreme close-up，缩写 ECU）　从非常近的距离，用非常紧的构图拍摄被摄物。

大远景（extreme long shot，缩写 ELS）　显示极远处被拍摄物的镜头，又叫定场镜头（establishing shot）。

景别（field of view）　通过某个镜头看到的场景范围，即视野。可以用符号表示各种不同的景别，例如用 CU 表示特写镜头。

头顶空间（headroom）　从头顶到屏幕上边缘之间的空间。

小摇臂（jib arm）　类似于演播室摇臂，它可以让摇臂操作员在纵摇和横摇时，也能升高、降低和平移（向旁边移动）摄像机。

引导空间（leadroom）　人或物体朝屏幕一侧移动时，前方留出的空间。

远景（long shot，缩写 LS）　显示远处被拍摄物或构图较松的镜头。也被称为定场镜头（establishing shot）或全景镜头（full shot）。

中景（medium shot，缩写 MS）　显示中等距离处的被拍摄物的镜头。包括了从远景到特写之间的所有景别的画面。也被称为半身镜头（waist shot）。

单脚架（monopod）　架置摄像机的单脚支撑杆。

云台（mounting head）　连接摄像机和三脚架或演播室支架的装置，它可以帮助摄像机平滑地进行纵摇及横摇运动。也被称为万向云台（pan-and-tilt head）。

鼻前空间（noseroom）　一个人看向或指向屏幕边缘时，在他的前面留下的空间。

过肩镜头（over-the-shoulder shot，缩写 O/S）　摄像机越过某人的肩膀（此人的肩膀和后脑勺在画面中可见）去拍摄另一个人。

横摇（pan）　摄像机在固定点上的水平转动。

摄像机机座／机座升降（pedestal）（1）在拍摄时能够升降摄像机的重型移动拍摄车。（2）通过演播室摄像机机座升高或降低摄像机。

快装板（quick-release plate）　用来将摄录一体机或 ENG/EFP 摄像机固定在云台上的安装板。

自动机座（robotic pedestal）　由马达驱动的演播室机座和云台，由计算机系统控制，该系统能够储存和执行多种摄像机运动。也被称为智能机座（robotic）。

演播室万向云台（studio pan-and-tilt head）　用于重型摄像机的云台，支持极其平滑的纵摇和横摇运动。

纵摇（tilt）　使摄像机朝上或朝下拍摄。

摇臂左右运动（tongue）　通过移动摇臂或小摇臂使摄像机进行从左向右或从右向左的移动。

三脚架（tripod）　一个有三条腿的摄像机支撑装置，通常为了操作的方便而与移动拍摄车相连接。

横移（truck）　通过移动摄像支架横向移动摄像机。也被称为 track。

双人镜头（two-shot）　包含两个人的画面构图。

Z 轴（z-axis）　一条假想线，代表从摄像机镜头向地平线方向延伸的纵深维度。

变焦（zoom）　在摄像机不动的前提下，将镜头逐渐调整到窄角位置（变焦推）或广角位置（变焦拉）。

# 摄像机的操作

尽管你可能已经在把玩小型摄像机时找到了很多乐子，比如将它从行驶的汽车窗户伸出去，或者像捕蝶网那样在空中挥动它，但这样的摄像机运动很难带来令人满意的画面。就像绘画一样，良好的摄像机操作比看起来要复杂。但是，如果掌握了一些基本的摄像机操作方法，学习的难度曲线就会大幅变缓。

▶ **常规摄像机运动**

横摇、纵摇、机座升降、摇臂左右运动、摇臂或吊臂升降、推拉移动、横移或侧移、弧线运动、倾斜拍摄与变焦等

▶ **摄像机支架**

单脚架、三脚架与三脚移动拍摄车、演播室机座、云台（万向云台），以及其他支架

▶ **操作摄录一体机和 EFP 摄像机**

基本的摄像机使用禁忌，摄像机的设置、操作和维护——在现场拍摄之前、期间和之后的摄像机基本操作步骤

▶ **操作演播室摄像机**

摄像机的设置、操作和维护——在演播室拍摄之前、期间和之后的摄像机基本操作步骤

## 7.1.1 常规摄像机运动

在学习操作摄像机前，首先要熟悉最常见的几种摄像机运动的方式。在这里，"左"和"右"始终是基于摄像机的视点来说的。摄像机支架设备的设计目的是让你能平滑高效地移动摄像机。最主要的摄像机运动包括横摇、纵摇、机座升降、摇臂左右运动、摇臂或吊臂升降、推拉移动、横移或侧移、弧线运动、倾斜以及变焦。**见图 7.1**

■ 横摇（pan）：从左到右或从右到左水平转动摄像机。向右横摇指摄像机向右转动（顺时针方向），摇摄手柄需要向左推；向左横摇指摄像机向左转动（逆时针方向），摇摄手柄需要向右推。

■ 纵摇（tilt）：使摄像机朝上或朝下拍摄。"向上摇"是指使摄像机慢慢朝上拍摄，"向下摇"是指使摄像机慢慢朝下拍摄。

■ 机座升降（pedestal）：升高或降低演播室机座上的摄像机。"升"就是升高摄像机；"降"就是降低摄像机。

■ 摇臂左右运动（tongue）：用演播室摇臂将整个摄像机从左边移到右边或从右边移到左边。在这种运动中，只有摇臂进行向左（逆时针方向）或向右（顺时针方向）的运动，摄像机通常指向同一个不变的方向。

■ 摇臂或吊臂升降（crane/boom）：在摇臂或小摇臂上向上或向下移动整个摄像机，其效果有点像机座升降运动，但是摄像机垂直下降的距离比后者要大得多。你既可以让摇臂上升，也可以让摇臂下降。

■ 推拉移动（dolly）：通过一个移动摄像机支架使摄像机沿着一条直线移近或远离场景。"推摄"（dolly in）使摄像机接近被摄物，"拉摄"（dolly out）使摄像机远离被摄物。

■ 横移（truck/track）：通过移动摄像机支架使摄像机做横向移动。向左横移指向左移动摄像机，摄像机指向与移动方向垂直的方向；向右横移指向右移动摄像机，摄像机指向与移动方向垂直的方向。

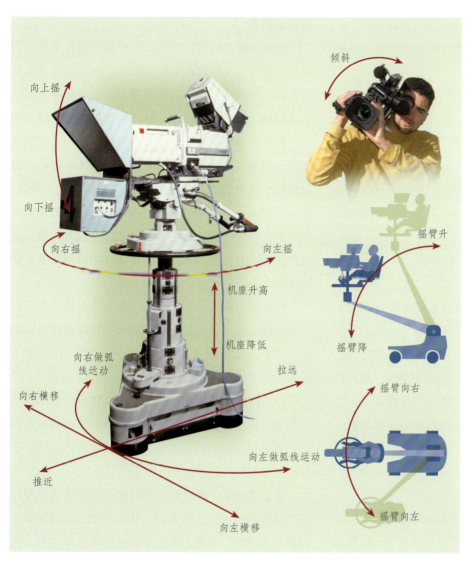

**图 7.1 摄像机的运动**
摄像机的运动主要包括横摇、纵摇、机座升降运动、摇臂左右运动、摇臂升降、纵向移动、横移、弧线运动和倾斜。

向上摇

倾斜

向下摇

向右摇　　向左摇

摇臂升

机座升高

机座降低

向右做弧线运动　　拉远

摇臂降

向右横移

摇臂向右

推近　　向左做弧线运动

向左横移　　摇臂向左

■ 弧线运动（arc）：使用移动摄像机支架且机座和做带有轻微弧度的纵向或横向移动。"左弧线运动"指沿着摄像机左侧弧线做推拉移动，或绕着被摄物体向左做弧线横移运动；"右弧线运动"指沿着摄像机右侧弧线做推拉移动，或绕着被摄物体向右做弧线横移运动。

■ 倾斜拍摄（cant）：使肩扛或手提式摄像机向一侧倾斜。其结果是，画面中出现了一条倾斜的地平线，使所拍摄的场景呈现轻微的倾斜。这种效果被称为倾斜效果。通过这条倾斜的地平线，能获得高度动态化的场景。

■ 变焦（zoom）：在摄像机保持不动的情况下，通过变焦控制器改变镜头的焦距。"变焦推"（zoom in）指逐渐将镜头变成中长角，使场景显得好像靠近了观众；"变焦拉"（zoom out）指逐渐将镜头变成广角，使场景显得好像远离了观众。虽然这种变焦推拉本身并不是摄像机的运动，但效果看起来却与摄像机运动差不多，因此我们把它归入摄像机运动之列。

## 7.1.2 摄像机支架

　　就算你的摄像机又小又轻，可以手持，但是一旦有可能，你还是应该将摄像机安装在支架上。使用摄像机支架，可以减轻疲劳，同时防止出现会分散注意力的不必要的摄像机运动。除非是故意为之，比如在广告和一些 MTV 中，否则狂野而快速的摄像机运动必然会导致观众过于注意摄像机本身的运动，这无疑是业余摄像师的一个标志。

### 单脚架

单脚架（monopod）是一根杆子，可以在上面架置摄像机。在使用单脚架的时候，你必须用一只手保持其平衡，用另一只手来操纵摄像机。单脚架可以减轻你肩膀的负担，但你要保证能够将其伸长至略微比你的肩膀高一点点的位置。

### 三脚架与三脚移动拍摄车

摄录一体机最常使用的支架就是三脚架（tripod）。你肯定知道什么是三脚架，但是和摄像机一样，三脚架也分优质的、一般的和没什么用的。对于优质的三脚架而言，最为重要的标准是，它必须坚固，能轻松架设起来，在任何类型的地形上都可以保持水平，以及再理想一点，不能太重。一个优质的三脚架还有一个重要考核指标就是它的云台，这将在本节的后半部分讨论。

**水平校准**　所有优质的三脚架都装配有一个内置的气泡，以提示你三脚架是否在水平状态下。如果地面不平，你可以先调整三脚架的每条腿，让三脚架看上去相对水平，之后再微调云台上的水平球。

**伸展固定器**　三脚架每条腿的底部都装有长钉和（或）橡皮座，以防止三脚架滑动。另一个防止三脚架滑动的部件是伸展固定器。伸展固定器对于那些需要支撑重型摄录一体机的三脚架而言相当重要，但对于小型摄录一体机而言，则不需要使用它们。

**三脚移动拍摄车**　你也可以将三脚架放在三轮移动底座上，后者的功能就像一个带轮子的伸展固定器。由于三脚架和移动底座可以折叠，所以它们是进行现场节目制作的理想摄像机支架。支架还应该带有线缆防护罩，以免线缆被移动底座压住或被底座的轮子卡住。

### 演播室机座

使用演播室机座，你可以在拍摄时向各个方向自由移动摄像机（假定地面是光滑的），你也可以在直播时升高或降低摄像机。这种升降运动给电影电视摄影艺术增加了一个重要维度。你不仅能把摄像机调节到比较舒适的操作高度，还能改变你观察被拍摄物的视平线。例如，如果在拍摄时布景太小，那么你可以将摄像机机座升高（升高摄像机），向下俯拍这个场景。如果要把某人拍得更有威严，你可以将摄像机机座降低（降低摄像机），然后仰拍这个人物。这种拍摄方法也能加强事件本身的力度感，比如在拍摄某摇滚乐队的主唱时。

所有演播室机座的操作特点都是类似的：你可以升降机座，也可以通过一个大型水平转向盘使机座朝任何方向运动。机座伸缩柱可以被锁定在任何水平位置。

和三脚移动拍摄车一样，演播室机座也需要线缆防护罩，以免压住摄像机线缆。要经常检查机座底部防护罩的位置是否调得够低，能否将线缆挡在防护罩外面，而不是将它卷进去。

通常情况下，操作机座的时候，要把它调到平行或侧移的挡位上，也就是说，让机座的三个脚轮都指向同一个方向。见图 7.2A 假如你想旋转机座本身，比如将它移向墙壁或布景，可以用脚踏板将它从侧移挡位转到三轮转向挡位。见图 7.2B

### 云台（万向云台）

云台（mounting head）将摄像机与三脚架或者演播室机座连接起来。云台（不要和摄像机头部混起来，后者代表的是摄像机本身[①]）能让你自如地进行纵摇拍摄和横摇拍摄，这正是为什么它也被称为万向云台的原因。

大多数专业演播室万向云台（studio pan-and-tilt head）有四个控制器：纵摇拍摄制动器、横摇拍摄制动器、纵摇拍摄锁定器和横摇拍摄锁定器。前两者为

---

① 云台（mounting head）与摄像机头部（camera head）在英语中容易混淆。——译者注

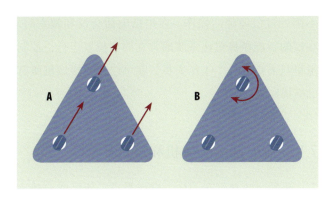

**图 7.2 平行（侧移）挡位和三轮转向挡位**

A 在平行或侧移挡位，三个小脚轮指向同一方向。B 在三轮转向挡位，只有一小轮子是可操纵的。脚踏板可以将平行挡位迅速变为三轮转向挡位。

横摇、纵摇拍摄提供不同程度的阻力，让摄像机动作最大程度保持平稳，后两者则锁定横摇和纵摇装置，使摄像机在无人看管时不会被移动。

万向云台的设计目的旨在将重型演播室或现场摄像机同摄像机支架连接起来。它们带有稳定机械装置，能够让摄像机操作员平滑地进行横摇，在其拍摄纵摇镜头期间，保持重型摄像机的平衡，使摄像机不会向前后倾斜。

无论你是使用哪一种云台，不要通过拧紧制动器来锁定摄像机，也不要试图用锁定器来调节横摇和纵摇的阻力。用制动器锁定摄像机很快就会损坏云台，而用锁定器来调节横摇和纵摇运动，多半会导致摄像机的飘动和抖动的不稳。

**快装板与楔形卡座** 大部分摄录一体机通过快装板（quick-release plate）与云台相连，沉重的演播室摄像机则使用楔形卡座（wedge mount）。这两者都是金属部件，可以装到摄像机的底部。

其中，快装板能够让你迅速从三脚架上取拿摄像机，并在调整到一个平衡位置后又迅速重新把它装上（快装板因此得名）。你会发现这个部件非常方便，尤其当节目制作需要你频繁在三脚架拍摄和手持拍摄之间切换的时候。

楔形卡座能帮助你让沉重的演播室摄像机和镜头保持平衡。一旦平衡了以后，楔形卡座也能让摄像机在之后的安装中继续保持在平衡位置上。

**特殊摄像机支架**

这些摄像机支架是为了特定的摄像机操作而设计的。它们包括摄像机稳定系统、小摇臂和自动机座。

**摄像机稳定系统** 摄像机稳定系统（camera stabilizing system）中最流行的就是斯坦尼康（Steadicam）。作为商标的名字，像舒洁纸巾（Kleenex）一样，斯坦尼康已经成为指代所有能够让摄像师在走路、跑动甚至跳跃拍摄时使影像保持稳定的支架设备的通用词。

对于重型摄录一体机而言，这种带有弹簧和万向节的机械装置（其功能是为了让摄影机在支架倾斜时也能保持水平）是一个背带式支架，它支撑着安装有摄像机的垂直单脚架。对于小型和轻型摄录一体机而言，摄像机通过万向节与稳定器的手柄相连，稳定器底部有重量平衡锤。

但是不要指望你第一次使用这些装备时就能获得极其平稳的画面。所有的这些稳定器都需要你进行不断的实践，才能完全发挥其潜能。

当需要把摄录一体机安装在行驶中的车辆上时，你可以使用一种简易的豆袋（beanbag）进行支撑。这种豆袋是一只装有高科技泡沫材料的帆布袋子，能随着摄录一体机形状的变化而变化。你只需将摄像机放在豆袋上，然后将这个载有摄像机的豆袋绑在充当支架的物体上即可。这个袋状底座可以用在汽车、轮船、壁架、台阶甚或梯子上。见图7.3

**图 7.3 豆袋**

这个帆布口袋里面装满了合成材料，能够根据放置在其上的摄影机或其他物件调节自身形状。豆袋和摄像机可以使用尼龙绳来轻松固定。

**小摇臂** 小摇臂（jib arm）是一种像摇臂一样的设备，它可以让你仅凭自身之力就把摄像机降到贴近演播室地面的高度，或上升到 12 英尺及更高的高度。你也可以让小摇臂左右运动，让它旋转 360 度，或者让整个设备纵向或横向移动，与此同时，你还可以使摄像机做纵摇、横摇、聚焦、变焦推拉等动作。毫无疑问，如果要让这些动作在播出的画面中显得平稳流畅，摄像师需要经过一定的练习。摄像机和小摇臂通过监视器、电池箱、摄像控制器来进行平衡，为了精确测量平衡，也会使用平衡锤。**见图 7.4**

**自动机座** 自动的机座和云台，通常也被称为智能机座（robotic），正越来越多地被应用于制作形式比较固定的节目，诸如新闻、电话会议以及某些教育类节目。自动机座（robotic pedestal）由受马达驱动的演播室机座和云台组成。

可以通过程序同时控制几台演播室机座，自动移动摄像机的位置，以拍摄某些特定的镜头序列。比如先拍双人镜头，再接新闻播报员的特写镜头组，之后再接天气预报员和气象图的全景镜头。所有这一切都不用经过摄像师的操作。在拍摄电话会议和教室时，小型的智能摄像机座系统通常在固定位置运行，控制室里只需单独一个工作人员，就可以完成摄像机所有的横摇和纵摇运动。

### 7.1.3 操作摄录一体机和 EFP 摄像机

和学习骑自行车一样，操作摄录一体机或演播室摄像机是不可能通过阅读一本书就学会的（甚至这一本也一样！）。你所需要的，就是去实践。当然，去了解一些操作摄像机的基本禁忌，以及在拍摄前、拍摄中和拍摄后应该做什么，将大大提高你掌握摄像机操作的速度。因为，当你投入到大型演播室节目制作或者热点新闻报道的时候，你很可能会忘记摄像机本是一个极其复杂的机械设备。它或许并没有你祖母的瓷器那么稀有和脆弱，但也需要细心养护以及某种意义上的尊重。下面，在展示"可以"用摄像机做什么之前，先列出了种种你"不可以"对摄像机做的事项，这是为了防止你在使用前就损坏或丢失设备。就此而言，了解这些禁忌意味着一个积极的开端。

**图 7.4 小摇臂**

小摇臂可以让摄像机进行推拉、横移、升降，同时配合进行横摇、纵摇、聚焦和变焦推拉等动作。

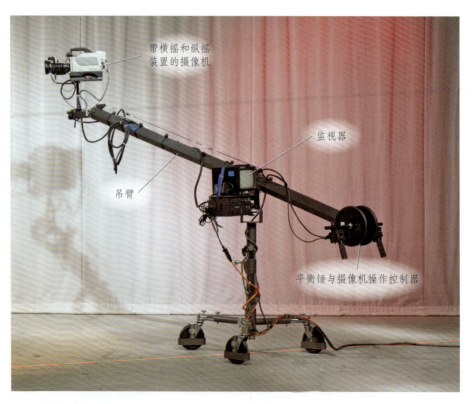

## 使用摄像机的基本禁忌

■　除非汽车被安全地锁在车库之内，否则不要将摄录一体机长时间留在车内，甚至是后备厢内。电子设备和动物、人一样，受不了过热的温度。更重要的是，尽量随身携带摄像器材，这是防止偷盗最简单、最有效的方法。

■　不要让摄像机不加遮盖就放在雨中、烈日下或酷寒的环境里。如果你必须在下雨时使用摄像机，一定要用"雨衣"（预制的塑料罩），或者至少用塑料布将其盖严。使摄像机免遭雨淋的简单而有效的方法是用一把大雨伞。有些变焦镜头在极潮湿、极冷的天气下会卡住，因此在外景使用前，一定要先测试一下镜头。要防止磁带或无磁带记录介质受潮。

■　不要将镜头长时间地瞄准正午的太阳。虽然传感器不会受到阳光强度的损坏，但却可能受到聚焦后的光线所产生的热量的损害。取景器也是如此：不要让取景器长时间对着太阳，取景器的放大镜头能将光线聚焦，使其防护罩和电子器件熔化。

■　不要将摄录一体机的电池暴露在阳光下，更不能把它扔在地上。虽然电池的外表看起来很结实，但实际上它对热度和震动都十分敏感。有的电池不能在极其寒冷的温度下进行充电。

■　不要将摄录一体机侧放在地上，否则容易损坏取景器或装在另一侧的话筒。拍摄完毕后，用镜头盖将摄像机镜头盖上，而且一定要将光圈关至C（cap）或关闭位置。

## 开始拍摄之前

■　在做任何事情之前，首先要清点所有设备，并在设备清单上做好标记。如果你需要使用辅助设备，比如外接话筒、摄像灯、电源或外景监视器，那么一定要保证接头和电缆的正确。还应该随身多带些转接头。

■　除非是追踪拍摄热点新闻，否则应该先架好三脚架，并检查其水平。可以做一些横摇和纵摇动作来判断横摇和纵摇阻力是否合适。检查横摇和纵摇锁定器。给摄录一体机装入电池或接好电源线（AC/DC转换器和变压器）。在将机器带到现场之前做一次短暂的试录。确保摄录一体机能同时录制视频和音频。

■　假如你要使用高级的EFP摄像机和单独的录像机来进行精细的现场制作，那么一定要检查连接电缆和各种电源（通常为电池）。你或许会需要将摄像机（或录像机）获得的图像传送到电池供电的现场监视器上，以供导演查看，这时你要注意，是否所有的插口和插头都是匹配的。在电子现场制作中，如果接头脱开，就可能意味着一天的工作全都会白干。和使用摄录一体机一样，进入拍摄前，一定要将准备使用的所有设备都连接起来，试录一遍。绝不可仅仅因为摄像机以前工作正常就假定一切都会平安无事。

■　检查外接话筒（通常是领夹式话筒或手持话筒）和摄像机内置话筒是否正常。大多数摄像机话筒在使用前需要打开开关，轻轻抓挠一下话筒的顶部，听一听是否有噪音传出。检查外接话筒的电缆线长度是否能让记者远离摄像机进行采访。如果你制作的主要是那种需要现场记者使用外接话筒的新闻节目，你多半会希望话筒一直插在机器上，以便节省时间，并最小化有可能产生的代价高昂的错误。

■　便携式摄像机灯是否能正常工作，别光看灯泡是否完好，应该打开灯检查它是否能亮。当使用独立的电池给灯光供电时，要确保电池的电已经充满。如果有额外的灯，它们是否都能用，你带的交流电源线长度是否够额外的灯用。

■　如果在EFP电子现场制作中使用单独录像机，一定要做一些测试性录制，确保录像机处于良好的工作状态（有关录像机操作的情况，详见本书第12章）。

■　要再次检查你所使用的摄录一体机的录制介质（磁带、P2卡或其他闪存记忆卡、硬盘或光盘）。一些小型的摄录一体机不能使用大磁带，而只能用迷你卡带。在将录制介质放入摄录一体机之前，要快速检查录制保护切换标识是否在关闭（off）的位置（见第12章）。携带的录制介质的数量，一定要比你自己以为所需的数量更多一些。

■ 虽然你不是维修工程师，但一定要带些备用保险丝。有些ENG/EFP摄像机或摄录一体机一般在正常使用的保险丝旁边，都备有备用保险丝。请注意，如果保险丝熔断，说明在设备中存在某些故障。即使摄录一体机换了新的保险丝之后能恢复工作，当拍摄结束后也应该让维修人员检查一下设备。

■ 就像常备医疗急救箱一样，在拍摄中也应该始终带一个"制作急救工具箱"，里面包括这些物品：几盘盒式录像带或其他合适的录制介质，一台盒式磁带录音机和几盘盒式录音带，一个备用话筒和一个小型话筒支架，一个或多个便携式照明灯和支架，所有照明设备的备用灯泡，交流电电源线，各种备用电池，各种夹子或木制衣夹，电工胶布，一块小型反光板，一卷铝箔纸，一个用于调节白平衡的小白卡片，柔光材料，各种效果的滤光片，一罐清洁镜头用的压缩空气，摄像机雨罩。

此外还应该带一些个人生存用品，如：水、士力架、工作用手电筒、雨伞、备用衣服，对了，还有卫生纸。一旦到外景工作过几次，你就知道该怎样整理自己的摄像工具箱了。

### 拍摄中

在积累了一定的现场拍摄经验以后，你自己或许已经形成了一套携带和操作摄录一体机或FNG/EFP摄像机的技术。当然，小型的手持摄录一体机和大型的肩扛摄录一体机还是有些明显的区别，但是其主要的操作程序都是一样的。

■ 最首要的是，只要有机会，尽可能将摄像机放在三脚架上面。这样你能更好地控制构图并让影像稳定，在长时间的拍摄中，也不容易疲倦。

■ 除非你要使用摄录一体机的全自动白平衡功能，否则你就必须在开始拍摄之前先调整好白平衡。确保在调整白平衡时，让摄像机与被拍摄场景处于相同的光线照射环境下。如果你没有白色卡片，可以让摄像机对准任意白色的东西，比如

某人的T恤衫或者脚本打印稿的背面。每次碰到新的照明环境时，比如场景从街角的某个采访转移到一家新餐厅的内景时，都需要重新调整白平衡。仔细的调整白平衡能为你在后期制作中节省大量调色时间。

■ 尽量保持摄像机的稳定。这在使用变焦镜头的远摄位置进行拍摄时尤为重要。当你操作小型摄录一体机时，可以用一只手掌托住它，用另一只手支撑托住摄像机的这只手臂，或摄像机本身。尽量让胳膊肘贴近身体，吸气，在拍摄过程中屏住呼吸。拍摄时可以稍微弯曲膝盖，或靠在一个结实的支架上来增加摄像机的稳定性。即使你打开了图像稳定器，我们仍然建议你如上述操作摄像机。要注意，图像稳定器只能减弱摄像机的轻微晃动，而且会在稳定过程中耗费大量的电池电量。**见图7.5和7.6**

■ 使用取景器而非折叠式显示屏进行构图。取景器能确保聚焦更加准确（图像也就更清晰）。同时，取景器比平板显示屏能更好地指导你进行恰当的曝光（调整光圈值）。当在户外拍摄时，你会发现折叠式显示屏在太阳的直射下会变得无法使用，影像完全看不清。所以，除非你使用的是摄像机的自动功能，或者你只需要粗略的构图帮助，否则不要使用折叠式显示屏。

■ 大型及一些中型的摄录一体机被设计为肩扛式。中型的摄录一体机配备有肩托。假设你是右撇子，那么就用右肩扛摄像机，将右手穿进变焦镜头上的握带里。这根握带会在你用右手操作推拉变焦和自动聚焦按钮时帮助你保持摄像机的稳定，这样，你的左手就可以腾出来操作手动聚焦环。假如你是左撇子，只需将动作反过来，把镜头握带和取景器切换至左边即可。**见图7.7**

■ 如果要移动摄像机，要将变焦拉出至最广。这样在极大的景深下，很容易保持对所拍摄事件的清晰聚焦，哪怕你本人或被摄物处在运动当中。当然，即便将变焦镜头调到了广角，也应该尽可能平稳地移动摄像机。

■ 在变焦之前，将变焦镜头对准被摄物，推到最

**图 7.5 握住小型摄录一体机**
用双手稳定摄录一体机，胳膊肘紧贴身体。

**图 7.6 使身体保持稳定**
可以靠在一棵树或一面墙上，使自己和摄录一体机保持稳定。

近并进行聚焦，再将镜头拉出至想要拍摄的景别，以此来校准变焦镜头。这样，接下来的变焦运动都将保持准确聚焦，除非摄录一体机与被摄物的距离发生了变化。那样的话，你就需要再次校准镜头。

■ 如果被摄物很显眼，那么将摄录一体机调整到自动对焦上。当在匆忙情况下使用摄像机时，自动对焦比仓促的手动对焦能提供给你更好的对焦效果。

■ 当使用HDV（高清视频）和HDTV（高清电视）摄像机时，要实现最佳对焦效果是一件尤其困难的事情。因为对于高分辨率图像来说，哪怕图像略微失焦，看上去也仍然是清晰的。因此，如果拍摄场景是稳定的，就把摄像机调整到自动对焦模式。否则，要细微地转动几次对焦环，以确保焦点落在最佳位置上。要通过观看取景器而非折叠式显示屏进行对焦。如果摄录一体机有对焦辅助功能，就把该功能打开。

■ 要想横摇镜头，那就用整个身体而不仅仅是两只手臂来移动摄像机。首先，让膝盖对准横摇的终点方向，然后，让摄像机对准横摇的起点方向，

**图 7.7 肩扛式摄录一体机**
把较大的专业摄录一体机扛在肩膀上。将一只手插进镜头边的握带，以稳定摄像机和进行变焦推拉拍摄；腾出另一只手操作变焦镜头前部的对焦环，并进一步支撑摄像机。

再然后，转动你的身体和摄像机。在横摇过程中，你自己就像是一根正在从动作起点向终点拉开的弹簧。拍摄时，始终要将膝盖略微弯曲，和滑雪一样，你的膝盖起着减震器的作用。如果在取景器中暂时丢失了拍摄目标，千万不要发慌。保持摄像机稳定，然后抬头看看拍摄物在哪，再平稳地将摄像机对准新的方向。**见图7.8**

**图 7.8 横摇摄录一体机**

在横摇摄像机之前，膝盖对准横摇终止方向，然后在横摇开始后转动上身。

■ 当和行走中的人一起运动时，手持摄像机走在他们的前方，以和他们相同的速度向后退，这样你就能拍到他们的脸而不是后背。另外，倒着走还会迫使你用脚掌行走，这比用脚跟时的减震效果更好。但要注意，在后退时不要被什么东西碰着或绊倒。迅速检查一下预定的拍摄线路，可以防止发生意外。在变焦镜头调到广角位置时，你靠近目标的距离实际上比取景器上显示出来的更近。小心不要让摄像机碰着什么东西或人，特别是在你带着摄像机走进密集的人群时更要小心。见图 7.9

■ 在正常条件下，将摄像机设定为自动光圈模式。"正常条件"是指光线不会造成过高的对比度（比如正午的太阳），或者你不必去创造某种特殊效果，比如极浅的景深。在阴天，以自动光圈模式

操作摄录一体机，得到的图像曝光效果一般都比用手动模式更好，在 ENG 电子新闻采集中更是如此，尽管这种方式会遭到一些特别严格的摄像师的反对。

■ 不要忘了声音。使用耳机来监听声音。所有的摄录一体机都使用两条音轨进行录音。只要有可能，就一定要在录制前和录制中检查音频电平。在相对比较安静的环境录音时，选择自动增益控制（AGC），否则，你需要调到手动增益控制，选择一个增益级别，再进行录制。（关于 ENG 声音的更多信息，请参阅第 8 章和第 9 章。）

■ 即使你已经选择外接话筒作为你的主要录音设备，你也一定要用摄像机自带话筒同时进行录音。摄像机记录下的这些环境音对于后期剪辑的连贯性十分重要。当记者手持外接话筒时，不要为了去拍一个更好的镜头就从记者身边跑开。你们两个要么一起跑，要么就一起待在原地。

■ 当你在现场使用摄录一体机时，始终也要用你的常识。必须时刻留心自己和他人的安全。随时问问自己，这个报道是否值得你去冒某个风险。在 ENG 电子新闻采集中，零星的奇观，无论多么壮观，都没有可靠性和一致性更为重要。千万不要仅仅为了给报道锦上添花，就拿生命和设备去冒险。把这样的拍摄留给那些天才的业余爱好者吧。

**图 7.9 后退**

在跟踪拍摄某物或某人时，应该向后退而不是向前走。脚掌这时发挥着减震器的作用。

**拍摄后**

- 除非你恰好拍了一条热点新闻，必须立即播出，甚至连后期剪辑都等不了，否则，在将录制介质送出去之前应该先检查设备。如果安排得当，这只需花费几分钟的时间。

- 将光圈调至C或"关闭"（close）位置，并盖上镜头盖。

- 将所有开关调到"关"（off）的位置，除非你忙着去赶下一个拍摄任务。如果是后一种情况，将摄像机调到待机（standby）状态。

- 将录制介质（磁带、光盘、闪存卡等）从摄像机里取出来，给它和它的盒子贴上标签，然后把其放到一个安全的地方。

- 从拍摄现场回来后马上给所有电池充电。如果摄录一体机被弄湿，一定要等到所有的部件都干透之后，再把它放回到箱子内。潮湿对于摄录一体机设备而言，是最严重的危害之一。如果有时间，检查所有的灯具，以保证下次能顺利使用。把所有交流电源线卷好，在你匆匆忙忙投入新任务时，根本没时间去解开那些线疙瘩。

## 7.1.4 操作演播室摄像机

一方面，演播室摄像机比便携式摄像机容易操作，它经常安装在某种摄像机支架上，所有电子调节都由视频师（VO）通过操纵摄像机控制器（CCU）完成。但另一方面，你又会发现，演播室摄像机操作起来很困难，因为你必须操纵沉重的机座进行横移、推拉移动、弧线运动，以及机座自身的升降运动。在进行有效构图的同时，你必须同时变焦和聚焦。你还得听从导演的指挥，注意演播室周遭的情况。很显然，你必须经过实践才能让这一切都有条不紊地进行。了解下面这些在节目录制前、录制中和录制后的步骤，能够帮助你熟悉演播室摄像机的操作。

**节目拍摄前**

- 戴上耳机，检查内部通话系统是否正常。至少应该听见导演、技术指导（TD）和视频师的声音。

- 解锁摄像机云台上的横摇和纵摇锁定装置，如果有必要，调节水平和垂直的运动阻力。检查云台上的摄像机是否已处于正确的平衡状态。解锁机座，让它升高或降低。

- 检查摄像机电缆线的长短，检查是否存在妨碍电缆伸展的障碍。检查摄像机机座底部和其他类型的电缆防护罩是否足够低，能否将电缆挡在外面而不致从它上面碾过去。

- 要求视频师（VO）从摄像机控制器处打开摄像机镜头盖，并问其是否可以取下镜头盖。然后，你可以从取景器中看到摄像机实际拍到的图像。取景器是否调节得当？和你家中的电视机一样，取景器的亮度、对比度也是可以调节的。如果需要构图指示，可以打开显示画面基本区域（安全字幕区域）和屏幕中心标记的开关。如果要在16×9的取景器上，使主要动作出现在4×3的屏幕区域内，这个中心标记尤为重要（见第14章）。

- 检查变焦镜头。将镜头推近和拉出。感受一下从某个特定位置到事件主体位置的距离有多远。检查一下镜头是否干净。如果上面有灰尘，请先用细软的驼毛刷小心地刷掉较大的灰尘颗粒，然后再用小橡胶球或压缩空气盒吹掉更细小的微粒。千万不可用嘴吹，那样会在镜头上产生一层雾，使之变得更脏。

- 检查聚焦功能。将聚焦控制器从它的一个极限位置调整到另一个极限位置。你能否轻松平滑地进入和离开焦点范围，尤其是当你使用长焦镜头或变焦镜头的长焦端位置时？

- 校准变焦镜头。将镜头推近至最大变焦位置，并聚焦于你要拍摄的目标对象。现在，只要目标对象和摄像机都不靠近或远离彼此，你就可以在整个变焦推拉拍摄中保持准确聚焦。

- 如果你有分镜头列表（也称为分镜头表），你便拥有了一个练习复杂的变焦推拉、横移或移动车推拉拍摄的好机会。分镜头表（shot sheet）是某一台摄像机必须要拍摄的每一个镜头的列表。它一般附在摄像机上，以帮助摄像师记住镜头的拍摄顺序。

■ 如果摄像机上装有台词提示器，一定要检查其所有的连接是否正确。

■ 离开拍摄现场前一定要将摄像机锁定（即锁定机座和横摇、纵摇功能）。哪怕离开的时间很短，也不能不锁定摄像机就离开。有些新型的机座有停车刹闸，对这类机座来说，在离开前一定要锁定刹闸。

■ 如果你离开摄像机的时间较长，应该将镜头盖盖上。

### 节目拍摄时

■ 戴上耳机与导演、技术指导和视频师建立联系。解锁摄像机，再次检查横摇、纵摇的阻力与机座的运动情况。

■ 每更换一个新的拍摄位置，都要校准镜头的变焦，以保证镜头在整个变焦幅度内都能准确聚焦。

■ 当为一个新镜头检查聚焦情况时，反复对焦几次，以确定焦点在哪个位置画面最清晰。如果聚焦在一个人身上，此人的发际线一般会提供足够多的细节，让你确定最清晰的焦点。在大特写（ECU）中，应该在人的鼻梁上聚焦。使用 HDV和 HDTV 摄像机聚焦会更困难。如果有可能，一定要使用聚焦辅助功能。

■ 假如打算使用移动拍摄车，请将变焦镜头调到广角位置。当变焦镜头处于其最大广角位置，景深应该会足够大，这样只有当你十分靠近目标物体或事件时才需要重新调整聚焦。

■ 如果你要拍摄比较困难的推拉移动或弧线运动镜头，可以找一位现场人员帮忙移动拍摄车。这样，你就可以集中精力操作摄像机。

■ 在横移拍摄中，你可以把双手都放在横摇手柄上。假如必须转动摄像机的方向，就用右手转方向，用左手进行聚焦控制。

■ 假如要进行机座升降，尽量在机座到达升降的终点前停止其运动。在通常情况下，除非导演指示进行高角度（机座升高，俯视）或低角度（机座降低，仰视）拍摄，否则镜头的高度应该与演员的视线保持水平。

■ 如果采用万向轮移动车，将轮子的方向预设为摄像机预定的运动方向，以免移动车一开始就走错方向。假如移动车有电缆防护罩，应该将其尽量放低，防止摄像机从演播室地板上的电缆上碾过去，而不是将它们推到一边。

■ 把胶带贴在演播室地板上，标出摄像机的关键位置。

■ 在整个拍摄过程中，要留心自己身边的所有其他活动。其他摄像机在哪里？话筒吊杆在哪里？监视器呢？在移动拍摄过程中，你有责任避免进入其他摄像机视线范围内，或碰撞到其他任何东西（包括现场人员或演员）。地毯是摄像机移动的一大障碍。在铺有地毯的场地中移动要小心脚下，以免突然将设备推到地毯上去。

■ 在校准变焦或将摄像机移动到一个新的拍摄位置之前，一定要注意拍摄指示灯是否已经熄灭。这对于涉及特效的镜头来说尤其重要。当使用那些涉及两台摄像机的特效（比如叠化）时，两台摄像机的拍摄指示灯会都亮着。（见第 13 章）

■ 通常情况下，你的两眼应该盯住取景器。如果条件允许，可以在拍摄间隙找一些有趣的镜头拍下来。导演一般会喜欢即兴表演（事前没有排练过的镜头）中拍到的出色视觉素材。不过，如果你有分镜头表，无论拍摄即兴镜头的诱惑力有多大，都应该按照分镜头表来执行。千万别试图越过导演。标记出那些和分镜头表有出入的镜头。

■ 假如拍摄时没有分镜头表，那就努力记住排练时的镜头类型和拍摄顺序。优秀的摄像师会在导演要求拍摄下一个镜头之前就已经在下一个机位处做好了准备。假如你根据分镜头表拍摄，在完成一个镜头之后应该立即将摄像机放到下一个镜头的机位处。不要等到最后一分钟。

■ 认真倾听导演对所有摄像师（不光是你）发布的指令。这样，你的镜头才能与其他摄像机进行配合。同时，因为明白了其他摄像机都在干什么，你才可以避免不必要的重复拍摄。

■ 避免使用内部通话系统进行闲聊。

## 拍摄结束后

■ 在拍摄结束时，要等"完毕"信号出现后才可以锁定摄像机。询问视频师是否可以盖上摄像机的镜头盖。

■ 将云台和机座锁定在较低位置。将摄像机推到演播室里指定的停放位置，尽量整齐地将电缆线缠绕成通常的8字形状。

▶ 标准的运动摄影方法有：横摇，即水平转动摄像机；纵摇，即让摄像机朝上或朝下；机座升降，即升高或降低演播室机座上的摄像机；摇臂左右运动，即使用摇臂让整个摄像机从左向右或从右向左移动；摇臂升降或吊臂升降，即使用摇臂将整个摄像机上下移动；推拉移动，使摄像机移近或远离被摄物体；横移，即借助轨道或拍摄车，使摄像机横向运动；弧线运动，即让摄像机做略微带点弧度的横或推拉移动；倾斜拍摄，即将摄像机侧向倾斜；变焦，即在摄像机不动的情况下改变镜头的焦距。

▶ 常规摄像机支架分为手持式或肩扛式，单脚架，三脚架，三脚移动车，演播室机座，摄像机稳定系统，小摇臂和自动机座。

▶ 摄像机云台可以把摄像机和三脚架或演播室机座连接起来，使摄像机平稳地进行横摇或纵摇拍摄。

▶ 快装板用于将摄录一体机与云台相连。楔形卡座则用于将较重的摄像机与云台在平衡位置相连。

▶ 在使用摄录一体机之前，检查电池是否电量充足，以及你是否有足够完成任务的磁带或其他录制介质。检查内置话筒和外接话筒的声音情况。

▶ 当使用摄录一体机或便携式摄像机时，要保持极高的警惕，不要让它无保护地暴露在雨中或者阳光下。

▶ 任何时候都要特别注意这几个方面：白平衡，预调变焦镜头，以及录制环境音。如果条件允许，使用摄像机的自动控制功能。

▶ 在制作结束后，仔细将每件设备归位，这样设备才能在下次制作时快速投入使用。

# 7.2

# 有效镜头的构建

构建镜头的基本目的是尽可能清楚地呈现图像，并使它们传达出某种意义和能量。本质上，你展现并强化了你眼前的事物。在操作摄录一体机的时候，你是唯一一个在画面被录制下来以前就看见它们的人。因此，你不能依靠导演告诉你怎样去为每一个画面构图，以达到最佳的效果。

对画面构图了解得越多，你对事件的展现和强化就越有效。在多机拍摄的演播室节目，或者那种导演可以预览所有画面的大型实况节目中，即便你只是一个摄像机操作员，你仍然需要了解如何构建有效的镜头。导演也许能纠正你拍摄的一些镜头，但他肯定没有时间教你如何构图的基本知识。

本节描述了主要的构图原则，并解释了如何构图才能获得最大的表现力和影响力。

► **屏幕尺寸与景别**
更多地去拍摄特写和中景镜头，而非远景和大远景镜头

► **构图：标准电视和高清电视的画幅比**
如何处理宽和高的关系，特写构图，头顶空间、鼻前空间与引导空间，以及心理补足

► **画面深度**
二维画面中的三维幻觉：镜头的选择、被拍摄物的位置、景深、照明与色彩

► **屏幕运动**
两种宽高比中的 Z 轴运动（移向和离开摄像机）与横向运动

## 7.2.1 屏幕尺寸与景别

屏幕尺寸与景别有着密切的关系。在大银幕上，即便是相对较大的景别，你也能看到大量的事物细节。当同样的场景在电视屏幕或者小型手机屏幕上展示的时候，你不但很难看出这些细节，更重要的是，镜头的美学冲击力也丢失了。这就是为什么一些电影评论家会强调，要"在大银幕上"看某部特定的电影。

### 屏幕尺寸

为了在相对较小的电视屏幕上展现事物的细节，你必须拍摄特写而非全景。也就是说，电视画面的景别在一般情况下必须比电影画面更紧凑。在拍摄这些特写镜头时，你需要选择和强调那些能对整个叙事做出最有效贡献并能增加美学能量的细节。

### 景　别

景别（field of view）指被拍摄物呈现出来的相对于摄像机即观众的距离。景别基本上可以分为五类：大远景（extreme long shot，缩写 ELS），也被称为定场镜头（establishing shot）；远景（long shot，缩写 LS），也被称为全景镜头（full shot）或定场镜头；中景（medium shot，缩写 MS），也被称为半身镜头（waist shot）；特写（close-up，缩写 CU）；以及大特写（extreme close-up，缩写 ECU）。见图 7.10

另外四种说明镜头景别的名称是：近景（bust shot），指从被拍摄主体的上半身到其头顶的构图；中全景（knee shot），指从被拍摄主体的膝盖偏上或偏下位置到其头顶的构图；双人镜头（two-shot），指将两个人或物体放在一个画面中的构图；三人镜头（three-shot），指将三个人或物体放在一个画面中的构图。还

大远景

远景

中景

**图 7.10 景别**

从大远景到大特写的五种景别。

特写

大特写

有两个名称，虽然更多地涉及对被拍摄物的遮挡而非景别，但你也应该了解它们：过肩镜头（over-the-shoulder shot，缩写 O/S），指摄像机越过靠近摄像机的那个人的肩膀拍摄另一个人；交叉镜头（cross-shot，缩写 X/S），指摄像机在不同人物之间轮流拍摄，靠近摄像机的那个人完全处在镜头之外。**见图 7.11**

当然，到底如何构建这些镜头不仅取决于你对构图的敏感性，还取决于导演的喜好。

## 7.2.2 构图：标准电视和高清电视画幅比

许多高端的演播室摄像机、EFP 电子现场制作摄像机，以及大部分的摄录一体机，都有将画面的画幅比（aspect ratio）从标准 4×3 格式转换成高清 16×9 格式的切换开关。虽然标准电视（STV）与 HDTV 的画幅比明显不同，并且在技术方面的操作也不尽一致，但好的画面构图的许多美学原则对两者都适用。不过，为了构成有效的画面，有些美学原则要根据不同画面宽高比的具体要求适当地加以调整。这部分将进一步介绍如下问题：宽高关系的处理，特写构图，头顶空间、鼻前空间与引导空间，心理补足。

### 宽高关系的处理

你会发现，4×3 的宽高比十分适合表现垂直场景，例如一幢高耸的建筑物。它同样也适合表现水平的场景。**见图 7.12 和 7.13** 此外，对于那种同时具备宽、高两种元素的场景，使用这种宽高比也是适宜的。**见图 7.14**

虽然扁宽的 16×9 宽高比使水平场景看上去十分壮观，但它在进行垂直画面构图时会造成巨大障碍。**见图 7.15** 这时，你可以向上摇，从下到上展示被摄物的

近景

中全景

双人镜头

**图 7.11 其他镜头名称**

其他常见的镜头名称为：近景、中全景、双人镜头、三人镜头、过肩镜头和交叉镜头。注意：近景同中景镜头相似，中全景同全景镜头相似。

三人镜头

过肩镜头

交叉镜头

**图 7.12 构建垂直画面**

4×3 的屏幕宽高比不必使用极端的距离或角度即可构成垂直场景。

**图 7.13 构建水平画面**

4×3 的屏幕宽高比很容易容纳水平场景。

**图 7.14 在一个镜头中同时构成宽和高**

4×3 的屏幕宽高比容易同时容纳水平的和垂直的视觉元素。

**图 7.15 在高清画幅比中构建水平画面**

16×9 的宽高比最适合拍摄宽广的水平景物。

**图 7.16 在高清画幅比中构建垂直画面**

16×9 的宽高比很难拍摄垂直的物体，拍摄高建筑物的一个方法是从底部仰拍。

**图 7.17 在高清画幅比的屏幕两侧进行自然遮盖**

可以用自然环境的一部分来遮盖 16×9 宽高比屏幕的两侧，从而制造一个垂直的空间来容纳垂直的景物。在这个镜头中，前景中的建筑物为后面的高楼创造了一个垂直的宽高比例。

高度；或者倾斜摄像机，使用画面的对角线进行构图。见图 7.16 另一种时常被用于处理垂直被摄物的电影技法，是让其他画面要素遮挡屏幕两侧，从而形成垂直宽高比的画面构图。见图 7.17

### 特写构图

特写（CU）和大特写（ECU）是电视视觉语言中的常见景别，因为和电影大银幕相比，普通电视的屏幕要小得多。4×3 宽高比和普通电视机小屏幕相结合，对于展现人物头部的特写和大特写而言非常理想。见图 7.18

如你所见，普通特写展现的是我们习惯的头顶空间和上身的一部分。大特写有时更难构图：要在屏幕上沿切掉部分头顶，而下沿要恰好切到肩膀顶部以下。

**图 7.18 构建特写**

正常特写镜头显示人物的整个头部和部分肩部。

**图 7.19 构建大特写**

大特写要在画面中切掉人物的头顶，但保留肩膀的上部。

**图 7.20 高清画幅比中的特写**

在 16×9 宽高比中的特写镜头，屏幕两侧看起来特别空。

**图 7.21 高清画幅比中的大特写**

在 16×9 宽高比中，人物的大特写看起来像是奇怪地挤在屏幕的上下边沿之间。

**见图 7.19**

如果你试图用 16×9 的宽高比进行这样的构图，那么你会在特写的两侧留下大量的剩余空间。在觉屏幕中，特写看上去显得空，而大特写看起来又像是被挤压在了屏幕的上下边界线之间一样。**见图 7.20 和 7.21** 如果在画面中加进一些视觉元素，填补两侧的空间，即可相对轻松地解决这一问题。**见图 7.22**

有些导演会略微倾斜摄像机或者出镜人的位置，从而让镜头包含更多的水平空间。另一方面，HDTV 的宽高比可以使你非常容易地对两个面对面的人物进行特写构图。在传统格式中，这种安排十分困难——两个对话的人物必须以令人不舒服的近距离待在一起。

**见图 7.23**

## 头顶空间

电视画面的边缘似乎像磁铁一样能够吸引靠近它的所有物体，因此在正常的全景镜头、中景镜头以及特写镜头中，都应该在人物的头顶留出一些空间——称为头顶空间（headroom）。**见图 7.24** 不要让头部"粘"在画面的上部边缘处。**见图 7.25**

由于在视频录制和传送中会损失部分的画面空间，因此你应该留出比感觉舒服的构图更多的头顶空间。不过，头顶空间也不能留得太多，不然画面看上去就会和头顶空间太少一样糟糕。**见图 7.26** 如果摄像机装备齐全，你可以利用取景器中的构图指导来观察实际显示在电视屏幕上的画面区域。对于两种宽高比而言，以上原则都适用。

**图 7.22** 高清画幅比中，在画面两侧进行自然遮挡的特写

在 16×9 画幅比的屏幕中间构建特写时，为了避免屏幕两侧出现过多空白，可以使用实际环境中的物体遮挡屏幕两侧。

**图 7.23** 高清画幅比中的双人面对面特写

16×9 的画幅比相对更容易拍摄双人面对面镜头，人物不用不舒服地站得离对方特别近。

**图 7.24** 正常的头顶空间

头顶空间可以平衡画面上边框的拉力，人物在这个画框中的位置看起来很舒服。

**图 7.25** 缺乏头顶空间

如果没有头顶空间或头顶空间太少，人物就会在画面中显得很挤，头部好像"粘"在了屏幕的上方。

**图 7.26** 头顶空间太多

如果头顶空间太多，下边框的拉力会使画面下部过重，显得极不平衡。

### 鼻前空间与引导空间

如果被拍摄对象不是正对镜头，而是看着或指向某个特定的方向，那么就会产生一种屏幕牵引力，被称为指引矢量（index vector）。你必须在画面上这个指引矢量的前方留出一定空间，才能平衡这种牵引力。如果某人看着或指向屏幕的左侧或右侧，则必须利用鼻前空间（noseroom）来平衡这个指引矢量。缺少鼻前空间或引导空间，画面就会奇怪地失去平衡，人物看上去像被屏幕的边界线挡住了道。见图 7.27 和 7.28

屏幕运动会产生运动矢量（motion vector）。当某人或某物向屏幕的右侧或左侧移动时，你必须留出引导空间（leadroom）以平衡这种运动张力。见图 7.29 就算是在静态图像中，你也能够看到，如果没有一定的引导空间，自行车运动员看上去就好像要撞到屏幕的左边界线一样。见图 7.30

为了避免这种撞击的感觉，你必须始终用镜头引导被摄物的移动，而不是跟随在它之后。毕竟，观众想看到的是被摄物要去的地方，而不是其已经到过的地方。要注意，上面的这些关于引导空间的例子都不能真正地展示出实际的运动矢量，因为它们只是静态图片而已。在静态图像中，这些被摄物并没有运动，他们只是朝向某一个方向，因此，这只会产生指引矢量。

### 心理补足

补足（closure）是心理补足（psychological closure）的简称。它指人们在自己心里将那些无法真正在屏幕上看到的信息补充完整的过程。环视周围，你看到的仅仅是自己视野范围内的物体中的一部分。除非物体围绕你运动或你围绕物体运动，否则你根本无法看到物体的全貌。通过经验，我们已经学会了用想象去补足缺失的部分。虽然我们实际看到的只是物体的一小

**图 7.27 适当的鼻前空间**

为了平衡由于人物注视屏幕边框而产生的强烈的指引矢量，必须留出一定的鼻前空间。

**图 7.28 缺少鼻前空间**

缺少鼻前空间，人物好像被屏幕边框挡住了去路，画面显得不协调。

**图 7.29 正常的引导空间**

假设自行车手真的在移动，他前面的屏幕空间可以适当地缓和他的运动矢量。我们喜欢看这个人要去哪里，而不是他去过哪里。注意，静止的画面表现不出运动矢量，你在这里看见的箭头代表的实际上是指引矢量。

**图 7.30 缺少引导空间**

缺少引导空间，移动的人或被摄物好像被屏幕边框挡住了去路。

部分，但经验却使得我们能够感知整个物体。由于特写镜头只能表现被摄物的一个部分，所以你的心理补足机能必须随时运作。

　　**正面的心理补足**　　为了便于观众进行心理补足，构建镜头的方式应该能让观众轻松联想到屏幕外面的图像，进而形成对事物的整体感觉。见图 7.31 为了组织我们周围的视觉世界，我们还喜欢将各种事物集中到一起，使之形成一个可感知的图案。见图 7.32 和 7.33 你应该很难不把图 7.32 看作一个三角形图案，或者不把图 7.33 看作一个半圆形图案。

　　**负面的心理补足**　　但是，这种自动的心理补足也

可能不利于构图。比如，在构建一张脸的特写镜头时，如果没有给观众提供明显的视觉线索，来帮助他们想象屏幕边框以外的图像，那么，头部看起来就会像从身体上切割下来一样，让人感觉非常奇怪。见图 7.34 因此，你必须提供足够的视觉线索，将观众的眼睛引向边框以外，这样他们才能运用心理补足，将屏幕空间之外的内容补充进来，从而感知到一个完整的人。见图 7.35

　　我们将所处的环境组织为简单图案的心理机制非常强大，它时常会让我们产生非理性的判断。在拍摄一个非常精彩的事件或一些有趣的画面时，我们的兴奋容易使我们忘记观察被拍摄物的后面是否存在引人注目的因素，而往往正是这些背景出人意料地破坏了

**图 7.31 便于心理补足的镜头构建**
在这个镜头中，虽然我们看到的只是人物和她的吉他的一部分，但是我们仍然能感受到整体。这个镜头提供了充分的线索反映画面外的图像，促使我们对屏幕外的空间进行心理补足。

**图 7.32 三角形心理补足**
我们倾向于在脑中将事物组织成容易识别的图案。这些相似的物体形成了一个三角形。

**图 7.33 半圆形心理补足**
这些物体将屏幕空间组织成了一个半圆形。

好的画面构图。见图 7.36 正如你可以从图 7.36 中看到的那样，我们倾向于将背景理解为前景的一部分。图中的新闻报道员似乎头上正顶着一个街道指示标志。一旦你留神背景，你就能相对容易地避免出现不合逻辑的心理补足。

## 7.2.3 画面深度

由于电视和电影屏幕都是平的，因此我们必须创造三维的幻觉。幸运的是，在过去的多年岁月中，画家和摄影家已经充分探索和确立了在二维表面创造深度幻觉的原则。摄像机镜头能够帮你完成此项工作的一大部分。为了在最基本的层面上创造和强化深度幻觉，你应该将影像的前景、中景和后景清楚地区分开来。见图 7.37 要做这件事情，你必须考虑四个因素：镜头的选择，物体的位置，景深，以及照明和色彩。

**镜头的选择** 广角镜头可以夸大深度，长焦镜头可以减少三维幻觉。

**物体位置** Z 轴（z-axis）代表从摄像机到地平线的镜头延伸线，它对感知深度层次具有重要的意义。任何位于摄像机 Z 轴边缘的物体都可以产生深度感。为了强化这种深度感，你可以随时在画面中加入前景物体，这样必然会增加其他被摄物的距离感。

**景深** 稍微浅一点的景深通常能更有效地定义画面深度，因为前景中处于聚焦状态的物体能够与虚焦的背景形成更鲜明的对比。

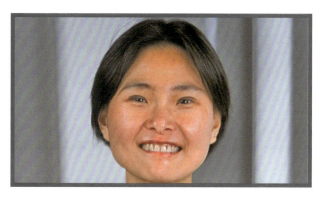 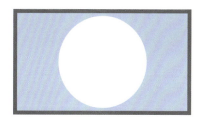

**图 7.34** 画面边框内不理想的心理补足

这个镜头的构图并不好，因为我们会局限在画框内进行心理补足，很难将人体的其余部分投射到画外空间去。

**图 7.35** 画面边框外理想的心理补足

在这个大特写中，屏幕内的线索足以投射出画外空间中的人物头部和身体的其余部分，这样我们就可以运用心理补足来感受整个人物形象。

**图 7.36** 不理想的心理补足

尽管我们心里清楚，但因为图像背景的缘故，我们还是会感觉出镜记者头上顶着一块街道指示牌。

**图 7.37** 前景、中景与后景

一般说来，要尽量把 Z 轴（深度）划分成突出的前景（树干）、中景（小溪的堤岸和灌木丛）及后景（山）。这种划分有助于创造屏幕深度感。

**图 7.38 两个人告别**
如果你在拍摄一个双人镜头，两个人正分别朝屏幕的两侧走去，不要试图将两个人都留在画面内。

**图 7.39 摄像机跟拍其中一个人**
你必须决定在画面中保留哪个人，让另一个人离开画面。

**照明与色彩** 被亮光照射又色彩强烈（高饱和度）的物体，看起来比被弱光照射又褪了色（低饱和度）的物体显得更近些。

### 7.2.4 屏幕运动

不同于画家或照片摄影师在画框内构建静止图像，电视摄像师几乎总是在对运动中的影像进行构图处理。[1] 为运动影像构图要求摄像师必须在整个播出或录制过程中反应迅速、全神贯注。研究运动影像是学好电视和电影制作艺术的重要内容，这里我们来看看它的一些最基本的原理。

如果是为传统的 4×3 宽高比的小屏幕进行构图，那么沿着 Z 轴的运动（朝向或远离摄像机）会比任何横向的运动（从屏幕的一侧向另一侧运动）更剧烈。幸运的是，这种运动也是最容易构图的：你只需尽量使摄像机保持稳定，确保运动物体在接近摄像机时不虚焦即可。要记住，当沿着 Z 轴运动时，变焦镜头的广角端能给人运动变快的感觉，而变焦镜头的长焦端则给人运动变慢的感觉。

如果是为 16×9 宽高比的 HDTV 构图，则横向运动会显得更突出。当画面中的两个人面对面时，横向拉长的屏幕宽度能给你提供更多的呼吸空间（见图 7.23）。横向运动的被摄物也将花费更多的时间从屏幕的一边移动到另一边。

假如你正在拍摄特写，被摄物在前后移动，这时千万别跟拍被摄物的每一个微小的摆动。如果这样做，你就可能会使观众头晕，至少他们无法长时间将精力集中在拍摄对象上。将摄像机对准主要的表演区，或者变焦拉（或将摄像机后移）到一个略宽一些的景别。

如果在一个双人镜头中，其中一个人走出了画面，千万别试图将两个人都保留在画面内——请只跟拍其中一个人。**见图 7.38 和 7.39**

即便经过大量排练，在拍摄过肩镜头时，靠近摄像机的人仍然可能挡住离摄像机较远的那个人。这时，可以通过摄像机的弧线运动或左右横移来解决这个问题。**见图 7.40 和 7.41**

不管你如何组织屏幕的运动，都必须做得平滑流畅。除非你必须跟拍运动着的物体，或者你想通过运动增强画面的戏剧性，否则应尽量减少移动摄像机。因为要移动一台摄录一体机实在太容易了，你会情不自禁地让一个基本静止的场景动起来，以赋予它更多的活力。别这么做。业余摄像师的一个显著特点就是摄像机动作过多。

[1] 关于屏幕中的力量和如何利用它们进行有效构图的更多讨论，见赫伯特·策特尔《图像·声音·运动：媒介应用美学》，第 101—125 页、第 247—265 页。

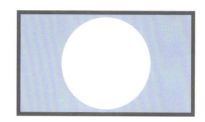

**图 7.40 离摄像机较远的人被挡住**

在过肩镜头中，你可能会发现靠摄像机近的人挡住了离摄像机远的人。

**图 7.41 横移摄像机来进行修正**

为了修正过肩镜头，让离镜头较远的那个人显露出来，你只需让摄像机向右做横移或弧线运动即可。

**要点**

▶ 由于电视的屏幕尺寸相对较小，因此我们使用的特写和中景镜头要比全景镜头多。在为宽画幅比的大屏幕高清电视拍摄时，你可以运用更多的中景镜头与全景镜头。

▶ 景别指你在取景器中看到的场景的大小，即被拍摄物体看上去离观众的相对距离。景别分为五个级别：大远景（缩写 ELS，又称为定场镜头），远景（缩写 LS，又称为全景镜头或定场镜头），中景（缩写 MS，又称为半身镜头），特写（缩写 CU），以及大特写（缩写 ECU）。

▶ 景别的另一些划分包括：近景、中全景，双人镜头、三人镜头，过肩镜头（O/S）、交叉镜头（缩写 X/S）。

▶ 在为传统的 4×3 和高清的 16×9 宽高比屏幕构建画面时，主要应该考虑的要素有：宽高关系的处理，特写的构图，头顶空间、鼻前空间和引导空间，以及心理补足。

▶ 在组织屏幕的深度时，一个简单而有效的方法就是创造出明显可辨的前景、中景与后景。

▶ 在创造三维（深度）错觉时，必须考虑镜头的选择，物体的位置，景深，以及照明和色彩。

▶ 在为 4×3 的宽高比组织屏幕运动时，Z 轴运动（靠近或远离摄像机的运动）比横向运动（从屏幕一侧向另一侧的运动）更明显；而在使用 16×9 的宽高比时，横向运动则变得更加突出。

# 8

第 8 章

# 音频：拾音

在看电视时，我们通常沉浸在五彩缤纷的画面中，完全意识不到声音的存在——除非声音出了问题。而正是在这种时候，我们才会突然意识到，如果没有声音，我们就很难理解电视上正在播放什么。只要能听见声音，哪怕我们背对着电视，也仍然知道屏幕上发生了什么。不是说百闻不如一见吗？对电视来说显然不是这样。由于很多信息都是通过人的谈话来传递的，因此，只要这个人说的东西有价值，电视中常见的那种"讲话者头部特写"的制作手段就没有那么糟糕。

声音对于营造气氛、强化事件而言也非常重要。一个优秀的追逐类情节序列往往伴随着一系列的声音，包括扣人心弦的音乐和刺耳的轮胎声。一些犯罪类节目的对话场景自始至终贯穿着另外的声音。它们铺设得如此巧妙，以至于我们大多数人都意识不到有非对白音轨的存在。音轨帮助我们把一连串特写镜头的视觉片段和快速剪切组织起来，从而形成一个有意义的整体。

如果声音确实是如此重要的制作元素，为什么我们在电视中没有更好一些的声音呢？甚至当你在演播室里为练习而制作一个短片时，你也会注意到，当画面看上去可以接受，甚至已经很好的时候，声音部分通常却有待改进。遗憾的是，人们往往以为只要能在最后一分钟将话筒装到现场，就可以满足声音方面的要求。决不要相信这一点。好的电视音响需要的准备工作和重视程度至少和视频部分一样多。并且，像其他任何制作元素一样，电视音响不应该只是"加"进去，而是应该从一开始就纳入制作计划。

8.1 "话筒如何拾取声音"，将讲解音频（audio，来自拉丁语动词 audire，意思是"听"）的拾音部分，包括声音制作，以及话筒的操作特性；8.2 "话筒的工作原理"，将带你从技术方面了解声音的生成元件，电子新闻采集（ENG）和电子现场制作（EFP）中的多种话筒应用，以及音乐的设置。

音频（audio） 电视的声音部分及其制作。从技术上讲，指声音的电子还原。

心形拾音模式（caidioid） 指向性话筒的心形拾音模式。

电容式话筒（condenser microphone） 其振动膜由电容板构成的话筒，这块电容板会在声压作用下相对于另一块固定的电容板（被称为背面板）运动。也被称为驻极体话筒（electret microphone）话筒或电容话筒（capacitor microphone）。

直接插入（direct insertion） 一种录音技术，即电子乐器的声音信号直接输进调音台，而不使用扬声器和话筒。也被称为直接输入（direct insert）。

动圈式话筒（dynamic microphone） 其声音拾取装置由一个附在活动线圈上的振动膜构成的话筒。当振动膜随着声音产生的气压振动时，线圈在一个磁场内移动，产生电流。也被称为移动线圈话筒（moving-coil microphone）。

鱼竿式吊杆（fishpole） 一种话筒悬挂装置。话筒连接在一根杆子上，由人举起，短时间悬在场景上空。

平坦响应（flat response） 对话筒在整个频率范围内等效地接收声音的能力的衡量。它通常也可以用于测量录制和回放设备的具体频率响应范围。

返送（foldback） 通过耳机或 I. F. B. 频道将全部或部分的混合音频返回给出镜人。也被称为提示传送（cue-send）。

频率响应（frequency response） 对话筒能够接收和还原的频率范围的衡量。

耳麦式话筒（headset microphone） 安装在头戴式耳机上的小型高质量全向或指向性话筒，和电话的头戴具非常相似，但其话筒的质量更高。

阻抗（impedance） 信号流的阻力类型。在将高或低阻抗的录音机与高或低阻抗的话筒进行匹配时特别重要。

领夹式话筒（lavalier microphone） 可以夹在衣服上的小话筒。

全向性拾音模式（omnidirectional） 话筒可以等效地从各个方向拾取声音的拾音模式。

幻路供电（phantom power） 由调音台而不是电池给电容式话筒中的先期放大器提供电量的供电方式。

拾音模式（pickup pattern） 话筒周围某个区域，在此区域中话筒能"等效地拾取声音"，也就是说，具有最佳的拾音效果。

极性图（polar pattern） 话筒拾音模式的二维表现。

带式话筒（ribbon microphone） 其声音拾取装置由一条带子构成的话筒，这条带子会随着磁场内的声压变化而振动。也称为振速话筒（velocity mic）。

枪式话筒（shotgun microphone） 一种用于拾取远距离声音的高度指向性话筒。

系统话筒（system microphone） 主体是一个基座，基座上面连接着几个话筒头，可以改变其声音拾取特性。

指向性拾音模式（unidirectional） 拾取前面的声音比拾取侧面和后面的声音效果更好的一种拾音模式。

无线话筒（wireless microphone） 通过空气而不是电缆传输音频信号的系统。这种话筒连接在一个小型发射器上，其发出的信号由一个连接在调音台或录音装置上的小型接收机来接收。也被称为射频话筒（radio frequency mic，缩写 RF mic）或无线电话筒（radio mic）。

# SECTION

# 8.1

# 话筒如何拾取声音

现场声音的拾取是通过各种话筒完成的。一只话筒的好坏不仅仅取决于它的构造，更取决于它的用法。8.1 侧重介绍话筒的具体种类和使用方法。

▶ **基于电子特性的话筒分类**

声音生成元件（动圈、电容和带式），声音拾取模式（全向性和指向性），以及话筒上的其他附属特性

▶ **基于操作特性的话筒分类**

移动话筒（领夹式、手持式、吊杆式、耳麦式和无线式）和固定话筒（台式、落地式、悬挂式、隐藏式和远距离式）

## 8.1.1 基于电子特性的话筒分类

选择最合适的话筒并使之达到最佳拾音效果之前，要求你必须了解话筒的三种基本电子特性：一、声音生成元件，二、声音拾取模式，三、话筒的附属特性。

### 声音生成元件

话筒将声波转导（转换）成电能，通过扩音器放大并重新转换成声波。最初的转换由话筒的声音生成元件（generating element）来完成。声音转换系统分为三大类，我们可以用它们来划分话筒的种类：动圈式、

电容式和带式。

**动圈式话筒** 这类话筒是最结实的。动圈式话筒（dynamic microphone）能承受电视话筒经常受到的粗鲁待遇（虽然不是有意的）。它们可以靠近声源工作，能承受相当高的声音电平，而不会损坏话筒或造成声音输入过载（极高音量的声音失真）。它们还能承受相当极端的温度。正如你可能已经猜到的，它们是一种理想的供户外使用的话筒。

**电容式话筒** 和动圈式话筒相比，电容式话筒（condenser microphone）对物理震动、温度变化和输入过载更敏感，但在远离声源的地方使用时，它们能生成的声音音质通常更高。和动圈式话筒不一样，电容式话筒含有内置的先期放大器。它可以增强声音信号，从而保证信号在传送到摄录一体机、混音器和调音台的时候不会丢失。

电容式话筒的电源供给方式通常是电池。虽然这些电池能持续 1000 小时左右，但你还是应该准备一些备用电池，特别是当你要在 ENG 电子新闻采集或 EFP 电子现场制作中使用电容式话筒的时候。电容式话筒的故障往往是由于电池耗尽或安放错误引起的。**见图 8.1**

电容式话筒也可以通过调音台或混音器上的音频电缆进行供电。这种给话筒的先期放大器进行供电的方式被称为幻路供电（phantom power）。

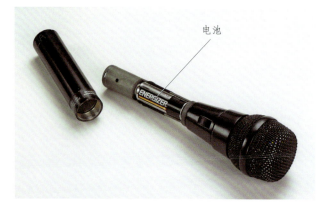

电池

**图 8.1 电容式话筒的电池电源**

许多电容式话筒由电池供电，而不是以调音台为电源（幻路供电）。一定要仔细察看电池外壳上的正负极。

**带式话筒** 带式话筒（ribbon microphone）在敏感度和声音质量上与电容式话筒相似，能产生一种"更温暖"的音质，很受歌手们的青睐。与电容式话筒不同的是，电容式话筒某些条件下可以在户外使用，而带式话筒则受到严格限制，仅能在室内使用。带式话筒有时也被称为振速话筒。

## 声音拾取模式

虽然有些话筒像我们的耳朵一样，能以同样的灵敏度"听到"来自所有方向的声音，但有些话筒对来自某一特定方向的声音却听得更清晰。话筒能等效拾取声音的范围被称为话筒的声音拾取模式（pickup pattern），其二维表示被称为极性图（polar pattern），如图8.2—8.4所示。

在电视制作中，根据你想要听到的内容以及听的方式，你需要使用全向性和指向性这两种话筒。全向性（omnidirectional）话筒能拾取来自所有（拉丁语 omnis）方向的声音，且拾音效果几乎一样好。见图8.2 而指向性（unidirectional）话筒则在某一个（拉丁语 unus）方向上拾音效果更好——从话筒的前面拾音比从侧面或后面更好。因为指向性话筒拾音模式的极性图图案类似于心形，因此，人们又称其为心形拾音模式（cardioid）。见图8.3

超心形话筒的拾音模式是逐渐变窄的，这就意味着它们的拾音范围越来越集中在前面。这类话筒的盛名在于，它们能够拾取很远的声音，并让这些声音听上去感觉很近。超心形话筒也能听到后面的声音，但因为它们专注于一个方向的声音（话筒前面的狭长地带），所以它们仍然属于指向性话筒之列。见图8.4

究竟应该采用哪种类型的话筒，这主要取决于制作场合和所要求的音质。如果你正在当地的动物园做一个现场报道（站在实际场景前面），那么你应该要一个结实的全向性话筒。它不仅有利于采集人的说话声，还可以同时采集一些动物的声音，使报道更加真实。相反，如果你正在演播室里为一位歌手录制节目，则可以选择一只指向性更强的心形拾音模式的高质量话筒。如果要记录肥皂剧中两个人物之间的亲密对话，枪式超心形话筒可能是你的最佳选择。与全向性话筒

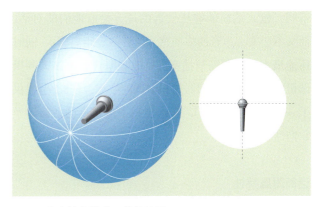

**图 8.2 全向拾音模式及其极性图**

全向拾音模式的拾音范围就像一只球，话筒在球的中央。所有在这个拾音范围内发出的声音都会被话筒拾取，且没有明显差别。

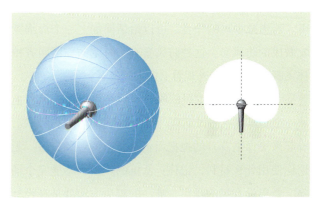

**图 8.3 心形拾音模式及其极性图**

心形拾音模式使得话筒拾取前面的声音比拾取侧面的声音效果更好，话筒后面的声音实际上被压制了。

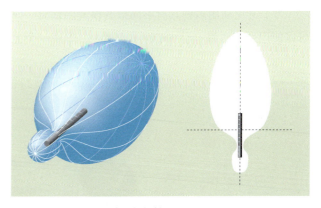

**图 8.4 超心形拾音模式及其极性图**

超心形或锐心形拾音模式将声音拾取范围变成了一个狭长的地带。它们能拾取自己前面狭长范围内的声音，并消除了大多数来自侧面的声音。它们也能拾取来自后面的声音。

不同，枪式话筒能够从较远的地方拾取他们的对话，而又不会失去声音的临场感（声音的近距离感），同时还能最大程度忽略演播室内的其他噪声，比如人和摄像机的移动声，照明器材和空调的嗡嗡声。8.2节提供了一张表（见表8.1），其中包括了最常见的话筒以及它们的特性。

### 话筒附属特性

那些能拿到嘴边上使用的话筒往往装有一个内置的防喷罩，用来消除人在直接对着话筒说话时突然产生的呼吸爆破声。见图8.5 当在户外使用时，不管哪种类型的话筒，都容易受到风的影响，产生低沉的嗡嗡声。若想减少风的噪音，可以给话筒加上一个海绵橡胶做成的防风套。这种防风套有个时髦的称谓叫齐柏林飞艇，因为它的外观看上去很像飞艇。

为了更好地减少风的噪音，你还可以在防风套上加一个防风袜或防风毛套。防风毛套由合成材料制成，看起来更像毛茸茸的拖把而不是复杂的音频设备。无论你使用什么材料，记住：低沉的风噪声不能完全消除。要想没有风的噪声，唯一的解决方法就是在没有风的时候进行拍摄。当然，你可以在后期制作中使用音频滤镜来减弱甚至消除风声，或者你也可以用声音特效或音乐将噪音盖过去。

为了避免动用多种具有不同拾音模式的话筒，你可以使用系统话筒（system microphone）。它由一个上面可以连接几只"话筒头"的基座构成，而这些话筒头则涵盖了从全向性到超心形的各种拾音模式。尽管这可能很方便，但你会发现，大多数音频工程师还是更偏爱针对特定用途构建的单个话筒。

### 8.1.2 基于操作特性的话筒分类

有些话筒主要是为移动声源而设计和使用的，另外一些则用于固定声源。如果根据它们的实际操作分类，可以将它们分为"移动"话筒和"固定"话筒两类（见表8.1）。当然，如果制作情境需要，任何移动话筒都可以用于固定位置，而固定话筒也能变成移动话筒。

移动话筒包括：领夹式、手持式、吊杆式、头戴耳麦式和无线式。固定话筒包括：台式、落地式、悬挂式、隐藏式和远距离话筒。

### 领夹式话筒

首先介绍移动话筒中的第一种，领夹式话筒（lavalier microphone），一般也被称为lav，可能是电视中使用频率最高的摄像机话筒。高级领夹式话筒拥有各种规格，大的如同付费电话的一个按键，小的如同铅笔笔端的橡皮擦，都能用一个小夹子固定在衣服上。正是因为它们的体积小，不引人注目，因而看起来更像是一件首饰而不是 一个技术装置。见图8.6

领夹式话筒属于动圈式话筒或电容式话筒，采用全向性或心形拾音模式，主要为拾取人声而设计。即使是它们当中规格最小的，拾音质量也非常高。只要演员佩戴领夹式话筒的方法正确（大约在下巴下方5—8英寸，衣服的上方，要避免任何可能擦到或撞到它的东西），就不用再担心拾音的问题。不仅如此，比起吊杆或手持话筒，音频工程师在驾驭领夹式话筒的增益（调节音量）时也更加容易。由于话筒和声源之间的距离在表演期间没有变化，所以比起其他移动话筒，领夹式话筒更容易获得均匀的声音水平。

如果使用领夹式话筒，灯光师就可以不必为了避免阴影而"围着吊杆布置照明"，从而可以根据场景的需要，把注意力集中在照明的美学质量上。

**图 8.5 防喷罩**
内置防喷罩可以消除呼吸的声音。

**图 8.6 领夹式话筒**
该领夹式话筒佩戴姿势正确，可以获得最佳的声音拾取质量。

虽然演员的行动范围仍然受到领夹线缆的限制，但这条线缆非常轻，非常灵活，允许演员在有限的演播室区域内相对不受限制快速移动。若想获得更大的灵活性，可以把领夹式话筒接到一个小发射器上，把发射器夹在腰带上或放进口袋里，从而将领夹式话筒当成无线话筒使用。除了体积小、声音拾取质量高之外，领夹式话筒还很结实耐用，不易受到物理振动的影响。正因为它如此轻巧，有些制作人员在操作这种话筒时就不像操作其他大一点的话筒那么小心，这令人遗憾。如果你不巧将领夹式话筒摔在地上，应该立刻检查，看看它是否仍然可以使用。

**领夹式话筒的使用场合**　下面是使用领夹式话筒作为主要话筒的一些典型摄制场合：

**新闻**　领夹式话筒对于各种室内新闻节目和访谈来说都是最有效的声音拾取装置。在室外环境中进行ENG/EFP制作时，可以装上一个小型防风套再使用它。

**访谈**　只要访谈发生在同一场所，采访者和每位嘉宾戴上领夹式话筒可以确保良好、稳定的拾音效果。

**小组讨论节目**　台式话筒常会采集到不可避免的桌子碰撞声，而使用领夹式话筒则可以获得良好的声音。但需要注意的是，要给小组的每个成员都配备领夹式话筒。当好几个人都挤在一个小组的时候，使用领夹式话筒就显得较为笨拙，这时，台式话筒会是更好的选择。

**教学节目**　在以一个演员或教师为主体的节目中，领夹式话筒的效果非常理想。无论教师是向着学生们说话，还是转向白板写字，声音拾取效果都是一样的。

**电视剧**　一些在演播室里采用多机拍摄的节目，比如肥皂剧，会采用无线领夹式话筒来拾音。在这样的摄制中，领夹式话筒隐藏在摄像机的视线之外。如果能将话筒正确地别在演员的衣服上，让声音听起来不含混，那么领夹式话筒无疑就是一种解决拾音难题的理想方法。一旦设定了声音的电平，音频工程师几乎不需再做什么来保持声音的平衡。更重要的是，照明指导（LD）可以放心地设计照明，而不用担心吊杆或摄像机的阴影。

**音乐**　领夹式话筒在用于歌手表演（即便演出还伴有吉他伴奏），和用于对某些乐器比如低音提琴（话筒固定在指板下面）的拾音，一直很成功。音乐王国里总是有实验的空间，不要太受传统的限制。如果领夹式话筒听起来和更大、更昂贵的话筒一样，甚至更好，那就用领夹式话筒。

**ENG/EFP**　领夹式话筒常常用于现场报道，这种情况下必须装上防风套。如果现场记者必须经常移动，那么请使用无线领夹式话筒。例如，如果你是和一位农民在炎热的农田里边走边谈论旱情，那么两个无线领夹式话筒就可以解决声音问题。或者，当你在一位校长的带领下参观刚竣工的计算机中心，要拾取校长的谈话，无线领夹式话筒也能帮你减少许多麻烦。

**领夹式话筒的不便**　尽管领夹式话筒适用广泛，又能高质量地拾取声音，但是也仍有一些不便。

■ 佩戴者不能让话筒过于靠近自己的嘴。如果有外部噪音存在，会被全向性领夹式话筒收录进去，不过指向性领夹式话筒能够解决这个问题。

■ 领夹式话筒会让过大音量的输入失真。当你使用领夹式话筒录制讲话以外的声音时，这个问题特别值得注意。

■ 领夹式话筒一次只能用于一个声源，也就是话筒佩戴者。就算是在一场简单的采访当中，每个参与者都需要佩戴自己的领夹式话筒。

■ 尽管领夹式话筒具有极强的移动性，但是，有线领夹式话筒还是会限制演出者的活动半径。

■ 由于领夹式话筒是佩戴在衣服上的，所以它不可避免地会拾取衣服摩擦的噪音，尤其当演出者的动作较剧烈的时候。

■ 如果领夹式话筒被藏在衣服下面，那么人声就会浑浊不清。

■ 如果演出者的服饰产生静电，领夹式话筒就会将电荷拾取为响亮而尖锐的爆裂声。

■ 当两只领夹式话筒相隔某个距离的时候，它们会相互抵消某些频率，从而让声音显得异常单薄。

■ 将领夹式话筒用于电视剧制作时会碰到的主要问题，不在操作层面而在美学层面。由于领夹式话筒距离声源的位置一直是固定的，所以远景镜头里的声音听起来会和特写镜头里的一模一样。这种没有变化的声音表现，无法形成可信的声音透视与空间真实感（特写镜头内的声音应该感觉更近，远景镜头内的声音应该感觉更远）。这就是为什么大多数的电视剧都会使用吊杆话筒而非领夹式话筒进行录音（见第 9 章）。

**如何使用领夹式话筒**　领夹式话筒很容易使用，但有一些重点必须加以考虑：

■ 一定要将它戴上。你不会是第一个演出时被人看见是坐在话筒上而不是戴着它的人。

■ 戴话筒时，应该先把它放在外衣或夹克下面，然后再戴上。将它紧紧地夹在衣服上，避免让它蹭到任何东西。在靠近话筒的地方不要戴首饰。如果发现有摩擦声，就在话筒和衣服之间放一块海绵橡胶。

■ 用胶带将线缆固定在衣服上，以免它将话筒拉扯到一边。

■ 将线缆绕起来，甚至在夹子下方打个松结，这可以阻挡那些讨厌的爆裂声和摩擦噪音。

■ 如果遇到静电的噼啪声，可以用防静电洗衣喷雾对衣服进行处理。这种喷雾在超市就能买到。

■ 如果你必须隐藏话筒，不要把它放在多层衣服的下面，尽可能使它靠近最外面的一层衣服。

■ 如果你使用双话筒系统（为防止话筒出现故障，在拾音时使用两个完全一样的话筒），请用一只专用夹子来固定这两只话筒，这种夹子可以避免两只话筒互相碰撞。不要在没有夹子的情况下就使用两只话筒，也不要同时打开它们。

■ 避免让任何你正在镜头中演示的东西碰到话筒。

■ 如果话筒是无线或电容式的，一定要检查电池是否充足，安装是否正确。

■ 如果使用的是无线领夹式话筒，要仔细检查小发射器是否已经启动（正常情况下有两个开关，一个是电源开关，另一个是话筒开关），在离开现场的时候，要检查其是否已经关闭。

■ 如果你使用的是无线领夹式话筒，不要在它还夹在你衣服上的时候就离开拍摄现场。离开现场前，要关闭发射器，取下话筒，从衣服下面取出线缆。放下话筒的时候要轻。

■ 当你在户外使用无线领夹式话筒时，要为它加上防风套。你可以自制一个防风套——在话筒周围包上一层声学泡沫或棉布。有经验的 EFP 电子现场制作工作人员宣称，只要给话筒包上一层棉布，然后再套上儿童用的羊毛手套，实际上就可以消除风产生的噪音。

**手持话筒**

顾名思义，手持话筒（hand microphone）是由表演者自己拿着的话筒。它应用于所有需要表演者对拾音进行某种控制的制作情形中。手持话筒广泛用于 ENG 电子新闻采集中，在这种情况中，记者往往是在噪音包围的环境中开展工作的。在演播室里或舞台上，歌手和表演者会在那些需要观众参与的节目中采用手持话筒。有了手持话筒，他们就能随意走动，随意同观众中的任何一个人交流。

对于歌手而言，手持话筒已成为他们表演的一部分。他们把话筒从一只手换到另一只手，以便在视觉上支持歌曲中的过渡。有时，他们又会在特别温柔的曲段中抚摩它。手持话筒使得他们可以自由移动，特别是无线手持话筒，他们可以在演唱过程中移动话筒：

当演唱轻柔的段落时，将它靠近嘴唇，增强亲密的感觉；当唱到雄浑豪迈的段落时，则让它离嘴唇远一些。你会发现，大部分歌手都对使用什么麦克风有自己的偏好，所以你不用担心要为他们挑选话筒。

广泛的用途对手持话筒的性能特征提出了严格的要求。由于它常被人拿在手中，因此必须结实，能够经受物理撞击。因为在使用时往往非常靠近声源，因此它必须对呼吸的冲击和因输入超载而造成的声音失真不太敏感（见第 8.2 节）。在户外现场使用时，它必须经受得住雨雪、潮湿、酷热和剧烈的温度变化。同时它还必须非常灵敏，能够拾取歌手的整个音区范围及其中微妙的音调变化。最后，它必须体积小、分量轻，能使表演者舒服地握在手中。

当然，没有哪只话筒能以相同的水准同时满足上述每一条要求，这就是为什么有些手持话筒专门用在户外，而另一些则在人工控制的演播室环境里效果更好。一般说来，户外制作应该采用动圈式话筒。它们采用内置防喷罩，有时甚至自带防风套，即使在恶劣的天气条件下，也能拾取令人满意的声音。见图 8.7 电容式或带式话筒在户外的拾音效果不好，但在那些拾音要求更高的制作中，效果却非常好，比如对歌手的拾音。

手持话筒的主要缺点恰恰也是我们所列出的它的优点：声音由表演者控制。如果表演者在使用手持话筒方面没有经验，他制造出来的呼吸声和气流爆破声可能就会超过清晰的声音。他还有可能用话筒挡住嘴

**图 8.7 户外用动圈式手持话筒**

手持话筒比较结实，有一个自带防风套，并且进行了阻隔，能避免出镜人的手产生的摩擦声。

巴或脸的一部分，从而给摄像师带来麻烦。大多数手持话筒的另一个缺点是，它们的线缆会限制表演者的移动，特别是在 ENG 电子新闻采集中，这时现场记者和摄录一体机会被话筒电缆连在一起。虽然无线手持话筒在演播室里的使用很成功，但在室外工作时最好还是不用。电缆仍然是话筒和混音器或摄录一体机之间最可靠的连接。

**如何使用手持话筒**　手持话筒要求使用者敏捷、有预见。以下是一些要领：

■　虽然手持话筒相当结实，但还是要轻柔地对待它。如果在表演时要用到双手，请不要把话筒扔下，而应该轻轻地将它放下或夹在胳膊下。如果你想提醒表演者注意话筒的敏感性，特别是手持话筒的敏感性，就升大话筒的音量，并发出一些叮当声或敲击声，让演播室里的所有人都听得到。

■　在播出之前，检查自己的活动范围，看看话筒线是否足够长，尽量给话筒提供最大的活动空间。活动的半径范围对于 ENG 电子新闻采集来说尤为重要，因为你的话筒可能要与摄录一体机紧密相连。如果你需要大量移动，就使用无线手持话筒或者领夹式话筒。

■　在演出或新闻报道之前首先要检查话筒，对着它说几句话，或者在它的防喷罩或防风套上轻划几下，但是记住不要吹它。让音频工程师或者摄像师确保话筒处于正常的工作状态。

■　当使用全向性话筒时，不要正对话筒说话，而应该让声音从话筒上方越过。当使用指向性手持话筒时，如果以大约 45 度角将它靠近嘴巴，得到的拾音效果最好。记者一般使用全向手持话筒，而歌手则要正对着指向性话筒演唱。见图 8.8

■　如果话筒导线乱成一团，不要硬扯，停下来，尽量请现场工作人员来负责处理。

■　如果走动的距离很大，不要用话筒来拉扯线缆。用一只手拿着话筒，同时用另一只手轻轻牵引线缆。

■　在进行外景拍摄时，应该在演出或新闻报道前

**图 8.8 演唱时手持指向性话筒的位置**

为了得到最好的拾音效果，歌手拿着话筒靠近自己的嘴巴，大约成 45 度角。

进行话筒测试，即让摄录一体机操作员录一点开场白，然后回放进行声音检查。一定要坚持这样的话筒测试，特别是在摄制组成员告诉你不要担心，他们"之前已经检查过一千次了"的时候。

■ 正常条件下（环境不是过于嘈杂，没有强烈的风），站在外景中进行新闻报道时，请将话筒举到齐胸的位置，面向摄像机说话，让声音横着越过话筒。见图 8.9 如果背景噪声很大，就将话筒举高一点，让它更靠近你的嘴巴，但仍然要越过它而不是正对它说话。见图 8.10

■ 当采访某人时，无论自己何时说话，都要将话筒举到嘴边，在受访者回答时，也要随时让话筒对准受访者的嘴巴。不幸的是，这个显而易见的步骤常常会被紧张的演出者弄反。

■ 在采访孩子时不要总是站着，应该蹲下来，让自己与小孩的视线保持水平，然后你可以用一种自然的方式将话筒靠近小孩。你和小孩在心理上变成平等的了，这也有利于摄影师得到满意的构图。见图 8.11

■ 用完话筒之后立即把话筒线缆盘起来，以便保护它们，以备下次使用。

## 吊杆话筒

如果某个制作——比如一个戏剧性场景——要求你把话筒保持在摄像机的视线之外，这时就需要这样一只话筒：它可以拾取相当远的声音，但同时又能使声音听起来像来自近距离，并且还能排除场景周围大多数无关的噪声。枪式话筒（shotgun microphone）就符合这种要求。它是高指向性的话筒（超心形或锐心形），可以远距离拾音，并且几乎不会损失声音的临场感。

枪式话筒的指向性是通过让外界的声音从"枪管"上的各个槽口进入话筒来实现的。一旦这些槽口被堵，它们就会失去作用。因为这种话筒常常悬挂在吊杆上，或是以人的手臂为吊杆，所以我们称之为吊杆话筒（boom microphone）。

**如何使用枪式话筒**　你常见的那种附加在摄录一体机上的外置话筒属于小型的枪式话筒，它们像镜头一样从事捕获工作，只不过捕获的是声音而不是光线。

**图 8.9 手持话筒位置：胸部**

如果是在一个非常安静的环境中使用，手持话筒应该举到齐胸的高度，方向与身体平行。

**图 8.10 手持话筒位置：嘴部**

在嘈杂的环境中，手持话筒必须靠近嘴巴。注意，这时仍然是越过话筒说话，而不是直接对着话筒。

**图 8.11 用手持话筒采访小孩**
采访小孩时，蹲下来，与小孩的视线保持水平。这时孩子更放松，摄像师也能拍到更好的镜头。

通常情况下，枪式话筒会被手持或悬挂在一根鱼竿式吊杆上。这两种方式都非常适用于简短的场景，该类场景要求话筒必须保持在摄像机视线之外。枪式话筒的使用方式具有三个优点：话筒特别灵活——能将它带进场景，对准任何方向而不需要任何附加设备；无论是手持枪式话筒，还是使用鱼竿式吊杆，都只占用很少的现场空间；你能轻易地绕过现有的照明布置，将话筒的阴影保持在摄像机视线之外。

当然，缺点也有：你只能在时长比较短的场景中使用枪式话筒，否则会很累；若想拾取优质的声音，你必须靠近场景，这往往又很困难，特别是在场景很拥挤的时候；如果场景采用多机拍摄（就像在演播室中一样），操作话筒的人很有可能会进入广角摄像机的视野，在你举着话筒时，话筒很容易拾取到你的触摸噪音，哪怕你使用了减震架（一种防止将触摸噪音传递给话筒的悬挂装置）。

你很可能会被要求去操作枪式话筒，所以下面这几点你应该特别注意：

■ 始终要戴着高质量的耳机，以便监听话筒正在拾取的声音。不仅要监听对白的音质，还要监听有没有多余的噪声。如果听见不想要的声音，在镜头（录下来的从开始到结束的表演片段）结束之后立即告诉导演干扰情况。你可以将耳机插入摄像机的音频插孔，该插孔通常适用于迷你插头。

■ 总是用减震架支撑枪式话筒。不要直接用手拿着它，否则，拾取到的触摸噪声会比演员对话的声音还要多。见图 8.12

■ 除了防风套，不要让任何东西挡住枪式话筒两侧的槽口。这些槽口必须能够接收声音，这样，拾取模式的指向性才能得到保障。把话筒固定在减震架上，可以将挡住槽口的危险性降到最低。

■ 注意不要让话筒碰到任何东西，也不要让它跌落。一根很短的电缆都有可能将话筒从你手中拽出去。

■ 尽可能把它对准正在说话的人，尤其是当话筒特别靠近声源的时候。

■ 注意话筒的阴影。

**如何使用鱼竿式吊杆**　鱼竿式吊杆（fishpole）是一根可以伸缩的金属杆，在上面可以装一只枪式话筒，主要用于室外 EFP 电子现场制作和 ENG 电子新闻采集当中。当然，它也能替代大型移动车摇臂，用在演播室内的简短场景中。你将发现，短吊杆比较容易操作，但操作一支长吊杆或完全伸展开的吊杆则相当累人，特别是在无间断的长镜头拍摄中。

短的枪式话筒也被音频工作人员称为铅笔话筒（pencil mic）。在室内进行拾音时，它们比那些长的枪式话筒更受青睐。铅笔话筒的明显优势在于，它更小，所以也就更轻。同时，它的指向性也没有长的枪式话筒那么强，所以你不用总是把它对准说话的人。比如，假设你正在拍摄一个两人对话场景，你只需要将铅笔话筒放在两个人中间，平衡地拾取他们的声音即可。更能为你的工作减负的是，大部分铅笔话筒都允许你将其指向性话筒头换成收音范围略微更广的话筒头。

当使用鱼竿式吊杆时，除了仍然可以参考前面提到的要点外，还要注意以下几点：

■ 检查话筒是否正确地安装在减震架上，是否会碰到吊杆或话筒线缆。常规的减震架外部会有一个圆环，用橡皮筋将话筒悬置其间。

■ 将话筒导线牢牢地固定在吊杆上。一些鱼竿式吊杆允许电缆穿过杆体的内部，就像导线管一样。

■ 使吊杆的位置处于声源的上方或下方。见图 8.13 和 8.14

■ 如果你正在给两个互相交谈的人录音，要将话

**图 8.12　手持枪式话筒**
一定要用减震架来握持枪式话筒。在户外时必须使用防风套。这个话筒使用了一个额外的防风毛套。

**图 8.14　自下而上的话筒位置**
鱼竿式吊杆也可以放低，从下面对准声源。

**图 8.13　自上而下的话筒位置**
短的鱼竿式吊杆通常应举得尽可能高，从上面伸进场景。

**图 8.15　操作大型鱼竿式吊杆**
长的鱼竿式吊杆可以固定在腰带上，像一根真正的钓鱼竿那样举起和放下。

筒指向正在说话的人。

■ 如果演员是在边说边走路，就要以完全相同的速度随着他们一起走，并在整个镜头拍摄期间把话筒举到他们的前方。

■ 注意有可能挡道的障碍物，比如电缆、灯、摄像机、树或者布景片。由于你在盯着演员的时候通常都是倒着走的，所以最好先排练几次。

■ 在拍每一个镜头前，检查话筒电缆是否足够长，是否能应对整个拍摄的活动范围。

■ 如果你的鱼竿式吊杆很长，可以将它固定在腰带上，然后放低它，让它伸进场景，就好像你正

在"垂钓"恰当的声音一样。见图 8.15

**大型移动车吊杆**　在多机演播室节目现场，比如情景喜剧或肥皂剧中，你会发现，尽管有领夹式话筒，但是大型移动车吊杆系统也很活跃，并且使用良好。在演播室这种可以良好掌控环境的地方，大型吊杆仍然是既能贴近出镜人拾取优质声音，又能让自己保持在摄像机视野之外的最有效方式之一。见图 8.16

大型吊杆在常规演播室节目制作中并不是很流行，这主要取决于如下原因：它的体积过大，太占空间；它会给布光带来困难；它并不容易操控。尽管如此，

我们还没有任何设备比它能更好地在长时间拍摄中拾取演员对话。向着声源方向，你可以伸展或收缩吊杆，同时还可以进行横摇，向上或向下垂直移动，旋转或倾斜话筒。在所有这些操作期间，当吊杆完全伸展开之后仍然够不着声源的时候，还可以继续移动吊杆车。

**如何使用吊杆话筒**　无论你在任何地方以任何方式移动吊杆，动作都一定要平稳。当跟拍演员的时候，你最好离演员稍远一点，不然的话，你仓促的步伐会引起吊杆的剧烈晃动，从而导致录音的彻底失败。下面是更多的一些操作注意事项：

■ 将话筒保持在声源的前面，尽量放低，但不要让它进入画面。

■ 不要把话筒直接悬在演员的头上——毕竟，他们是用嘴巴说话，而不是用头顶。

■ 看看演播室的监视器（它显示正在播出的或录下的画面），在排练时尽量弄清楚，自己能将话筒朝声源的方向伸多远，而不会使它或吊杆闯入画面。话筒越近，声音的质量越好。使用枪式话筒要保持在声源的一定距离之外，以避免声音失真（出现呼吸声或嗡嗡声），不过，当你在操作吊杆时，很少会进入这个距离范围内。使用吊杆话筒的最佳距离是，演员以大约45度的角度伸出手，几乎能够碰到话筒。

■ 如果吊杆闯入画面，最好将它往回拉而不是往上升。通过往回拉，可以将话筒拉出摄像机的视线，同时还能使它保持在声源的前面，而不是上面。

■ 注意阴影。就是最好的照明导演也不可能完全避免阴影，只能改变它们的方向。如果在节目开始前就知道吊杆的主要位置，那就与照明导演合作，让他在布光时绕过吊杆的位置。有时，为了避免阴影，可能不得不牺牲一点音质。

■ 如果在已经播出的画面中发现了吊杆的阴影，不要突然移动话筒，那样每个人肯定都会看见阴影掠过屏幕。试着非常缓慢地将它移出画面，或者更好的做法是，干脆尽量让话筒和阴影保持不动，直到换下一个镜头时再将话筒移到一个更有利的位置上。

■ 注意声音的平衡。在使用高指向性的枪式话筒时，你通常需要将话筒转向正在说话的那个人。在严格按照脚本制作的节目中，控制室的音频控制板操作员可以根据脚本上的对话，提前发信号给吊杆操作员，提醒他把话筒从一个演员转向另一个演员。

**头戴耳麦式话筒**

头戴耳麦式话筒（headset microphone）包括一只连接在耳机上的体积小但质量高的全向或单向话筒。耳机上的两只听筒，一只负责传送节目声音（头戴式

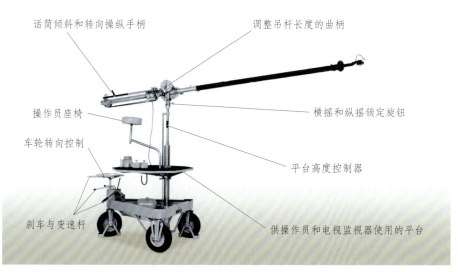

话筒倾斜和转向操纵手柄
调整吊杆长度的曲柄
操作员座椅
横摇和纵摇锁定旋钮
车轮转向控制
平台高度控制器
刹车与变速杆
供操作员和电视监视器使用的平台

**图 8.16 大型移动车吊杆**

这根大型吊杆能够伸展到 20 英尺的长度，可以进行 360 度横向旋转，以及上下纵摇。它上面的话筒也可以进行 300 度的旋转——几乎等于整整一圈。

话筒拾取或电台输出的任何声音），另一只耳朵负责传送导演或制作人的 I. F. B.（可中断监听或反馈）提示和指令。

头戴耳麦式话筒既可以用于某些 EFP 电子现场制作中，比如体育报道；也可以用于 ENG 电子新闻采集中，比如在一架直升机上或在会议场地内使用。耳麦式话筒将你完全与外部世界隔开，使你能在嘈杂混乱的环境中专注于具体的报道工作。同时它也能使你的双手得到解放，以便你在笔记本电脑上追踪出镜人需要的数据，或者拦截路人进行采访。

## 无线话筒

在那些要求声源的活动完整、不受限制的制作场合中，一般会使用无线话筒（wireless microphone）。如果你正在为一位边唱边跳的歌手录音，或者需要拾取某个滑雪者的低语、呼吸声以及下坡过程中滑雪板的撞击声，这时，无线话筒便是最佳的选择。无线话筒也广泛应用于新闻播报和 EFP 电子现场制作，偶尔也用于戏剧性节目的多机演播室制作。无线话筒确实是在"广播"自己的信号，它们因此也被称作 RF（radio frequency 的缩写，即射频）话筒或无线电话筒。无线话筒分为手持式和领夹式两种。

无线手持话筒内置了电池供电的发射器，某些型号在底部还有一根短天线，但大多数的天线都包裹在话筒外壳或线缆内。

无线领夹式话筒连接着一个电池供电的发射器，发射器或装在裤子的后口袋里，或绑在身上，而天线通常塞在口袋里，或者缠到衣服内。

无线话筒系统的另一个重要元件是接收器。把接收器的频率调到无线发射器的频率上，在条件有利的情况下，它能接收到远至 1000 英尺（约 330 米）的信号。在条件较差时，这一接收范围可能缩小到 100 英尺（大约 33 米）左右。若想使信号的接收达到最佳状态，可以在演播室和现场设置几个接收站，这时，当一个接收器收到的信号变得微弱时，另一个接收器就可以接替它。这被称为多机接收（diversity reception）。

无线话筒在演播室或舞台这种人为控制的环境中表现最好，因为这时你能判断演员移动的精确范围，

为接收器找到最佳的位置。现在，越来越多的歌手更喜欢使用无线手持话筒，因为这能使他们不受限制地活动。在观众参与的节目中它也很有用，这样，表演者就可以走进观众席进行一些简短的即兴采访。无线领夹式话筒在音乐和电视剧的制作中一直比较成功。当然，在许多 ENG 电子新闻采集和 EFP 电子现场制作中，它也得到了比较成功的应用。

无论你使用哪一种无线话筒，你都应该注意以下这些问题：

- 如果发射器是用胶带固定在表演者身体上的，那么表演者一旦流汗，信号强度也会减弱。当然，当发射器到接收器之间的距离增加时，也会发生同样的情况。

- 大型金属物体、高压线和变压器、X 光机、微波传输以及手机，这些物体全都会干扰无线话筒信号的接收。

- 虽然大多数无线设备都有几个频道，但仍有拾取无关信号的危险，特别是当接收器在他人的无线信号或其他强烈的无线信号附近操作时。爆破声、撞击声、信号丢失，甚至警用波段引起的干扰异常明显。

- 如果你使用多个无线话筒，要将它们输进调音台，以便对音频进行控制。

## 台式话筒

顾名思义，台式话筒（desk microphone）通常放在桌子上。这些固定式话筒广泛应用于小组讨论、听证会、记者招待会以及其他表演者在桌子或讲台后面讲话的节目中。这些话筒只用于拾取人声。由于表演者讲话时通常还伴随着一些动作，比如整理稿纸，往桌上放东西，偶尔用脚或膝盖撞击桌子，因此台式话筒必须结实，能经受物理撞击。

台式话筒通常为动圈式全向性话筒。当然，如果希望声源具有较高的辨别度，也可以使用指向性话筒。比如，若你要给讲台上的演讲者配备台式话筒，就要使用指向性而非全向性的话筒。指向性话筒更容易避免同一房间内扬声器的反馈噪音。只要位置得当，指

**图 8.17 台式话筒**
在电视制作中，台式话筒一般是夹在台式支架上的手持话筒。

向性话筒就不太容易引起反馈。大多数手持话筒也能兼做台式话筒——你要做的就是把它们放在话筒支架上，调整好话筒的位置以进行最佳拾音。见图 8.17

**区域话筒**　区域话筒（boundary microphone）是台式话筒的一种，又称为压力区话筒（pressure zone microphone，缩写 PZM）。这些话筒外观看起来和普通话筒人不相同，工作原理也不太一样。

可以将区域话筒安装或固定在靠近反射面的地方，如桌子或塑料盘配件上面。见图 8.18 当把话筒放进这个声音"压力区"时，话筒能同时既接收直接的声音，也接收反射的声音。在良好的使用环境中，区域话筒比普通话筒拾取的声音更清楚。它最主要的优点，是能同时拾取几个人的声音，而且保真度完全相同。区域话筒具备宽阔的半球形拾音区域，因此非常适合大型小组讨论和有观众反应的场合。你只需在桌上放一只区域话筒，即可很好地拾取坐在它周围半圆范围内所有人的声音。当人们围坐在一张圆桌周围的时候，你可以使用两只区域性话筒，第一只拾取一个半圆内的声音，第二只拾取另一个半圆内的声音。

遗憾的是，当作为台式话筒使用时，区域话筒也会拾取稿纸轻微的摩擦声和手指在桌面上的敲击声。这时给话筒加上垫子能最小化甚至消除上述这些问题。要注意的是，区域话筒也可用于为乐器拾音，比如录制钢琴。

**如何使用台式话筒**　台式话筒像花生一样，看起来充满诱惑——不是说表演者想吃它们，而是指，当他们坐在或站在台式话筒后面时，不管话筒架设得多么仔细，他们总是会不由自主地去抓它并把它拉向自己。不管你是礼貌地还是不那么礼貌地要求他们不要触碰话筒，都无济于事，表演者们迟早会挪动话筒。为了应付这种习惯，可以考虑将话筒架粘在桌子上，或把话筒电缆牢固但不显眼地用胶带固定住，使话筒只能在很短的距离内移动。

■ 和手持话筒一样，无须对观众隐藏台式话筒。不过，在将它放在桌子上或讲台上时，应该同时考虑最佳拾音和摄像构图。如果摄像机表现得更多的是表演者而非话筒，表演者自然会非常高兴。如果摄像机从正面拍摄，请把话筒挪到表演者的侧面一点，让它对着他的锁骨而不是嘴巴，这样既能获得良好的拾音效果，又能让摄像机清楚地拍摄表演者的脸。见图 8.19

■ 如果想将话筒以非常含蓄的方式融进画面，请不要忘记话筒的电缆。即使导演向你保证地板上的话筒电缆肯定看不见，也不能掉以轻心。

■ 当为了双重保险而给同一个说话者用两只台式话筒时，请使用同样的话筒，并尽量让它们靠近。其实，对于给同一个声源使用两只话筒，以便在其中一个出现问题时切换到另一个的做法来说，双重保险（dual redundancy）是一个相当拙劣的术语。不要同时启动两只话筒，除非打算把它们输入不同的音频轨道。如果两只话筒同时开动，就可能出现多话筒干扰。比如说，当两只话筒在略微不同的时间接收到相同的声音时，它们常常会彼此抵消某些声音频率。如果必须同时使用两只话筒，在放置话筒时，要让它们之间的距离至少是人与话筒距离的三倍。见图 8.20

■ 尽管几乎从没有成功过，但还是要提醒参与讨论的组员或任何使用台式话筒的人——只要话筒安放到位，就不要再移动话筒，也不要猛击桌子或敲击讲台，即使讨论变得很活跃。告诉参与者在发言的时候身体不要倾向话筒。

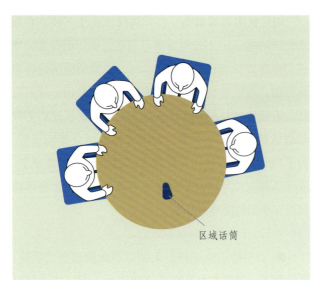

**图 8.18 用于拾取多个语音的区域话筒**
将区域话筒放到桌子上，声音拾取对于坐在桌子周围的所有人都是平等的。

**图 8.19 针对一位表演者的台式话筒摆放**
台式话筒应该放在出镜人的一侧并对准他的锁骨，以便他的声音越过话筒而不是直接进入话筒。这种方式中话筒不会挡住镜头前的出镜人。

**图 8.20 多话筒摆放**
在使用多个话筒时，每个话筒之间的距离至少应该三倍于任何一只话筒到其使用者的距离。

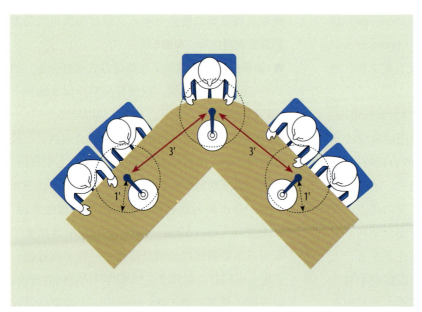

## 落地式话筒

只要声源是固定的，节目的类型又允许观众看见话筒，就可以使用落地式话筒（stand microphone）。例如，没有必要将一个摇滚乐队的话筒隐藏起来，相反，它们是一个重要的表演元素。你肯定非常熟悉摇滚歌手使用落地式话筒的众多方式：倾斜它，举起它，靠着它，抱着它，当音乐特别强烈时，他们甚至还会像舞剑一样在空中挥舞它（顺便一提，并不提倡这样做）。

从夹在支架上的动圈式手持话筒到高度灵敏的专供音乐录音用的带式或电容式话筒，都属于落地式话筒的范畴。

**如何使用落地式话筒** 落地式话筒通常都放在声源的前面——无论声源是一位歌手，还是电吉他的扬声器。在表现某种有活力或亲密的段落时，有些歌手

更喜欢将话筒从落地支架上取下来，所以你需要确保话筒能轻松地从支架上卸下，也能轻松地被装回去。在某些情形中，比如为了采集使用普通吉他的歌手的声音，可能还要在一个支架上安两只话筒：一只用于拾取歌手的声音，另一只位置低一些，用于拾取吉他的声音。

## 悬挂式话筒

在其他隐藏话筒的方法（鱼竿式吊杆或大型吊杆）行不通时，可以采用悬挂式话筒（hanging microphone）。可以利用话筒的电缆将话筒（高品质心形电容式话筒或领夹式话筒）吊在任何比较稳定的声源上方。悬挂式话筒最常见于剧情类节目的制作，在这种制作中，演员们的走位经过充分排练，说每一句台词时都有精确的位置。悬挂话筒的最好位置是舞台后门（在布景的后面），演员们从这里进入或离开干要表演区域，问候、告别——吊杆通常伸不到那么远的地方去充分拾取演员的声音。演员必须小心谨慎，只在悬挂式话筒的拾音区里说话。这和聚光灯的情况有些相似——只有当演员走进限定的照明区域时，他们才能被人看见，他们的声音也只有在拾音区有限的范围内才能被话筒拾取。见图 8.21

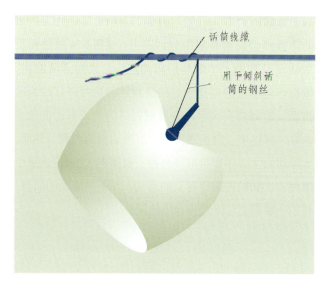

话筒线缆

用于倾斜话筒的钢丝

**图 8.21 悬挂式话筒的拾音区域**

悬挂式话筒是高质量的指向性话筒，它们通常从网格灯架上悬挂下来。若想使演员的声音听起来正常，他们必须待在话筒的拾音区域内。

悬挂式话筒的音质并不总是最好的。声源通常离话筒相对较远，如果表演者没有待在拾音区内，他的声音就进不了话筒。就舞台后门区域来说，发生音质损失不是缺点而是优点，因为它暗示了离场者的物理距离和心理距离。遗憾的是，悬挂式话筒在拾取人声的同时往往也会拾取脚步声和移动摄像机底座时产生的轰隆声，这个问题颇令人烦恼。悬挂式话筒的另一个缺点是，当靠近演播室灯光时，它可能会拾取并放大灯光发出的嗡嗡声。不管怎么说，悬挂式话筒在戏剧性节目、演播室节目和观众参与的节目中还是挺受欢迎的。它们易于安装和拆卸，并且，只要位置正确，就能产生令人满意的声音。

你也许会发现，一只悬挂式区域话筒比几只普通悬挂式话筒更容易满足音频的要求。把悬挂式区域话筒固定在一张声音反射板（比如 3×4 英尺的塑料或胶合板）上，然后将其悬挂在通常产生声音的区域（比如观众席区域）的上方和前面，调整反射板的角度，以获得最佳的拾音效果。见图 8.22 这样，不管声源是靠近区域话筒还是远离区域话筒，声音都会得到一样好的再现。不过，这种有利因素在电视剧制作中却会变成不利因素，因为此时声音的透视关系（特写镜头声音更近，远景镜头声音更远）是一个重要的因素。这就是为什么在复杂的制作中，吊杆话筒仍然比区域话筒更受欢迎的一个原因。

当将话筒挂到网格灯架上的时候，不要将它放在高温灯具的旁边，否则它注定会拾取灯具发热时的嗡嗡声。尽可能将话筒电缆从照明电缆或其他交流电电缆中分离出来，以减少电子干扰。如果实在不行，就让它们以直角交叉，而不要让这些电缆处于平行的状态。

## 隐藏式话筒

在演播室制作或 EFP 电子现场制作中，你有时会发现，你需要把一只小小的领夹式话筒藏在一束花中，或桌子摆设的后面，或汽车里，以使它处于摄像机的视线之外。见图 8.23 要想将隐藏式话筒藏好，使它产生满意的拾音效果，必须花费相当的时间，这一点必须明白。比较常见的情况是，我们可以很好地拾取人

**图 8.22 充当悬挂式话筒的区域话筒**
在将区域话筒当成悬挂式话筒使用时，把它固定在一块附加的声音反射板上，将其朝向声源，以获得最佳的拾音效果。枪式话筒用于对主持人和嘉宾的拾音。

用于主持人和嘉宾的枪式话筒        用于观众的带反射板的悬挂式区域话筒

们撞击桌子或移动椅子而产生的各种噪音，但拾取的对话却非常糟糕。

再次提醒大家，区域话筒可以作为有效的"隐藏式"话筒使用，这主要是因为它看起来完全不像一只普通话筒。其实，不隐藏它也行，只需把它放在桌上其他物体的中间，就可以了。

**如何使用隐藏式话筒**  隐藏式话筒似乎会产生一些预想不到的问题。以下这些小技巧可以使一些问题最小化或完全消除：

■ 不要试图将话筒完全隐藏起来，除非你要给连着话筒的物体一个大特写。
■ 必须意识到，你需要隐藏的不仅有话筒，还有电缆。如果你使用的是无线设备，那么你还得隐藏发射器。
■ 用胶带固定话筒和导线，防止它们松动。话筒的安装必须经得住整个排演和录制的折腾。
■ 不要把话筒隐藏在空抽屉或盒子这样的封闭空间里。这种高反射强度的空间就像一间小混响室，会使声音听起来如同演员自己被关在抽屉里一样。

**远距离话筒**
声音常常比画面更能运载和传递一个事件的能量。

在体育赛事中，拾取声音最简单的方法是在赛场的关键部位安放几只常规枪式话筒，并把它们对准主要的活动区。观众席的声音会使用一只额外的全向性话筒来拾取。对一场网球比赛的报道，可能需要 6 只以上的话筒，去拾取运动员、裁判、球和观众的声音。给每一只远距离话筒都装上比较厚的防风套，来尽可能地消除风的噪声[①]。

一种古老但有效的远距离拾音手段是抛物面反射话筒（parabolic reflector microphone）。这种话筒包括一个小型碟形反射器（和卫星碟形天线相似），该碟形反射器的中央有一只朝向内部的全向话筒。所有进来的声音都会反射并集中到话筒上。见图 8.24 抛物面反射话筒经常用于拾取远距离的声音，比如乐队演出，橄榄球运动员的碰撞声，热情粉丝的欢呼声。因为抛物面反射器将高频率声音反射回话筒的效果比低频率的好，所以声音会呈现出一点点电话般的声调。然而，如果话筒主要用于拾取环境声（氛围声），来传达某个事件（比如橄榄球比赛）的感觉，而不是准确的信息，我们一般都会忽略这种音质的损失。

① 应对不同体育比赛的话筒布置方法可参见：斯坦利·阿尔滕（Stanley R. Alten），《媒介声音》（Audio in Media），第 8 版（贝尔蒙特，加利福尼亚：Thomsom Wadsworth，2008 年），第 209—227 页。

**图 8.23　充当隐藏式话筒的领夹式话筒**

这个"隐藏的"领夹式话筒安装在后视镜上，用于拾取车内的对话。注意话筒并没有被遮住，这是为了确保最佳的拾音效果。

**图 8.24　抛物面反射话筒**

抛物面反射话筒主要用于远距离拾音，比如体育馆里观众的嘈杂声。

# SECTION

# 8.2

# 话筒的工作原理

8.1 解释了话筒拾音，及其电子特性与操作特性。尽管你或许永远看不到话筒的内部结构（除非你拆开一只来看），但你还是应该对它们的技术工作原理有一定的认识。了解各种声音生成元件的不同，能够帮助你针对不同的拾音需要来选择正确的话筒。本节还列出了主流话筒及其主要用途的清单，以及它们的一些其他特性。音乐采集中的话筒布局，以及话筒在 ENG 和 EFP 中的具体应用，本节也有介绍。

▶ **声音生成元件**

动圈式、电容式和带式话筒内的振动膜、声音生成元件和音质

▶ **其他技术特性**

高阻抗和低阻抗、频率响应、平坦响应、平衡与不平衡的话筒和电缆、音频接头

▶ **音乐采集中的话筒布局**

针对不同音乐活动的话筒布局

▶ **ENG/EFP 中的话筒应用**

环境声、线路连接

## 8.2.1 声音生成元件

简而言之，话筒的作用在于，将一种能量——声波——转换成另一种能量——电能。所有话筒都有一个随着声音的压力而振动的振动膜，和一个将振动膜的物理振动转换成电能的声音生成元件。每一个话筒用来完成这个转换的特定过程决定了它的质量和用途。

### 动圈式话筒

在动圈式话筒中，振动膜附在一个线圈装置，即声音线圈上。当有人对着话筒说话时，振动膜随着来自声音的气压而振动，并使声音线圈在一个磁场中前后运动。这个动作产生了声音信号。正是由于这个物理过程，所以动圈式话筒有时也被称为移动线圈话筒（moving-coil microphone）。

由于振动膜声音线圈元件很结实，因而这种话筒能经受并准确地转化强烈的声音振动和靠近话筒的其他气流，同时几乎不会造成声音的失真。

### 电容式话筒

电容式话筒，也被称为驻极体或电容话筒。在它内部有两块使电容器发生作用的金属极板，一块是活动的振动膜，另一块则是固定的，被称为背面板（backplate）。随着空气的振动，振动膜相对于固定的背面板不断运动，导致电容器的电容量不断地发生变化，从而产生声音信号。在拾音方面，电容式话筒比动圈式话筒性能更佳（拥有更宽的频率响应），但对于高强度的声源也更加敏感（容易产生输入过载失真）。

### 带式话筒

在带式话筒或振速话筒中，有一条非常薄的金属带在磁场内振动。这些振动产生了电子音频信号。带式话筒的拾音效果极佳，能生成很温暖的声音。不过它的"耳朵"也有些过于敏感——它的金属带非常脆弱，即使是一次温和的物理撞击或靠近它的尖利气流，都有可能损伤甚至完全毁坏这种话筒。

## 音　质

与较便宜的话筒相比，高品质的话筒能更好地拾取更高和更低的声音。另外，话筒还有一个不太明确的质量因素，即它产生的声音是否特别温暖或特别清脆。不要迷信说明书，也不要被歌手和音响工程师强烈的个人偏好所误导。什么是好的话筒？那个能产生你所需要的声音的话筒就是好的话筒。为了帮助你着手就具体的工作任务挑选话筒，表8.1列出了一些较为流行的话筒种类，及其主要的用途。见表8.1

### 8.2.2 其他技术特性

在使用音频设备时，你也许会听见一些不那么容易理解的术语，如：高、低阻抗话筒，平坦响应，平衡和不平衡话筒及电缆。虽然这些特点在本质上是相当技术性的，但你至少应该掌握它们的操作要求。

## 阻　抗

阻抗（impedance）指对信号流的一种阻碍作用。话筒分为高阻抗（有时简写为高Z）话筒和低阻抗（低Z）话筒。高阻抗话筒（通常比较便宜，音质较差）仅适用于相对较短的电缆，而低阻抗话筒（都是高级专业话筒）的电缆则可以长达几百英尺。话筒的阻抗和录音机必须匹配。

如果必须用高阻抗话筒向低阻抗录音机输信号，或者相反，那么你需要一个阻抗转换器。许多电子乐器，比如电吉他，具有高阻抗输出。为了让它们和低阻抗的设备匹配，它们必须通过一个"校正箱"（direct box）发送信号——箱内有一个类似变压器的电子装置，可以把高阻抗信号调整为低阻抗信号。你

**表8.1** 话筒一览表

| 话筒 | 元件类型 拾音模式 | 特性 | 用途 |
|---|---|---|---|
| **枪式话筒（长）** | | | |
| Sennheiser MKH 70 | 电容式 超心形 | 出色的拾音范围和临场感，因此是非常棒的远距离话筒。具有强指向性。安装在拉长的鱼竿式吊杆上使用时会让人感觉相当重。 | 吊杆、鱼竿式吊杆、手持。最适合于EFP电子现场制作和户外运动中的远距离拾音。 |
| **枪式话筒（短）** | | | |
| Sennheiser MKH 60 | 电容式 超心形 | 良好的拾音距离，极性图曲线比长的枪式话筒更宽。远距离拾音时现场感稍差，但不要求精确地对准声源。比长的枪式话筒更轻、更容易掌握。 | 吊杆、鱼竿式吊杆、手持。特别适用于室内EFP。 |
| Neumann KMR 81i | 电容式 超心形 | 拾音距离比MKH60稍短，但声音更温暖。 | 吊杆、鱼竿式吊杆、手持。特别适用于室内EFP。出色的对话话筒。 |
| Sony ECM 672 | 电容式 超心形 | 高度集中，临场感比长的枪式话筒稍差。 | 吊杆、鱼竿式吊杆、手持。特别适用于室内EFP制作。 |

**表 8.1** 话筒一览表（续）

| 话筒 | 元件类型<br>拾音模式 | 特性 | 用途 |
|---|---|---|---|
| **手持、台式和落地式话筒** | | | |
| Electro-Voice 635N/D | 动圈式<br>全向式 | 经典 635A 的改进版。拾音效果好，仿佛知道如何区分人声和环境声。极其结实。可以忍受粗鲁的对待和极端的室外条件。 | 是适于全天候 ENG 和 EFP 报道任务的杰出话筒（因此也是标准的）。 |
| Electro-Voice RE50 | 动圈式<br>全向式 | 和 E-V635N/D 相似。结实耐用。有内部减震架和气流过滤器。 | 良好而可靠的台式和落地式话筒。适用于音乐拾音，比如声乐、吉他和鼓。 |
| Beyerdynamic M58 | 动圈式<br>全向式 | 平滑的频率响应，明亮的声音。结实耐用。有内部减震架。低操作噪声。 | 良好的 ENG/EFP 话筒。特地设计成容易使用的手持话筒。 |
| Shure SM57 | 动圈式<br>心形 | 高质量频率响应，能承受相对较高的输入音量。 | 适用于音乐、声乐、电吉他、键盘甚至鼓声。 |
| Shure SM58 | 动圈式<br>心形 | 非常结实，在户外和室内都可以使用。 | 用于人声和演讲的标准话筒。 |
| Shure SM81 | 电容式<br>心形 | 极宽的频率响应。也可以用于户外。 | 用于对原声乐器的拾音，效果极佳。 |
| Beyerdynamic Ml60 | 双带式<br>锐心形 | 具有极佳频率响应的高灵敏度话筒，能够承受相对较高的音量输入。 | 特别适用于所有种类音乐的拾音，比如弦乐、管乐和钢琴。也可以作为落地式话筒进行人声的拾音。 |
| AKG D112 | 动圈式<br>心形 | 非常结实。特别为高动能的敲击声音设计。 | 用于鼓类乐器的近距离拾音。 |

**表 8.1** 话筒一览表（续）

| 话筒 | 元件类型<br>拾音模式 | 特性 | 用途 |
|---|---|---|---|
| **领夹式话筒** | | | |
| Sony ECM 55 | 电容式<br>全向性 | 出色的临场感。产生特写声音。但是，正因为临场感突出，因此和吊杆话筒混用效果不好——吊杆话筒一般远离声源。 | 适用于在受控环境中拾音（演播室采访、演播室新闻和专题报道等）。 |
| Sennheiser MKE 102 | 电容式<br>全向性 | 和吊杆话筒结合得很好。出色平滑的全面拾音。但对衣服的噪声，甚至电缆的摩擦声过于敏感，必须固定好以避免摩擦噪声。 | 大多作为领夹式话筒使用，效果极佳。作为隐藏式话筒使用效果也很好。 |
| Sony ECM 77 | 电容式<br>全向性 | 高指向性。在嘈杂环境中用于谈话拾音时，可以隔离大多数的环境噪声。当话筒位置改变时，高指向性会是一个问题。可以和吊杆话筒很好地配合使用。话筒和电缆对衣服的摩擦声非常敏感，必须把它们牢牢地固定住。 | 拾取各种声音都很出色。作为隐藏式话筒使用，甚至用于一些乐器的拾音，效果也都不错。 |
| Professional Sound PSC MilliMic | 电容式<br>全向性 | 非常小，但拾音质量非常高。可以和吊杆话筒很好地配合使用。能很有效地防范电磁干扰。 | 在采访、电视剧和纪录片中作为隐藏式话筒使用，效果很好。户外使用效果也不错。 |

会发现，较新的设备比较老的设备更能兼容不同的阻抗，它们经常不需要阻抗转换器也能匹配阻抗。

### 频率响应

　　频率响应（frequency response）指话筒能听到极高和极低声音的能力。好话筒的听力比大多数人类的听力都好，其频率范围可以从20Hz（赫兹，频率计量单位，测量每秒钟周期性变动的次数）一直到非常高的20000Hz。许多高级话筒在整个频率范围内的拾音效果一样好，这种特性被称为平坦响应（flat response）。高级话筒一般具有较大的频率范围，其响应也相对平坦。

　　**平衡与不平衡的话筒、电缆和音频接头**　所有专业话筒都有一个平衡输出口，通过一根带有三线接头（被称为 XLR 接头）的三线制话筒电缆与录音机和混音器相连。平衡线路排除了嗡嗡声和其他电子干扰。

　　如果电缆特别短，并且没有电子干扰，那不平衡话筒及电缆就也能良好工作。不平衡电缆只使用两根线来输送音频信号。较为出名的两线插头包括1/4英寸电话插头、RCA插头和迷你插头。**见图 8.25**

　　转接器能将三线接头与两线接头相连，反之亦然。但是请注意，每一个转接器都是一个潜在的故障点。如果可能，尽量使用接头本身就匹配的话筒电缆。

**图 8.25 音频接头**
平衡的音频电缆使用 XLR 接头
（A 和 B）；不平衡电缆使用 1/4
英寸电话插头（C）、RCA 插头
（D）和迷你插头（E）。

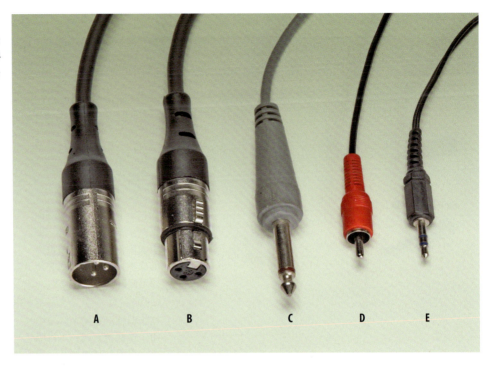

## 8.2.3 音乐采集中的话筒布局

接下来是关于如何在音乐事件中运用话筒的建议，大家对此应该抱着半信半疑的态度。就某个音乐活动中应该如何使用话筒和使用什么话筒，很少有两个音频专家会在这个问题上达成一致。不过，下面建议的这些话筒布局，将对你的起步有所帮助。

对某一音乐团体（比如摇滚乐队）的拾音，正常情况下是用几个落地式话筒来完成的。这些话筒要么放在扬声器（放大某一乐器的声音并将其释放出来）的前面，要么放在未经放大的声源（比如歌手和鼓）前面。到底应该使用什么样的话筒，这取决于演播室的声学效果、乐器的类型和组合，以及想要获得的声音美学特质等因素。[①]

通常情况下，结实的动圈式（全向性或心形）话筒会用于音量大的声源，比如鼓、电吉他扬声器和一些大嗓门歌手；而电容式或带式话筒，则用于一般歌手、弦乐和普通吉他等声源。虽然许多因素都会影响话筒的选择及其布局，本节的图表还是针对三种不同但典型的音乐活动提出了一些相应的建议。再次重申，

最后的判断标准不是别人告诉你应该如何，而是回放扬声器是否呈现了你所期待的声音。

### 用于歌手和普通吉他的话筒布局

对于那种用普通吉他给自己伴奏的歌手而言，在大多数情况下，使用一只心形动圈式话筒或带式话筒就足够了。可以试试 Beyerdynamic M160（带式话筒）或者 Shure SM81（电容式话筒）。你也可以尝试在一个话筒架上同时安装两只话筒——一只用于歌手，对准歌手的下巴，另一只则对准吉他。**见图 8.26**

### 用于歌手和钢琴的话筒布局

如果音乐会非常正式，歌手在钢琴伴奏下演唱古典歌曲，那么你应该把话筒保持在画面之外。你可以尝试在一个小型吊杆上挂一只 Beyerdynamic M160 话筒。对于钢琴而言，则可以将一只区域话筒粘在钢琴盖板的低处，或直接粘在音板上。**见图 8.27** 另一种针对钢琴的方法是使用两只 Shure SM81 话筒，一只对准琴弦的下部，另一只对准琴弦的上部。将话筒放到钢琴下面，靠近音板，在踏板之后一英尺，也能实现良好的拾音效果。

如果演唱会也包括流行歌曲，比如轻古典或摇滚乐，

---

[①] 见斯坦利·阿尔滕《媒介声音》，第 309—328 页。

那么针对歌手，使用诸如 Shure SM58 这样的手持话筒，可能是一个比较合适的选择。对钢琴来说，话筒选择和布置方法不变。

### 用于小型摇滚乐队和直接输入的话筒布局

在为摇滚乐队布置话筒时，歌手、鼓和其他使用扬声器放大声音的乐器（比如电吉他和键盘），都必须使用话筒。像贝斯这样的电子乐器，其声音信号常常会直接输入调音台，不需要使用扬声器和话筒，这种技术被称为直接插入（direct insertion）或直接输入。因为大多数电子乐器都是高阻抗的，而其他所有专业声音设备都是低阻抗的，因此必须通过校正箱使两种阻抗匹配（除非输入设备已经帮你完成了阻抗匹配）。

在布置话筒和扬声器时，注意反馈或多话筒干扰。为了让乐队成员听见自己的声音，必须通过耳机或扬声器来返送混音。返送（foldback），也被称为提示传送（cue-send），即将来自调音台的全部或部分混合音频反馈给音乐家。需要再次提醒的是，图 8.28 中的话筒类型选择仅仅是一个建议。务必试一下你现有的话筒，听听它的混音效果。

通常情况下，可以使用动圈式或带式话筒来为歌手拾音，使用动圈式话筒为其他乐器拾音。对于高输出的音源（比如低音鼓）来说，也使用动圈式话筒。**见图 8.28**

### 8.2.4 ENG/EFP 制作中的话筒应用

ENG 电子新闻采集和 EFP 电子现场制作所要求的拾音设备，与演播室操作要求的设备并没有明显的差异。在现场和在演播室里一样，最终的目标都是最佳的声音。然而，你将发现，在现场的拾音比在演播室里更具有挑战性。户外始终面临着风声干扰和其他意外声音的问题。比如，在拍摄一个关键场景时，飞机或卡车正好经过。应对风声最好的方法，是使用高指向性话筒，为它罩上有效的防风套和防风毛套，并且将它尽可能靠近声源。不过，你应该避免让它产生邻近效应——当枪式话筒离声源太近的时候，会造成声音失真。与大多数演播室制作相反，现场制作常常需要环境声来烘托画面。当你拍摄完一个内景之后，你还需要录下房间的气氛——既没有说话者也没有观众的空房间的"寂静"声，以及有观众在场，但没有说话者声音的房间环境声。这些环境声对于在后期制作

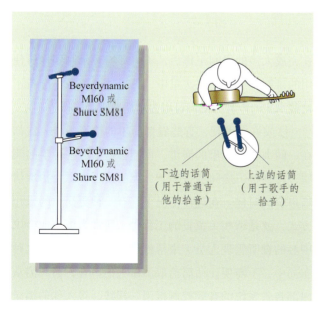

**图 8.26** 用于歌手和普通吉他的话筒布局

用于歌手和普通吉他的话筒布置：一只话筒用于拾取人声；在同一个话筒架上，位置稍低的另一只话筒用于拾取吉他的声音。

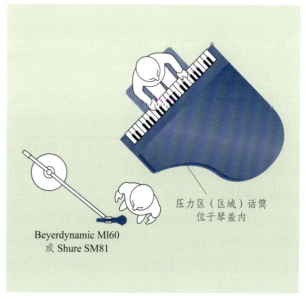

**图 8.27** 用于歌手和钢琴的话筒布局

如果希望歌手的话筒保持在摄像机视野之外，那么应该让它从吊杆上悬挂下来。钢琴用另一只话筒。如果镜头中允许出现话筒，则歌手可以用一只手持话筒。

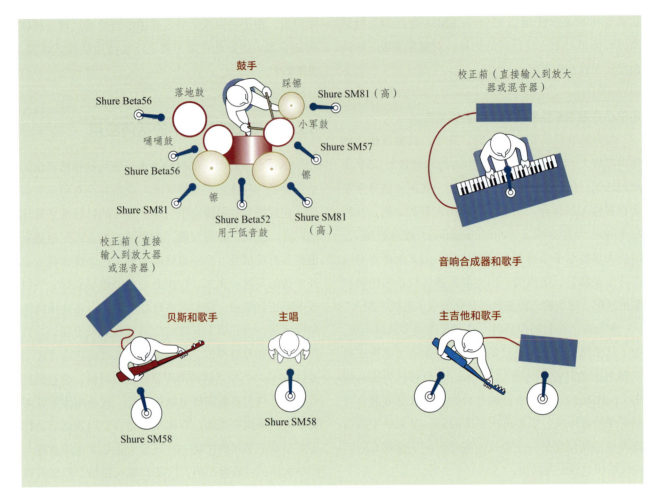

**图 8.28 小型摇滚乐队的话筒布局**
这个图示中的话筒类型和摆放位置对你如何布局话筒仅是一个参考。这里之所以建议使用 Shure 话筒，仅仅因为它们质量很好，而价格又不高。布局是否成功的最终标准，在于从控制室扬声器出来的声音是否令人满意。

中遮盖声音的剪辑痕迹尤为重要。

在执行 ENG 电子新闻采集任务时，要随时让摄像机的话筒（内置或夹在摄像机上面的枪式话筒）保持打开状态以拾取环境声，即便是在拍摄那些"无声的"素材片段时。实际上，在使用手持话筒进行现场报道（记者在新闻发生的现场进行报道）时，也应该同时打开摄像机话筒拾取环境音。在录制过程中，要将每一个话筒的声音分别录到不同的音轨中。这种环境音对保障后期制作中声音的连贯性很有必要。只有音轨分开了之后，音频编辑人员才能够对记者的人声和环境音进行混音处理。

如果你只有一只话筒，而又必须用它来拾取人声，那就将环境声音录在一个小型便携式录音机上，或者在完成人声的录制工作后，再将环境音录制到你所使用的录制介质上。再次重申，剪辑师会感激你准备了这些真实的声音，它们可以为后期剪辑牵线搭桥。

你或许会发现，有些看似简单的拾音工作，比如在一间大会议室里的演讲，可能会产生一些棘手的问题，特别是当房间拥挤嘈杂，无法接近声源去拾取清晰声音的时候。在这种情况下，有一种更简单的操作方式，就是请相关负责的工程师（通常为饭店或会议中心的视听管理人员）来帮你进行线路连接。在这种布局中，不需要让话筒拾取演讲人的声音，而只需从内部音频系统的音频控制板引一根线，接入你的摄录一体机的声音输入孔。实际上，你是与会议室声音系统的音频输出"绑定"起来了。

## 要点

▶ 所有话筒都有一个振动膜和一个声音生成元件。振动膜随着声压而振动，声音生成元件则将振动膜的物理振动转换成电能。

▶ 在动圈式话筒或移动线圈式话筒中，振动膜附在声音线圈上，气压使声音线圈在一个磁场里前后运动。这类发生元件相当结实。

▶ 电容式或驻极体话筒内有一个类似电容器的声音生成元件，由两个电容板组成，一个是活动振动膜，另一个是固定的背面板。活动振动膜能不断地改变电容的容量，从而产生音频信号。电容式话筒的频率响应比较广。

▶ 在带式话筒或振速话筒里，一条薄金属带在一个磁场中振动。由于金属带比较脆弱，这种话筒通常用于室内，在受控条件下使用。

▶ 阻抗是对信号流的一种阻力。话筒和电子乐器的阻抗必须与其他电子音频设备的阻抗相匹配。

▶ 高品质话筒具有宽广的频率范围，并且可以在整个频率范围内一样好地进行拾音。后面这个特点被称为平坦响应。

▶ 话筒分为平衡的或不平衡的。大多数专业话筒具备平衡输出。平衡的话筒及电缆使用 XLR 三线接头。平衡的音频电缆可以防止外部信号在音轨上引起嗡嗡声。不平衡电缆（两线）的接头类型有电话插头、RCA 插头和迷你插头。

▶ 直接插入，也叫直接输入，涉及将电子乐器的声音信号直接输入校正箱，使电子乐器的阻抗与调音台输入接口的阻抗相匹配。这个过程不会涉及扬声器或话筒。

▶ 返送是指将全部或部分混合音频从调音台反馈给音乐家。

9

第 9 章

# 音频：声音控制

前一章主要涉及拾音的知识——各种类型的话筒及其应用。本章将研究现场和演播室电视制作中的声音控制和声音录制的设备和技术。9.1 "声音控制和录制"，介绍在演播室和现场中，用于混音和录音的主要设备和制作技术。9.2 "立体声、环绕声和声音美学"，着重介绍声音美学的主要方面。

你应该意识到，声音制作本质上是一个高度专业化的工作。因此本章仅限于介绍主要的声音设备、基本的制作技术，以及一些基础性的美学考虑。就算你并不想成为一名声音设计师，你也需要明白什么是好的音频。无论你做什么，决定电视制作中音频成败的最重要前提，永远只有一条：有一副好的耳朵。

环境声（ambience） 背景声音。

音频控制室（audio control booth） 一个声音的控制室。配备有调音台和混音台、模拟和数字回放机、唱机、接线板、计算机显示器、扬声器、内部通话系统、钟表，以及线路监视器等。

自动增益控制（automatic gain control，缩写 AGC） 可以控制声音的音量，视频的亮度和对比度。

校准（calibrate） 使所有音量表（通常是调音台和录像机）以相同方式对某个具体的音频信号作出反应。

数字录音带（digital audiotape，缩写 DAT） 声音信号以数字格式进行编码，记录在录音磁带上。涉及数字录音机和数字录音处理。

数字驱动系统（digital cart system） 一种数字音频系统，采用内置硬盘、外接移动硬盘或可读写光盘为记录媒介，可即时储存和读取音频信息。一般用于简短解说和音乐过渡的播放。

均衡化（equalization） 通过突出一些频率，减弱另一些频率来控制音频信号。

主体－背景（figure/ground） 使最重要的声源强于整个背景声音的做法。

闪存设备（flash memory device） 一种可读写的便携式储存设备，可以很快地（一闪之间）下载、存储和上传大量的数字信息。也被称为闪存驱动（flash drive）、闪存卡（stick flash）、闪存棒（flash stick）和闪存记忆卡（flash memory card）。

迷你光盘（mini disc，缩写 MD） 2.5 英寸宽的光盘，可存储 1 小时 CD 音质的音频。

混音（mixing） 将两个或更多的声音以特定的比例（音量变化）进行组合。比例由事件（节目）的内容决定。

混音减音（mix-minus） 一种多音频输出类型，进行输出时，正被录制的音频部分会被省略掉。例如向管弦乐采集现场输出声音时，会省略掉正被录制的独奏乐器的声音。也指为某些节目提供反馈时，会省略掉正在接受反馈的音源提供的声音。

MP3 一种广泛使用的数字音频压缩系统。网络传播的大部分音频都是用 MP3 格式压缩的。

峰值音量表（peak program meter，缩写 PPM） 在调音台上测量音量大小的仪表。对音量峰值特别敏感，能显示音量是否超负荷。

声音透视（sound perspective） 远距离声音与远景镜头相匹配，近距离声音与特写镜头相匹配。

环绕声（surround sound） 通过将扬声器放在听者的前面和后面，或放在其前面、后面和侧面，在其周围制造一个环绕的声场。

声音润色（sweetening） 在后期制作中对音质进行多方位的调整。

音量表（volume-unit meter，缩写 VU meter） 一种仪表，用于测量音量单位，即被放大声音的相对响度。

# SECTION

# 9.1

# 声音控制和录制

在观看电视节目时，我们通常不会把声音感觉成一个独立的元素，它似乎多少是从属于画面的，我们只有在声音出乎预料地中断的时候才会注意到它。但在你自己录制的视频里，你也许会注意到，总是有些大大小小的声音问题将人们的注意力从你优美的镜头上拉开。尽管人们时常漫不经心地对待音频，但你很快就会意识到，声音其实是一个需要你全神贯注的重要制作因素。

▶ 演播室音频制作设备

调音台、接线板、模拟和数字磁带录音系统以及无磁带录音系统

▶ 演播室音频控制

音频控制室和基本的音频操作

▶ 现场音频制作设备和基本操作

保持声音分离和音频混音

▶ 现场音频控制

在 ENG 和 EFP 中使用自动增益控制，使用 XLR 转接器，以及 EFP 混音

## 9.1.1 演播室音频制作设备

主要的音频制作设备包括调音台，接线板，模拟和数字磁带录音系统以及无磁带录音系统。

### 调音台

无论调音台的模式是模拟的还是数字的，所有调音台或声音控制台都具备五大功能：

- 输入：先期放大及控制各种输入信号的音量
- 混音：混合及平衡两个或更多的输入信号
- 音质控制：控制声音的特性
- 输出：将合成后的信号传输到某个具体的输出端口
- 监听：在声音信号被实际记录或播出之前（或过程中）监听声音见图9.1

**输入** 调音台配有多个输入接口，以应对各种声源的接入。即使是小型演播室的调音台也可能有多达16个或更多的输入接口。虽然一般的室内制作或播出很少会用得到那么多输入接口，但你必须保证它们没有故障，因为说不定在第二天的节目中它们就会派上用场。

每个输入单元都要求你在话筒输入和线路输入之间进行选择。话筒输入是针对声源的，在将其发送到输入控制台之前，需要对声源进行先期放大。所有的

**图 9.1 调音台**

这个调音台的每个模块都包括一个音量控制器（滑动式）、各种音质控制和任务开关。它能将几组混音输送到各个目的地。

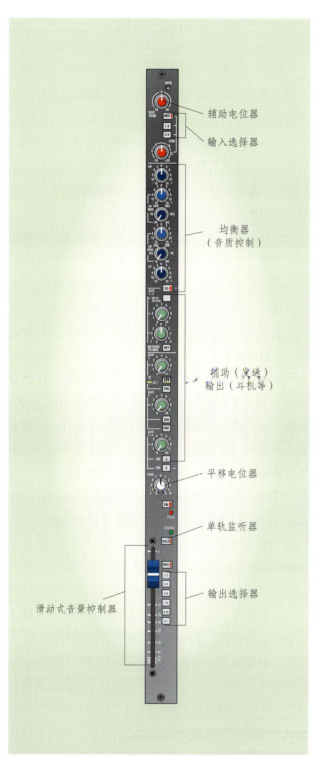

辅助电位器

输入选择器

均衡器
（音质控制）

辅助（发送）
输出（耳机等）

平移电位器

单轨监听器

滑动式音量控制器　　　　　　　输出选择器

**图 9.2　调音台模块**
这个模块上的主要控制装置包括：滑动式音量控制器、均衡器、任务开关、静音开关（使该输入音频静音）、平移电位器（使声音从一个立体声扬声器水平转移到另一个扬声器）及各种其他音质控制装置。

话筒输入都需要经过这样的先期放大，才能被发送到话筒输入接口。

对于来自 CD 播放机、DVD 播放机或 DAT（数字录音带）录音机这样的线路输入而言，其信号已经很强，就不用进行先期放大。所有的音频信号都必须达到线路输入的强度，才可以在调音台上进行进一步的调音和混音工作。

因为并非所有话筒或线路的信号输入水平都相同，所以它们有被过度放大的风险。为了防止这种情况的发生，可以利用修整控制（trim control）来分别调节信号。修整控制可以调整话筒输入信号的强度，从而保证其在后续的放大过程中不会失真。

无论输入情况怎样，声音信号之后都会被输送到音量控制装置、各种音质控制装置、静音开关（或单轨开关）和任务分配开关。静音开关可以在你想听某个特定输入信号时使其他输入信号变成静音。任务分配开关则可以将信号输送到调音台的特定区域和信号输出口。见图 9.2

**音量控制**　所有声音在音量（响度）上都是不同的，有些声音相对比较弱，必须增强音量才能使人们听见；有些声音却太大，使音频系统超负荷，从而变得失真，或超过较弱的声音太多，致使两者无法达到平衡。帮助我们调节输入的声音信号，使之达到适当水平的音量控制器，通常被称为电位器（potentiometer，缩写为 pot），或者消减器（也被称为衰减器和增益控制器）。

若想增加音量，顺时针旋转音量控制旋钮，或把滑动式开关朝远离你的方向（向上）推；若想减少音量，就逆时针旋转旋钮，或把滑动式开关朝靠近你的方向（往下）拉。见图 9.3

**混音**　调音台能让你组合或混合来自各个输入信道的信号，比如两个领夹式话筒、背景音乐和电话铃音效。混音总线（mix bus）可以按你指定的特定音量组合这些声音信号。如果没有调音台的这种混音（mixing）能力，你一次就只能控制一路输入信号。混完的音频之后会被输送到输出线路。

**图 9.3** 滑动式音量控制器

将滑动式音量控制器往上推，增加音量；往下拉，减少音量。

混音总线像一个河床，能够接收来自各支流（输入信道）的水（信号）。这些支流（各种声音信号）聚集在一起（混合的各声音信号），最终沿着河床（混音总线）流向下游，直达其目的地（录音机）。

**单轨开关和平移电位器** 混音的时候，单轨开关能够让你单独聆听某一输入音轨的声音，同时让其他音轨的信号保持静音。每种型号的调音台都拥有单轨开关。平移电位器能够让你按照从左到右或从右到左的次序，对你选定的一个或多个声音，在不同的扬声器之间进行水平移动（在混合环绕声的时候，则为顺时针和逆时针移动）。

**音质控制** 所有调音台都拥有各种控制装置，可以让你塑造声音的特性（见图 9.2），其中最重要的装置是均衡器、过滤器和混响控制装置。

通过突出某些频率，减弱或消除另一些频率来控制音频信号的过程称为均衡化（equalization），它可以以手动或自动的方式，通过调节均衡器来完成。均衡器的工作原理很像家用立体声接收器上的音调控制装置，可以对所选的频率进行增强或降低，进而影响声音的特性。例如，你可以通过增强高频使声音更明亮，也可以通过增强低频使声音更浑厚，还可以消除低频的嗡嗡声或高频的嘶嘶声。过滤器能自动消除高于或低于某个点的所有频率。混响控制装置能给每一路选

中的输入信道添加渐强的混响效果。

**输出** 经过混合和质量处理后的信号被传送到输出端，被称为线路输出。混音信号必须保持在可以接受的音量限度内，它们受最终音量控制器——主电位器（master pot）的控制，并接受音量指示器的测量。最常见的音量指示器是 VU 表，即音量表（volume unit meter）。随着音量的变化，音量表的指针会沿着校准刻度来回摆动。

如果音量太低，指针无法从最左端移开，说明增益（音量）控制根本没起作用；如果指针在刻度中间摆动，在右边红线处达到峰值，说明增益的设置正确；如果指针在刻度右侧的红色区域内摆动，甚至偶尔碰到表的右侧边缘，说明音量太大——音量的极限被突破了，数值爆表了。

有些调音台上的音量表和家用立体声系统中的音量指示器非常相似，由发光的二极管（LED）构成。这根二极管看上去就像一根纤细的彩色光柱，沿刻度表上下波动。如果增益调得太高，光柱会蹿到刻度表上很高的位置，甚至还会改变颜色。见图 9.4

有些调音台有附加的峰值音量表（peak program meter，缩写 PPM），由它来测量音量峰值的大小。PPM 对音量峰值的反应比音量表的指针快，能够让你清楚地看出何时音量被调节过度了。

**输出通道** 我们常常按调音台的输出通道数量来对它们进行分类。老一些的电视调音台拥有数个输入通道，但却只有一个输出通道，这是因为当时的电视声音是单声道的。然而今天，即使是小型的电视调音台，也有至少两个输出端口，用于处理立体声，或者将两个相同却各自独立的信号，同时输送给两个设备（比如耳机和录像机）。随着 HDTV 高清电视的出现，对声音的要求也发生了变化。和电影非常相似，大屏幕电视要求环绕立体声，这就涉及多个分开的输出通道，涉及将几个不同的扬声器有计划地放在显示屏的前面和后面（见图 9.10）。对高质量音频日渐增长的要求，导致在音频控制室，尤其是在后期音频制作室中，对多通道（输出）调音台有了越来越多的应用。

**图 9.4 LED 音量表**

LED（发光二极管）音量表通过不同颜色的光来表示调节过度（通常是红色）。

某个具体的调音台有多少个输入通道和输出通道，可以根据调音台所标记的数字来判断。比如 8×1 或 32×4 调音台，意思是，小型 8×1 调音台有 8 个输入通道和 1 个输出通道，较大型的 32×4 调音台有 32 个输入通道和 4 个输出通道。因为只有一个输出通道，因此 8×1 调音台显然是单声道的。

大多数大型电视调音台都有 8 个或更多的输出通道（有 8 个上电位器和 8 个 VU 表），每个都能传送一个分离或混合的声音信号。多路输出的优点是，你可以将单个声音信号传送至多轨录音机，以便进行后期混音。如果有 24 个输入通道但只有两个输出通道，你就得混合各种输入信号，使之成为两路，然后再将它们传送到立体声录音机的左右声道。但如果你想保持各声音的分离，以便在最终的后期制作混音中进行更多的操控，或你想给独立的环绕立体声扬声器分别输送声音，这时就需要更多的输出通道。例如，即使为了报道一场简单的摇滚音乐会，你也必须分别为音乐家、现场观众、录像机以及多轨磁带录音机（ATR）提供声音。你会惊讶地发现，即使对于一个大型调音

台而言，其可用的输入通道和输出通道也会很快就被全部用完。

**联机调音台**　有些更复杂的调音台被称为联机调音台（in-line console）。它们具备输入 / 输出（I/O）模块，这意味着每个输入通道都有自己对应的输出通道。例如，如果有 24 个输入通道，并且每一个都接收一个不同的声音信号，你就可以直接将每一路信号发送到一台 24 轨录音机的各个声道上，而不需要通过任何混音总线来传输它们。通过这种方法，你可以利用调音台来控制每一个输入通道的音量，但是调音台不再负责混音或音质控制的工作。事实上，声音是在原始状态下被传送到录音机的。各种声音的混音和音质控制，都交由后期制作和混录环节完成。输入 / 输出（I/O）回路能使你试听各种混音和声音处理效果，而不会影响送往录音机的原始信号。

**幻路供电**　不要被这个名字唬住：电能供应中的"幻路"其实是"真实的"。它的意思是，一些电容式话筒的先期放大器的电能，是由调音台或其他器材提供的，而不是由电池提供的。

**监听器和选听器**　所有调音台都有一个监听系统，可以让你听见最后合成的声音，或让你在声音切换到线路输出之前，监听和调节混音。独立的监听或选听返送系统，能够让你听见某个特定声源，而不需要把它传送到混音总线。当声源正在播出，而你又想要盐听某个数字录音带或磁带，或者想要检查音乐光盘（CD）或多媒体光盘（DVD）上的某一音轨，这个系统就显得尤其重要。

**计算机辅助功能和数字调音台**　几乎所有的调音台都包含一台计算机，你可以通过它预设、存储、调用和启动许多声音控制功能。例如，你可以以特定的音量、均衡和混响值来尝试对每一个单独的声音进行某种混音，将数据全部储存在计算机上，尝试一下别的东西，然后又按下按键重新调用最初的设置。

数字调音台看起来和自己的表兄模拟调音台长得

很像，但它具备中央控制器，能为每个输入模块启动各种声音控制和传送功能。这些控制器与视频切换台的指派控制键（见图13.7）没什么区别。其优势在于，这样的线路输送结构，能够使调音台的尺寸保持相对较小，从而便于使用。

### 接线板

接线板的主要功能，是将各种音频信号连接和输入/输出到设备的各个部分。为了完成这一任务，你可以使用实际的电线建立特定的连接。你也可以使用计算机，重新排列信号，并让计算机根据你的指令来发送信号。无论你运用哪种方法，接线的原理都是相同的。在此我们先以电线（也被称为连接线）为例，来说明普通的接线步骤。

假定在某个新闻节目中，你想要两只话筒，一个来自现场记者的远距离输出，以及一个CD操作装置。其中，1号话筒和2号话筒是领夹式话筒，分别戴在两位主播身上；远距离信号是来自现场记者的现场报道；CD则包含了用于新闻开始和结束处的主题音乐。

这些声源中的任何一个都可以按照任何你想要的次序连接到单独的音量控制装置（电位器或音量控制器）上。假设你想以从左到右的次序进行以下音量控制——CD、领夹式话筒1、领夹式话筒2、远距离输出，那么，你可以很容易地按这种次序将这些输入信号连接到调音台。如果想以其他不同的次序输入，不需要拔出设备上的线路插头，只需拔下接线板上的插头，然后以不同的顺序重新连接至音频输入通道即可。见图9.5

**电线接线板**　所有电线接线板上都有一排排的孔，叫插口，代表着各种输出和输入。上面几排插口一般是输出插口（传送来自话筒、CD等声源的信号），紧接在输出插口下面的几排插口是输入插口，连接到调音台。输出和输入通过连接线连接。

若想使连接正常，连接线必须从上面某个输出插口连接到下面某个输入插口。见图9.6 如果将输出连接到输出上（上排某个插口连接到上排另一个插口），或者将输入连接到输入上（下排某个插口连接到下排另

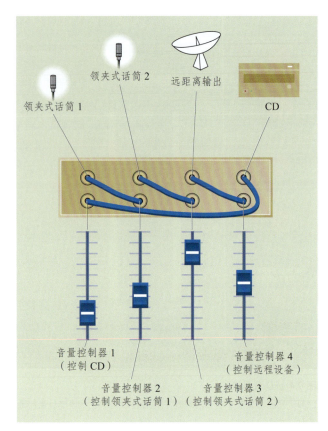

**图9.5 接线**
这个接线表明不同的信号输出（声源），包括两个话筒、一个远距离输出和一个CD，按下列次序输入音量控制器：CD、领夹式话筒1、领夹式话筒2、远距离输出。

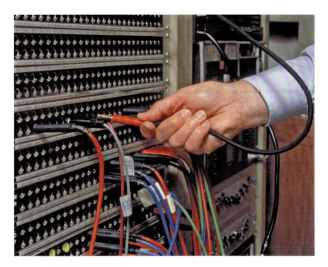

**图9.6 已接线的接线板**
所有接线板将信号输出（话筒、CD、录像机）连接到调音台的特定输入模块。通过连接线将音频输出（顶排）连接到输入（底排）来完成接线。

一个插口），那就会让你头痛不已。

为了减少连接线的数量，在某些经常连接的输出（某个特定的话筒、DAT 机或 CD）和输入（分配给这些声源的特定音量控制）之间，会直接进行默认连接（又叫常规连接）。这意味着，一条回路的输出和输入本来就是连接在一起的，不需要使用连接线。如果将一条连接线插进常规连接线路的插口，就会中断连接，而不是建立连接。

虽然接线板让音频信号的传送更加灵活，但它同时也产生了一些问题：接线要花费时间；连接线和插口经常使用会老化，进而导致嗡嗡声或连接间断；纵横交错的众多连接线让人眼花缭乱，看起来更像是一盘意大利面，而非井然有序，从中很难理出单条连接线的两端。另外，如果你要把某个扬声器与一个相应的音量控制器相连，倘若音量控制器设定在比较高的音量上，那么，插、拔连接线产生的瞬喂声甚至能让最结实的扬声器烧坏。再次重申，虽然人工接线很重要，可以让你看到信号的走向，但计算机可以更为有效地实现许多接线功能。

**计算机辅助接线**　在计算机辅助接线中，来自各种声源（比如话筒、校正箱、CD、DVD 或视频录像）的声音信号，会被传送到接线板程序中，它会将多个信号分配给调音台的特定音量控制模块，以进行进一步处理。例如，将 1 号领夹式话筒的信号传送到 2 号电位器，将 CD 的声音传送到 1 号电位器。不需要通过任何人工接线，只需将传送的信号输进接线板控制程序，让它命令电子接线板将输入信号连接到调音台预定的音量控制器上。显示屏上会显示相应信息，你的指令也会得到存储，以备将来之用。现在，接线过程就像在文字处理软件中粘贴文字那样简单。

**录音系统**

在常规的电视制作中，声音通常是与电视画面同步记录的，保存在录像机的某一个声音轨道上。然而有时，你会需要用一个单独的录音设备来为所记录的声音做备份，或者为了高级别的后期制作需要，把声音记录在另一个系统上。

通常，录音系统可以以模拟或数字形式记录声音信号。正如第 4 章所讲的，"模拟"意味着信号的波动和原始刺激完全相同，也就是说，离开了话筒的电子信号，仍然会像话筒的声音生成元件那样波动；而"数字"则意味着信号被转换成许多离散的数字（以 1 和 0 两个数字表示的开 / 关脉冲）。现在，专业电视的几乎所有的录音都是以数字形式完成的。和数字影像一样，数字音频录音不仅在音质方面更胜一筹，在大量的后期制作中也更易于保持音质。同时，因为数字系统能视觉化地显示你所录制的声音，所以在后期制作的时候，也就比模拟音频更能保证精确的剪辑。

但也不要忽视模拟录音。很多型号较旧的摄录一体机和 VHS 磁带录像机是模拟格式的。大量的声音档案也是模拟格式的，并将在数字时代继续保持这种格式。你或许还会碰到一些模拟格式的器材设备，其中最常见的是模拟格式的磁带机。一些音频纯粹主义者重新回到了模拟格式系统，因为他们认为，模拟格式的录音听起来比数字格式的录音更温暖。

**模拟录音系统**

所有的模拟录音机都是使用磁带的。这里我们简要介绍两种还在使用中的模拟录音系统：开盘式录音机和盒式录音机。

**开盘式录音机**　开盘式录音机常用于多轨录音或播放较长的声音素材。

**磁头组**　录音带从供带轴转移到收带轴上至少要经过三个磁头：抹音磁头、录音磁头、播放磁头。见图 9.7 这样的磁头组是所有模拟磁带录音机的标准配置。当 ATR 录音机用于录音时，抹音磁头会消除之前录音中留在磁带上的所有声音素材（音轨）；录音磁头会将新的声音素材记录到磁带上。在磁带播放时，播放磁头再现录下来的声音素材，抹音磁头和录音磁头则不起作用。

**操作控制**　除了调整速度的开关外，所有专业的 ATR，无论是模拟的还是数字的，都有五个众所周知的控制键，用来控制录音带和录像带的运动：

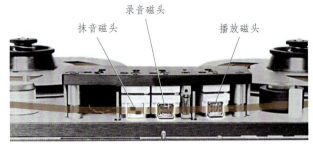

抹音磁头　　录音磁头　　　　　播放磁头

**图 9.7 模拟磁带磁头排列**

模拟磁带录音机的磁头组包括一个抹音磁头、一个录音磁头和一个播放磁头。

（1）播放键（play），以指定的速度转动磁带；（2）快进键（fast-forward），高速向前转动磁带；（3）停止键（stop），让带轴停下来；（4）快速倒带键（rewind），高速往回转动磁带；（5）录音键（record），启动抹音磁头和录音磁头。许多磁带录音机还具有监听控制功能，它使你即使在快进或快退的时候也可以听见磁带上的声音。

**盒式磁带系统**　专业盒式磁带系统和家用的或便携式录音机很相似，只是它们的电子器件更精良，能减少噪声，其磁带传送系统也更耐用，能更快更平滑地快进和快退。

正如你从经验中知道的那样，盒式磁带容易存储和处理，可以播放长达 120 分钟的声音素材。虽然磁带比较窄，但产生的声音却比较好，具有金属颗粒涂层的磁带类型更是如此。

**数字录音系统**

所有的数字录音系统都建立在磁带或无磁带的介质系统之上。

**磁带录音机：录像机**　磁带介质的录音设备包括单体式录像机或摄录一体机中的盒式磁带录像机（VTR）以及 DAT 录音机。

大部分的数字音频，都是与画面一起被同时记录的，音频会被储存在磁带的一条或两条音轨上（见图 12.2）。高端的摄录一体机有四条音轨，但如果你需要使用多条音轨，你应该将它们输送到混音台，再从混音台输送到多轨录音机，以便进行后期剪辑。

**磁带录音机：DAT**　通常情况下，DAT（digital audiotape 的缩写）录音机指的是数字盒式磁带录音机。这些机器的运行方式更像盒式磁带录像机，而非录音机。在磁带行进的过程中，录音机的磁头高速旋转。除了能以通常的数字方式进行几乎无噪声的高保真录音外，高端 DAT 录音机还具备以下对视频制作来说极为重要的特性：

- 高速搜索和极其精确的监听定位
- 可以通过内置话筒进行口头打板（用于匹配场景或镜头）
- 提供时间码，以便在后期制作中进行监听和声画匹配
- 显示磁带上剩余的时间
- 如果需要，可以让外部时间码（比如摄像机提供的时间码）与内部时间码同步

但这些奇妙的设备也并非一点问题都没有。高速旋转的磁头容易磨损，尤其是在维护不当的情况下。对于潮湿的环境，这种录音机也特别敏感。DAT 磁带还不能有任何瑕疵，否则其录制的声音也会出现瑕疵。最后，高端的 DAT 录音机非常昂贵，这也是为什么无磁带录音机越来越受欢迎的原因。

**无磁带录音系统**　在电视制作中，更为流行的无磁带录音系统包括：数字驱动系统，迷你盘和闪存设备，移动硬盘或固定硬盘，以及多种 CD 和 DVD 格式的光盘系统。

**数字驱动系统**　数字驱动系统（digital cart system）能让你录制大量的音频数据（可达上百个小时），即时选择监听任何存储在硬盘上的声音文件，编辑音频文件，创建一个播放列表来自动播放音频序列，进行远程控制，以及与独立的小型移动磁盘交换音频数据。

**迷你盘和闪存记忆卡设备**　迷你盘（mini disc，缩写 MD），是一种小型（约 2.75 英寸大小）只读或可读

写光盘，可以存储 1 小时以上的高质量数字立体声音频。它的小尺寸、大容量及易于读取的特性使它成为电视制作中一种有用的播放装置。

闪存记忆卡（flash memory device），或闪存，被广泛地用于数字音频录音当中。这样的闪存记忆卡通常是小型 SD 卡（安全数位卡），和你装在数码相机或摄录一体机中的记忆卡很相似。有一种相对较便宜的小型数字录音机，内置两个相当出色的电容式话筒，用 SD 卡作为介质，可以存储 2GB（千兆字节）的音频，相当于超过三个小时的高品质立体声。如果按照 MP3 格式进行压缩，则它可以储存的 30 个小时的音乐。与 DAT 录音机相比，SD 卡录音机的优势在于它没有任何像磁头这样的活动部件。

**硬盘**　有专门为音频制作和后期剪辑而设计的大容量系统，可以像你使用的计算机硬盘那样存储音频文件。使用这种录音机，举例来说，你可以将 24 个音轨的高质量音频录制到两个硬盘上。你可以对音频进行常规的剪辑工作，比如剪切、拷贝和粘贴，或者将整条音轨从一个位置移动到另一个位置。你可以以一种几乎是即时的方式，任意地查找和播放音频文件。

正如你所知道的，独一无二的苹果 iPod 就是一个强有力的录音装置。它的 160GB 机型可以容纳数以千计的歌曲和照片，或者储存 200 个小时的视频。如果有合适的软件，你可以将录制的信息传送到你的笔记本电脑上，进行进一步的处理。

**CD 和 DVD**　专业的 CD（光盘）和 DVD（数字多功能光盘）播放机，是电视台（以及电台）在播放商业制作的音乐和其他声音材料时经常使用的一种媒介。可重写 CD 和 DVD 则可以进行多次录音和播放。市面上有各种不同格式的 CD 和 DVD，但无论是哪种格式，其所执行的制作功能都是一致的：储存和播放各种各样的音频材料。一些更加复杂的光盘机能同时装载数片 CD，允许你选择和排列不同的音轨，进行自动播放。

虽然 CD 和 DVD 理论上可以承受无限次播放而不会出现信号衰减的现象，但它们实际上相当娇气。如果将发亮的一面，甚至贴标签的一面刮伤，光盘就会拒绝读取刮坏的地方。如果 CD 上有指纹，激光束也可能会试图读取指纹而不是印在上面的数字。所以在拿 CD 或 DVD 的时候，要尽量避免用手接触表面，并在放置它们时，始终让贴标签的一面而不是发亮的一面朝下。

## 9.1.2　演播室音频控制

所有的电视控制室都分为音频控制区域和节目控制区域。音频控制室（audio control booth）是一间装有隔音材料的房间，与更大的节目控制室相邻。大部分的音频控制室都能看得到节目控制室的情况。在理想状态下，音频工程师应该能看到节目控制室的预览监视器，这样才能够对需要选用什么音频进行预判。

通常情况下，音频控制室用于放置音频设备，包括混音台、调音台，以及模拟和数字音频的录制与回放设备。出于怀旧的需要，这里多半还会保留一个唱机。此外，你还会在这里看到一个物理接线板（尽管现在已经有了计算机接线），以及一台或多台台式计算机。你还会发现选听扬声器和节目扬声器、内部通话系统、时钟及线路监视器。音响工程师（或称为音频技术员或音频操作员）会在节目制作期间操作这些声音控制装置。**见图 9.8**

**基本的音频操作**

学习如何操作所有这些设备都必须花费时间，进行大量的实践。幸运的是，在大部分的演播室节目制作中，你的音频任务主要就是确保新闻主播或讨论小组成员的声音处于合适的音量上，避免让不相干的噪音出现，以及确保视频在播放时声音和画面一起出现。通常情况下，在复杂的节目录制过程中，你不必去进行错综复杂的声音控制工作，至少不用当场做。因此，我们在此关注的重点，只涉及音频操作的几个基本因素：音频系统校准，音量控制，以及演播室现场混音。

**音频系统校准**　在你进行任何严肃的音量调节或混音之前，你需要确保录音机或录像机听到的声音是一致的。从技术上来说，这意味着录像机的输入音量（录音强度）要与调音台的输出（线路输出信号）相匹

**图 9.8** 音频控制室

电视音频控制室包括多种声音控制设备，比如带计算机显示器的调音台，接线板，CD、DVD 和迷你光盘播放机，DAT 录音机／播放机，扬声器，内部通话系统，以及视频线路监视器。

通往视频控制室的窗户　　　显示调音台功能的计算机

调音台　　　演播室通话系统

配。这个过程被称为演播室音频系统校准，或者简称为校准。校准（calibrate）一个系统就是使所有音量表（通常为调音台和录像机上的）以同样的方式响应某一个具体的音频信号。（注意，音频校准与镜头变焦校准没有关系，变焦校准指通过调焦使镜头在整个变焦范围内保持焦点清晰。）

在进行音频校准时，你要将一段 VU 读数为 0 的音频信号从调音台发送到录像机。录像机操作员在录像机端调节输入电平，使它的 VU 读数也保持为 0。当处理数字音频的时候，一个更好的方法是将录音的音量读数设置为略低于 0，从而避免音量过大时带来的声音失真。如果你要这样设定，那么所有的其他输入端也必须用同样的方法进行校准。**见图 9.9**

**音量控制**　如果系统经过校准，你就能够专注于对输入音源的音量大小进行微调了。在每次开始视频录制之前，你都应该设定一个音量水平——也就是说，调节音量控制器，使出镜人的讲话落在可以接受的音量范围之内（既不过低，也不过高）。你可以要求出镜人说一段话，其时间长度要足够你判断说话音量的上限和下限，然后你便可以将音量控制器调节到这两个极端的中间位置。经验丰富的出镜人能让自己的

声音始终保持在这个音量范围内，即使在拍摄下一条时也是如此。

遗憾的是，当你要求出镜人试音时，大多数人都会认为这将分散自己的注意力，于是只是快速地数上几个数。之后，当节目开始录制，他们有时候会突然提高声音，从而引起音量的增加。因此，必须始终做好准备，来应对这种音量的突然变化。老练的出镜人在开场白中使用的声音会和他们在节目录制过程中使用的声音一样响亮。不过，你也不能光凭几句开场白就觉得万事无忧了。

如果音量调得过高（持续将增益保持在过高的水平），那么，最终得到的录音结果就不是声音稍微有些偏大，而是声音的失真。虽然以稍低于正常水平录制的声音比较容易提高（即使要冒放大低音量噪音的风险），但要在后期制作中修复调得过高、失真的声音，则是非常困难的，而且往往是不可能的。数字音频特别容易受到音量调整过度的影响。因此在使用数字录音系统时，你应该始终将音量值设定得比模拟录音略低。一些音频工作者建议将最高音量设定在 −4dB（分贝）到 −6dB 之间，而非设定在 0dB。

**演播室直播混音**　直播混音的意思是，在节目进

行的过程中对声音进行混合及平衡。演播室混音工作可以是一些比较简单的任务，比如为新闻记者的领夹式话筒调整增益，或在小组讨论期间平衡几个小组成员的声音。当然，它也涉及更复杂的工作，比如在新闻报道期间在各种声源之间进行切换，录制摇滚演出，甚或录制一个交互式多媒体节目中的戏剧性场景，关于如何识别潜在的入店行窃者。

和为复杂的制作布置话筒一样，如何实现最佳的混音效果，也没有什么现成的公式可循。在为新闻节目主持人的某一个话筒调整增益时，只需将他的声音音量保持在可接受的音频范围之内，同时确保能清楚地听见他的声音即可。当控制小组讨论的音频时，如果每个成员都佩戴一个领夹式话筒，那增益调整起来就非常容易。只要设定好了增益水平，你就基本上什么也不用做了——除非某个成员突然兴奋起来，开始用比平常更大的声音讲话，这时，你需要将音量控制器稍微往下拉一些；或者，当某人开始喃喃低语时，你需要将音量控制器稍微往上推一些。

如果你使用的是台式话筒，那么，最重要的音频工作会发生在节目开始之前——布置话筒。记住，话筒之间的间隔距离至少应该为任意一只话筒到其使用者的距离的三倍（如第 8 章所述）。这种话筒摆放位置能消除话筒彼此之间的干扰。在初步的音量水平设定之后，将话筒调整到最佳位置并把它们固定住。然后，设定另一个音量水平，调整所有话筒的音量控制器，并希望小组成员们碰撞和敲击桌子的声音能保持在最低的限度。

具有多个声源的新闻播报更具挑战性。例如，你可能需要从主持人的介绍快速切出来，切换到某个视频服务器上的 SOT（sound on tape，即磁带声音）片段或 SOS（sound on source，即声源声音）片段，再从那里切到另一位共同主持人，再切到位于伦敦的嘉宾（远距离声源），然后又切回到共同主持人，再到另一个 SOS 片段，再切回到主持人，再转到某条广告上，诸如此类。你会发现，给每个音频输入线路都贴上标签，将使你的音频控制更加方便迅捷：只需在相应的控制器下面贴一条标记带，用蜡笔标明即可。对音量控制而言，你应该格外注意远程声源和 SOT/SOS，而不是主持人和天气预报员的话筒（他们的音量水平已在新闻播报前设定好了）。

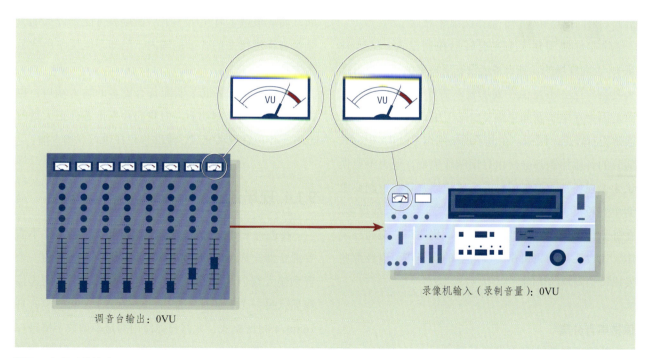

**图 9.9 音频系统校准**

当所有音量表以同样的方式响应某一个特定的音频信号时，音频系统就被校准了。在这里，音频混音器的线路输出是以录像机的输入（录制音量）为依据校准的。两个音量表显示了相同的值。

为摇滚乐队或多媒体节目的戏剧性场景进行混音非常复杂，最好留给音频专家去做。再次重申，如何正确地选择话筒，以及如何正确地摆放它们，比混音本身更具挑战性。此外，音频工程师也许还不得不为多音频反馈连接话筒，比如为返送、混音减音、观众反馈或视频反馈等。所谓的混音减音（mix-minus）反馈是一种返送类型，指将已减去演播室声音（如歌手的声音）的完整混音（通常为乐队或管弦乐队的声音）反馈给演播室。

令人惊讶的是，给管弦乐队录制交响乐要简单得多。你所需要做的，就是将两只优良的电容式话筒，以较紧密的相互间隔，挂在乐队的正前方的顶上（约10英尺的高度），让它们呈 V 字形分别指向乐队的左边与右边，V 字的尖端对着观众的方向。乐器声音的音量控制和平衡工作，大部分将由指挥家代你完成。

## 9.1.3 现场音频制作设备和基本操作

对于所有音频来说，拾音质量越高，在拍摄阶段和后期制作时的声音控制也就越简单。（关于何种话筒适用于室外，以及在不同的场地条件下如何获得最佳拾音效果的信息和建议，请参阅第 8 章。）

除非你使用到大型实况转播控制设备（见第 18 章），否则现场的音频设备远没有演播室的相应设备那么复杂。这并不是说在现场就不需要最优化拾音了，而是因为在电子新闻采集（ENG）中，对音频的要求通常相对较少。同样，在电子现场制作（EFP）中，大部分的音质控制都会交由后期制作完成。但也不要误认为，现场音频控制就可能会比演播室音频控制要更简单。相反，外景的拾音和录音实际上要困难得多。在外景你必须考虑风产生的噪音、狗叫声、交通环境声、飞过头顶的飞机声、围观者的交谈声，以及那些发出可怕闷响的房间。

**保持声音分离**

获得良好的外景声音的关键在于，尽可能让主要的声音与环境声音分开。例如，你通常需要将现场记者的话筒声录制到一条音轨上，同时将来自摄像机话

筒的环境音录制到第二条音轨上。在某些情况下，需要你在现场进行几个声音的混合和平衡工作。例如，如果你要在某人的起居室里采访好几个人，你就需要在现场平衡他们的声音。这时，就会用到现场混音器。

**音频混音**

音频混音器和音频调音台不同，通常情况下，它只提供输入（音量控制）和混音（混合两个或更多的信号）两个功能。

大部分便携式混音器都具有三个或四个输入信道，以及一个或两个输出信道。就算是小型混音器，也需要你区分话筒电平（低强度信号）和线路电平（高强度信号）两种输入源。位于每一个声音输入端口上面或下面的开关，要么设在 mic 挡上，接收低电平的输入，比如话筒，要么切换到 line 上，接收高电平的声音，比如某台 CD 播放机的输出音源。由于在大多数时候，你都会将现场混音器用于给话筒声音进行混音，所以要仔细检查，确保输入开关设置到了 mic 上面。如果你不确定某个声音设备生成的是话筒电平还是线路电平的信号，那么就做一个简短的录音测试。当回放测试录音的时候，不要只依赖音量表的读数进行判断，而应该戴上耳机听一下。音量表可能告诉你的只是录音在可接受的音量范围内，但却不能反映声音是否失真。

尽管一些数字混录器配备有更多的输入端口，也提供一些音质控制功能，但我们并不推荐你把大量的混音工作放在现场完成，除非你正在进行现场直播。

## 9.1.4 现场音频控制

在进行 ENG 电子新闻采集的时候，你通常并不需要混音器。你可以将外接话筒插入摄录一体机的一个音频输入端口，然后将摄像机自带的枪式话筒的连接线插入另一个音频输入端口。要确保你录制的声音是16bits/48kHz 格式，尤其当你使用的是小型数字摄录一体机时。如果你以较低的比特率（比如 12bits）进行录制，那么当你把拍摄素材转换为 DVD 或转存到硬盘的时候，就会出现声音和画面不同步的现象。

### 在ENG和EFP中使用自动增益控制

如果你是在进行 ENG，但又不能查看摄录一体机的音量表，那就打开自动增益控制（automatic gain control，缩写 AGC）。AGC 可以增强低音量的声音，降低高音量的声音，使它们达到可接受的音量范围。但是，AGC 不会辨别哪些是想要的声音，哪些是不想要的声音。路过卡车的噪声、剧组人员的咳嗽声，甚至现场报道记者暂停下来思考下一步措辞期间的噪声，都会被它忠实地提高。一旦有可能，特别是在嘈杂的环境中，尽量关掉 AGC。然后手动调节音量，观察摄录机取景器或混音器音量表上显示的音量水平。对于 DAT 录音机来说，在设定音量水平的时候，将电位器（音量控制）从现有位置调低一点。这样，你就能保证声音在播出时不会显得过高。

### 使用XLR转接器

XLR 转接器是一种简单又值得信赖的工具，当输入信号过强时，它可以避免音频过载产生的声音失真。它的实用性非常强，相当于替代了调音台的音频修整功能，而这种功能在便携式调音台或者摄录一体机上都没有。XLR 转接器和 XLR 连接器很相像，使用方法也差不多：你将其一端插入音源（平衡输入）线缆的 XLR 连接头上，将其另一端插入连接混音器、摄录一体机音频输入端口或者独立录音机的电缆的另一只 XLR 连接头上。该转接器会带来一点噪音，但其对现场音频的危害绝对没有输入过载带来的失真那么大。

### EFP混音

在 EFP 混音中，总有一些任务使你不得不控制更多的声源，而不仅仅是两只话筒。甚至一些简单的任务，比如报道当地初中新体育馆的落成，也可能需要你混合至少三只话筒：现场记者的话筒、演讲用的讲台话筒和一只用来拾取学校合唱团声音的话筒。如果你的混音器上的输入端口不够用，你也可以用摄像机自带话筒来拾取合唱团的声音。

尽管话筒的数量比较多，但混音本身还是相对简单的。一旦为每个输入设定了音量，剩下的大概就是

为采访记者或各个演讲者的话筒调整增益了。你也可以在演出进行时提高合唱团话筒的音量（提高增益）。虽然在紧急情况下，你可以尝试只用摄像机话筒或通过将一只枪式话筒对准不同区域来拾取大部分的声音，但多重话筒的设置和便携式混音器能使你进行更好的控制。

以下是 ENG/EFP 现场混音的几条基本指导方针：

■ 即使输入端口不多，也应该给每个输入端贴上标签，标明它控制什么，比如现场记者的话筒、观众话筒等。否则你将惊讶地发现，自己会很快忘记哪个话筒对应哪个音量控制器。有了标签，万一你不得不将音频控制交给别人，不必过多解释他就可以接手。

■ 如果要在现场进行复杂的混音，那就不仅要将它输进摄录一体机里，而且还要输进一台独立的录音机里，以备后期制作的重新混音之需。

■ 如果你使用独立的录音机，要先进行校准，让摄像机的音频输出端口和录音机的音频输入端口保持一致。

■ 如果是为后期制作录音，尽量将具有明显区别的不同声源分别输入不同音轨，比如将报道记者和嘉宾的声音放在一个音轨上，将演讲者的讲台话筒和合唱团的声音放在另一个音轨上。这样，在后期声音润色（sweetening）——去除不需要的噪音并提高音质——时就更容易平衡报道者的声音和其他声音。

在后期制作中进行复杂和微妙的混音通常比在现场就进行更容易。这并不意味着在现场拾音时，我们就不应该尽量将不想要的声音过滤掉——当然，前提是混音器具备一些基本的音质控制功能。但是，如果混音器不具备这些功能，那也不用担心。如果需要进行润色，就放到后期制作时再做。记住，你越是重视现场的拾音品质，你所节省下来的后期制作时间就越多。找一个优良的无线领夹式话筒，它通常是获得优秀现场音频的首选设备。

## 要 点

▶ 演播室使用的主要音频设备包括调音台；接线板；磁带介质的模拟录制系统和数字录制系统，比如录像机（VTR）、数字录音机（DAT）以及无磁带介质的录制系统，包括数字驱动系统、迷你磁盘、闪存记忆卡、硬盘和像 CD、DVD 这样的光盘系统。

▶ 调音台具有五大功能：（1）输入——选择、先期放大和控制各种输入信号的音量；（2）混音——混合和平衡两个或更多的输入信号；（3）音质控制——控制声音的特性；（4）输出——将合成信号输送到特定的输出端；（5）监听——将输出或特定的声音输送到某个扬声器或耳机上，使之可以被听见。

▶ 电视演播室的音频区域包括基本音频控制室，用于日常播出的声音控制。

▶ 基本的音频操作包括：音频系统校准，也就是系统中所有的音量表（VU）都必须以同样的方式对某个声音信号进行响应；音量控制；以及演播室现场混音。

▶ 现场音频混音指的是在节目的制作过程中进行声音的混合与平衡。

▶ 在 EFP 电子现场制作中，获取好的现场音频的关键，在于保持各音源的相对独立，这样就能在后期制作时进行恰当的混音工作。

▶ 自动增益控制（AGC）非常便利，它可以让音量维持在可接收的范围内，但在它的自动放大过程中，它并不能将需要的声音从不需要的杂音中分离出来。

▶ XLR 转接器是一个小型装置，其功能和调音台上的音频修整功能很相似，能够防止输入音量的过载。

# 9.2

# 立体声、环绕声
# 和声音美学

本节介绍立体声、环绕声和声音美学的基本元素。

▶ **立体声和环绕声**
　　制作多维度的声音

▶ **声音美学的基本元素**
　　环境声、主体-背景、透视、连续性和能量

## 9.2.1 立体声和环绕声

当你在读这篇关于立体声和环绕声的简介时，不要将声音想成唯一的表达方式，比如你听到的歌曲，而应该想成音视频结构的一个部分。

### 立体声

立体声主要定义的是水平方向的声场（主要声源从左到右或从右到左的位置关系），当用标准电视机播放时，它几乎没有什么用。因为标准电视屏幕的水平区域太小，声音的任何平移运动（水平方向）都不可避免地导至屏幕外空间。哪怕你坐在"皇帝位"（能将两个或更多声道感知为一个整体的中心位置）也是这样。当对话的两个人物都在屏幕上的时候，在屏幕外听到对话就没有什么意义。最多，标准电视中的立体

声只能丰富声音的总体"形状"，也就是说，使声音更有空间感。

然而，当你使用的是大屏幕、家庭影院式高清电视投影机时，会涉及声音与高动态影像的匹配和平衡问题，这时，立体声就会显得极其重要。事实上，当观看大屏幕视频投影的时候，电影般的观影体验将通过环绕声系统得到大大增强。

### 环绕声

环绕声（surround sound）是一种技术，它在听众的前后左右营造一个声场，从而让听众可以从前后左右几个方向都听到声音。它最初是为电影放映研发的，现在则用于 HDTV 和其他大屏幕家庭影院。最流行的环绕声系统是杜比 5.1（Dolby 5.1），它进行声音再现的方法，是在前方放置三个扬声器，后方放置两个扬声器。除此五个扬声器之外，还有一个低音炮，而常放置在两个后部扬声器之间。这个低音炮扬声器能重现打雷一般的低频声。由于低频声音是全向性扩散的，所以关于低音炮的具体摆放位置，并没有什么明确的要求。见图 9.10

好的环绕声混合通常能将画内对话限定在正前方的扬声器上，将动作声音横向扩展到前面的所有三个扬声器上。但是，如果视频展示的是角色正置身于市中心的车流中，在管弦乐队中演奏，或者正在躲避炸弹，那么，五个扬声器，以及位于后方中心位置的"雷箱（thunder box）"，都应该发挥作用。[①]

## 9.2.2 声音美学的基本元素

正如贯穿本章始终一再说明的那样，如果不行使自己的美学判断力，艺术性地而非技术性地在运用电视声音方面作出判断，这一大堆音频设备就根本没什么用处。然而，美学判断不能任意为之，也不能完全凭个人好恶，事实上，存在一些共同的审美元素，人们对这些美学元素的反应通常是相似的。

当处理电视声音时，应该注意五个基本的美学元

---

[①]　见斯坦利·阿尔滕著《媒介声音》，第414—424页。

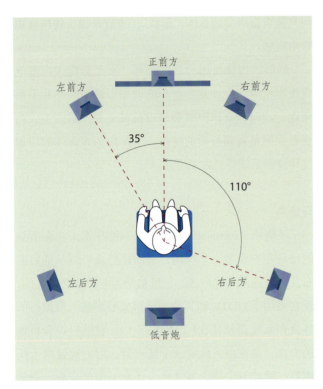

**图 9.10 环绕声**

杜比 5.1 环绕声系统采用六个扬声器——三个在前面，三个在后面。后方中间的扬声器是用于回放极低声音的低音炮扬声器。

素：环境声、主体-背景、透视、连续性和能量。

## 环境声

在大多数演播室录音中，我们都会尽量消除环境声，但在现场制作中，这些能在主声源的背景中听见的声音，往往倒成了指明事件发生地点或暗示事件感觉的重要线索。这种声音有助于营造事件的整体环境。

例如，当报道市中心的火灾时，警报声、火焰的噼啪声、救火车和水泵的噪声、消防队员紧张的命令声以及旁观者激动的声音，对于向电视观众传达刺激和恐惧气氛来说，都具有重要意义。现在让我们来考虑一下如何录制一个小管弦乐队的声音。在演播室录音中，当录制到一段特别柔和的乐章时，如果工作人员或音乐家咳嗽，势必会导致重录，但在现场音乐会中就不会如此。我们已经习惯了将偶尔出现的咳嗽声和其他类似环境声视为事件直接性、贴近性的重要标记。

在 ENG 电子新闻采集中，环境声特别重要。使用全指向性话筒，你可以在拾取主声源的同时自动拾取环境声。但是，正如先前提到过的那样，如果你的节目还涉及后期制作的话，那就应使用指向性（心形）话筒，将主声源——比如将记者和嘉宾的声音——录制到音轨 1；使用另一只话筒（通常是摄像机话筒），将环境音录制到音轨 2。

## 主体-背景

主体-背景（figure/ground）原则是一个重要的感知因素，即我们在感知视觉环境时，倾向于将其分成两个部分：相对活动的主体（一个人或一辆车）和相对稳定的背景（一堵墙、房子、山）。如果将这个原则稍微扩展一点，可以说，我们"挑"出了对我们来说重要的事物，使它成为前景，同时将其他所有事物"放"到了背景中——环境。

例如，如果你正在寻找某个人，并最终在一群人中发现了她，那么，这个人立即就变成了你的注意焦点——前景，其余的人则会变成背景，不管他们走在他的前方还是身后。在声音领域也是如此。我们能在一定限度内感受到自己希望或需要听见的声音（主体），同时在很大程度上忽略其他的所有声音（背景），哪怕它们更响亮。

当要在嘈杂的环境中显示某人的特写镜头时，我们通常会将主体（正在说话的人物特写）的声音放得更响亮，让背景声更柔和。而在远景镜头中，我们则会增加环境声的音量，使主体-背景关系更平等。如果要强调前景，则前景声音不仅要更响亮，还要更有临场感（在下一部分详细解释）。

现在，你明白在录音时尽量分离声音的重要性了吧。如果将背景声和前景声全录在一个音轨上，就不得不忍受话筒拾取到的任何东西；即使有可能控制某个单独的声音，做起来也非常困难。但如果将主体声音录在一个音轨上，将背景声音录在另一个音轨上，控制起来就相对容易。

## 透 视

声音透视（sound perspective）是指特写画面与相对较近的声音相匹配，远景镜头与听起来遥远的声音相对应。近的声音比远的声音更具有临场感（presence）——一种使我们觉得离声源很近的声音特质。一般说来，背景声音的临场感较弱，特写声音的临场感较强。有经验的歌手在吟唱到比较私密的片段时，会将话筒贴近嘴边，而当歌曲行进到不那么个人化的片段时，又会把它稍微拉开一点。

这种声音临场感的微妙变化，在采用领夹式话筒的戏剧性表演中几乎荡然无存。因为每个演员的话筒到嘴唇的距离都差不多是相同的，因此无论他们是在特写还是在远景中出现，他们的声音都会显示出相同的临场感。要想制造出必要的临场感差异，就只能借助于费时费钱的后期制作了。这就是为什么在肥皂剧等多机制作的电视剧中，吊杆话筒仍然受到青睐的原因。吊杆话筒可以在特写时移近演员，在远景时移动到较远的位置（为了避免入画）——这无疑是一个解决大问题的简单方法。

## 连续性

声音的连续性（continuity）在后期制作中特别重要。你可能已经注意到，记者声音的音质变化取决于他是在镜头内说话还是镜头外说话。当在镜头内时，记者使用一种话筒，在远程现场说话；然后，他回到经过声学处理的演播室，使用高级话筒，讲述视频故事的镜头外部分。话筒种类和场地的变化使他的讲话有了明显不同的音质。在实际录音过程中，这个差别可能不太引人注意，但当这些声音在最终的成品节目中被剪辑到一起时，这个差别就会变得非常明显。

那么，如何避免这种不一致呢？首先，让记者在现场录制其画外解说。第二，无论是画内还是画外解说，都采用完全相同的话筒（或者能生成相似音质的话筒）。第三，录制一些现场环境声（ambience），之后，可以将这些声音和记者的画外解说进行混音。第四，如果你有时间进行音频润色，试着通过均衡和混

响来匹配现场录制的音频。进行这种混音的时候，可以通过耳机将环境声传给正在做画外音解说的记者，这将帮助记者重新获得现场的能量。

有时，你会在剪辑点上听见环境声被一阵短暂的静默打断，这种效果就像飞机发动机突然改变自己的音调一样令人吃惊。恢复背景声连续性的最简单的方法，是用预先录制的环境声来掩盖这些静默。在录像前或录像后，或每当环境声发生决定性变化时（比如音乐厅从有观众变为没有观众），一定要录几分钟的"无声"效果（房间环境声或背景声）。

在建立视觉连续性时，声音也是一个重要因素。节奏精确的音乐片段能使一系列迥然不同的画面显得连贯一致。在突然变化的镜头和场景之间，音乐和声音往往是重要的连接纽带。

## 能　量

除非你希望通过对比来获得特殊效果，否则就应该用相似的声音强度来配合画面的整体能量。能量（energy）指场景中传达一定美学强度与力量的所有因素。很显然，高能量的场景，比如一场冰球比赛或摇滚乐队演出的一系列特写镜头，比安静的场景，比如情人在花丛中穿行，能够承受的声音能量更高。好的电视音频，在很大程度上取决于你感受画面或连续镜头的整体能量，并相应调整音量和声音临场感的能力。

# 10

第 10 章

# 照　明

照明意味着出于三个主要原因对光线进行操控：

- 为电视摄像机提供充足的光线，以便它能看清楚，即从技术上拍摄出最佳画面。
- 帮助观众识别人和事物的形象，他们彼此之间的关系，以及他们与周围环境的关系。
- 为观众营造一种特定的情绪，帮助强化关于事件的某种感觉。

然而，就算是那些小型而廉价的摄录一体机也可以在黑暗中看得见东西，那么又为何要费心去使用灯光呢？一个有效的论点是，当你在现场拍摄的时候，只要自然光的类别合适，摆放的位置也合适，你就能够捕获优质的画面。不幸的是，这并不能成为我们不去使用灯光的理由，我们得为大自然的光线提供一点帮助。

10.1 "照明设备与照明控制装置"，将给大家介绍完成上述三个照明任务所需的照明工具；10.2 "光线强度、灯具和彩色透明介质"，将介绍与光有关的更多元素，控制和测量光的方法，以及如何使用彩色光。

**遮扉（barn doors）** 位于灯具前部控制光束传播的金属板。

**基础光（baselight）** 摄像机最佳运行所需的均匀的非定向（散射）光。常规的基础光，当光圈处于 f/8 至 f/16 时，其照度水平为 150 至 200 英尺烛光（1500 至 2000 勒克司）。也称底子光（base）。

**散光灯（broad）** 侧面装有盘形反光罩的泛光灯。

**夹灯（clip light）** 用夹子夹在布景或家具上，内部装有反光罩的小型聚光灯。也被称为 PAR 灯。

**饼干（cookie）** 用于形容专业术语"影阴模版"（cucoloris）的流行词。指从薄金属片上切下来的任何图案，当将其装在椭圆形聚光灯（图案投影机）的前面时，能够投射出某种阴影图案。也被称为剪影遮光板（gobo）。

**调光器（dimmer）** 通过阻截电流来控制光线强度的设备。

**椭圆形聚光灯（ellipsoidal spotlight）** 一种聚光灯，可以产生界线分明的光束，并能通过金属遮扉进一步塑造光的形状。

**旗板（flag）** 一块矩形的薄金属片、塑料片或者布片。用于防止光线照射到某个特定区域。也被称为遮光板（gobo）。

**泛光灯（floodlight）** 能产生边缘较模糊的漫射光光束的灯具。

**荧光灯（fluorescent）** 一种通过激活充气灯管发出紫外线辐射来发光的灯，紫外线辐射可以将灯管内壁上的磷涂层照亮。

**英尺烛光（foot-candle，缩写 fc）** 测量投射在物体表面的光量大小的单位。1 英尺烛光的光量，即一支蜡烛发出的烛光，从 1 英尺外投射过来，落在 1 平方英尺区域的光量大小。

**菲涅耳聚光灯（Fresnel spotlight）** 最常用的聚光灯之一，根据其镜片的发明人的名字命名。其镜片拥有阶梯状的同心圆环。

**滤光片/色纸（gel）** 加装在聚光灯或泛光灯前，为光束赋予特殊色调的彩色滤光片的统称。"gel"来源于"gelatin"（明胶），是更耐用的塑料发明之前用于滤色的材料。也被称为彩色透明介质（color media）。

**镝灯（HMI light）** HMI 是中弧长碘化汞（hydragyrum medium arc-length iodide）的缩写形式。这是一种通过特定类型气体传递电流以产生光亮的高强度灯。需要单独的稳流器。

**白炽灯（incandescent）** 通过让普通玻璃灯泡或石英–碘灯泡内的钨丝发热来发光的灯具（与荧光灯相反）。

**入射光（incident light）** 从光源直接照射在目标上的光。入射光读数是从物体到光源的英尺烛光（或勒克司）的测量值，测量时将测光表直接对准光源或摄像机。

**流明（lumen）** 光量单位。1 流明相当于 1 支蜡烛的光强度（光源发出的光线在各个方向均相同）。

**照明设备（luminaire）** 灯具的技术术语。

**发光体（luminant）** 产生光的灯或光源。

**勒克司（lux）** 测量光强度的欧洲标准单位。10.75 勒克司（lux）=1 英尺烛光（fc），通常将 10 勒克司看作 1 英尺烛光。

**中灰滤镜（neutral density filter，缩写 ND filter）** 减少入射光量但不破坏场景色彩的一种滤光片。

**接线板（patchboard）** 将各种输入线路与特定输出相连的一种设备，也被称为接线架（patchbay）。

**图案投影仪（pattern projector）** 可以插入影阴（剪影）模版的椭圆形聚光灯，它将模版的形状投射成阴影。

**石英灯（quartz）** 一种能产生高强度光的白炽灯。它以石英或硅为外壳（代替普通的玻璃外壳），内部装有钨丝和卤素气体，能产生出色温稳定（3200K）的极亮的光。也被称为 TII（卤钨）灯。

**反射光（reflected light）** 从被照射物体上反射回来的光。反射光读数用测光表测量，测光时，要将测光表靠近被照射物体。

**勺形灯（scoop）** 形状像勺子一样的电视泛光灯。

**柔光纸（scrim）** 一种玻璃纤维纸，放在灯具前增加光线的散射效果或使光线强度变柔和。

**柔光灯（softlight）** 可产生极端漫射光的电视泛光灯。

**聚光灯（spotlight）** 能产生边缘相当清晰的定向光束而非漫射光的灯具。

# 10.1

## 照明设备与照明控制装置

当你打开房间里的灯光，你首要关心的是，亮度是否足够让你看清事物并且在环境中走动。与这种居家照明相反，电视和数字电影的照明，主要是为了满足摄像机的照度需求，并符合一定的美学要求，比如模拟室内和室外的光线，或创造出一种欢乐或危险的氛围效果。

演播室照明，要求照明设备能模拟明亮的阳光、孤独汽车站的街灯、医院手术室的灯光，或营造中世纪地牢的恐怖气氛。不仅如此，它还必须反映新闻播报员的客观和可信，烘托游戏节目的热烈气氛和爱情场景中的浪漫情调。在外景拍摄的时候，照明设备需要便于运输和安装，并且足够灵活，可以在各种环境下完成多种照明任务。

本节主要介绍演播室和现场照明设备以及各种类型的照明控制装置。10.2 则介绍光线强度、灯具的种类，以及彩色透明介质。布光技术将在第 11 章中进行介绍。

▶ **演播室照明设备**
  聚光灯和泛光灯

▶ **现场照明设备**
  便携式聚光灯、便携式泛光灯和摄像机灯

▶ **照明控制装置**
  固定装置、方向控制装置、强度控制装置，以及电子调光器的基本原理

## 10.1.1 演播室照明设备

所有演播室的照明都是借助各种聚光灯和泛光灯来完成的。这些仪器在技术上统称为照明设备（luminaire），它们被设计为从演播室天花板或支架上进行操作。

### 聚光灯

聚光灯（spotlight）能产生轮廓清晰的定向光，其光束可以从类似手电筒或前车灯的刺眼光束调整到依然高度定向，但照明面积更大的柔和光束。所有聚光灯都装有能使光束集中的透镜。大多数演播室照明使用两种基本的聚光灯：菲涅耳聚光灯和椭圆形聚光灯。

**菲涅耳聚光灯**　因 19 世纪初发明聚光灯透镜的法国物理学家奥古斯汀·菲涅耳（Augustin Fresnel）而得名。菲涅耳聚光灯（Fresnel spotlight）广泛地应用于电视演播室制作和电影制作中。它的重量相对较轻，比较灵活，光输出量大。这种聚光灯既可以调节到"泛光"光束的位置，发出非常宽的光束，也可以"聚光"或集中成刺目的、轮廓清晰的光束。

你可以利用光束控制装置，改变灯泡和透镜之间的距离，对光束的相对宽度进行调节。大多数菲涅耳聚光灯内都有可以滑向或滑离透镜的灯泡-反光罩。若要聚光，即集中光束，就转动控制器，使灯泡-反光罩远离透镜。如果要扩散光束，就转动控制器，使灯泡-反光罩靠近透镜。即使在泛光位置，聚光灯的光束仍然是定向的，且比泛光灯的光束更强烈。泛光位置只是使光束（及其阴影）变得柔和，同时在一定程度上减少照射在物体上的光量。调节控制器的时候动作要轻，当灯亮着的时候，其发热的灯丝对震动会特别敏感。**见图 10.1**

一些灯具外部有操作手柄，你可以通过它们横摇或倾斜灯具的照射方向，而不需要爬到梯子上进行手

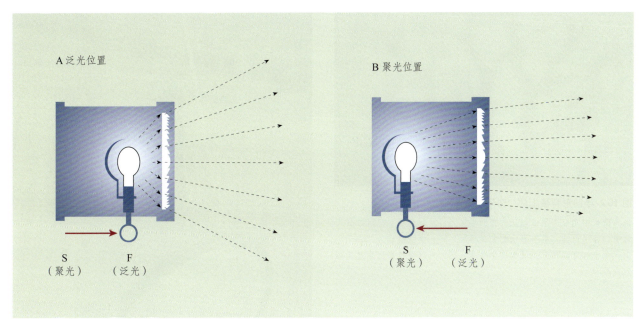

**图 10.1 菲涅耳聚光灯光束控制**
A 转动聚光轴（或环、旋钮）让灯泡–反光罩靠近透镜，从而使光线分散。
B 转动聚光轴（或环、旋钮）让灯泡–反光罩远离透镜，从而使光线聚焦。

动操作。

根据产生光量的不同，菲涅耳聚光灯分为不同的尺寸。很明显，尺寸大的灯比尺寸小的灯能产生更多的光线。菲涅耳聚光灯的尺寸通常以其灯泡的瓦特数来标记。例如，可能有人会让你去挂一盏 "1K"（1 千瓦 [ kW ] ＝ 1000 瓦特）的灯，或者把它换成 "2K" 的。

在大部分的电视演播室中，最常用的菲涅耳聚光灯为 1 千瓦和 2 千瓦。为了实现最大的灯光控制，技术人员通常更倾向于使用尽可能少（但功率又要足够大）的灯具。摄像机感光性能的提高，让 1 千瓦的菲涅耳聚光灯成为常规尺寸演播室的灯光主力。

**椭圆形聚光灯**　作为剧院偏爱的一种灯，椭圆形聚光灯（ellipsoidal spotlight）能产生强烈、轮廓高度清晰的光束。即使在泛光位置，椭圆形聚光灯的光束仍然比菲涅耳聚光灯强烈。这种聚光灯通常用在需要特定、精确照明的情形中。例如，若要创造从演播室地板上反射的一片片光，就可以使用椭圆形聚光灯。

和使用菲涅耳聚光灯的情形一样，你也可以调节椭圆形聚光灯光束集中或扩散的程度。但你不是通过滑动灯泡，而是通过前后移动它的透镜来进行这种调节。你甚至还可以调节灯具内部的四个金属闸，将光束变成三角形或正方形。

椭圆形聚光灯的功率从 500 瓦到 2000 瓦不等，但是最常见的是 750 瓦。有些椭圆形聚光灯也能充当图案投影仪（pattern projector）。这些灯具在光束的造型金属闸旁配备了一个特殊的槽，在这个槽内可以放入一种叫 "影阴模版"（cucoloris）的金属图案，俗称 "饼干"（cookies）。当聚光灯打开时，可以将 "饼干" 的阴影图案清晰地投射到某个表面上。影阴模版常被用于打破呆板的平面，如环形背景（用来陪衬场景的大布帘）或演播室地板等。见图 10.2

有些照明人员把这些金属片称为剪影遮光板（gobo），这引起了一定程度的混乱。"gobo" 这个词就像 "spring" 一样含义模糊。如果照明指导（LD）让你去拿 gobo，他可能指的是 "饼干"；也可能指的是旗板（flag），即用于防止光线进入某个特定区域的一块四边形金属、塑料或布制材料；又或者指的是一块独立的布景片，比如监狱的栅栏或者画框，透过它们，摄像机可以制造出相关场景。

**图 10.2 半圆形背景上的"饼干"图案**
这些图案由充当图案投影仪的椭圆形聚光灯投射产生。在这种聚光灯中，你可以插入各种形状的金属模版，这些模版被称为"饼干"。由于聚光灯可以调节光线的集中程度，因此可以使投影图案显得强烈或柔和。

## 泛光灯

泛光灯（floodlight）旨在产生大量高度散射的光。在需要最大限度地减少阴影的情形（比如新闻布景、产品展示）中，泛光灯常会被用作主要光源（主光）。它们也会被用来减小亮度差异（降低高光区与阴影区的对比度），或者为拍摄提供基础光。和使用某些聚光灯的情形一样，在使用泛光灯时，你也可以调节光束的宽度，使不恰当地溢到其他布景区的光量减少到最低限度。你也可以将聚光灯调整到泛光位置，并通过在灯具前方加装柔光纸（scrim）——一种固定在金属框架上的玻璃纤维，进一步让光束扩散，从而创造出泛光效果。

演播室泛光灯有四种基本类型：勺形灯，柔光灯与散光灯，荧光泛光灯组，条形灯或环形灯。

**勺形灯**　勺形灯（scoop）得名于其奇特的像勺子一样的反光罩，是比较流行的泛光灯之一。勺形灯没有透镜，能产生相对定向的漫射光束。见图 10.3

标准的勺形灯能发出固定的漫射光束。你可以为其增加柔光纸来增强光束的散射效果（见图 10.3）。尽管通过柔光纸的光量被大量减少了，但一些灯光从业人员还是会为所有的勺形灯加装柔光纸，这不仅是为了制造高度散射的光线，也是为了保护演播室内的工作人员，防止勺形灯内的灯泡破碎。大部分的勺形灯使用 1.5 千瓦的灯泡。

装在卡槽里面的柔光纸

**图 10.3 勺形灯**
勺形灯结实耐用，是一种通用的泛光灯。它的勺形反光罩能够让光束产生一定的方向。这个勺形灯的前端装有柔光纸，用于使光线柔化。

**柔光灯与散光灯**　柔光灯（softlight）的目的是进行均匀的、极端漫射的照明。它们具有大的管状灯，其大灯箱的后部是一个散射反光罩，在前开口处还蒙着一块用于进一步加强散光效果的散光材料。柔光灯常用于平面（几乎无阴影）照明中。你也可以用柔光灯来增加基础光的水平，而不影响特定的照明区域，其中高光区和阴影区受到了精心控制。比如，当场景要求制造一个明暗交替的走廊时，你就可以用柔光灯来照亮暗区，以便为摄像机提供足够的基础光，使其在暗区也能辨别目标。柔光灯的大小不一，使用白炽灯泡或碘水银灯泡，这些灯泡将在 10.2 节讨论。

散光灯（broad）近似于柔光灯，不过它的光输出量更大，会产生比较明显的阴影。散光灯也有光束控制装置。它们通常用于数字电影制作中，以漫射光均匀地照亮大片区域。小型散光灯发出的光束比大型散光灯发出的光束更具有方向性，可以均匀地照射较小的面积。为了对光束的方向进行一些控制，有些小型散光灯装有遮扉——可移动的金属片，用以防止光线照射到场景的其他区域。

**荧光泛光灯组**　荧光泛光灯组早在电视照明的早期阶段就已出现。当时的灯组很大、很重，效率也不高。今天的荧光灯组相对较轻，效率更高，可以发出标准室内色温（3200K）的偏红光。而且，只需简单地更换灯管，你就可以用它实现标准的室外色温（5600K），或者更高的色温（更蓝的光），类似于那种经过薄雾天空过滤的非常蓝的正午阳光。（关于色温的更多内容将在第 11 章解释。现在你应该已经了解，高色温指的是带有淡淡蓝色的白色光，低色温指的是带有淡淡红色的白色光。色温和灯泡有多烫没有关系。）

荧光灯组的另一个优点是，它消耗的电量比白炽灯小，而且灯泡不那么烫——在室内通风条件较差的情况下，这是个明显的优点。荧光灯组的缺点是，它仍然体积很大，显得笨重，而且其色彩光谱有时不够均匀。后者意味着它发出的光不能忠实地还原所有的色彩。有的灯还会造成持续并明显的绿色色调。

荧光泛光灯组的外观看起来有点像柔光灯，在它的外壳内，安装着一排排低功率的荧光灯管。有的演播室荧光灯具带有网格形状的装置，被称为蛋箱（egg crate），附加在灯具上，能够在不减少灯光柔和程度的同时，使光束变得更有方向性。

**条形灯或环形灯**　这种灯具通常用来在大布景区域实现均匀的照明，如用于环幕（cyc）背景或其他连续背景。电视条形灯很像舞台用的台边灯或幕帘灯，由安装在一个长盒状反光装置内的 3 到 12 排石英灯组成。更复杂的条形灯同舞台台边灯一样，每个反光装置上都有彩色玻璃框，因此能用不同的颜色照亮环形布景。

你也可以将条形灯悬挂在演播室天花板上，将它们作为普通泛光灯使用。你还可以将它们放在演播室地板上，用它们将柱子和其他布景从被照亮的背景中分离出来。条形灯有时也用于剪影照明（背景被均匀照亮而前景物体不着光），以及抠像效果照明（见第 11 章）。

在相对比较静态的场景，比如新闻报道和采访中，你会发现，哪怕演播室天花板的灯架上已经挂了大量不同种类的灯具，使用轻型便携式灯具通常也要更容易。使用这些轻型灯具而不是灯架上那些灯有几个好处：你可以毫不费力地将小型灯具放置在演播室的任何位置，随时调整位置来获得想要的照明效果，它们比大型灯具更省电，产生的热量也更少。接下来将重点介绍用于现场拍摄的几种主要的便携式灯具。

## 10.1.2 现场照明设备

你可以将演播室照明器材用于偏远的外景地。不过，你会发现，它们当中的绝大多数都太重，不容易搬动，它们的灯插头不适合普通的家庭插座，它们还会消耗大量的电力。一旦到达目的地，投入运转，它们提供的照明量和类型也可能达不到良好的现场照明的需要。除非你承担的是大型实况转播，或者某个确实需要演播室照明设备的电影场景，否则你会更需要那些便于运输和安装且能满足实地拍摄灵活性要求的照明设备。

虽然许多便携式灯具有聚光灯和泛光灯双重功能，但是你仍然会发现，将它们像演播室灯光那样分成不同的类型会更方便使用。不过请注意，在聚光灯的前方加装漫射柔光纸，或者让它们的光束从天花板、墙壁或大尺寸泡沫板反射回来，可以让它们发挥泛光灯的功能。另外，你也可以利用小型泛光灯，拿遮扉控制它的光束，使其照明区域限制在某个范围，从而发挥聚光灯的作用。

### 便携式聚光灯

便携式聚光灯，常被称为硬光灯（相对于柔光灯而言），其设计特点是体积小，易于安装和运输，即使在拥挤的室内也能隐藏在摄像机的视线之外。它们有各种尺寸，有的带透镜，有的不带。一些便携式聚光灯使用菲涅耳透镜，和挂在演播室上方灯架上的菲涅耳聚光灯一样。那些没有透镜的便携式聚光灯被称为敞口聚光灯。

**带透镜的聚光灯** 这一类灯具包括低功耗的菲涅耳聚光灯（750 瓦及以下），带有棱镜或仅有玻璃罩的更小型的聚光灯（125 瓦到 150 瓦），以及镝灯。

便携式菲涅耳聚光灯和挂在演播室里的聚光灯是完全一样的，所不同的是它们使用瓦数更低的灯泡。它们通常会安装在三脚灯架上。

更小的聚光灯带有一个平镜（或棱镜），可以在小型区域内的采访中当作主光使用。这些小型聚光灯的光束能够像大型菲涅耳聚光灯那样进行调节（扩散或集中光束），因此在狭窄的角落使用会非常理想。

当进行数字电影拍摄时，你无疑会发现便携式菲涅耳镝灯（200 瓦及以上）是理想的选择。镝灯（HMI light）的发光非常高效，也就是说，它们只需要一点点电力，就可以产生大量的光。这些高效的镝灯有一个重要的优势：在一个单独的电路环路中，假设没有插入其他电器，那么你便可以同时使用至多 5 个 200 瓦的灯具，而不用担心造成电路过载。这些灯大部分都可以插入家用插座中，所以你不用耗费太多的时间和精力，就可以将大部分的内景打亮。

不过，镝灯并非没有缺陷。它们价格昂贵，还需要单独的镇流器来让灯泡工作。它们会导致音频的嗡嗡声。在使用某些帧速率进行拍摄时，它们还会造成视频图像的闪烁。大型的灯具通常在外景使用，用于对超级聚光灯——太阳——造成的浓重阴影进行补光。在任何情况下，现场使用灯具之前，都要用摄像机对其进行测试。

**敞口聚光灯** 敞口聚光灯没有透镜，这主要是出于对重量和光线使用率的考虑。这能让光线的输出能力增强，但是其光束的均匀性和精确度却不如那些带透镜的聚光灯。在大多数的远程现场布光任务中，高定向性的光束并没有什么特别的优势。在这种情况下，你通常携带的灯具都很少，因此，一个能保证整体照明效果的灯具，比一个能带来高定向性照明的灯具要好得多。

这种高效率的石英灯的背面有光束控制手柄或旋钮，你可以通过它控制光束，使之集中或分散。不幸的是，集中后的光束并不一定是均匀的。当你让聚光灯靠近被摄物的时候，你或许会发现（通过摄像机肯定看得出来），光束的边缘不仅特别强烈，而且还特别"热"，而光束的中心位置却有一个"洞"——一个不那么强烈的暗色区域。在进行脸部布光的时候，如果你将灯具摆放得太近，那么在被照亮的脸上，热斑（hot spot）将会导致一个被红色包围的闪亮的白色区域，在最好的情况下，也会引起色彩的失真。但如果你调节光束，让它稍微散开一些，并且将灯具移到离人物远一些的位置，或者在灯具前面加上柔光纸，通常就可以解决这种问题。实际上，当使用聚光灯进行一般的室内照明时，你都应该在灯具前面加上柔光纸或其他类似的光线散射材料。

大部分敞口聚光灯使用 300 瓦到 500 瓦的灯泡，因此可以被接入常规的家庭插座，而不用担心线路过载。它们也可以使用 12V（伏特）的电池进行供电。大部分这样的灯具，在其灯泡附近都带有开关，当你不使用灯具的时候，你可以随时关掉它。所有小型的聚光灯都可以拆卸成部件，装在灯光箱里——这种手提箱可以容纳数个灯具和灯光支架。

敞口聚光灯会产生极高的热量：当对它进行操作的时候，不要触摸灯具的前端部位，同时将其放置在远离窗帘或其他易燃物的地方，以防火灾。无论使用何种灯具，一定注意不要让电路过载，也就是说，不要在每个插座上插太多的灯具，以免超过电路的额定电流量。延长线也会将它们的电阻增加到灯泡的电阻中，尤其当电线变热的时候。普通的家用插线板能够承载最多 1200 瓦特的负荷。因此你可以将四个 300 瓦聚光灯或两个 500 瓦灯具插入同一个电路当中而不会有过载的风险（见第 11 章）。

**内置反光罩式聚光灯** 尽管这种灯具不是现场拍摄时的常用装备，但它们还是能在很多小区域的布光环境中成功发挥作用。这种小型聚光灯也被称为夹灯（clip light），因为它们通常要夹在其他东西上才能使用。它们还有一个名字是 PAR 灯，源于这种灯的内部涂层——镀铝抛物面反光碗（parabolic aluminized reflector）。见图 10.4

　　内置反光罩式聚光灯可以形成多种光束，从柔和的漫射光，到拥有精确形状的硬光。为了更好地控制光束，保护灯具内部的灯泡–反光罩，可以将这种灯具安装在带遮扉的金属罩之内。

### 便携式泛光灯

　　大部分 ENG/EFP 的布光，需要以最少的灯和电力完成最大程度的均匀照明。因此，泛光灯比高定向性的聚光灯更受欢迎。我们首先来看看最受欢迎的便携式泛光灯：V 形灯、柔光箱、中式灯笼灯、便携式荧光灯组，以及 LED 灯。之后，我们将讨论如何将便携式敞口聚光灯甚至菲涅耳聚光灯更改为更有使用效率的泛光灯。

　　**V 形灯**　使用最广泛的泛光灯就是 V 形灯（V-light）。尽管"V 形灯"最初是指由 Lowel-Light 制造公司生产的一款泛光灯，但它后来却被沿用为一种通用名称，代指所有由安装在 V 形金属反光罩上的大号白炽石英灯（500 瓦）组成的小型灯具。V 形灯具有良好的便携性，易于安装，可以相对均匀地照亮较大的区域。在使用这种灯的时候要格外小心，因为它们非常烫。在灯光打开的时候不要用手去触摸它们，同时要让它们远离易燃材料。

**图 10.4　夹灯**

夹灯，也叫 PAR 灯，由带内置反光碗的灯泡（比如 PAR38），带开关装置的灯座，以及能将灯具固定在支撑物上的夹子组成。你可以为夹灯加装一个带两片遮扉的小型金属罩。

　　**柔光箱**　柔光箱（soft-box，从 250 瓦到 1 千瓦），也被称为灯箱（light box）或灯棚（tent），是一个由耐热布料制成的袋子，在开口位置安装有柔光纸。它含有内置灯泡，你也可以通过转接环将一个小型菲涅耳聚光灯安装在柔光箱内。因为它重量很轻，可以折叠，所以是一种理想的便携式柔光灯。

　　**中式灯笼灯**　中式灯笼灯是一种特别实用的便携式柔光灯。这种柔光灯的设计参考了传统的圆形或球茎状中式灯笼，但比中式灯笼更耐用。它通常被安装在话筒支架或者录音吊杆（见第 8 章）上面。你可以将各种低功率灯泡安装在灯笼内，比如 250 瓦的夹灯，200 瓦的家用照明灯，如果要匹配户外光线，你甚至可以给它装上日光灯（色温 5600K）。

　　中式灯笼灯能发出一种特别柔和但又明显的光线，对于特写拍摄特别有用。使用这种灯作为主光源的优势在于，你可以把灯安装在话筒吊杆上，跟随被摄物移动（但要注意固定好灯具，以免它摇晃）。这种灯在底部设有开口以供散热，注意要让从此开口溢出的明亮聚光保持在拍摄画面之外。如果拍摄镜头较短，给这个开口蒙上一个柔光纸就可以解决问题。中式灯笼灯也有大尺寸型号，主要用于给大型的反光物提供均匀照明，比如汽车或者大家电。

　　**便携式荧光泛光灯组**　即使是小型的便携式荧光泛光灯，也比同等的白炽灯更笨重。但是，由于荧光泛光灯的耗电量少，使用时几乎不产生热量，因此常用于室内 EFP 照明。正如前面提到的那样，荧光灯的问题在于它们无法准确地还原所有的颜色，即使摄像机的白平衡已经调节到适当水平。由于荧光灯具并不能总在 3200K 和 5600K 的标准开尔文额定值下发光，所以尤其要注意摄像机的白平衡。当开始进行视频录制之前，要在调试好的现场监视器上面检查画面的色彩尤其是肤色的色调。如果高精准的色彩还原并不是制作中最重要的事情，那么小型的荧光灯组也是一种有价值的 EFP 布光灯具。

　　**LED 灯**　LED 灯的形状就像一个小型的电脑屏幕

或者折叠式取景器，但它并不显示影像，而是投射出柔和的白色光线。这些小面板（约 7 英寸宽）上的发光二极管（LED）能够产生足够的光线，充分照亮被摄物体，以供拍摄出可以接受的视频影像——只要面板离被摄物比较近。面板由电池进行供电（12V 到 24V），能够产生 5600K 日光色温的光线，光线的亮度可以通过面板顶边上的旋钮调暗。当靠近被摄物体进行拍摄时，可以将 LED 灯装在摄像机上，因为它不会产生任何热斑。当它没有装在摄像机上的时候，你也可以用它照亮小块区域，比如一辆汽车的内部空间。

### 散射式便携聚光灯

敞口灯具（在本节开头部分讨论过）也可以作为泛光灯使用，只要将灯光从聚光位置变到泛光位置即可。你会发现，尽管灯具提供了泛光控制，但你也不是每次都能得到你所需的均匀漫射光。幸运的是，还有其他方法能让这些灯具提供更佳的漫射光照明。

**使用反射光线**　让光线散射的最简单的方式，就是让光线从墙壁、天花板或者泡沫板上面反射回来。不幸的是，光线在反射之后，其强度也大大降低了，哪怕反射它的是亮色墙壁。要最大程度地保留光线强度，你可以让灯具尽可能地靠近墙和天花板，当然，前提是要保证灯不会烧到墙体的油漆。

**附加柔光纸**　最常用的光线散射装置有柔光纸和磨砂板。正如之前提到过的，柔光纸是玻璃纤维质地，能够附加在小型的聚光灯、泛光灯和敞口聚光灯前面，来实现光线最大程度的散射。要为敞口灯具附加柔光纸，最简单的做法就是用木质衣服夹子，将它夹在灯具的遮扉上面。不要使用塑料夹子，敞口聚光灯会变得很烫，可以在短短几分钟之内就将塑料熔化掉。**见图 10.5**

柔光纸有多种厚度，越薄的吸收的光亮越少，越厚的吸收的光亮越多。你也可以将勺形灯改装成柔光

**图 10.5 加装在遮扉上面的柔光纸**

为了让敞口灯具的光束更加发散，你可以在其遮扉上面加装柔光纸，用木质夹子固定。

灯，只要给它附加一块裁剪好的，能匹配环形卡槽的柔光纸即可（见图 10.3）。一些灯光从业者更喜欢使用磨砂板（frosted gel）作为散射装置。磨砂板是一种半透明的白色塑料片。和柔光纸一样，它也有不同的密度，能以不同的程度减少光线的强度。

**使用散射伞**　散射伞是另一种高效的散射装置。这种小的银色伞用耐热材料制成，不是用来挡雨的，但可以让投射到它表面的光线散射出去。你可以将这种勺形伞安装在灯具前面，同时让其展开的角度大致对准你想要照明的方向。你需要将光线投射在伞打开之后的凹面，而非外侧球形的那一面。

**附加柔光箱**　正如之前提到过的，你可以使用柔光箱而非散射伞来将白炽灯的硬光改变为有效的柔光。

当你进行繁杂的现场制作，比如报道一场高中篮球赛的时候，你可以尝试使用大功率 V 形灯和散射伞。但同时你也可能会需要更大的泛光灯，比如勺形灯，或者泛光灯组。如果可能，使用 HMI 镝灯，它是最高效的外景灯具。使用几只 1 千瓦，甚至 575 瓦的 HMI 镝灯，把它们调到泛光位置，就足够你照亮整个体育馆。但之后，你必须针对灯具的 5600K 日光色温来重新调整摄像机的白平衡。

**摄像机灯**

电子新闻采集需要用到另一种类型的灯具，这种灯既可以安装在摄像机的顶部，又可以由摄像师或助理手持使用。摄像机灯拥有较强的光线输出能力。它们为敞口设计，尺寸很小，能够使用多种多样的散射滤镜和日光滤镜（5600K），这些滤镜会被安装在摄像机灯的开口处。摄像机灯可以通过摄像机电池或者外接的大型电池进行供电。后者通常被安装在三脚架上，或由摄像师随身携带。

## 10.1.3　照明控制装置

若想了解照明控制，必须先熟悉下面这些特定的

设备：固定装置、方向控制装置、强度控制装置、电子调光器。

**固定装置**

固定装置能安全地支撑各种灯具，并使之对准预定的方向。好的固定装置同照明器材本身一样重要。专为演播室灯光设计的主要固定装置有：钢管架和平衡吊杆，C 形螺丝夹，滑动杆和伸缩架，落地灯架。便携式灯具主要安装在可折叠支架上。用于现场照明的固定装置有很多种，如小型照明吊杆、交叉支架，以及能够将灯装在门或家具上面的支架。

**钢管架和平衡吊杆**　演播室灯光既可以挂在一个固定的钢管架上，也可以挂在平衡吊杆上。钢管架（pipe grid）由交叉或平行架设的重型钢管构成。钢管架的高度取决于演播室天花板的高度，但是，即使演播室的天花板很低，钢管的安装也应该与天花板保持 2 英尺左右的距离，这样才易于固定和连接灯具或其他悬挂器件。同时，适当的空间对于散发灯光所发出的热量来说也是必要的。见图 10.6

钢管架是安装在天花板上的永久装置，而平衡吊杆（counterweight batten）则不同，它可以调高或降低到任何预定位置，并牢固地锁定在此位置。见图 10.7 平衡吊杆与灯具借沉重的配重钢块达到平衡，再通过绳索滑轮系统或单独的马达来进行移动。见图 10.8 在松开配重绳索上下移动平衡吊杆之前，一定要检查平衡吊杆的重量是否合适。你可以计算配重钢块的重量，将它们与平衡吊杆上的灯具数目和类型相比较，以此来进行判断。配重物与灯具在重量上应该大体平衡。

相对于钢管架系统来说，平衡吊杆的显著优点是可以在演播室地面上对照明设备进行悬挂、调节和维修。但是你会发现，你也不能完全不用梯子。虽然你能初步把灯调节在一个大体适合的操作位置，但一旦吊杆固定到某个理想高度，你就必须重新调节它们。然而，到了那个时候，演播室地面上往往挤满了布景、摄像机、麦克风等，它们会妨碍人们将吊杆降低到舒服的操作位置上。这时，你可以使用灯杆（一根长长的木杆，尾端有钩子）来进行微调工作：让灯具对准

**图 10.6 钢管架**
这个简单的钢管架可以支撑小型区域所需的布光，比如新闻播报、采访或者某个厨房布景。

**图 10.7 平衡吊杆**
平衡吊杆可以升高或降低，并锁定在某个特定的操作高度上。

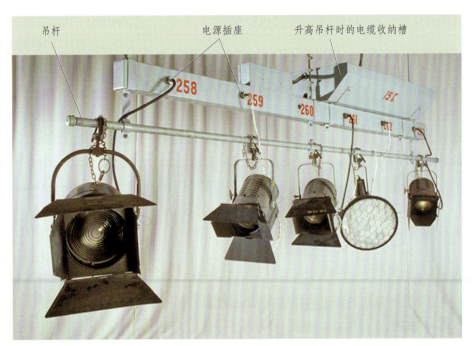

吊杆　　　　　　　　电源插座　　　升高吊杆时的电缆收纳槽

需要照射的目标，并且使光束集中。

**C 形螺丝夹**　　既可以用 C 形螺丝夹（C-clamp）将照明器材直接装在吊杆上，也可以将其装在其他悬挂装置上（后面再做讨论）。用一把钳子或扳手将 C 形螺丝夹牢固地拧在圆形金属杆上，装在螺丝夹上的灯具可以水平旋转而不必松开将它固定在吊杆上的螺栓。虽然 C 形螺丝夹能支撑灯具，即使大螺栓松了也不会让灯具从吊杆上落下来，但你仍然应该定期检查吊杆上的所有 C 形螺丝夹，看它们是否牢固。作为一种额外的安全措施，所有灯具都应该再用一根结实的钢链连接或固定在吊杆上。同样，遮屏也必须牢牢地固定在灯具上。即使在时间紧迫的情况下，一旦重新挂灯，也千万别忘记用安全链或缆索将每一只灯具拴牢。见**图 10.9**

**图 10.8　配重系统**

装在该系统上的吊杆和照明器材由配重钢块进行平衡，并通过滑轮绳索系统来上下移动。

配重物

挽绳栓（锁定绳）

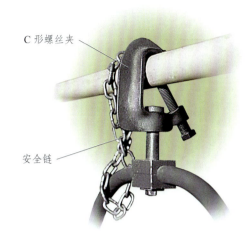

**图 10.9　C 形螺丝夹**

C 形螺丝夹是灯具和吊杆之间的连接件。即便 C 形螺丝夹牢固地固定在吊杆上，灯具仍然可以顺时针或逆时针旋转。

C 形螺丝夹

安全链

　　**滑动杆与伸缩架**　假如演播室使用固定的钢管架，或者如果你需要拉高或降低个别灯具而又不想移动整个灯光吊杆，这时就可以使用滑动杆。滑动杆（sliding rod）指的是一根结实的钢管，通过改进的 C 形螺丝夹与吊杆相连，可以上下移动并固定在特定的垂直位置上。若想获得更好的灵活性，可以采用带伸缩套管的昂贵滑动杆。见图 10.10 一些高端的照明系统装有马达驱动的滑动杆，其垂直运动可以通过演播室照明控制器进行遥控。

　　有的演播室采用伸缩架（pantograph）。这是一种弹簧悬挂装置，使用灯杆，你能够在 12 英尺的范围内，对它进行任意垂直高度的调节。伸缩架最适合与勺形灯或其他类型的泛光灯配合使用。见图 10.11

　　**落地灯架**　你会发现，使用单机拍摄电影风格的节目时，演播室地板上会立着很多灯具。将灯具装在直立的带滚轮的落地灯架上，能够加快布光的速度。

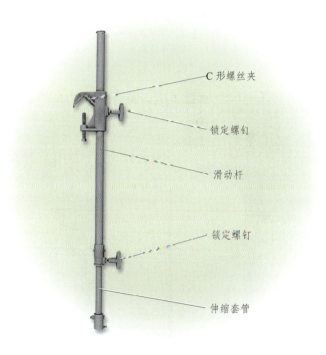

C 形螺丝夹

锁定螺钉

滑动杆

锁定螺钉

伸缩套管

**图 10.10　滑动杆（伸缩套管架）**

该滑动杆也称作伸缩套管架，可以用来上下移动灯具，并将灯具锁定在某个位置上。滑动杆主要用在钢管架上，在需要做更多的垂直控制时，也可以将它用在配重系统上。

图 10.11 伸缩架

你可以用灯杆来推上和拉下这只弹簧伸缩架,从而迅速、轻松地调节它。弹簧对装在上面的灯起着配重的作用。

图 10.12 落地灯架

落地灯架能够支撑各种灯具,也能用于支撑托架或大型反光板。

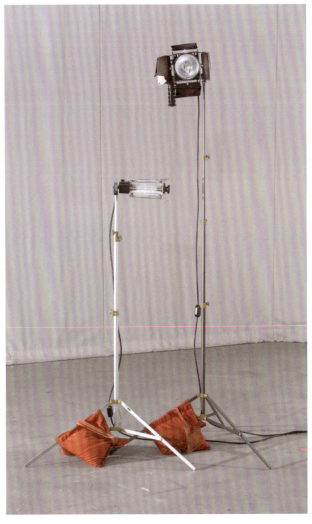

图 10.13 便携式灯架

这些灯架是为比较轻的便携式灯具设计的,可以延伸到8英尺到10英尺的高度。由于当它们升高到顶端时容易翻倒,因此始终要用沙袋固定它们。

见图 10.12 这些灯架能支撑任何类型的灯具:勺形泛光灯、散光灯、聚光灯,甚至条形灯。灯架上通常装有一个开关,可以控制开灯、关灯。

对于小型灯具而言,你可以使用其照明套件箱里面的可折叠式灯架,只是要确保每个灯架都要用沙袋进行固定,以防其翻倒。见图 10.13

在紧要关头,你还可以用1×3的木料做一个能固定一到两个便携式聚光灯的简单灯架,用于提供背光。不管使用哪种灯架(包括你自己新发明的装置),一定要把灯具安装牢固,并且一定要让灯具远离窗帘、室内装修物或其他易燃材料。

**方向控制装置**

现在，你已经掌握了如何对聚光灯的聚光光束和泛光光束进行控制。另外还有几种器件可以帮助你控制光束的方向，如遮扉、旗板、反光板。

**遮扉**　如果要部分或全部挡住某个布景区域的光线，这种显然比较粗糙的光束控制方法效果却极好。遮扉（barn doors）由二至四片金属叶片组成，只要在灯具的透镜前将它们折叠起来，就可以防止光照射到某个区域。例如，如果想保持布景的上半部暗而又不牺牲下半部的照明，只需用一块遮扉把光束的上半部挡住即可；而如果想消除吊杆的阴影，也可以合上某一片遮扉。

在防止背光射进摄像机镜头，引起镜头闪烁（镜头内部不受控制的光线反射，表现为光环的叠加光线）方面，遮扉也能发挥非常重要的作用。

由于遮扉很容易滑入支架，因而它也很容易滑出支架，因此一定要用安全锁链将遮扉牢牢地拴在灯具上。遮扉还容易变得非常热，因此在灯具亮着时调节遮扉一定要戴保护手套。

**旗板**　旗板（flag）由长方形金属框和耐热布或各种尺寸的薄金属片构成。旗板的作用与金属遮扉相似，但它不能直接装在灯具上。旗板可以被装到灯架上放在任何位置，阻挡射向某一特定区域的光线，并避免被摄像机摄入镜头。在电影行话中，旗板也被称为"遮光板"（gobo），这是 gobo 一词的另一个定义，这次指的却不是"饼干"（即能够插在椭圆形聚光灯前面，用于生成阴影图案的金属片，见图 10.2）。当然，只有在摄像机和出镜人的动作都经过仔细规划和排练后，才能使用旗板。见图 10.14

**反光板**　镜子是最有效的反光板。你可以用它们来重新定向光源的照射方向（通常为太阳），使之照向那些因为太小或太窄而不便于架设灯具的区域。例如，如果你要照亮有一扇门的又长又暗的走廊，那么你就可以使用镜子，将太阳光引入走廊，并投射在墙上。这种方式能节省你的时间、器材和电力。更多情况下，

你会使用反光板来生成高散射性光线，从而照亮人脸或其他物体上的浓重阴影区域，用媒介美学语言来讲，即减缓减退（slow down falloff）。不要使用镜子来减缓减退，而要使用那种只会反射光线的一部分并同时使其散射的反光材料。大部分的灯光师更喜欢使用一张大尺寸的白色泡沫板充当反光板，因为它重量轻，非常结实，安装或握持简便，一旦弄脏或断裂，也很容易更换。任何大尺寸的白纸板几乎都能充当反光板。假如需要一个更有效的反光板（反射更多的光），你可以将一张铝箔揉皱，使其表面变得凹凸不平（以产生更多的散射方向），然后把它粘在一张硬纸板上。见图 10.15

买来的反光板有白色、银色和金色，可以折叠起来，便于运输和安装。银色和白色的反光板能产生比金色反光板更高色温的光线。见图 10.16

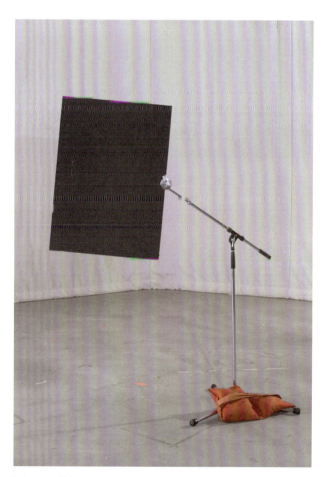

**图 10.14　旗板**

旗板的大小不同，密度不一。利用它们可以防止光线照射到某些特定的区域。

**图 10.15　铝箔反光板**
这种自制但高效的反光板由皱铝箔粘在硬纸板上制成。

**图 10.16　折叠式反光板**
这种反光板可以被折叠起来，以方便运输。它的一个反光面是银色的，另一面则是更暖的金色。

### 强度控制装置：灯具的尺寸、距离和光束

当你进行外景拍摄的时候，你可能不会携带复杂的数码调光器，所以你必须使用其他方法来控制光线的强度。以下为三种最常见的控光方法：选择尺寸恰当的灯具，调整灯具到被摄物的距离，以及使光束集中或分散。

**灯具规格**　最简单的控制光线强度的方法，就是只打开一定数量的特定规格（瓦数）的灯具。鉴于今日的摄像机已经拥有了较高的光敏性，白炽灯和荧光灯也已经能提供较高的光线输出，所以你并不需要在商业大片拍摄现场所见到的那种大型灯具。在大部分电视演播室中，最大的灯具一般为 2 千瓦的菲涅耳聚光灯。用于 ENG 电子新闻制作和 EFP 电子现场制作的灯具，很少会超过 650 瓦。事实上，很多侦探类电视剧在某些情况下会使用自然光拍摄——不使用任何灯具。

**距离**　当你将灯具靠近被摄物体，光线的强度会增加；如果你将灯具挪远，光线强度就会降低。你可以用这个原理指导布光工作，只要灯具安装在轻便的灯架上，你就可以轻松移动它们。在很多情况下，这是电子新闻制作或电子现场制作中调整光线强度的最有效的方法。如果灯光是安装在可移动吊杆上的，那么你也可以将这个原理应用于演播室节目。总的来说，在布光的时候，要将灯具摆得尽可能低，同时要让其位于摄像机的取景范围之外。如此一来，你就能够在消耗最小电力的同时，实现最大限度的光强度。

**光束**　光束越集中，光线的强度越高；光束越分散，光线的强度越低。要注意，除了激光之外，就算是集中的光束，当它离照射对象较远时，其光线也会变得比较分散。

你已经学到了让光束散射的几种方法：调节灯具上的光束控制器，利用柔光纸和反光板。你也可以使用一块金属网来分散或者遮挡一定量的光线：你只需要将这个金属网插入位于灯具前端的卡槽内，和使用柔光纸及磨砂板的时候一样。根据其粗细粒度的不同，

这块金属网可以在不影响光线色温的前提下，将光线减弱。其问题在于，石英灯产生的热量有可能在很短时间内烧毁网上的细金属丝，让整块金属网变脆，并最终碎裂。

### 电子调光器的基本原理

最精确的灯光控制器是电子调光器。有了电子调光器（dimmer），你就能轻松地调节每一只或每一组灯，使之以特定的亮度发光——从 off（关）位置一直到最高亮度位置。无论你使用的是老式的手动调光器，还是操控复杂的数字计算机调光器，它们的基本操作原理都是一样的：通过控制流入灯内的电压，使灯以或高或低的亮度发光。假如想让灯以最高亮度发光，电子调光器就会让所有电流流入灯内；假如想让灯以较低的强度发光，电子调光器就会降低电压；如果想熄灭灯光，调光器就会不让任何电流（或至少是让不足的电流）流入灯内。

**手动调光器**　尽管现在几乎没有人再使用手动调光器了，但是对于解释基本的调光操作来说，手动调光器比复杂的电脑调光会更容易让你明白。每个独立的灯具都会有一个对应的调光控制装置，在手动调光器中，就是一个带有相关刻度的推杆。正如你将在后面的图中看到的，左边的推杆在 2 的位置，这个挡位仅够让灯泡勉强亮起来；右边的推杆在 10 的位置，这意味着灯泡能以其最高亮度发光。见图 10.17

**电脑调光器**　大部分大型演播室的调光器能够控制数百只灯，并且在不亮到全亮之间拥有大量的强度层级。尽管实际的调光过程可以由电脑程序来完成，但是一个出色的电脑调光器还是会保留数个手动推杆，操作员可以利用它们在预先存储好的不同调光程序之间进行切换。

无论是手动调光器还是电脑调光器，都有一个缺点，那就是，当调光器降低电压时，会导致白炽灯的色温变低，从而发出偏暖的光线。我们将在第 11 章讨论关于这个问题的更多细节。

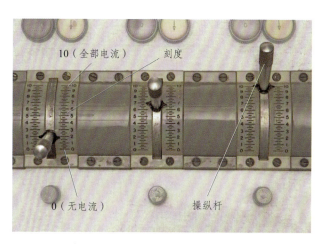

**图 10.17 手动调光器的刻度标记**

这种手动调光器的操纵杆推得越高，流向灯泡的电流就越多。设在 0 的位置时，没有电流流向灯泡；设在 10 的位置时，灯的亮度达到最大。左边的推杆在 2 的位置，这个读数仅够让灯泡勉强亮起来。右边的推杆在 10 的位置，意味着灯泡将以其最大强度发光。

**接线板**　接线板（pitchboard）也叫接线架，能够让每盏灯都对应一个调光器。让我们假设在你的书房有一盏灯，另一盏在你的卧室，但你只有一个调光器。因为你不可能同时在书房和卧室，所以你在书房的时候，可以将灯泡 1 插入调光器，在卧室的时候，将灯泡 2 插入调光器。你所做的工作就是将不同的灯具接入同一个调光器。在实际调光系统中，接线板的功能也是这样。尽管电脑能够将不同种类的灯具接入多个调光器，但我们还是用手动系统来解释接线的原理。

要将灯具接入一个调光器，你需要选中指定的连接线，并将它插入调光器的插槽（插孔）。见图 10.18

图 10.19 显示的是灯具 5（菲涅耳聚光灯）和灯具 27（勺形灯）被接入调光器 1 里面。如果你要控制 1 号调光器（将光强度推杆调节到指定位置，比如说 8），那么，两盏灯——5 号聚光灯和 27 号勺形灯应该会同时发光，且光线强度也应该都是 8。见图 10.19 假如你想分别控制它们，可以把 5 号聚光灯插入 1 号调光器，把 27 号勺形灯插入 2 号调光器。

除了能够调节光线的强度，接线板还能让你快捷而轻松地将一种类型的灯光切换至另一种。例如，你可以将一个饭厅的布光从白天换到晚上，这只需要你将存储在程序中的日景布光设定切换到夜景布光设定。用这种方法，你可以同时让演播室的多个区域亮起，

**图10.18 手动接线板**
接线板可以在特定灯具与特定调光器之间建立电源连接。

连接到调光器的设备　　　连接线（连接到照明设备）

电源插槽或插孔（连接到调光器）　　　断路器

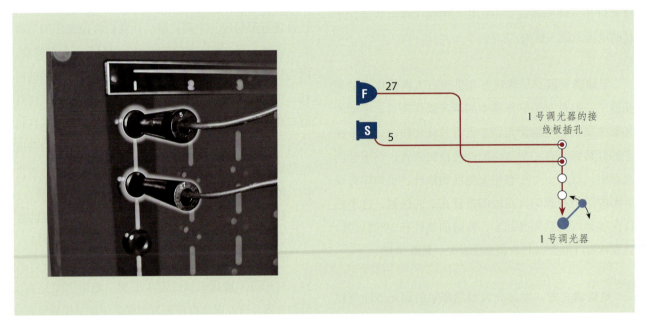

F 27

S 5

1号调光器的接线板插孔

1号调光器

**图10.19 手动接线**
如图所示，两盏灯（5号聚光灯与27号勺形灯）的连接线都与1号调光器相连，因此，两盏灯对1号调光器的任何设置都会做出相同的反应。

将布光设定储存在调光器的记忆卡里面，以及在需要的时候激活部分或全部储存的照明信息。有些节目可能要求你从一种背景色变到另一种背景色，比如从红色背景变成蓝色背景。有了调光器，你就可以在调高蓝光灯亮度的同时，降低所有向背景发射红色光的灯具的亮度。

**要点**

▶ 所有演播室的照明工作都是由各种聚光灯和泛光灯完成的，它们的专业术语叫照明设备（luminaire）。

▶ 演播室聚光灯包括菲涅耳聚光灯和椭圆形聚光灯。

▶ 演播室泛光灯包括勺形灯、柔光灯、散光灯、荧光泛光灯组、条形灯或环形灯。

▶ 现场用灯光包括所有小型带透镜的便携式聚光灯（小型菲涅耳聚光灯和镝灯），无透镜的敞口聚光灯，以及内置反光罩式聚光灯（夹灯）。

▶ 大多数便携式泛光灯都是敞口的，也就是说没有透镜。小型荧光灯组有时也用作便携式泛光灯。柔光箱可以将聚光灯转换成泛光灯。

▶ ENG 的照明常由安装在摄像机或手持设备上的小型多用摄像机灯和 LED 灯来完成。

▶ 照明控制设备包括固定装置、方向控制装置、强度控制装置，以及调光器。

▶ 主要的灯具固定装置有：钢管架及平衡吊杆，C 形螺丝夹，滑动杆及伸缩架，以及落地灯架。

▶ 方向控制装置包括遮扉、旗板以及反光板。

▶ 基本的光线强度控制可以通过改变灯具的规格（灯泡的瓦数），调节灯具到被照射物体的距离，调节光束的集中和分散程度来达成。

▶ 有了电子调光器，你就可以轻松地让一盏灯或成组的灯按你设定的强度发光。接线板又叫接线架，可以让你将每盏灯与不同的调光器相连接。

# 光线强度、灯具和彩色透明介质

在学习演播室和现场的实际照明操作之前，你还应该再了解一些灯光方面的知识，了解如何控制和测量灯光，如何产生彩色灯光。这部分将对 10.1 中涉及的技术细节进行补充。

▶ **光线强度**
  使用勒克司和英尺烛光测量入射光和反射光

▶ **光线强度的计算**
  流明和平方反比定律

▶ **操作亮度级：基础光**
  实现最佳亮度级

▶ **灯泡类型**
  基本发光体：白炽灯、荧光灯和镝灯

▶ **彩色透明介质**
  改变光线颜色的塑料片（滤光片）

## 10.2.1 光线强度

尽管有些摄像机能够在几乎全黑的环境中拍摄画面，但是大部分标准摄像机都需要一定量的光线才能发挥其最佳性能。虽然它们和我们的眼睛一样敏感，

但并不一定总能准确地辨别某个照明器材到底产生了多少光，布景或现场上实际有多少光，某个物体反射了多少光，以及镜头到底接受了多少光。而测光表可以给我们提供更准确的光线强度读数。

### 英尺烛光和勒克司

测量光线强度的标准单位有美国的英尺烛光（foot-candle，缩写 fc）和欧洲的勒克司（lux）。由于普通的电视照明并不要求非常精确的强度单位，因此你只需用系数 10 乘以英尺烛光便可以计算出勒克司单位，或者，你也可以用勒克司除以 10 来计算英尺烛光：

- 在英尺烛光已知时，用英尺烛光乘以 10 得出勒克司。
- 在勒克司已知时，用勒克司除以 10 得出英尺烛光。

100 英尺烛光大约是 1000 勒克司（100×10），2000 勒克司大约是 200 英尺烛光（2000÷10）。如果希望得到更准确的数据，可以用系数 10.75 从英尺烛光得出勒克司，或从勒克司得出英尺烛光。

采用勒克司和英尺烛光作为光线强度单位，现在你就能测量两种类型的光线：入射光和反射光。

### 入射光

入射光（incident light）的读数，能使你对到达某一特定布景区域内的总体光线强度形成一定的概念。实际上，你测量的是落在一个物体或一个表演区域上的光线量，而非从该区域反射出来的光线量。要测量入射光，你必须站在被照亮区域内或被拍摄物体的旁边，并将入射光测光表对着摄像机镜头。测光表很快便能给出这个特定区域的总体亮度级。这种总体亮度级也被称为基础光。入射光也可以指从特定灯具发出来的光线。如果你想测量从某个特定灯具发出的光线的强度，你应该将英尺烛光（或勒克司）测光表伸进光线中。**见图 10.20**

这种测量方式很有用，特别是当你想在同一个场景中连续几天重复同样的照明方案的时候。由于一些

图 10.20　入射光测量

若要测量入射光，挨着被照射物体或表演区域站立，同时，将入射光测光表对准摄像机或伸进光线中。这里照明指导（LD）正在检测某盏灯的光线强度情况。

图 10.21　反射光测量

若要测量反射光，请将反射光测光表（用于静态摄影）凑近被照射的人或物体。

原因，要想让第二天和第一天的照明完全相同是很困难的，即使有能思实地重复前一天调光设置的计算机辅助接线板，这种想法也难以实现。不过，对入射光进行检查可以保证照明强度上的一致或高度近似。

若想发现照明中可能存在的"漏洞"（没被照亮或没被充分照亮的区域），就应该在布景的四周走动，并用测光表对着主要的摄像机位置，同时观察测光表：只要指针下落，就说明存在着"漏洞"。

### 反射光

反射光（reflected light）读数能使你对从各种物体反射回来的光的多少形成一个概念。它主要用于测量对比度（contrast）。

若想测量反射光，必须使用反射光测光表（大多数普通摄影测光表都可以测量反射光）。测量时，你需要从摄像机的方向出发（测光表的背面应朝向主要摄像机的位置），将测光表凑近并对准被照亮的物体，如跳舞者的脸或者金色的头发，之后再对准黑色背景。见图 10.21

在获取这个读数时，不要站在光源和被拍摄物体之间，否则你测量的将是你的阴影，而不是实际从物体上反射回来的光。若想测量对比度，首先要将测光表对准物体被照亮的一面，然后再将其移到阴影面。两个读数之间的差异就是对比度（第 11 章将描述对比度系数及其在电视布光中的重要性）。

但不要过于依赖这些测量结果和比率。对于大多数照明来说，你所要做的只是迅速检查基础光。在要求特别严格的情况下，你可能需要检查脸部或非常明亮的物体的反射比。有些人过于将注意力放在测光表和示波器（显示相对于摄像机宽容度而言的亮度级）上，以至于忘了观察监视器，检查照明是否与他们预期的看起来一样。如果能将自己对摄像机如何工作的了解与自己的艺术敏感度，尤其是生活常识结合起来，你就不会让测光表来告诉你需要多少光，而只是把它当成参考，借助它让布光工作更有效率。

## 10.2.2　光线强度的计算

光线强度测量的是有多少光线"击"到物体的表面。1 英尺烛光是指单个蜡烛（1 流明）照射在离蜡烛 1 英尺远的一个 1×1 英尺（1 平方英尺）面积上的光量。1 勒克司是指距物体一米（约 3 英尺）远的一支蜡烛照射在 1 平方米（大约 3×3 英尺）表面上的光量。一支蜡烛的光线强度的标准是 1 流明（lumen）。

光线的强度遵守平方反比定律（inverse square law）。该定律认为：如果光源发出各向同性（在各个方向均匀分布）的漫射光，比如在一个房间中央发光的一支蜡烛或一个灯泡，其光线强度将以 $1/d^2$ 的比率

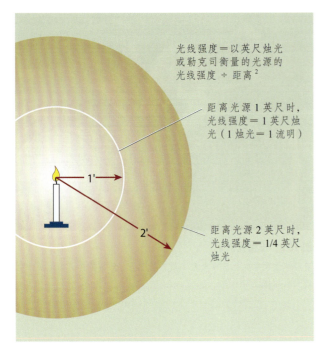

光线强度＝以英尺烛光
或勒克司衡量的光源的
光线强度 ÷ 距离²

距离光源 1 英尺时，
光线强度 ＝ 1 英尺烛
光（1 烛光 ＝ 1 流明）

距离光源 2 英尺时，
光线强度 ＝ 1/4 英尺
烛光

**图 10.22 平方反比定律**

注意：平方反比定律只适用于各向同性（在所有方向均匀传播）的
散射光源。该定律也适用于勒克司。

衰减（变得更微弱）。d 指距光源的距离。例如，如
果某个光源的强度是距光源 1 英尺远时 1 英尺烛光
（1fc），那么在 2 英尺时，其强度就应为 1/4 英尺烛光
（1/4fc）。见图 10.22

平方反比定律也适用于勒克司。在这种情况下，
光线强度是从距离 1 流明光源 1 米处的 1 平方米（1m²）
表面上测量的。

这个公式告诉我们，照明器材离物体越远，光线
强度越弱；照明器材离物体越近，光线强度越强。否
则，这个公式对提高电视布光的精确度就没有多少帮
助。探照灯、手电筒、车头灯，或者菲涅耳聚光灯和
椭圆形聚光灯的光束，并不是各向同性的（像烛光那
样），而是部分平行的（尽量使光线平行发射）。因此，
它们并不遵守平方反比定律。即使是泛光灯，它们往
反光罩开口方向发出的光量，也超过向其背后发出的
光亮。光线越平行——也就是光束越集中——其强
度随距离加大而减弱的速度越慢。这就是为什么，在
不改变照明器材与物体之间的距离的情况下，当我们
需要将更多光线照在一个物体上时，我们会使聚光灯
"聚光"，向当我们需要较弱的亮度时，我们就让其光

束漫射的原因。一个非常好的平行光的例子是激光束，
如你所知，即使距离很远，激光束仍然可以保持其光
线强度。

### 10.2.3 操作亮度级：基础光

为了使摄像机"看清楚"，使画面相对避免视频噪
波（画面中的干扰或"雪花"），必须设定一个最低的
操作亮度级，这被称为基础光或底子光。你应该还记
得，基础光（baselight）指某一布景或某一事件区域内
的整体光线强度。

**基础光级**

关于各种摄像机的基础光级最低应该达到何种程
度才足够，已经有过许多争论。问题是，基础光级并
不是绝对的，而是取决于其他制作因素，如摄像机对
光线的敏感程度、预期的照明对比度和场景的整体反
射比，当然，还有镜头的光圈值（f 值）。如果是在
ENG 电子新闻采集活动中进行户外拍摄，你对基础光
级不可能做太多的控制，只能接受现有的光线。但即
使在户外，你也可以利用反光板反射阳光，从而提高
阴影区的亮度，或利用额外的照明器材来加强现场光
线。最常见的问题是基础光不足，但也有需要你费力
控制过多光线的情况。

**基础光不足** 尽管你可能常常听说家用摄录一体
机可以在低至 1 英尺烛光甚至 0.2 英尺烛光（10 甚至
是 2 勒克司）的光线强度下拍摄，但如果要让摄像机
发挥最佳的性能，光线强度最好更高一些。专业 ENG/
EFP 和演播室摄像机一般需要约 150 英尺烛光（1500
勒克司），才能在光圈值设定在 f/5.6 到 f/8.0 的情况下
获得最佳画面质量，这几挡光圈能够提供最高的画面
分辨率。摄像机说明书可能会让你使用 200 英尺烛光
（2000 勒克司）作为基础光，同时使用最小的光圈，比
如 f/11，这种设定也能让摄像机提供最佳的画质。

大多数摄像机可以在低得多的基础光级下工作，
并且不会明显降低画面质量。打开增益，将增益设定
在低挡（回忆一下，这将通过电子手段增强视频信

号），可以让你在低亮度条件下获取可接受的图像。尽管摄像机制造商一直不承认，但高增益确实会导致视频噪波的增加，偶尔还会引起一定程度的偏色。对于家庭摄像甚或 ENG，视频质量相对于画面内容而言可能是次要的。但对于 EFP 和演播室节目，视频质量仍然是最应该注意的事情，因为它必须能经受后期制作剪辑中的多次复制和画面处理。通常，数字摄像机可以比模拟摄像机容许更高的增益，而不会导致明显的画面损坏。

请记住这条基本原则：一般来说，在亮度相当高而照明对比度不高和亮度非常低而照明对比度高这两者之间，前一种情况更有可能让摄像机产生出高质量的、清晰的画面。

**基础光过多**　虽然上述针对基础光和画面质量关系的基本原则是真实可信的，但也有内光线可多而使摄像机无法正常工作的例子。如果光线过多，你可以通过缩小镜头光圈来应对，也就是将 f 值设定到一个更大的数字，如 f/22。你也可以同时或单独使用中灰滤镜，也是摄像机内置滤镜的其中一种。和小光圈的作用很相似，中灰滤镜（neutral density filter，缩写 ND filter）能减少落在场景上或进入分光器中的光线量而又不改变色温（关于色温的概念将在第 11 章中解释）。当你在晴朗的户外拍摄时，这种中灰滤镜还能帮助你应对画面亮部和暗部的高对比度问题。

## 10.2.4 灯泡类型

照明器材的分类不仅仅依据功能（聚光灯或泛光灯），也依据它们所使用的灯泡——技术术语叫发光体（luminant）。电视照明主要使用三种基本类型的发光体：白炽灯、荧光灯和镝灯。

### 白炽灯

白炽灯（incandescent）和普通的家用电灯泡很类似，它通常以电力加热灯丝从而让灯泡发光。在电视摄制中使用的白炽灯和家用白炽灯的主要区别只在于前者的瓦数通常更大，产生的亮度更强。白炽灯的主要缺点是，瓦数大的灯泡一般都非常大，随着灯泡使用时间的增加，它们的色温会逐渐变低（颜色更暖），而且这种灯泡的寿命也相对较短。

白炽灯包括体积又小表面温度又高的石英灯（quartz），它也被称为 TH 灯（卤钨灯）。它的灯丝装在一个充满卤素气体的石英灯泡里。石英灯优于普通白炽灯的地方在于它比较小，并在其整个生命中都能保持原有的色温。其不利因素则是产生的温度太高。在换石英灯泡的时候，切忌用手去摸灯泡。旧灯泡的温度可能仍然很高，会灼伤你的手指；而如果是新的灯泡，你的指纹还会在灯的石英外壳上形成一个脆弱的点，这可能会导致它爆炸。在打理这种灯泡的时候，一定要用手套、纸巾或干净的布片。

### 荧光灯

荧光灯（fluorescent）靠激励一根填充满气体的灯管发出紫外线辐射而发光。这种辐射会照亮灯管内壁的磷涂层，其方式如同电子束照亮电视屏幕。尽管改进后的荧光灯可以发出相当均匀的白光，但仍然有许多荧光灯倾向于发出带有轻微绿色的光线。如果精确的色彩还原对于你的节目制作很关键，那么就要在使用荧光灯前对其进行检测。尤其要检测它的色温是否能够和其他灯具的色温融为一体。

### 镝灯

镝灯（HMI）的工作原理是通过让电流在多种气体中进行移动来发光。这个过程能让灯泡内部的电流生成光线。要在灯泡内部产生光线，你需要一个镇流器——一个相当笨重的变压器。镝灯产生的光具有 5600K 的色温，也就是户外标准色温（请参见 10.1 关于镝灯在使用中的优势与劣势的介绍）。和石英灯一样，不要用你的手触摸镝灯：你的指印会削弱其石英外壳，使灯泡在很短时间内烧坏。

## 10.2.5 彩色透明介质

在照明器材前安放不同的彩色透明介质或滤光片 / 色纸（gel），就能产生各种各样的有色光（"gel"是明

**图 10.23 彩色透明介质**

彩色透明媒介，或滤光片，是加装在灯具前面以生成不同有色光的有色滤光装置。

胶"gelatin"的缩写，在更耐热和耐潮的塑料被开发出来之前，人们采用明胶作为彩色透明介质）。彩色透明介质是用作滤光装置的耐高温塑料片。它们被广泛地用于给场景背景着色或创造色彩的特殊效果，如日落、暗蓝色的天空，或者在舞蹈节目、摇滚音乐会、神秘节目乃至外太空探险节目中的颜色效果。见图 10.23

**彩色透明介质的使用方法**

先裁剪彩色透明介质片，使其大小形状与照明器材的滤光片卡槽相匹配，然后把装了滤光片的卡槽滑进照明灯具前的托架中。如果彩色照明不必非常精确，就可以利用木制衣夹（塑料的会熔化），将彩色滤光片夹在遮扉上，使其像晾衣绳上的衣服一样。这个方法的优点是，你不必裁剪昂贵的滤光片，而且可以让它们远离灯泡产生的热量。光束高度集中的灯具产生的热量非常高，甚至连最耐热的彩色透明介质，其中心也有可能被烧穿。要避免此类毁坏，你可以将灯具调节到一个更泛光的位置（将灯泡-反光罩朝透镜的方向移动），散去一定的热量。

**彩色滤光片的混合**

在使用彩色滤光片时，你可以通过减色法或加色法来混合光线。例如，先分别将一块红色滤光片放在一个灯具中，将一块绿色滤光片放在另一个灯具中，然后将这两个灯具发出的光束相互重叠，你就能够获

得黄色的光线。因为你将一种色光叠加到了另一种色光之上，所以这种方式属于加色法混合。然而，如果你将这两个滤光片——红色滤光片和绿色滤光片，都放在同一个灯具中，那么，你就不能从灯具那里得到光线了。这是因为红色滤光片阻挡（吸收）了所有的绿色光，绿色滤光片也抵消了所有的红色光。

如果将有色光照在有色物体上，相似的问题也会发生。我们之所以看见苹果是红的，是因为苹果中的滤色因素吸收了白光中除红色外的全部颜色，而将红色反射回了我们的眼睛。绿苹果吸收了除绿色外的其他颜色，而将绿色反射回来，因而苹果看起来是绿色的。如果将红光照在绿苹果上，会发生什么呢？它会变成黄色的吗？不会。苹果将变成深棕色或者黑色的。为什么会这样？因为照在苹果上的红色光中不包含绿色，苹果在吸收了所有的红色光后没有什么可以反射回来。当没有光线从物体上反射出来时，我们就会觉得它是黑的。现在，你能明白在蓝色"夜"光照明下使用黄色物体可能会出现的问题了：蓝色光不包含黄色，因此这些物体没有黄色可供反射，于是它们变成了深灰色或黑色。

大多数布光专家都反对用有色光去照明出镜人或者表演区域，除非是为了追求某种特殊效果，比如犯罪节目中的绿色灯光，或者摇滚音乐会中五彩斑斓的灯光。如果色彩还原对于节目制作来说很关键，那就让有色光远离拍摄对象的脸部。

## 要点

▶ 光线强度以英尺烛光（fc）或勒克司（lux）为测量单位。当给出勒克司求英尺烛光时，用勒克司除以10；当给出英尺烛光求勒克司时，用英尺烛光乘以10。如果需要更精确的换算，应该使用10.75而不是10作为换算系数。

▶ 要测量入射光（落到场景表面的光线）水平，请将测光表从被照亮物体的位置对准摄像机，或指向正在照亮这一物体的光源的方向。

▶ 要测量反射光，请使用反射（标准）测光表，令其在非常接近的地方对准被照亮的人或物体。反射光读数主要用来测量对比度。

▶ 照明中的平方反比定律只有在光源以各向同性的方式散射（在各个方向均匀分布）的情况下才适用，比如一只不带灯罩的灯泡或一支蜡烛。因为大多数电视照明器材使用准平行光线（汇聚光线），因而平方反比定律在此处不适用。不过，总体原则却不变：物体离光源越远，得到的光线越少；物体离光源越近，得到的光线越多。

▶ 基础光指场景的整体亮度级。只有当光线达到一定的基础光级时，摄像机才能实现最佳运作。

▶ 灯泡按照其发光体的种类可以分为三种类型：白炽灯（包括石英灯）、荧光灯和镝灯。

▶ 彩色透明介质通常称为滤光片，是一种塑料过滤装置，将其放在照明器材的镜片前，就会给光束染上该滤光片的颜色。

▶ 有色光束以加色法混合，但重叠的滤光片采用的则是减色法混合。

# CHAPTER

# 11

第 11 章

# 电视照明技术

看电视的时候，你可能会注意到，在新闻播报、情景喜剧、游戏竞技等电视节目中，照明都非常亮，出镜人脸上几乎没有阴影。但如果看的是犯罪悬疑剧、肥皂剧，你可能常常会发现，演员脸上的阴影比光亮部分更多，甚至有时还会发生偏色现象。本章将介绍如何实现这种不同的照明效果及其他内容。

在大多数视频制作场景中，特别是在 EFP 电子现场制作中，没有足够的可用空间、时间和人员来实现类似电影中的照明条件。通常，安排调试灯光的时间很短，所以，不管哪种拍摄任务，你都只能用高度漫射光来为演播室和外景场地提供照明。尽管这种技术对摄像机很友好，同时也能取悦摄像师（因为光照均匀，基本没有阴影），但却不一定能满足每次制作的美学标准要求。对于一场原本设定在黑暗街角上演的演播室戏剧性场景，如果在室内打柔光提供均匀明亮的照明，那就不会得到令人信服的效果。要让街角场景的照明看上去真实可信，不仅需要更多的布光时间，同时也特别需要你了解运用光线和阴影的相关原理。为数字电影布光需要更加谨慎，耗费时间也长，因为通常你必须逐个镜头，或者至少逐个场景进行照明。

时间有限是我们经常遇到的问题，但这并不妨碍我们实现良好的和创造性的电视照明效果。你需要的是提高工作效率。如果不了解基本的布光原理，为了达到某种特定照明效果，你可能随随便便地就把布光时间，甚至部分排练时间浪费掉了，而最终效果看上去也完全不是那么回事。所以，提高布光效率也意味着要提前仔细准备。

本章旨在协助你进行布光的前期准备。11.1 "演播室照明"，介绍演播室基本照明技术与特殊效果照明技术及其原则；11.2 "现场照明"，介绍与 ENG 电子新闻采集、EFP 电子现场制作，以及现场数字电影制作相关的照明技术。

背景光（background light） 针对布景、景片、舞台背景幕布的布光，也被称为布景光（set light）。

背光（back light） 从摄像机对面、被拍摄物背后发出的光。

浮雕照明（cameo lighting） 在背景保持昏暗的同时，用高度定向的光照射前景人物。

抠像（chroma keying） 拍摄时利用某种颜色（通常为蓝色或绿色）作为背景，在抠像过程中，再用图像替代此背景。

色温（color temperature） 衡量白色光相对红度和相对蓝度的尺度，单位为开（用符号 K 表示）。标准的室内色温为 3200K，室外为 5600K。从技术上讲，这些数值代表光线的开尔文（Kelvin）色温。

对比度（contrast ratio） 画面中最亮和最暗部分之间的差异（通常用以英尺烛光计算的反射光来衡量）。低端摄像机和摄录一体机的对比度通常是 50∶1，如果不想损失画面细节，画面中最亮部分的亮度不应超过最暗部分亮度的 50 倍。高端数字摄像机可以高过这一比例，能够容纳 1000∶1 甚至更高的对比度。

交叉主光（cross-keying） 交叉照在面对面两个人身上的主光。

漫射光（diffused light） 用模糊的光束对一个较大区域进行照明的光线。漫射光由泛光灯发出，可以产生出柔和的阴影。

定向光（directional light） 用清晰的光束对一个较小区域进行照明的光线。由聚光灯发出，可以产生出锐利、清晰的阴影。

减退（falloff） （1）光线强度衰减的速度。（2）指画面的明亮部分向阴影区域逐渐过渡的速度（程度）。快速减退意味着明亮区域突然变成阴影区域，且明亮区域和阴影区域之间的亮度差异很大；慢速减退表示从明亮区域到阴影区域的过渡是一个逐步变化的过程，且明亮区域和阴影区域之间的亮度差异很小。

辅助光（fill light） 位于主光对面摄像机另一侧，用于照亮阴影区，从而缓解减退程度的补充光。通常由泛光灯提供。

演播室平面图（floor plan） 画在坐标方格上，用于显示演播室里布景、道具情况的示意图。也称为演播室平面图案（floor plan pattern）。

高调（high key） 场景中背景明亮、光线充足的照明效果。与主光的垂直定位无关。

开（Kelvin，缩写 K） 开尔文，色温单位。在布光中，它是色温的测量单位，用于测量白色光的相对红度或蓝度。K 的数值越高，白色光越蓝，K 的数值越低，白色光越红。

主光（key light） 照明的主要光源。

轮廓光（kicker light） 通常是从被拍摄物侧面和背面发出的位置较低的定向光。

灯光设计图（light plot） 与演播室平面图相似的灯光平面图，显示灯具的类型，大小（瓦特），它们同被照射场景的位置关系，以及光束的总体方向。

场地评估（location survey） 对现场拍摄场地的制作需求所做的书面评估，通常采用核对表的形式。

低调（low-key） 场景中背景很暗，只对选择性区域进行照明的布光效果。与主光的垂直定位无关。

摄影照明原理（photographic lighting principle） 主光、背光和辅助光的三角安排：背光对着摄像机，位于被拍摄物的正背面，主光和辅助光位于摄像机的两侧，在被拍摄物的前面和侧面。这一原理又被称为三点布光法（triangle lighting）。

侧光（side light） 通常为来自被拍摄物侧面的定向光，起辅助光或第二主光的作用，可产生轮廓。

剪影照明（silhouette lighting） 未被照亮的物体或人处于明亮背景前面。

照明（lighting）指对光和影的控制。二者对表现脸部或物体的外形和质地，暗示特定环境，以及像音乐那样营造某种气氛，都是必不可少的。不管为戏剧性节目还是非戏剧性节目布置照明，你都会发现，面对任何一个问题，都会有不同的解决方法。因此，目前还没有一个能放之四海而皆准的照明方案。不过，有一些基本原则却能满足多种特定照明要求。一旦面临具体的照明任务，不要一开始就考虑可能的照明限制。你应该首先思考希望达到的预期效果，然后再利用现有的技术设备，考虑可用的布光时间，以达到预期效果。

▶ **安全性**
安全照明的基本注意事项

▶ **光的性质**
定向光、漫射光和色温

▶ **光的功能**
主要光源的术语和特定功能

▶ **具体照明技巧**
高调和低调照明、平调照明、动作连续照明、大范围照明、高光比照明、浮雕照明、剪影照明、抠像区域照明，以及控制眼部和吊杆阴影

▶ **对比**
对比度、对比度测量、对比度控制

▶ **平衡光线强度**
主光 / 背光比、主光 / 辅助光比

▶ **灯光设计图**
显示灯具设施及其光束的方位

▶ **演播室灯光操作**
维护灯泡和电力，使用演播室监视器

### 11.1.1 安全性

在对灯具及其附属控制设备的实际操作中，你应该遵循在所有制作活动中都应该遵循的一条原则：安全第一。

■ 正如第10章提到过的，操作处于工作状态的灯具时，要始终记得戴手套。手套不仅能够保护你不被发热的遮扉或灯泡烫到，还能防止触电。

■ 要始终用安全链或缆线把灯具固定在杆架上。将遮扉和柔光纸加装到灯具前面。要定期检查所有的C形螺丝夹，尤其是将灯具连接到悬挂装置上的那些螺栓。

■ 在给灯具接线或者移动处于工作状态（开关处于"开"的位置）的灯具时要尤其小心。因为发热的灯泡特别脆弱，不能承受物理冲击。不要晃动灯具，移动它们的时候小心缓慢。

■ 更换灯泡的时候，要先等灯具冷却下来。在你移走要换掉的灯泡之前，记得先将开关关掉。保险起见，还要把插头拔下来。不要触摸石英灯的表面，指纹或者其他任何会附着在灯泡石英涂层上的物质，都会让灯泡过热并烧坏。所以，拿灯的时候必须戴手套，如果没有手套，也可用纸巾或者甚至是衣角垫着灯泡。

■ 移动梯子的时候，注意检查梯子的上方和下方是否有障碍物。不要心存侥幸探出身子去"够"灯具。妥善放置梯子，以便你能从灯具后方而不

是前方对灯具进行操作。

■ 调整照明效果的时候，不要直视灯具，而要看向被照射物体，观察上面的光束效果。如果一定要冲着灯具看，要先戴上墨镜，并且持续时间不能过长。

■ 在你开始接线之前（假设你使用的是手动接线板），要将所有调光器和断路器的开关调至关闭位置。不要进行"热插线"，即在断路器打开的情况下，将灯具的电源线接到接线板的插座上。热插线会烧伤你的手，并且损害接线板，从而不能再进行正常的连接。

## 11.1.2 光的性质

不管布光目的是什么，你都会用到两种光线：定向光和漫射光。从太阳光或阅读时使用的灯光中获取的普通白光，都不是纯净的白光，它们可能会略微泛红或泛蓝。从技术上来说，白光也带有一定的色温。

### 定向光和漫射光

定向光（directional light）由聚光灯产生，用清晰的光束对相对较小区域进行照明，并形成清晰、浓重的阴影。晴天的太阳就像一个巨大的聚光灯，形成浓重而清晰的阴影。漫射光（diffused light）用宽泛、模糊的光束对一个相对大的区域进行照明。漫射光由泛光灯射出，能形成柔和、透明的阴影。多云天或大雾天的太阳就像一只理想的泛光灯，云雾将刺眼的太阳光束转变成高度漫射光。

实际上，你可以根据光线投下的阴影的密度和减退程度，来判断光线是定向光还是漫射光。如果你只盯着光线照亮的区域看，你会很难做出判断。

### 色温

你可能已经注意到了：荧光灯管发出的"白"光与蜡烛发出的白光不一样。实际上，荧光灯发出的是偏蓝绿色的白光而蜡烛发出的是偏红色的白光。落日发出的光比正午太阳光更加偏红，后者发出的光会更蓝。光线中的这种色彩差别就叫色温（color temperature）。注意：色温与物理温度毫无关系，即与灯泡的实际热度无关，它只是我们测量白光相对偏红或偏蓝程度的一个标准。

白光中的相对红度或蓝度能精确地测量出来，以色温度或开（Kelvin degrees，缩写 K）来表示。在灯光照明的行话中，"度"被省去不提，光线的色温则用多少 K 来表示。

室内照明的标准色温为3200K，这是一种略带红色（暖色）的白光。所有用于室内照明的演播室照明器材和便携式灯光的色温均为3200K，只要它们能得到充足的电压。用来增强或模拟室外照明的灯泡，发出的是5600K的光，它们更接近室外偏蓝的光线。**见图 11.1**

如果将一盏3200K的灯泡调暗，其灯光便会逐渐变得更红，接近日落时的阳光。把彩色摄像机的白平衡设定在3200K时，它就会忠实地呈现出这种不断增加的红色。例如，演员的白衬衫会渐渐变成橙色或粉

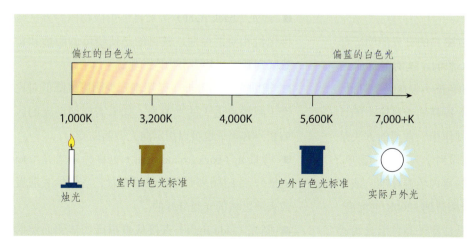

**图 11.1 色温**

色温的衡量单位是开。它测量的是白色光的相对红度或蓝度。标准的室内色温为3200K，室外为5600K。

偏红的白色光　　偏蓝的白色光

1,000K　　3,200K　　4,000K　　5,600K　　7,000+K

烛光　　室内白色光标准　　户外白色光标准　　实际户外光

色，皮肤的色调也会呈现出不自然的红色。因此，有些照明专家警告，不要调暗任何演员或表演区的照明灯光。因为肤色毕竟是观众判断电视色彩是否准确的唯一真正标准。如果皮肤的颜色失真，我们还怎么相信其他颜色的真实性呢？于是大家争论不休。然而实践表明，你可以把灯光调暗 10% 甚至更多，而不让这种色彩变化在色彩监视器上明显地表现出来。另外，将灯光调暗 10%，不仅能降低功耗，而且能使灯泡的寿命延长一倍左右。

**控制色温的方法**　正如你在第 5 章中了解到的，就算灯光色温不同，你也必须调整摄像机的白平衡，以确保准确的色彩再现。你也许会发现，尽管你严格遵守操作程序，但摄像机偶尔还是不会自动进行白平衡调节。这可能是由于色温过低（光线偏红）或过高（光线偏蓝），导致摄像机的自动白平衡无法处理。在这种情况下，你必须从摄像机内的滤光轮中选择一个色彩滤镜（见第 5 章）。浅蓝色滤镜能补偿低色温光源中的红色；琥珀色或浅橙色滤镜能补偿高色温光源中的蓝色。

大多数专业 ENG/EFP 摄像机能识记一部分的设定参数，因此，当你返回先前的照明环境，摄像机会自动调用恰当的白平衡。不过，有经验的摄像师还是更喜欢重新进行白平衡调节，以确保摄像机尽可能真实地再现包括白色在内的所有颜色。

提高红光色温（使其更蓝）的另外一种方法是在灯具的透镜前加上一块浅蓝色滤光片（一张彩色塑料片）；降低色温（使其变得更红），则可以在灯具前加放一块琥珀色或浅橙色滤光片。

有的室内场景，部分由透过窗户的日光照明，部分由便携式室内灯光（3200K）照明，这时候你有两种选择：要么将较高的室外光的色温（偏蓝光）降低，要么将室内光的色温（偏红光）提高到透过窗户的日光的色温水平。在精细的现场制作中，常用的方法是拿一块琥珀色塑料布充当大块滤光片，遮住整个窗户，将室外光的高色温降低到较低的室内色温标准。该方法的好处是，整个室内色温都能调节到 3200K 的标准。另一种省时、节约成本的方法是让室外高色温光线透过窗户，并将蓝色滤光片放在室内照明设备前，以便将室内光提高到室外的色温标准。**见图 11.2**

在一定条件下，你也可以将不同色温的光混合起来，只要其中一个作为主光支配整个场景的照明。例如，假设你身处一个由头顶的荧光灯管照明的办公室中，并且需要增加主光和背光（见本章随后介绍），以便为演员提供更高的亮度和更强的立体感，这时你就可以采用标准室内色温的常规便携式照明设备。这是因为，便携式灯具产生的光能提供主光，因此能盖过头顶荧光灯的光。这样，荧光灯光仅以微弱的辅助光发挥作用。摄像机可以毫无障碍地针对室内强光进行自动白平衡调节，同时也或多或少忽略了头顶荧光灯较高的色温。

## 11.1.3　光的功能

你会注意到，照明术语被定义的方式，主要不是基于灯具是聚光灯还是泛光灯，而是基于它们的功能和它们与被照亮物体的相对位置。

**照明术语**

虽然下列术语有不同的变异说法，但大多数摄影艺术圈（包括视频和数字电影）的布光专业人士都采用这些标准术语。

- 主光（key light）指照射在物体或某一区域上的定向照明的明显主要光源，其目的是展现物体的基本外形。
- 背光（back light）指来自被拍摄物体后方，与摄像机相对的照明，其目的是使物体的阴影和背景区别开来，并突出物体的轮廓。
- 辅助光（fill light）是用来减少阴影或降低对比度（减缓减退）的漫射光。如果需要辅助光的区域相当有限，也可以用定向光做辅助光。
- 背景光（background light）也称为布景光（set light），专门用来照亮背景或布景，与供给表演者或表演区域的光是分开的。
- 侧光（side light）直接从被拍摄物体侧面照射

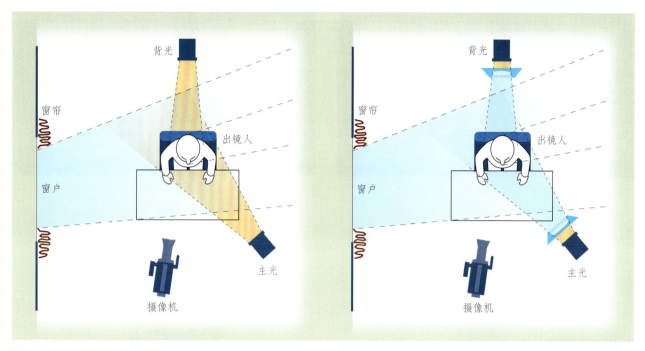

**图 11.2** 调配不同光源的色温
A 如果利用室内光和从窗户透进来的室外光共同给物体布光，必须平衡两种光源的色温，保证适当的白平衡。
B 为了平衡色温，可以在室内照明器材上加上浅蓝色的滤光片，将室内灯光 3200K 的色温提升到 5600K 的室外色温标准。

的光，通常与主光源相对，设置在摄像机的另一边。有时，为了给脸部制造特殊照明效果，可以安排两个侧光对射，让它们都作为主光发挥作用。

■ 轮廓光（kicker light）指从被拍摄对象背后射来的定向照明，从被拍摄对象的一侧消失，灯具通常放置在主光对面的某个低角度。背光只突出头部和肩部的背面；而轮廓光则突出并勾勒出演员的整个轮廓，将人物同背景区别开来。

### 主要光源的特定功能

这些类型的光在基本的照明任务中是如何发挥作用的？让我们来看一看。

**主光**　作为照明的主要光源，主光的主要功能是展现被拍摄对象的基本形状。见图 11.3 为了达到这个目的，主光必须形成一定阴影。设定在中等漫射位置的菲涅耳聚光灯通常被用作主光照明。不过，如果想得到更柔和的阴影，或用专业术语来讲，为实现"减缓减退"（slower falloff），你也可以采用勺形灯、散光灯甚至柔光灯作为主光灯。如果昂贵的柔光灯匮乏，有

些照明指导（LD）还采纳了照片摄影师或电影制作者的窍门，利用反光板作为主光和辅助光。不将主光（一只菲涅耳聚光灯）直接对准主体，而是通过白色泡沫板或一大块白色招贴板将主光反弹回来，这样就不必采用漫射材料，如柔光纸或磨砂板等来分散主光和辅助光。这样，高度漫射的反射光灯同样能产生出清晰但极其柔和、层次减退缓慢的阴影。

由于一天当中我们看到的主要光源——太阳——来自天空，所以从摄像机的角度看，主光通常应该高于拍摄对象，悬于它的左前侧或右前侧。请再看看图 11.3，图中的那位女士只受到了主光照明。注意，光的减退非常突然，导致她的头发和肩膀的一部分与黑色背景融在了一起。若想清楚地显示该女士右侧（摄像机左侧）的轮廓与质地，显然你还需要除主光外的其他光源。

**背光**　从背后增加照明有助于把拍摄对象同背景分开。请看图 11.4，注意背光是如何将图中那位女士的阴影一侧与昏暗的背景区分开来的，同时它还突出了她的头发和双肩的轮廓。见图 11.4 现在，我们已经

**图 11.3 主光**

主光代表主要的光源，展示物体或人物的基本形状。

**图 11.4 主光和背光**

背光使对象（摄影机左侧的头发）的实际形状显得更加清晰，把出镜者同背景分开，并给她的头发增加闪耀点和光泽。

清楚地确立了人物与背景之间的关系，也就是说，我们能十分容易地在（黑暗）背景前面感知到一个人物（女士）。除了确定空间关系，背光还能给画面增加闪耀感和专业抛光效果。

一般来说，应该尽量把背光放在被拍摄物的正后方（与摄像机相对）。除非你希望背光出现在画面中，否则，把它往被拍摄物体的这一侧还是那一侧稍微挪动，并不会给你带来什么益处。重要的是控制背光照射物体的垂直角度。假如将背光放在人物头顶或邻近的位置，它就会成为你不想要的顶光。这样的背光不会勾勒出人物的轮廓，自然也不会让人物从背景中呈现出来，让头发闪闪发光，而只会照亮人物的头顶，在其眼睛和下巴下方造成浓重的阴影。另一方面，如果背光位置太低，它就会射入摄像机。

为了更好地提供背光照明，在表演区（演员移动的区域）和背景之间应该留有充足的空间。因此，你

需要将椅子、桌子、沙发或床等演员会实际使用的这些"活跃"家具，放在离墙至少 8 到 10 英尺的地方，面对布景中心。如果出镜人的表演离布景太近，背光灯必须倾斜很大的角度才能照到场景，如此大的倾斜角度，难免会产生你不希望看到的顶光。

**辅助光** 现在请再看看图 11.4。尽管已有背光，脸部明亮区和阴影区之间的差异仍然非常大，脸部明亮一侧向阴影一侧的转变也仍然非常突然。这一转变被称为减退。减退（falloff）指画面的明亮区域转变成阴影区的速度（程度）。如果转变很突然，如图 11.4 所示，那么它就是快速减退。一旦发生快速减退，人物脸部的阴影就会非常浓重，摄像机根本看不见阴影区的细节。为了将减退变慢，也就是说，为了使阴影不那么显眼，可以看见细节，需要加一些辅助光。见图 11.5

毫无疑问，应该把辅助光放在相对于主光的摄像

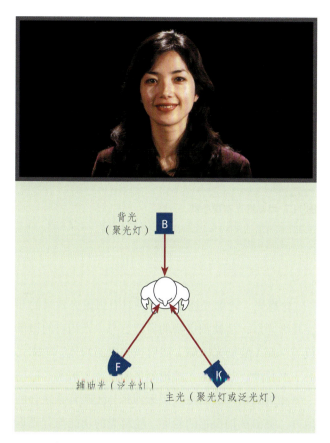

**图 11.5 主光、背光和辅助光**

辅助光降低了减退速度，使阴影一侧（摄像机左侧）显得更清晰，从而呈现出一些细节，但不会把帮助体现物体形状的阴影完全消除。

机另一侧。通常用一只高度散射的泛光灯或反射光作为辅助光。使用的辅助光越多，亮度减退速度就越慢。当辅助光的强度接近甚至相当于主光的强度时，阴影实际上就消除了。这样，被拍摄对象看起来就比较平，阴影也就无法协助呈现物体的形状与质地了。

当在某个特定区域进行严格的照明布置，不想让辅助光过多地溢出到其他布景区域时，可以用一只菲涅耳聚光灯作为辅助光，让它的光束尽量分散；或者在其透镜前加一个柔光纸，然后，再使用遮扉来进一步控制光线的溢出。

**摄影照明原理或三点布光法**　有了呈三角形分布的三个主要光源（主光、辅助光和背光），你实际上就已经在运用摄影照明原理（photographic lighting principle），也被称为三点布光法了（见图 11.5）。但是，你的工作还没完！你还必须对照明安排进行微调。

仔细观察被照明物体，如有可能，检查演播室监视器，看看场景（在我们的事例中，就是一位女士的特写镜头）是否还需做进一步的调节。有没有任何你不希望看到的阴影？有没有使物体扭曲而非帮助呈现物体的阴影？亮度平衡如何？辅助光会不会冲淡所有必要的阴影？阴影是否仍然太重？对于主光与辅助光的组合而言，背光是否太强？

**背景光**　要照亮背景（墙、环形布景）或不属于主表演区的某些布景，你可以使用背景光（也常被称为布景光）。为了使背景阴影与背景前人或物的阴影同在一侧，背景光必须在照亮背景时与主光照射方向一致。见图 11.6

就像你在图中所看到的那样，主光放置于摄像机右侧，这样，被拍摄对象身上的阴影就会落在摄像机左侧。因此，背景光也放置于摄像机右侧，这样，摄像机左侧的背景阴影就与前景的阴影相一致。如果将背景光放置于与主光相对的位置，观众就会以为有两个单独的光源在照亮同一个场景，或者更糟，就像太阳系里有两个太阳的感觉一样。

背景光虽是一个辅助性的角色，但它却常常超越自己的角色而变成主要的制作要素。除了用一束光或有趣的"饼干"图案增强原本单调乏味的背景外，背景光还可以成为呈现事件地点、时间和气氛的主要指示物。将监狱铁栏杆的影子投射在墙上，再配合牢门关闭时的撞击声，立即就可以呈现一个监狱的场景。见图 11.7

用一条光束或长条阴影映射在内景后墙上，再配合其他相应制作线索，可呈现午后或傍晚的场景。在一个内景的正常背景照明中，要尽量使场景的上部保持相对较暗，只让其中部和下部（比如墙壁）被照亮。这样能使演员的头部和肩部在略暗的背景中突出出来，并让家具、演员的深色服饰与较亮的布景下部形成鲜明对比。此外，较暗的上部还可以暗示上方是一块天花板。你可以用遮扉遮住射向布景上半部的定向光（包括背景光），从而轻松地使这些区域变暗。

**侧光**　侧光通常直接放置于被拍摄物的侧面，能

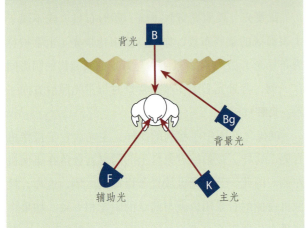

**图 11.6 背光**

背光为背景区域提供照明。背景光必须与主光位于摄像机的同一侧，以便使背景阴影（幕帘）与前景阴影（女人）同在一侧。

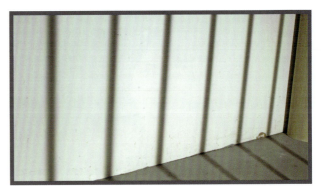

**图 11.7 用背景光布置场景**

背景光可以把事件放到一个特定的场所或环境中。在该图中，背景光产生的栏杆状阴影暗示场景发生监狱里。

**轮廓光**　轮廓光通常是一种具有强聚光效果的菲涅耳聚光灯，从被拍摄物的后方、与主光相对的摄像机另一侧（辅助光一侧）照射被拍摄的物体。轮廓光的主要目的，是在主光减退到最暗，且与被主光照亮一侧相对的物体上的浓重阴影即将与较暗背景融合的地方，突出被拍摄物的轮廓。轮廓光的功能与背光近似，只是轮廓光不是从被拍摄物正背面的偏上位置，而是从其侧后方较低位置给被拍摄物"画出轮廓"。轮廓光通常从视平线以下照射被拍摄物体，对于创造月光的幻觉特别有用。见图 11.10

## 11.1.4 具体照明技巧

一旦熟悉了如何在各种照明情形中运用摄像原理，就可以进一步了解一些具体的照明技巧了。它们包括：高调和低调照明，平调照明，动作连续照明，大范围照明，高光比照明，浮雕照明，剪影照明，抠像区域照明，以及眼部阴影和吊杆阴影的控制。

只有对摄像机的基本位置和视点做到心中有数，才有可能进行准确的照明。因此，在照明工作展开前，了解一下摄像机的基本位置以及全部主要摄像机视点的范围，这对你的布光工作大有帮助。

**高调和低调照明**

明亮的背景，大量光线（高基础光级），以及缓慢的减退效果，可形成一个高调（high-key）的场景，例

发挥主光或辅助光的作用。当作为主光使用时，它会产生快速减退效果，使半个脸处于浓重的阴影中；当作为辅助光使用时，它能照亮脸部的整个阴影一侧；当你将两个侧光分别放在人的两侧相对的位置上时，脸部的两个侧面会被照亮，而正面则会保持在阴影中。见图 11.8

如果摄像机的拍摄运动弧度特别宽，侧光便可以成为主要的照明光源。例如，如果摄像机按6点到8点的方向绕着被拍摄物移动，那么，侧光就可以发挥主光的功能，提供基本的造型（呈现三维效果的照明）。调节在泛光位置的菲涅耳聚光灯常被用来进行侧光照明，勺形灯或散光灯作为侧光灯使用时则能产生有趣的照明效果。

对于极亮的照明来说，可以用侧面辅助光来协助主光。辅助光给被拍摄物的主光一侧提供基础照明，主光则提供必要的闪耀和强调光。见图 11.9

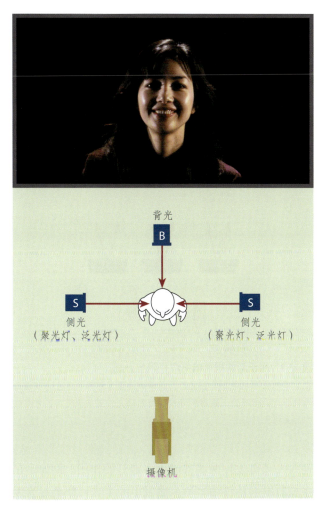

**图 11.8 侧光**

侧光从侧面照射被拍摄物，起主光和（或）辅助光的作用。在这个例子中，两个相对的侧光都充当主光。

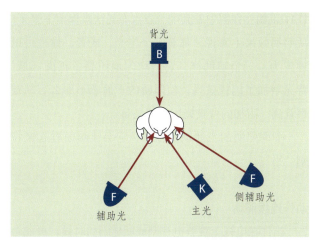

**图 11.9 侧辅助光的布置**

侧辅助光提供柔和的照明，而主光（聚光灯）则增加闪烁光泽。当主光被关掉后，侧辅助光就会接替主光的功能。

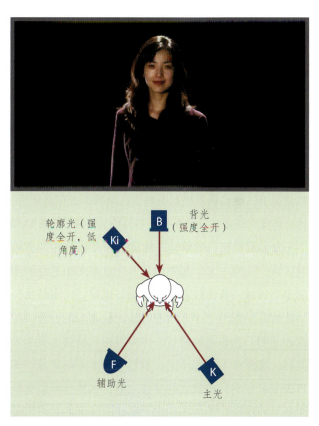

**图 11.10 轮廓光**

轮廓光从主光对面勾勒被拍摄物的轮廓。类似背光，轮廓光有助于把前景物体从背景中分离出来。

造一种乐观、愉快的气氛。这就是为什么喜剧和游戏节目的照明（较高的基础光级和较低的对比度）比推理剧和警匪剧（较低的基础光级和较高的对比度）要亮得多的原因。低调（low-key）场景则意味着可选择的且减退快速的照明，这种照明阴影清晰、背景暗，可以创造一种戏剧性或神秘的氛围。切记不要把高调和低调照明与主光灯垂直悬挂位置的高、低相混淆，也不要把它们与主光灯打开时的照明强度相混淆。

**平调照明**

　　平调照明意味着获取最佳的可见性，与此同时阴影会被控制在最小。大部分平调照明使用泛光灯（柔光灯或者荧光灯组）来做正面光和背景光，使用光束更集中的灯具（菲涅耳聚光灯或小型散光灯）来做背光。对于那些场景长期不变的室内新闻播报或采访来说，这种设置是一种非常受欢迎的布光技巧。**见图**

11.11 正如你在图中看到的，三点布光法被保留下来了。从照明效果上来说，你有三个主光，或者，你也可以理解为，三个辅助光，它们均匀地照亮了正面区域。背光增加了闪耀效果，使照明的平面感不那么容易被察觉到。附加的背景光用于照亮布景。

平调照明的主要缺点在于，它会让画面看起来特别"平"。

## 动作连续照明

当你在电视上观看电视剧或肥皂剧的时候，可能会注意到，很多场景都呈现出快速减退、低调的照明效果，也就是说阴影明显，背景较暗。在这些多机位拍摄的电视节目中，摄像机采用多个不同视点来拍摄同一个场景，而且演员和摄像机也一直在运动状态。这时候，若采用平调照明的方式，也就是说，用泛光灯照亮整个表演区，不是会比用聚光灯更简单些吗？是的，但是那样的话，灯光就不会对整个场景的气氛产生影响，也不能影响我们对演员表演的感觉。幸运的是，对于每一个场景和表演区域来说，你都可以叠加运用多重的基本三点布光（主光、背光和辅助光），从而实现动作连续照明（continuous-action lighting）。一些情况下，哪怕场景里只有两个人面对面坐在桌子旁，你也需要对基本的三点布光法进行叠加使用。见图 11.12

为了配合演员的移动，你应该照亮所有相邻的表演区域，这样一来，那些用基本三点布光法进行照明的多个区域，其光线就会被重叠。这样，当演员从一个区域移动到另一个区域的时候，就能为他们提供连续的照明。在布光的时候，你很容易只留意主要的表演区，却忽视了那些小的、看似不太重要的区域。而当表演者在不同布景之间穿梭之前，你甚至可能完全注意不到这种照明的不均匀。移动的演员们忽而出现在明亮的区域，忽而又隐藏在浓重的阴影里，看起来就像是在玩一场捉迷藏的游戏。在这样的情形下，若你正好随身带着一只测光表，就可以准确地测出"漏洞"的位置。

当为了给演员的移动提供连续照明而必须同时照亮几个表演区域时，你也许会发现没有足够的灯具来实现重叠式三点照明。这就需要对灯具进行安排，以

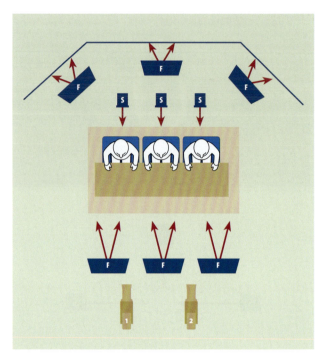

**图 11.11 用于新闻报道的平调照明**

在该平面式照明中，三盏位于人物前方的柔光灯发挥着主光和辅助光的作用，背光为三盏聚光灯或调整到聚光位置的泛光灯，背景光为三盏泛光灯。

便每一盏灯发挥两盏甚或更多盏灯的作用。例如，在正反打交替拍摄中，给表演者甲的主光可能会成为表演者乙的背光，反之亦然。这种技巧通常被称为交叉主光（cross-keying）。或者，也可以让一个区域的主光充当另一个区域的定向辅助光。由于辅助光的光束是漫射光束，因此可以只用一个辅助光来同时降低几个区域的阴影浓度。见图 11.13

当然，若要单个灯具发挥多种功能，就必须准确安排好桌子、椅子等布景的位置，清晰界定表演区域，对演员的调度也应该尽可能明确。如果在场景准确地布好光之后，再决定改变演员的活动路线或者搬动某个布景器材，这样的导演在照明团队是不受欢迎的。

## 大范围照明

对于大范围照明，比如对观众席或管弦乐队提供照明，基本的照明原则依然适用。你所要做的就是将一个个三角区域部分重叠起来，直到将整个区域完全覆盖为止。但是，这时不再是从摄像机一侧打主光，从另一侧打辅助光，而是从摄像机两侧同时打主光。

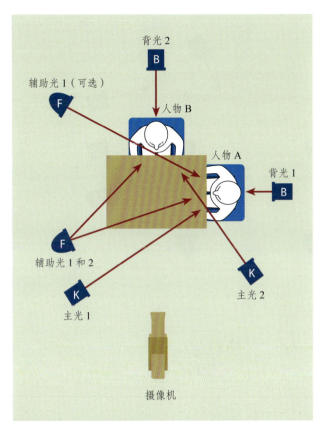

**图 11.12 多重三点布光的应用**

在这个照明布局中，针对两个人（两个表演区），分别采用了两组单独的三点布光，每组三点布光都配有自己的主光、背光和辅助光。如果用泛光灯做主光，可以个用辅助光。

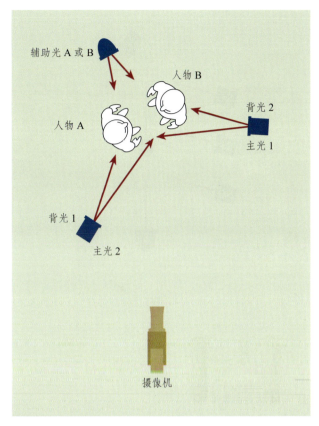

**图 11.13 交叉主光**

在这种照明布局中，照射人物 A（靠近摄像机的人）的主光同时充当照射人物 B（离摄像机远的人）的背光，照射人物 A 的背光则起着照射人物 B 的主光的作用。

充当主光的菲涅耳聚光灯的光束将被设定在泛光位置。从一侧射来的主光将给另一侧充当辅助光。如果需要照明的区域特别大，可以添加额外的菲涅耳聚光灯组，并把它们放置在靠近中心的位置。

　　背光灯放置在主摄像机的对面，挂成一排或一个半圆形。辅助光（散光灯或勺形灯）一般直接从前方打过来。如果摄像机移向侧面，有些主光也可以起背光的作用。对于这种类型的区域照明，你还可以用散光灯或荧光灯组取代菲涅耳聚光灯。**见图 11.14**

　　对于某些照明任务，比如为拍摄一场篮球比赛而要给学校的体育馆进行布光的时候，首先要检查现场本身的光线是否足够。打开一台摄像机并观看监视器。如果你需要更多光线，可以用高散射性的泛光灯来打亮整个体育馆。正如之前提到过的，有一种可能是将高功率敞口灯具与散射伞配合使用。注意不要让体育馆本身光线的色温和你所使用灯具的色温混在一起。要检

查一下是否所有的摄像机都进行了恰当的白平衡调节。

### 高光比照明

　　半调照明的反面就是高光比照明，这种方式主要是从电影照明技术借鉴而来的。因为今天的摄像机对低亮度级和高光比照明的包容度越来越高，所以很多电视也都开始使用这种快速减退式照明。你也许会注意到，一些连续剧，比如犯罪题材或医疗节目，不仅会使用超快速减退照明（画面有明显浓重的阴影区），而且还会利用色彩的偏色，来加强场景的效果。例如，用超快速减退照明处理人脸，就比使用缓慢减退的照明看起来更具戏剧性。**见图 11.15**

　　为了形成戏剧性的效果，你也可以将单侧照明与快速减退布光结合在一起使用。**见图 11.16** 另外，对于脸部照明来说，不要总是让主光照亮的一侧面对镜头，你也可以试试让有阴影的那一侧面对镜头，这样可以

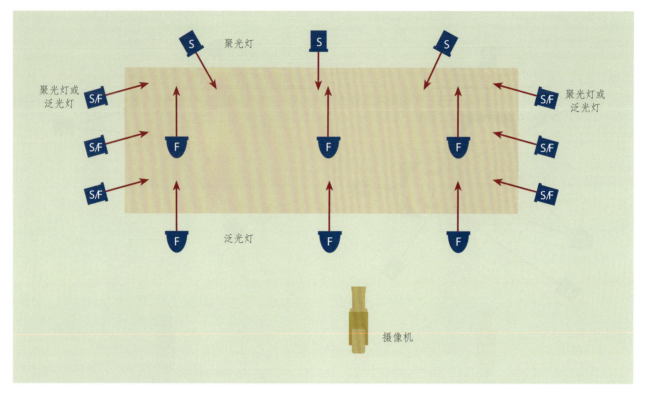

**图 11.14 大范围照明**

在这种照明布局中，左右两侧的菲涅耳聚光灯起着主光和定向辅助光的作用。在主要表演区域的后面，菲涅耳聚光灯还起到常规背光的作用。如果必要，勺形灯可以从前面提供额外的辅助光。

营造出某种特定的氛围。见图 11.17

除了快速减退照明以外，色彩的偏色也可以添加戏剧化的效果。在这个例子中，场景被有意笼罩上了一层绿色。见图 11.18

要注意的是，这种照明效果不仅需要技术，也会耗费大量的制作时间。也就是说，只有在时间和节目风格合适的时候，才可以使用这些技术。如果你的布光时间有限，那就不要使用这种精确的布光方式，用经典的三点布光法就行了。你也许会惊喜地发现，只要打开少数几盏已经对准场景区域的菲涅耳聚光灯和辅助光灯，你的布光效果看上去就相当不错了。

**浮雕照明**

某些电视节目，尤其是那些带有戏剧性的节目，有时候是在没有被照亮的背景前，在空荡荡的演播室中央上演的。这种技术，使演员在黑暗背景前显得非常突出，通常被称作浮雕照明（cameo lighting）。该名称来自浮雕这种艺术形式，即在较暗的背景前使一个

明亮的浮雕人物凸现出来。见图 11.19 像特写镜头一样，浮雕照明将灯光集中在表演者身上，而不是背景上。

所有的浮雕照明，其光线都是高度定向的。使用带遮扉的聚光灯最容易获得浮雕照明效果。在小型演播室内，背景区会用黑色吸光幕布小心地挡住，以防任何干扰性的光线泻到上面。

**剪影照明**

为获得剪影效果而进行的照明与浮雕照明正好相反。剪影照明（silhouette lighting）照亮背景而将人物留在无照明的前景区。这样，你只能看到物体和人物的轮廓而看不到他们的体积和质地。如果想达到剪影效果，应该使用高度漫射的光线（通常来自柔光灯、坏形灯或带有柔光网罩的勺形灯）均匀地照射背景。显然，通常只在那些需要强调轮廓的场景中才使用剪影照明。见图 11.20 此外，你还可以用剪影照明来掩盖出镜人物的身份。

**图 11.15 脸部快速减退照明效果**
快速减退照明增加了该特写镜头的戏剧性效果。

**图 11.16 突出的侧光**
快速减退和突出的侧光加强了该场景的神秘性。

**图 11.17 阴影面面向镜头**
对于离镜头较远的人的照明，面向镜头的是其阴影的一侧而非主光照亮的一侧。这种阴影反转带来了戏剧性的效果。

**图 11.18 色彩失真**
除了快速减退照明效果之外，该场景中弥漫的危险气息，通过绿色调得到了进一步强化。

**图 11.19 浮雕照明**
在进行浮雕照明时，背景要保持昏暗，只用高度定向的聚光灯照射前景人物。

**图 11.20 剪影照明**
剪影照明只照射背景，前景中的人物保持黑暗。强调被拍摄物的轮廓。

## 抠像区域照明

　　抠像布景区域通常由纯蓝色或绿色背景构成。它们用来提供电子生成背景，在抠像的过程中，这些电子生成背景将取代蓝色或绿色区域。这个取代的过程被称为抠像（chroma keying）。抠像广泛应用于天气预报中。虽然天气预报员看起来似乎站在一张大气象图前面，但她实际上是站在一块空白的、被均匀照射的蓝色或绿色背景前面。抠像期间，蓝色或绿色区域会被电子气象图替换，预报员必须通过监视器才能看见这张地图。见图 11.21（第 13 章将进一步阐述抠像过程。）

**图 11.21** 抠像（色彩嵌入）效果：天气预报

A 在这个天气预报中，蓝色背景被泛光灯均匀照亮，天气预报员则由标准的包括主光、背光和辅助光的三点布光方法打亮。

B 在抠像过程中，天气预报员看上去就像站在卫星图片前一样。

给抠像布景区进行照明的最重要一点是背景照明必须均匀，也就是说，蓝色或绿色背景必须用高度散射的灯具来照明，诸如柔光灯或泛光灯组。如果出现特别暗的区域或"热斑"（某一区域的光线出人意料地集中），电子生成的背景图像看起来就会变色，或更糟糕，出现分裂的迹象。在照射前景，如天气预报员时，一定要防止用于前景区的光侵入背景区。这种侵入会破坏背景照明的均匀度，导致抠像出现问题。在实拍中，这意味着主光和直射的辅助光（调到泛光位置的菲涅耳聚光灯）必须从一个比正常角度更陡的位置来照射被摄物。你会发现，把柔光灯当主光和辅助光来使用，就算光线落到背景上都不会影响抠像。

如果你要在摄像机上面使用抠像光环，请不要将任何反射性物体放在光源附近。该光坏是一个坏状配件，能够安装在镜头上，产生相对较弱的蓝色或绿色光束。该光束能够充分照亮镶有串珠的灰色布面，使其发挥蓝色或绿色抠像背景的功能。因为位于布景前方的出镜人没有穿戴任何反光珠，而且离摄像机的位

置也足够远，所以他们不会反射光环配件发出的蓝色或绿色光。如果一个高反射性的物体被放置于摄像机附近靠近光环配件的地方，那么该物体将会呈现出蓝色或绿色光泽，甚至会让部分背景抠像图案叠加到自己身上。我们将在 13.2 节具体讨论光环配件的用途。

有时候，天气预报员的轮廓在抠像期间会出现虚焦或者颤动。出现颤动的一个原因是，轮廓线上特别暗的颜色或阴影出现一丝蓝色或绿色的痕迹——这是蓝色或绿色背景的反光造成的。在抠像过程中，这些蓝色或绿色光点变成透明状，从而使得背景图像凸显出来。为了消除蓝色反光痕迹，可以试着为所有背光或轮廓光光源加上浅黄色或琥珀色的滤光片。对于绿色反光痕迹，则要加上浅洋红色或柔和的粉红色滤光片。这样，背光不仅可以通过轮廓照明把前景中的被拍摄物从背景画面中分离出来，而且还可以通过黄色或粉色滤光片来补色，从而中和蓝色或绿色阴影。因此，即使在抠像过程中，天气预报员的轮廓也会保持相对清晰。

## 眼部阴影和吊杆阴影的控制

演播室照明中有两个常见的问题，即眼镜造成的眼部阴影和话筒吊杆阴影。根据具体的照明布置，有时这些阴影会给布光工作人员带来巨大的挑战。不过，在大多数时候，这些阴影问题很快都能得到改善。

**主光和眼部阴影**　如果主光从陡峭的角度照射被拍摄对象，那么，在其凸出部位的下方或是凹进去的部位，如鼻子、下巴下方和眼窝等处，你都会看到大片的阴影。如果被拍摄对象戴着眼镜，你还会看见眼镜上边沿的阴影直接落在眼睛上，这样，摄像机（以及观众）就难以看清这些部位了。**见图 11.22**

可以采用几种方法来减少这些不希望出现的阴影。首先，降低主光灯的垂直位置，或将主光灯安置于远离拍摄对象的地方。注意，灯降得越低（用可活动吊杆或支架），眼睛的阴影就会越朝脸的上方移动。一旦阴影隐蔽到眼镜的上边沿后面，即可锁定主光位置。只要被拍摄对象不太移动，这种技术就非常奏效。**见图 11.23**

其次，可以通过采用类似的灯具从两侧照射人物，来减少眼部的阴影。此外，你还可以重新调整辅助光

**图 11.22　眼镜产生的阴影**
主光的陡峭角度导致该女士眼镜的阴影正好落在她的眼睛上。

**图 11.23　降低主光位置**
通过降低主光的位置，阴影向上移动并隐藏到了眼镜后面。

的位置，使它直接从正面一个更低的角度进行照射，使阴影上移而离开眼睛的位置。用这种照明方法也可以解决眼镜反光的麻烦。

**吊杆阴影**　除了一些戏剧性制作以外，我们一般不在演播室内采用大型话筒吊杆，不过，处理吊杆阴影的各项原则也同样适用于手持话筒吊杆，如鱼竿式吊杆话筒甚至手持枪式话筒的情况。

当你在一个被照亮的场景（比如一个演员）前移动吊杆话筒，并轻微移动吊杆时，只要话筒或吊杆穿过聚光光束，背景或演员身上就会出现阴影（可以随便用一把扫帚或灯杆来代替话筒吊杆检查阴影）。可以通过两种方法来处理吊杆阴影：一是移动灯光或（和）话筒吊杆，使阴影落在摄像机的范围之外；二是采用高度漫射照明，这样阴影就不见了。

首先，要找到导致吊杆阴影的光源。最简单的方法是，直接将你的头移动到吊杆阴影前，然后观察悬

挂在吊杆上的话筒，这时，造成阴影那盏灯的光线肯定会射进你的眼睛（注意，盯着光看的时间不能太长）。更准确地说，如果在阴影与造成阴影的话筒之间画一条直线，那么这盏灯应该正好在这条线的延长线上。见图 11.24

要消除阴影，只需将造成阴影的灯关掉即可。你也许会惊喜地发现，阴影不见了，同时也没有影响整体照明效果。如果这种简单粗暴的方法严重削弱了照明布置效果，那就尝试只调整吊杆的位置，使它不必穿过该灯光。如果用的是手持鱼竿式吊杆，则可以在将话筒指向声源的同时在场地周围走动，观察阴影在背景墙上的移动，直至其消失在拍摄区之外为止。假如这时话筒还处在最佳拾音的位置，说明你已经解决了阴影问题。如果手持或放置吊杆的方向与主光束平行而不是相交，就可以很容易地找到这个不会产生阴影的安全点。有些照明指导将主光和辅助光放在靠近侧光的地方，从而形成一个专门用来操作吊杆的"走廊"。

避免吊杆阴影的另一个简单方法是采用比平常更陡的照明角度。让主光更靠近表演区域即可做到这一点。灯光越靠近演员，角度就必须越陡才能照射到目标对象，这时吊杆的阴影便会投在演播室地板上，而不是演员的脸上或背景布景上。这样阴影就落到了拍摄区外。这种技巧的缺点是，因为照明角度"陡"，主光通常会在表演者的眼睛、鼻子和下巴下方留下浓重而醒目的阴影。

你还可以尝试用遮扉遮住造成阴影的部分主光。当

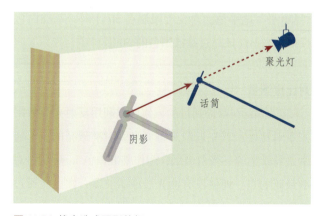

**图 11.24　找出造成阴影的灯**
造成不必要的吊杆阴影的灯，正好处在从阴影到造成阴影的话筒的延长线上。

阴影出现在背景布景的上半部时，这种技术特别有用。

## 11.1.5 对 比

在第 5 章中，你已经了解了对比度和电视摄像机对对比度的反应方式。现在，你将要学习布光如何影响对比度，以及如何将对比度维持在摄像机所能包容的限度之内。对比主要不是取决于照明设备发出的光的多少（入射光读数），而是取决于被照亮的各种物体反射回来的光的多少（反射光读数）。例如，在被同一个光源照亮的情况下，白色电冰箱、黄色塑料雨衣和抛光的黄铜盘子反射的光，就比深蓝色天鹅绒反射的光要多得多。如果把黄铜盘子放在天鹅绒上，即使还没有开始布光，对比度就已经过大，导致电视摄像机都无法妥当处理。

在处理对比时，你必须考虑各个因素之间的稳定关系，比如多少光线落在主体上，多少光线被反射回来。在前景和背景之间，或者在同一画面中最亮和最暗的部分之间，差异有多大。由于我们处理的是关系而非绝对值，因此我们用比率来表示摄像机的对比限度。

### 对比度

画面中最亮和最暗部分之间的差异（通常用以英尺烛光为单位的反射光来衡量）就是对比度（contrast ratio）。最亮的点即反射光线最多的区域，被称为基准白色（reference white），决定"白电平"电平值；反射光线较少的区域则为基准黑色（reference black），决定"黑电平"电平值。对比度限制在 50∶1 时，基准白色反射的光不应该超过基准黑色的 50 倍。

### 对比度测量

正如第 10 章提到过的，你可以利用反射光读数来测量对比度：首先近距离将测光表对准最亮的点（通常是场景中的一张白卜纸，用作基准白色），然后再对准最暗的点。即使没有测光表或示波器，你也能通过观察摄像机取景器或演播室监视器来判断对比度。如果白色区域，比如旅馆布景中的白桌布，显得非常亮，或者坐在桌子旁边的人物身上的暗色衣服，呈现为

种没有任何细节的浓密黑色，那么对比度就很高，可能超过了最佳的对比度范围。只要稍加练习，哪怕没有测光表，把眼睛眯起来观察场景，也会让你对场景的对比度产生一定的认知。

**斑马纹** 当亮度水平达到或超过一定程度，大部分摄录一体机都会显示斑马纹图案。如果摄像机只有一种斑马纹设定，那么它们就会出现在那些超过亮度极限的区域。这种用斑马纹标示的过度曝光水平，有时被称为 100% 斑马纹。**见图 11.25**

如果摄像机允许你在 70% 斑马纹到 100% 斑马纹之间进行选择，选择 70% 斑马纹有助于你获得脸部肤色的正确曝光。当进行手动光圈控制时，你应该将光圈增大，直至看到斑马纹出现在脸部特写的局部（比如颧骨、鼻子、前额或者下巴），这时曝光就是正确的。**见图 11.26**

### 对比度控制

当最亮区域的亮度达到了某个上限，其电子信号就会被修剪掉，这与那些音量过大的音频信号很相似。这种现象发生的时候，亮部区域的所有细节就都会丢失。这种修剪要么是由摄像机自动完成的，要么是由视频师（VO）操纵摄像机控制器（CCU）完成的：当视频师"拉低白色"的时候，黑色区域就会变成一片均匀的黑色，没有任何暗部细节。高端摄像机能够容纳更高的对比度，哪怕视频师（也称为 shader）把过亮区域的亮度拉低到可容忍的范围，画面仍然能保留暗部阴影区域的细节。

如果对比度过高，在调整灯光之前，想想你有什么其他方法来降低它。比如，将画面中的白色桌布换成粉色或浅蓝色的，就可以降低对比度，这比你去调暗某个灯光要容易。

上述做法会受到视频师（VO）的高度青睐，因为控制对比度是他们的职责所在。如果对比度过高，就算是最好的视频师也无能为力，除非他们使用的是世界上最好的摄像机。例如，如果出镜人身穿浆过的，拥有高反射率的白衬衫，配吸光的黑色夹克，那么摄像机就很难还原出镜人的真实肤色。因为若摄像机通过压低亮部

**图 11.25 因曝光过度出现的山上的斑马纹**
当把斑马纹设定在 100% 时，斑马纹会出现在所有曝光过度的区域。

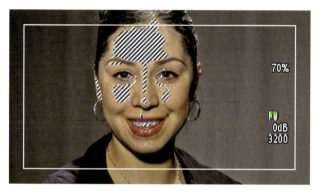

**图 11.26 曝光准确的脸部的斑马纹**
斑马纹设定在 70% 时，当斑马纹出现在脸部的明光区域，则获得恰当的曝光（光圈值）效果。

来调整白衬衫的颜色，那么出镜人的脸就会变黑；如果摄像机调高暗部（让画面中的黑色区域变亮，从而显现阴影部分的细节），那么出镜人的脸就会曝光过度，或者用制作行话来说——"过曝"（blown out）。

在演播室拍摄的一大便利是你可以控制光线的强度，并由此去控制对比度。哪怕出镜人的衣着反差过大，你也总是可以通过调整主光和辅助光，减少影像亮部和暗部之间的区别，进而降低对比度。

要防止对比度过高，请记住以下三个技巧：

- 注意物体的一般反射率。反射率高的物体显然比高吸光性的物体需要更少的照明。
- 避免同一个镜头中的亮度反差过大。
- 让出镜人避免穿颜色反差过大的衣服（比如浆过的白衬衫配黑外套）。

然而，对比度过大的问题，更容易发生在阳光下的户外拍摄场合。我们将在第 11.2 节中讨论这些问题的种类以及如何解决它们。

### 11.1.6 平衡光线强度

即使已经对主光、辅助光和背光的位置及其光束进行了仔细的调整，你仍然要平衡它们之间的相对强度。例如，向观众暗示时间的指示物不仅是灯光的方向，还有它们之间的相对强度。强烈的背光加上高调、减退缓慢的正面光，可以让人联想到清晨的太阳；强烈的背光与非常低强度的正面光结合，则可以呈现月光场景。

怎样平衡三点布光法中的三盏灯，取决于你打算向观众传递什么内容。因此，并不存在一个主光、背光和辅助光之间的精确强度比，可以作为你获得有效照明的绝对指南。但是，的确有一些比率，已被证明对许多常规照明任务是有效的。你可以从这些比率入手，然后再根据具体的照明任务调整它们。

**主光 / 背光比**

在正常情况下，背光的强度大致与主光相同。极其强的背光能美化人物；若背光比主光的强度低很多，则很可能在监视器上消失。一个有淡黄色头发、穿着浅色衣服的电视出镜人，需要的背光比黑头发、穿深色衣服的人要少得多。如果想让人像闪闪发光，或者演员长着一头吸光质地的黑发，那么，你可以将 1:1 的主光 / 背光比（主光与背光强度相同）上调至 1:1.5（背光的强度是主光强度的 1.5 倍）。

**主光 / 辅助光比**

辅助光的强度取决于你想要多快的减退速度。如果是为了戏剧效果而想要快速的减退，那么只需要一点辅助光；如果想得到非常慢的减退，则需要高强度的辅助光。因此，如你所见，主光与辅助光的比率并不是固定的。但对于初学者而言，不妨先尝试一下强度为主光一半的辅助光，并由此起步。记住：辅助光使用越多，主光的造型效果就越弱，而被拍摄物的质地（比如人脸）则会变得越平滑。如果几乎不使用辅助光，那么浓重的阴影区就无法显示画面细节。

要追求高基础光、低对比度的场景照明效果（高调照明），你可能需要给主光和辅助光都使用泛光灯，并且让辅助光和主光的强度相差无几。现在你已经知道，高调与主光的实际位置没有什么关系，而是与整体亮度水平有关。背光的强度应该比主光和辅助光强，这样才能形成必要的闪耀效果。在低调的场景中，背光往往比主光和辅助光亮得多。见图 11.27

再次重申，尽管测光表对确定大致的照明比率很有帮助，但是千万不要仅仅依赖这些比率。最终标准应该取决于画面在调好的监视器上看起来的效果如何。

### 11.1.7 灯光设计图

在大部分常规节目，如新闻、采访和谈话类节目的制作中，布光是相对容易的。不用在节目与节目之间更改照明设置，因此这类节目并不需要灯光设计图。然而，对于非常规节目，比如要录制学院的某场舞蹈表演，或者拍摄某场演出，如果有灯光设计图，就可以减少布光工作的随意性，同时为摄制组节省下大量的时间和精力。

灯光设计图（light plot）会显示：灯具位置与场地，以及与被照射物体、区域之间的相对关系；光束的主要方向；（理想情况下）所用灯具的类型和规格。

要绘制一张成功的灯光设计图，首先需要一个准确的演播室平面图（floor plan），平面图显示布景、舞台道具、主要表演位置，以及主摄像机的位置和拍摄角度（见第 14.2 节）。

如果不使用电脑，有一种制作灯光设计图的简便方法，是将一张透明片覆盖在平面图拷贝上，然后把照明信息画在透明片上。用不同的图形代表聚光灯和泛光灯，用箭头指明各光束的主要方向。见图 11.28 有的照明指导会使用聚光灯和泛光灯的剪纸图案，把它们放到演播室平面图上，并移动到恰当位置。

尽量与布景设计人员（通常为美术指导）或现场导演（负责布置布景）合作，让他们在为演播室布置布景时，把布景摆放在你不必移动或只需移动几件照

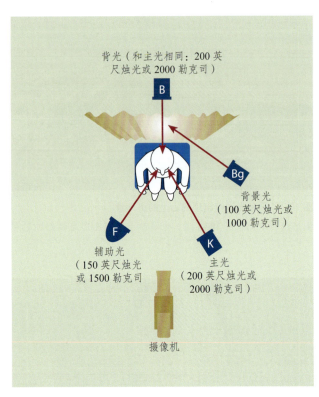

**图 11.27 照明强度比率**

不同的照明任务要求的强度比率不同。不过，本图中的比率可以作为一个良好的开端。

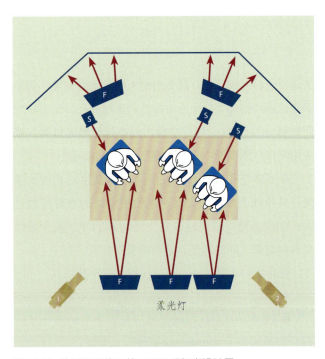

**图 11.28 针对访谈节目的平调照明灯光设计图**

这个灯光设计图展示的是一个简单访谈的慢速减退（平调）照明布局。在一般情况下，这种简单的布局不需要灯光设计图。请注意，这份草图不是按比例完成的。

明器材就能取得预期照明效果的位置。移动小型布景、道具来适应现有的照明位置，比移动灯具来适应一小块布景的位置，要简单得多。

演播室布光成功的标志之一，就在于你能不能及时地完成此项工作。我们尊重创意性布光，但是不要因为对背景某处出现的一个浓重阴影吹毛求疵，而忽略了其余布景的布光。如果时间确实紧迫，那就打开挂在大致位置上的一些泛光灯和背光灯，然后期待你会得到一个最佳效果。通常情况下，这样的照明效果也完全可以接受。

## 11.1.8 演播室灯光操作

在最初悬挂灯具时，可以将演播室划分为几个主要的表演区域，然后按照基本的三点布光摄像原理，去排出适当的灯具（聚光灯和泛光灯）。

### 维护灯泡和电力

在使用大型灯具之前，一定要先以较低的功率进行预热，调低调光器，让灯在微弱的亮度上持续数分钟，之后再推到全开的亮度。这会延长灯泡的寿命，并且对菲涅耳透镜也有好处，后者偶尔会在快速升温中发生破裂。在以全功率使用镝灯（HMI）之前，这种预热过程也是至关重要的。

不要浪费电力。在工作灯光的照明下无机排练（不进行拍摄），完全可以达到演播室充分照明下的那种效果。如果灯具安装在移动吊杆、望远镜头支架或者伸缩架上，就请把灯的位置往低放，使之尽量靠近被照明的物体或场景。如你所知，灯光离物体越远，光线强度的减弱就越显著。只在必要的时候才让灯完全发光。

### 使用演播室监视器

如果你想使用已调节好的彩色监视器作为布光指导，你必须准备做出一些妥协。前面已经指出，如果演播室监视器显示的是你想让观众看到的东西，说明照明正确。为了做到这一点，就应该将监视器作为布光的参考，而不是将不太直接的测光表作为参考。将

摄像机调整到自动曝光以进行设置，然后，如果有操控摄像机控制器的视频师，就和他一起完成布光的微调工作。

---

### 要 点

▶ 在所有照明操作活动中都必须小心谨慎，不要直接与灯光对视，在处理发热的电灯时应该戴上手套。

▶ 所有照明都采用定向光或漫射光。

▶ 色温以开（符号 K）来表示。它是用于衡量白光相对红度或蓝度的标准单位。标准的室内色温为 3200K，室外为 5600K。

▶ 主光是主要的照明光源，并显示物体的基本外形。

▶ 背光将物体从背景中分离出来，突出物体的轮廓，并使物体闪闪发光。

▶ 辅助光使光的减退速度下降，并降低阴影的浓度。

▶ 大多数电视和电影布光，都运用基本的摄影照明原理，即主光、背光和辅助光三点布光法。

▶ 背景光或布景光照亮场景和布景的背景；侧光起辅助光或侧主光的作用，轮廓光用来勾勒物体的轮廓，否则轮廓就会和背景融合在一起。

▶ 具体的照明技巧包括高调和低调照明、平调照明、动作连续照明、大范围照明、高光比照明、浮雕照明、剪影照明、拟像区域照明，以及眼部阴影和吊杆阴影的控制。

▶ 减退表示一个对象被照亮的一侧由亮变暗的速度以及阴影的厚度。快速减退意味着明亮区和阴影区之间界线分明，且阴影浓重，慢速减退意味着从明亮区到阴影区的过渡是平缓的，且阴影较软。总的来说，快速减退意味着高反差照明，慢速减退意味着低反差照明或者平调照明。

▶ 高调场景的背景明亮，基础光级高，呈现出乐观、愉快的气氛；低调场景的背景较暗，带有快速减退照明效果，传递出戏剧性的或神秘的气氛。

▶ 对比度指画面中最亮部分和最暗部分之间的差异，通常用以英尺烛光为单位的反射光来衡量。正常的最佳对比度是 50:1，数字摄像机的对比度可能会更高，这意味着它们能容忍更高的亮度反差。

▶ 灯光设计图显示照明器材的位置和光束的主要方向，有时还包括所用灯具的类型和规格。

# 11.2

# 现场照明

布置现场照明时，要牢记，自己不是在演播室里。在演播室里，所有的灯光设备都已准备就绪。但对于现场照明来说，每一件设备，不论大小，都必须拉到远程取景地。而且，布置过程中，对于好的照明效果来说，现场往往不是显得太大就是太小。另外，你也很难有充裕的时间去试验各种照明方案，再从其中发现最有效的那个。因此，无论远程照明的任务是什么，你在选择和使用灯具时都要尽量高效。本节我们将阐明现场照明技术，并对一些基本技术要求加以描述。

▶ **安全问题**
　　主要安全问题：触电、电缆和火灾

▶ **现场照明**
　　在明亮阳光、阴天、室内光线和夜晚条件下的拍摄

▶ **场地评估**
　　场地评估清单和电力供应

## 11.2.1 安全问题

　　和演播室制作一样，安全也是现场布光中的首要注意事项。事实上，现场比演播室存在更多的安全隐患。不管哪种电视制作，不管是激动人心的，还是困难重重的，都不允许你为了便利或效果而不顾安全。

### 触　电

　　在现场拍摄时要特别小心电源。110伏的电压即可致命。固定好电缆，防止人们被它们绊倒。每个接口，无论是从电缆到电源插座，从电缆到电缆，还是从电缆到灯具，如果连接方式不对，都可能引发触电。如果你使用常规的AC（交流电源）电缆延长线，请用胶带把所有连接处固定好，从而避免它们被意外拉开。在雨中使用电源线的时候要尤为小心。

### 电　缆

　　可以用细绳把电缆系到门的上方，或把它们粘在地板上。在人来人往的地方，用橡胶垫或平纸板盖上电缆。松垮垮的电线不仅会绊倒人，而且还会拉倒照明器材，引发火灾。要确保所有灯架都已用沙袋安全地固定住了。

### 火　灾

　　如第10章所讨论过的，哪怕只用了很短时间，便携式白炽灯具也会发烫。要让照明器材尽量远离易燃物，如窗帘、书本、桌布、木制天花板和墙壁。再三检查。如果照明器材非靠近墙壁和其他易燃物不可，就用铝箔将它们隔开。

## 11.2.2 现场照明

　　ENG电子新闻采集和EFP电子现场制作的照明之间并没有明确区分。只是在电子新闻采集中，常常必须依靠现场本身就有的光源或者摄像机灯进行拍摄。但如果你要去某酒店房间或某个总裁办公室拍摄一个采访，或者要在市政厅的台阶上报道一场典礼，那么ENG和EFP的布光技术几乎是一样的。最大的区别是，在电子现场制作中，你有足够的准备时间，在事件开始之前，对布光需求进行评估。即便如此，人们仍然可能会要求你，让某公司的总裁办公室看上去像好莱坞电影中的那些最好的办公室，或者，照亮某个监事会的听证会房间，使它足以与某部最新大片里的法庭

场景相媲美——所有这些，你都得在时间或设备不充分的情况下完成。

当你为数字电影的远程取景地进行布光的时候，你需要做的步骤，其实和在演播室里为某个场景布光大致是一样的。唯一不同的是，你得先将灯具拉到远程取景地，然后把它们安放在通常比较拥挤的角落。

进行现场布光时，你会面临室外照明和室内照明两个方面的问题。在大多数户外拍摄中，你都不得不在现有光（available light），即现场既有的光线条件下工作。在夜间，你必须对现场光线进行补充，或者为场景提供全部照明。虽然你在电子现场制作（当然还有数字电影）中拥有的布光时间比电子新闻采集多一点，但你仍然必须快速高效地工作，以便不仅得到充足的光线，而且得到当时条件下最有效的光线。

### 明亮阳光下拍摄

当你不得不在明亮的阳光下进行拍摄的时候，大多数照明问题都出现了。一个摄像师最大的噩梦，无疑是要为这样一个男女混声合唱团布光：女士穿着浆过的白衬衫，男士穿着白衬衣和黑夹克；合唱团一半成员站在太阳底下，另一半站在有浓密阴影的区域；在他们背后，还有一幢洒满阳光的白色建筑。就算用一台高质数码 ENG/EFP 摄录一体机，也不可能处理如此之高的对比度。

如果你将摄像机调整到自动光圈模式，那么它就会忠实地读取衬衣亮部和明亮背景的数据，以此为基础收缩光圈，从而实现最佳曝光。问题是，这样做会大幅减少穿过镜头的光量，从而让阴影区域和站在该区域中的人变得很暗。黑色夹克会变得死黑一片，丧失所有细节。如果你调整到手动光圈模式，开大光圈，让阴影部分和黑色夹克的细节有所展现，那么白衬衣和阳光照亮的背景就会过度曝光。更糟糕的是，合唱团成员额头上的汗和时不时因秃发导致的高光点，这时会变得"闪亮"起来，皮肤颜色也会带上一种奇怪的、带有桃红色边缘的发光白斑。

你应该就此放弃吗？不，尽管你的选择有限，还是有一些可能的应对方案供你参考：

■ 尽量将出镜人放在阴影区内，远离明亮的背景。你可以把整个合唱团成员都带到阴影里，并且远离阳光直射的背景建筑。如果只有一个出镜人，你可以用一把大伞来创造一片阴影区域。

■ 问一下合唱团的男性成员，他们是否愿意脱下黑色夹克。这值得一试，尽管你很可能会被拒绝。

■ 调整拍摄角度，避免带入背景白色建筑。

■ 找一大张纱网或者其他散射材料，在两个支架之间拉伸开来，从而分散照射在合唱团上的太阳光，然后，再使用大型反光板降低光线的减退程度。回想一下，反光板也可以作为高效的辅助光使用。**见图11.29和11.30**

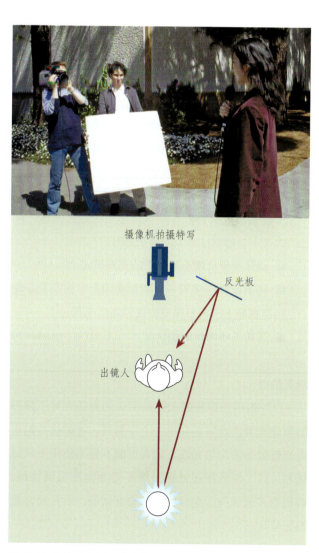

**图 11.29　使用反光板：逆光拍摄**
在逆光拍摄时，用一只简单的反光板（此图中为一块白板），将尽量多的阳光反射到出镜人身上。

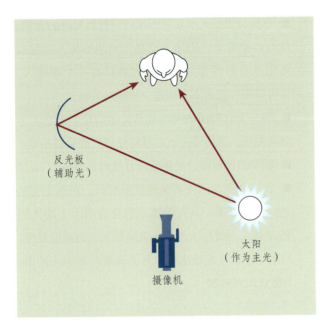

**图 11.30　使用反光板：在阳光下拍摄**
如果在明亮的阳光下拍摄，用一只反光板就能轻松将阴影部分照亮。

■ 使用摄像机上的中灰（ND）滤镜拍摄。类似带不同暗度的太阳镜，中灰滤镜能够减少到达影像传感器上面的光线，同时又不会扭曲场景的实际颜色。事实上，一块中灰滤镜可以在减弱极强光线的同时，仍然保留阴影部分的细节。它能够减少合唱团成员衬衣和额头汗水上的红边耀斑，同时又不会隐藏这些人的其余部分。

■ 确保摄像机调整到了手动光圈模式上。

■ 将摄像机连接到一台放置在阴影中的高质量现场监视器上，再参照该监视器调整光圈。

■ 祈祷不要出现麻烦状况。

## 阴天拍摄

　　户外拍摄最理想的光线是阴天的光线。对于强烈的阳光来说，云和雾就像一个散射器，能提供类似于柔光灯射出的均匀光线。你有可能不得不使用中灰滤镜和（或）色彩校正滤镜，请不要为此而感到惊讶。即使是多云天气，光域也常常会非常亮，而且经常色温比较高。

　　即使是在漫射光线中，也不要将人物放在明亮的背景前面。如果不得不对着明亮背景拍摄，请用变焦镜头把人物放大，从而尽量避开亮背景。确保摄像机

已调整到手动光圈控制状态，并根据人物的光线要求而非背景要求调整光圈。曝光过度的背景总比曝光不足的人物看着要舒服。

## 室内光拍摄

　　在室内拍摄，会遇到大量不同强度和类型的光线。有些内景由来自大窗户的日光照亮，另一些则由装在天花板上的高色温荧光灯照亮。还有一些情况，比如在没有窗户的宾馆房间里，由台灯和落地灯提供照明，尽管这能够提供浪漫气氛，却不能满足优质电视画面的照明要求。这里主要的问题不是如何提供额外的照明，而是如何放置灯具才能得到最佳美学效果，以及如何匹配各种色温。

　　无论是何种情况，先尝试用经典的三点布光法放置好主光、辅助光和背光。如果这种方式行不通，请试着调整灯具的摆位，以便至少能保证三点布光的照明效果。可以的话，就试着获得一些背光照明效果。通常情况下，好的照明和普通照明之间仅仅只是背光的区别。

　　假设你正为一位软件公司总裁的访谈进行布光。除了在节目最后有采访者的一些特写镜头以外，在采访的大部分过程中，画面基本都是该总裁的特写镜头。那么让我们将她置于三个不同的环境中，看看照明的差别：在一个没有窗户的酒店房间内；在一个有窗户的酒店房间内；在她的办公室里面，办公桌后面有一面巨大的落地窗。

　　**无窗的房间**　在没有窗户的房间内，你可以使用敞口便携灯具，将它们按照典型的三点布光法进行摆放。使用漫射光灯具作为主光；把另一个同种类型的灯具调整到更加聚光的位置，作为背光；再使用反光板或者柔光灯（或者散射灯箱）作为辅助光（见图11.5）。如果你还有第四只灯具，可以把它用作背景光。如果你只有两只灯具，就使用敞口聚光灯作为背光，使用漫射光（敞口聚光灯附加柔光纸、柔光箱或者散射伞）作为主光。进行摆放时，要保证人脸的大部分区域都能被照亮。漫射的主光光线也将起到背景光的作用。见图11.31

**图 11.31　用于访谈节目的三点布光**

这种针对单人的布光使用两种灯具。带柔光纸、柔光箱或散射伞的敞口聚光灯提供漫射主光。散射或集中的敞口聚光灯提供背光。如果需要辅助光，就用柔光灯或反光板来提供。你可以将额外的柔光灯作为背景光使用。注意，被采访者看向采访者，后者处于摄像机取景范围之外。

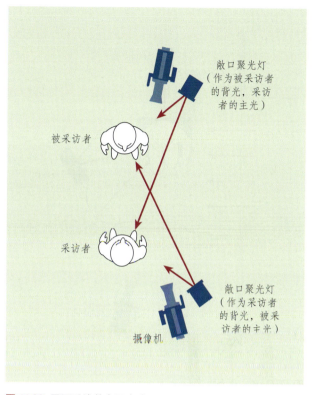

**图 11.32　用于采访的交叉主光**

这两盏便携式灯具可作为采访者和被采访者的主光及背光。如果你有第三盏灯，就将它作为辅助光使用。

如果导演坚持要用两台摄像机交叉拍摄，以便捕捉采访者对总裁进行提问和反应时的直接性，这时，只靠两盏或三盏灯也依然能勉强完成布光。找两盏敞口聚光灯或者小型菲涅耳聚光灯，为它们加上柔光箱、柔光纸或者散射伞，使它们在相对而坐的出镜人的肩膀上方发出光线。这种交叉布光方法，让这两盏灯同时发挥了主光和背光的功能。你可以将第三盏灯用作总体的一个辅助光。这种布光方法也可以用于在走廊、起居室或其他类似地点进行的采访。**见图 11.32**

**带窗户的房间**　如果房间里有窗户，你可以将从窗户射进的光线当作主光甚至是背光。如果将窗户当作主光，你就需要在窗户对面的位置安放反光板或者辅助光。任何情况下，你都需要一个强有力的背光。要想匹配从窗户射进来的户外光线的色温，你的辅助光和背光的色温必须是 5600K，或者在 3200K 色温的灯上加装蓝色滤光片，从而使其色温升高。**见图 11.33**

更好的一种布光方法是，调整总裁的位置，让窗户射进的光线成为背光——但不要将窗户拍进镜头。然后，你可以使用单独的 5600K 漫射主光（或者在 3200K 色温的灯上加装蓝色滤光片）来照亮她脸的大部分，这样就不用再添加辅助光了。**见图 11.34**

**带落地窗的办公室**　不得不对着大窗户拍摄才是一个典型的难题。比如，总裁坚持要在办公桌后面讲话，而办公桌则完全有可能放在一大块落地窗前面。这里的照明问题与拍摄一个站在明亮背景前的人物所遇到的问题完全相同：如果根据背景的亮度设置光圈，前面的人就会变成剪影；如果以前面的人为准调整光圈，背景又会过度曝光。下面是一些可行的解决方法：

- 拍摄较紧的特写，根据人脸而不是背景调整曝光。这样，曝光过度的背景窗户只有少量会留在画面里，但并不会令你的特写镜头无法使用。
- 拉下窗帘或百叶窗，然后用便携式灯光照亮人物。

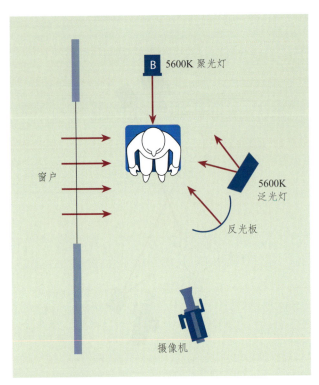

**图 11.33 窗户作为主光**

从窗户外透进来的日光可以作为主光使用，同时利用反光板反射，作为辅助光使用。如果你使用便携式灯具来做辅助光和（或）背光，你需要将其色温提升到 5600K 日光标准。

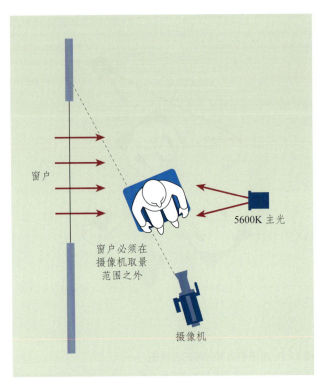

**图 11.34 窗户作为背光**

只要把出镜人和窗户都置于镜头之外，就可以将窗户光线作为背光。主光可以使用色温 5600K 的敞口聚光灯的漫射光。

■ 将摄像机移到桌子侧面，让出镜人面对摄像机，这样就可以与窗户进行平行拍摄。你可以利用从窗户射进的光线作为主光，把大型反光板或者另一盏灯安装在支架上作为辅助光（见图 11.33）。

■ 如果出镜人坚持让你以窗户为背景，这时就必须用大块的色温滤镜或不同密度的中灰滤镜（塑料片）来解决这个问题。使用两盏大功率的敞口漫射光灯具（色温 5600K）作为主光和辅助光，或者用一大块高效反光板，来反射窗户上的光到总裁的脸上。但要注意，这些步骤会花费大量的时间，一般要等到 EFP 电子现场制作的时候才会用到。

■ 拍一张窗户外景观的照片，然后将它作为抠像素材使用（见第 14 章）。

**大面积室内布光**　有时，你得面对一大群人聚集在一起而场景照明不够的问题。出现这一类情况的最典型场地包括会议室、酒店大厅和走廊。大多数时候，现有光线或者摄像机灯提供的照明足够照亮说话者或者个别听众。如果你要为这一类活动提供广泛的光线覆盖，那么你就需要额外的照明。

照亮这类场景最快速和最有效的方法，就是建立一个整体上的、非定向性的基础亮度级。使用两个或三个敞口聚光灯或 V 形灯，将光线照射到天花板或墙壁再反弹回来。如果你有散射伞，就让光线对准伞的凹面开口位置，把光线变成漫射光，调整它们的位置，使它们能够覆盖整个事件发生区域。你会发现，哪怕只有一盏 V 形灯，其通过散射伞投射出来的光线量也是惊人的。如果不能实现上述条件，就将灯具加上柔光纸，让它对准人群。当然，最迅捷的方式，是直接使用便携式镝灯、石英灯和荧光灯等柔光灯，使光线覆盖到整个活动区域。始终确保摄像机的白平衡设置与事件实际发生地的光线保持一致。

你可能已经注意到，所有这些灯的用途，都在于把场景的整体照明提升到更高的亮度级别。哪怕时间很紧，也要将一至两盏漫射光灯用作背光，放在摄像机的拍摄范围以外。它们能够为场景光线提供闪耀效

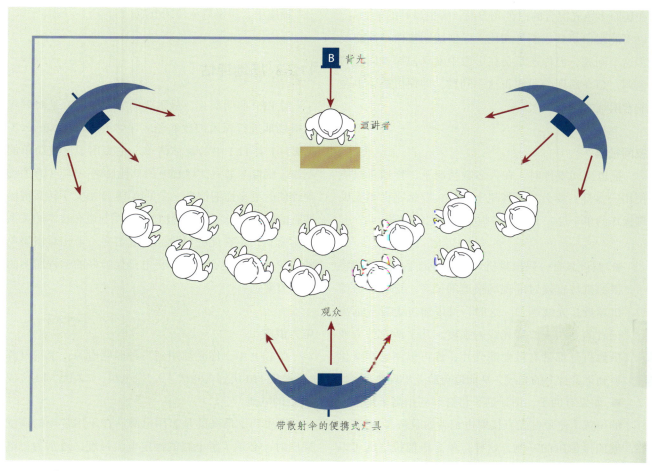

**图 11.35　大面积照明**
要为大面积区域提供充足的基础光，你需要高度散射的灯光。在本图中，三盏便携式石英灯和散射伞能最大限度为整个区域提供漫射光。当然，你也可以把这些石英灯换成荧光灯或 HMI 灯。

果和专业化的修饰，否则整体光线将显得很平。**见图 11.35**

**如何处理荧光灯**　在商店、办公室和公共建筑物内使用荧光灯会出现的一个基本问题就是色温问题。荧光灯的色温通常比 3200K 的室内白炽灯标准高。即使有些荧光灯管的室内色温更温暖，它们也会出现一丝奇怪的蓝绿色彩。因此，如果打开摄像机灯作为补充光源，这时就会出现两种色温。有些灯光师建议在用石英灯（3200K）工作的时候将荧光灯全部关掉。不过这不太现实。假设你要拍摄一个突发事件，位置是在一个由荧光灯照明的走廊里，那你肯定没有时间找到大楼管理人员并说服他们将所有荧光灯关掉，然后还要在开始拍摄之前重新布置现场照明。

如果现场本来就有的荧光灯提供的亮度足够，则只需在摄像机中选择适当的色温滤镜（来降低荧光灯的高色温），并针对现有光线调整摄像机的白平衡即可。如果非得使用摄像机灯作为补充光源，那么可以提高摄像机灯的色温（插入摄像机灯自带的双色滤光片），也可以根据摄像机灯（3200K）提供的光线调整摄像机的白平衡。

正如第 10 章提到过的，便携式白炽灯（包括摄像机灯）的光线非常强烈，足以覆盖荧光灯的基础光。如果有可能，那么更好的解决方式，当然是使用拥有 5600K 室外色温的泛光灯，或者，利用蓝色滤光片，将你使用的泛光灯的色温提高到此室外色温标准。

保持警惕：尽管荧光灯备受赞誉，如果色彩还原对于节目来说非常重要，那么请千万不要使用荧光灯。

在还原多色光混合的白色光方面，哪怕最好的荧光灯，也不能跟白炽灯或镝灯相比。仔细地调整白平衡能改善这个问题，但你还是会在影像中发现偏绿或偏蓝的色调。想在后期阶段纠正这一问题，即便可能，也是非常困难的。

### 夜间拍摄

报道夜间事件时，在大多数情况下，你通常只能使用一盏灯：要么是摄像机上的灯，要么是由摄像助理操作的单个灯。下面是一些应该考虑的因素：

■ 假设只有一只摄像机灯且没有助手，那就请将摄像机灯直接对准现场报道的记者。记者离摄像机越近，光线越强。这时，可以通过走近或远离记者的办法来改变光线的强度。几乎所有的专业摄像机灯都带有散射滤光片，你可以用它来柔化射到记者身上的光线，从而避免脸上出现热斑。

■ 如果有助手，请让助手将灯举到稍高于摄像机的位置（避免灯光直接射进记者的眼睛），并略微偏向摄像机的一侧，这样，单个摄像机灯就可以充当主光。如果你离事件现场相对比较近，就请把这盏灯调整到半泛光位置，从而避免产生热斑。尽量利用额外的光源，比如被照亮的商店橱窗或街灯，通过将拍摄主体放在适当的位置，使这些灯光成为辅助光。不要担心混合色温的问题，我们的眼睛在观看夜间拍摄时，很容易就能接受色彩失真。也可以利用商店的橱窗作为主光，让助手站在它的对面举起反光板，借此产生一些辅助光。如果没有摄像助理，那就学着接受光线的快速减退。再次强调，千万要避免对着明亮的背景拍摄。

■ 如果在医院外进行一个简短的专题报道，并且时间压力不大，那么可以利用安在支架上的便携式灯具作为主光。使用有光线透出的医院门或窗户作为辅助光或背光。在这种情况下，报道记者的位置不要正对门或窗户，而应该位于它们的一侧，将门或窗放在摄像机取景范围之外（见图11.34）。一旦有条件，应将灯光插到普通家用电源插座上，尽量避免使用电池。

### 11.2.3 场地评估

对 EFP 照明而言，最重要的方面之一，是对远程拍摄场地进行深入细致的场地评估（location survey）。**见表11.1** 表 11.1 中的评估清单，主要用于比较简单的制作，就像本书中针对 EFP 的其他讨论一样。（有关场地评估的更多详细信息，参见第 18 章中关于转播现场调查的内容。）复杂的大型 EFP 照明与电影技术的关系更为密切，不在此处讨论。但哪怕在一个相对很简单的 EFP 中，你也会发现，供电是保障好的远程照明的关键因素之一。

### 电力供应

在 EFP 中，你必须用到三种照明电源：家用电源（通常从 110 伏到 120 伏[①]），发电机，7.2 伏、12 伏或 30 伏的电池。

使用频率最高的是家用电源。在采用常规的墙壁插座时，必须了解电路的额定电流强度，通常为每电路 15 安培或 20 安培。这个额定值意味着，如果没有其他东西接在电路上，从理论上讲，你可以插入一个 1500 瓦（或 2000 瓦）的灯具，或一组总功率不超过 1500 瓦（或 2000 瓦）的灯具，而不会使电路超负荷。但这里忽略了一个问题。回想一下之前提到过的，电缆延长线会带来额外的电阻，特别是在它们发热的时候。因此，要想确保安全，就不能让任何一条电路达到满负荷状态，否则，在拍到最关键的时候就有可能停电。

你可以查看电路的保险丝或断路器来确定其负荷。每个断路器上都标明了其可以承载的安培数。这样你就可以通过电路的安培数（15 或 20 安培）乘以 100 来确定每条电路的总瓦数（假定家用电源的电压在 110 伏特到 120 伏特之间）。这给了你一个上限：一个 15 安培的断路器能承载的功率为 1500 瓦（15 安培 ×100 伏特 =1500 瓦），而一个 20 安培的断路器能承载 2000

---

① 中国的家用电源为 220V—240V。——译者注

**表 11.1** EFP 场地评估

| 室　内 | 户　外 |
|---|---|
| **现有光源** | |
| 现有可用光源是否充足？如果不充足，还需要什么补充光源？现有光源属于什么类型？白炽灯？荧光灯？窗户射进的日光？ | 是否需要额外光线？阳光与计划拍摄的行动之间的位置关系是什么？是否有足够空间来摆放必要的反光板？ |
| **主要背景** | |
| 是否有拍摄活动计划在一堵白墙对面进行？背景中有窗户吗？如果有窗户，窗户上是否有可以拉下来的窗帘或百叶窗？如果你想利用从窗户射进的日光，你有与日光色温（5600K）相匹配的灯吗？如果窗户太亮，或者如果必须降低从窗户射进的光的色温，你有合适的中灰滤镜或色彩滤镜安在窗户上吗？你肯定需要某种反光板或其他辅助光进行照明。 | 背景亮度如何？即使在勘景时太阳没有照到背景，在实际拍摄时它会照到那里吗？如果是在海滩上拍摄，导演是否计划让出镜者以海洋为背景进行表演？如果是，除非导演计划让多数镜头为大特写，否则就需要反光板和（或）额外灯具（HMI 灯），以防人物变成剪影。 |
| **对比度** | |
| 如果阴影很重，或者如果事件发生在高对比度区域（日光和阴影），则需要额外的辅助光和（或）中灰滤镜以降低对比度。 | 制作是否在明亮的阳光中进行？场景能否移动到阴影区域进行拍摄？如果不行，必须准备大量的辅助光（反光板或 HMI 聚光灯）以保证阴影部分透明清晰，或使用中灰滤镜来减少过亮区域的光斑。 |
| **灯光位置** | |
| 能将灯放在摄像机拍摄范围之外吗？需要什么样的灯光支架（灯座、灯架、夹子）？是否需要特别的固定装置，比如吊杆或十字支架？照明器材距离易燃物质是否足够远？灯的位置是否会干扰事件的报道？不习惯看电视的人大多会抱怨灯光的亮度。 | 如果需要在灯座上安装反光板或额外灯具，地面是否足够平整，能确保灯座的稳固？是否需要采取额外的预防措施来应对刮风？（只需大量的沙袋，或一些帐篷桩和绳子，便能确保灯座在刮风情况下的稳固。） |
| **电源设备** | |
| 你首要关心的应该是电源，以及如何把电源接到灯具上。附近是否能提供必备的电源？你需要发电机吗？如果能在附近找到可用电源，一定要告知相关负责工程师所有灯具的大致电力需求（只需要将你计划使用的所有灯具的瓦特数相加，再加上额外的 10% 来确保充足的供电）。你是否带了足够连接所有灯具的电缆延长线？<br><br>你是否知道电路插座在哪？电路负荷多大？哪些插座属于同一条电路？给全部电源插座画一张草图并标明它们与相应灯具的距离。将电灯插进现有的电源插座，需要什么适配器？是否携带了必要的电缆、延长线和移动接线板？这样，使用最短的电缆线就能展开工作了。在计划的布线工作中，是否采取了所有可能的安全预防措施？ | 在户外照明中，不需要频繁地使用照明器材，除非遇到夜间拍摄，或是在特别浓重的阴影区利用一块简单的反光板无法将其照亮的情形。 |

**表 11.2** 计算电力需求

| | 灯泡瓦数 | 每 15 安培电路可承载的灯具数量 |
|---|---|---|
| 要计算单一电路的最大负荷（瓦特），可以使用下列公式：<br><br>　　**安培 × 伏特 = 瓦特**<br><br>标准家庭电路的额定安培值为 15 安培（通常标记在电路的断路器上），这意味着该电路理论上最多能承载 1650 瓦特（15 安培 ×110 伏特）。<br><br>为了安全起见，我们用 100 伏特来替代 110 伏特，即：<br><br>　　**15 安培 ×100=1500 瓦特**<br><br>要计算能将多少灯具接入同一个电路，可以用 1500 瓦特（最大负荷）除以灯具的瓦数。右侧列表显示了在单个 15 安培电路中，能够接入的特定瓦数的灯具数量。 | 100<br><br>150<br><br>175<br><br>200<br><br>350<br><br>500<br><br>750<br><br>1000<br><br>1500 | 15<br><br>10<br><br>9<br><br>7<br><br>4<br><br>3<br><br>2<br><br>1<br><br>1 |

瓦（20 安培 ×100 伏特 =2000 瓦）。不过，不要抱侥幸心理。尽量在每条电路中使用较低瓦数的灯具，以确保它们在整个制作期间都能够正常工作。**见表 11.2**

　　如果的确需要给更多的灯光提供电源，那就将它们分别插进不同的电路。但你又怎么能知道这些插座是在不同的电路上呢？

**判断电路**　通常，在同一条电路上往往会连接好几个墙壁插座。将一个低功率电灯插进某个特定的插座，即可判断这个插座在哪一条电路上：看看哪一个电路的断路器可以把这盏灯关掉。将这个断路器再次打开，此时灯光应该会再次亮起。现在，将电灯插入下一个方便的插座，切断刚才那个电路的断路器或保险丝。如果电灯熄灭，说明两个插座在同一条电路上。如果电灯仍然亮着，说明后一个插座跟前一个插座不在同一条线路上，你可以安全使用。

**安全外接电源线**　显而易见，如果要将电灯接到插座上，必须要有足够的电缆延长线。我们可以利用接线板（移动式插座）来最大限度地减少对电线的依赖，特别是在使用低瓦数灯具的情况下。电缆延长线里面的电线越粗（电阻小），它们所能承受的瓦数就越

高，而不会过热。准备好足够数量和种类的适配器，以便灯具能插进现有的插座中。

　　当你对电源的可用性或其可靠性有疑问时，请使用发电机，操作它们是工程人员的责任。以上关于电路额定值，以及电路准载灯具总瓦数的描述，同样适用于这种情形。

　　在相对比较简单的现场制作中，可以用电池作为灯光的电源。首先，检查便携灯具里的灯泡是否与电池的电压相匹配：12 伏的灯肯定不能用 30 伏的电池。其次，检查电池是否已充好电，是否有足够的备用电池。尽量关掉灯光以节约电池，同时延长灯泡的寿命。

### 要点

▶ 在进行现场布光时，安全因素是你应该考虑的首要因素。不要为了便利或效果而忽视了安全。

▶ 当在明亮的阳光下进行拍摄的时侯，尽量将出镜人放在阴影中。如果必须在阳光下拍摄,使用反光板和( 或 )中灰( ND )滤镜来减少亮度反差。

▶ 最好的室外拍摄照明条件是阴天。此时，云层发挥了大型散射滤光片的功能。

▶ 当在一个没有窗户的房间中拍摄一个人的采访时，要使用

基本的布光原理（三点布光法）进行照明。如果你只有两个灯具，就把其中一个柔光灯放在人物前方作为主光兼辅助光，再把另一个灯具作为背光。当拍摄两人相对的正反打镜头时，将两个灯具相对放置，使其互相充当主光和背光。

▶ 当房间有窗户时，使用它作为辅助光或背光。此时，其他任何室内光线都必须保证色温为5600K。如果室内的灯具为3200K，就为其加上淡蓝色滤光片，或者为它们换上色温为5600K的灯泡。在有大型落地窗的室内情形中，可以把落地窗作为主光使用，也可以用窗帘将窗户遮上，再使用三点布光法进行照明。如果窗户在画面取景范围内，使用滤镜来降低光线强度，同时在窗户上使用滤光片降低其色温，之后再添加3200K色温的主光及辅助光。

▶ 当使用荧光灯进行照明时，要额外使用5600K的灯具作为主光和背光，或者，用白炽灯具进行主光、背光和辅助光照明，从而"洗掉"天花板荧光灯发出的光线。

▶ 当在夜间拍摄的时候，如果没有其他可用光线，要将摄像机机顶灯作为主要的光线来源。可以使用机顶灯上面的散射滤镜，把其他可用光线或者反光板用作辅助光。

▶ 在进行任何EFP电子现场制作之前，要先进行场地评估。

▶ 用于计算电路额定功率的公式为：瓦特（功率）＝伏特（电压）×安培（电流）。

▶ 当把便携式灯具接入家庭电路的时候，要检查电路负荷，不要使其过载。

# 12

## 第 12 章
## 视频录制和存储系统

尽管电视的一大优势是其"现场"传送事件的能力，即可以在事件发生的过程中就将它传播出去，但大多数节目都是预先记录在某种视频录制设备上的。几乎所有用于播出的电视节目，包括实况新闻报道，都包含大量预先录制的材料。

随处可见的摄录一体机，和照相机一样，让记录自己生活片段变得更加流行，无论这些片段是观察到的还是构建出来的。事实上，正是由于小型录制设备的出现，才让小型便携摄录一体机成为可能，同时也促成了视频制作中的一场变革。你可以将小型高清电视（HDTV）摄录一体机握于掌心，这无疑是一个奇迹。制造商一直在努力将越来越多的视频和音频素材压缩到越来越小的存储设备上，同时尽量简化和加快素材的检索过程。尽管非磁带录制介质发展得非常快，但是磁带仍然是最重要的录制介质之一，因此我们将在本章中对其进行详细讨论。要注意，磁带的很多操作原理，同样适用于非磁带介质。

正如现在你所知道的，视频录制并不只是简单地按下摄录一体机上面那个小红按钮，然后等待录制完成指示灯闪烁那么简单。12.1 将介绍磁带介质和无磁带介质的模拟及数字录制系统，12.2 将介绍视频录制过程。

模拟录制系统（analog recording systems） 记录由视频和音频源产生的连续波动的视频和（或）音频信号的录制系统。

编解码（codec） 压缩和解压缩（compression/decompression）的简称。是一种对数字数据进行压缩和解压缩的特定处理方法。

合成系统（composite system） 亮度（Y或黑白）信号、色度（C或彩色）信号以及同步信息，经过编码合成为单个视频信号，并通过单条线路进行传送的过程。也被称为NTSC（国家电视系统委员会）信号。

压缩（compression） 通过编码排列将所有原始数据打包进较小的空间（无损压缩），或通过舍弃一些不太重要的数据（有损压缩），来减少要储存或传输的数据量的做法。

控制磁迹（control track） 录像带上用于记录同步信息（同步脉冲）的区域。为录像机的运转速度、视频磁迹的读取以及画面帧数的计算提供参考。

数字录制系统（digital recording systems） 指对模拟信号进行采样，并将其转变成离散的开/关脉冲数字信号的记录系统。这些数字被记录为0和1。

电子静态图像存储系统（electronic still store system，缩写ESS system） 可以从任何视频素材上抓取单独的一帧，并将它以数字形式存储的一种电子设备。它可以在几分之一秒内随机检索任意一帧。

现场场记单（field log） 在录像过程中对拍摄的每个镜头所做的记录。

闪存设备（flash memory device） 一种可读写的便携式储存设备，可以以很快的速度（一闪之间）下载、存储和上传大量的数字信息。也被称为闪存驱动（flash drive）、闪存卡（stick flash）、闪存棒（flash stick）和闪存记忆卡（flash memory card）。

帧存储同步器（framestore synchronizer） 可以存储和读出完整视频帧的影像稳定和同步系统。用于同步来自不同源又没有被同步的各种视频信号。

JPEG 主要用于静态画面的一种视频压缩格式。由静止图像专家组（Joint Photographic Experts Group）开发。

MPEG 用于运动影像的一种压缩技术，是由运动图像专家组（Moving Picture Experts Group）开发研制的。

MPEG-2 运动影像压缩标准。

MPEG-4 网络视频流压缩标准。

三原色分量系统（RGB component system） 一种模拟视频录制系统，在整个录制和存储过程中，红、绿、蓝（RGB）三信号保持分离状态，并由三条不同信号线路分别予以传送。

磁带式录像机（tape-based video recorder） 所有以录像带记录或存储信息的录像机（模拟和数字的）。所有带式录像机都是线性的。

无磁带录像机（tapeless video recorder） 在磁带以外的介质上记录和存储数字信息的所有数字录像机。

时基校准器（time base corrector，缩写TBC） 从电子上提高录像机播放或传送稳定性的电子配套装置。

视频片头（video leader） 记录在节目素材前面的视频材料和测试音，是播放时的技术调校参考。

录像机（video recorder，缩写VR） 所有用于录制视频和音频的设备。包括磁带、硬盘、可读写光盘，以及闪存设备。

磁带录像机（videotape recorder，缩写VTR） 以录像带记录视频和音频信号，以用于播放或后期剪辑的电子记录设备。

录像带磁迹（videotape tracks） 大多数录像带都有一个视频磁迹、两个或两个以上的音频磁迹和一个控制磁迹，有时还有一个独立的时间码磁迹。

亮度/色度分量系统（Y/C component system） 一种模拟视频记录系统，在这种系统中，亮度（Y）和色度（C）信号在信号编码和传送的过程中保持分离状态，但在录像带上实际录制的时候，两者会合并成一个，占用同一个磁迹。Y/C分量信号通过两条线传送。也被称为S端子（S-video）。

亮度/色差分量系统（Y/color difference component system） 一种视频录制系统。在整个记录和存储过程中，始终使三种信号——亮度（Y）信号、减去亮度的红色信号（R—Y）和减去亮度的蓝色信号（B—Y）保持分离状态。

# 12.1

# 磁带式和无磁带
# 视频录制

尽管视频记录设备种类繁多，但基本可以划分为两个类型：磁带式录制系统和无磁带录制系统。磁带系统能够记录模拟或数字信号；无磁带系统只能记录数字信息。无磁带系统的最大优势是，你可以对媒介上大量信息存储和归档，并且只占用很小的空间。在检索信息的时候，无磁带系统也比磁带系统更快。

为了让你对这些视频录制系统有更深的理解，本节将为你提供磁带式和无磁带视频录制设备的概况，并介绍其相应的工作原理。

▶ **录制系统**
   磁带式系统、模拟和数字系统、无磁带系统

▶ **磁带式视频录制**
   磁带系统的录制原理、操作控制，以及时基校准器和帧存储同步器

▶ **无磁带视频录制**
   硬盘、可读写光盘、闪存设备

▶ **视频录制的电子特性**
   合成信号与分量信号、采样、压缩

## 12.1.1 录制系统

当你去参观某电视台或视频制作公司的视频录制现场时，你或许会听到工程师在讨论无磁带视频录制设备相比磁带设备所具有的优势，以及为何有人还在使用模拟格式的录制设备。然后他们可能会开始谈论技术问题，比如采样、压缩、合成信号与分量信号的质量差异，诸如此类。他们其实是在谈论视频录制系统的种类和功能，以及决定录制质量的主要电子特性。

### 磁带式系统

这种划分方法是基于使用的录制介质而非录制系统的工作模式。很明显，所有的磁带式录像机（tape-based video recorder）都使用录像带作为录制介质。不太明显的是，磁带录像机（videotape recorder，缩写VTR）可以是模拟格式的，也可以是数字格式的。

### 模拟和数字系统

在这个部分你可能会问：既然现在一切都数字化了，为什么还要用模拟格式的磁带录制系统？你问的有一定道理。但是，古老的 VHS（家用视频系统）仍然存在于成千上万的家庭中，用于录制喜爱的节目和播放租赁的电影。另外还有一些磁带，上面记录着的生日、婚礼以及停播节目的内容，等待被转移到更不占空间的数字介质（比如 DVD）上。所以，先不要把你的 VHS 录像机处理掉。

事实上，仍有厂家在生产更高品质的 S-VHS（超级 VHS）以及高端的模拟式 Betacam 录像机。很多专业或消费级的模拟摄录机质量相当好，完全没有必要把它们扔掉。它们的模拟输出能够很容易地进行数字化，并导入数字剪辑系统，比如一台笔记本电脑。

**模拟磁带录像机** 不太高端的录像机存在的一个主要问题是，每一版录像带的声画质量，都会比它的上一版差（录像带的版数即从母带翻录的次数）。这个缺陷在剪辑和渲染特效的时候尤为明显。这两种操作通常都会涉及对录像带的多次翻录。

在此我们不讨论过多的细节，下面的表格中列出

**表 12.1** 模拟磁带录制系统

| 系　统 | 磁带格式 | 制作特性 |
|---|---|---|
| VHS | 1/2 英寸（12.7 毫米） | 母带质量偏低或中等，画面质量会在翻录过程中迅速下降。 |
| Hi8 | 8 毫米（约 0.31 英寸） | 影像清晰，母带质量良好。 |
| S-VHS | 1/2 英寸（12.7 毫米） | 质量很好，经过三至四次翻录仍能保持质量。 |
| Betacam SP | 1/2 英寸（12.7 毫米） | 质量超级好，能够经得住多次翻录。 |

**表 12.2** 数字磁带录制系统

| 系　统 | 磁带格式 | 制作特性 |
|---|---|---|
| DV | 1/4 英寸（6.35 毫米）迷你 | 数字质量良好。 |
| Digital 8 | 8 毫米 | 质量良好——和 DV 差不多。 |
| DVCAM | 1/4 英寸（6.35 毫米）全尺寸 | 出色的质量。 |
| DVCPRO | 1/4 英寸（6.35 毫米）全尺寸 | 出色的质量。 |
| Betacam SX | 1/2 英寸（12.7 毫米）全尺寸 | 质量超级好。 |
| HDV | 1/4 英寸（6.35 毫米）迷你 | 出色的质量，高清电视的分辨率。 |
| HDTV | 1/4 英寸（6.35 毫米）全尺寸 | 质量超级好，色彩和分辨率指数均高。 |

了主要模拟录制系统（analog recording system）的概况。见表 12.1

**数字磁带录像机**　数字录制系统（digital recording system）的主要优势在于，它们的体积比较小，就算那些并不昂贵的型号也能生成高质量的声音和画面。在翻录过程中，视频的声画质量也不会下降。对于你所有的使用目的来说，第五十次翻录看起来和母带是一模一样的。和模拟记录系统不同，数字系统录制的内容不需要通过转换，就可以直接输入电脑的存储硬盘，用于非线性剪辑和特效添加。旧款高端数字录制系统配备 1/2 英寸磁带，目前除了有少数几种仍在使用中（比如 D5 录像机）之外，几乎所有新的数字录像带系统都使用更小的 1/4 英寸磁带。不过，这些磁带也有多种尺寸和容量，有摄录一体机中使用过的迷你盒带，也有更大尺寸、允许更长时间连续录制（宽度不变）的盒带。见表 12.2

**无磁带系统**

无磁带系统仅记录数字信号，并使用多种录制介质：电脑硬盘、可读写光盘，以及各种类型的闪存记忆设备（也被称为记忆卡）。记忆卡没有活动部件，一般也比硬盘和光盘系统的录制容量更小。因为大部分专业的电视设备都已经数字化了，所以灵活的无磁带录像机（tapeless video recorder）比磁带式录像机更受人们欢迎。

和录像带相比，无磁带录制系统有四个大的优势：一、你可以即时任意访问录制素材中的任何一帧画面；二、它更不容易遭受磨损；三、它加速了整个剪辑流程；四、素材的存档占用的空间更小。

所有无磁带录制系统的运作原理都是一样的：它们将数字音频和视频信息存储为电脑文件，这些文件可以被识别，并且按任意顺序进行访问。如果这让你感觉似曾相识，那么没错，基于磁盘的录制系统事实上就是一台专业化的电脑。这也就是为什么，你只需要使用笔记本电脑或台式电脑，再配上适当的软件，就可以搭建一个基于磁盘的录制和剪辑系统。

## 12.1.2 磁带式视频录制

尽管从电子构造上来说，模拟录像机和数字录像机有诸多区别，但是两者主要的录制和操作原理却很相似，甚至常常是一样的。

### 磁带系统的录制原理

在视频录制和播放过程中，磁带将经过一组旋转的磁头，当记录时，这些磁头会在磁带上"写下"视频和音频信号，而当播放时，磁头则会从磁带上"读取"磁化储存的视频和音频信号。在某些磁带录像机的播放模式中，原本用于记录信号的磁头也将用于读取磁迹上的信息，并将其转换回视频信号。另一些则利用不同的磁头来实现记录和播放功能。有些模拟磁带录像机用两个或四个磁头来实现记录/播放（写/读）功能。

数字磁带录像机记录的是经过编码的音视频信号，这些信号由开/关脉冲（0 和 1）组成。有些数字磁带录像机比模拟录像机拥有更多的读/写磁头，以应对各种视频、音频、控制和提示磁迹。下面，就让我们以一台只有两个记录/播放磁头的模拟录像机为例，简单地说明视频录制是如何进行的。

记录 / 播放磁头　正如之前提到过的，在视频录制的过程中，转动的磁带经过一个旋转的磁头，磁头会将视频和音频信号写到磁带上。而在回放的时候，磁头则会读取磁带上记录的这些信息。好的磁带录像机使用两组磁头，一组用于录制信号，另一组用于回放信息。见图 12.1

录像带磁迹　将视频和音频信号写在磁带上的方式虽然不尽相同，但所有这些方式都使用相似的录像带磁迹（videotape track）组合：一个视频磁迹，两个或两个以上音频磁迹，一个或多个控制磁迹，以及多个数据磁迹。所有视频磁迹都被记录为螺旋（倾斜）

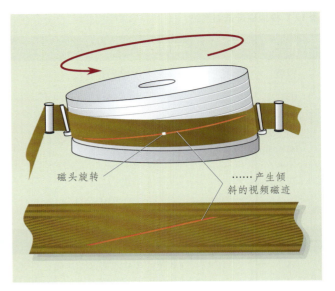

**图 12.1　录像带的基本录制方法**

录制时，录像带经过包含记录头和播放头的旋转磁头组。这些磁头会将视频和音频信息写入磁带，或从磁带上读取视频和音频信息。

磁迹，音频和控制信息既可以占用单独的纵向磁迹，也可以合并到视频螺旋磁迹上。在其最简单的形式中，标准的 VHS 录像机会在磁带上写下四条独立磁迹：一条包含画面信息的视频磁迹，两条包含所有声音信息的声音磁迹，以及一条用于调节录像带和录像机磁头旋转速度的控制磁迹。见图 12.2

视频磁迹　当你采用常规的 NTSC 合成系统记录视频信号时，第一个磁头经过磁带时记录视频信息的第一个场（半帧画面）；第二个磁头经过磁带时记录第二个场（紧挨第一个场），这样就完成了一个视频帧。由于两个场构成一帧，对于 NTSC 制式视频来说，这两个磁头每秒钟必须写下 60 场（60 条磁迹），也就是 30 帧[1] 图像。数字系统使用高速磁头，可以为每一帧视频画面写下 20 条或更多的磁迹。

音频磁迹　通常模拟格式的音频信息会记录在靠近磁带边缘的纵向磁迹（条状）上。由于需要立体声音频，同时也需要在单声道中保持一定的声音分离，所有的磁带录像机系统都至少会提供两个音频磁迹。

---

[1]　实际使用中为 29.97fps（帧 / 每秒）。

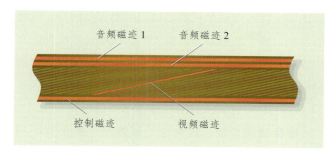

音频磁迹 1　　音频磁迹 2

控制磁迹　　　视频磁迹

**图 12.2 基本磁迹系统**
基本磁迹系统包含一个倾斜的视频磁迹，两个或两个以上音频磁迹以及一个控制磁迹。

数字录像机则会在视频磁迹中嵌入多轨音频信息。

**控制磁迹和提示磁迹**　控制磁迹（control track）上有均匀分布的光点或凸出，称为同步脉冲（sync pulse），是每一个完整电视帧的标志。这些脉冲使磁带速度（磁带在卡盒中从供带轴运动到收带轴的速度）和磁头旋转速度同步，这样就可以在一台机器上播放其他同类机器制作出来的磁带而不会导致画面中断。控制磁迹对于录像带的线性剪辑来说，也是必不可少的。有些录像机还有一个独立的磁迹，被称为提示磁迹（cue track），用于记录额外的数据，例如 SMPTE（美国电影与电视工程师协会）时间码。该时间码给每一帧画面都标记了不同的地址——一个显示已播放时间和帧数的数字。（你将在第 19 章了解更多关于时间码的内容。）

数字录像机拥有一个控制磁迹，以及一个用于标记时间码的独立提示磁迹。当每一帧画面信息经过磁头的时候，它们会将更多的编码信息挤入磁带的子码区域，该子码区域的宽度只占标准 VHS 盒式录像带宽度的一半。

**操作控制**

将高端的模拟磁带录像机和数字磁带录像机放在一起，如果仅观察其外观，你很难找出它们的区别。尽管它们的电子特性非常不同，但外观却很相似。

高端演播室磁带录像机和你的家用盒式磁带录像机（VCR）的操作控制键是一样的，但专业机型配有额外的飞梭、剪辑和音频控制键。鉴于你已了解录像机的基本功能，所以我们在此只进行简要介绍。所有的磁带录像机（或盒式磁带录像机），无论是低端还是高端，模拟信号还是数字信号，都包含下列最基本的控制键：播放（play）、停止（stop）、录制（record）、快进（fast-forward）、倒带（rewind）、出仓（eject）以及音量控制键。

更复杂的磁带录像机则有额外的操作控制键，用于待机，暂停或定格，搜索或飞梭控制，以及音量调节。

**待机**　在待机模式中，装载了磁带的录像机会旋转磁头，但让磁带保持不动。旋转后的视频磁头是悬空的，不会与磁带产生接触。

**暂停或定格**　暂停／定格键会在磁头继续运动的情况下使磁带停止转动。在这种模式下，旋转的磁头仍与磁带保持接触，会持续扫描相邻的视频场，并在摄像机取景器或视频监视器上生成一幅静止图像。不要让机器过久地处于暂停状态，否则磁头容易刮掉磁带上的氧化铁涂层，导致磁头堵塞，并在监视器上留下视频噪波。当磁带暂停的时间太长时，大部分录像机会自动结束暂停状态。尽管如此，还是不要让磁带过久地处于暂停状态，尤其当你想把磁带用于剪辑的时候。

**搜索或飞梭**　搜索键能让你以各种远高于或低于正常记录／播放速度的速度前进或倒退磁带。当你要在录像带上寻找特定镜头或场景时，飞梭功能特别重要。你可以快速翻动整个场景，直到找到想要的画面为止。你也可以降低画面的播放速度，让视频一帧一帧地前进，从而获得慢动作效果。

在使用飞梭进行搜索的时候，无论使用哪种速度，有些高端录像机都能保留素材的原始声音。当素材快进的时候，机器不会发出讨厌的吱吱声，在素材慢放的时候，机器也不会发出愤怒的"咆哮"。

**音量调节**　主要的音频控制键包括各条音轨的音量控制键和音量单位（VU）监听键。有些录音机有单独针对录音音量和播放音量的控制键。音频复制键可以让你记录声音信息而不抹掉已经录在视频磁迹上的画面。大部分专业级的模拟信号录像机能够让你在常规（模拟）音频和高保真（数字）音频之间进行选择。根据磁带上声音的录制方式，你或许需要将声音切换至或切离出高保真模式。如果声音的回放不正常，就试试切换到另一模式。

### 时基校准器和帧存储同步器

磁带录像机的一个主要问题是，当你在一台录像机上播放由另一台不同的录像机录制的磁带时，可能会碰到画面断裂的情况。如果录像和播放的机器不能完美地匹配，如果剪辑点对应不上，又或者如果你要在直播中将实况现场的视频源切换到演播室，你都可能碰到时基（time base）错误。该错误通常被称为同步滚动（sync roll），你会看到一条带状图案在屏幕中缓慢上下移动，将屏幕分为上下两个部分。见图 12.3 这就是为什么所有专业级的录像机会使用额外的影像稳定设备：时基校准器和帧存储同步器。

**时基校准器** 时基校准器（time base corrector，缩写 TBC）能够调整播放磁带的录像机的扫描，使之与录制磁带的录像机保持一致。这种同步器对于剪辑来说尤为重要。因为剪辑过程往往是由一个或更多的素材（或播放）录像机来提供剪辑素材，而由另一台录像机（录制录像机）进行实际的剪辑工作。时基校准器能够确保所有录像机的扫描始终都保持同步。它可以是一台独立的设备，但是大多数高端录像机都配有内置时基校准器，用来防止画面断裂以及确保影像的稳定。

**帧存储同步器** 这种电子装置是一种全数字信号稳定器，除了实现与时基校准器相同的功能之外，它还可以实现更多功能。帧存储同步器（framestore synchronizer）可抓取视频信号的每一帧，使其数字化，同时将它暂时存储起来——直到对这一帧的扫描调整至与同步器接收到的下一个良好的视频帧同步为止。它能够稳定那些微弱的或者被暂时中断的视频信号。在观看远程现场新闻报道时，你可能已经见过某一画面被暂时定格的情景。直播画面为什么能被定格呢？这就是因为帧存储同步器正在发生作用。如你所见，在数字化时代，实况报道也会被临时录制下来，哪怕这种录制是转瞬即逝的。

## 12.1.3 无磁带视频录制

该部分我们将看到硬盘系统、可读写光盘和闪存记忆卡的视频录制特性。

### 硬 盘

最常见的硬盘就是装在你电脑里面的那种。今天，就算是小型笔记本电脑的硬盘，也有足够的空间来胜任大部分普通的剪辑工作。但是，也存在一些专门设计的、用于实现特定录制功能的硬盘。

**大容量硬盘** 为后期剪辑存储和读取数字音视频信息的最简单的方法，就是利用外接式大容量硬盘。这些硬盘拥有很快的存储和读取速度，高效的数据压缩技术，能够让你储存数小时的音视频信息，并且在不到一秒的时间内访问其中任何一帧画面。磁带重复使用后不可避免地会降低质量，硬盘却与之不同，没有这样的限制。哪怕经过多次录制和删除，其所记录的数据也和新硬盘里的没什么两样。

**图 12.3 同步滚动**

同步滚动是由时基错误造成的——即剪辑点上的一种瞬间画面断裂。当在两个拥有不同同步脉冲的视频源之间进行切换时，也会出现这样的画面断裂。

**视频服务器**　在全面无磁带化进程中，很多电视台开始使用视频服务器。这是一种特别坚固的大容量磁盘阵列，可以录制、储存和播放非常长时间的电视节目。这些服务器能够同时服务多个不同用户，比如电视台的各个部门。在一个新闻节目制作期间，技术指导（TD）可以访问该服务器，以播放某个特定的新闻片段，与此同时，剪辑师、撰稿人和制片人也可以使用储存在服务器上面的新闻材料。一个服务器能够让多个用户同时使用，并可以执行多项工作任务，这意味着，它能够同时支持多个节目的制作和播出。见图 12.4

**便携式硬盘**　这些小型硬盘通常内置于摄录一体机中，但是有些也能被装载到 ENG/EFP 摄像机

内，还有些则可以夹在摄像机或皮带上，通过火线（FireWire）和摄像机相连。这些可拆卸的硬盘又被称为现场包（field packs）。所有此类便携式硬盘都拥有千兆字节（GB）以上的存储空间，能够记录数小时的 SDTV、HDV 或 HDTV[①] 影像。除了能够存储高质量的视频之外，这些硬盘还可以记录时间码，以及两轨或四轨的音频。当要把视频素材从硬盘传输到剪辑系统的时候，火线和以太网连接非常便利。

某些便携式硬盘为你在现场利用笔记本电脑进行初步剪辑创造了条件——这对 ENG 电子新闻采集来说是一个很大的优点。有的摄像机既能够使用磁带，又能够使用硬盘作为记录介质。你可以让这两套记录系统同时工作，或者将磁带录制的内容用作备份，以防硬盘系统崩溃（这种情况很少见）。

**电子静态图像存储系统**　电子静态图像存储（electronic still store，缩写 ESS）系统能够从各种视频源（摄像机、录像带和计算机）中抓取任意一帧，并以数字形式将其存储在硬盘上。这实际上就是一个大型幻灯片集合系统，允许你在几分之一秒内对任意一张幻灯片进行访问。尽管该系统过去是用于存储静态图像的专门独立设备，但是这种截图储存的功能，目前已被广泛结合到视频转换器、服务器以及大容量字符和图像生成器的软件当中了。

**可读写光盘**

能够录制和回放大量数字信息的可读写光盘有多种类型。最常被用于储存视频的光盘格式是 DVD（数字多媒体光盘）。出于无谓的厂商竞争，你现在至少需要两套 DVD 系统，才能播放全部三种格式的 DVD 光盘：一、标准 DVD 播放系统；二、高清 DVD 系统，它可以向下兼容标准 DVD 光盘（它能够播放标准 DVD 光盘，但是标准 DVD 播放机不能播放高清 DVD 光盘）；三、蓝光系统，它只能播放蓝光光盘。下列表格分别介绍了这三个系统的标准和操作特征。见表 12.3

有的摄像机使用可读写光盘而非硬盘作为其录制

**图 12.4　视频服务器**
视频服务器包含可以存储大量节目片段的大容量磁盘阵列。它可以同时满足多用户的使用需求。

---

① SDTV：标准电视；HDV：高清视频；HDTV：高清电视。

**表 12.3** DVD 标准和操作特性

最大播放时长为近似值。同一介质的不同容量（以 GB 为单位）为单面录制和双面录制的区别。

| 介质格式 | 录 制 | 容 量 | 视频播放时间（单位：小时） |
|---|---|---|---|
| DVD* | 通常为只读 | 4.7GB | 3.8 |
| HD DVD | 只读、可读/写 | 25GB；50GB | 8.5；17 |
| HDTV | 只读、可读/写 | 15GB；30GB | 5.1；10.2 |
| Blu-ray 蓝光 ** | 通常为只读 | 50GB | 9（HDTV）；23（SDTV） |

*DVD 音频拥有立体声，HD DVD 和 HDTV 拥有环绕声音轨。
** 新的试验级蓝光光盘可以拥有 200GB 甚至更多的容量。

介质。光盘的优势在于它们便于存储，访问起来也特别快。其劣势则在于，接触它们的时候必须非常小心。光盘上一个轻微的擦痕可能会毁了两天辛苦拍摄的所有素材。在接触蓝光光盘的时候更要小心，尽管有一层塑料外壳，它们还是会很容易就被刮伤。

**闪存设备**

闪存设备（flash memory device），也被称为闪存驱动器或记忆卡（还有其他一些名称），是一种固态数字存储介质。目前，它们已经成为 ENG/EFP 摄录一体机常用的一种记录介质。比起硬盘和光盘来，闪存设备最大的优势在于自身没有任何活动部件。和数码照相机里面的记忆卡一样，视频闪存卡可以一遍遍地重复使用，而不会出现什么明显的磨损。另一个优势是它们体积很小，重量也很轻。有的闪存卡可以直接插到笔记本电脑的记忆卡卡槽内。其劣势则在于，就算是最大的闪存卡，其储存容量也仍然有限，尤其是当你录制高清视频的时候。更突出的一个问题在成本方面而不在技术方面。如果你计算一下使用闪存卡时每千兆字节（GB）所需花费的成本，就会发现它们的价格高得有些离谱。见表 12.4

## 12.1.4 视频录制的电子特性

这里对录像机（video recorder，缩写 VR）电子特性的讨论，主要针对的是数字录像机和其录制过程。

如果下面的内容对于你来说技术味过浓，那么你至少也应该记住这些特性对视频录制和剪辑的影响。当然，如果你立志要成为一个专业的视频工作者，或者想将你已掌握的技能熟练地运用到节目制作当中，那么下面这些信息就会非常重要。我们将重点讨论合成信号和分量信号、采样，以及压缩。

**表 12.4** 松下 P2 卡的录制时间

这个固态闪存记忆卡可以从摄像机上拔下来，直接插入电脑的卡槽进行非线性剪辑。表中的数据显示了一般的 8MB 卡、16MB 卡和 32MB 卡的大致录像时间。

| 容量 | 录制系统 | 录制时间（以分钟计算） |
|---|---|---|
| 8MB | DVCPRO HD | 8 |
| | 24p HD | 20 |
| | DVCPRO50 | 32 |
| | DVCPRO | 64 |
| 16MB | DVCPRO HD | 16 |
| | 24p HD | 40 |
| | DVCPRO50 | 64 |
| | DVCPRO | 128 |
| 32MB | DVCPRO HD | 32 |
| | 24p HD | 80 |
| | DVCPRO50 | 128 |
| | DVCPRO | 256 |

## 合成信号与分量信号

模拟和数字录制系统按以下四种基本方式中的其中一种来处理自己的信号：一、合成，二、Y/C 分量，三、Y/ 色差分量，四、RGB 分量。在录制过程中使用合成信号的视频录制系统与分量系统不能兼容；使用合成信号的视频录制不如使用分量信号的视频录制效果好。

**合成信号** 合成系统（composite system）将色彩信息（色度，缩写 C）和亮度信息（黑白或照度，缩写 Y）组合成一个合成信号。传输合成信号只需要一条线。由于这种电子组合方式已经被国家电视系统委员会（缩写 NTSC）标准化，因此，合成信号又称为 NTSC 信号，或者简称为 NTSC。NTSC 系统不同于世界上的其他合成系统，比如欧洲的 PAL 系统；当系统不匹配时，需要进行标准转换。这种标准的转换大多由发送信号的人造卫星完成。

合成信号的优点在于，它是压缩模拟信号的一种方式，可以在信号传输和视频录制的过程中节省带宽。它的主要缺点是，色度和亮度信息之间通常存在着一些干扰，这些干扰会随着录像带复制次数的增加而变得更糟，因而也就更加明显。见图 12.5

**Y/C（亮度 / 色度）信号** Y/C 分量系统（Y/C com-ponent system）的长处在于它能产生高质量的画面，在磁带复制过程中损失的信号比合成信号要少。Y/C 分量系统也被称为 S 端子（S-Video）系统，其亮度 Y（黑白）信号和色度 C（色彩）信号在编码和传输的过程中始终处于分离状态。当被记录到录像带上时，这两种信号会合并到一起，并占用同一个轨道。Y/C 分量制式需要两条线来传送 Y/C 分量信号。见图 12.6

若想保持 Y/C 分量信号记录的优势，在录制过程中所采用的其他设备，如监视器，也必须将 Y 信号和 C 信号分开。这就意味着你不能在常规 VHS 录像机上播放 Y/C 分量录像带，而只能在 S-VHS 录像机上播放。

**Y/ 色差分量信号** 在 Y/ 色差分量系统（Y/color difference component system）中，亮度信号、减去了亮度的红色信号（R–Y）和减去了亮度的蓝色信号（B–Y），作为三个分离的信号受到传送和记录。绿色信号会再次从这三个信号中生成出来。这种信号，有时也被称为 RGB 信号，需要用三条线来分别传送三个独立的信号。见图 12.7

**RGB 分量系统** 在真正的 RGB 分量系统（RGB component system）中，红、绿、蓝信号在整个记录和存储过程中始终保持分离状态，并被当作单独的分量受到处理。即使在记录到录像带上的时候，这三个信

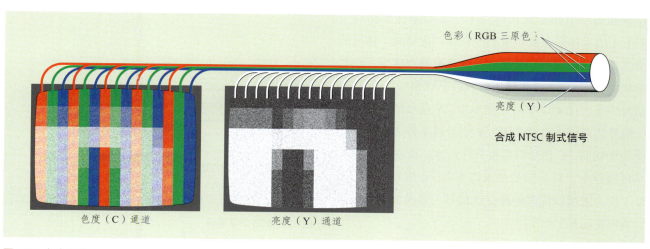

**图 12.5** 合成信号

合成系统使用色彩信息（色度，缩写 C）和亮度信息（黑白或照度，缩写 Y）组合成一个视频信号。因为合成信号是单一信号，将它传送并录制到录像带上只需要一条线。它是标准 NTSC 制式系统。

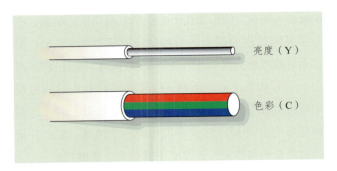

**图 12.6 Y/C 分量系统**

Y/C 分量系统的亮度 Y（黑白）信号和色度 C（色彩）信号在编码和传输的过程中始终处于分离状态。但当它们被记录到录像带上时，这两种信号会合并成一个。Y/C 分量系统需要两条线来传送不同的信号。

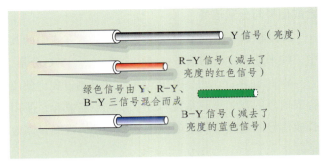

**图 12.7 Y/ 色差分量系统**

在整个录制过程中，Y/ 色差分量系统的三个"RGB"信号始终是分离的。它需要三条线来传送这三个分量信号，即 Y（亮度）信号、R-Y 信号（减去了亮度的红色信号）、B-Y 信号（减去了亮度的蓝色信号）。绿色信号是由这三个信号混合（再生）出来的。

号也是彼此分离的。从维持画面质量的方面来说，这种信号是最理想的。不过，当使用 HDTV 高清电视的真正 RGB 分量系统时，信号会占据非常多的带宽和储存空间，信号检索也需要更长的时间。所以，这一系统只用于非常高端的摄像机、剪辑和制图系统。实际上，Y/ 色差分量系统就是为了克服这些问题而开发的。**见图 12.8**

Y/C 分量信号、Y/ 色差分量信号和 RGB 分量信号最终都要把独立的部分混合为一个单一的 NTSC 合成信号，以用于传统电视节目的播出和传送。

## 采 样

尽管你已经在第 4 章中了解了采样的含义，但当视频和数字电影专家在讨论 4：2：2 的采样率相对于 4：1：1 的采样率在视频录制中有哪些优势时，你可能依然会感到很困惑。上述这两个比率都意味着，在数字化的过程中，C（色彩）信号的采样率比 Y（黑白）信号要低。在 4：2：2 的采样率中，Y 信号的采样率是 C 信号的两倍。也就是说，Y 信号被采样 4 次的每一个周期期间，C 信号只会被采样两次。而在 4：1：1 的采样过程中，当 Y 信号被采样 4 次，C 信号只会被采样 1 次。之所以优先处理亮度信号，是因为它对画面的清晰度起着主要作用。

大部分正常的节目制作在进行 4：1：1 采样的情况下，画质就已经很好了。然而，如果你需要高质量的色彩，以承受各种特效，比如抠像（见第 13 章）或者

要在画面上添加很多图层，那么你就需要使用更高的 4：2：2 采样率的设备了。

下面是关于这些录制特性需要牢记的最重要的两点：

■ NTSC 合成系统的视频信号比 Y/C 分量系统的视频信号质量差，而 Y/C 分量系统的视频信号又比 Y/ 色差分量系统和 RGB 分量系统略逊一筹。

■ 4：2：2 采样率产生的画面颜色质量比 4：1：1 采样率更好，虽然后者产生的画面也不错。事实上，只有当在使用或构建复杂特效，或者试图在极高对比度的影像中保持色彩还原度的时候，你才会注意到这两种采样率之间的差异。

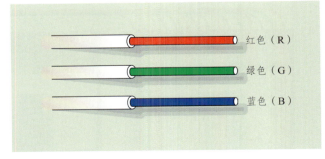

**图 12.8 RGB 分量系统**

和 Y/ 色差分量系统一样，在 RGB 分量系统（也被称为 RGB 系统）的整个录制过程中，RGB 三个信号会始终保持分离状态。它需要三条线来传送信号。它拥有最好的色彩质量，但信号会占据异乎寻常的大量频率空间。

## 压　缩

所有数字视频图像都会被以某一种方式进行压缩。这就是编解码（codec，压缩和解压缩的简称）。编解码系统通常比摄录一体机使用的采样率更重要。手机视频的压缩率比小型 HDTV 摄录机的压缩率大得多。压缩得越少，图像质量就越高。

回忆一下，第 4 章曾经讲过，压缩（compression）指的是为了简化信号的存储和传送，重新排列或删除多余的图像信息。无损压缩只通过重新排列数据来减少其占用的空间。这个技术如同整理旅行箱以便把所有物品都放进去。有损压缩则会舍弃一些不必要的内容，因此可以使用小得多的手提箱。大部分的编解码都属于有损压缩模式。

不过，与压缩更密切相关的一个问题是，摄像机使用的是帧间压缩系统（interframe compression）还是帧内压缩系统（intraframe compression）。了解这两者的区别，对于你在后期阶段进行剪辑工作非常重要。

### 帧内压缩

这种压缩系统主要是为静态图像的压缩而设计的，目前已经适用于运动影像。帧内压缩会检查每一帧画面，并将所有不必要的视频信息丢掉。丢掉这些信息后，我们仍能感知到跟原始画面几乎相同的画面。从技术上说，帧内压缩除去了每帧画面的冗余空间。

让我们再想想那些塞得过满的旅行箱。为了节省空间，我们必须查看每只打包好的箱子（每帧画面）。我们会打开第一只箱子，同时问问自己，六件衬衣，只带两件是否可行。之后我们会查看另一只箱子，想想是否能从中拿出五件或六件毛衣，尤其是因为我们要去的是某个阳光温暖的地方。我们会依次检查剩下的每只箱子（帧），看看还有什么可以不用带走的东西。很快，我们就会扔掉很多不必要的衣物（冗余像素），带上更小的箱子踏上旅途。

JPEG 系统——一种通常用于静态图片的视频压缩方法——使用的就是这种帧内压缩技术。其所做工作是将有损压缩应用于每一帧画面，这一帧帧画面就是刚才类比中的每只箱子。

帧内编解码的最大优势在于每一帧画面都是可用图像。剪辑的时候，你可以将任意一帧作为剪辑的入点和出点，也可以从两者中间截取任意一帧。这个系统最主要的不便之处在于，重新打包每个箱子（帧）都会耗费时间。也就是说，它在捕捉快速运动的被摄物时会显得太慢。但是，大多数帧内编解码都已经从很大程度上消除了这个缺点。

### 帧间压缩

该系统是专门为运动影像开发的。与对每一帧视频画面进行独立压缩不同，帧间压缩在影像运动序列中检测每帧画面之间的冗余部分。大体来说，该系统会比较前后相续的每帧画面，只保留那些造成变化的像素。

例如，如果你看到一个自行车手骑行在一片无云的蓝天下，那么该系统将不会重复那些构成蓝天的不变信息，而只保留自行车运动员位置变化的信息。正如你所看到的，帧间压缩考察的是时间冗余信息（帧与帧之间的变化）而不是单帧画面内的空间冗余。

让我们最后看一次旅行箱的例子。现在我们有两个拿旅行箱的人。约翰已经打包好了他的大旅行箱，埃伦刚准备开始打包。在她开始之前，她先检查了约翰的箱子，看看他带了什么（完整的第一帧画面）。她高兴地发现，他带了很多她本想带的东西。所以她只需要在一只小箱子里再放点其他东西就可以了（帧间压缩第二帧）。MPEG-2，作为运动影像的一种压缩标准，使用的就是帧间压缩技术（MPEG 是 Moving Picture Experts Group 的缩写，意思是运动图像专家组）。

帧间压缩系统的问题出现在剪辑阶段。由于有的帧在经过了压缩之后变得不完整，所以不能用作剪辑的入点或出点。为了应对这一问题，该系统会周期性地发送一帧完整参考画面（比如，每隔五帧或十帧发送一次）。该参考帧被称为信息帧（I-frame），虽然也是压缩过的，却和其他帧不同，它含有可以组成完整画面的视频信息。这些信息帧采用的是帧内压缩方式，因此不会受到相邻其他帧的影响。因为信息帧包含了完整的画面信息，剪辑师可以跳到完整帧进行剪切工作。

在大多数情况下，五帧的剪切限制并不会带来太大的不便。然而，对于那些想要让每帧画面的嘴型和人声都精确匹配的剪辑师来说，限制他们每隔五到十帧画面才能进行剪切并不是一件愉快的事情。这就是为什么，那些专为剪辑设计的系统，会尽可能多地包含这些参考信息帧的原因。有的 MPEG-2 剪辑系统，能够重新计算出压缩视频中任意位置的完整帧，从而为精确到帧的剪辑服务。

通常用于流式视频的标准压缩格式是 MPEG-4。正如你所知道的，流式传输（streaming）是指以不间断的数据流方式传送和接收数字视频数据，在传送的过程中可以同时播放视频。压缩系统越高效，视频流的传送就越快，影像也起顺畅。

不管各种压缩技术的效率相对如何，你都可以应用这样一条传统的压缩/画质法则：压缩越少，影像质量越好。但也有一条不那么令人愉快的法则存在：压缩越少，信息的体积就变得越庞大。

## 要点

▶ 视频录制系统分为磁带式和无磁带两种。

▶ 磁带可以用来录制模拟或者数字信息。

▶ 所有的模拟记录系统都使用录像带作为录制介质。

▶ 无磁带录制系统只能录制数字信息。

▶ 数字录像系统的优点是，影像质量在之后的拷贝过程中不会受损。

▶ 在录制过程中，磁带通过一个或多个旋转的磁头，磁头在磁带上记录下视频磁迹。在回放过程中，同一磁头或不同磁头从磁带上读取视频和音频信息。

▶ 磁带的基本磁迹包括视频磁迹，两条音频磁迹，以及控制磁迹。

▶ 时基校准器（TBC）和帧存储同步器是帮助稳定录像机（VR）播放的电子装置，它们还能帮助同步来自远程现场视频源的扫描。

▶ 无磁带视频录制系统采用大容量硬盘、可读写光盘和闪存记忆卡作为录制介质。

▶ 录像机按以下四种基本方式中的一种来处理自己的信号：一、合成信号，二、Y/C分量信号，三、Y/色差分量信号，四、RGB分量信号。合成信号也被称为 NTSC 信号。

▶ 分量信号比合成信号要好。

▶ 采样率主要影响的是色彩丰厚度。4:2:2的采样率略好于4:1:1的采样率。

▶ 帧内压缩能够去除每一帧视频画面中的冗余像素。

▶ 帧间压缩能够去除帧与帧之间的冗余像素。

# SECTION

# 12.2

# 视频录制的操作

到目前为止，你已经了解了各种视频录制系统，现在，你需要知道如何使用它们。本节将向你介绍视频录制的主要操作方法，以及演播室节目和 ENG/EFP 中的视频录制程序。

▶ **视频录制和存储的用途**

节目制作、时间延迟、节目复制和传送、录像保存及注意事项

▶ **视频录制的具体事项**

录制准备（日程表、设备检查清单），录制阶段（视频片头、录制检查、时间码、现场记录，以及磁盘式视频录制的特殊事项）

## 12.2.1 视频录制和存储的用途

录制的视频主要用于：一、节目制作，二、时间延迟，三、节目的复制和传送，四、制作视频录制的保护性拷贝以用于参考学习。

### 节目制作

录像带的一个主要用途是，利用早先录好的视频片段制作电视节目。这个制作过程是通过后期剪辑来完成的。它可能会将在不同时间和地点拍摄的多个片段组合在一起，也可能会只通过剪掉不必要的部分而提炼出一个新故事。对于多机位节目来说，它还可能会将已经进行过不同机位切换（实时剪辑）并录制下的较长场景串到一起。最后这种技术的一个很好的例子是肥皂剧的录制，制作组会先录制下较长且无中断的演播室片段，然后在后期制作阶段将它们剪辑在一起。

### 时间延迟

通过录制视频，一个事件被储存下来了。你既可以在事件发生后立即播放视频，也可以在几小时、几天甚至几年后再播放。在体育赛事中，许多关键动作被记录下来，并在它们刚刚发生后就立即播放。由于录像的回放与实际事件的发生间隔如此之短，这种回放于是被称为实时回放（instant replays）。不同时区的观众之所以可以在同一个时间点收看某个电视网节目，则是通过录像带延迟时间来实现的。例如，一个于当地时间下午六点（东部标准时间，简称 EST）在纽约举行的颁奖典礼，在旧金山进行卫星直播的时间是下午三点（太平洋时间，简称 PST）。通过录制，这一节目也能被延迟到当地时间下午六点（PST 时间）在旧金山进行传送播出。

### 节目的复制和传送

视频录制很容易复制，也很容易通过邮件、快递、电话线、同轴电缆、光缆、卫星，或者网络数据流分送到各个电视接收端。通过卫星或者网络数据流，同一段视频可以轻而易举同时分送到世界多个目的地。数字电影也可以以同样的方式，通过卫星或者光缆分发到各大电影院，而不用再被装进笨重的 35 毫米胶片盒里。

### 录像保存及注意事项

为了保护重要事件的录制，要对原始视频进行保护性复制。请使用录制质量和拍摄原始素材时一样甚至更好的器材来进行这种复制。DVD 是保存录像档案的一种很好的介质，它们只占很少的空间，而且回放设备随处都能找到。

数字录像保存的问题在于，技术的更新换代太快，有的录制装置可能过不了几年就被淘汰了。你在播放 DVD 和蓝光碟或者使用更新的系统软件时可能已经碰到过这个问题。除非你定期将录像资料转移到最新的系统上，否则一旦播放系统被淘汰，你的影像档案就会立即失去价值。

## 12.2.2 视频录制的具体事项

除非你正在追踪一个热点新闻事件，否则，在录制工作的前期，你需要注重细节，精心准备。如果视频录制操作员在节目录制过程中忘记按下正确的按钮，那么整个内容可能就会丢失。在录制的前期阶段和实际录制过程中，你最好对照一些检查清单做一下检查。

### 录制准备

当你在演播室进行录制工作时，使用了错误的线缆、连接器或者磁带，都不会造成太大的问题。然而，如果你是在进行现场制作，选用了错误的线缆或连接器，可能就会让整个电子现场制作毁于一旦。让我们稍微了解一下日程表、设备检查清单以及基本的录制准备工作。

**日程表** 再三检查你要使用的录制或复制设备是否可用。准备一台备用的录像机，以免有人正在使用"你（预定的）的"机器。提出调用机器的申请时，一定要合理。你会发现，当你为演播室和现场制作预约录制设备时，通常都能约到，但是，当你需要用设备回放素材的时候，需求就不一定能得到满足。

如果你想检查录像带上场景的顺序，或者对某些素材片段进行计时，你可以将素材复制在常规的 1/2 英寸 VHS 格式录像带或 DVD 上，这样你就可以在家里观看这些素材。通过这种办法，你就可以将高质量机器腾出来，将它们用在更重要的任务上，并且在播放磁带时也不必受制于日程表的精确安排。如果素材储存在计算机上，你可以把它们复制到你的笔记本电脑上，这样哪怕在乘坐公交车的时候，也可以观看这些素材。

一定要遵守器材检查及使用的规章或惯例。如果你不遵守，那危害的不仅是你自己的录制环节，也可能会妨碍其他人的拍摄。当共享一个服务器时，你是否知道如何找到自己的素材？有没有什么措施来防止对素材的误删？

**设备检查清单** 正如飞行员每次起飞前都要对照清单仔细检查一遍一样，在每次拍摄时，你也应该准备好自己的设备检查清单。这种清单在现场制作中尤为重要。下面这份简要的清单仅限于视频录制之用。

■ 复制。复制需要两台录像机：素材机和录制机。尽量不要使用摄录一体机作为播放录像机。摄录一体机里面的录像装置没有演播室录像机那么结实。

■ 正确的录像机。录像机的录制介质是否和摄录一体机使用的介质相匹配？如果摄录一体机使用光盘进行录制，那么你肯定不能在录像机上播放它。同样，你也会发现，有的数字录像机并没有装载播放迷你盒式磁带的部件。

■ 合并工作。你能否合并某些录制工作，比如在对原始视频进行保护性复制的同时，再翻录一个视窗复制副本（window dub，你将在第 19 章中了解到，视窗副本是一种视频考贝，它的每一帧上都嵌入了时间码地址）？

■ 录像机状态。录像机确实能工作吗？有可能的话，尽量做一次简短的测试性录制，以确保它能正常工作。

■ 电力供应。摄录一体机和（或）外接录像机的电池是否充满了电？一定要携带一块充满电的额外电池。如果以家用电源供电，则需要合适的变压器或适配转换器。出发去现场之前，应该检查电源连接线是否与录像机或摄录一体机上的插口相匹配。如果二者不匹配，就不要试图去连接插头，否则烧坏的将不只是一个保险丝。

■ 正确的录制介质。你使用的录制介质是否正确？也就是说，你所使用的磁带、光盘或者闪存卡，是否与摄录一体机或外接录像机相匹配？也要检查介质盒里装着的是否是正确的录制介质。同样尺寸的盒式磁带内部容纳的磁带长度可能完全不同，所以，检查一下供带轴，看看它包含的磁带长度是否与标签上注明的磁带长度相符。例如，如果盒子上标示装有184分钟的磁带，但经检查发现供带轴上的磁带卷很薄，那么，很明显这个盒子上的标签是贴错了的。

■ 足够的储存介质。对于你的制作计划，你是否准备了足够的储存介质？这在你制作HDV和HDTV的时候尤为重要。高清数据会占用更多的储存空间，因此其录制时长通常比该介质外壳上标示的时长少得多（后者通常显示的是标准数字视频的录制时长）。

如果容量最大的录制介质仍然不够进行全程录制，那就需要安排两台机器，否则你在更换新的存储介质时会漏拍几分钟内容。在为实时回放进行多机拍摄时，你所需的储存容量往往是平常的三到四倍。在你认为所需量的基础上再多带一些录制介质。

■ 记录保护。如果在仔细检查连接线之后，录像机仍然无法正常录制，这时你可以将盒式磁带拿出来，看看它是否处在可记录状态。所有盒式磁带都有一个保护装置，用于防止录像带上的内容被意外抹掉。VHS和S-VHS 1/2英寸磁带在其左下方的背面边缘有个记录保护标签。取下标签，磁带就处于记录保护状态。只要在标签开口处贴一小片胶带，录制功能即可恢复。对于数字盒式录像带而言，其背面会有一个拨片，你可以把拨片在保护和录制位置之间进行切换。如果拨片处于打开位置，你就不能在该磁带上进行录制。有的磁带的拨片位置用颜色进行了区分，你可以很容易地看出来它是处在关闭（可以录制）还是打开（不能录制）的位置。**见图12.9**

在使用盒式磁带进行录制之前，要习惯检查记录保护拨片的状态。虽然处于记录保护状态下的磁带无法录制任何内容，但不管磁带是否处于记录保护状态，你都可以播放它。

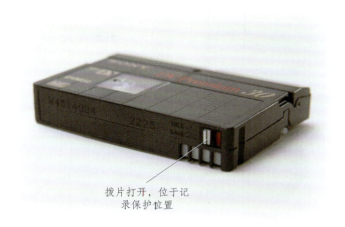

拨片打开，位于记录保护位置

**图 12.9 位于记录保护位置的数字盒式磁带**

数字盒式磁带有一块可移动的保护拨片，用于防止记录下的内容被意外抹掉。若要用磁带进行录制，保护拨片必须处在关闭位置。

### 录制阶段

如果你遵循了基本的录制准备步骤，在实际的录制活动中就不会有太多的麻烦，当然下面列出的事项仍然值得注意：一、视频片头，二、录制检查，三、时间码，四、现场记录，五、磁盘式视频录制的特殊事项。

*视频片头*　在播放正确录制的录像带时，你会在录像的开头发现一些前导内容：彩条、测试音和场记板，有时还能看见一些数字闪过，每个数字伴随着哔声。这些内容统称为视频片头（video leader），其目的是帮助把播放和录制设备调整到标准的音频和视频水平。下面，让我们逐一对它们进行讨论。**见图12.10**

彩条能帮助录像机操作员匹配播放机与录像机的色彩。因此，每次使用新的录制介质，或者开始一个新的录制环节时，一定要先录制至少30秒的彩条（由位于主控室或内置于ENG/EFP摄像机上的彩条生成器完成），这一点非常重要。有些视频操作员喜欢录一分钟或更久的彩条，以便当设备需要进一步调整时不需要重新从头播放彩条。但这种方式其实并没有必要，尤其当你必须忍受长达一分钟的测试音时。

大多数调音台，甚至一些现场混音器，都可以生成测试音。当你想以录像机的输入（录制）声音水平为标准，校准调音台或混音器输出的声音水平时，你

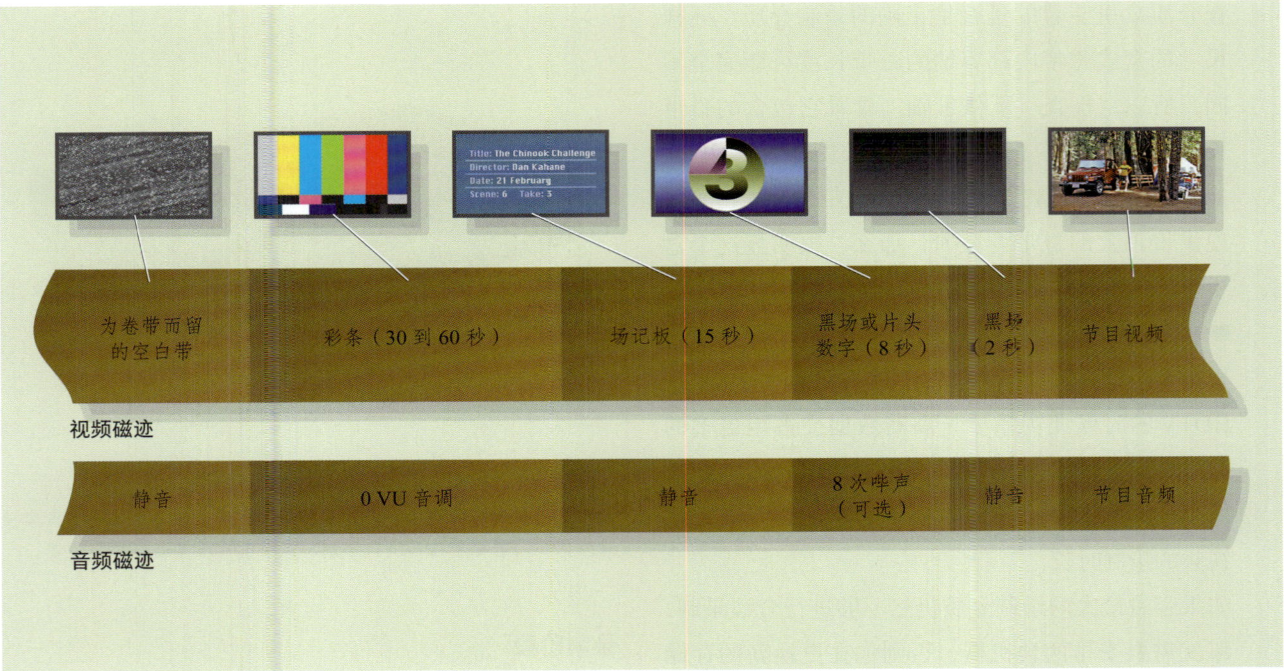
Title: The Chinook Challenge
Director: Dan Kahane
Date: 21 February
Scene: 6 Take: 3
为卷带而留的空白带
彩条（30 到 60 秒）
场记板（15 秒）
黑场或片头数字（8 秒）
黑场（2 秒）
节目视频
视频磁迹
静音
0 VU 音调
静音
8 次哔声（可选）
静音
节目音频
音频磁迹

**图 12.10 视频片头**
视频片头有助于把播放和录制设备调整到标准的音频和视频水平。

便需要这些测试音（见第 9 章）。因此，应该在录制彩条的同时录下测试音。当然，这些测试信号应该使用你随后要使用的录像设备来录制，否则，播放时参考的彩条和测试音，就跟你的录像素材没什么关系了。导演将这些测试信号称为“条和调”（bars and tone）。在制作演播室节目时，你会听见导演在录像机稳定运转之后，马上要求录制“条和调”。在 EFP 中，摄像机或录像机操作人员会负责处理这一段参考录像。

场记板和电子场记板会提供重要的摄制信息和一些技术细节。通常，场记板会标示如下内容：

- 节目标题和场景编号（和脚本相符）
- 拍摄条数（同一镜头的拍摄次数）
- 录制日期

有些电子场记板也会列出导演、地点（尤其在 EFP 中）及附加内部制作信息，比如卷号（使用的特定录制介质的编号）、剪辑指令、制作人名字等。其中最重要的是节目名称、场景编号和拍摄条数。

如果后期制作中需要进行视频和音频的同步，那么你应该使用传统场记板而非电子场记板。二者的用法非常相似，不同之处在于，在使用传统场记板时，场记板会被录制下来，直到负责打板的现场人员合板离开。这种方式在单帧画面中提供了两个记号：一、视觉记号（场记板上下两部分相合时的那一帧画面），二、音频记号（“啪”的一声）。这帧画面给剪辑师提供了一个参考点，使他可以将合板动作的视频画面对应到音频波形图像上“啪”的位置，从而实现视频和音频的准确同步。当要在后期制作中标注时间码的时候，这一帧画面也可以作为时间码的起点。**见图 12.11**

在演播室里，场记板通常由字幕机（C. G.）生成，录在彩条的后面。**见图 12.12** 在没有字幕机的情况下，你可以用一块宽高比 4×3 或 16×9 的小白板来代替。由于场记板上的信息会随着拍摄镜次的变化而更新，所以场记板的表面应该易于清洁（粉笔或干擦记号笔较为适宜）。场记板要标明场景编号和拍摄条数，因此每录制一个新镜头，不论其长短，都必然会用到它。

假设你是每周“校长谈话”节目的导演。在磁带录制大约进行了 10 秒钟的时候，大学校长在说到新任系主任的名字时结巴了一下。这时，你暂停磁带，平

**图 12.11 场记板**

场记板用于标示每个镜头的场景编号和拍摄条数，同时帮助同步声音和画面。

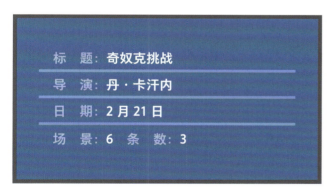

**图 12.12 电子场记板**

电子场记板列出制作内容的相关信息，这些内容被记录在每条拍摄镜头的前面。

静一下，再转动磁带，等待录像机操作员确认"正在录像"。在重新拍摄校长的介绍之前，你必须重新拍摄场记板。场记板上标注："场景 1，条数 1"。但不应该是"场景 1，条数 2"吗？是的——显然是字幕机操作员忘记更新场记板了。这时，应该继续录制呢，还是应该再次停下来纠正场记板？在这种情况下，你不妨继续拍摄。录像机操作员（同时也负责记场记）会

在场记单上注明开头 10 秒无效，并将第二次拍摄记录为第一次拍摄。然而，如果要把校长的"谈话"分成几个不同角度的短小镜头，以便到后期阶段剪辑在一起，那么场记板上的数字必须准确。

使用片头数字的目的是在播放时对录像带进行精确提示。片头数字以一秒为间隔，以 10 到 3 或 5 到 3 的顺序闪现，通常同时伴随着短促的哔声。最后两秒钟一般为黑场和静音，这样，即使录像带提前播放，这些数字也不会意外出现在节目中（有时片头数字和哔声会持续到最后一秒）。所录节目的第一帧应该在倒计时 0 之后再出现。

在为录像带标记播放提示时，你可以将磁带停在某一个片头数字处，比如"4"，或将磁带直接进到第一个视频帧。如果你在片头数字"4"处停下磁带，那磁带在播出前就必须精确预卷四秒钟。如果在片头数字"4"处开始播放磁带之后，在最后一个片头数字"3"（随后是两秒钟的黑场和静音）和第一帧视频画面之间出现较长停顿，那技术人员就不知道该在何时切换到录像带，这样肯定会错过播放第一秒画面。如果你在片头数字"4"的地方开始播放，第一帧视频画面应该出现在四秒钟之后。

如果所有播放素材都位于视频服务器上，你可以使用片头数字来标记素材直到第一帧正式画面。使用服务器而非播放录像机进行播放的一个巨大优势在于，它可以立即开始播放，而不会出现任何的音视频停顿或失真。

**录制检查** 作为录像机操作员，你有责任确保画面和声音确录在录像带上了。以下是一些检查要点，有助于你大大减少录制中出现的问题：

- 做一个简短的测试性录制，然后回放磁带，以确保整个系统能正常工作。单凭录像时在录像机监视器上能看见画面，或者看见音量表（VU）在波动，并不等于视频和音频信号确实录在录像带上了。但是，一旦测试性录制的片段回放没有问题，就说明之后的视频和音频都将被录制。
- 在开始实际录制之前，将录像机上的磁带计数

器重置归零。如果你需要在实际拍摄时录制时间码，必须确保它是与画面一起录制的。

■ 使用录像机时，等到录像机达到操作速度并已经稳定下来后再开始录制。这个上锁时间的长度在 1 到 4 秒之间。录像机上有一个控制灯，在上锁时间里会一直闪烁，一旦系统锁定，即达到了录制需要的稳定程度，它便会停止闪烁，进入稳定状态。作为录像机操作员，你应该观察控制灯的闪烁情况，当它变得稳定的时候，你需要喊一声"走带"（speed）或"开录"（in record），之后，导演就可以进入正式的录制阶段了。

■ 在录制过程中，一定要注意观察音频和视频电平。如果没有单独的音频配置，而是将话筒声音直接输进录像机，那就要特别注意音频部分。有的导演过分沉溺于漂亮的镜头而忽略了声音。例如，出镜人将一个非洲国家的名字说错了，飞机噪声干扰了现场的中世纪场景，或者无线话筒在一首歌曲特别感人的时刻出现了短暂中断，都没被注意到。

■ 如果您是在现场使用外接录像机，请始终戴上耳机监听音频。

■ 如果是为后期制作进行录制，那么每个片段都要录到足够的长度，这样动作才能与前后场景交叠。在每个镜头的结尾处，在磁带停止前录几秒钟的黑场。这个结束信号可以起到缓冲作用，给后期剪辑提供极大的便利。

■ 询问导演你是否应该录制摄像排练。有时，排练中的表现比在实际拍摄中的更好。摄像排练（当与正式彩排一样时）的内容可以和节目的其他内容剪辑在一起。

■ 再次强调，不管是否在彩排，每一次拍摄都要记得打场记板。如果时间紧迫，可以请音频操作员用调音台话筒进行声音打板。如果是出外景，可以让现场人员用领夹式话筒或吊杆枪式话筒，读出简短的场记板信息，比如："校长谈话，第 7 次。"有些导演喜欢附加口头倒计时，比如"5、4、3"，然后在提示人物开始表演前留出最后两秒钟的静场。许多现场制作通常只在录像的一开始打场记板，而在随后的拍摄中只进行口头打板。

■ 不要在两条镜头的拍摄之间浪费时间。如果做好了充分准备，就能把拍摄两条镜头的时间间隔压缩到最低限度。虽然回放每条镜头或许能偶尔改善演职人员随后的工作表现，但这未必就能弥补浪费掉的实际拍摄时间。如果你在录像过程中能保持高度专注，就不需要重放每一个镜头。长时间的停顿不仅浪费时间，还会消耗剧组工作人员和出镜人的热情。另一方面，不要因为追求速度而匆匆完成每一次录制过程。如果你感觉某个镜头还需要再拍一条，那就立即当场再拍一次。立即重拍，与仅仅因为某个镜头被发现不可用而重新布置场景相比，耗费的成本和时间要少得多。

**时间码** 如果需要在每次拍摄的同时记录时间码，请确保将时间码录在其指定的地址磁迹上，或者如果有必要，将它录在一个空闲的音频轨道上（确保该音轨还没有录制任何的音频信息）。除非摄像机或录像机有内置的时间码生成器，否则就需要一个用作地址系统的独立时间码生成器。时间码也能在后期制作时再打上去（第 19 章将做具体介绍）。

**现场记录** 在摄制过程中，精确地为录像内容做记录，正确地标示每一个录制介质，也许看起来没有多大的意义，但当你想要查找特定场景，或者特定的磁带或光盘的时候，它们就变得至关重要了。你将惊讶地发现，你居然那么快就忘了那些"难忘"的场景，尤其是忘了镜头的编号和顺序。

在视频录制过程中做精确的记录，能够帮你在后期剪辑阶段节省大量的时间。虽然你可以在拍摄之后回放录像带时再给各个场景和镜头做标记，但你仍然在很大程度会依赖在摄制过程中所做的粗糙记录，即现场场记单（field log）。作为一名录像机操作员，即使是在演播室里进行录制，你也应该填写现场场记单。现场场记单在涉及众多地点的复杂现场制作（因此而得名）中特别有用。把拍的好的镜头标记出来（通常用圆圈标出），也特别要标出那些当时看似不能用的镜头。给每个录制介质及其外包装上都贴上标签，并在

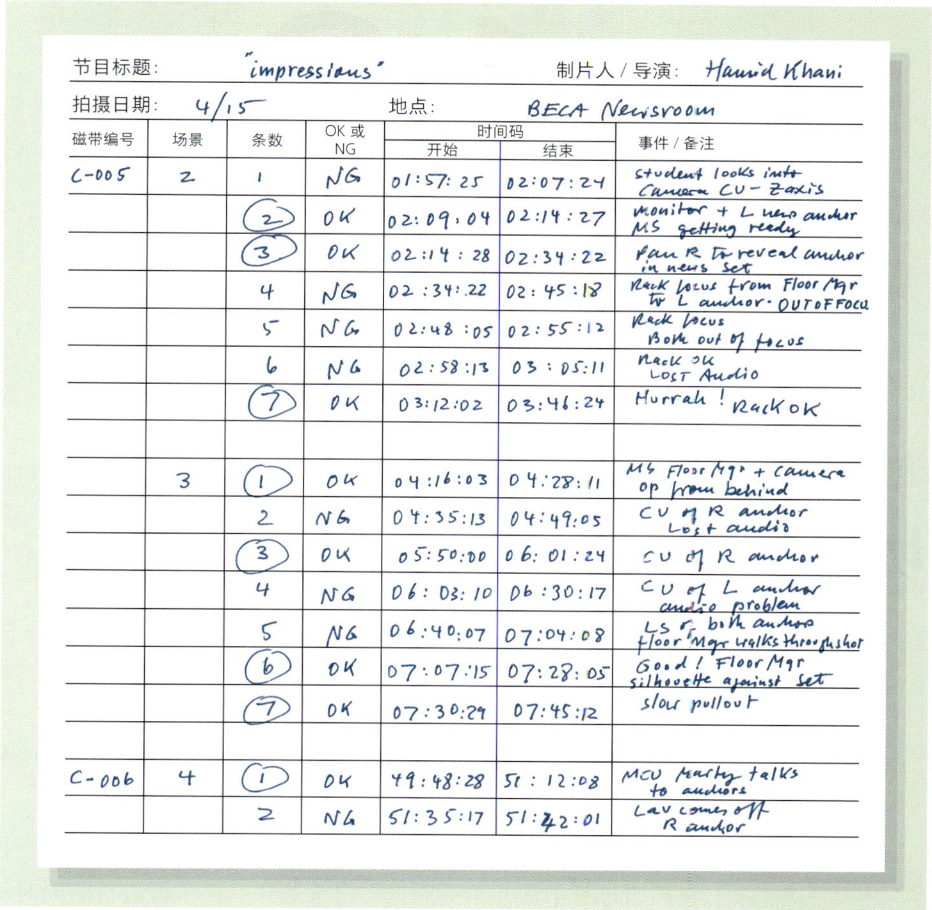

节目标题："impressions"　　制片人 / 导演：Hamid Khani

拍摄日期：4/15　　地点：BECA Newsroom

| 磁带编号 | 场景 | 条数 | OK 或 NG | 时间码 开始 | 时间码 结束 | 事件 / 备注 |
|---|---|---|---|---|---|---|
| C-005 | 2 | 1 | NG | 01:57:25 | 02:07:24 | student looks into Camera CU-Zaxis |
| | | (2) | OK | 02:09:04 | 02:14:27 | monitor + L news anchor MS getting ready |
| | | (3) | OK | 02:14:28 | 02:34:22 | Pan R to reveal anchor in news set |
| | | 4 | NG | 02:34:22 | 02:45:18 | Rack focus from Floor Mgr to L anchor · OUT OF FOCU |
| | | 5 | NG | 02:48:05 | 02:55:12 | Rack focus Both out of focus |
| | | 6 | NG | 02:58:13 | 03:05:11 | Rack OK LOST Audio |
| | | (7) | OK | 03:12:02 | 03:46:24 | Hurrah! Rack OK |
| | | | | | | |
| | 3 | (1) | OK | 04:16:03 | 04:28:11 | MS Floor Mgr + camera op from behind |
| | | 2 | NG | 04:35:13 | 04:49:05 | CU of R anchor Lost audio |
| | | (3) | OK | 05:50:00 | 06:01:24 | CU of R anchor |
| | | 4 | NG | 06:03:10 | 06:30:17 | CU of L anchor audio problem |
| | | 5 | NG | 06:40:07 | 07:04:08 | LS of both anchors Floor Mgr walks through shot |
| | | (6) | OK | 07:07:15 | 07:28:05 | Good! Floor Mgr silhouette against set |
| | | (7) | OK | 07:30:29 | 07:45:12 | slow pullout |
| | | | | | | |
| C-006 | 4 | (1) | OK | 49:48:28 | 51:12:08 | MCU Marty talks to anchors |
| | | 2 | NG | 51:35:17 | 51:42:01 | Lav comes off R anchor |

**图 12.13 现场场记单**

现场场记单由录像机操作员在录制过程中填写。它通常会标明录制介质（如磁带）编号或卷号，场景编号和拍摄条数，镜头在磁带上的大概位置，以及对后期剪辑有用的其他信息。

现场场记单上注明相应信息。见图 12.13

**磁盘式视频录制的特殊事项**　不管你采用的是模拟或数字磁带录像机还是无磁带录制设备，这里讨论的录制准备事项和录制事项都同样适用。不过，当使用基于磁盘的系统进行剪辑时，你会遇到一些不同的摄制要求，那将是第 13 章要涉及的主题。

## 要点

- 视频录制的功能主要有：将在不同时间和（或）地点录制的内容片段组合在一起，从而构建成一个完整的节目；延迟时间；复制和传送节目；复制用于保存、参考和学习的拷贝。
- 根据自己的制作目的来决定采用哪种类型的录像机。拍摄用于家庭的简单素材，不需要顶级录像机。
- 视频录制的重要准备步骤包括：制定日程表，编制设备检查清单以及其他特定的剪辑准备工作。带上足够的录制介质，确保它们与特定的摄录一体机或独立录像机相匹配。检查所有记录保护拨片是否都处于关闭（可以录像）位置。
- 视频录制中的主要制作事项包括：视频片头（彩条、测试音、场记板信息、片头数字和哔声）、录制检查、时间码、现场记录和磁盘式视频录制的特殊事项。
- 每次拍摄都应该打场记板。打板时可以采用视觉合板和（或）口头合板两种方式。
- 现场场记单在演播室或现场制作期间填写完成。现场场记单应该列出所有的录制介质编号、场景编号和拍摄条数，以及与镜头和音频相关的评论性备注。

# 13

第 13 章

# 切换或实时剪辑

观察一位在多机位现场直播节目（如新闻报道或篮球比赛）口的电视导演的工作，你可能会惊异地发现，导演的主要活动不是告诉摄像师做什么，而是从一排预览监视器上显示的各种视频源中选择最有效的镜头。事实上，导演从事的是一种剪辑性质的工作，只不过他是在拍摄过程中而非拍摄后进行镜头选择。在节目进行的同时从一个视频源切换到另一个，或启用其他过渡特效（如叠化、淡入淡出、划像）组接视频素材，称为切换（switching）或实时剪辑。

在后期制作中有时间仔细考虑使用哪个镜头和过渡特效，而切换却要求当即做出决定。切换的美学原则和后期制作中采用的原则完全一样，但涉及的技术却非常不同。切换或实时剪辑采用的主要剪辑工具不是线性或非线性剪辑系统，而是视频切换台或一台发挥切换台功能的计算机。

13.1 "切换台的工作原理"，介绍电视控制室里摄制切换台的基本功能、布局和操作；13.2 "电子特效和其他切换台功能"，考察标准和数字视频特效，以及其他切换台功能。

自动过渡器（auto transition） 能发挥叠化杆作用的一种电子装置。

总线（bus） 切换台上的一排按钮。

字幕机（Character Generator，缩写 C. G.） 以电子方式制作一系列字母、数字和简单图像，以供视频播放的一种专用计算机系统。任何台式电脑安装相关软件后都能充当字幕机。

抠像（chroma keying） 使用某种颜色（通常是蓝或绿色）充当背景，在抠像过程中，这一背景会被替换成别的图像。

指派控制键（delegation controls） 切换台上将特定功能指派给某个总线的按钮。

数字视频特效（digital video effects，缩写 DVE） 由计算机或切换台上的数字特效设备生成的一种视觉特效。

顺向位移控制键（downstream keyer，缩写 DSK） 能在画面（线路输出信号）离开切换台时让标题嵌入（切入）画面的控制装置。

特效总线（effects buses） 切换台上用于完成特效转换的节目和预览总线。

叠化杆（fader bar） 切换台上用于以不同速度启用预设转换特效（如叠化、淡入淡出和划像）的一根操纵杆。它也可以用来制作叠印效果。

同步锁相（genlock） 为避免切换过程中出现图片断裂，同步两个或两个以上视频素材（如摄影机和录像机）或视频源（如演播室和现场）。室内同步可以同步演播室中的所有视频素材。

嵌入（key） 一种电子特效。嵌入过程指利用电子信号把某图像（通常为文字）切入另一个不同的背景图像。

嵌入总线（key bus） 切换台上用于选择要插入背景图像的视频源的一排按钮。

嵌入水平控制键（key-level control） 调整嵌入信号，以使计划嵌入的标题字体清晰可见的切换台控制键。也称为剪切控制器（clip control）或剪切器（clipper）。

分层（layering） 合并两个或更多嵌入特效以达到复杂效果。

遮罩嵌入（matte key） 嵌入（电子方式切入）标题，其文字用灰色阴影或特定色彩填充。

混合/特效总线（mix/effects bus，缩写 M/E） 切换台上发挥混合或特效功能的一排按钮。

混合总线（mix bus） 切换台上混合视频源（类似叠化或叠印）的几排按钮。

预览/预设总线（preview/preset bus） 切换台上的几排按钮，用来选择即将出现的视频（预设功能），并将它输入独立于线路输出视频的预览监视器（预览功能）。也被称为预设/背景总线（preset/background bus）。

节目总线（program bus） 切换台上其输入直接切换到线路输出上的总线。也可以利用它进行仅切（cuts-only）模式切换。也被称为直接总线（direct bus）或节目/背景总线（program/background bus）。

特效生成器（special-effects generator，缩写 SEG） 内置在切换台中，能产生特效划像图案和嵌入效果的一种图像生成器。

叠印（superimposition，缩写 super） 两个影像的重叠显现，其中下面的影像透过处于上面的影像显现出来。

切换（switching） 在节目中，利用切换台从一个视频源到另一个源的转换。也称为实时剪辑（instantaneous editing）。

划像（wipe） 设计成某种几何图形的第二个影像逐渐替换全部或部分第一个影像的画面转换过程。

# 13.1

# 切换台的工作原理

看着配有各种色彩的按钮和不同操纵杆的大型摄制切换台时，你可能感觉自己在参观一架客机的驾驶舱，多少有点被唬住。且是，一旦了解了切换台的基本原理和功能，你就能比运行一个新的电脑程序更快地学会操作它。即便是最复杂的数字视频切换系统，其基本功能也和简单的制作切换台相同，不同之处在于大切换台的视频输入端口更多，并且可以执行更多的视频特效。

本节将探究摄制切换台的基本功能和工作原理。

▶ **切换台的基本功能**
监视显示器，选择视频源，在不同视频源之间执行转换，生成特效

▶ **切换台的基本布局**
节目总线、混合总线、预览总线、特效总线，多功能切换台，附加切换台控制键，以及大型制作切换台

▶ **其他切换台**
便携式切换台，切换软件，发送切换台，主控制切换台，以及同步锁相

## 13.1.1 切换台的基本功能

切换台有三个基本功能：从几个视频输入中选择一个合适的视频源，在两个视频源间执行基本转换，生成或使用特效。有些切换台可自动将节目的音频切换成视频。

切换台上的每个视频输入都有一个对应的按钮。如果你只有两台摄像机，希望从一台摄像机切到另一台摄像机，那两个按钮就已足够（其中一个按钮控制 1 号摄像机，另一个控制 2 号摄像机）。按下 1 号摄像机的按钮，即可"播放"1 号摄像机，即把它的视频传送到线路输出，再由线路输出送往录像机或发送机；按下 2 号摄像机的按钮，即可"播放"2 号摄像机。如果希望进一步扩大切换范围，使之包含一台录像机，一台字幕机（C. G.）和一个远程传输，那就需要再增加三个按钮：一个控制录像机，一个控制 C. G.，最后一个控制远程视频源。如果希望在切换到其中一个视频源之前让屏幕"变黑"，并且在视频节目结束前让屏幕再次变黑，只需再增添一个 BLK（黑）键即可。此时，这排被称为"总线"（bus）的按钮数目已增至六个。切换台不仅有更多按钮，而且有好几排总线。下面我们来看看其中的原因。

### 监视显示器

如果要在不同视频源中进行选择，是否要把所有视频都浏览一遍再做决定？答案是肯定的。正因此，通常会将切换台安装在监视器组或独立的监视器面板前方，就像笔记本电脑的键盘紧挨着它的屏幕一样。见图 13.1 如图所示，这间实况转播车的控制室配有大量监视器，覆盖了从多个摄像机到各种特效的所有视频输入源。显示器集群的中部有三个大型监视器：一个用于预设效果（如字幕和分屏）另一个用于预览即将播放的镜头，第三个称作线路或节目监视器，用于呈现正在播放和（或）正在录制的画面。

## 13.1.2 切换台的基本布局

构建一台能实现基本功能（切、叠化、叠印和淡

**图 13.1** 监视器组

监视器组位于大型远程转播车内，可以对各种视频源进行预览监控。三个较大的监视器分别是预览、预设和节目（线路）监视器。切换台位于监视器组的下方。在摄制过程中，导演和技术指导通常会并排坐在一起。

入淡出）的切换台，可能会让你更容易理解切换台的各个部分。[1] 这个简单的切换台应该能让你在播出前看到所选的视频输入或特效。在构建切换台时，你会意识到，即使是简单的切换台也会变得相当复杂，而且必须组合几个功能才能对其进行操作。

### 节目总线

　　如果希望在不需要预览的情况下从一个视频源切到（即时切换）另一个视频源，那么只需要一排按钮即可，其中每个按钮代表一个不同的视频输入。**见图 13.2** 这排将任何所选视频直接输送到线路输出（再从线路输出输送到录像机或发送机）的按钮称为节目总线（program bus），或节目 / 背景总线。实际上，节目

总线代表通向线路输出的选择开关，是直接输入 / 输出的连接，因此也称为直接总线（direct bus）。注意，在节目总线开头有一个标示为 BLK 或 BLACK 的附加按钮，其功能不是调取某个特定画面，而是让屏幕变黑。

### 混合总线

　　除了简单的切换，如果还希望切换台执行叠化（一个影像逐渐和另一个影像重叠并替换它）、叠印（两个影像互相重叠或混合，上面的影像让下面的影像显现出来）和淡入淡出（一个影像渐渐从黑色中出现或消失在黑色中），那就还需要两个混合总线（mix bus）和一个名为叠化杆（facer bar）的操纵杆，由它来控制混合（叠化和淡入淡出）的速度和叠印的性质。**见图 13.3**

　　如果将叠化杆推到极限，一条总线上的画面将淡入，另一条总线上的画面将泛出。如果两个总线的视频影像短暂重合，那就出现了叠化。如果将叠化杆停

---

[1]　见斯图尔特·海德著《电视和广播播音》（*Television and Radio Announcing*），第 4 版（波士顿：Houghton Mifflin 出版公司，1983 年），第 226—235 页。他通过构建一台调音台来解释其工作原理。在征得他的同意之后，我在此处借用了他的这种构建假设。

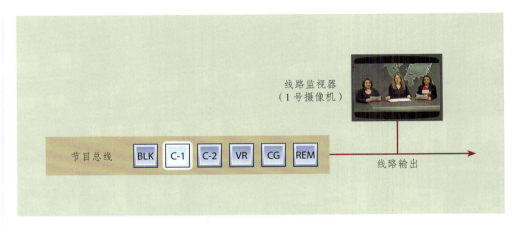

**图 13.2** 节目总线

节目总线有六个视频输入：黑键、1 号摄像机、2 号摄像机、录像机、字幕机和远程传输。在该节目总线
（1 号摄像机）中输入的任何视频都会被直接送往线路输出。

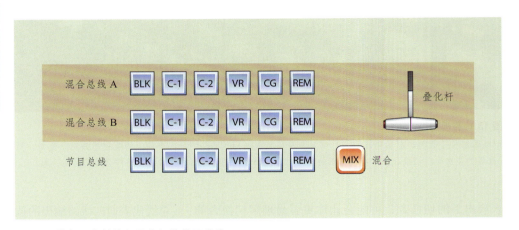

**图 13.3** 带有混合总线和叠化杆的节目总线

混合总线 A 和 B 使两个视频源得以混合。

在中间某个位置，保持影像的重合，那就形成了两个视频源的叠印。

那么，节目总线如何将这些"混合"效果送入线路输出呢？这需要为它再增加一个"混合"（MIX）按钮，利用该按钮将混合总线生成的影像传送到线路输出。这个混合键位于节目总线的最右边。

### 预览总线

预览总线（preview bus）在按钮的数量、类型和排列上与节目总线完全一样，功能也相似。不过，预览总线的"线路输出"既不通向播出，也无法到达录制装置，只能输送到预览（P/V）监视器上。例如，如果按下预览总线上 2 号摄像机（C-2）的按钮，2 号摄像机的画面就会出现在预览监视器上，而不会影响节目总线的输出（像图 13.2 中的 C-1 按钮那样）。如果不喜欢 2 号摄像机的画面，希望切换到录像机正在显示的画面，只需按下预览总线上的 VR 按钮即可。如果预览总线还用于显示各种预设效果的监视器，那它也能称为预设总线（preset bus）。

预览监视器和线路监视器通常并排放置，以便显示前后两个镜头是否能顺利切到一起，即画面是否能保持矢量的连续性和心理地图位置的一致性（见第 20 章）。

如你所见，简单切换台的按钮数目现在已增至 26 个，排成 4 行总线，此外还增加了一支叠化杆。**见图 13.4**

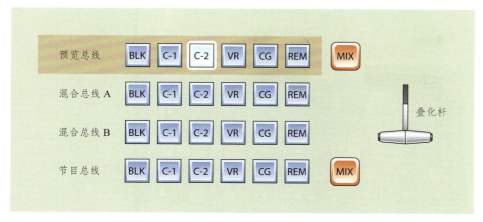

**图 13.4　基本切换台构造**

这个基本切换台有一个预览总线、两个混合总线和一个节目总线。注意，预览总线和节目总线完全一样，但其输出被送往预览监视器而不是线路输出。

## 特效总线

如果希望切换台完成一些特效，如各种划像（一个影像呈几何形状出现，逐渐取代另一个影像）、嵌入（key，插入一个不同背景画面的文字或影像）和其他影像处理（形状和色彩转换），那切换台的基本设计应包含两个或更多特效总线（effects bus）和一支附加叠化杆。之后你可能还会希望增加其他视频输入，以便容纳更多的摄像机、两三台录像机（VR）、电子静态图像存储（ESS）和剪辑存储功能，以及远程视频源。这样，切换台上很快就会安装很多按钮和操纵杆，到时恐怕得穿上轮滑鞋才能在短时间内快速对它们进行操作。

## 多功能切换台

为了让切换台更方便操作，制造商们设计了能执行多重功能的总线。这样就不需要单独的节目总线、混合总线、特效总线和预览总线，而只需给最少的总线分配各种混合／特效（M/E）功能。当你将 A 和 B 两个混合／特效总线（M/E bus）指定为混合模式，你就能利用它们从 A 叠化到 B，甚至还能完成一次叠印（通过中途停止叠化）。将这两条总线指定为特效模式，你就可以获得特效，比如从 A 到 B 的各种划像。你甚至还能给节目总线和预览总线指派各种 M/E 功能，同时仍保留它们的原始功能。用于指派某个总线完成特定功能的按钮称为指派控制键（delegation control）。下面将讨论简单多功能切换台上的各种总线以及它们如何相互作用。见图 13.5

**主要总线**　图 13.5 中的 Grass Valley 100 切换台[1]只有三个总线：预览／预设总线（下排按钮）、节目总线（中排）和嵌入总线（上排）。另外，它还有许多能完成某些特效的按钮组。

现在大致回忆一下各总线的功能。节目总线直接将输出送入线路输出。如果无须预览接下来的画面，且画面转换方式为"仅切"（cuts only），那么便可以在节目总线上完成所有这些操作。见图 13.6 但如果你给节目总线指派了混合或特效功能，那它就变成了混合总线或特效总线——在图 13.6 中，即混合／特效总线 A。

预览／预设总线（preview/preset bus，又称预设／背景总线）能让你预览将被你选为下一个镜头的视频源。每当你按下预设总线上的相应按键，所选镜头就会自动出现在预览／预设监视器上。你也可以将预览总线用作第二个混合／特效总线（在图 13.6 中，即混合／特效总线 B）。只要启动某个过渡方式（切、叠化、划像），这个预览画面就会替换正在线路监视器上显示的播出

---

[1]　Grass Valley（GV）100 切换台是经典切换台，现在仍能在很多小型专业和教育电视演播室中看到。虽然更现代的数字切换台可以实现更多特效功能（通过多种嵌入模式实现特效分层，大容量的特效记忆库，用两个或更多顺向频道提供单独的视频传输），但它们的工作原理仍然基于 GV100 的主要 M/E 构造特点。

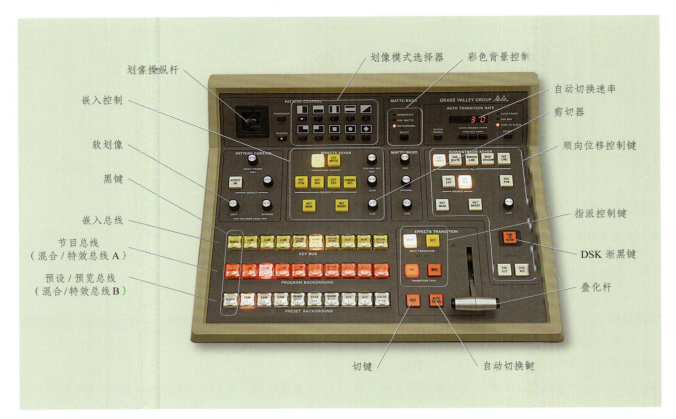

划像操纵杆　划像模式选择器　彩色背景控制
嵌入控制　　　　　　　　　　　　　自动切换速率
软划像　　　　　　　　　　　　　　剪切器
黑键　　　　　　　　　　　　　　　顺向位移控制键
嵌入总线　　　　　　　　　　　　　指派控制键
节目总线
（混合 / 特效总线 A）　　　　　　　DSK 渐黑键
预设 / 预览总线
（混合 / 特效总线 B）　　　　　　　叠化杆

切键　　　　自动切换键

**图 13.5 多功能切换台**

这个多功能切换台（Grass Valley 100）只有三个总线：一个预览 / 预设总线、一个节目总线和一个嵌入总线。可以指派节目总线和预览 / 预设总线承担 M/E 功能。

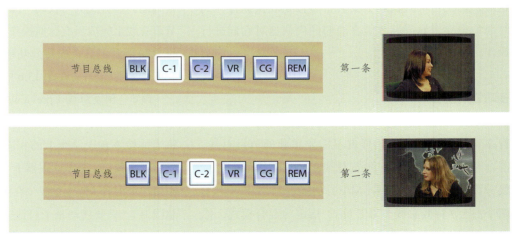

节目总线　BLK　C-1　C-2　VR　CG　REM　　第一条

节目总线　BLK　C-1　C-2　VR　CG　REM　　第二条

**图 13.6 节目总线上的切换**

在节目总线上切换画面时，只有硬切一种切换模式可供采用。如果 1 号摄像机的内容正处于播放中，可按下 C-2 键切到 2 号摄像机。

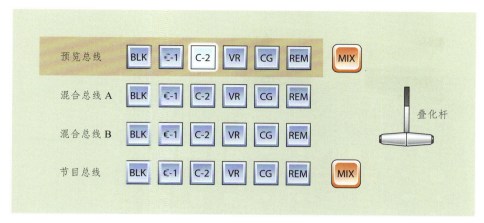

**图 13.4 基本切换台构造**

这个基本切换台有一个预览总线、两个混合总线和一个节目总线。注意，预览总线和节目总线完全
一样，但其输出被送往预览监视器而不是线路输出。

## 特效总线

如果希望切换台完成一些特效，如各种划像（一个影像呈几何形状出现，逐渐取代另一个影像）、嵌入（key，插入一个不同背景画面的文字或影像）和其他影像处理（形状和色彩转换），那切换台的基本设计应包含两个或更多特效总线（effects bus）和一支附加叠化杆。之后你可能还会希望增加其他视频输入，以便容纳更多的摄像机、两三台录像机（VR）、电子静态图像存储（ESS）和剪辑存储功能，以及远程视频源。这样，切换台上很快就会安装很多按钮和操纵杆，到时恐怕得穿上轮滑鞋才能在短时间内快速对它们进行操作。

## 多功能切换台

为了让切换台更方便操作，制造商们设计了能执行多重功能的总线。这样就不需要单独的节目总线、混合总线、特效总线和预览总线，而只需给最少的总线分配各种混合 / 特效（M/E）功能。当你将 A 和 B 两个混合 / 特效总线（M/E bus）指定为混合模式，你就能利用它们从 A 叠化到 B，甚至还能完成一次叠印（通过中途停止叠化）。将这两条总线指定为特效模式，你就可以获得特效，比如从 A 到 B 的各种划像。你甚至还能给节目总线和预览总线指派各种 M/E 功能，同时仍保留它们的原始功能。用于指派某个总线完成特定功能的按钮称为指派控制键（delegation control）。下

面将讨论简单多功能切换台上的各种总线以及它们如何相互作用。**见图 13.5**

**主要总线**　图 13.5 中的 Grass Valley 100 切换台[1] 只有三个总线：预览 / 预设总线（下排按钮）、节目总线（中排）和嵌入总线（上排）。另外，它还有许多能完成某些特效的按钮组。

现在大致回忆一下各总线的功能。节目总线直接将输出送入线路输出。如果无须预览接下来的画面，且画面转换方式为"仅切"（cuts only），那么便可以在节目总线上完成所有这些操作。**见图 13.6** 但如果你给节目总线指派了混合或特效功能，那它就变成了混合总线或特效总线——在图 13.6 中，即混合 / 特效总线 A。

预览 / 预设总线（preview/preset bus，又称预设 / 背景总线）能让你预览将被你选为下一个镜头的视频源。每当你按下预设总线上的相应按键，所选镜头就会自动出现在预览 / 预设监视器上。你也可以将预览总线用作第二个混合 / 特效总线（在图 13.6 中，即混合 / 特效总线 B）。只要启动某个过渡方式（切、叠化、划像），这个预览画面就会替换正在线路监视器上显示的播出

---

[1]　Grass Valley（GV）100 切换台是经典切换台，现在仍能在很多小型专业和教育电视演播室中看到。虽然更现代的数字切换台可以实现更多特效功能（通过多种嵌入模式实现特效分层，大容量的特效记忆库，用两个或更多顺向频道提供单独的视频传输），但它们的工作原理仍然基于 GV100 的主要 M/E 构造特点。

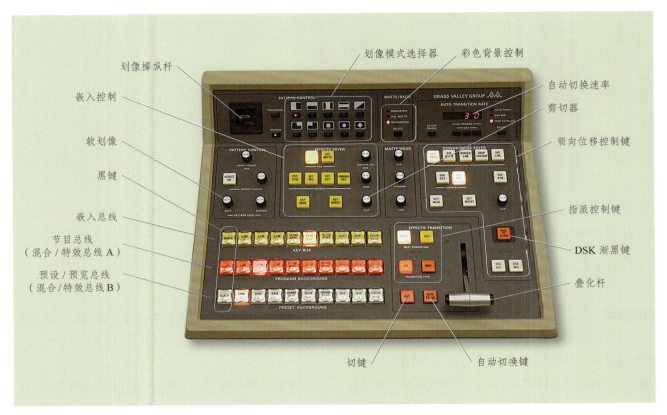

**图 13.5 多功能切换台**

这个多功能切换台（Grass Valley 100）只有三个总线：一个预览/预设总线、一个节目总线和一个嵌入总线。可以指派节目总线和预览/预设总线承担 M/E 功能。

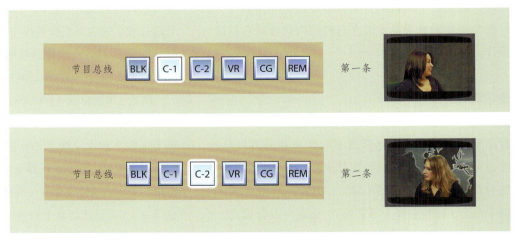

**图 13.6 节目总线上的切换**

在节目总线上切换画面时，只有硬切一种切换模式可供采用。如果 1 号摄像机的内容正处于播放中，可按下 C-2 键切到 2 号摄像机。

画面。尽管这个总线具有双重功能，但一般还是被称为预览总线。

使术语变得更为复杂的是，节目总线和预览 / 预设总线有时又都被称为"背景"总线，因为它们可以给各种特效（如字幕嵌入）充当背景。

第三排（顶排）按钮是嵌入总线（key bus）。它能让你选择某个视频源，如 C. G. 提供的文字，将其插入节目总线提供的背景影像中。

**指派控制键**　这些控制键能让你选择某种画面转换方式或特效。在本案例中的多功能切换台上，指派控制键位于叠化杆左侧。见图 13.7

按下背景键（BKGD），节目总线和预览 / 预设总线（A 和 B）便进入仅切的切换模式。无论按下节目总线（A）上的哪个按钮，相应内容都会播放出去，并显示在节目监视器上。同样，无论你在预览 / 预设总线（B）上按下哪个键，相应内容都会显示在预览监视器上，随时准备取代（通过硬切）当前总线 A 上正在播出的画面。如果要把节目画面（正在播出的）切换为预览总线上所选的新画面，按下红色切（CUT）键即可。如果重复按下切键，正在播出的画面将在预览画面和节目画面之间来回切换。在快速对话中，要在两个人物之间进行切换，这个功能尤为重要。见图 13.8 和 13.9

按下切换台指派控制区内的红色混合（MIX）键，你就将画面转换方式从单一切扩展到了叠化。现在，你既可以从一个视频源切到另一个视频源，又可以在它们之间进行叠化。见图 13.10 如果按下的是红色划像（WIPE）键而非混合键，转换就会变成划像而非叠化。

淡入淡出实际上就是从黑场叠化到一个图像或从一个图像叠化到黑场的过程。你不需要在预览总线上选择一个真实影像，而只需要按下 BLK 键。见图 13.11

按下嵌入（KEY）键就启动了顶端的（嵌入）总线。在这个总线上可以选择适当的嵌入来源如 C. G.，然后将该嵌入源插入节目总线（A）即正在播出的背景画面上。

多功能切换台的优点是，只需三个总线就能达到所有这些效果。如果不使用多功能切换台，而是依照

电子设计逻辑，继续我们之前的切换台构建工作，那至少需要五个总线，两根叠化杆和几个附加键，才能获得相同的嵌入效果。

**附加切换台控制键**

在已经熟悉切换台控制键的基础上，你还需了解更多内容：自动切换，划像控制键和划像模式，嵌入和嵌入水平控制，顺向位移控制键，以及彩色背景控制。

现在不必担心如何操作这些控制键。尽管所有专业切换台都配有这些附加控制键，但它们的操作方式通常却不太一样。要想更加有效地使用特定切换台，必须学习其操作手册，而且尤其要像学习演奏乐器那样不断练习。

同时必须认识到，这些控制键本身并不会生成特效，而是由特效生成器（SEG）来完成这个任务（我们将在 13.2 节讨论特效）。所有切换台都设有内置 SEG。事实上，你会发现，让众多数字切换台制造商引以为豪的，不是其切换台的操作便利性，而是其 SEG 能完成的诸多视觉特技。有一个行话叫分层（layering），指的是将几个嵌入特效合并为一个更加复杂的特效。

**自动切换**　自动切换（auto-transition）控制键即一根自动叠化杆。不需要推动叠化杆，按下自动切换控制键，切换台就能帮你自动完成这一操作。如果你想让每次叠化或划像的时间完全相同，这样的自动控制非常有用。画面转换速率由你设定的帧数确定。在每秒播放 30 帧画面的情况下，将转换速率设定为 60 帧，就意味着一次叠化将持续 2 秒（很慢）。在图 13.5 所示的切换台中，自动切换控制区位于右上角，转换速率设定为 30 帧，意味着一次转换持续 1 秒钟时间。如果要启动转换功能，只需按下切键旁边的自动切换按钮即可。

**划像控制键和划像模式**　按下指派控制区内背景键旁的划像键，所有转换方式将变成划像。划像（wipe）过程中，原播放画面会逐渐被以几何图形呈现的第二

**图 13.7 指派控制键**
指派控制键负责指派总线功能和特定切换模式。

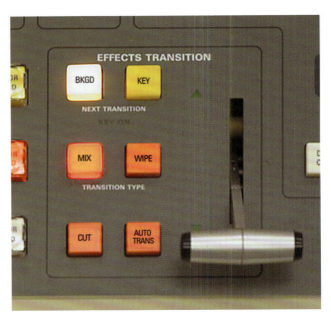

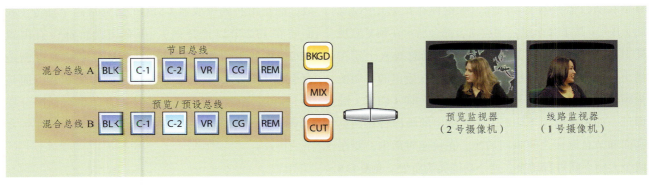

**图 13.8 节目总线和预设总线的双重功能**
在被指派了背景和混合功能之后，节目总线就变成了 M/E 总线 A，预览/预设总线则变成 M/E 总线 B。现在，1 号摄像机已接入总线 A 并处于播出状态。2 号摄像机出现在预览监视器上，只要按下切键，它就会替换 1 号摄像机。

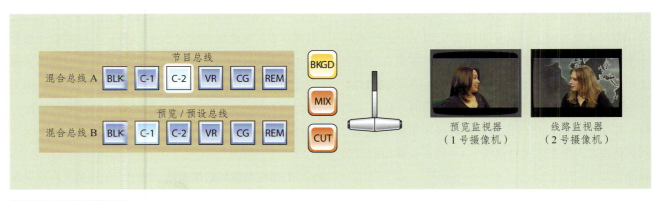

**图 13.9 切后的影像改变**
切的动作完成后，节目总线转播出 2 号摄像机内容，预览/预设总线自动切换到 1 号摄像机。

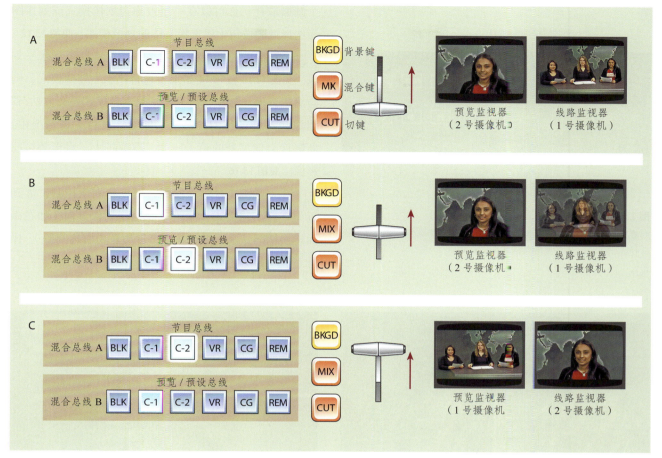

**图 13.10 叠化**

一旦通过混合指派键指派了混合功能，就可以从 1 号摄像机叠化到 2 号摄像机。假设 1 号摄像机正在总线 A 上播出，则需要在总线 B 上预设 2 号摄像机。此时将叠化杆向上推到最大程度，就可从 1 号摄像机叠化进入 2 号摄像机。一旦叠化完成，节目总线上的 2 号摄像机将替换 1 号摄像机。注意，可上下推动叠化杆来完成叠化。

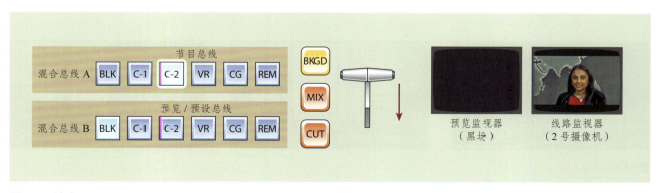

**图 13.11 淡出**

如果要从 2 号摄像机叠化到黑场，则需要按下总线 B（预览 / 预设）上的 BLK（黑）键，然后将叠化杆向下拉到尽头。

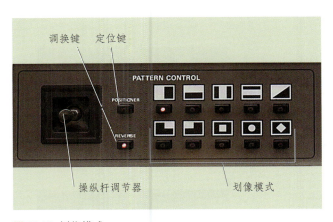

**图 13.12 划像模式**

划像模式选择键可提供多种几何图形划像模式的选择。借助方位操纵杆，划像形状可移动到具体屏幕位置上。

个画面取代。你可以在一组被称为划像模式或划像图案选择键的按钮中里选择具体的划像模式。见图 13.12

比较常见的划像模式包含扩展垂直划像和水平划像。见图 13.13 和 13.14 如果中途暂停水平划像模式，则会出现分屏。见图 13.15 其他常见划像模式还有"钻石"划像和各种各样的"箱子"划像。在后一种情况中，新影像会像展开的箱子一样，逐渐扩大，直至替换旧影像。见图 13.16

给大型切换台输入代码，可以将划像控制扩展到近 100 种不同模式。同时也能控制划像方向（如在画面转换期间，水平划像从屏幕左边还是右边开始）。操

**图 13.13 垂直划像**

在垂直划像中，一个画面从下往上或从上往下逐渐被另一个画面替代。

**图 13.14 水平划像**

在水平划像中，一个画面从侧边逐渐被另一画面替代。

**图 13.15 分屏**

A 在水平分屏特效中，1 号摄像机在取景器左侧对影像进行取景，以便使其出现于指定的分屏画面左侧。

B 2 号摄像机将其影像主体放置在取景器的右边。

C 分屏划像完成后，两个影像分别出现于画面的对应一侧。

**图 13.16** 钻石划像

钻石划像中，第二个视频源以不断扩大的菱形剪纸形状逐渐显露出来。

纵杆调节器能把划像图案移动到屏幕的任何位置，而其他控制键则可使划像图案形成软边或硬边，并为字幕提供不同的边框线和阴影。

**嵌入和嵌入水平控制键**　如前所述，嵌入功能能在现有或背景场景中插入字幕或其他画面。嵌入最常见的用途是在人物或场景上方，或新闻播报员肩膀上方的方框内插入字幕。通过嵌入总线，可以选择要插入背景影像中的视频源，如来自 C. G. 的字幕。嵌入水平控制键（key-level control）也称为剪切控制器或剪切器，用于调整嵌入信号，使字幕在嵌入过程中清晰可见。

不管切换台处于何种模式，首先需要选择背景影像（需要嵌入字幕的主要影象）和嵌入源（字幕），然后调整剪切控制键直到嵌入内容清晰可见。

**顺向位移控制键**　顺向位移控制键（Downstream Keyer，缩写 DSK）中的"顺向"指对线路输出（顺向下行）阶段的信号而非 M/E（上游逆向）阶段的信号进行操作。有了顺向位移控制键，便可以在信号离开切换台时在其上面插入（嵌入）标题或其他图形。这个最后时刻的操作完全独立于总线上的任何控制键，目的是让 M/E 总线尽量服务于其他切换和特效功能。大多数带 DSK 的切换台配有主叠化控件，由附加叠化杆或更为常见的渐黑按钮构成。利用后者，你可以在实现顺向位移嵌入特效的同时，让基本画面自动逐渐淡出（见图 13.5）。

在此你可能会产生疑问，如前文所示，只需在节目总线上叠入黑场就能达到淡出目的，为什么还需要渐黑控制键？设置附加控制键的原因就在于，DSK 生成的特效完全独立于其余切换台（上游）控制键。节目总线上的 BLK 键消除的是背景而非嵌入本身。只有顺向位移控制区（位于叠化杆右侧）内的按钮才能将整个屏幕变为黑色。

比如说，你想在最新型计算机产品演示结束时做一个简单的 DSK 特效，然后淡出。最后画面以计算机特写镜头（CU）为背景，上面有 DSK 插入的计算机名称。回忆一下，一种淡出的方法是按下预设总线上的 BLK 键，然后通过推拉叠化杆或按下自动切换键来叠入黑场。但是，当你观察线路监视器时，你会发现背景影像（计算机特写镜头）已经按照指令被黑场替代，但计算机的名称还保留在屏幕上。现在你应该明白其中的原因了。切换台上游部分的操作（如在 M/E 总线上淡出）不会对顺向嵌入键造成任何影响。由于 DSK 完全独立于切换台的其他控制键，只遵循自身范围内（顺向）控制键的指令，因此需要自身的渐黑控制键。

**彩色背景控制键**　多数切换台都配有彩色背景控制键（color background control），你可以利用它们为嵌入提供彩色背景，或者甚至为标题字幕和其他书写信息提供各种颜色或有色轮廓。切换台的内置色彩生成器由一些刻度盘组成，可以利用它们调整色调（颜色本身）、饱和度（色彩强度）及亮度（色彩的相对明暗度）（见图 13.5）。在大型制作切换台上，每个 M/E 总线上都重复设有这些色彩控制键。

## 大型制作切换台

一个大型切换台可能拥有 32 个视频输入，16 个独立输出，以及多个 M/E 总线。这些总线可以帮你实现复杂的多层次特效，例如将视频剪辑片段放到二级屏幕或其他图形画面中。如果忘记在屏幕上嵌入姓名，可以使用所有四个或其中一个顺向位移控制键。这些切换虽然复杂，但操作原理和你之前在简单多功能切换台构造中学习到的基本操作原理是一致的。

### 13.1.3 其他切换台

演播室制作切换台还可用于大型实况转播车，进行体育赛事报道。除此之外，在电视台或独立制作工作室，还能找到另外四类切换台：便携式切换台，切换软件，发送切换台和主控制切换台。

#### 便携式切换台

便携式切换台其实就是一个小型控制中心，其中包含一个制作切换台、视频源预览监视器、大型预览和线路监视器、一部调音台、一个字幕机、远程摄像控制装置，以及一个对讲系统——所有这些都装在一个不足 18 磅的小型手提箱内。事实上，一次相对复杂的电子现场制作（EFP）所需的所有关键设备，手提箱内一应俱全。便携式切换台的预览和节目总线通常按常规布局，除六个三要的视频输入端之外，还有一个用于 ESS 影像的输入端。视频输入可呈现于一排预览监视器上，预览视频源和节目视频源则通过两个较大的监视器显示。它可能有一个特效生成器、一个字幕生成器，以及一个遥控装置。后者用于对远程摄像机进行横摇、纵摇、变焦和聚焦控制。另外，便携式切换台可能还有一个六声道音频混音器，带有独立的音量控制器、主臬位器、音量表和一个连接外部录像机的 i-link（1394 FireWire）接口，以及几个附加摄制控制设备。

#### 切换软件

一些公司已开发出可以使台式电脑甚至笔记本电脑作为切换台使用的软件。计算机界面可以呈现常规的预览、节目和嵌入总线，一个叠化杆，监视器群组。在更高级的系统中，还可以看到各种音视频控制设备。

#### 发送切换台

发送切换台把视频信号发送到特定目的地。例如，你需要用发送切换台把线路输出或预览视频发送到特定监视器，然后再到卫星视频。或者你可能要把线路输出信号发送到视频服务器而不是 2 号录像机，因为 2 号录像机正在进行剪辑工作。发送切换台上的按钮成行排列，看上去很像制作切换台或部分电脑控制系统上的节目总线。

#### 主控制切换台

主控制切换台可以根据节目场记时间表检索存储在服务器中的所有节目资源；可以提示、运转和暂停录像机；可以从 ESS 系统中调取任意数量的静止镜头；可以激活一定数量的画面转换序列；还可以自动切换到远程视频源，如网络节目或直播现场。见图 13.17

#### 同步锁相

不管是切换不同的演播室视频素材，还是切换不同的远程现场素材，通常情况下，都要给所有视频源提供相同的同步信息——一种称为室内同步（house sync）的信号。该步骤可保证所有视频源都能跟随同一个鼓点（在电视系统中，即同一个扫描时钟）同步行进，同时，保证在画面转换过程中不会出现画面断裂。锁住不同来源的同步发生器的过程被称为同步锁相（genlock）。

在不使用同步锁相的情况下（即不为所有视频素材提供室内同步信号），如果仍要导入视频以进行现场切换，帧存储同步器将启动其功能，以防止在切换过程中出现画面断裂。

---

### 要点

▶ 实时剪辑指从一个视频源切换到另一个，或在节目或节目片段播出期间，将两个以上的视频源组合起来。

▶ 不管简单还是复杂，所有切换台都具备相同的基本功能：从不同输入源中选择合适的视频源，在两个视频源间进行基本切换，以及制作或调用特效。

▶ 每个视频输入在切换台上都有独立对应的按钮。每台摄像机、录像机、字幕机以及其他视频源如远程输入，都有一个对应的按钮。这些按钮成行排列，称为总线。

▶ 基本多功能切换台包括：一个用于选择和预览接下来镜头的预设总线，一个将视频输入发送到线路输出的节目总线，一个用于选择即将插入背景画面的视频的嵌入总线，一根启用混合特效的叠化杆，一个指派控制区域，以及各种特效控制键。

图 13.17 主控制切换台

计算机化的主控制切换台可自动切换具体的视频和音频源。如果需要，操作员可越过自动机制进行手动操作。

▶ 节目总线属于直接输入/输出连接，因此也称为直接总线。不管在直接总线上输入什么，它们都会将其直接输送到线路输出。节目总线还能充当混合/特效（M/E）总线。

▶ 预览/预设总线用于选择接下来的视频（预设功能），并将所选视频发送到预览监视器（预览功能）。预览/预设总线也能充当 M/E 总线。

▶ M/E 总线（混合/特效模式下的节目和预览总线）可以发挥混合功能（叠化、叠印、渐入淡出）或特效功能。

▶ 嵌入总线用于选择即将插入（嵌入）某个背景影像的视频源。

▶ 指派控制键用来给总线指派具体功能。

▶ 实际的画面切换通过推拉叠化杆来完成，也可以通过操控具有叠化杆同样功能的自动切换控制键来实现。

▶ 大多数切换台能提供附加特效，如多种划像模式、边框线、背景颜色及特效分层。

▶ 切换台的其他类型包含：便携式切换台、切换软件、发送切换台及主控制切换台。

# 13.2

# 电子特效和其他切换台功能

观看电视节目时，你常会受到各种特效的视觉冲击。甚至在观看天气预报时也是这样。气象播报员站在气象图前，上面显示你所在区域的地形。该气象图可以具体放大至你居住的那个城镇。此外，气象图上可能还会显示一个在晴朗地区移动的小太阳，或根据具体天气情况显示降雨和降雪。随着当前气温的更迭，三维地理图会发生倾斜变化。曾经作为音乐电视专属领域的特效，现在已变得司空见惯了。

就连新闻报道也充满了各种视频特效，这些特效虽然不一定能超过最新视频游戏，但至少也可以和它们相媲美。标题在屏幕上舞动、变换颜色、放大或缩小。新闻主播、现场记者和嘉宾相互对话时，可同时显示在排成一排的方框里。报道世界上最新灾情的简讯画面通常会在最后一刻定格，然后离开屏幕，消失在观众的视线之外，以便为播报下一条疾病灾情留出空间。

屏幕还可以同时呈现不同信息。主持人在评论某件交通事故时，旁边通常配有图形视频片段，同时屏幕底部有股市行情移动，侧边还显示有最新体育赛事的比分和天气情况。而在整个过程中，电视台或网站的标志一直都显示在屏幕的角落上。

这些电子特效非常容易使用，很可能会诱使你用特效替代内容。切记不要陷入陷阱：用电子特效掩饰不重要的内容、拍摄不好的镜头或剪辑不好的图片。尽管特效让人眼花缭乱，但它们仍不能替代有实质内容的信息。不过，只要合理运用，很多电子特效能显著加强制作效果，并为信息带来额外的影响。

在决定使用视觉效果之前，最好先思考以下问题：真的有必要吗？这个特效合适吗？它真的能强化信息并让信息更加清晰明了吗？如果答案都是肯定的，那么你可以通过简单的切换台来实现这些特效，或者利用特效软件来创建更多特效。

一些特效如字幕嵌入和划像可以在制作过程中实现。另外一些，需要在前期筹备阶段或后期制作阶段，利用数字设备来进行创建；创建好的特效将存储在切换台中，或在剪辑过程中被添加进节目。本节讨论视觉特效的两种主要类型——标准视频特效和电子视频特效——以及切换台的附加功能。

▶ **标准视频特效**
叠印、嵌入和抠像

▶ **数字视频特效**
影像尺寸、形状、光线和色彩的处理，动态处理，多重影像处理

▶ **附加切换台功能**
字幕机、静态图像存储和剪辑片段存储

## 13.2.1 标准视频特效

所有制作切换台中都设有特效生成器（special-effects generator，缩写 SEG），它能可靠并轻松地制作或调用一系列令人眼花缭乱的特效。电视制作中的很多电子特效已变得非常普遍，以至于已失去之前的独有地位，被简单地认为是现在的标准视觉特效中的一部分。标准视觉特效包含叠印、嵌入和抠像。所有这些特效不需要提前制作并储存在切换台中，你可以在节目播放中途对它们进行实时调用。

## 叠　印

如你所知，叠印效果，简称叠印（super），是双重曝光的一种形式。某视频源的画面以电子形式叠加在另一视频源的画面上。如 13.1 节所述，推动叠化杆，激活两个混合总线（见图 13.10B），就能轻松获得叠印效果。叠印效果最明显的特征是，你可以透过叠加的影像看见位于它下面的影像。因此，你可以通过把叠化杆从一个混合总线推向另一个混合总线，来调节任一影像（信号）的强度。

叠印常用来创造内心事件效果——想法、梦境或想象过程。关于梦境的传统叠印手法（尽管已被滥用）是，呈现一个在熟睡的人的特写，让其他影像叠加在他或她的脸上。有时叠印效果也用于让某起事件变得复杂。例如，在一位舞者的全景镜头上面叠加同一位舞者的特写镜头。如果处理得当，观众就会对舞蹈产生新的理解。那时就不仅仅是在拍摄舞蹈了——你还在参与创造舞蹈。

## 嵌　入

嵌入指利用电子信号剪切电视图像上的某个部分，再用颜色或其他影像对它们进行填充。嵌入的基本目的是为背景添加标题，或将另一影像（气象预报员）添至背景图像（卫星气象图）。（抠像的工作原理不同，我们将在本节后面部分对它进行单独讨论。）标题字幕通常由内置或独立字幕机提供。见图 13.18

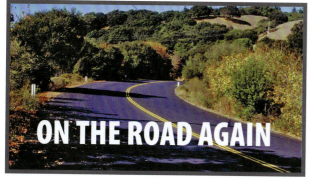

**图 13.18** 嵌入

在背景图上嵌入字幕时，嵌入信号会在背景图上剪裁出字幕机提供的字幕形状。

**遮罩嵌入**　遮罩嵌入（matte key）是最常见的一种嵌入方式。一个信号进行剪切，另一个信号用颜色填补剪切出来的空白。对一次干净的嵌入而言，当字幕出现在背景上时，不会出现任何撕裂破损的情况。要做到这一点，首先需要利用嵌入水平（或剪切）控制键，来调节前景和背景的亮度差。然后还需要用到增益控制键，以调节嵌入信号强度。多数切换台为这些嵌入控制设置了旋钮。（在 Grass Valley 100 切换台上，增益控制键设在嵌入控制区的剪切器正上方，见图 13.5。）你可以预设嵌入特效，然后观察预览监视器，检查嵌入特效的呈现情况，看字幕是否出现撕裂或模糊不清。在多数配有顺向位移控制键的切换台上，可以按下嵌入水平控制键，在预览监视器上播放所有嵌入特效。

嵌入字幕最常用的模式是边缘模式、投影模式和轮廓模式。边缘模式中，每个字母都有一条黑色的边框线。见图 13.19 投影模式中，每个字母都有黑色的阴影轮廓，看起来有一种三维立体感。见图 13.20 在轮廓模式中，字母本身以轮廓形式显示，由背景画面填充字母内部。见图 13.21 这些嵌入模式对于防止字幕在杂乱的背景中丢失非常有效。

嵌入、遮罩、遮罩嵌入等术语可能会让人感到困惑——似乎它们指的都是同一件事。其实使用哪个术语并不重要，只要使用时前后一致，且制作团队的所有成员都了解你的意思就行。

当然，只要某个物体的形状相对背景画面有足够对比度，不会出现边缘撕裂，那也能在背景图中嵌入此物体形状。新闻主播肩上的方框就是一种普遍使用的嵌入特效。

## 抠　像

抠像（chroma keying）使用某种特定色彩（色度）——通常是蓝或绿色——作为出现在背景场景前的人或物体的背景。嵌入过程中，在不影响前景物体的情况下，蓝色（或绿色）背景会被背景视频源替代。其中一个典型的例子就是天气预报。抠像过程中，计算机生成的气象图或卫星影像会替代除预报员以外的所有蓝色（或绿色）区域。嵌入特效使天气预报员看

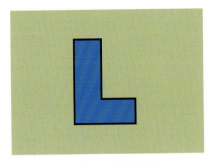

**图 13.19 边缘模式中的遮罩嵌入**

边缘模式遮罩嵌入会在文字周围圈一条黑色边缘线，从而使它们比普通嵌入更容易辨认。

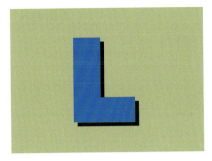

**图 13.20 投影模式中的遮罩嵌入**

投影模式遮罩嵌入在文字下方添加明显的投射阴影，使它看上去就像被聚光灯照亮一样。

**图 13.21 轮廓模式中的遮罩嵌入**

轮廓模式遮罩嵌入使文字以轮廓形式呈现出来。它只显示文字的轮廓线。

**图 13.22 抠像特效：天气预报**

A 在这个抠像特效中，天气预报员站在蓝色背景前面。

B 在嵌入过程中，蓝色背景被计算机处理过的卫星照片替代。

C 天气预报员仿佛站在卫星照片前面。

上去就像站在气象图或卫星影像前面。见图 13.22

与普通嵌入对亮度对比做出反应不同，抠像响应的是背景的色度。因此，请保证抠像背景区域着色一致（相对高饱和度的蓝色或绿色在整个区域内均匀分布），并且尤其要保证它们被均匀地照亮。如果背景亮度不一致，背景视频将无法完全取代背景，而且还会造成前景影像撕裂。

如果出镜人站在蓝色抠像区域前，碰巧穿了颜色和背景颜色相似的衣服，如一件蓝色毛衫，那在嵌入过程中毛衫的蓝色也会被背景影像替换。除非你希望用特效娱乐观众，让天气预报员的部分身体消失，不然最好不要让站在蓝色抠像区前面的他穿蓝色衣服。如果他喜欢穿蓝色，那就把背景颜色换成绿色。

如果天气预报员站在过于靠近抠像背景的地方，那蓝色背景在其衣服或头发上的反射可能会导致嵌入撕裂。如果打在预报员身上的光线减退速度非常快，也可能会出现这种问题。浓重的阴影区很容易被摄像机看成是蓝色，导致嵌入过程中的影像撕裂。

回想一下，可以通过给背光（并非背景光）添加黄色或琥珀色滤光片来解决这些烦人的问题，因为黄色或琥珀色的背光能中和蓝色阴影，从而消除影像撕裂现象。如果用绿色作为抠像背景色，则需要用浅（低饱和度的）洋红色（蓝红色）的滤光片来抵消绿色反射。

均匀的背景颜色和照明对于获得干净的抠像非常重要，因此一些替换的抠像方法已经被研发出来。其中一种是使用安装在摄像机镜头前端的小光环。小光环可发出蓝色（或绿色）光，照在嵌珠灰色背景布上时会反射回来。背景布不需要是蓝或绿色，因为上面嵌有成千上万的玻璃珠，这些玻璃珠能反射足够的蓝（或绿）光，以保证切换台完成抠像工作。

有人可能会发出疑问：为什么站在嵌珠背景布前的人看上去不是蓝色（或绿色）？这是因为，小光环发出的光线过弱，无法从皮肤或衣服上反射回来。但如果这个人站在离摄像机很近的地方，并穿了一件高度反射的衬衫，那就可能会在他或她身上看到浅蓝或浅绿色。当某个物体离摄像机太近时，也容易出现这种情况。

**演播室抠像**　虽然有尖端数字视频特效，但抠像技术仍广泛运用于演播室节目中。之前集中讨论了抠像在天气预报中的运用（最普遍的运用之一），但其实也能用它来丰富办公室布景的背景，或将人置于某特定户外背景中。见图 13.23 和 13.24 两种情况下的嵌入源（人际线或博物馆圆柱）都是由切换台的电子静态图像存储（ESS）系统提供的。

**EFP 抠像**　抠像在电子现场制作和大型实况转播现场制作中也非常有用，特别是当出镜人无法直接站在理想背景场景（如运动场或政府大楼）前的情况下。例如，在报道实况体育比赛的时候使用抠像特效，主播甚至可以待在演播室内，把远距离传输（足球场远景）作为抠像背景即可。

当出镜人站在户外，这时如果需要在现场进行抠像，则要注意天空的反射蓝光。为避免此类问题，可把抠像颜色换成绿色，然后让主播站在绿色背景前。因为绿色在皮肤色调中不像蓝色那么常见，所以它正在渐渐替代蓝色成为主导抠像色。

## 13.2.2　数字视频特效

为了解数字视频特效（digital video effects，缩写 DVE）的功能特征，我们把它分为三个领域：影像尺寸、形状、光线和色彩的处理，动态处理，多重影像的制作和处理。

### 影像尺寸、形状、光线和色彩

用于处理影像尺寸、形状、光线和色彩的特效有很多种。其中普遍使用的有：缩小放大、透视、马赛克、海报效果和负片效果。在这些数字视频效果中，有许多是把写实的画面改变成基本的图形化影像。

**缩小放大**　缩小特效是指，在保持整个画面完整及其宽高比不变的情况下，缩小图像尺寸。裁剪实际

**图 13.23 抠像特效：窗门**

A 在抠像特效中，可以从 ESS 系统中选择适合的背景风景。

B 演播室摄像机聚焦于绿色抠像背景前的办公环境。

C 抠像完成后，坐在办公桌前的 CEO 身后似乎出现了一面观景窗。

**图 13.24 抠像特效：模拟环境**

A 背景影像素材来源于 ESS 系统中博物馆外部的一帧视频画面。

B 演播室摄像机聚焦于蓝色抠像背景前扮演游客的演员。

C 所有蓝色区域被背景影像取代，演员看起来像是博物馆前面的一位游客。

上删除了部分图像信息，与裁剪不一样，缩小只是把图像更小地呈现出来。因为在视觉效果上和镜头拉远（缩小）或镜头推近（放大）相似，因此这种特效也称为变焦缩放（squeeze-zoom）。

**透视** 使用透视特效，你可以让影像变形，使其看上去就像飘浮在三维视频空间中一样。当变形后的影像运动起来，这种视频空间的三维空间感会大大增强。见图 13.25

**马赛克** 在马赛克特效中，视频影像（静态或动态）被切分为多个独立的、亮度和色彩有限且大小一致的正方形，所形成的屏幕影像看上去像方块马赛克一样。这种影像看起来似乎是由放大多倍的像素组成的。见图 13.26 马赛克特效有时用于遮盖身体的某些部位或嘉宾的身份。这种特效虽然也显示人脸，但却让你无法辨识人脸的特征。

**海报效果和负片效果** 海报效果中，各个颜色的亮度值和阴影"折叠"了，影像简化成有限的几个单色和亮度阶。例如，脸上的色彩看上去就像是用少数几种颜料涂出来的。整个影像看起来像一幅海报，这正是这一特效叫"海报效果"的原因。见图 13.27

负片效果综合了物体的正像和负像。一些负片特效显示了颜色的完全反转，白色区域变黑，色彩呈现为其互补色的颜色（黄色变成蓝色，红色变成绿色）。经这种特效处理后，影像通常看起来像是经过了高度曝光一样。见图 13.28

## 动 态

让特效动起来的方法太多了，导致至今还没有一套合理且通用的术语来描述它们。如果听到控制室里的导演或剪辑室里的剪辑在要求动态特效时使用卡通语言（如"压""弹""飞"），不要觉得惊讶。一些术语是 DVE 制造商创造的，另一些则来自想象丰富的摄制人员。下面我们来看几个比较常用的动态特效：剥离特效，旋转和弹跳特效，以及立方体旋转。

**图 13.25 透视**

数字视频特效能让影像变形，使之看上去就像飘浮在三维视频空间中一样。

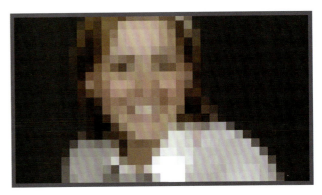

**图 13.26 马赛克特效**

这里的影像被切分为大小一致的方块，看上去像马赛克方块一样。电子马赛克和传统拼贴马赛克相似，你可以改变方块的大小尺寸。

**图 13.27 海报效果**

运用海报效果之后，图像的亮度值大大减小，对比度增高。

**剥离特效** 在剥离特效或翻页特效中，顶部（当前）影像卷起来，就像从一叠纸质画面中剥离开来一样，露出下一个"页面"——个似乎躲在下面的新影像。

**图 13.28 负片效果**

负片效果是影像部分特性反转形成的一种特效。在彩色图像中，这种颜色反转形成它们的互补色组合。

**旋转和弹跳特效** 旋转特效可分别或同时在所有三个轴线上旋转影像：X 轴（代表宽）、Y 轴（代表高）、Z 轴（代表深度）。尽管代表旋转特效的术语各有不同，但通常"纵翻（tumble）"指绕 X 轴旋转，"横翻（flip）"指绕 Y 轴旋转，"螺旋（spin）"指绕 Z 轴旋转。**见图 13.29**

**立方体旋转** 旋转也可应用于三维立体效果。众所周知的立方体旋转展示的就是一个旋转立方体，三个可视面分别显示不同的静态或动态影像。

**多重影像**

多重影像效果包括分屏和特定影像的自身渐变，前者称为二级画面效果，后者称为重影效果。

**二级画面** 二级画面特效显示多个影像，每个影像都清晰呈现在自身特定画面框架内。这种特效的一个常见用法是在单独的画面框架内同时显示主持人和嘉宾，呈现身处异地的两个人的交谈。尽管他们实际上是看着摄像机（看着观众），但为了向观众强调他们是在互相交流，有时会通过数字透视将画框稍加倾斜，以使他们互相面向对方。**见图 13.30**

在很多节目形式（甚至是戏剧节目）中，屏幕有时会被分为多个画面，每个画面显示发生在同一时间里的不同事件。

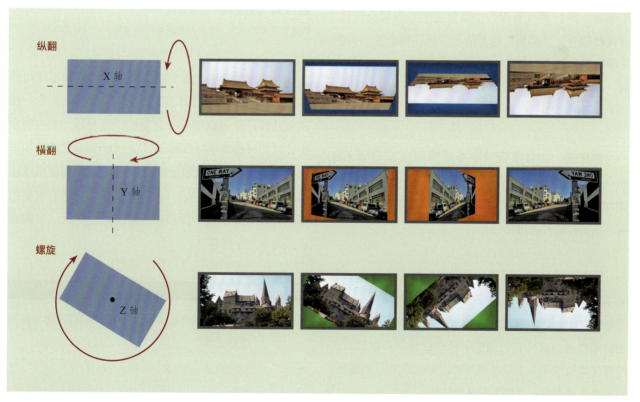

**图 13.29 旋转特效**

在旋转特效中，影像可围绕 X 轴（纵翻）、Y 轴（横翻）和 Z 轴（螺旋）旋转。

**图 13.30 二级画面特效**

这两个不规则四边形画面中的两个人像在互相谈话，而不是与观众交谈。

**图 13.31 重影特效：静态标题**

在这个重影特效中，一个静态影像被重复多次，而且每个副本间隔得很近。

重影　当静物产生多重镜像（类似我们在理发店对面镜子中看到很多个自己），或者当移动物体留下之前动作的连续痕迹时，就形成了重影特效。见图 13.31 和 13.32

### 13.2.3　附加切换台功能

除了标准的选择、混合和特效功能，很多切换台还融合了能使其有效成为小型制作中心的功能特征。最普遍的有：字幕机、电子静态图像存储系统和剪辑片段存储。这些功能特征主要是为了协助技术指导完成一些原本需要额外人力才能完成的任务。如你所见，技术指导的工作正在变得越来越复杂。

字幕机　要制作标准字幕或移动演职员表（名单在屏幕上移动），可插入键盘启动内置字幕机（character generator，缩写 C. G.）。你可以储存这些字幕，并在需要时调用它们。

静态图像存储　回忆一下，电子静态图像存储系统（ESS）能截取任意一帧视频画面，将其储存在一个ESS 文件中。你可以检索并调取这些文件，用它们构建新闻故事，或将它们用作影像背景或嵌入素材。这种情况类似于从一个运动视频片段中截取某一帧画面，然后将其储存在一个静态图像文件中。

**图 13.32 重影特效：动态舞者**

在这个重影特效中，移动中的舞者不断追随自己之前的动作。

剪辑片段存储　这个功能特征能让你在不使用外部服务器或录像机的情况下，输入、储存并调取一些视频片段。你可以储存一定量的视频片段（某些型号中，时长可达两小时或两小时以上），然后在需要预告视频（预告接下来新闻故事的短视频）、新闻简讯或动画标题的时候调取它们。你也可以在二级屏幕中使用视频片段报道事件，类似用多屏幕展示于同一时间在不同地方发生的事件。

---

**要点**

▶ 所有切换台都设有特效生成器（SEG）。SEG 能可靠并轻松地制作或启用各种各样的特技。

▶ 三个标准视频特效包括：叠印、嵌入和抠像。

▶ 嵌入的主要目的是为基本（背景）影像添加标题或对象。

▶ 遮罩嵌入过程中，一个视频信号在背景影像中裁剪出一个洞，另一个信号则用切换台生成的颜色来填补这个洞。标准遮罩嵌入模式包括：边缘模式、投影模式和轮廓模式。

▶ 抠像使用蓝色或绿色背景，这些颜色会在嵌入过程中被背景影像替代。

▶ 要进行一次标准抠像，蓝色或绿色背景必须被均匀照亮。

▶ 为了中和站在抠像背景前面的出镜人身上的蓝色（或绿色）反射光，可使用添加了补色滤光片的背光：浅黄色或琥珀色用于处理蓝色背景，浅洋红色用于处理绿色背景。

▶ 数字视频特技（DVE）以预定方式处理影像的大小、形状、光线和动作。

▶ 比较常用的DVE包含缩小放大、透视变化、马赛克、海报效果和负片效果、剥离（翻页）特效、旋转和弹跳特效，以及立方体旋转特效。

▶ 多重影像可以用二级画面显示同一时间在不同地点发生的事件。

▶ 附加切换台功能包含一个内置字幕机（C. G.），一个电子静态图像存储（ESS）系统，以及一个能储存并播放两小时以上时长视频片段的剪辑片段存储器。

# 14

第 14 章

# 设 计

　　尽管在买衣服或汽车的时候，你可能很留意它们的设计风格，但在观看开场节目标题、新闻布景或情景剧中的起居室时，你却可能注意不到它们特殊的设计要素。你可能会被屏幕上那些变化多端的动画标题搞得眼花缭乱，但却不会想去分析它的美学特征。你可能还会认为情景剧中的起居室原本就是起居室，而没有想到它其实是精心设置的布景和道具。然而，我们都知道，所有这些设计要素都是经过精心策划的。

　　实际上，设计或对设计的需求，已渗入电视制作公司在屏幕内外的每一件事物中。即便它没有定义制作公司的总体风格，至少也决定了视频影像的呈现风格。设计不仅涉及节目字幕的色彩和文字、演播室的布景外观，还涉及制作公司的文具、办公室家具、走廊里的艺术品，以及台标。例如，CNN 台标就意味着最新且最有价值的新闻。

　　但是，一个漂亮的台标并不能将其设计品质自动传递给节目制作、播出的图形或场景中。重要的是为你要做的每件事培养一种设计意识；设计精美的台标仅仅只是这种意识的体现，并非其根本。

　　14.1 "电视图形的设计和运用"，将重点讲解电视图形的设计要点；14.2 "布景和道具"，将着眼于电视布景和道具的主要方面，并讨论场景设计的一些要素。

字幕机（character generator，缩写 C. G.） 以电子化方式制作一系列文字、数字和简单图形，以供视频播放的专用计算机系统。只要有适当的软件，任何一台计算机都可以成为字幕机。

色彩兼容性（color compatibility） 可以被黑白电视机接收为黑白画面的彩色信号。通常用来表明，配色方案拥有足够的亮度对比，因而可以获得具有良好灰度对比的单色再现。

基本区域（essential area） 居于扫描区域中心的电视画面部分。无论电视接收器有没有遮盖视频或出现轻微错位，这个区域都能被家庭观众观看到。基本区域也叫安全字幕区域（safe title area）或安全区域（safe area）。

布景墙（flat） 一块用作背景或用来模拟室内墙壁的直立布景。

演播室平面图（floor plan） 画在方格图形上有关布景和道具位置的图示。也称为演播室平面图案（floor plan pattern）。

演播室平面图案（floor plan pattern） 演播室平面布置图，用于显示墙壁、主要的门、控制室、灯光吊杆和网格架的位置。

图形生成器（graphics generator） 一种专用计算机或软件，设计师可以用来电子化地绘制图像，为图像着色，将图像制作成动画，以及存储和读取图像。借助 2D 和 3D 软件，任何拥有大容量内存和硬盘的台式电脑都能成为图形生成器。

灰度等级（grayscale） 电视从白到黑的过渡等级。对于标准电视而言，通常使用 9 个等级。

信箱模式（letterbox） 把全画幅 16×9 的影像放到 4×3 的屏幕中，并用横条遮挡上下视频边缘时出现的宽高比。

邮筒模式（pillarbox） 把 4×3 的影像放到 16×9 的屏幕中，并用竖条遮挡左右两边时出现的宽高比。

道具（properties，缩写 props） 用作布景装饰和被演员或表演者使用的家具和其他物品。

扫描区域（scanning area） 摄像机成像装置扫描的画面区域，通常是指在摄像机取景器和预览监视器中看到的画面区域。

# 14.1

# 电视图形的设计和运用

看电视的时候，你可能觉得片头的标题比接下来的节目内容更具吸引力。即便节目只是沉闷的访谈或简单的产品推销，似乎也需要让标题突然跳入屏幕，让它的文字舞动起来，不断改变字形和色彩，同时，在文字下面，至少有三种不同背景在缓慢移动。通常，这种字幕效果还会有高能音效的配合。

也许有人会问，相比节目本身，我们在图形上是否花费了过量的时间和精力。即使情况并非如此，视频图形也已成为电视制作的一个重要方面。因为创作这种标题效果需要的是非常专业的计算机技能，而不是电视制作方面的能力，所以我们的讨论仅限于电视图形的以下方面：

▶ **电视图形的规格**

　　扫描区域和基本区域、超出宽高比的图形，以及匹配STV和HDTV宽高比

▶ **信息密度和可读性**

　　让屏幕文字可读

▶ **色彩**

　　色彩美学和灰度等级

▶ **风格**

　　现代外观、个人风格和统一性

▶ **合成影像**

　　计算机生成图像

## 14.1.1 电视图形的规格

对比电视屏幕和电影屏幕会发现两个明显的区别：标准电视（STV）屏幕比电影屏幕更小，也更窄。即便是又大又宽的平板电视显示器，也比最小的电影屏幕小得多。这两个因素对电视图形的设计规格产生了深远的影响。

相对较小的STV屏幕限制了能够显示的文字数量，并且要求字体（文字）清晰可见。有限的屏幕宽高比意味着电视中的字幕没有太多的展示空间，因此，字幕必须保持在靠近屏幕中央的位置。除此之外，电视图形的设计要求和所有其他图形设计类似，更多关系到可读性、色彩和风格问题。

该部分将详细讨论以下设计要求和规格：扫描区域和基本区域，超出宽高比的图形，以及匹配STV和高清电视（HDTV）宽高比。

### 扫描区域和基本区域

画家或照片摄影师可以完全控制画框内将出现的画面，我们却无法确定观众在家庭电视屏幕上实际能看到多少录制或播放的画面。在传输过程，有时甚至在翻录过程中，都会不可避免地出现画面缺失的情况。另外，不是所有电视接收器都像控制室或剪辑室里的监视器那样经过了仔细调试。即便在演播室访谈节目中拍摄与镜头时留出了适当的头顶空间，当这些镜头出现在家庭电视机屏幕上时，却有可能已缺失了大部分或所有的头顶空间。离屏幕边缘太近的标题也会出现同样的情况。因为边缘信息经常丢失，最终的节目可能会出现标题不完整或电话号码首末位数字丢失的现象。

那如何才能确保发送的信息完整地传送到家庭屏幕上？是否存在一个标准能保证所有基本画面信息，如标题和电话号码，会获得完整显示？答案是肯定的。虽然不能达到数学上的精确，但的确有一些指导准则可以帮助你避免图像信息在配音和传输中的丢失。基

本上，这些准则都会让你把重要信息放在远离屏幕边框的位置。当你使用 16×9 的宽高比进行拍摄构图，然后却要在 STV（标准 4×3）接收器上进行播放时，这一点尤为重要。构图时信息离边框多远由扫描区域和基本区域决定。

扫描区域（scanning area）指的是你在摄像机取景器和控制室的预览监视器上所看到的画面范围。这一区域是摄像机成像装置（CCD）实际扫描的区域。基本区域（essential area）也称为安全字幕区域，或简称为安全区域，居于扫描区域中央。不管电视机有没有遮盖视频，也不管是否出现传输丢失或接收器轻微错位，家庭观众都能收看到这部分画面区域。见图 14.1

显然，像字幕和电话号码这样的信息都应显示在基本区域内。同样，如果两个人面向对方，从一个屏幕边缘到另一个屏幕边缘（沿 X 轴站位），请确保把他们放在基本区域的左侧和右侧边界内。但是基本区域到

底有多大呢？它通常比你想象的要小——大约是整个扫描区域的 70%。很多字幕机（character generator，缩写 C. G.）能自动将字幕放置在基本区域内。高级些的演播室摄像机和便携式摄像机配有专门的装置，能在取景器中电子生成一个边框轮廓，标出安全区域的范围。

如果字幕机或摄像机没有配备这样的内置安全框，则需要你自己创建一个。你可以用文字处理或绘图程序先绘制一个长方形，然后把它缩小到特定的百分比。例如，可以绘制一个模拟 100% 电视屏幕区域，宽高比为 4×3 或 16×9 的长方形，然后将其缩小到 70%（当然，不包括文字）。如此形成的边框就是基本区域的轮廓。可采用同样的方法为 4×3 或 16×9 格式创建基本区域。①

经过一些练习之后，你将学会在不计算百分比的情况下，通过摄像构图来避免画面损失，以及在基本区域内放置字幕。测试字幕最保险的方法是将字幕投射到预览监视器上。如果文字离预览监视器的边缘太近，那标题就会超出基本区域，观众在家收看到的标题一定会被截掉。见图 14.2

## 超出宽高比的图形

尽管可以通过数字视频特技（DVE）修改电视屏幕中图像的宽高比，但却无法改变屏幕本身的尺寸。这时可将屏幕分为具有不同宽高比的二级画面，也可通过遮挡屏幕的某些区域来模拟不同的宽高比，不过，

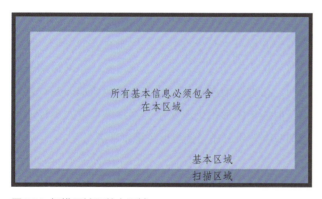

**图 14.1　扫描区域和基本区域**
扫描区域是摄像机取景器和预览监视器中显示的区域。基本区域或称安全字幕区域，是家庭电视屏幕上显示的区域。

---

① 例如，Adobe Photoshop 图像处理软件便能实现对宽高比和理想百分比的绘制。

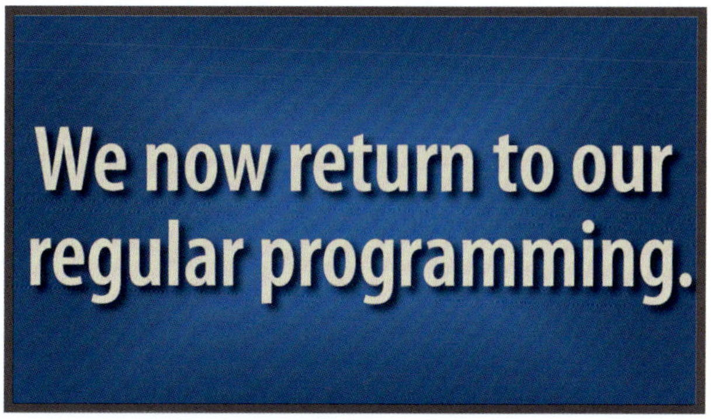

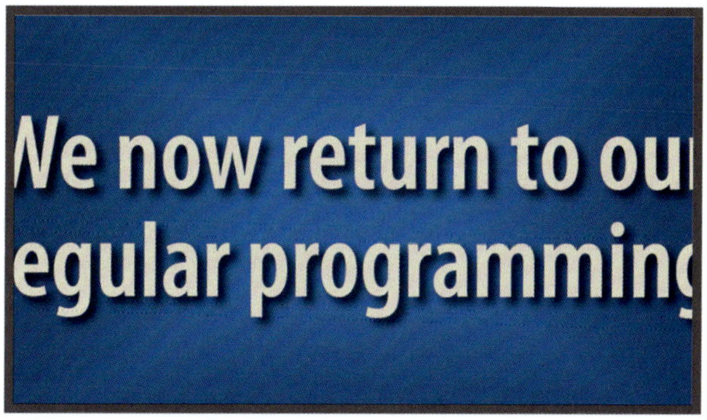

**图 14.2　超出基本区域的字幕**

A 在预览监视器上仍能看到完整字幕，尽管字幕已很接近边缘。

B 在家庭接收机上，超出基本区域的文字信息丢失了。

**图 14.3　超出宽高比的图形**
试图将超出宽高比的图形完全显示出来时，大部分信息会很难辨认或阅读。

**图 14.4　特写镜头中的信息丢失**
如果尝试得到一个特写镜头，所有超出宽高比的信息都会丢失。

你仍然会受限于电视播放屏幕设置好的宽高比。[①]

你难免会遇到要显示的图像不符合电视屏幕宽高比和基本区域要求的情况。当有人在促销访谈中拿出一个超出宽高比的图表或海报，来宣传接下来的活动时，或者当有人在销售会议中用图表来描述某个观点时，常常会遇到这种问题。通常，你必须对这种会议进行现场直播或者录像，没有时间进行后期制作。很多超大图形是垂直方向的，不符合 4×3 的宽高比，更不用说 16×9 的宽高比了。超出宽高比的图形的问题在于，如果将图形完整显示出来，那图形上的信息就会变得很小且难以辨认。**见图 14.3** 而如果把摄像机镜头推到足够近的位置，让图形适合电视屏幕的宽高比，你又不可避免地会切掉一些重要信息。**见图 14.4**

如果文字和其他视觉信息都十分简单醒目，可将超出宽高比的图表完整地贴在符合宽高比的更大的一张卡片上。之后只需把摄像机向后移动，然后在大卡片上重新构图，尽可能将超出宽高比的信息也放置在屏幕中心即可。对于没有文字的垂直方向图形，你可以通过镜头纵摇运动，逐步呈现信息。如果运动平稳顺畅，这种逐渐展现信息的方式还能增加一些戏剧效果。但如果图形中带有文字，这种纵摇方式不仅不会增加戏剧效果，还会使图形更难以看清。

在尝试显示一行乐谱、一长串数学公式、流程图，或者黑板或白板上的文字时，也会遇到同样的构图难题。如果通过缩小来显示整个白板上的内容，那文本会不易看清。而如果放大到特写镜头，那只能看到文本的一部分。**见图 14.5** 显示白板信息的正确方式是将白板相应分为几个宽高比为 4×3 或 16×9 的区域，并且让每个区域都包含独立的书写内容。如此一来，摄像机在进行特写拍摄时就可以获得完整的句子。在 HDTV 宽高比中放置文字信息，也需要把信息放在各个方块区域内，而不是沿白板宽度放置。这在使用远程控制摄像机工作时尤为重要。放大文字方块区比纵摇摄像机要容易得多。**见图 14.6**

### 匹配 STV 和 HDTV 宽高比

你可能会问，为什么数字电视没有沿用传统 4×3

---

[①]　见赫伯特·策特尔《图像·声音·运动：媒介应用美学》，第 186—193 页。

**图 14.5**　长句子的宽高比问题

在白板上使用平常的书写方法会产生典型的宽高比问题。摄像机无法对占据整个白板宽度的信息拍摄特写。

**图 14.6**　合理利用宽高比方块区

如果白板被分为几个宽高比合适的区域，那摄像机就算在特写镜头中也能拍到完整信息。

的宽高比，却发展成了水平延伸的 16×9 宽高比。这主要是因为，16×9 宽高比更容易匹配宽银幕电影格式。在传统电视屏幕上放电影的时候，要么是画面两边被无情地切掉，要么便是以信箱模式（letterbox）来显示影像。信箱模式不会裁剪电影画幅，但是会在屏幕上下遮上两个黑条。见图 14.7

　　有时，16×9 画面会被以数字方式"挤压"为 4×3 画面，这时，画面内容看上去就会比原始镜头上的更高、更瘦。为了避免类似图像变形，一些电影会受到裁剪（pan-and-scan）处理。这个处理过程会选取宽银幕画面中更重要的部分来适应 4×3 画面。但这个过程非常耗时且费用高昂，而且还经常会破坏初始构图的完整性。

　　如果在 16×9 的 HDTV 屏幕中播放宽银幕电影，那就只会出现很轻微的图像损失。但如果在此宽高比上播放标准 4×3 电视节目，又会出现什么情况呢？

**图 14.7**　信箱模式

把宽银幕电影的整个画面放入宽高比 4×3 的 STV 中，会在屏幕顶端和底部留下空白（黑色）空间。这样生成的水平宽高比称为信箱模式。

我们可以拉伸或放大 STV 影像，让其足以填充整个 HDTV 屏幕。当我们把 STV 影像拉伸到宽屏幕的宽度时，所有画面内容（包括人）看上去都变胖了。而放大 STV 影像以填充 16×9 屏幕时，物体和人会失去部分头顶空间——有时甚至会被裁去头和脚！也可以把 4×3 完整画面放到 16×9 屏幕中部，在屏幕两边留下两个黑条。该黑条区域称为盲区或边栏，由此形成的宽高比称为邮筒模式（pillarbox）。**见图 14.8**

有趣的是，一些节目有效利用了这种难以避免的缺陷。例如那些经过信箱模式处理的 MTV 或广告，屏幕上下两端都留有黑色边缘。它们仿佛是在暗示，这些节目原本是为电影宽银幕而非电视发行拍摄的。这样的暗示，大概会为节目增添不少人气。另外，一些制作人也很乐意拥有这块多余的屏幕空间。他们绝不认为这块空间是"盲"区，并会在这块区域填充一些附加节目信息和广告。边栏也能起到为节目节约时间的功能。我们经常会看到，新节目片段已经开始播出，而前一个节目的制作组人员名单还显示在边栏上。观众似乎也不是特别在意经数字拉伸或挤压后的物体或人物变形。

## 14.1.2 信息密度和可读性

看一下过度拥挤的网页就知道，在屏幕上放置大量信息已经成了当下的一种趋势。人们不断追求在相对较小的电视屏幕上放置尽可能多的信息，与此同时，用于电视播出的文字却变得越来越小。除非你有一个大型高分辨率监视器，否则这样的信息实际上是不可读的。

### 信息密度

如果同时显示的数据相互关联并增加了相关信息，那屏幕拥挤也算有理可循。例如，在家庭购物节目中展示某特定产品的特写镜头，同时显示零售价、特价和订购电话，那就为观众提供了有价值的服务。然而，如果在屏幕一角显示正在播报新闻的主播，另一角显示天气预报，同时以移动形式在屏幕顶端和底部播放股市数据和体育赛事比分，之外还要显示台标和广告，那除了会让屏幕过度杂乱以外，还可能造成信息超载。**见图 14.9**

如果根据构图原则合理安排各元素，这样的附加信息能显著地增进与观众的基本交流。借助于仔细安排的二级画面，观众便不太容易被信息淹没，而且还能从显示的信息中从容挑选。**见图 14.10**

### 可读性

对电视图形而言，可读性指观众在毫不费力的情况下就能看清屏幕上显示的文字。尽管这句话的道理是如此明显，但许多平面设计师好像都没有意识到这一点。有时标题会在屏幕上快速出现又快速消失，恐怕只有视频游戏冠军和那些具有超强观察力的人才能真正看清并理解它们的含义。有时屏幕上的文字又太

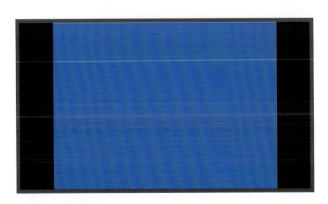

**图 14.8 邮筒模式**
在 16×9 的屏幕上播放 4×3 的标准电视画面，画面两侧会出现空的盲区（或边栏）。这样生成的垂直宽高比称为邮筒模式。

**图 14.9 屏幕杂乱**
这个屏幕有太多不相关信息，在这样的视觉混乱中很难理解它们是什么意思。

**图 14.10 多屏幕要素的合理结构**
这些二级画面和信息区域的安排使观众能较容易找到所需信息。

过于细小详尽，以至于没有放大镜你根本就看不清楚。

在标准的 4×3 电视屏幕上播放电影演职人员名单时，就常常会发生这种可读性问题：第一，正如已指出的那样，字幕一般会超出基本区域，所以你只能看到其中一部分；第二，制作人员名单的字体很小，通常无法在低分辨率的电视屏幕上看清；第三，文字本身不够醒目，在电视屏幕上难以清晰显示，特别是在背景杂乱的情况下。这些问题在 HDTV 屏幕上并不明显，但在手机上观看播放时就会变得特别突出。考虑到很多在标准电视上观看电视节目的观众和越来越多使用移动多媒体的用户，你必须尽可能改善画面的可读性。那么，怎样才能获得最佳的可读性呢？这里有一些建议：

■ 把所有书面信息放置在基本区域内。

■ 选择轮廓清晰醒目的粗体字。细线条字体就算在 HDTV 屏幕上也难以辨认。而且在嵌入过程中，纤细的笔画和衬线很容易断裂。有时即使是粗体，无衬线字体[①]也可能消失在背景中，所以需要用阴影或彩色轮廓来突出加强。

■ 限制信息数量。屏幕上出现的信息越少，观众就越容易理解。一些电视专家建议每页字幕最多不得超过七行。明智的做法是在字幕机上将字幕

分为一系列的几个"页面"，每个页面只显示一小部分信息，而不是将过多的信息全塞在一个页面里面。就像编写手机短信一样，即使是简短的信息，人们也更倾向于使用缩写或简称。在为移动多媒体的小屏幕制作字幕时，请保持表述简洁，并选择粗体字体。

■ 把文字分成块，形成易于观看的图形单位。见图 14.11 在设计精良的网页上通常会采用这样的分块安排。如果字幕分散，在屏幕上会显得不平衡，而且难以阅读。见图 14.12 一个糟糕网页的典型特征就是信息太分散，屏幕上随机分布着各文本部分、二级小屏幕和弹出窗口。

■ 不要把文字嵌入太复杂的背景上，如果必须这样做，那就选择简单醒目的字体。见图 14.13

相同原则也适用于当你要用特效给字幕添加动画效果的时候。实际上，如果要让字幕绕着屏幕扭动和转圈，文字必须比它们静态时更清晰易读才行。

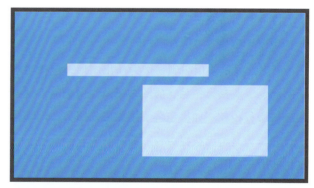

**图 14.11 字幕方块结构**
如果将字幕安排在方块区域内，可以将相关信息组织成某种图形，便于辨认。

---

① 西文字体分为衬线字体（serif）和无衬线字体（sans serif）两类。衬线字体在字的笔画开始、结束的地方有额外的装饰，而且笔画的粗细会有所不同。无衬线字体没有这些额外的装饰，笔画的粗细也差不多。——编者注

**图 14.12 分散的字幕**
如果字幕分散，那信息将难以读取。

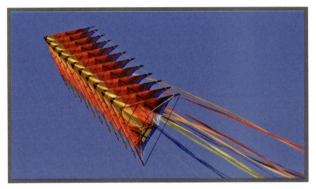

**图 14.13 杂乱背景上的醒目字体**
尽管背景杂乱，但标题仍容易看清。文字选用粗体格式，且其亮度和背景的亮度大大不同。

牢记，只要使用印刷物作为播出图形，包括名画复制品、专业摄影作品、插图书籍及类似物品，就必须获得版权授权。如果定购了图库影像服务，则需核实这些影像是否已获得版权。通常版权权限取决于你支付的用户费用。

## 14.1.3 色 彩

第 5 章讨论过色彩属性和加色法混色的技术方法。通常，HDTV 和 HDV（高清视频）间的差异并不在于图像的相对清晰度，它们的清晰度看上去是差不多的，而在于色彩的保真度。色彩是一个重要的设计要素，因此你需要了解色彩美学，即不同色彩对设计的影响，以及电视系统如何对色彩做出反应。

### 色彩美学

简短的一段文字无法解释清楚对色彩和谐性的认识和应用问题，这需要经验、实践、敏感和品位。不需要赘述不同色彩间的搭配，你只需把颜色分为"高能色"和"低能色"，然后平衡它们之间的能量即可。

高能色包括明亮的、饱和度高的色彩，如：浓艳的红色、黄色和蓝色；低能色包括低饱和度的、柔和的色彩，如一些浅色。通常，应当把背景色彩做成低能色，把前景做成高能色。在某场景中（如家中），背景（墙壁）色彩通常没有场景主体及其装饰物（如地毯、沙发、装饰画和枕头）那么鲜艳。**见图 14.14 和**

**图 14.14 高能色彩**
色彩的能量主要由其饱和度决定。高能色是高饱和度色彩，通常位于光谱的红色和黄色两端。它们映衬在低能色背景下非常有效。

**14.15** 字幕同样适用该原则：你会发现，低能色背景上的高能色文字往往更易于辨认。

当然，色彩还必须和事件的基调相符。例如，对于一个活力四射的舞蹈节目来说，高能色标题肯定是适合的。但是，如果将同样的高能色用于一个讨论核能优缺点的节目，那即便标题清晰易读，恐怕也不太合适。

但是，抛开审美不谈，只有顶级电视摄像机才能处理高饱和红色。除非有大量的基础光，摄影机对准红色部分时才能"看到红色"，否则，即便是在最好的情况下，红色部分也会变形，某些情况下，红色部分

会在镜头中颤动（多余的视频杂波）或渗透到相邻部分。这种颜色的渗透就像声音从一个轨道扩散到另一个。用质量一般的便携式摄像机工作时，建议演员不要穿饱和度高的红色衣服，场景设计师不要用高饱和红色进行大面积喷涂。这种问题在电子现场制作中尤为突出，因为通常现场的灯光条件都不会特别好。

## 灰度等级

除了色彩的低能和高能决定因素外，色彩亮度间的差异对于文字可读性和色彩对比度来说也同样重要。之前提到，色彩相对亮度通常由其反射的光量决定。电视系统不能再现纯白（100% 反射率）或纯黑（0 反射率），最多只能再现灰白色（黑白电视机的反射率约为 70%，彩色电视机约 60%）和浅黑色（约 3% 反射率）。这样的亮度极限值称为电视白和电视黑。把电视白和电视黑之间的亮度范围分成几个单独的等级，就产生了电视的灰度等级（grayscale）。黑白电视图像之所以能被辨识，主要就是因为它们的亮度差，即灰度等级（另一个因素是物体轮廓）。就灰度等级来讲，电视白和电视黑之间最常见的亮度等级是九级。**见图 14.16**

HDTV 新系统不仅能带来超高分辨率（图像清晰度），而且其亮度范围也相应大得多，这是 HDTV 之所以能达到电影效果的主要原因之一。与电影一样，HDTV 能展现电视白和电视黑间很多微妙的灰度等级。注意，灰度等级的中间值是 18%，而不是 30%。这意味着，当你要从非常亮的 3 级调整到更亮的 2 级，比从较暗的 8 级调整到稍亮些的 7 级，需要更多光。这与在白天和晚上使用手电是同样的道理。晚上，手电可以照亮整间房间，但在阳光耀眼的白天，你只有看着光源，才知道手电是否打开。

**可兼容色彩**　从技术上讲，色彩兼容性（color compatibility）指图形在黑白电视中和在彩色电视中具有同样的可读性。在实际制作中，这个概念仅仅意味着彩色图像具有足够的亮度对比，能完好呈现。对于字幕而言，背景和前景上的文字间应存在明显的亮度对比。专门选用高能色作为字幕颜色，如在绿色或蓝色背景上使用红色字时，色彩差异非常明显，可能会导致你

**图 14.15 低能色彩**

低能色是低饱和度色彩。多数浅色都是低能色。

**图14.16 九级灰度等级**

九级灰度等级显示从左边电视白
到右边电视黑的九种不同灰色。

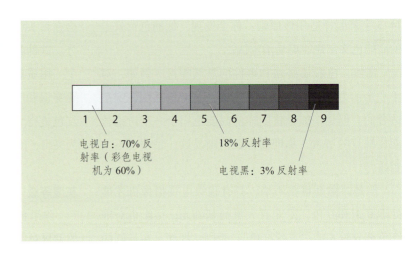

忽略灰度级别差异。尽管文字在彩色电视机上非常突出，但如果它们和背景的亮度相同，那就无法清楚地在黑白电视机上显示出来。**见图14.17**

即便你使用的色彩不打算在黑白电视机上播放，适当的亮度对比对于色彩呈现依然很重要。它有助于提高图像分辨率，增强立体感，还有利于区分不同色彩。积累了一定的经验之后，你会发现，你只需在看电视的时候半眯眼睛，就可以非常清楚地判断两种颜色是否有足够的亮度反差，来确保色彩的兼容性。

## 14.1.4 风 格

像语言一样，风格是富于生气且不断变化的。它会伴随特定地域和时代的审美需要的变化而变化。忽视风格就不能进行有效交流。学习风格不能通过书本，而主要得通过提升自己对周围环境的敏感性——需要打开眼睛和耳朵，尤其要敞开心扉去体验生活。现在的穿着方式对比十年前的穿着方式的变化，就是风格变迁的一个例子。有些人不仅能觉察到当下的流行风格，而且还能凭自身的独特品位来引领潮流。

有时，相对于个人创造力或社会需求，电视设备的发展对演播风格的影响要更大 些。就像在第13章中讨论过的那样，DVE设备不仅带来了对图形的全新理解，而且还导致了风格的滥用。人们制作动画效果的标题，往往并不是为了反映当下流行的审美趣味，也不是为了突出接下来节目的性质，而只是因为看到文字在屏幕上舞动有意思而已。在新闻节目中使用动画图形，可以传达和加强信息的紧迫感，因此尚可以为观众所接受，但是，对于探索自然灾害的节目或深挖两人之间紧张关系的戏剧性节目来说，这样的动画图形确实不恰当。

你可能已注意到，现在的电视图形都在模仿计算机网页的色彩和布局。一些电视图形甚至不加思考地模仿了计算机图像的缺点，如带"锯齿"的斜线、曲线和文字，包含文字和产品小图标的不同颜色的水平

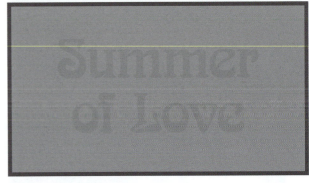

**图14.17 不兼容色彩标题**

尽管这些颜色在彩色监视器上能被突出显示，但因为它们的亮度基本是一样的，所以在黑白监视器上就难以辨认了。

**图 14.18 计算机生成的气象图**

这幅气象图完全是计算机生成的。其中一些多级特效还有动画效果。

**图 14.19 分形风景**

很多画图软件能利用数学公式"画"出不规则的图像。

条纹，或在主电视屏幕上分布一些很小的二级窗口（见图 14.9）。这类模仿的原因之一似乎是为了追求时尚。然而，更常见的情况是，这种杂乱的屏幕组合不仅不利于形成鲜明风格，而且还会阻碍有效交流。

不管是否能引领潮流，创作风格都应尽量和节目相匹配。但不要过分，例如用中文标示一位华人嘉宾，或在播报洪灾新闻的时候用字体效果模仿洪水泛滥。不要放弃你的好品位。在成功的设计中，所有影像和物体之间都是密切关联且相互协调的——大到背景布置，小到桌上的水果盘。合理的设计能够展现出风格的统一和连贯性。

## 14.1.5 合成影像

合成影像指完全通过计算机生成的图像。多数台式机影像软件能为制作数字艺术效果提供上百万种不同颜色、粗细线条、形状及各种画笔描边和纹理。电视天气预报就是大型图形生成器（graphic generator）提供多种可能的最好例证。文字、基本地图、温度带和温度数字、高低气压区、阳光和降水的符号，以及移动的云朵和降雨，都是由数字图形生成器生成的动

画效果。见图 14.18

根据软件的储存容量和复杂度，你可以制作并储存复杂的图像序列，如：能在 3D 环境中打开的三维立体动画字幕片段，或能在 3D 视频空间中弯曲转动的多级遮罩。

一些基于复杂数学公式的计算机程序可用于绘制称为分形（fractal）的不规则图形，这些不规则图形可用来制作现实、奇幻风景和无数抽象图案。见图 14.19

### 要点

▶ 设计是一个总的概念，涉及很多方面如字幕字体、台标、新闻布景的外观，甚至办公家具。

▶ 电视图形的主要目的是给观众提供特定信息，告诉观众有关事件的性质，以及吸引观众的注意力。

▶ 扫描区域指摄像机取景器和预览监视器显示的区域。基本区域或安全字幕区域指不管是否出现传输损失或电视接收机轻微错位的情况，观众都可以看见的部分。

▶ 超出宽高比的图像需要特别处理，以便适合 STV（标准电视）或 HDTV（高清电视）屏幕。

▶ 把宽银幕电影的整个画面放入宽高比为 4×3 的 STV 中会导

致画面的顶端和底部出现空白（黑色）空间，由此产生的水平宽高比称为信箱模式。

▶ 在16×9的屏幕上播放4×3的标准电视画面，画面两侧会出现空的盲区或边栏，由此产生的垂直宽高比称为邮简模式。

▶ 为避免在一个屏幕中同时显示无关信息时带来的信息超载，应把文字排放在容易看清的二级画面或文字块中。

▶ 当书面信息处于基本区域内，字号较大且轮廓清晰，背景不太繁杂，并且文字与背景之间的色彩和亮度反差较高，此时字幕的可读性较好。

▶ 色彩兼容性指彩色图像在黑白接收器上播放时能转化为不同的亮度值（灰度等级）。理想状态下，大部分STV系统能够重现从电视白（1级）到电视黑（9级）之间的九种不同亮度等级。这些不同等级组成了灰度等级。HDTV的灰度等级更广。

▶ 合成影像完全由计算机生成。这些图像可以是静态的，也可以是动态的。

# 14.2

# 布景和道具

尽管你可能永远不会被要求设计或搭建布景，但却可能面临在演播室布置场景，或在远程现场重新安排室内场景的情况。即便只是布置一个小型采访布景，你也必须清楚各种布景组件的名称，以及怎么看懂演播室平面图。利用拍摄现场已有的室内环境作为布景的能力，不仅能加速摄像机机位的布置和布光，而且还有助于确定是否需要重新装饰，以获得最佳拍摄效果。了解怎样通过布景和道具来安排演播室空间，也有助于你从整体上安排屏幕空间。

▶ **电视布景**
　标准布景装置、悬挂布景装置、平台和平台车、景片

▶ **道具和布景装饰**
　场景道具、布景装饰、小型道具和道具清单

▶ **场景设计要素**
　平面图、布景背景和虚拟布景

## 14.2.1 电视布景

因为电视摄像机在拍摄布景时距离一会儿近一会儿远，所以布景必须非常细致，如此看上去才会真实，同时它又必须足够简单，以避免画面过于杂乱。不管

是简单的访谈布景还是逼真的起居室，布景都应该考虑摄像机的最佳视角和运动轨迹，合适的照明，话筒安放位置和偶尔的吊杆移动，以及演员的最大活动范围。通常可以用四种类型的布景来满足上述这些需要：标准布景装置，悬挂布景装置，平台和平台车，以及景片。

### 标准布景装置

标准布景装置包括软墙和硬墙布景墙（flats），以及各种布景组件。两种墙面布景都是用来模拟室内或室外墙壁的。虽然电视台和非广播制作公司几乎只使用硬墙布景，但对于排练以及高中和大学的电视制作来说，软墙布景更实用。

**软墙布景**　标准软墙布景装置的墙面由覆盖平纹细布或粗帆布的轻型木架做成。它们有统一的高度，但是宽度不一。对于房顶较低的场景或演播室，高度通常为 10 英尺（约 3 米）或 8 英尺（约 2.5 米）。宽度范围则从 1 英尺到 5 英尺（0.3—1.5 米）不等。把两或三块布景墙拼接在一起时，叫两折景片（也称为书式景片）或三折景片。布景墙由千斤顶或木支架支撑，它们用铰链或夹子固定在布景墙上。布景墙的下面则用沙袋或金属重物压住。**见图 14.20**

软墙布景有不少优点：搭建费用相对较便宜，而且通常能够在剧场部门的布景商店里定做；适合于各种不同的场地背景；便于移动和存放；易于搭建、支撑和拆卸；维护和修理相对容易。软墙布景的不足在于很难在上面挂图，而且当有人在场地关门窗或当有东西碰到它们时，它们常常会摇晃。

**硬墙布景**　硬墙布景比软墙布景更牢固，适用于制作更大规模的电视节目。但硬墙布景也存在一些问题：硬墙布景不一定总能符合软墙场景的标准布景尺寸；墙面较重且难以存放（为了你和布景墙的安全，不要尝试独自移动硬墙布景）。此外，硬墙布景比软墙布景更容易反射声音，会影响声音拾取效果。例如，如果布景设计需要两块硬墙布景相对而立，尽量靠近，那在这个空间活动的演员发出的声音就像在大圆桶中

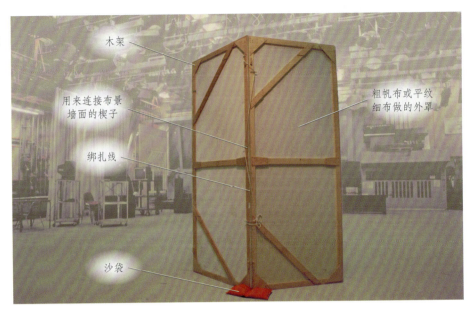

**图 14.20 软墙布景**

软墙布景由覆盖平纹细布或粗帆布的木制框架构成。

木架

用来连接布景墙面的楔子

绑扎线

粗帆布或平纹细布做的外罩

沙袋

发出的一样。

　　大多数硬墙布景是为特定节目（如新闻广播，访谈和肥皂剧）搭建的，并要在整个系列完结之前保留较长一段时间。对于 HDTV 和其他任何比标准 STV 图像分辨率更高的数字电视形式来说，精心搭建的硬墙布景都是一种必备条件。

　　**布景组件**　对于小型电视台或教育机构，并不需要为每个节目搭建新布景，可以考虑适用于各种布局的多用布景组件。布景组件包括一系列墙面和立体布景部件，无论你是想纵向（右边向上）、横向（两边）还是组合使用，这些布景组件的外形大小都能相互匹配。市面上有很多种类的布景组件可供选择。

　　**悬挂布景装置**

　　布景墙是撑在演播室地面上的，而悬挂布景装置则是由头顶上的轨道、灯光网格架或灯光吊杆支撑的，其中包含：环幕、垂幕和布帘。

　　**环幕**　用处最多的悬挂背景是环幕（cyclorama，简称 cyc），即一块连续的平纹细布或帆布，它可以在两三面，有时甚至是所有四面演播室的墙面上延伸。见图 14.21

亮色环幕（淡灰或米黄色）比暗色环幕更具优势。

你始终可以通过让灯光远离环幕来使环幕变暗一点；通过加了有色滤光片的泛光灯（勺形灯或柔光灯），就能十分容易地改变环幕的颜色。而暗色的环幕却无法做到以上两点。一些演播室有硬墙环幕，这种环幕并不是真正的悬挂布景，而是倚靠着演播室墙面牢固地构建起来的。见图 14.22

　　**垂幕**　抠像垂幕是一卷用于抠像的宽幅蓝布或绿布。它可以从上至下展开，甚至还可以延展到演播室的部分地板上。

　　把一卷平整无缝的纸（9 英尺宽，36 英尺长）悬挂起来，即可做成一个简易而又便宜的垂幕。这种纸可选用各种颜色。将无缝纸从一排布景墙上悬挂下来，可以充当一个连续的类似环幕的背景——只需将纸横向展开，并将其顶端钉在布景墙上即可。你还可以将它绘制成拥有更多细节的背景，或用作"饼干"阴影图案的投射背景。见图 14.23

　　**垂幕和布帘**　选择布帘时，不要选择图案过于复杂或有细条纹的。除非用 HDTV 摄像机进行拍摄，否则，精细的图案通常会让布帘看起来像是弄脏了，而对比鲜明的条纹往往则会带来莫尔干扰（moiré interference）。布帘一般钉在 1×3 的条板上，然后挂在布景墙的顶端。大多数布帘应该是半透明的，可以让

**图 14.21　平纹细布做的环幕**

平纹细布做的环幕安装在墙顶轨道中，一般覆盖演播室的三面墙壁。

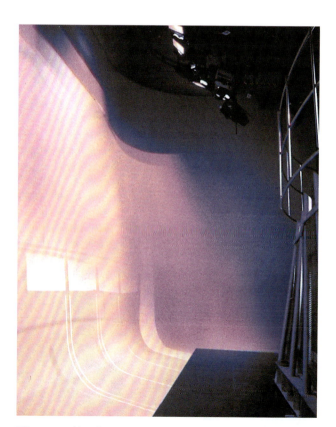

**图 14.22　硬墙环幕**

这个环幕由硬墙材质做成，并永久固定在演播室的两面墙上。

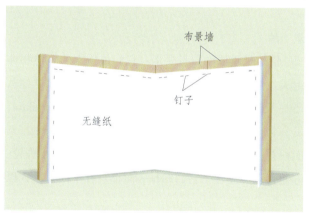

**图 14.23　无缝纸垂幕**

把一卷无缝纸挂在一排布景墙上，即可做成既简单又有效的背景。

背光透过，但不会露出可能放在布帘后面的布景部件。

### 平台和平台车

平台是一种升降设备。标准平台为 6 英寸或 12 英寸（约 15 或 30 厘米）高，可以折叠。如果在访谈中使用平台，也许需要在上面铺上地毯。地毯不仅拍摄起来显得美观，而且还能吸收人们在平台上走动时发出的空洞声音。为了进一步减弱这种声音，还可以在平台内填充泡沫橡胶。

一些 6 英寸高的平台配有四只小脚轮以便四处移动，这种平台称为平台车。见图 14.24 你可以在几个平台车上装上部分或整体布景。如果演播室的门足够大，你就可以很容易地将它们运进和运出演播室。选定位置后，应该立即将平台车用楔子（或沙袋）固定住，以免它们意外移动。

较大的平台和硬墙布景通常靠带槽的钢架固定，其安装原理和大金属拼装玩具类似。

### 景 片

景片是重要的布景要素。它们由独立的立体物体组成，比如立柱、三角柱（看上去像细的三面立柱）、环壁（弧形景片）、折叠屏、台阶和三面柱（periaktoi，发音为 "pear-ee-ack-toy"，复数形式是 periaktos）。三面柱看上去像大的三角柱。大部分三面柱装有小脚轮，方便移动和旋转。它们的每一面都绘有不同色彩，以

便快速切换场景。见图 14.25

使用景片的优势在于：它们便于移动，能够自我支撑，可以用它们快速方便地搭建立体空间。尽管景片是独立的且能够自我支撑（毕竟，这是它们的主要优点），但在使用它们的时候，还是应该检查一下它们是否需要额外支架。它们至少应当能经受住人或摄像机的碰撞。

总的来说，宁可多给布景支撑也不能让支撑过少。就像所有其他的电视制作环节一样，千万不要为了方便或赶进度而不顾安全问题。

## 14.2.2 道具和布景装饰

处理完软墙和硬墙布景后，你会发现，真正赋予环境特定外观和风格的是道具和布景装饰。就像装饰自己的房间一样，不是墙壁，而主要是家具和悬挂在墙上的物品装饰，突出了某个环境的独特性。考虑到在好的电视节目中，特写镜头比中景、远景镜头使用得更多，因此，场景道具、布景装饰和小道具这三种类型的道具（props）必须足够真实，才能经得起摄像机近距离拍摄的考验。

### 场景道具

场景道具包括普通家具和用于特定目的的物件，如新闻桌、小组讨论桌、椅子。另外，需要足够多的

**图 14.24 平台和平台车**

平台通常是 6 或 12 英寸高。装上结实的小脚轮后，人们称其为平台车。

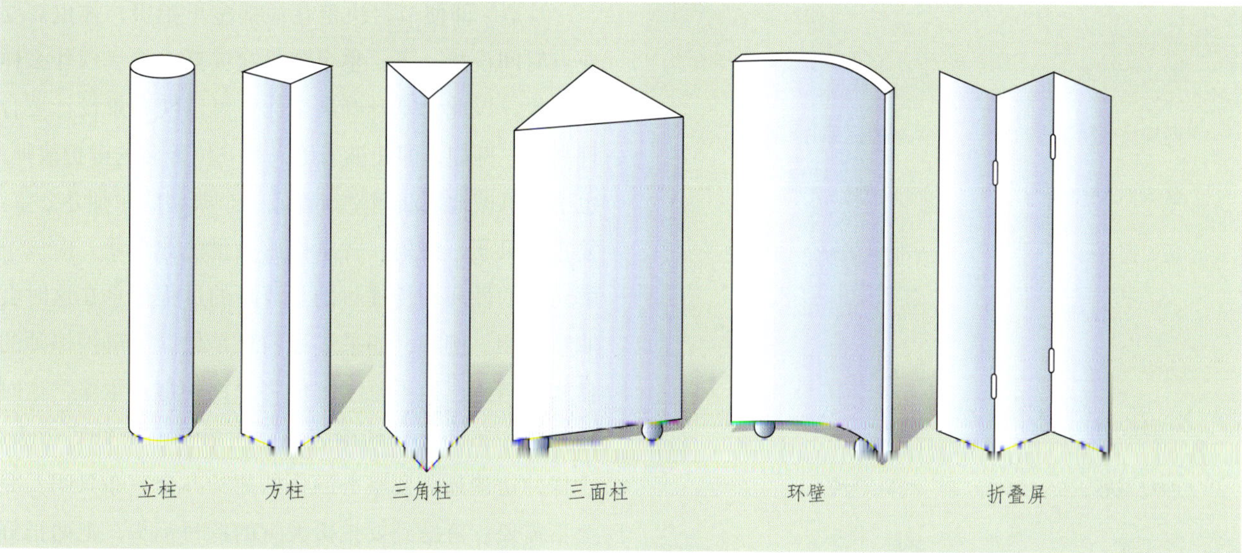

| 立柱 | 方柱 | 三角柱 | 三面柱 | 环壁 | 折叠屏 |

**图 14.25 景片**
景片是独立的布景要素，能依靠小脚轮快速并轻松地重新摆放。

家具用来布置现代化的起居室、书房、办公室和舒适的访谈区，或许还需要一些配有庭院桌椅的户外区域。对于访谈布景而言，相对简单的椅子比宽大的软垫椅更实用。你总不希望椅子比坐在上面的人更出风头。尽量不要布置过矮的椅子或沙发，否则演员很难优雅地坐下或站起，特别是对于高个子的人来说。

### 布景装饰

布景装饰是决定布景风格和特色的一个主要因素。虽然布景墙在不同节目中可能会始终保持不变，但布景装饰能够赋予它们以不同的特色。布景装饰包括帘子、画、灯具和枝形吊灯、壁炉、花瓶、植物、烛台和雕塑。你可以在二手商店买到这些物品。在紧急情况下，你还可以利用自己的住所或办公室。

### 小型道具

小型道具包括演员会在节目中实际使用的所有物件，包括盘子、银器、电话、收音机和台式电脑。电视中的小型道具必须逼真：只能使用真实的物件。纸制的圣杯在舞台上可能看起来豪华且令人印象深刻，但在电视屏幕上，它即便不会带来滑稽效果，看起来也是不真实的。电视在很大程度上依赖于人的活动，你应该把这些小型道具看成动作的延展。如果希望这

些动作看上去真实，那么动作的延伸也必须是真实的。如果一个演员在剧中需要拎一个很重的手提箱，那手提箱必须真的很重。假装箱子很重在电视上看是会穿帮的。

如果要使用食物，应仔细检查它是否新鲜，盘子和银器是否干净。酒类饮品一般用水（代替白酒）、茶（代替威士忌）或果汁（代替红酒）代替。尽管应对真实性予以尊重，使用这些替代品也是完全适宜的。

明显，应该确保小型道具实际可用，并且出现在正确的位置上以供演员使用。道具丢失或在需要时无法打开瓶盖，可能会延误拍摄，造成巨大的经济损失。

### 道具清单

在小型日常摄制中，一般由现场导演或某个现场工作人员管理道具。但在复杂的制作中，需要设立专职道具负责人，专门负责管理道具。为了采办各种道具，保证在彩排和录制时所有道具都准备妥当，需要准备一份道具清单。见图 14.26

如果你需要暂时拆除场景，并且在后面的录制中还会继续使用它们，那请给所有的道具做上记号，并在将道具搬走之前给它们拍上几张数码照片。这样，你就可以立马记录下来哪些道具用过，以及它们摆在整个场景的什么地方。在随后的录制中，无论是缺少

| | |
|---|---|
| 五棵室外灌木 | 6 英尺蓝色沙发 |
| 两棵橡胶植物 | 八幅家庭照片 |
| 盆栽仙人掌 | 向日葵画 |
| 透光窗帘 | 毕加索版画 |
| 8 英尺的橱柜 | 杂志 |
| 方桌 | 报纸 |
| 小抽屉箱 | 书籍 |
| 两只书柜 | 立体声设备 |
| 扶手椅 | 茶具 |
| 蓝色翼状软垫椅 | 床头灯 |
| 咖啡桌 | 印度雕塑 |
| 圆桌 | 百叶屏风 |

**图 14.26 道具清单**

这张道具清单包含了图 14.28 中出现的所有布景道具、布景装饰和小型道具。

道具还是将道具摆错位置，都会为剪辑带来严重的连续性问题。

## 14.2.3 场景设计要素

即便不是亲自设计布景，你也必须清晰了解布景如何设计，这样才能告诉美术指导你想要的风格是什么。这需要你掌握节目的基本情况。

不要照搬你从其他节目中看到过的布景。为了知道怎么进行布景设计，首先得明确，为达到最佳传播效果，到底需要什么样的空间环境。例如，你可能认为，向观众告知某事件的最好方式，不是让一个权威新闻主播坐在讲台一样的桌子后面念新闻，而应当把摄像机搬到新闻编辑室或事件发生的街道上。如果节目打算用单机拍摄并在后期做大量剪辑，你会发现，把摄像机搬到街角，比你在演播空内重新搭建一个街景要容易得多。

但是，即便节目决定在演播室里拍摄，你也需要花点时间设想一下：整个节目在屏幕上将呈现什么样的效果，以此为基础开展工作，可以使布景设计更合理高效。例如，即使被采访人是一位著名的辩护律师，也不用机械地把演播室布置成一个典型的律师办公室：复古的桌子、皮椅，背景摆放大量法律书籍。应该了解访谈的性质和传播目的。清晰的过程信息在这时会非常有用。例如，如果过程信息是想探寻辩护律师的良知和情感，而不是了解他将采用的辩护策略，这时你便可以设想，访谈中将包含大量的嘉宾特写镜头。这样的访谈还需要精心制作的律师办公室布景吗？完全不需要。考虑到要拍摄大量的特写镜头，把两把舒适的椅子放在简单的背景前，就可以获得很好的效果。

如果节目内容已经草拟在详细的故事板上，那布景设计通常都是提前决定好的。不过，如果你有更好的方案，也可以给制片人和导演说一说。

有三个主要的场景设计要素：平面图、布景背景和虚拟布景。

### 平面图

布景设计绘制在演播室平面图案（floor plan pattern）上。平面图案是对演播室地面的规划图，用来显示演播区域、主要的演播室门、控制室方位和演播室的墙壁。灯光吊杆或网格架的位置通常都绘制在演播区域内，呈现为特定的方位网格，作为布景的定位依据。实际上，这类网格类似于城市地图上的定位方格。见图 14.27

完成后的演播室平面图（floor plan）应该能提供足够的信息，以便演播室现场导演和工作人员使用，从而即使在导演或布景设计师不在场的情况下，也能搭建布景并完成装饰。平面图案和显示布景设计的已完成平面图都称为"平面图"。

平面图的比例尺各不相同，一般为 1/4 英寸:1 英尺。所有场景和布景道具都绘制在平面方格图案的相应位置上，显示了与演播室墙壁和灯具网格架的相对关系。对于简单的场景，也许不需要按比例绘制布景和道具，只需大致画出它们的尺寸和相对于网格架的位置即可。见图 14.28

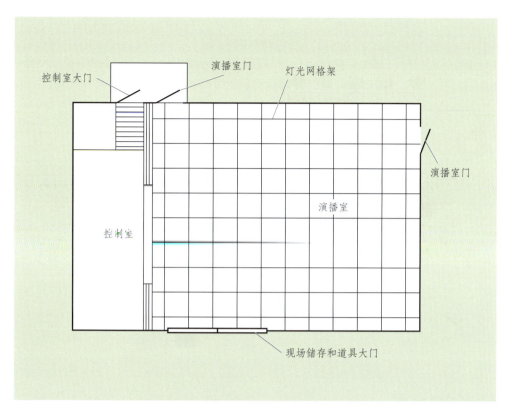

**图 14.27 演播室平面图案**
平面图案显示演播室的地面区域，该区域由灯光网格架或类似图案进一步划分为方格。布景便绘制在这个基本的演播室定位方格上。

**平面图的功能**　平面图对于所有制作和工程人员来说都十分重要。导演利用平面图设想节目，并规划演员、摄像机和吊杆话筒的主要活动。对于搭建布景和摆放道具的工作人员来说，演播室平面图也是必不可少的。灯光师依据它来设计整体灯光布置图，录音师用它来熟悉特定话筒的摆放位置和可能出现的音效问题。

**布景定位**　任何时候都要尽量将布景置于灯光能照到的地方。也就是说，尽量根据背光、主光和辅助光的可能位置来安排布景的摆放。有时，缺乏经验的设计师会将一部分布景放在演播室的角落里，若想获得合适的照明，大部分灯具都要重挂。然而，如果你将同样的布景放置在演播室的其他区域，利用现有的照明条件就可以将它们照亮。

你将再次发现，不能只钻研电视制作的某一个方面。每个环节都是相互关联的，对各种摄制技术及其功能了解得越多，就能更好协调各方面要素。

**问题区**　在绘制布景平面图时，应留心可能会出现问题的区域。很多时候，一幅粗心绘制的平面图会体现出布景背景存在的问题。例如，起居室的墙壁画得不够宽，不能为放在它前面的家具和物品提供充足的空间。避免这种设计错误的一种办法，是先在平面图上按比例绘制出家具，然后再添加背景墙。将布景设计局限于实际可用的空间范围内。

将活跃家具（演员会用的家具）放置在距布景墙至少 6 英尺（约 2 米）处，这样背光就能以不太陡的角度对准表演区。此外，导演还可利用墙与家具间的这些空间放置摄像机，或者供演员活动。

**布景背景**

布景中的背景有助于一组镜头的统一，将活动置于一个单一连续的环境中。如果前景活动是相对静止的，背景则可以用来提供丰富的视觉信息。虽然布景连续性是布景设计中的一个重要因素，但一个单纯的背景绝对不可能成为最有趣的场景背景。你需要在墙上悬挂艺术品、海报或其他物品进行装饰，用这些装饰品把背景分割成几个相互关联的小区域。在用图画或其他物品装饰背景时，要把它们放置在摄像机的拍摄范围之内。例如，如果将一幅画挂在两把访谈椅之

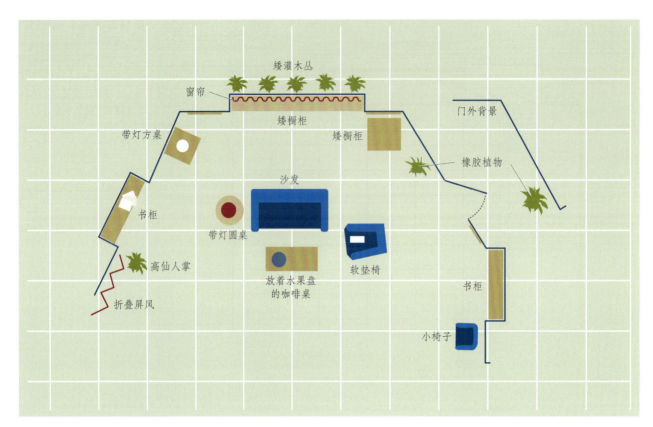

**图 14.28 简单的平面图**
这张平面图显示了所有必要的布景、布景道具和装饰物，以及较明显的小道具。平面图一般不是按照精确比例绘制的。

间，这幅画就只会出现在正面拍摄的双人镜头中，而不会出现在人物各自的特写镜头中。如果想在特写镜头中呈现更多的背景内容，就把画挂在摄像机交叉拍摄时能拍到的地方。见图 14.29

### 虚拟布景

虚拟布景是电脑生成，然后嵌入到演员身后抠像区域的布景，类似气象图的效果。但这种技术成本高且费时。主要问题是，演员不得不在经常令人迷失方向的蓝或绿色环境里工作。部分虚拟布景，如在后期制作中嵌入天花板和地板，是回避潜在布景设计难题的有效技术。

### 要点

▶ 电视布景是围绕三维空间展开的设计。

▶ 布景一般有四种类型：标准布景装置，即硬墙、软墙布景和布景组件；悬挂布景装置，如环幕、垂幕和布帘；平台和平

台车；景片，如立柱、折叠屏和三面柱。

▶ 道具的三种基本种类是：场景道具，如家具、新闻桌和椅子；布景装饰，如画、雕塑和灯具；被演员使用的物品，如盘子、电话和计算机等小型道具。

▶ 为了采办各种道具，保证在彩排和录制时所有道具都准备妥当，需要准备一份道具清单。

▶ 当必须暂时拆除布景并在后续录制中重新搭建以供继续使用时，为所有布景细节拍照，以保证布景的一致性。

▶ 演播室平面图画在平面方格图案上，显示布景和道具相对于灯光吊杆和网格架的位置。平面图有助于导演初步规划演员、摄像机和吊杆话筒的调度；指导演播室工作人员搭建布景和安放道具；帮助灯光师设计基本灯光图。

▶ 布景中的背景有助于一组镜头的统一，从而将活动置于一个单一连续的环境中。此外，它还能给相对静态的前景活动提供视觉丰富性。

▶ 虚拟布景技术上更复杂，而且演员很难在里面走动。但用于嵌入天花板和地板时，虚拟布景却很实用。

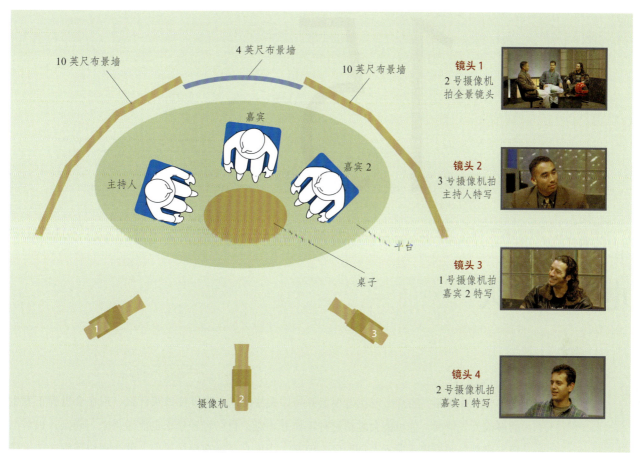

**图 14.29 背景装饰**

这个访谈布景的全景镜头表明该布景为主持人（摄像机左边）和嘉宾 2（最右边）带来了一些视觉上的质感和趣味效果，但对中间的嘉宾 1 却没有做到这一点。之后的特写镜头便体现了这一设计缺陷。

# 15

第 15 章

# 电视出镜人

当你看到那些经常出现在电视上并与你交流的人，告诉你该买什么、现在全世界正发生的事或天气情况，你可能会觉得这种工作并不难，自己轻轻松松也能做得来。确实，很多出镜人只是在照着提示器念台词而已。但是，当你真正站在摄像机前，就会很快了解这个工作并不像表面看上去那么简单。要想在镜头上显得轻松自如，把摄像机镜头或提示器假装成谈话对象，着实需要下点功夫，也需要些天赋和技能。这也是为什么把经常出现在电视上的人称为"talent"（即出镜人，该词也有天才、天赋之意）的原因。尽管电视出镜人的交流目的各有不同——有些人为了娱乐、教育或告知，另一些则是为了劝说、说服或销售——但不管出于什么目的，所有出镜人都致力于与电视观众进行尽可能有效的交流。

15.1 "电视演出者和演员"，探讨镜头中主要的演出和表演技能。15.2 "化妆与服装"，简要介绍演出者和演员的化妆，以及在镜头前什么样的穿着会比较好看。

演员（actor） 以戏剧性角色出现在镜头上的人（男或女）。演员总是在扮演别人。

走位（blocking） 为出镜人和所有移动电视设备仔细规划的移动和动作方案。

粉饼（cake） 一种底妆用品。通常是水溶性的，配有一块海绵，也称为 pancake。

提词板（cue card） 大尺寸手写台词卡片，通常由演播室工作人员用手举在摄像机镜头旁。

底妆（foundation） 化妆的基础，在这个基础上可进一步化妆，如使用胭脂和眼影。

化妆（makeup） 用化妆品来美化、改善或改变容貌。

粉底条（pan stick） 一种含有油脂的底妆用品，用来遮盖胡须阴影和明显的皮肤瑕疵。

演出者（performer） 非戏剧性节目中的出镜人。他们扮演的就是自己，不是其他角色。

出镜人（talent） 对所有经常出现在电视上的演出者和演员的统称。

提示器（teleprompter） 一种提词设备。能把移动的台词（通常由电脑生成）投射到摄像机镜头前，方便出镜人在阅读台词的同时仍与观众保持眼神交流。也称为自动提示器（auto-cue）。

# 15.1

# 电视演出者
# 和演员

电视出镜人可分为两大类：演出者和演员。他们之间的区别非常明确。电视演出者（performer）参与的基本上是非戏剧性节目：他们扮演的就是自己，不会扮演其他角色；他们向观众展示的是自己的个性。相反，电视演员（actor）扮演的总是其他人：即使角色是根据这些演员的亲身经历塑造出来的，他们演绎的也只是角色的个性，而绝不是他们自己的个性。演员演绎的故事通常是虚构的。

虽然电视演出者和电视演员之间存在一些明显区别，但他们也担负着一些共同的职能。所有出镜人都通过电视摄像机与观众交流，同时必须注意声音、动作和时间控制上的细节问题。所有出镜人都需要和其他电视工作人员合作，包括制片人、导演、现场导演、摄像师和声音技术员。

本节将探讨在摄像机前工作的基本内容。

▶ **演出技巧**

　　演出者和摄像机，演出者和声音，演出者和时间控制，现场导演的提示，提词设备，连贯性的保持

▶ **表演技巧**

　　演员和观众，演员和走位，记台词，演员和时间控制，连贯性的保持，导演和演员的关系

▶ **试镜**

　　准备工作、形象和创造性

## 15.1.1 演出技巧

电视演出者直接对着摄像机说话，在电视嘉宾面前充当"主人"的角色，并且要与其他演出者及演播室观众交流。与此同时，他或她还要充分照顾正在家里观看节目的电视观众。然而，这里的电视观众，并不是现代社会学家所研究的对象：大量不同类型的匿名观众。对于电视演出者而言，观众是聚在电视机前的活生生的个体或亲密的小群体。

如果你是一位演出者，试想自己的观众是一个三口之家，他们坐在自己喜爱的房间里，离你大概10英尺的距离。头脑里有了这样的画面，你就不会因为"电视那头有成千上万的观众"而抓狂尖叫了；更有效的一种方法，就是和那些乐意让你进他们家门的家庭轻声并亲切交谈。

当你作为电视演出者时，摄像机就成了你的观众。你必须让自己的演出技巧适应摄像机的特性和其他摄制要素，如声音和时间控制等。本节我们将讨论电视演出者和摄像机，电视演出者和声音，电视演出者和时间控制，现场导演提示，提词设备，以及连贯性的保持。

**演出者和摄像机**

摄像机并不仅仅是一台没有生命的机器，它能看到所有你做过或没做的事情。它能捕捉到你的外表、动作和坐立的姿势。简而言之，它能看到你在各种情形下的行为。有时，它比一个彬彬有礼的人更敢于接近并仔细观察你。它能暴露你局促不安时嘴巴神经质似的抽动和忘记台词时惊慌失措的表情。在你抓耳挠腮时，摄像机也不会移开视线。它会如实地反映你所有得体和不得体的行为细节。作为一名电视演出者，你必须控制自己的行为举止，而且不能让观众知道你是有意为之。

**摄像机镜头**　摄像机代表你的观众，因此每当你打算和观众进行眼神交流时，都必须直视镜头（或镜头前的提词设备）。事实上，应该尽力让眼神穿透镜头，而不只是盯着镜头，并保持比面对真人时更多的眼神交流。如果仅仅只是盯着镜头看，而不透过镜头看出去，或者假设摄像师是你的观众，而将视线稍微偏离镜头，都会破坏你和观众交流的连续性和强度，因此也就破坏了电视的魔力（哪怕只是暂时的）。

**摄像机的切换**　如果使用两台或两台以上的摄像机，你必须了解哪台摄像机的信号正在播出，以便与观众保持直接联系。在导演切换摄像机时，你必须快速且流畅地紧随现场导演的提示（或在使用自动摄像机时，注意指示灯的变更）。不要将头从一台摄像机猛地转向另一台摄像机。如果突然发现自己对错摄像机说话，那就低头假装思考，然后再尽量自然地抬起头，转向正在播出的摄像机，就这样对着那个方向说话，直至收到切换到其他摄像机的提示。如果你正在使用笔记或脚本，如在新闻报道或访谈节目中那样，这种方法尤其有用。你总是可以假装在看稿子，而实际上，你是在将视线从错误的一台摄像机转向正在播出的那一台。

　　如果在访谈节目中，导演用一台摄像机拍摄中景镜头（MS），另一台摄像机拍摄所展示物体的特写镜头（CU），如嘉宾的书，那你最好在整个展示过程中一直看着拍摄中景的摄像机，即便导演已经切换到特写镜头。因为只有拍摄中景镜头的摄像机一直对着你，所以你不用担心看错了方向。见图15.1 你还会发现，只从一台提示器上读台词，比台词念到一半从一台提示器转向另一台要更容易。

**特写镜头技巧**　镜头越近，摄像机跟拍移动就越难。如果拍摄特写镜头，你应该严格限制自身的活动，并且在移动时要格外小心。例如在演唱中，导演可能要拍摄非常近的镜头，以此来增强歌手抒发的情感。此时，歌手要尽量站稳，不要摇晃头部。特写镜头本身就起了足够的强化作用，歌手只需把歌唱好就行了。

　　当用特写镜头展示较小的物体时，要把东西拿稳。

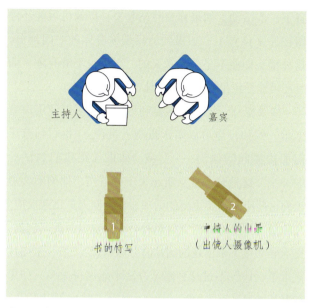

**图 15.1　拍摄主持人的摄像机**
当一台摄像机（1号机）正在拍摄某件物品（书）特写，而另外一台（2号机）在拍主持人的中景镜头时，那主持人在拍特写时仍需看向2号机。

如果小物品放在桌子上，不要直接拿起来。可以指着它，也可以将它稍微倾斜，以便让摄像机获得更好的拍摄角度。对摄像师和导演来说，最伤脑筋的事莫过于，当摄像机正好捕捉到一个绝佳的特写镜头时，演出者突然把东西从桌子上拿开。通常，迅速看一下演播室的监视器，就能知道怎样拿物品才能使它在屏幕上看得最清楚。如果使用两台摄像机进行拍摄，请把物品稍微偏向拍特写的摄像机。但是不要偏得太过，否则，在拍摄中景的摄像机上，就会看到物体发生了不自然的变形。

**预告提示**　在多数非戏剧性节目中，如在演讲、演示和访谈等节目中，通常不会有足够的时间来制定详细的走位方案。导演通常会引导演出者练习经过几个重要的运动交叉点，以便他们从一个表演区域走到另一个，并指导他们做几个主要的动作，如复杂的演示动作。在正式录制中，演出者在做未经排演的动作之前，必须给导演和摄制人员一些视觉和听觉上的暗示。比如，当你要站起来时，在起身之前请先移动重心，把腿和手放到合适的位置。这些动作能给摄像师和吊杆话筒操作人员发出信号，让他们有足够时间准备下一步活动。如果你突然站起来，摄像机可能还停留在原来位置上，拍摄到的只是你身体的中间部分。这种镜头即便不是毫无意义的，至少也不够有趣，而且还可能导致吊杆话筒清晰地出现在屏幕上。

如果想从一个布景区走到另一个，可以使用声音提示。例如，你可以暗示摄制人员说："我们到孩子们那边去问问他们……"或"如果你跟我们到试验区……"这种暗示观众听起来十分自然，他们不会意识到这些听起来不重要的话却能让摄制人员迅速反应。在提示未排演过的视觉材料时必须要说得明确。例如，提示导演接下来出现的图片时，可以说："第一张图片显示了……"不过这种暗示方法不能用得太多，如果有更巧妙且又直接的暗示导演的方法，你也可以采用。

不要试图传达太明显的暗示，毕竟指挥节目的是导演而非演出者。不要告诉导演把摄像机推近些以更好地拍摄小物体，尤其是当导演已经通过变焦推获得了很好的特写镜头。另外，不要为了展示某物而走向摄像机，因为你有可能走得太近，导致摄像机为了拍到你的脸部而不得不对着灯光仰摄，或导致变焦镜头不再聚焦。要知道，变焦镜头推向人的速度比人走到摄像机的速度快得多。

### 演出者和声音

作为一名电视演出者，除了要看上去自然放松外，还必须口齿清晰且传达有效的内容。但这很少能被理所当然地做到。不要受到误导，认为洪亮的嗓音和动人的发音是成为优秀播音员或其他演出者的首要条件。相反：首先，你必须有重要的事情可说；第二，必须说得可信并且真挚；第三，必须表述清楚，让每个人都能听懂。充分的电视播音训练对于任何演出者来说都是很重要的。大部分新手讲话太快，感觉像要尽快熬过站在摄像机前的折磨一样。讲到一句话或一段话的末尾时，不要加速，深呼吸并放慢语速，这样你会惊讶地发现自己变得非常放松。

**话筒技巧**　下面总结了操作话筒及配合声音技术人员方面的要点。（对基本话筒技巧的讨论详见第 8 章。）

■ 大多数情况下你会使用领夹式话筒。固定好话筒后就不必担心它了，特别是当你在出镜过程中位置相对固定的时候。如果在拍摄过程中需要从场景的一边走到另一边，注意话筒线不要和布景或道具缠在一起。轻轻地将话筒线拉在身后，不要让它拉得过紧。无线领夹式话筒不需要担心话筒线的问题，它能让你在表演区内自由活动。

■ 使用手持话筒时，检查是否有足够长的话筒线用于计划的拍摄活动。应该越过话筒上方说话，而不是正对着话筒说话。如果是在嘈杂的环境（如闹市）中采访，那应靠近话筒说话，在采访对象回答问题时，也要将话筒对准他。

■ 使用吊杆话筒（包括手持枪式话筒或装在鱼竿式吊杆上的话筒）时，留心吊杆的移动，但不要被观众发现。应该给吊杆操作人员足够的暗示，以便他能预见你的下一步活动。动作慢些，以便吊杆能跟上。尤其不要快速转弯，因为这需要大量的吊杆运动配合。如果不得不快速转弯，那在吊杆移动到合适的位置之前，尽量不要说话。

■ 不要移动台式话筒，除非话筒的方向摆反了。即使话筒更多地对着另一位演出者，也不要去移动它，因为这可能是录音师为了声音平衡而故意安排的。

在所有情况下，话筒都应轻拿轻放。话筒不是用来做小道具的，不要抛掷它，也不要像旋转套索一样，用话筒线带着话筒转圈，虽然你在摇滚乐表演中偶尔会看到这种情况。

**音量**　一个专业的录音师会在节目播出前征求演出者的意见，以便调好音量。很多演出者有个坏习惯：他们在预调音量时，要么快速从 1 数到 10，要么说得太轻；等到了节目播出时，他们却又开始大声说开场白。你在预调音量时说话的声音应该尽可能保持与开场白的音量一致，并说得尽量长一些，以便录音师将音量调到合适的水平。

**开拍指令**　节目开始之前，所有话筒都是关闭的，直至导演给出指令才打开。因此，你必须等待现场导演或来自 I. F. B.（可中断式监听或反馈系统）的开拍指示。如果在此之前就开始讲话，那你的声音是听不到的。不要将摄像机上的红色指示灯视为开拍指示，除非导演让你这么做。在等待开拍指令时，要面向拍摄你的摄像机而不是现场导演。

### 演出者和时间控制

现场直播和现场录制的电视节目对时间控制的要求非常精确。虽然节目的准时开播和结束最终取决于导演，但与演出者的角色和时间的成功控制也有很大关系。除了要在整个节目中注意节奏，你还必须知道，当你被提示节目只剩下 3 分钟、2 分钟、1 分钟、30 秒和 15 秒的时候，自己还剩下多少节目内容。如果在节目最后一分钟时还剩下很多内容，同时你又得注意听导演或制片人的 I. F. B.，这时你仍然要表现得放松自然。此外，你最好多准备 30 秒钟的内容，以免显出没话找话的样子。当然，这种本领需要实践经验，仅从书本中学不会。它也需要你至少在一定程度上熟悉提示器上显示的新闻故事内容。

### 现场导演的提示

除了通过 I. F. B. 系统与制片人和导演联系外，现场导演也会给演出者与导演之间提供联络渠道。

如果使用自动摄像机，那现场导演将是演播室里除了演出者以外的唯一人类。现场导演会告诉演出者，他说话是否太慢或太快，还剩下多少时间，说话声音是否足够响亮，以及拍特写镜头时手持物体的动作是否正确。

虽然各个电视台和工作室采用的提示信号和程序稍有不同，但一般都包括时间提示、方向提示和声音提示。如果与不熟悉的摄制组合作，应该在录制前先请现场导演演示一下提示。**见表 15.1**

即使认为提示的时间不合适，也要立即对每一个提示做出反应。如果没必要，导演是不会提示的。真正的专业演出者并非不需要提示，而是能对所有提示快速并流畅地做出反应。如果演出者认为应该收到提示却没收到，不要慌乱地寻找现场导演，他会找到你

并把你的注意力吸引到信号上来。收到提示后，不必以任何方式表示已经收到，现场导演会知道你是否已经注意到。

你会发现，在出镜过程中接收 I. F. B. 系统信息并做出反应并不是一件容易的事。我们都知道，打电话时，如果有人在旁边告诉我们还有什么要跟另一方交谈，这时电话是很难通下去的。但是在演播室或现场报道新闻中，这种同时说话的情况却司空见惯。必须学会仔细听导演或制片人发出的 I. F. B. 指令，同时还不能让观众发现你在和他们交谈的同时还在听别人说话。收到 I. F. B. 指示时，即使传输信号不是很清楚，也不要中断与观众的交流。如果在现场直播中没有听懂 I. F. B. 指令，那就不得不停止讲解，告诉观众现在正从导演那里接收重要信息。仔细听 I. F. B. 指令，然后继续刚才的讲解。直播时尽量不要调整自己的耳机。如果必须这样做，也要等到摄像机切换到别处时再调整。

### 提词设备

提词设备已经成为一种重要的摄制工具，特别在新闻或演讲节目中。尽管我们都知道新闻播音员不可能记住整条新闻台词，但观众还是希望播音员能对着自己直接交谈，而不是从稿子上读新闻。我们希望说话人在讲述又长又复杂的内容时不用考虑接下来说什么。对于那些害怕突然忘词或没有时间背台词的演出者来说，提词设备也是很有帮助的。

提词设备必须绝对可靠，并且，演出者必须在读稿时仍然和观众保持眼神交流。有两种提词工具特别有用：提词板和提示器。

**提词板**　提词板（cue card）有多种类型，常用于相对较短的稿子。选择何种提词板，很大程度上取决于演出者的习惯和喜好。通常，提词板就是较大的广告板，上面用签字笔写着台词。提词板和字体的大小，取决于演出者是否看得清楚以及离摄像机的远近。手持提词板这个动作也不像想象的那么简单。好的现场工作人员能将提词板尽可能地靠近镜头，同时不让手挡住任何一句话。而且，他还能够跟上演出者阅读的

**表 15.1 现场导演的提示**

现场导演采用一套标准手势，将导演要求传达给出镜人。

| 提示 | 手势 | 含义 | 手势描述 |
|---|---|---|---|
| **时间提示** | | | |
| 准备 | | 节目马上开始 | 将手举过头 |
| 提示 | | 节目开始录制 | 指向出镜人或正在拍摄的摄像机 |
| 时间刚好 | | 按计划进行（准时） | 用食指指鼻子 |
| 加快速度 | | 加速，进行得太慢了 | 伸出食指以顺时针方向旋转，旋转快慢代表加快的速度 |
| 拉长时间 | | 放慢，还有很多时间，在紧急状况结束之前再加一些内容 | 两手向外拉，像拉橡皮筋一样 |

**表 15.1** 现场导演的提示（续）

| 提示 | 手势 | 含义 | 手势描述 |
|---|---|---|---|
| **时间提示** | | | |
| 收尾 | | 完成所做内容准备结束 | 类似加速的动作，但把手举过头顶。或者让两只手像打包东西一样相互翻动 |
| 停 | | 立刻停止说话或做动作 | 在喉咙处像一把刀一样拉动食指 |
| 5（4、3、2、1）分钟 | | 距离节目结束还剩5（4、3、2、1）分钟 | 举起5（4、3、2、1）根手指，或举起写有数字的小卡片 |
| 30秒（半分钟） | | 离节目结束还剩30秒 | 用双臂或食指十字交叉，或举起写有数字的卡片 |
| 15秒 | | 离节目结束还剩15秒 | 举起拳头（也可代表收尾），或举起写有数字的卡片 |
| 启动录像机（并倒数），2秒、1秒，开始录 | | 录像机已启动 | 把张开的左手举在脸前面，旋转右手；伸出两只、一只手指比画时间倒数，然后紧握拳头或做停的手势 |

**表 15.1** 现场导演的提示（续）

| 提示 | 手势 | 含义 | 手势描述 |
|------|------|------|----------|
| **方向提示** | | | |
| 靠近些 | | 出镜人必须走近些，或将物体靠近摄像机 | 双手朝自己的方向摆动，掌心向内 |
| 靠后 | | 出镜人必须靠后，或将物体拿远些 | 双手往外推，掌心向外 |
| 走动 | | 出镜人必须走到下一个表演区 | 用食指和中指向移动的方向做走路的动作 |
| 停止 | | 停在这，不要再动了 | 在身体前伸出双手，掌心向外 |
| 很好 | | 做得非常好，继续 | 用拇指和食指做 O 状，其他手指伸开朝出镜人动一动 |

表 15.1 现场导演的提示（续）

| 提示 | 手势 | 含义 | 手势描述 |
|---|---|---|---|
| **声音提示** | | | |
| 说大声些 |  | 对目前情况来说出镜人说话声音太小了 | 把双手放在耳后窝成环状，或把手向上移，掌心向上 |
| 说小声些 |  | 出镜人在当下场合声音太大或情绪太过高涨 | 双手压向地面，掌心向下，或伸出食指放在嘴上，做"嘘"状 |
| 靠近话筒 |  | 出镜人离话筒太远，录音效果不好 | 手向脸部移动 |
| 继续说话 |  | 继续说话，直到有其他提示 | 伸出拇指和食指，像鸟嘴一样水平移动 |

节奏，流畅地从一张卡换到另一张卡。见图 15.2

作为演出者，要学会用余光看提词板，这样就仍能与镜头保持眼神交流。要与拿提词板的演播室工作人员一起，仔细检查提词板的次序是否正确。如果工作人员在换板时间忘记换板了，演出者可弹响手指引起他的注意。突发紧急情况，演出者可能不得不即兴发挥直到一切恢复正常为止。在节目开始以前，演出者应该研究一下节目主题，这样遇到突发状况至少也能短时间即兴发挥一下。如果你的出镜是用于后期制作，可以要求导演停止录制，然后把提词板按正确的次序放好。

**演播室提示器** 最有效的提词工具是提示器（teleprompter），也称为自动提示器。它通常采用一台平板视频显示器显示滚动的文字稿。视频显示器投射在摄像机镜头上方倾斜的一块玻璃屏上。现在，你可以阅读

**图 15.2 提词板的操作**

A 这是拿提词板的错误方式：提词板离镜头太远，而且双手遮挡了部分稿子。持板人员无法看到稿子，因此不知道什么时候换下一张提词板。

B 这是拿提词板的正确方式：持板人员没有挡住台词，把提词板靠近镜头，而且能随出镜人一起读稿

出现在镜头前的稿子，而这份稿子在摄像机上是看不见的。这样你就可以一直与观众保持眼神联系，而不用盯着旁边看了。见图 15.3

通常会将稿子输入组合了文字处理器和字幕机功能的计算机。它能制作出多种不同字体大小的文本，而且还可以让这些文本以不同速度在屏幕上向上和向下滚动（常称作"移动字幕"）。然后，稿子会被发送至安在摄像机上的提示器平板屏幕上。这样一来，摄制中使用的所有摄像机都会显示相同的稿子。

新闻报道中，主持人还应该把提示器上显示的台词打印出来。一旦提示器出故障，他就能使用这个备份稿。他可以趁低头看备份稿的机会，暗示故事的转折，或转向另一台摄像机。在广告时间，他还可以趁机看看接下来的内容。

使用提示器的时候，你和摄像机间的距离不再是任意的了。摄像机必须放在足够近的位置，让你不需要眯着眼就能看清稿子。但摄像机也不能靠得太近，否则在家看电视的观众都能看清你的眼球在左右移动了。如果在最小距离下你还不能看清提示器上的字，可将字体调大。

**现场提示器** 想知道为什么有些记者站在热闹的街道上，还能流畅地报道而不结巴或费力找词吗？虽

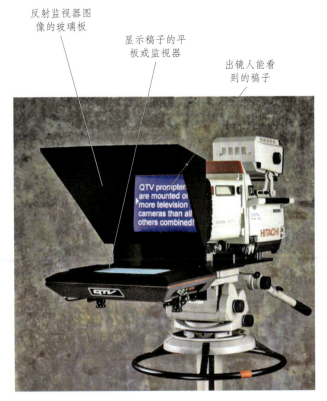

反射监视器图像的玻璃板
显示稿子的平板或监视器
出镜人能看到的稿子

**图 15.3 提示器显示的稿子**
监视器或平板显示器直接把文字投射到镜头前的玻璃板上。摄像机看不到文字内容，但出镜人能在读稿时仍和观众保持眼神交流。

然有些记者确实具备这样的能力，但大部分还是要使用某种提词工具。如果稿子简短，用提词板甚至一些笔记提示就可以了。如果稿子较长，就要使用现场提示器。

现场提示器分多种类型，其中包括演播室提示器的迷你版。大部分平板视频显示器十分轻巧，能安装在三脚架上。多数高端现场提示器能与装有提词软件的笔记本电脑相连。你可以调整字体大小，并以不同速度滚动字幕。低端提示器使用一个纸卷，安装在镜头下面或镜头一边。类似的工具也能与摄像机分开使用，由现场工作人员举看，或者安在摄像机镜头上方或下方的三脚架上。不管提示器的质量如何，你每次都必须十分熟悉节目主题，这样才能在提示器出故障时仍流畅地说出要讲的内容。如果没有提示器，那就照着常用的新闻稿子读新闻介绍或整个故事。如果遇上大风天，就把新闻稿夹在笔记板或一块泡沫芯上。这个细节特别重要，因为你的另一只手还要拿手持话筒。

**连贯性**

当你要制作一个简短的广告或通告，在其中呈现一起连续事件，但采取拍电影的方式，先花费几天甚至几周进行拍摄，然后再将拍好的素材用于后期制作，这时，你必须让出镜人在所有视频录制场次中保持穿着打扮一致。显然，他们必须在不同录制场次中穿同样的衣服，戴同样的首饰、围巾和领带。不能让衣服的纽扣在一个镜头中是扣好的，但在紧接着的另一个镜头中却是解开的。妆容和发型在所有录制中也要保持一致。第一次录制结束后马上给演出者从正面、背面和侧面拍照，这样在之后的录制中就可以随时拿来参考。

最重要的是，你必须在所有录制场次中保持同样的精力。例如，你不能富有激情地结束前一段的录制，然后却在后一段录制开始时变得萎靡不振。如果在完成剪辑的视频中这两个镜头之间没有任何的时间过渡，你尤其要注意这一点。反复拍一个镜头时也要保持同样的活力。

## 15.1.2　表演技巧

与电视演出者相比，电视演员总是要扮演另一个人的角色和性格（"演员"一词在此同时包括男性和女性出镜人[①]）。要想成为一名出色的电视演员，首先必须要掌握表演技巧。不过，这一话题已经超出了本章的讨论范围。本章主要讨论怎样使表演符合电视媒体的特性。许多优秀的演员认为，电视是最难与之合作的媒体。他们必须在挤满杂乱且毫无生气的技术设备的环境中工作，而且往往还不能像摄像师和录音师一样得到导演足够的重视。

**观　众**

屏幕表演和舞台表演最大的区别在于，演员面对的不是一群位置固定的现场观众，而是一台不断移动的摄像机。它不会朝你眨眼，也不会对你的表演给予反馈信息。更糟的是，你的动作要被分成独立的短镜头，这令你几乎无法连贯地进行表演。每一个短小的表演片段都必须到位。

在大部分拍摄中，摄像机总是围着演员转，距离时近时远，角度忽高忽低。它可以拍摄你的眼睛、脚、手或背——取决于导演决定选择哪一部分给观众看。演员在任何时候看起来都必须令人完全信服而且自然，其所扮演的角色在屏幕上必须真实可信。记住，你是在为几乎总是站在你身旁的一位虚拟观众表演，他会近距离从各个角度观看你。你不需要（也不应该）用舞台化的方式来夸大突出自己的动作和情绪，电视摄像机将帮助你进行突出，帮助你完成交流过程。你需要意识到身边摆放有一台或多台摄像机，但不要在意它们的存在。

表演中将角色内化而不是外化是非常重要的。演员必须尽量成为所扮演的人，而不是仅仅将角色表演出来。因为摄像机的近距离观察和特写镜头的亲近，演员的手势幅度要控制在最小。同时，演员的反应和动作同等重要。通常对周围环境做出反应比单做动作来交流感情更容易。

---

① 此处"演员"一词为"actor"，有时用于专指男演员。——译者注

## 走　位

作为演员，你必须完全遵循导演在彩排时设定的走位（blocking），即在和布景、其他演员、电视设备的关系中，你应该往哪走动以及应该做什么动作。有时，哪怕只是几英寸的距离也非常重要，特别是当节目主要是以特写镜头拍摄的时候。精确设定的电视灯光和吊杆话筒有限的拾音范围，也使演员不得不严格遵守先前设定的走位。

一旦节目开始播出，演员有责任严格遵循彩排时的动作。这时并不是创新发挥的时候。如果导演没有得到你将进行临时变动的暗示，那么新的走位往往会比先前排演的差。摄像机的视野是有限的，如果想被摄像机看到，就必须站在摄像机的拍摄范围内。

有些导演会让现场导演标记出演员站位的具体地点或行动路线，这个被称为钉牢位置。你要做的就是寻找并跟踪这些用胶带或粉笔做的标记，但动作不要太明显。如果没有标记，那就记住自己在特定镜头中所站的位置同布景和道具的相对关系，然后在脑海中形成一张调度图。例如，在与办公室经理一起的场景中，你站在文件柜的左边；在医生办公室的场景中，你以逆时针方向围着桌子走，然后停在摄像机右边的桌角处。

在交叉拍摄的过肩镜头中，如果希望被镜头拍到，就必须能够看到摄像机镜头。如果你看不到摄像机镜头，那么摄像机也拍不到你。甚至灯具也有助于走位。例如，如果要保证进门以后站在灯光下，就可以一直往前走直到感觉到额头上方的灯光热度为止。

有时导演会把你安排在某个看上去完全不合适的位置上，尤其是当你与其他演员拍对手戏时。即便这样，也不要随便调整自己的位置，从设计好的地点走开。因为，特定的摄像角度和变焦镜头位置，有可能恰恰需要这种不寻常的调度，以达到一种特殊的效果。不要随便揣测导演的意图。

如果演员手持道具，那摄像机通常会拍摄它的特写镜头，这就要求演员记住所有的彩排动作，并完全按先前的彩排方式和速度做这些动作。使用道具时不要显得太紧张（除非导演要求你这样做），像往常那样手持道具，将其作为手势的延伸即可。手持道具的方式往往可以强化个性，如将眼镜摘下擦干净再戴上。

## 记台词

作为一名电视演员，你必须能够快速并准确地记住台词。就像在肥皂剧的摄制中，演员只有一个晚上为第二天的演出背大量的台词，这确实需要很快的记忆速度。不能仅仅因为自己扮演这个角色的时间长了，就在这类节目中即兴发挥。多数台词都很重要，这种重要性不仅体现在剧情方面。对全体摄制组人员来说，台词是非常重要的声画提示信号。演员的最后一句台词，往往直接促成控制室里的几个关键动作：切换至另一台摄像机、插入一盘录像带或激活一个特效。

对于单机 EFP（电子现场制作）或数字电影演播室制作，每个镜头都是单独设置和录制的。在这种摄制方式下，通常演员在拍摄每一个镜头时都有机会再浏览一遍台词。不过，虽然这种方法能更容易记台词，却难以保持动作和情感的连贯性。好的电视演员不应该依赖提词工具。毕竟，你应当演活角色，而不是毫无感情地念台词。很多好演员都喜欢在提词板上写好台词，以防万一。但多数情况下，他们都不会去看提词板。尽管提词板只是用来做安全保障，但它们对一场优秀表演的贡献却不止于此。

## 时间控制

就像电视演出者一样，电视演员也必须具备精确的时间感。时间控制对于调整表演节奏、创造高潮、说笑话，以及保证节目准确地按规定时间进行都非常重要。即使某个节目是逐场景甚至逐镜头录制的，演员在拍摄每一个镜头时仍然需要严格遵守规定的时间。你有时可能不得不撑长某场景而又不使其显得拖沓，或者把一场戏的速度加快几秒但又不能破坏整体的庄重气氛。演员必须机动灵活，但不能使角色走样。

对现场导演的提示要立即反应。不要仅仅因为不同意其中某个提示就自行中断表演，你并不知道控制室内正在发生的所有情况。应该坚持演完再说出自己的想法。细小的时间估算错误通常可以在后期制作中纠正。

### 连贯性的保持

如你所知，数字电影和电视剧都是零碎录制的，那就意味着你不能像在剧院里那样从头演到尾。你不能在视频录制的第一部分斗志昂扬，然后，过了几天，在继续拍摄同一个场景剩下来的内容的时候，却因为前一晚没睡好而变得好像霜打的茄子。为了拍摄效率，也为最后能节省成本，镜头的拍摄顺序通常都是打乱的。因此，在拍摄过程中，你不可能像在连贯的现场直播或现场录制中那样，让你的感情有一种连续和合乎逻辑的发展。每个场景都要重复拍摄，以达到最好的效果，或获得不同景别和摄像机角度。这就意味着，演员不能仅仅为了一次个别的引人注目的表演而拼尽全力，而应该为整个拍摄过程保持激情和动力。电视总能察觉出最细微的差别和演员的不同精力，以及拍摄中的表演连贯性或这种连贯性的缺失。

在接着拍摄前几天已经开拍的场景时，需要关注的最重要的方面之一就是表演节奏。如果在上一次拍摄中步伐缓慢，那就不要在第二次拍摄中快跑，除非导演要求这样做。观看之前录制的表演通常会很有帮助，这样你就能以同样的精力和节奏继续表演这个场景。

### 导演和演员的关系

作为一名电视演员，你不能喜怒无常。导演需要协调许多人和各方因素。演员有时可能感觉完全被导演忽视了，似乎比起建议演员怎样演一场难度高的戏，导演更关心摄像机镜头。问题是，出于对一些技术细节的关注，导演的确经常会忽视演员。演员要意识到，自己并不是摄制组中唯一重要的人，其他摄制人员也一样重要，如摄像师、技术指导、录像师、录音师和照明指导——这里也只是列出了少数几个而已。

即使无意成为一名电视演员，也应该努力多掌握一些表演技巧。一名能干的演员，一般也能成为优秀的电视演出者。经过表演训练的电视导演，在与出镜人打交道方面，一般要比没有这方面知识的人强。

## 15.1.3　试　镜

不管你要争取什么角色，不管是画外配音演员还是系列剧集的主角，所有试镜都是同样重要的。无论何时试镜，都要尽最大努力做好准备。就算在试镜之前不知道台词是什么，也可以充分准备一下：穿上能让你在镜头中看起来好看的合适衣服，并适当梳妆打扮。即使等上半天才轮到你表演，也要保持饱满的情绪。

如果事先拿到剧本，那就仔细研究。例如，如果为能饮料制作拍摄广告，就尽可能先熟悉产品、生产这种饮料的公司以及制作该广告的广告公司。足够了解产品能带来一定的自信，这种自信必然会在之后的表演中反映出来。要仔细倾听在试镜前和试镜过程中收到的指令。记住，电视是一种亲密的媒介。

如果有人要求你演示某产品，那你应该在拍摄前做一些练习，以确保了解如何演示，例如如何打开一只易开袋。请工作人员帮助准备便于操作的产品。同时，提前确定自己和摄像机之间的距离，以便使你的活动一直保持在拍摄范围内。

作为电视演员，要深刻理解你所扮演的角色。如果剧本上没有很好地描述角色，可以请导演或制片人解释他们是怎样理解的。即便只得到一丁点线索，也能帮助你体会到角色特征。即便你的理解可能有所出入，你也要决定一种表演方式并遵循下去。如果导演的观念与你的理解不同，不要争论。更重要的是，不要请选角导演向你提供角色"真正的动机"，如同你在艺术院校学到的那样。此时，我们假定你自己就能分析剧本，并能激励自己主动阅读剧本。演员要认识到，试镜最重要的是快速准确地理解剧本中的角色形象，并尽量用符合角色特征的方式说话，有时也要从着装和行动上去接近角色。

表演时要会创新，但不能过分。例如，正在进行某电视剧的男主角试镜。剧情有关一个孤独的妇人，以及一个粗俗无耻的男人想占她的便宜。其中一个演员加进了一些自己对该角色的理解，使得他最终得到该角色。当看到他要说服女主角和他做爱的一场亲热戏时，这个演员增加了用稍有锈迹的指甲刀修指甲的动作。事实上，这个容易激怒人的修剪指甲的动作后来还被写进了剧本。

最后，就像参加体育运动或其他竞赛活动一样，试镜时要有竞争意识，但不要害怕竞争。天生的表演才能并不总是挑选演员的决定性因素。有时，导演可能在心目中已经对演员的外形和行为方式确定了一个特定形象，如高大笨重、纤巧敏捷、清瘦或肌肉发达，这在导演看来比表演技巧还重要。有时，能保证巨大票房的知名演员可能会在试镜中胜出。总之，作为一名演员，你需要做好重复试镜的心理准备。

## 要点

▶ 电视出镜人指所有在摄像机前表演的人。他们分为两类：电视演出者和电视演员。

▶ 电视演出者基本上参与的是非戏剧性节目，如新闻报道、访谈和竞赛节目。电视演出者始终作为自己出现，而电视演员则扮演其他人物角色。

▶ 电视演出者必须使其技术符合摄像机和其他制作元素的工作特性，包括声音、时间控制、现场导演提示、提词设备和连贯性。

▶ 因为摄像机镜头代表观众，因此出镜人必须看到镜头中去，和观众建立并保持目光交流。如果切换了摄像机，出镜人必须流畅且自然地将目光转向正在工作的摄像机。

▶ 时间控制是一个重要的表演要求。一名优秀的出镜人必须能对现场导演的时间、方向和声音提示做出快速且流畅的反应。

▶ 提词设备已成为电视摄制中的重要工具。最常用的两种提词设备是提词板和提示器。

▶ 电视表演要求演员能克服实际观众缺席的困难，内化表演角色；在特写镜头中限制自己的手势和活动；严格遵循彩排时设定的走位；快速记台词；时间控制感良好；在一系列拍摄过程中保持外形一致和情绪的连贯；并且，在偶尔被导演忽视的情况下也能保持积极的态度。

▶ 演出者和演员都应为试镜尽量多做准备，穿适合场景（角色）的衣服，并借助道具或言谈举止来强化角色特征。

# 15.2

# 化妆与服装

当你听到化妆时，可能会马上想到影片中那些由演员扮成的妖怪、样子古怪的外星人，或仿造出来的各种伤疤。但大多数电视化妆并不是为了改变人的外观，而是为了使其上镜更漂亮。服装也是同样的道理。除非出演古装片，否则多数演员的衣着都要适合角色，而且出镜人一般都会选择让他们在上镜时更吸引人的服装。

15.2 旨在帮助你选择既得体又能增强节目整体摄制水准和传播效果的化妆、衣着或戏服。

▶ **化妆**
化妆品、化妆过程和技术要求

▶ **衣着和戏服**
线条、质地和细节，以及色彩

## 15.2.1 化 妆

所有化妆（makeup）都是出于美化、矫正和改变形象三个基本原因。许多女性每日都会使用标准的柜台购买的化妆品来突出和改善自己的面容。少数皮肤瑕疵可用化妆品遮盖，眼睛和嘴唇也可以通过化妆来加以突出。化妆还可以用来纠正过宽或过窄的眼间距、

下巴上的赘肉、过长或过短的鼻子、稍微过于突出的前额以及很多类似的小缺陷。如果某人在电视剧中扮演一个特定角色，那有可能需要完全改变自己的外观。通过有创意的化妆技术可以在年龄、种族和性格方面获得戏剧性的改变。为犯罪节目或医学系列电视剧造型的化妆师要忙上一整天了，他们对各种身体伤口或血腥手术的特写所做的可怕造型常常逼真到让人恶心的地步。某种程度上，我们似乎丢失了对生命奇迹的尊重，为了获得观众的注意愿意走各种极端。但不管怎样，这些特效都证明了化妆师高超的艺术技能。

当然，不同的化妆目的也需要不同的化妆技巧。美化形象最简单直接，矫正形象稍微复杂一些，而改变演员的外观则可能需要耗时、复杂的化妆技巧。把一个青年演员化妆成 80 岁的老人最好让专业化妆师来完成。你没必要学会所有矫正和角色化妆的方法，但应该了解电视化妆的化妆品、化妆技巧和技术要求。

### 化妆品

各种优质的电视化妆品在市面上都能买到，而且多数高校戏剧艺术系的化妆师都备有最新的产品清单。其实多数大点的药妆店都能买到美化演出者外貌的基本化妆品。女演出者一般在化妆品和化妆技术方面都有经验，但男演出者可能会需要一些建议（至少在刚开始时）。

粉底（foundation）是最基本的化妆用品，可以遮盖少数皮肤瑕疵，并削弱油性皮肤反光。相比笨拙的油脂性粉底（常称为粉底条［pan-stick］），水基粉饼（cake）更受人青睐。在化妆工作中，你可能只需要用到歌剧魅影色彩粉饼和油彩粉底系列、美宝莲清爽粉饼系列或蜜丝佛陀粉饼和粉底条系列中的任意一款，其色彩从温暖的浅象牙色到适合深肤色演出者的暗色不等。

只要红色中不含太多的蓝色，女性可使用自己的唇膏。像珊瑚色这样的暖红色常常比含有更多蓝色的暗红色更适合深色皮肤的演出者。其他化妆用品如眉笔、睫毛膏和眼影，通常都是每位女演出者化妆品中的一部分。

像发套甚至乳胶面具这样的材料也是专业化妆师的必备物品，但它们很少用于非戏剧性的节目中。

## 化妆过程

说服非专业出镜人，特别是男出镜人进行必要的化妆并非易事。在决定是否需要给他们化妆之前，你最好先在镜头上观察一下他们。如果确实需要，那提出化妆建议的时候一定要用词得体。尽量不要利用出镜人的虚荣心，而是诉诸他们为一场好的节目做贡献的愿望。解释化妆需求时适当用一些技术术语，如色彩和灯光平衡等。

所有化妆间都配有大镜子，这样出镜人就能观看整个化妆过程了。足够、均匀的光亮对化妆很重要。化妆时光线的色温必须匹配或至少要尽量接近拍摄时的光线。多数化妆间都配有两个照明系统，可以从室内标准（3200K）切换为室外标准（5600K）。理想情况下，化妆时的光照条件应该和节目录制时的光照条件一致，因为每次照明都有其特定色温。偏红灯光（低色温）下的妆容，就要比高色温光照下多融入一些蓝色和冷色调；而在高色温（偏蓝色光照）照明条件下，就需要化暖色调（更偏红）的妆容（回顾色温内容，见第 11 章）。

在演播室里化妆时，要准备一面小镜子拿在手上。很多女演出者喜欢自己化较复杂的那部分妆，如涂口红和刷睫毛膏。实际上，很多专业的电视出镜人都喜欢自己化妆，他们更清楚自己在哪种电视节目中适合哪种妆容。

用水基粉饼化妆时，用一块湿海绵在脸上和附近裸露的皮肤上均匀地推开粉底。粉底抹到发际线，然后用毛巾擦掉多余的部分。如果要展示手部特写，那也在手部和手臂处涂抹粉底。这个细节对于要在镜头上展示小物件的演出者来说非常重要。如果会暴露不均匀的晒痕（特别是当女演出者穿露背装或不同类型的泳装时），那所有裸露的皮肤处都需要涂抹粉底。谢顶男士需要上一定底妆，这样可以弱化不可避免的灯光反射并掩盖汗液。

注意不要让男演出者妆容过浓，化成娃娃脸。有时，在镜头上留点胡子效果也不错。通常用粉底条稍微遮盖下胡子就可以了。如果需要其他底妆，那就先在胡子周围用粉底条处理后再扑粉。适当使用一点黄色或橘红色化妆油，能有效中和胡须带来的浓重阴影的蓝色（很像蓝色抠像区的背光）。有很多遮盖胡子的专业粉底供你选择。

因为脸部是最富表现力的一个交流部位，所以尽量不要让头发遮住脸部。

## 技术要求

和其他很多摄制元素一样，化妆也会受到电视摄像机的要求限制。这些限制包括色彩失真、色彩平衡和特写镜头。

**色彩失真** 前面曾提到，皮肤色调是观众调整家用电视接收机色彩的唯一真实色彩参照。因此，对皮肤色调的精确处理就相当重要。冷色调（泛蓝的色彩）有过分强调蓝色的倾向，特别在高色温的照明条件下，因此暖色调（暖红色、橘色、棕色和棕褐色）更适合电视化妆。这种妆容通常能让人更神采焕发（特别是用于深色皮肤的面部时）。

不管肤色自然偏浅还是偏暗，底妆都应尽量接近自然肤色。再提醒一下，为了避免蓝色阴影，底色最好选用暖色而不选冷色。但是注意不要把浅色皮肤化得太粉。就像在深色皮肤上不能用太多蓝色一样，在浅色皮肤上也不要用太多的粉色。

深色皮肤的脸部反光时会产生难看的高光点，可抹上适当的粉底或半透明的粉调节缓和，否则摄像师就不得不降低亮度来弥补高光，这样会使图像暗区呈现出不自然的浓黑。

**色彩平衡** 通常，美术指导、布景设计师、化妆师和服装设计师要在摄制会议上协商好一个场景中的所有色彩。在非播出的节目摄制中，一般会雇用自由职业者充任布景设计师和化妆师，这种合作是很不容易的。在任何情况下，要尽你所能和这些摄制人员沟通色彩要求。事先关注一下布景、服装和化妆的色彩协调问题会使整个拍摄更顺利。

有时周围的色彩会反射到出镜人的衣服或脸上，

导致镜头上出现明显的色彩失真。避免这类色彩反射的一个方法是让出镜人与反射表面保持足够距离。如果不能保持一定距离，就在变色的皮肤上进行适量的粉饼化妆或补粉。观众能容忍衣服上一定程度的色彩失真，但受不了皮肤部分的色彩失真，除非是为了戏剧性效果故意做成这样。

**特写**　妆容必须要足够平滑和细致，这样演出者或演员的脸部甚至在高清电视（HDTV）摄像机拍出来的特写镜头中看起来都会很自然。皮肤应该具有正常的光彩，不要太油（反射性高），也不要太暗淡（虽反射性低但没有光泽，皮肤显得没有生气）。电视化妆的精细程度与戏剧化妆技术是完全不同的。在戏剧化妆中，面部特征和色彩都要极其夸张，以便后排观众观看。较好的电视妆容很大程度上要自然无形，所以在实际摄制灯光条件下，一个人的脸部特写是判断化妆必要性和质量的准则。如果没有化妆的演出者或演员上镜看起来也很好，那就不必化妆。如果演出者需要化妆，化妆完成后脸部的特写镜头看起来正常，那这个妆容是可以接受的。如果看上去不自然，就必须重新调整。

## 15.2.2　衣着和戏服

在小型电视台和多数非广播的电视节目中，你主要考虑的是演出者的衣着而不是演员的戏服。演出者的衣服应该有吸引力并且时尚，但不要太艳丽或过于显眼。电视观众希望演出者穿着得体但不要太过分。总之，电视演出者就像观众家里的客人，而不是夜总会演员。

### 衣　着

演出者的穿衣风格很大程度上取决于他个人的品位，同时也取决于节目的类型和布景、场合的特点。显然，暴风雪天气做现场报道时穿的衣服，和在参加一个关于你所居住城市无家可归人群的小组讨论时是不同的。无论在什么场合，某些类型的衣服会更上镜。因为摄像机拍摄你的距离可近可远，服装的线条、质地、细节和整体的色彩搭配同样重要。

**线条**　电视有这样一种倾向：即便没有把宽高比为 4×3 的图像拉伸放入 16×9 的屏幕，演员上镜后看上去都会显胖。通过衣服的剪裁突出修长的轮廓线可以改善这个问题。修长的服装轮廓和紧身的裁剪比厚重的横条纹面料和宽松的款式更上镜。衣服的整体轮廓应该从各种角度看都比较悦目，而且应该显得贴身合体并穿着舒适。

**质地和细节**　尽管线条在远景镜头中很重要，但在特写镜头中衣服的质地和细节就成了重要因素。有花纹的面料看起来常常比纯色无花纹的面料好，但不要选反差太大且太杂乱的图案。过密的几何图案如人字形编织式样和方格会引起莫尔波纹干扰，看上去像叠加振动的彩虹色。见图 15.4

如果摄像机的扫描线撞上光学图案的线就会产生这种波纹图案，HDTV 都无法消除，甚至会更糟。其中一种解决技术是让摄像机稍微散焦，这样光学线条就没那么清晰了。注意，多数演播室的高质量监视器都内置了抑制莫尔干扰的线路，但很多家庭接收机上没有。在镜子或高档监视器上看自己的时候，往往意识不到一件人字形图案夹克或格子花纹领带导致的波纹问题。如果你怀疑可能会出现莫尔干扰，那就先在没有配备抑制莫尔干扰线路的电视机上看一下服装效果。

条纹图案的衣服可能也会出问题。有时条纹会延伸到衣服之外，然后渗到周围摆设的布景和物件上。除非使用的是高质量 HDTV 摄像机，否则图案中过于精细的细节看上去要么太乱，要么显得很脏的感觉。

要使衣服上镜更有特点，不是靠选择纹理复杂的面料，而是通过增加一些装饰品，如围巾和珠宝。虽然珠宝款式取决于演出者的口味，但一般他或她应当将其限制在特别的一两件上。闪闪发光的钻石在出席特殊场合时会成为耀眼夺目的装饰，如在电视募捐活动的宴会或社区交响乐团的一场音乐会上，但在采访犯罪被害人时佩戴就显然不合适了。

观众看到的
图案

衬衫上的实际
图案

**图 15.4 莫尔波纹**
细条纹衣服会产生一种你不想要的伪影效果,这种伪影称为莫尔波
纹。这种波纹常会振动,而且有时会产生彩虹色。

**色彩** 选择衣服色彩时需要考虑的最重要的因素是所选色彩是否与布景协调。如果布景是柠檬黄的,就不要穿柠檬黄的衣服。前面已提到过,除非使用的是非常高端的演播室摄像机,否则千万不要穿饱和红色。如果要参加录制蓝色抠像节目(如天气预报),不要穿与抠像背景相似的蓝色,否则你在抠像过程中就会变成透明人。甚至戴蓝色的围巾或领带也会遭遇同样的问题。在绿色抠像背景前穿绿色也会出现同样问题。

只要面料不是太光滑或反光太强烈,可以穿黑色、深色衣物,也可以穿白色和浅色的衣服。但就算使用的高端数字摄像机能处理高对比度,也不要穿黑白两色混合的衣服。如果布景非常暗,就不要穿浆白的衬衫;如果布景颜色很浅,则不要穿黑色的衣服。戏剧性的高色彩反差虽然有吸引力,但即使对于最好的摄像机和视频操作员,太大的亮度变化也会带来困难。雪白平滑的衣服会使暴露在外的皮肤在镜头中显得很暗,或者破坏更细微的色彩,特别是当摄像机处于自动光圈模式下时。肤色黑的演出者不应该穿反光强烈的白色或浅黄色衣服。如果你穿了一套暗色西装,可以穿一件有色衬衫打底以降低亮度反差。淡蓝、粉色、浅绿色、棕黄色或灰色都是很上镜的颜色。如果对拍摄时具体色彩的组合是否合适还拿不定主意,可以事先在实际的灯光和布景条件下看一下其在摄像机中的效果。

如果一男一女两个专业天气预报员现在要求你提供一点穿着上的建议,你会怎样回答他们呢?

两人都应该穿舒适且看起来不宽大的衣服。因为要做抠像,所以不能穿任何蓝色(或绿色,如果抠像背景色是绿色的话)的衣服。可能的话,提前告诉他们场景的背景色,这样他们就能避免穿与背景同样色彩的衣服了。女演出者可以穿修身的套装或颜色单一简单的裙装。要避免黑白搭配,如黑夹克搭配强反光的白衬衣。同时女演出者也要避免反差大的窄条纹或方格图案的衣服,并尽可能少戴首饰,否则会显得俗气。男演出者可以穿修身的套装,或用简单的上衣搭宽松的裤子,戴无花纹或图案简单的领带。不要在黑色或深蓝色套装下穿白衬衣,也不要穿方格或人字图案的衣服或佩戴类似图案的配饰。

## 戏 服

大多数非广播或非联播网的正常节目摄制中不需要戏服。如果要拍摄需要穿戏服出演的电视剧或广告片,可以向戏服公司租用戏服,或向当地高校的戏剧艺术系借用。戏剧艺术系一般都设有一间储存量充足的戏服储存室,可以从里面借到最标准的制服和各个时代的戏服。如果拍戏时使用库存戏服,那这些戏服即便在电视的特写镜头中看上去也必须真实可信。剧院配饰的一般造型,尤其是细节部分,在镜头里往往会显得太粗糙。

对服装色彩和图案的限制也适用于戏服。整体的色彩设计——场景、戏服和化妆之间的整体色彩平衡——在一些电视剧中非常重要，而在音乐片和综艺节目中尤为重要，因为常常要用全景镜头表现包括演员、舞蹈演员、布景和道具在内的整个环境。就像之前指出的那样，不要试图平衡色度，通过色彩的美学能量来平衡色彩会更容易。可以用相对低能色（低饱和度色彩）的布景和高能色（高饱和度色彩）的布景装饰与演员戏服来获得这种平衡。

## 要点

▶ 化妆和搭配衣着是出镜人拍摄前的两块重要准备工作。

▶ 化妆有三种基本目的：美化、矫正和改变外观。

▶ 暖色调一般比冷色调更好看，因为摄像机倾向于强调冷色调中的蓝色。除非使用高端摄像机，否则不要穿红色衣服。

▶ 妆容必须平滑精细，以便在实际摄制照明条件下和特写镜头中显得自然。最基础的化妆品就是掩盖较小瑕疵的粉底。电视化妆常用的是提供各种肤色选择的水基粉饼。

▶ 电视化妆和日常化妆在技术上并没有明显的区别，尤其当它们都是以美化或矫正外观为目的时。

▶ 选择衣着时，以下因素很重要：突出线条，因此修长的剪裁更为适合；质地和细节不能使衣服显得太杂乱；色彩要同布景的主要色调和谐且形成反差。

▶ 不要选择细密条纹、人体图案或人字图案的面料，也不要选择高饱和度的红色面料和黑白色组合的面料。

# 16

第 16 章

# 导演在摄制中的准备工作

作为一名导演，你需要在实际摄制的前、中和后期指导出镜人和整个摄制队伍如何工作。但在告诉他们做什么之前，导演必须对节目的风格样式以及如何将创意变成电视图像有一个清楚的构想。

更具体地讲，导演必须能把创意、脚本或具体的事件（如一次采访、游行或网球比赛）转变成有效的电视画面和声音。你需要把设定的过程信息（节目的预期成果——节目目标）转变成各种媒介条件，然后再通过摄制过程将它们组合为特定的电视节目。导演必须决定所需人员（出镜人和工作人员）和技术性的制作元素（摄像机、话筒、布景、照明等），以达到预期节目效果（过程信息），然后以最高的效率和最好的效果协调所有这些元素。而且，这些工作还需要能体现出导演的个人风格。因为你有可能需要即时完成这些准备工作中的一部分，因此，这些工作更多地被看作摄制准备（production preparation），而非细致的前期筹备活动。

16.1 "导演的准备工作"，讨论导演的角色，如何确定导演是否熟知节目内容，以及准备节目的一些重要步骤。16.2 "联络沟通和日程表"，阐述幕后工作人员的作用，复核制片人设备需求和日程安排的必要性，以及如何与出镜人和工作人员交流。

第 17 章将主要介绍导演在拍摄阶段和后期制作中的活动。

AD　副导演或助理导演（associate/assistant director）的缩写，协助导演在所有制作阶段的工作。

DP　摄影指导（director of photography）的缩写，在主要的电影摄制中，DP负责灯光（类似电视中的LD，即照明指导）。在更小型的电影摄制和EFP中，DP需要操作摄像机。在电视摄制中，DP指摄像师或摄像机操作员。

设备需求（facilities request）　包含某具体摄制中所需的所有技术设备的清单。

同步想象（locking-in）　脚本分析过程中产生的一种特别逼真的心理影像（视觉或听觉的），这种心理影像决定之后的视觉图像及其排序。

媒介条件（medium requirements）　生成所定义的过程信息所需的内容元素、摄制元素，以及人员。

过程信息（process message）　观众在观看电视节目的过程中实际接收到的信息。

制作日程表（production schedule）　显示前期筹备、拍摄阶段与后期制作的日期和对应工作安排的日程表。

序列化（sequencing）　在剪辑过程中控制和构建镜头序列。

故事板（storyboard）　对故事的主要视觉点所作的一系列草图，附有相应的音频信息。

时间表（time line）　对实际摄制日不同活动的时间划分，如现场通告、置景和摄像彩排。

形象化（visualization）　脑海中将某场景转变成多个重要的视频影像和声音（不一定排好序）。形象化即一个镜头的心理影像。

# 16.1

# 导演的准备工作

作为一名电视导演，人们希望你是一位能把构思创意转变成有效图像和声音的艺术家；一位能激励人们尽最大努力的心理学家；一个能解决摄制组成员不能解决的问题的技术顾问；一个协调人；一个注重细节，详细核查所有事情的人。导演必须擅长多个任务的同时执行，而且能够注意每个摄制元素。无论如何，这都不是一份容易的工作！虽然有些导演认为他们的专业需要一种难得的天赋，但多数成功的导演还是通过艰苦学习和实践来获得并提升自己技能的。

▶ 导演的角色
艺术家、心理学家、技术顾问和协调人

▶ 节目内容
过程信息和摄制方法

▶ 脚本分析
同步想象点和转换

▶ 形象化和序列化
制定过程信息并决定媒介条件

▶ 准备节目
平面图、现场草图、故事板和脚本标记

## 16.1.1 导演的角色

导演必须担任的各种角色并不像本节中划分得那么明确，它们往往是交叉重叠的。在排演的前5分钟内，导演可能就不得不多次从一种角色转换到另一种角色。即使时间紧迫，或面对摄制人员提出的各种问题所带来的压力，导演也必须在转入下一个任务之前始终全神贯注于当前的任务。

### 作为艺术家的导演

在扮演艺术家这一角色时，导演即将制作出的图像和声音，不仅要能清晰有效地传达预定信息，而且要有自己的风格。导演必须清楚如何看待某一事件或剧本，迅速判断其本质，然后选择并安排那些有助于向特定观众群阐释这一本质的元素。当凭着自己的感觉做这一切时，就产生个人风格了。例如，导演在拍摄某场景时，用大特写来增强表现力，或选用有助于传达某种情绪的与众不同的背景音乐。但导演不同于画家。画家可以等待灵感，可以一次次修改画作直至满意为止。而电视导演的创造性必须按时按点体现出来，并且在第一次就要做出正确的决定。

### 作为心理学家的导演

因为要和一些从各种不同角度看待电视制作的人打交道，因此导演还要扮演心理学家的角色。例如，在单独的一次摄制过程中，导演也许就不得不与正为预算发愁的制片人沟通；与主要考虑图像和声音技术质量的技术人员协商；与情绪化的演员交流；与对场景设计坚持己见的设计师商量；还要与儿童演员的母亲交谈，因为她认为自己女儿的特写镜头不够突出。

导演不仅要使每个人都始终保持高水平工作，而且还要培养他们的团队精神。虽然没有一个公式来指导这样一个由不同个体组成的队伍，但以下基本准则将有助于导演进行必要的领导工作。

■ 了解将要完成的工作并做好充分准备。如果导演不清楚最终目标是什么，就不可能让别人大为之努力。

■ 了解每个摄制组成员的特定角色。在让他们各负其责之前，先向他们解释清自己希望他们完成的工作。

■ 明确告诉出镜人应该做些什么。不要让自己的指令模糊不清，也不要被大牌明星唬住。出镜人越专业，他们就越乐意遵从导演的指导。

■ 充满自信。下达指令时要坚定但不苛刻。听取其他摄制人员的建议，但最终还是自己做主。

■ 有人犯错误时不要嘲笑，要指出问题并提出解决建议。随时记住总体目标。

■ 要尊重出镜人和所有摄制组人员，有同情心。一位优秀的导演清楚在团队成员中是没有等级之分的。所有人对摄制工作的顺利完成都担负同样的责任。

### 作为技术顾问的导演

虽然不必成为操作技术设备方面的专家，但作为导演，你仍然应该能针对如何达到传播目的给摄制人员提出建设性的意见。在充当技术顾问这个角色时，导演很像交响乐队的指挥。指挥有可能不会演奏乐队中的所有乐器，但他肯定清楚各种乐器发出的声音，知道怎样演奏出好的音乐。前几章内容就是让你在技术制作方面掌握扎实的背景知识。

### 作为协调人的导演

除了扮演艺术家、心理学家和技术顾问外，导演还必须能协调大量的摄制细节和过程。协调人这个角色远远超越了传统意义上的"导演"，传统意义上的导演一般只为出镜人设计走位，并帮助他们进行最好的表演。

尤其在导演非戏剧性节目时，导演必须把大部分精力用在指挥摄制组人员（技术和非技术人员）上，让他们启动特定的视频和音频功能，如拍摄合适的镜头、启动录像机、调节音量、进行镜头和特效间的切换、检索电子生成图表，及切换到现场输入等。导演还要注意出镜人，他们有时（其实就是如此）觉得自己只是充当电视机的副手而已。导演还要在严格的时限内协调摄制，在这个时限内，每一秒钟都非常昂贵。

这种协调需要实践的锻炼，不要指望看完这一章后就能成为一名合格的导演。

## 16.1.2　节目内容

导演在喊"灯光""摄像""开始"等指令前，甚至在为直播或视频录制节目适当标注剧本之前，都需要搞清楚自己导演的节目是关于什么内容的。显然，你会发现，作为一名摄制导演（staff director，执导特定时段播出的各种日常节目），不会有足够时间详细询问每个节目的细枝末节。通常，摄制导演没有时间为一个日常新闻节目做太多准备，只能在节目开始前最后一分钟标注脚本；同时你也没有时间为出现在日常早间节目中的每日赛后体育部分内容做详细的剧本分析。但这并不意味着摄制导演就可以在节目中敷衍了事，或者在毫无准备的情况下闯入控制室或实况转播车中。

如果你需要导演的节目内容并不是日常节目中的一部分，那就必须尝试规划过程信息，并拿出最有效的摄制方案。

### 过程信息

在做任何事之前，都应该重温一下之前设定的过程信息（process message）。过程信息包含节目目的和对特定观众预期要产生的效果（见第1章）。如果不太确定节目所要达到的效果，那就应与制片人商量一下。只有这样，才能让所有人都了解节目的内容和摄制的预期成果。如果制片人和导演之间对传播目标、制作类型及制作范围能达成初步共识，就能避免很多无益的争论和代价高昂的失误。即使导演获得了所有创作决定权，也要向制片人知会所有的计划安排。最好保留电话记录，保存电子邮件，并用备忘录跟进主要口头决定。

### 摄制方法

如果导演已完全理解过程信息，最恰当的摄制方法也就自然清楚了。也就是说，节目怎样才能获得最佳的制作效果，在演播室还是现场制作？直播还是录播？采用单机还是多机拍摄？按事件顺序还是不依照顺序拍摄？

例如，如果过程信息是让观众体验观看感恩节游行的兴奋感，那就要在现场进行多机实况直播。有关观看停车标志的交通安全节目，则需要单机拍摄，并进行大量的后期制作。而为了帮助观众深入了解一名著名画家的思维方式和工作习惯，可能需要在画家的画室中，用小型摄录一体机拍摄几天，然后在后期制作中对录下的素材进行剪辑。如果希望观众分享新竞赛节目的激烈场面，并鼓励他们在竞赛中拨打热线电话，那显然应该进行演播室多机直播。

一个清晰的过程信息也能暗示自己的方案应该是"观看"（looking-at）模式还是"深入"（looking-into）模式。观看模式在该语境下指尽量观察一个事件，如报道市政府会议。相反情况下，也许你需要让摄像机深入某个事件，这意味着，通过一系列特写和近距离的声音效果，来增强情绪感染力。[①]

如果导演同时也是编剧，那么在写剧本的时候就得有类似考虑。如果你是从制片人那儿拿到节目剧本的，则需要学习关注剧本的哪些部分，才能尽可能高效地完成导演工作。

## 16.1.3 脚本分析

本书无意对分析和理解戏剧性及非戏剧性脚本过程中遇到的各种复杂问题进行诠释，因此，接下来只列举一些有关导演阅读剧本的基本原则。这种技巧在阅读和形象化非戏剧性脚本时非常有用。

### 同步想象点和转换

同步想象（locking-in）指在阅读脚本时幻想逼真的视觉或听觉形象。同步想象可能发生在开头和结尾场景，或二者之间任何一处特别动人的场景。不要强迫自己做同步想象。有时产生的可能是听觉形象而不是视觉形象。如果脚本写得好，同步想象几乎是水到渠成。尽管如此，有几个步骤仍然是能够促进同步想象过程的。

- 仔细阅读脚本，不要只是一扫而过。视频和音频信息会告诉你节目的概观和摄制的复杂程度。
- 尽量分析节目的基本思路。最好能制定合适的过程信息（如果在最初提案中尚未阐明）。
- 尽量同步想象主要的镜头、活动或一些重要的技术动作。这样有助于把想象的画面转化成具体的摄制要求，如摄像机的位置、具体的灯光和音响布置、视频录制及后期制作活动。

当然，分析戏剧性脚本比把非戏剧性脚本的音视频说明转化成导演的摄制要求更复杂。好的戏剧性脚本要求在有意识和无意识的多个层面上下功夫，所有这些都需要理解并解释清楚。你必须确定脚本的主题（基本的创意——故事内容）、情节（故事是怎样进行和发展的）、角色（一个角色与另一个角色的区别，以及每个人对发生的状况做出怎样的反应）以及环境（故事发生的地方）。总之，电视剧更强调主题和角色而非情节安排，更强调内在心理而不是外部环境。你应该将所有冲突点分离开来进行分析。[②]

进行同步想象后，进一步的分析很大程度上取决于自己所选的摄制方法：用多台摄像机和切换台按顺序进行拍摄，还是用单台摄像机不按顺序进行非连贯拍摄。不管选用哪种方法，都要在决定地点和设备前对脚本中描述的场景进行形象化。

## 16.1.4 形象化和序列化

导演工作始于对主要影像的形象化。这里所说的形象化（visualization）指把脚本中的描述想成一幅幅画面和对应的声音。对于这个转化过程没有什么万无一失的规则。它要求导演要有一定的想象力和艺术敏感，还要有大量的练习积累。最有效的练习方式就是仔细观察周边的事件：人们在教室、餐馆、巴士或飞

---

① 见赫伯特·策特尔《图像·声音·运动：媒介应用美学》，第101—103 页。

② 见赫伯特·策特尔《图像·声音·运动：媒介应用美学》，第272—273 页。

机上的行为是怎样的，然后再思考为什么一个事件和另一个会如此不同。在阅读报纸、杂志或小说中描述的事件时，尝试想象事件发生时出现的画面和声音。

因为我们看到的仅仅是镜头中呈现的内容，所以导演在完成初始形象化过程后还要再进一步，将其转化为指导过程中的一些细节，如出镜人和道具相对摄像机的位置，以及在拍摄某事件（人和物）时摄像机的摆放位置。在此之后，导演必须考虑，如何通过后期剪辑和画面切换，将这一形象化事件的各部分进行序列化（sequencing）。同时，导演还要能听见单个拍摄镜头和镜头序列的声音。

## 制定过程信息

如前文所提，详细制定的过程信息有助于形象化过程的开展，特别是它能使形象化过程更加精准。确定目标观众将要观看、听、感受和（观后）做的内容之后，导演就可以遵循果因法来决定主要镜头的呈现形式以及拍摄这些镜头的方法了。

这里有一个案例：你需要编导三段有关青少年安全驾驶的系列节目。第一部分是一个访谈，其中有一名女性采访者，她定期主持每周半小时的社会服务节目；一名负责政府交通安全项目的男警官；一名当地高中的女学生代表。第二部分是采访一名高中男生，他因为一次严重的车祸坐上了轮椅。第三部分则是对闯红灯的一些潜在危险做演示。

提供的脚本非常粗略，与其说它是不完整的声画分栏脚本，不如说它只是几页非常简短的详情单。见**图 16.1—16.3**。

由于制片人对该系列片的制作时间限定很紧，所以尽管脚本不够详尽，她还是要求你即刻着手摄制准备工作。她对各段节目达到的效果只提出了一个大致的构想：第一部分，告诉目标观众（高中生和大学生）警察局正在与学校通力合作，对年轻司机进行交通安全教育；第二部分，让观众受到触动并意识到不专心驾驶带来的严重后果；第三部分，让观众对闯红灯的潜在危险有所认识。

下面我们就运用果因法，看看怎样把脚本信息转变成视频节目。（如果要回顾果因模式相关内容，请见第 1 章。）

尽管脚本和过程信息非常粗略，但很多形象可能已出现在你的脑中：穿着蓝色制服的警官坐在高中生旁边；一个年轻人费力地摇着轮椅驶上通往前门的斜坡；一辆汽车在交叉路口几乎被另一辆闯红灯的汽车撞上。在进行更深入的工作之前，你还要对过程信息做更精确的说明。

**过程信息 1**：与交警和学生代表的访谈应该向高中生和大学生展示一个包含十个要点的交通安全规程纲要，以帮助青少年成长为有责任感的驾驶员，而且还应说明警察局和学生在交通安全方面应如何合作以取得成效。

**过程信息 2**：采访轮椅上的学生，应该使观众（目标观众群）更深入地了解该学生发生车祸以来的各种感受和心态，并且对他予以同情。

**过程信息 3**：节目应向观众演示由于闯红灯而导致的至少四次不同车祸，并说明如何避免此类事件的发生。

仔细阅读这些过程信息能使形象化过程更加准确。例如，如何展现这三个人（主持人、警官和高中学生）在采访中的互动？怎样的镜头和镜头序列才能最好地向观众呈现这次采访？能否采取另一种不同的方式来采访那名坐轮椅的学生？有关闯红灯的演示可能会使你联想到那些老套的好莱坞式音视频形象（如碎玻璃四溅、轮胎摩擦地面发出的刺耳声、汽车碰撞翻滚和一些司机的主观视角，等等）。

## 决定媒介条件

不需要多说，你现在就可以从大致的视觉形象深入到媒介条件（medium requirements）上来：某些重要的形象化和序列化，制作方法（多机演播室制作或单机电子现场制作），必要的设备和明确的摄制程序。

下面就展示一下在各个部分（过程信息）中怎样设定具体的媒介条件。

交通安全系列片

节目编号：2 采访（时长：26 分 30 秒）

录制日期：3 月 16 日，星期六，下午 4：00—5：00，2 号演播室

播出日期：3 月 19 日，星期二

主 持 人：伊薇特·夏普

嘉　　宾：约翰·海威特，市警察局交通安全科负责人

　　　　　丽贝卡·蔡尔德，中心高中高年级学生代表

--------------------------------------------------

| 画面 | 声音 |
| --- | --- |
| 标准的开头 | |
| 主持人特写（面对摄像机） | 主持人介绍节目 |
| 嘉宾的双人镜头 | 主持人介绍嘉宾 |
| 主持人特写 | 主持人问第一个问题 |

--------------------------------------------------

采访：约翰·海威特是负责交通安全的警官，他是市警察局具有 20 年工作经验的老将，在过去八年中一直致力于交通安全工作。

注意：他会谈到包含十个要点的交通安全纲要（字幕机显示）。

丽贝卡·蔡尔德是中心高中的学生代表，她是辩论队的成员，还是校排球冠军队队员。她非常赞同有效地实施交通安全措施。但她总觉得本市警察对待高中生尤其粗暴并常来找他们的麻烦。

--------------------------------------------------

| | |
| --- | --- |
| 标准的结束 | |
| 主持人特写 | 主持人收尾评论 |
| 主持人和嘉宾全景 | 主题曲 |
| 片尾字幕 | |

**图 16.1 关于交通安全的演播室访谈**

这个书面脚本就是节目大纲，主要介绍出现在节目中嘉宾的一些信息。

交通安全系列片

节目编号：5 现场采访（时长：26 分 30 秒）

电了现场节日制作日期：3 月 29 日，星期日，上午 9：00 开始（全天）

后期制作日期：待安排

播出日期：4 月 9 日，星期二

采访者：伊薇特·夏普

被采访者：杰克·阿姆斯特朗

地址：巴伦卡路 49 号，南城

电话：990 555-9990

开头和结尾在现场拍摄

- - - - - - - - - - - - - - - - - - - - - - - - - - - - - - - - - - - - - - -

杰克是一名高中学生。自从那次被闯红灯的汽车撞伤后，他就一直坐在轮椅上。那个闯红灯的司机与杰克是同一高中的。杰克曾是一名出色的网球运动员，几次重要锦标赛的得奖经历一直是他的骄傲。在学校他是一名好学生，学业处理得很好。他很乐意参与这个交通安全节目。

- - - - - - - - - - - - - - - - - - - - - - - - - - - - - - - - - - - - - - -

注意：重点突出杰克。拍好特写镜头。

**图 16.2　交通安全现场访谈**

现场访谈同样以节目大纲形式草拟出来，主要提供被采访嘉宾的信息。

**第一部分**　严格地说，访谈是用来获取信息的。嘉宾们的说话内容远比让观众认识他们更重要。高中学生可能不完全同意警官的观点，所以他们不但可以回答采访人的提问，两人之间还可以相互交谈。根据粗略的脚本，警官谈到的交通安全十点纲要以及其他注意事项可以通过字幕机显示在屏幕上，或者警官自带手写板也行。

显然，这个节目采用演播室现场录制的方法完成最好。在演播室，你可将嘉宾和主持人置于一个中性的环境中，对灯光和音响进行很好的控制，可以在多台摄像机摄取的画面间做自由切换，而且还能使用字幕机。

交通安全系列片

节目编号：6 闯红灯（时长：26 分 30 秒）

EFP 日期：4 月 7 日，星期日，上午 7：00 开始（全天）

录制日期：5 月 2 日，星期六，下午 4：00—4：30

后期制作日期：待安排

播出日期：5 月 16 日，星期六

EFP 场地：西春街和泰拉瓦尔法院的交叉路口

联络人：约翰·海威特，市警察局交通安全科负责人

电话：990 888-8888

------------------------------------------------

开始和结束镜头（伊薇特出镜）现场拍摄

EFP：展示汽车在交叉路口闯红灯的过程及后果——几乎撞到行人、慢跑者、骑自行车的人，撞到另一辆汽车，等等。详细脚本附后。

------------------------------------------------

演播室：海威特在磁板上用玩具车简要地演示一些典型车祸。

注意：海威特将负责提供所有用于拍摄的车辆、司机及出镜人。拍摄时他会负责所有的交通控制、车辆停放和通话。4 月 5 日确认电子现场制作。

候补警察联络人：方登·麦克凯纳（同一电话）

**图 16.3 红绿灯场景**

这个节目大纲提供将在电子现场制作中录制的重大事件的基本信息。所有三个交通安全系列节目大纲在实际演播室和现场制作之前必须改成不完整的声画分栏脚本。

应采用标准照明，即高调和漫射光，这样观众能看清每个人。没必要采用戏剧性的阴影。也许你能说服警官脱掉帽子避免脸部的阴影。那摄像机呢？用三台还是两台？警官与高中生之间的交流即便很活跃，也不需要做快速切换。假定主持人与嘉宾相对而坐，用两台摄像机就足够了。只要从美术指导那里拿到关于场景的粗略描述，就可以指导进行摄像机的布置了。

**第二部分**　与第一部分相比，第二部分的采访更加私人化。其主要目的不是传达明确的信息，而是要对观众形成一种情感上的冲击。交流要亲密且个人化，要让观众对坐轮椅的年轻人产生强烈的同情。这些过程信息明显表明采访应该在他的家——学生自己的生活环境中进行。而且除去开始镜头外，应该主要拍摄这名学生的特写和大特写镜头，少用情绪不够强烈的中景和全景镜头。此外，你必然还要将一些自己构想的关键镜头形象化。

考虑到过程信息的主要方面（展现学生的感受和想法，赢得观众的同情），摄制总类型和具体的媒介条件就变得相当明确。学生家中最好进行单机拍摄。首先，一台摄像机及其辅助设备（灯具和话筒）占位最小；其次，采访可以从容进行，持续较长一段时间；最后，采访不一定要连续进行，你可以放慢速度，也可以暂时中断或停止，然后再在任何时候继续进行。摄制也可以打乱顺序。下面列举一些具体（且适度）的媒介条件：摄录一体机、录制介质、电池、三脚架、回放监视器、两只领夹式话筒、枪式话筒和便携式照明用具。与第一部分相比，这部分的摄制需要更多的后期剪辑时间。

为了便于形象化和安排镜头次序，在电子现场制作开始前提前到学生家里拜访，在家里跟他聊聊，加深对他的了解。这样做有利于你对整体气氛的把握，能使你更详细地制订镜头拍摄计划，也有利于更准确地设定具体的媒体条件。

**第三部分**　这部分的摄制尤其需要发挥导演的作用。你必须协调不同人员、地点和活动。先从主要的

场景形象化开始。若想表现闯红灯，最好的办法显然是找一辆汽车进行实际演示。为表现这类违章行为的各种后果，就需要设计让汽车闯红灯，差点撞到一位正好在交叉路口的行人或骑自行车的人，或者让它差点与另一辆车相撞。

现在需要再次与制片人取得联系并询问一些重要的问题：谁提供做演示的车辆？谁负责驾驶？保险措施如何？也许不需要动用好莱坞的特技驾驶员来做此演示，但也绝不可能让学生来表演这一"绝活"。或许警察局能帮助提供车辆和有经验的驾驶员。那由谁来扮演倒霉的骑自行车的人和行人呢？还要询问制片，演员是否有保险，是否需按照工会工资标准发放报酬和遵守其他规定？警察局是否会为拍摄封锁部分街道和交叉路口？会封锁多久？

这种情况下，最好让制片人请专门从事此类摄制工作的公司来做。不管怎样，这类准备工作都不是你和所在电视台能完成的。

但是，当他们在模拟这些事故瞬间时，你可以建议专注于目击者的反应，而不是光展示实际的事故瞬间或碰撞。可以先演示汽车闯红灯（前提是有警察控制交通情况）的瞬间，然后展示受到惊吓的行人跳回路边、骑自行车的人及时避让（想象中行驶过来的车辆）的画面。车辆朝摄像机行驶过来时，快速推镜头会加剧镜头的动感。如果在这个镜头与受惊吓的行人脸部的逐渐推近镜头之间进行切换，又可以形成一个令人兴奋的镜头序列。实际上，受惊过度的行人特写，配上适量声效素材中汽车碰撞的声音，本身就能模拟汽车碰撞事故。

不管怎样，还是需要采用几台摄录一体机从不同角度同时进行拍摄。尽管在后期制作中需要加入大量的声效，但在室外拍摄中仍然需要用摄像机麦克风录制周围的声音。

可想而知，就算是最"简单"的碰撞事故拍摄起来都会很复杂。也许你需要跳过这部分，让制片人提供一些关于交通事故的库存影片。如果没办法提供，那也可以从警察演示磁板的镜头，切换到杰克描述自己在遭遇车祸时的感受的部分。

## 16.1.5 准备节目

了解节目内容并制定了明确的过程信息后，就能进入导演工作的下一制作阶段了：分解演播室平面图和现场草图。了解平面图或现场草图有助于决定出镜人的主要活动范围、如何安放摄像机以及如何相应地标记脚本。

### 分解平面图

除非指导的是发生在同一布景下的日常演播室制作，如新闻、采访或比赛节目，否则需要一个平面图来对各个镜头进行形象化处理，然后再把这些镜头具体转化为摄像机的摆放位置和运动模式等细节。平面图也会影响，有时甚至决定你对出镜人的调度安排。

积累一些实践经验之后，你就能根据平面图或现场草图，基本决定所有出镜人调度和摄像机的机位设置。平面图还有助于觉察出潜在的摄制问题。下面看一看关于闯红灯部分的一个简单的采访平面图和现场草图，看是否能辨别出一些潜在的摄制问题，避免其发生。

**采访平面图** 让我们回到节目第一部分——在演播室与警官和高中生代表的访谈。美术指导拿了一份采访布景的草图给你，让你在他拿给助理做最终版本之前先审阅一下。见图 16.4

采访布景看上去很合理。可以用 2 号摄像机拍摄三人定场镜头，然后再移至右边拍摄主持人特写。1 号摄像机拍摄嘉宾。线路监视器对准主持人，这样在录制过程中嘉宾就没有机会在电视上自我欣赏了。

当美术指导助理把平面图的最终简洁版本和附带的道具清单拿给你时，你发现了很严重的问题。见图 16.5 什么问题呢？

再看看这个演播室的平面图，然后尝试形象化一些主要的镜头，如开头和结尾的三人镜头，嘉宾与主持人交谈以及互相交谈时的双人镜头，三人各自的特写镜头等。形象化时，镜头的前景和背景都要考虑到，因为摄像机会将它们都拍下来。显然，这个演播室的平面图肯定存在一些摄制问题。见图 16.6

■ 现有的椅子摆放方式会很难拍摄开场的三人镜头。如果用 2 号摄像机从正面拍摄，椅子看起来就摆放得过于疏散了。就算放到宽高比 16×9 的画面中，主持人和嘉宾充其量也只能贴在屏幕的两边，从而过分突出了挂在中间的油画。而且，镜头两端有可能还会超出布景区域。在这样的场景布置中，嘉宾们肯定会在镜头中互相遮挡。

■ 如果用最左边的 1 号摄像机从主持人一边拍摄嘉宾的过肩镜头，取景范围同样可能会超出布景

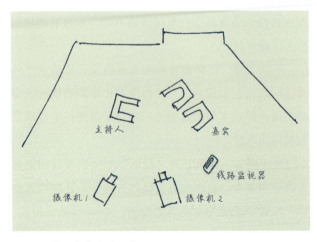

**图 16.4 交通安全访谈：草图**
这个演播室访谈布景的草图显示了椅子和摄像机的大概位置。

**图 16.5 访谈布景：平面图和道具清单**
这个根据一个访谈布景草图设计的平面图和道具清单暴露出一些严重的摄制问题。

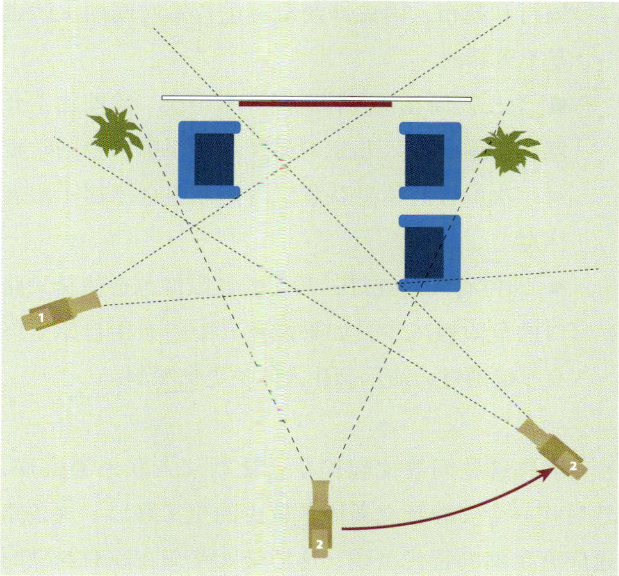

**图 16.6 访谈布景：摄像机的位置**

这个摄像机位置图暴露出一些因布景设置不当带来的摄制问题。

区域。而且拍特写镜头时，拍出来的橡胶树像从嘉宾头上长出来似的。

■ 如果切换到 2 号摄像机，取景范围会又一次超出布景区，并且第二株橡胶植物看上去又会像从主持人头上长出来的一样。

■ 如果为了避免取景超出布景范围而把摄像机朝中间靠，那又会导致除了人物的侧面什么都拍不到。

除了这些镜头问题外，还有其他一些摄制方面的问题：

■ 白色硬墙布景很难呈现出最有趣的背景，它的表面太平，色调对于前景来说太亮，这样会显得皮肤色调异常地暗淡。因为主持人是位非裔美国妇女，她与白色背景会形成更强烈的反差，即使打更多光在脸上也无法解决这一问题。

■ 椅子离背景墙太近，这样任何主光和辅助光必然会照射到背景上，从而增强剪影效果。此时背光也会起到前（主）光的作用，使朝向摄像机的一边发生快速减退（浓重的附加阴影）。如果从布景正前面（约 2 号机的位置）增加辅助光照亮人面

部的阴影，那辅助光必定也会照到白色背景墙上，从而进一步增强剪影效果。

■ 音质可能不会太好，因为话筒离反射声音的硬墙布景非常近。

■ 道具清单暴露出的问题更多，大软垫椅肯定不适合采访使用。它们看起来太奢华了，而且大得几乎可以吞掉坐在上面的人。

■ 因为大多数布景需要在极端的角度进行交叉拍摄，所以油画挂在中间根本没用。如果想用图片来打破背景的平淡，那就把它挂在能在多数镜头中看到的背景位置。

■ 如果对艺术史有大致了解，你就会察觉到布里奇特·莱利（Brigit Riley）油画中密集而反差较大的图案会引起条纹干扰。

■ 最后，椅子直接放在演播室地面上，摄像机要么得俯拍出镜人，要么就得让摄像师在整个采访中把摄像机支架降到最低并弯着腰进行拍摄。

我们详细阐述了通过仔细观察平面图能发现的一些摄制问题，这些问题如果在实际录制之前没有及时发现，就会浪费很多摄制时间。如你所见，即使是如此简单的演播室平面图和道具清单，也能暴露出各种摄制问题。

图 16.7 所示内容为之前提到的问题提供了一条可行方案，你可以为采访布景的改进提出更多建议。**见图 16.7**

### 分解现场草图

导演根本没时间停留在上一阶段任务完成的喜悦中。完成采访布景之后，副导演就从有关闯红灯部分的现场调查回来了，并送来现场草图。**见图 16.8** 她觉得可能存在一些潜在的摄制问题，试试看，你能不能察觉出其中一些问题。

■ 这个交叉路口显然是在闹市区，因此到时候肯定会有大量的交通疏导工作需要做。除非真的发生车祸，否则警察是不会封锁这个交叉路口的。

■ 即使这不是市中心的交叉路口，但由于它靠近

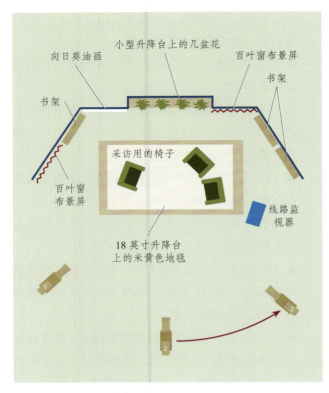

图 16.7 改进后的访谈布景

改进后的访谈平面图提供了足够的背景和有趣的镜头。

银行和超市，因此即便对其进行短时间的关闭也是不可能的。

■ 学校操场在课间休息时非常嘈杂。除非你不介意在摄制中混入儿童的笑声和喊叫声，否则学校每一次的课间休息就意味着摄制组也不得不跟着休息。

■ 即使有人闯红灯，四面的红绿灯也会使交叉路口的危险性减少。如果能让其中一条街自始至终有车辆通过，演示会让人印象更加深刻。

解决这些问题比较简单：让制片人联系警察局，然后找一个安静且交通流量较少的交叉路口。这条路还应有足够的替代路线，这样交叉路口在临时封锁时不会造成交通延误，也不会影响附近居民的出入。

### 使用故事板

在之前描述的复杂任务或任何超越日常节目拍摄的导演任务中，很多时候你都需要一个很好的故事板来协助形象化过程。将形象化镜头按顺序组合起来就是故事板（storyboard），故事板包含形象化要点和音频信息。见图 16.9

图 16.8 闯红灯部分现场草图

这个现场草图暴露出了一些让现场摄制不可行的主要问题。

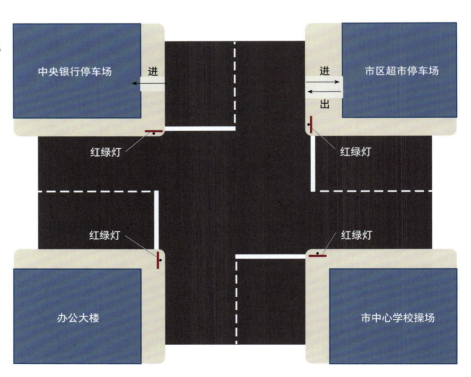

# 特工 12 的归来
Detonation 电影制作

镜头 327

特工 12 的特写
特工 12
喷气背包！火力全开！

镜头 328

快速转至背包特写
助推器一点燃，喷气背包就升空了！

声音：喷气机发出的轰鸣声。

镜头 329

戏剧性俯拍特工 12
随着特工 12 迅速升空并越过摄像机，地面逐渐消失，留下一条火焰痕迹。
声音：喷气机发出的轰鸣声，多普勒效应下音高下降。

镜头 330

远景跟拍镜头
特工 12 继续升空，该镜头一直出现在下一个镜头的屏幕中。

镜头 331

镜头转向复仇博士
复仇博士对屏幕中的播放内容做出反应。他不相信。

复仇博士
啊，我的天！谁给他的喷气背包？

镜头 332

特写
斯科特似乎要大声讲话……

镜头 333

特写
……但重新考虑后还是没说。

镜头 334

中全景镜头推近并倾斜为特写
复仇博士对着无线话筒大喊。
声音：从喇叭传出复仇博士的声音。

复仇博士
虎仔！游戏仔！行动！

镜头 335

从屋顶拍摄
虎仔和游戏仔奔向榴弹炮。巨大的大炮笼罩了整个屋顶。

复仇博士（通过无线电）
准备好屋顶的枪！

**图 16.3　手绘故事板**
这个手绘故事板呈现出了视觉重点，并列出了关键的音频部分和镜头顺序。

　　故事板通常画在预先印好的纸上，纸上部分区域代表电视屏幕，电视屏幕下方显示音频和其他信息。故事板也可以画在空白纸上，或用计算机制作。故事板软件程序带有十分庞大的图库（房屋、街道、车辆、起居室、办公室等图像），可在这些图像中添加人物，并将他们移动到故事板画框内的任意位置上。

多数广告片在摄制前都要将镜头一个个仔细地绘制在故事板上，故事板能协助广告片拍摄决策人员审看每个镜头以及镜头间可能的顺序。

故事板也适用于其他包含大量特别复杂的非连贯性镜头或镜头序列的单机制作类型。好的故事板能为具体摄制要求提供直接线索，如一般的场所、摄像机的位置、镜头大致的焦距、音频采集方法、剪切、后期制作的工作量和类型、出镜人的活动、布景设计和小道具。

### 脚本标记

适当的脚本标记对控制室或拍摄现场的多机导演工作能起到极大的帮助。如果在控制室导演，你需要在连续时间范围内协调众多人员和设备。标记过的脚本是引导你进入错综复杂的摄制过程的线路图。尽管正确标记脚本的方法多种多样，但仍形成了一些惯例和标准。显然，一个采用完整脚本的节目，比一个依据简单节目大纲导演的访谈节目，需要更多精确的指令。相比为后期制作剪辑录制的节目，现场直播或在连续时间内从控制室导演的不间断的现场录制节目，需要更详细的脚本标记。但即使在不连续的单机制作中，标记清晰明了的脚本也能协助你识记摄像机和出镜人的不同位置，从而使导演工作更加准确。

**为实时剪辑（切换）做脚本标记**　无论选择或做什么样的脚本标记，都必须清楚易读，而且最重要的是始终保持一致。一旦形成了某套工作体系，就坚持下来。就像乐谱一样，不必阅读每个音符就能理解一整段乐曲，对于脚本标记系统，你也可以在不需要有意识地阅读每个段落的情况下，解释并对书面提示做出反应。以下提供了三种脚本标记实例。**见图 16.10—16.12** 看看图 16.10 中的标记，然后再与图 16.11 和图 16.12 做比较，哪一个脚本更清楚易读？

图 16.10 中的脚本显示的信息更让人迷惑。读完所有指令之后，你肯定会漏掉部分或全部动作，甚至可能漏掉出镜人一半的台词。其实，不必为所有准备指令做标记，也不必标出其他不言而喻的指令。例如，"准备"的指令常常在某指令之前给出，因此不需要特

意将它清楚地写出来。

相比之下，图 16.11 和图 16.12 的脚本标记就更清楚简洁。脚本上的标记不多，且用字极少，不必细读每一个字就能很快了解所有指令。可以看出，图 16.11 的指令提供了和图 16.10 相同的信息，但它能让你跟踪解说词，提前看到下一步指令，并且还能观看预览监视器上的活动。现在让我们从导演的角度总结一下标记清晰的脚本拥有的一些特点（参看图 16.11）。

■　所有行动指令都在行动开始之前进行标注。

■　如果镜头或摄像机的运动已清楚地描述在画面栏内（左栏），声音提示描述在声音栏内（右栏），那只需在已打印的指令下面画线或画圈标出即可。这样能保持脚本的干净整洁。如果打印出的指令难读懂，不要犹豫，用自己的符号来重新标注它们。

■　如果脚本没有指明从某画面到另一画面的转换方式，那通常意味着硬切。指令线旁边手写的一个大大的数字 2，指下一镜头切换到 2 号摄像机，同时它还包含"切至 2 号机"前进行"2 号机准备"的意思。

■　如果节目需要排演，用铅笔做初步的脚本标记，以便能快速改动而不弄花脚本，使其难以辨认。但一旦准备好进行彩排，就要用粗体字做标记。让副导演和现场导演把你做的标记抄写在他们的脚本上。

■　在同一栏内用带圆圈的数字标记摄像机号，这样就能迅速看出该准备拍下一镜头的是哪台摄像机了。

■　除了标记摄像机，从 1 开始以连续的序号标出每一个镜头，不管用哪台摄像机拍摄。这些镜头序号不仅有助于你为每台摄像机安排各种镜头，还能帮你很容易地为每台摄像机制作一份分镜表。**见图 16.13** 现在就能很容易地删除或增加摄像机镜头了。你只需说："删除 89 号镜头"，2 号摄像机就会删除尤兰达徘徊的镜头。

■　你或许希望设计一个符号用以标记某个动作，如某人走进门来、朝地图走去、坐下或站起来。

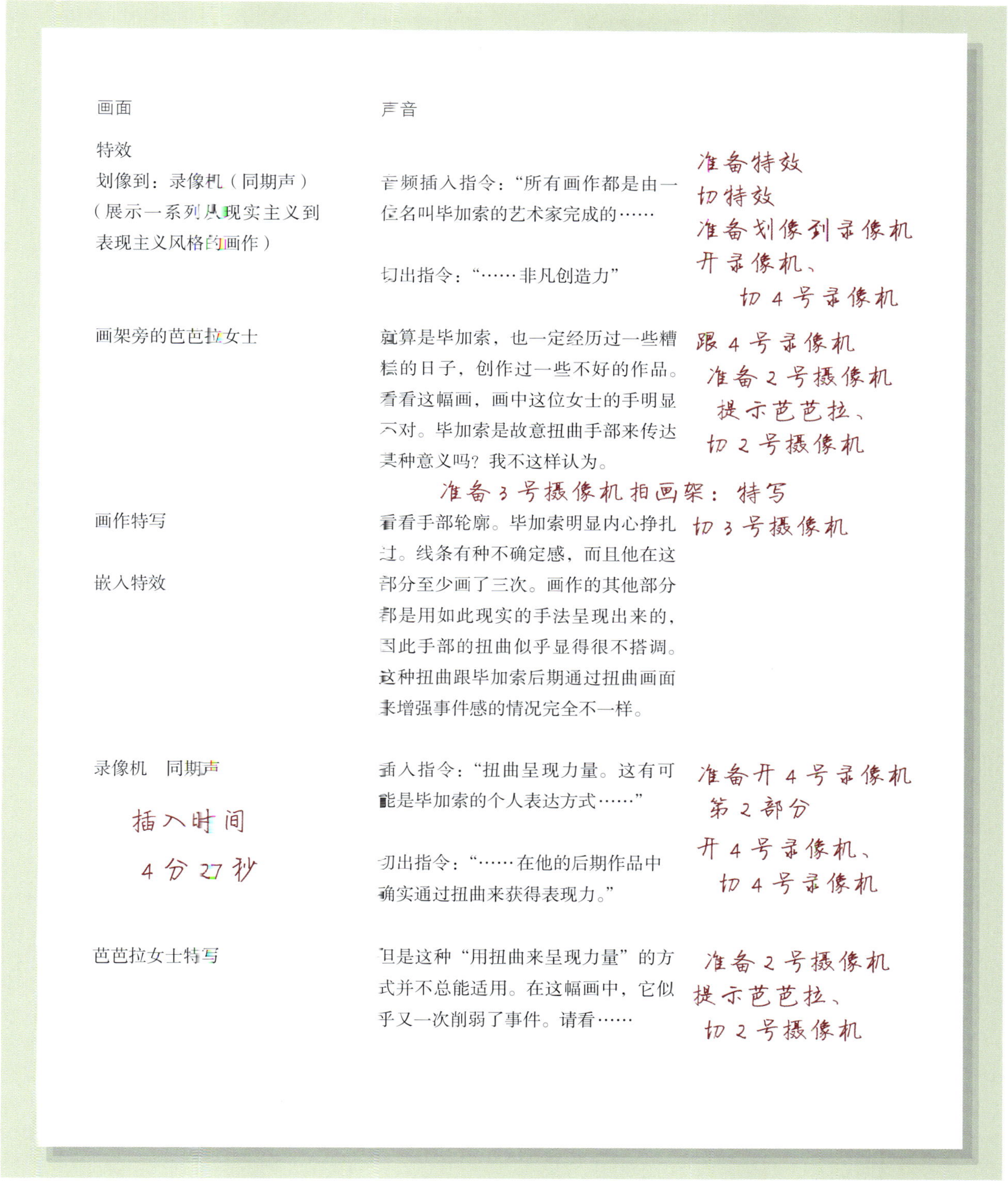

| 画面 | 声音 | |
|---|---|---|
| 特效<br>划像到：录像机（同期声）<br>（展示一系列从现实主义到<br>表现主义风格的画作） | 音频插入指令："所有画作都是由一<br>位名叫毕加索的艺术家完成的……<br><br>切出指令："……非凡创造力" | *准备特效<br>切特效<br>准备划像到录像机<br>开录像机、<br>　切4号录像机* |
| 画架旁的芭芭拉女士 | 就算是毕加索，也一定经历过一些糟<br>糕的日子，创作过一些不好的作品。<br>看看这幅画，画中这位女士的手明显<br>不对。毕加索是故意扭曲手部来传达<br>某种意义吗？我不这样认为。 | *跟4号录像机<br>准备2号摄像机<br>提示芭芭拉、<br>切2号摄像机* |
| | *准备3号摄像机拍画架：特写* | |
| 画作特写<br><br>嵌入特效 | 看看手部轮廓。毕加索明显内心挣扎<br>过。线条有种不确定感，而且他在这<br>部分至少画了三次。画作的其他部分<br>都是用如此现实的手法呈现出来的，<br>因此手部的扭曲似乎显得很不搭调。<br>这种扭曲跟毕加索后期通过扭曲画面<br>来增强事件感的情况完全不一样。 | *切3号摄像机* |
| 录像机　同期声<br><br>*插入时间<br>4分27秒* | 插入指令："扭曲呈现力量。这有可<br>能是毕加索的个人表达方式……"<br><br>切出指令："……在他的后期作品中<br>确实通过扭曲来获得表现力。" | *准备开4号录像机<br>第2部分<br><br>开4号录像机、<br>　切4号录像机* |
| 芭芭拉女士特写 | 但是这种"用扭曲来呈现力量"的方<br>式并不总能适用。在这幅画中，它似<br>乎又一次削弱了事件。请看…… | *准备2号摄像机<br>提示芭芭拉、<br>切2号摄像机* |

**图 16.10　差的脚本标记**

这个脚本上的标记有太多不必要信息，给阅读造成困难。

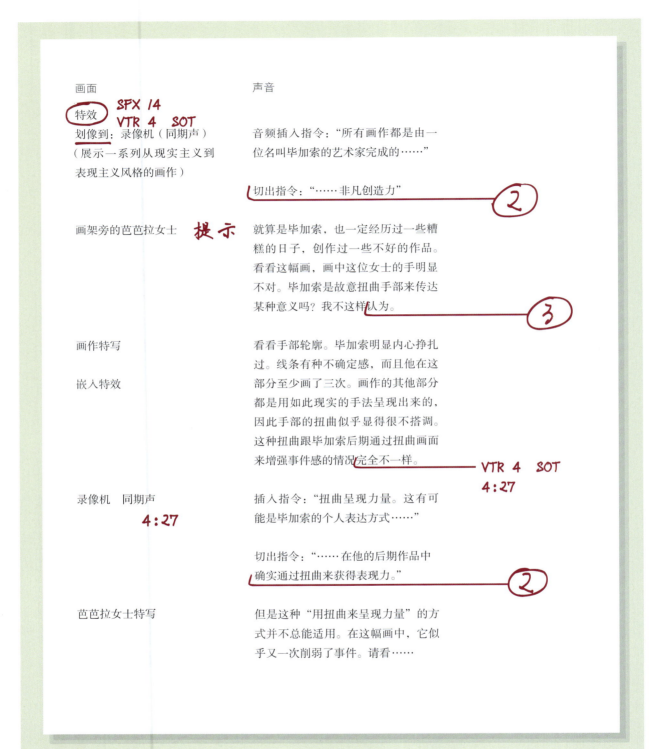

画面　　　　　　　　　　　　声音

特效　**SFX 14**
　　　　**VTR 4　SOT**
划像到：录像机（同期声）　　　音频插入指令："所有画作都是由一
（展示一系列从现实主义到　　　位名叫毕加索的艺术家完成的……"
表现主义风格的画作）

　　　　　　　　　　　　　　　切出指令："……非凡创造力"　　②

画架旁的芭芭拉女士　**提示**　　就算是毕加索，也一定经历过一些糟
　　　　　　　　　　　　　　　糕的日子，创作过一些不好的作品。
　　　　　　　　　　　　　　　看看这幅画，画中这位女士的手明显
　　　　　　　　　　　　　　　不对。毕加索是故意扭曲手部来传达
　　　　　　　　　　　　　　　某种意义吗？我不这样认为。　　③

画作特写　　　　　　　　　　　看看手部轮廓。毕加索明显内心挣扎
　　　　　　　　　　　　　　　过。线条有种不确定感，而且他在这
嵌入特效　　　　　　　　　　　部分至少画了三次。画作的其他部分
　　　　　　　　　　　　　　　都是用如此现实的手法呈现出来的，
　　　　　　　　　　　　　　　因此手部的扭曲似乎显得很不搭调。
　　　　　　　　　　　　　　　这种扭曲跟毕加索后期通过扭曲画面
　　　　　　　　　　　　　　　来增强事件感的情况完全不一样。
　　　　　　　　　　　　　　　　　　　　　**VTR 4　SOT**
　　　　　　　　　　　　　　　　　　　　　**4:27**
录像机　同期声　　　　　　　　插入指令："扭曲呈现力量。这有可
　　　　**4:27**　　　　　　　能是毕加索的个人表达方式……"

　　　　　　　　　　　　　　　切出指令："……在他的后期作品中
　　　　　　　　　　　　　　　确实通过扭曲来获得表现力。"　　②

芭芭拉女士特写　　　　　　　　但是这种"用扭曲来呈现力量"的方
　　　　　　　　　　　　　　　式并不总能适用。在这幅画中，它似
　　　　　　　　　　　　　　　乎又一次削弱了事件。请看……

**图 16.11　好的声画分栏脚本标记**
这个脚本标记清晰，易于导演阅读。

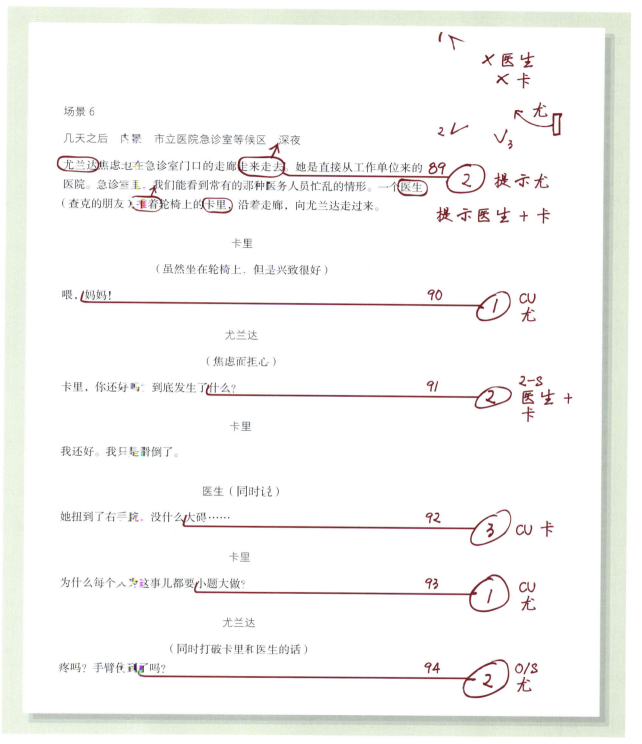

**图 16 12 好的单栏脚本标记**

这个多孔拍摄的单栏剧情上脚本标记显示了所采用的摄像机、镜头号、镜头类型和主要的镜头运动。场景开拍时要留意走位草图。

在图16.12中，该指令用一个手画的箭头表示（↗）。

■ 如果出镜人有几个动作，画一些小图表示这些动作（见图16.12）。与镜头构图的故事板草图相比，这种走位草图往往更有助于提醒出镜人的动作、摄像机的位置和运动。

**用于后期剪辑的脚本标记** 用于不连贯拍摄的脚本标记包含对各种场景、拍摄地点（医院、前门入口）及形象化要点（摄像机的视点、景别）的详细分解与说明。然后你需要参照所建议的摄制顺序标出镜头号。最后结束时列出一张镜头表，通过该镜头表页码能查阅最初的脚本信息。下面是一个案例：

| 现场 | 镜头号 | 脚本页码 |
|---|---|---|
| 医院 | 6 | 41—47 |
| 走廊 | 7 | 48—55 |
| 急诊室 | 3 | 5—7 |
| 入口 | 14 | 102—110 |
| 尤兰达家的厨房 | 14 | 2—4 |

你可以在脚本上按自己的意愿做标记。当进行间断录像拍摄以备后期剪辑时，查阅脚本的时间明显比现场直播或现场录制时需要的更多。对于间断拍摄来说，在脚本上标记出镜人的走位，并在对话旁画出小故事板草图以显示一些非常规的画面构图，可能会对你有所帮助。这种草图能帮你回忆自己在脚本准备阶段的想法。有一些电影导演，比如史蒂文·斯皮尔伯格（Steven Spielberg），在拍摄电影画面之前会把整部电影中的几乎每个镜头绘制在故事板上。

可以看出，如果能提前花更多的时间和精力在摄制细节上，那在实际视频录制阶段就会更加省时省力。摄制效率并不是让你忽略质量匆匆完成，而是意味着大量的准备工作。

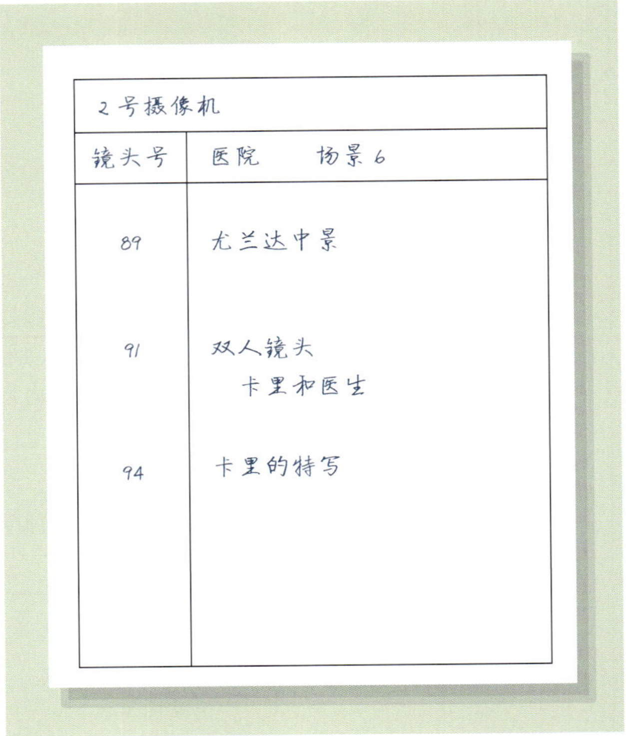

**要点**

▶ 电视导演必须是艺术家，能把脚本或某一事件转化为有效的电视画面和声音；必须是心理学家，能与具有不同性格和

**图 16.13** 2 号摄像机的镜头表

技能的人一起工作；必须是技术顾问，了解设备的潜能和局限性；还必须是协调人，能启动并跟踪多个摄制过程。

▶ 清楚理解过程信息（所追求的效果）有助于导演决定最适合的摄制形式（单机或多机拍摄，演播室或现场制作，录播或直播，现场连贯拍摄或为后期制作进行的不连贯拍摄）。

▶ 仔细分析脚本有助于同步想象（特别生动的视听觉影像），同步想象能决定随后的形象化和序列化。

▶ 形象化（脑中想象看到和听到的重要画面）对于将脚本转化为视频画面非常重要。

▶ 平面图或现场草图能协助导演策划摄像机和出镜人的位置和活动轨迹。

▶ 故事板指的是显示某事件视觉要点的图画或计算机生成的图像，并配有声音信息和适合的镜头顺序。

▶ 为实际摄制当天准备节目时，你必须要对平面图或现场草图进行分解说明，然后标记脚本。

▶ 一份优秀脚本标记，其重要方面在于可读性和连贯性。

▶ 精准易读的脚本标记能协助导演和其他摄制人员预见并执行多种指令。

# SECTION

# 16.2

# 联络沟通和
# 日程表

本节讨论导演辅助人员的作用，导演就设备需求和日程表方面问题与制片人协作的必要性，以及导演与出镜人和制作人员间的联络沟通。

▶ **辅助人员**
现场导演、制片助理、副导演或助理导演

▶ **设备需求、日程表和联络沟通**
设备需求、制作日程表、时间表和导演的联络沟通方式

## 16.2.1 辅助人员

导演的辅助人员阵容取决于制作公司的规模。纪录片由三人组成的团队完成：制片/导演、操作摄像机并负责灯光的摄影指导（director of photography，缩写DP），以及音响师。很多现场制作由包括摄像和出镜人在内的两人团队完成，其中任何一人或双方都能充当导演的角色。在电视台或大型的独立制作公司，导演通常配有两或三人的辅助人员：现场导演、制片助理、以及大型制作中的副导演或导演助理。

### 现场导演

现场导演也叫现场指导、舞台监督或部门监督，

尽管部门监督的角色更像制片主任或负责管理日常摄制工作和经费使用的线上制片。现场导演的主要职责是协调拍摄现场（演播室或实景）的所有活动，并把导演的指令传达给出镜人。

在摄制之前，现场导演要监督并帮助现场工作人员布置场景，安放布景和小型道具，装饰布景和安放显示器。在彩排和摄制中，现场导演必须协调现场工作人员和出镜人并把导演的指令传达给出镜人。摄制完毕后，现场导演要负责布景和道具的拆卸，使摄制现场恢复原貌。

现场导演应牢记注意以下几点：

■ 除非是在固定场景（每次摄制后不需拆卸场景）中制作日常节目，否则现场寻演就需要一份详细的平面图和道具清单，与美术指导和导演协商任何具体要素或变动。从导演那索取一份标记过的脚本，这样能预先了解出镜人和摄像机的活动轨迹。在调整灯光前先让导演查看一下布景，因为一旦灯光布置完毕，即使很小的布景变动也需要做很大的灯光调整。布景的设置和装饰完成以后，用数码相机拍几张照片，这种记录方式比视频更便于使用。

■ 现场导演应负责确保所有小道具都放置在场景中并处于可操作状态。例如，如果节目中需要在演播室对一种新笔记本电脑进行展示，就要事先将特定的计算机程序系列运行几次以了解其如何工作。难以开启的罐子或瓶子对于主持人总是个难题。先稍稍拧松罐盖或瓶盖可使出镜人毫不费劲地打开。这种小技巧能避免多次重拍、缓解紧张，也通常是在现场导演和出镜人间建立信任的一种最快的方法。

■ 检查提示器是否运行正常，是否显示出正确的台词。

■ 如果在现场使用将被摄入镜头的场记板，应先写好基本信息。准备好几支笔和一块布以便擦掉后重写。

■ 对于复杂的摄制，排演前先研究一下标记好的脚本并添加自己的提示符号。如出镜人的进场和

**335**

退场，道具、服装或布景更换。出现疑问要向导演问清楚。

■ 向出镜人和嘉宾做自我介绍，并为他们在演播室内设置特定的等待座位区。由于大多数摄制人员（包括导演和制片人）都很忙，现场导演必须在摄制过程中与出镜人和嘉宾建立并保持一种友好关系，确定他们是否已经签署适宜的授权协议书和其他需要的文件。偶尔询问他们是否需要喝水或咖啡，是否舒适，是否需要帮助。当与外请的出镜人合作时，和他们一起回顾主要的指令（见第 15 章）。

■ 使用提示器时，询问主持人字体大小是否合适，以及与摄像机之间的距离是否可以接受。

■ 有完整脚本的节目进行排演时，应尽量按脚本进行，并注意导演的指令。在特别复杂的摄像机运动或出镜人的活动旁做标记。如果为后期制作剪辑采取分段拍摄，要特别注意出镜人的表现、位置和主要活动是否连贯一致。

■ 随身带一支钢笔或铅笔、一支记号笔、绝缘胶带和粉笔（用来固定道具、设备，标记出镜人和摄像机的位置），还要带一本大的便笺纸，以便在 I. F. B. 系统出问题时为出镜人写信息。

■ 彩排时即使导演就站在旁边，现场导演也要像在播出时那样向出镜人传达所有指令。传达指令时不需要一直站在摄像机旁，应尽量站在出镜人能看到的位置。这也是为什么现场导演不能靠在演播室摄像机内部联络系统旁的原因之一。

■ 在节目摄制中，即使发现导演漏掉一个指令也不要擅作主张发指令，应该通过内部联络系统询问导演是否按标记好和事先彩排的内容发出指令。如果由于控制室中正在讨论某些技术问题而中断摄制，就应该通知出镜人有关情况，告诉他们表现得很好但导演现在必须解决一些技术问题。如果出现问题，有待进一步解决，那就邀请出镜人离开照明区，在演播室为他们准备的地方休息一会儿，但不要让他们闲逛走远。

■ 节目摄制完成后感谢出镜人或嘉宾，引导他们离开演播室，然后监督拆卸演播室的布景或现场

布置的物件。注意不要拖着布景或道具车压过仍留在演播室地面上的线缆。把嘉宾带来的物品放到特定位置，并确保这些物品被归还。如果是拍摄室内实景，应把物品放回之前找到它们的地方。现场草图或照片对于重新恢复物品的摆放位置有很大的帮助。在现场实景拍摄时，要牢记自己是作为客人在别人的场地工作。

## 制片助理

作为一名制片助理（PA），必须准备做各种工作，从复印和分发剧本、寻找特定道具、迎接出镜人，到电话联系出租车、准备咖啡，再到为制片人和导演做笔记（除非副导演已做笔记）。一般情况下，做笔记是制片助理最重要的职责。制片助理要拿着笔和笔记本紧跟制片人和导演，记录下他们喃喃自语或让你写下的所有内容。在休息间歇，则需一项一项核实这些记录。在现场制作中，制片助理还要做所有拍摄镜头的场记。这些场记有助于后期剪辑师从素材中寻找特定镜头。

## 副导演或助理导演

作为一名副导演（associate director）或者助理导演（assistant director），你的主要任务是在制作阶段（彩排、现场直播或现场录制）协助导演。在复杂的演播室节目中，导演可能会让你给所有的准备指令（例如："准备提示玛丽""准备拍约翰的两个特写镜头"），并通过内部联络系统告知摄像师安排下一个镜头的拍摄或摄像机运动以便预先调整摄像机的位置。这样从某种程度上能使导演更多专注于监视器和出镜人的表现。一旦完成这些准备工作，导演就能以各种指令指挥行动："2 号机准备，镜头 2。"或者，在快速对话中，只需要打一个响指。

在精细的现场制作或复杂的演播室摄制中，副导演可能要指挥每个镜头的排演，这样导演就可以站在后面观看现场或线路监视器上的录制情况。

副导演在数字电影摄制中也可能充当第二摄制组导演的角色。第二摄制组由一组人数更少的工作人员组成，他们负责捕捉各种穿插镜头，如定场镜头、某

些特写镜头、特效序列，或不包含主要对话部分的其他小场景。

作为副导演，会还要负责排演过程和实际摄制阶段中节目段落和整个节目的计时。

## 16.2.2　设备需求、日程表和联络沟通

作为导演，现在轮到你和制片人再次核实在前期筹备阶段应该完成的各种重要事项了，如设备需求和制定日程表。

### 设备需求

器材设备的需求和安排一般不由导演准备，而是由制片人负责。但导演仍然需要和制片人核实一下，设备需求（facilities request）清单是否囊括自己在摄制准备阶段添加的所有仪器和技术设备。询问技术指导最终的设备需求是否能满足节目的所有技术需求。

### 制作日程表

除非指导的是类似于早间新闻的日常节目，否则都要和制片人检查制作日程表（production schedule），这个日程表显示前期筹备、拍摄阶段和后期制作的日期，以及某人在某时某地做某事的分工细节。多数情况下，制片人负责制作日程表，而导演则准备时间表。

### 时间表

在大型的电视制作中，每天的时间表（time line）由制片人或制作主管负责。在小型制作公司，则由导演确定某一摄制当天的时间表。作为导演，假定你需要负责制定时间表。那就需要和制片人核实是否已将制作日程表分发给主演人和摄制组所有成员。只需让制片助理打个电话，你就能确定分发情况并睡个好觉了。

对于电视制作的所有其他方面，摄制每一天都是严格按照时间期限管理的。根据演播室节目或实况电视转播不同的复杂程度，时间表的规划各不相同。对于一次难度大的实况转播，如拍摄闹市区狭窄街道上的游行，你可能需要花一整天来完成规划工作。下面

是为一个访谈节目和一个时长一小时的肥皂剧设定时间表的典型案例。

**时间表：访谈**　这是为一个半小时（实际时长 23 分钟）访谈设定的时间表，节目内容是对两位乡村歌手的采访，他们因其富于社会良知的歌曲而闻名世界。两位歌手将于第二天在大学礼堂开演唱会，用木吉他伴奏。他们的合同规定，在演唱会上不允许电视摄像，但两位歌手、他们的经纪人和美国电视与广播演员联合会（AFTRA）同意他们来演播室接受简短采访并演唱一些音乐选段。

过程信息比较简单：给观众见到这两位歌手的机会，让观众对作为艺术家和公众人物的他们有更深入的了解，观看他们的表演。

为了节约时间和经费，节目采取录播（将内容录到录像带上）方式。这就意味着导演需要像直播节目那样去指导节目，或至少要尽量减少停机（录像中断）的情况。

时间表：访谈（7 月 15 日）

| | |
|---|---|
| 11：00a.m. | 摄制组人员集合 |
| 11：10—11：30a.m. | 技术会议 |
| 11：30a.m.—1：00p.m. | 布置场景和灯光 |
| 1：00—1：30p.m. | 午餐 |
| 1：30—1：45p.m. | 摄制会议：主持人和歌手 |
| 1：45—2：30p.m. | 走位和摄像排练 |
| 2：30—2：40p.m. | 做笔记和重新规划 |
| 2：40—2：45p.m. | 休息 |
| 2：45—3：30p.m. | 录制 |
| 3：30—3：45p.m. | 补录 |
| 3：45—4：00p.m. | 退场 |

从这张时间表上可以看出，一个制作日被划分成不同时间段，分别进行特定的某个活动。

**11：00a.m. 摄制组人员集合**　制作人员此时必须到达演播室。

11:10—11:30 a.m. 技术会议　以技术会议开始一天的工作，在会上与制作人员讨论过程信息和主要的技术要求。要求之一是音频布置，歌手显然对好的立体声效感兴趣，因此需要为访谈和表演区准备不同的话筒。导演还需解释需要什么样的镜头。艺术家的真诚和吉他演奏技巧最好用特写和大特写镜头来加以突出，而且你可能希望用移焦效果把对一个歌手的注意转到另一个歌手身上。声音技术人员可能要和你讨论具体的话筒设置，比如为表演提供落地式话筒，为歌手的走动提供无线领夹式话筒。技术导演可能会询问所需的灯光条件，并落实用 DVD 同步录制节目的情况，这样导演或制片人就可以在节目结束时把 DVD 赠送给歌手作为表示感谢的小礼品。

11:30a.m.—1:00p.m. 布置场景和灯光　这段时间对于布置标准的访谈场景以及为访谈和表演区布光已经足够了。作为导演，尽管不用直接参与布置工作，但也要对布景进行监督，以便在灯光布置好之前提出一些修改意见。

1:00—1:30p.m. 午餐　告诉大家在1:30准时回来，不是1:32，也不是1:35！这也意味着就算还有些技术细节没做完，每个人也必须在1:00准时离开演播室。一些小的技术问题可以在开摄制会议时和主持人、歌手一起讨论解决。

1:30—1:45p.m. 摄制会议：主持人和歌手　在歌手和他们的经纪人参与摄制会议前，制片人或制片助理就已经向他们介绍过主持人。但要再次核实他们是否已经签署了所有所需文件。要在这次会上确定他们的音乐选段以及每个选段的时长。讨论开头和结尾以及如何走向表演区的问题。告诉他们你的形象化构思，如歌曲和吉他演奏中强烈的部分会用非常近的镜头拍摄。

1:45—2:30p.m. 走位和摄像排练　虽然布景很简单，而且在演唱过程中摄像机基本不动，但仍然要排演从采访区走到表演区然后再走回来的部分。你可能还要排演一些景别非常近的镜头或从一个歌手到另一个歌手的移焦镜头。然后再用所有设备走一遍开场和结尾（主题音乐、字幕和人员名单嵌入）。告诉制片助理在排演中发现的摄制问题，然后让他记下来。摄像

排练对于声音工程师非常重要，因为他要尽力达到最理想的声音效果。声音技术人员重置话筒时导演不要烦躁。如果一切顺利，下午2:30之前就能结束这部分工作。

2:30—2:40p.m. 做笔记和重新规划　现在导演要召集主要的制作人员，包括制片人、导演助理、技术导演、声音技术人员、灯光师、现场导演和主持人，一起讨论排演中暴露出的摄制问题。让制片助理按记录顺序念一遍笔记。向摄制人员指出需要注意的各种问题。与此同时，其他人员应该把摄像机置于开始的位置，重设字幕机的页码，准备好磁带录像机和 DVD 录像机，并对灯光稍作调整。

2:40—2:45p.m. 休息　短暂的休息能让每个人为录制做好准备。不要告诉摄制组成员"休息五分钟"，而是告知他们什么时候准时回到演播室（2:45）。

2:45—3:30p.m. 录制　导演应在控制室于2:45准时开始录制，不是2:50也不是3:00。如果一切顺利，即便把第一次换场时中断的时间计算在内，这个半小时的节目到3:30也应制作完成了。

3:30—3:45p.m. 补录　这段时间是用来修补改进的。众所周知，电视是一种涉及多人的复杂且变幻无常的机器。例如，有时不得不重新录制开场或结尾，因为字幕机翻错了页，没有提供正确的开场字幕，或主持人说错了即将举办的演唱会的时间。

3:45—4:00p.m. 退场　在退场时间，导演可以对歌手和他们的经纪人，以及主持人和摄制人员表示感谢。安排好回放设备，以备其他人希望马上看到尤其是听到录制视频。用最好的音箱系统回放音轨。与此同时，看一下场景的拆卸情况，但不要干涉。信任现场导演和工作人员会在剩余15分钟内，拆除布景并清理演播室，以便下一次摄制使用。

时间表最重要的特征之一，是每部分都要严格按照规定时间推进。导演必须学会按日程规定的时间行事。更重要的是，不管是否完成了先前的工作，都要按照时间表准时进入下一个活动。不要为了完成时间表上安排的前一项工作，而用光下一部分工作的预定时间。为了跟上进度，经验丰富的导演会中途停止特

别困难的走位排练，转而开始时间表安排上"做笔记和重新规划"的阶段。没有经验的导演常常在节目的第一部分或较小的细节上花费大量时间，以致到节目播出时其余的部分丢没有排演。设计时间表的目的就是避免浪费宝贵的摄制时间。

**时间表：肥皂剧**　下面是一个较复杂的 1 小时肥皂剧的制作时间表。假定场景和灯光布置已经在前一晚（从早三点到早六点）完成，第二天下午六点以后会对一些布景进行调整。

太阳升起的时候　987 段

| | |
|---|---|
| 6：00—8：00a.m. | 无机排练厅 |
| 7：30a.m. | 摄制组人员集合 |
| 8：00—8：30a.m. | 技术会议 |
| 8：30—11：00a.m. | 摄像布局 |
| 11：00—11：30a.m | 做笔记和重新规划 |
| 11：30a.m.—12：30p.m. | 午餐 |
| 12：30—2：30p.m | 彩排 |
| 2：30—3：00p.m. | 做笔记和重新规划 |
| 3：00—5：30p.m. | 录制 |
| 5：30—6：00p.m. | 补录 |

可以看出，这个时间表没有留出时间来考虑接下来干什么。导演必须完全做好准备，按规定的紧凑时间表协调设备、技术人员和出镜人。这里没有留出拆卸布景的时间，因为布景还要保留到第二天拍摄时用。

### 导演的联络沟通方式

尽管制片人负责与出镜人、技术和非技术摄制人员保持联系，但导演本身也要负责确保节目按时完成。因此，导演需要设立一个日常程序，以便能与当天摄制组所有成员进行有效交流。注意，这种反复核实只有在一次性演播室和现场制作中才会用到。如果做日常节目，导演就需要信任制片人，让他来处理工作人员的变动或出镜人换人的情况。但导演仍需要随时能获得同样的人员信息，这样制片助理就能掌握最新的工作人员和出镜人换人的情况了。如果导演用电子邮件作为联络沟通方式，那就要求收件人马上回复，并抄送一份给制片人。

如果导演要去指导需要使用限制区域如体育场的现场制作，这种联络确认方式就非常重要了。第 18 章将详细讨论如何与联系人交流。

> **要点**

▶ 导演的辅助人员主要由一位现场导演、一位制片助理和大型制作中需要的副导演（助理导演）组成。

▶ 设备需求清单是一种获得制作所需器材和设备的重要交流手段。

▶ 制作日程表显示摄制前期筹备、拍摄阶段和后期制作的日期以及某人在某时某地做某事的分工细节。

▶ 时间表显示实际摄制当天为各类活动划分的时间段。

▶ 为增进导演和技术及非技术人员间的交流，导演必须设立并遵守特定的日常程序。收件人收到电子邮件信息后需要马上回复。

# 17

第 17 章

# 导演在摄制中的执导工作

既然已为摄制当天的工作做好充分准备，那现在就该进入电视控制室或到现场进行导演工作了。事实上，如果在实际摄制阶段导演还不能指挥或协调各种因素，那么所有细致的准备工作都会功亏一篑。

17.1 "多机控制室中的执导工作"将对执导各种多机演播室制作和远程现场制作的要求进行概述。17.2 "单机和数字电影执导工作"，则涉及一些所谓电影风格的拍摄技巧：使用高清电视（HDTV）或数字电影摄像机拍摄视频场景。

**摄像排练**（camera rehearsal） 用摄像机和其他制作设备进行完整的排演，通常与彩排形式相同。

**彩排**（dress rehearsal） 操作所有设备进行完整排演，出镜人着正式的演出服装。彩排一般需要视频录制。彩排通常也称为摄像排练，只是摄像排练不要求出镜人着正式的演出服装。

**无机排练**（dry run） 不带摄像设备进行出镜人基本活动的排演，所以也称作走位排练（blocking rehearsal）。

**内部通话系统**（intercom） 内部通话系统（intercommunication system）的缩写形式，所有制作人员和技术人员都会使用这个系统。最广泛运用的系统配有头戴式耳机麦克风，用于几条有线或无线频道上的语音通话。还包括其他系统，如监听反馈系统（I. F. B.）和移动电话。

**多机执导**（multicamera directing） 同时协调两台或两台以上的摄像机进行实时剪辑（切换），也常常称为控制室执导。

**播出时长**（running time） 一个节目或节目片段的持续时间。

**节目表时间**（schedule time） 一个节目开始和结束的时间。

**单机执导**（single-camera directing） 单机拍摄的导演方法。对数字电影来说，这可能意味着在拍摄同一动作的时候，先拍远景镜头，然后再转变为中景镜头和特写镜头。也称为电影风格拍摄（film-style shooting）。

**走场排练**（walk-through） 带摄制人员（技术性走场）和出镜人（出镜人走场）熟悉场景和动作的环节。在此过程中，导演在场景各处走动，解释主要动作。

# SECTION

# 17.1

# 多机控制室中的执导工作

与其他制作任务一样，执导也有自己的一套语言。作为导演，首要任务当然是学会准确而自信地说出导演用语。只有这样，你才能处理完成诸如日程安排、设备、人员和艺术想象等各方面的复杂问题。本节将带你学习多机执导或控制室执导的主要步骤，以及数字电影中多台摄像机的使用。

▶ **导演术语**

形象化、序列化、特效、录音、录像和现场导演的术语及指令

▶ **多机执导程序**

控制室中的执导工作和控制室内部通话系统

▶ **执导排练**

读脚本、无机排练或走位排练、走场排练、摄像排练和彩排、走场和摄像联合排练

▶ **节目执导**

预备程序和播出程序

▶ **控制时钟时间**

节目表时间和播出时长、倒计时和顺计时、将帧转换为时钟时间

## 17.1.1 导演术语

如其他为一个共同目标而奋斗的人类活动一样，电视执导也要求有一套准确而具体的语言系统。这种行话一般称为导演的语言，或更准确地称为导演术语，必须能让所有的制作组成员听懂。它对于导演和制作组其他成员之间进行有效无误的交流十分重要。

在学习电视导演时，你可能会掌握很多制作方面通用的行话，以及甚至导演使用的大部分特定语言。像其他语言一样，导演术语也会根据习惯和变化获得调整。虽然基本词汇相当标准，但这些术语在不同导演间还是会存在区别。并且，随着新技术的研发，导演语言也会出现相应的变化。例如：对于彻底的无磁带操作，我们还没有制定出相应的标准术语。即使剪辑片段是通过服务器传送的，有些导演仍会称之为"磁带声音"（sound on tape，缩写 SOT）。而对于在硬盘上录制的现场直播节目，他们还是更倾向于使用"磁带现场"（live-on-tape）这个术语。

这里列出的术语，主要是在演播室或实况转播车控制室中进行多机执导工作时会用到的。这种类型的执导工作需要用非常准确的术语进行表述。一句不准确的指令将导致一大堆严重的错误。同样，你也可以将这些术语的大部分用于演播室或现场的单机执导中。

不管采用什么样的导演术语，都必须始终清楚准确，并且保证制作组每个人都能理解，因为在节目制作过程中是没有时间对它们进行解释的。信号越简短、歧义越少，交流就越有效。下面的表格中列出了导演对形象化、序列化、特效、音频、视频录制进行指挥和向现场导演发指令的术语。**见表 17.1—17.6**

## 17.1.2 多机执导程序

多机执导（multicamera directing）指在演播室或实况转播车的控制室（见第 18 章）中同时指挥并协调各种制作元素。不管需不需要进行后期制作，导演一般都应试着在拍摄现场创作尽可能完整的作品。现场直播时，根本没机会把任何一个问题留到后期制作中去解决，导演的指挥过程就是最终的剪辑成果。多机

执导中需要协调很多技术操作和出镜人的活动。起初，你会觉得管理复杂的机械设备——摄像机、音响、图表、录像、远程传输和时间控制——是最大的挑战，但当你一定程度上掌握了这些设备功能后，就会发现最困难的工作是如何与人打交道，包括那些站在摄像机前面的人（出镜人）和幕后工作人员（制作人员）。

## 控制室中的执导工作

多机执导时，你需要考虑的不仅是各镜头的形象化，还要考虑它们的顺序。这里执导的节目包括现场直播节目、现场录制节目（以前称为"磁带现场"），以及会在相对简单的后期制作中进行片段重组、不做其他更改的较长节目片段。不管控制室是安置在演播室旁边、实况转播车里，还是为数字电影拍摄暂时现场搭建的，多机执导工作都要在控制室中进行。控制室专为多机摄制而设计，有利于流畅协调所有其他音视频设备、录制设备及相关人员，正因如此，多机执导也常被称为控制室执导。

在摄像排练和直播导演过程中，导演的命脉系于可靠且运行准确无误的内部通话系统。通过这个系统，导演能与控制室其他工作人员、演播室人员以及出镜人（必要时）联系。

## 控制室内部通话系统

控制室内部通话系统（intercom）能在所有制作和技术人员之间提供即时的语音通信，最常用的是专线系统、监听反馈系统和演播室扩音系统。

**表 17.1 导演的形象化指令**

形象化指令指为得到满意的镜头而发出的指令。有些形象化画面可以在后期制作中获得（如通过数字放大的电子变焦），但若用正常的摄像机操作来获得，则要容易得多。

| 已有画面 | 导演指令 | 目标画面 |
| --- | --- | --- |
| | 头顶空间或向上摇 | |
| | 向下摇 | |
| | 居中或左摇 | |

**表 17.1** 导演的形象化指令（续）

表 17.1　导演的形象化指令（续）

**表 17.2 导演的序列化指令**

这些序列化指令有助于从一个镜头切到下一个镜头，其中包括主要的几种切转方式。

| 动作 | 导演指令 |
|---|---|
| 从 1 号摄像机切到 2 号摄像机 | 准备 2 号机——切 2 号机 |
| 从 3 号机叠化到 1 号机 | 准备叠化 1 号机——叠化 |
| 从 1 号机横划到 3 号机 | 准备横划 3 号机——划像<br>或：<br>准备 x 号特效（编号由切换台程序指定）——开始特效 |
| 从黑场淡入 1 号机 | 准备淡入 1 号机——淡入 1 号机<br>或：<br>准备进 1 号机——进 1 号机 |
| 2 号机淡出到黑场 | 准备黑场——黑场 |
| 1 号机和 2 号机间短暂淡出到黑场 | 准备交叉淡入 2 号机——交叉淡入 |
| 从 1 号机切到服务器 2 号片段 | 切 2 号片段<br>（有时候你也可以只叫服务器序号，例如，当要用 6 号服务器时，你可以说：<br>准备 6 号——切 6 号） |
| 在录像机和字幕机间切换 | 准备字幕——切字幕<br>或：<br>准备 C. G. 特效——切特效 |
| 在字幕机不同的标题间切换 | 准备换页——换页 |

**专线内部通话系统（P. L. intercom）** 多数小型电视台或独立制作演播室采用这种内部电话联络系统。也称为 P. L. 系统，其中 P. L. 为专线（private line）或电话线（phone line）的缩写形式。所有需要语音联系的制作和技术人员都要佩戴配有耳机和小型话筒（方便回应）的标准头戴式耳麦。虽然多数演播室 P. L. 系统都是无线的，但仍需准备一个有线系统以备不时之需。

多数摄制演播室安有多个内部联络插孔，方便现场导演、现场工作人员和吊杆话筒操作员插入头戴式耳麦。除此之外，每一台摄像机上有至少两个内部通话插孔，一个供摄像师使用，另一个供一位演播室现场工作人员使用。但演播室工作人员最好将自己的耳机插在墙上的插孔上，不要连在摄像机上，因为这不仅会限制他们的操作范围，还会影响摄像机的灵活性。

现场导演试图引起出镜人注意的时候，常会突然猛拉摄像机。

有些节目需要把节目的声音和控制室的信号同步发送至其他摄制人员，如吊杆话筒操作员或演播室的音乐师（一般是乐队或交响乐队负责人），他们要依靠节目的声音和导演的指令来协调自己的行动。这种情况下，可以采用头戴式双耳机设备，一只耳机用来传递内部通话信号，另一只则传递节目的声音。

当我们处在嘈杂的环境中或靠近高音量的声音源如摇滚乐队表演时，可能需要一种双重控音耳机，它至少能在一定程度上滤掉音量高的声音。耳机上的话筒不会传送周围的嘈杂声，只在说话时起作用。

在多数电视制作中，制作和技术人员使用的是同一内部通话频道，即每个人都能听到所有人说话。但

**表 17.3** 导演的特效指令

特效指令不是一成不变的。而且，根据特效的复杂程度不同，导演可能会创造自己的缩略语。不管采用什么指令，导演都要在摄制组中将其标准化。

| 动作 | 导演指令 |
|---|---|
| 1 号机叠加到 2 号机 | 准备叠加 1 号机到 2 号机——叠加 |
| 回到 2 号机 | 准备除去叠加——除去叠加<br>或：<br>准备除去 1 号机——除去 1 号机 |
| 从叠加转到 1 号机 | 准备转到 1 号机——转到 1 号机 |
| 1 号机基础画面上嵌入字幕 | 准备嵌入字幕（1 号机上）——嵌入 |
| 把 1 号机演播室标题板信息嵌入 2 号机基础画面上 | 准备嵌入 1 号机到 2 号机——嵌入 |
| 把 1 号机演播室标题板上的嵌入标题填充黄色，并嵌入到 2 号机的基础画面上 | 准备遮罩嵌入 1 号机，黄色，嵌入到 2 号机——遮罩嵌入 |
| 在字幕机上给字幕加阴影轮廓，并嵌入到 1 号机的基础画面上 | 准备投影字幕到 1 号机——嵌入字幕<br>（有时导演可能会使用字幕机的厂商名称，比如 Chyron，所以你可以说：<br>准备 Chyron 到 1 号机——嵌入 Chyron<br>因为字幕信息几乎总是被嵌入，所以通常会在准备指令中省略"嵌入"一词。）<br>或：<br>准备特效，投影字幕——开始特效<br>（有时导演只简单地说"插入"，这代表按下顺向位移键。通常字幕模式——投影或边缘——已经在字幕机中做好了，所以你只需要说：<br>准备插入 7 号——插入） |
| 用划像模式使一个画面出现在另一画面上，如用圆形划像让 2 号机场景代替 1 号机场景 | 准备以圆形划像用 2 号机覆盖 1 号机——划像<br>（其他形式的划像也可以采用同样的说法，只需用某特定划像模式替代"圆形划像"即可。如果需要一个软划像，说"准备软划像"，而不是"准备划像"。） |
| 插入一个画面（B），使其像变焦推近那样逐渐变大，然后取代基础画面（A） | 准备放大特效——放大<br>或：<br>准备 16 号特效——放大 |
| 获得和放大相反的效果（B 逐渐变小） | 准备缩小特效——缩小 |
| 通过划像获得大量转换 | 准备 21 号划像特效——划像 |

很多较复杂的特效都已预先做好并储存在计算机程序中，可以通过编码检索来找到。为使用特定的特效序列，只需要说出特效的号码，如：准备 87 号特效——特效。

**表 17.4 导演的声音指令**

声音指令包括对话筒的指令，开始和停止各种音频源如 CD 播放器的指令，以及整合或混合不同音频源的指令。

| 动作 | 导演指令 |
| --- | --- |
| 打开演播室话筒 | 准备提示出镜人（有时候要具体到人，如：准备提示玛丽——提示玛丽，声音工程师会自动打开她的话筒。）<br>或：<br>准备提示玛丽——打开话筒，提示玛丽 |
| 音乐开始 | 准备音乐——音乐 |
| 给播音员加背景音乐 | 准备淡入背景音乐——淡入背景音乐，提示播音员 |
| 除去背景音乐 | 准备除去音乐——除去音乐<br>或：<br>音乐淡出 |
| 关闭演播室话筒（播音员的话筒），切换至声源声音，本案例中，指服务器中的片段 | 准备声源声音——关话筒，跟进<br>或：<br>准备声源声音——声源声音 |
| 播放录音<br>（如一个片段或 CD） | 准备录音机，片段 2（或 CD2）——播放录音机<br>或：<br>准备声音片段 2——播放 |
| 淡入一声源的同时淡出另一声源（类似于叠化） | 准备从声源 A 交叉淡入声源 B——交叉淡入 |
| 从一个声源不间断地转至另一个声源<br>（通常是两段音乐） | 准备从声源 A 接入声源 B——接入 |
| 为导演加大扬声器音量 | 加大监听器音量 |
| 从 CD 中播放声音效果 | 准备 x 号 CD 片段——播放<br>或：<br>准备 x 号声音效果——播放 |
| 将场记板信息录入录制媒介（打开现场导演的话筒或录像机附带的对讲机） | 准备念场记板——念场记板 |

很多内部通话系统能为不同功能提供独立线路。例如，技术指导和视频师在一条联络频道上通话的同时，导演可以同时在另一频道上指挥演播室工作人员。大型演播室和实况转播车可提供十二条或更多的独立内部通话频道。

**可中断监听反馈系统**（I. F. B. system） 当节目形式高度灵活或在播出中需做重要变更时，常常会使用可中断监听反馈（interruptible foldback 或 interruptible feedback，缩写 I. F. B.）系统。I. F. B. 系统直接连接控制室（导演和制片人）与出镜人，而不通过现场导演。出镜人戴着耳机可以听到节目完整的声音（包括自己的声音），直到导演、制片人或连接到该系统的控制室小组其他人员用指令打断节目声音。

例如，在华盛顿的记者现场报道国外领袖到达的情形时，她一直能听到自己的声音，直到导演插入说"切

**表 17.5** 导演的视频录制指令

导演的视频录制指令用于开始和停止视频录制、打场记板和切换到录像机输出。

| 动作 | 导演指令 |
| --- | --- |
| 开始录制节目 | 准备开 1 号录像机——开 1 号录像机<br>（现在你必须等待录像机操作员发出"开录"的确认信息） |
| 当录像机处于录像模式时打场记板。场记板在 2 号摄像机或字幕机上，开机场景在 1 号摄像机上（我们假定条和标准测试音都已经在录制媒介上了） | 准备 2 号机（或字幕机），准备念场记板——切 2 号机（或字幕机），念场记板 |
| 在音轨上加入开头的 10 秒"嘀"声，并淡入 1 号机（不要忘了 1 号机一进来就开启秒表） | 准备黑场，准备"嘀"声——黑场，"嘀"声 10—9—8—7—6—5—4—3—2—提示玛丽—进 1 号机（开启秒表） |
| 将录像机定格在静止画面 | 准备定格——定格 |
| 从定格模式开始录制 | 准备开 3 号录像机——开 3 号录像机 |
| 录制慢动作效果 | 准备 4 号录像机慢动作——运行 4 号录像机<br>或：<br>准备 4 号录像机慢动作——慢动作 4 |
| 当画面在 2 号摄像机上时，开录像机，将录像带内容插入节目；声音来源于录像带。假定插入等待时间为两秒 | 准备开 3 号录像机，声源声音——开 3 号录像机 2—1，切 3 号录像机，声源声音<br>如果需要立即插入，不用倒数计秒，只用说：<br>准备 3 号录像机，开 3 号录像机<br>（启动秒表为录像带插入片段计时） |
| 从录像机回到摄像机，1 号机拍摄玛丽（停止计时器并为下一次插入重设） | 10 秒倒计时，5 秒倒计时，1 号机准备，准备提示玛丽——提示玛丽开始，接入 1 号机 |

回纽约"，以便主持人告诉观众节目将切回纽约的电视中心。但当导演发出这些指令时，观众仍然能听到现场报道记者继续描述这一事件的声音。如果通过镜头外的现场导演来传送这些信息，那对于紧凑的新闻报道或特殊事件的现场直播来说，会太慢而且不够精确。制片人通常也会在主持人采访嘉宾的同时，通过 I. F. B. 系统向主持人提供一些后续的采访问题。不用说，这种系统只适用于非常有经验的出镜人、制片或导演。不巧的是，在多数情况下，这种 I. F. B. 系统往往成为真正干扰出镜人的因素，因为缺乏经验的出镜人在听取制片人指令的同时，往往无法进行正常交流。

**演播室扩音系统（S. A. system）** 演播室扩音系统（studio address，缩写 S. A.）由控制室人员（主要是导演）用于指挥演播室内没有戴专线耳机的人，它还称作演播室喊话器（Studio talkback）。这个系统采用类似公共扬声系统的演播室扩音器，协助与演播室内每个人直接交流。例如，导演可用它对所有人下达总体指令，尤其在排练开始时，或通知出镜人和制作人员某次临时延迟。另外，如果很多工作人员刚好没戴专线耳机，如在短暂的休息时间，导演可以用喊话系统叫他们回来工作。

因为内部通话系统很重要，所以一定要将它纳入常规设备检查的范围。如果发现头戴式耳机有问题或联络线路有噪音，就马上请维修人员修理。联络系统出现故障对多机制作的影响比摄像机出问题还要大。

**表 17.6 导演对现场导演的指令**

导演指令应该从摄像机的视点，而不是出镜人的视点出发。"左边"指摄像机的左边，"右边"指摄像机的右边。

| 现有画面 | 导演指令 | 目标画面 |
| --- | --- | --- |
| | 出镜人向左移 | |
| | 出镜人向右移 | |
| | 出镜人转向摄像机或面向摄像机 | |
| | 让这位女士向自己左侧转 | |
| | 把物体顺时针转动 | |

### 17.1.3 执导排练

除非你执导的是日常节目或特殊事件的现场直播，否则都需要尽量排练。排练不仅能让导演和制作组其他成员熟悉录制阶段的活动，而且还能暴露出在你的摄制准备中任何主要或次要的瑕疵或遗漏。

理想情况下，导演最好能排练需要录制或播出的所有内容。遗憾的是，这在实际工作中是很难做到的。因为日程安排的排练时间总是不够用，因此排练前的准备工作特别重要（第 16 章讨论过）。为了有效利用日程安排的排练时间，可以尝试进行以下步骤：阅读脚本、无机排练或走位排练，走场排练，摄像排练和彩排，走场和摄像机混合排练。

然而，请注意，你很少能将所有这些步骤一一完成。很多非戏剧性节目的排练只是让出镜人就具体活动走一遍场，如走到演示桌旁并以正确方式拿起物品以便拍摄特写镜头，或者走到表演区与嘉宾打招呼。

#### 读脚本

理想状况下，每一次重要的摄制都应从阅读脚本开始。即使是相对简单的节目，也至少要与出镜人、制片人、制片助理以及主要的摄制人员（导演助理、技术导演和现场导演）面谈一次，共同讨论和阅读脚本。还应带上演播室平面图，演播室平面图有助于每个人对活动发生地进行形象化处理，并发现制作过程中的一些潜在问题。在这次面谈中，应解释清楚以下要点：

■ 包括节目目的和节目目标观众群在内的过程信息。
■ 演员的主要动作，小道具的数量和使用，以及主要的换场（在镜头中从一个表演区走到另一表演区）。
■ 表演者与嘉宾的关系（如有嘉宾的话）。例如，在访谈节目中，应该与主持人讨论采访中的主要问题，以及他或她应该了解的关于嘉宾的情况。通常这种准备工作由制片人在排演之前完成。

如果排练的是电视剧或电视专题片，那剧本阅读

过程就特别重要。你会发现，起初如果花时间理解剧本，在之后的排演中就会节省时间。

阅读一次性剧情脚本时，需要讨论过程信息，电视剧的结构（主题、情节、环境）以及每个角色的性格。对角色极其细致的分析可能是阅读戏剧性剧本最重要的部分。演员如果真正理解自己的角色、任务以及与整个事件的关系，就掌握了表演的主要方面。经过这些分析后，演员就能自己设计一些活动（当然是在导演的细心指导下）并很自然地进行"表演"，这样导演也无需对演员的每个活动动机都做解释了。电视演员必须很好地理解角色，以便将角色再现出来，而不是表演出来。这种角色的内化总能提升演员的表演水平，可以通过认真阅读剧本获得。

如果你要执导每天一集的肥皂剧或每周一集的情景喜剧，演员集体出演，那种细致反复的角色探索就明显多余了。因为到第二或第三集时，演员已经对自己的角色了如指掌，而且知道如何和其他演员联系起来了。

#### 无机排练或走位排练

无机排练（dry run）也叫走位排练，在此排练中，出镜人完成基本的活动。导演此时必须考虑清楚摄像机在场景中的位置，以及演员相对摄像机和其他演员所处的位置。

进行无机排练的前提条件是备有详细的演播室平面图，且导演已完成彻底的准备工作。还有一个先决条件是演员已将所演角色内化。导演应告诉他们表演的大致位置（设想布景区的大致位置，此时很少会提供真正的布景），让他们尽可能自然地走位。要像看屏幕图像一样观看他们的表现，而不是从现场观众的视点观看。调整演员们的走位和设想的摄像机位置，直到确信自己在实际摄像排练时能获得形象化的屏幕影像为止。但此时不要专注于具体的画面构图，因为在摄像排练时还可以进行调整。确保在演员问接下来的任务时能准确地下指令。一个好演员的标准，并不在于不需要导演的帮助就能清楚要做什么，而是了解任务以后能准确自信地把它做好。

无机排练一般遵循以下几条原则：

■ 在演播室或排演厅中进行无机排练，紧急情况下可以在任何室内进行。以桌椅和地面上的粉笔标记来代表布景和家具。

■ 纠正演员的走位问题。采用导演的取景器或小型的家用摄录一体机，但注意演播室摄像机灵活度不会像它们一样大。让制片助理对主要的表演走位活动做记录。之后腾出时间再次查看这些记录，以便纠正走位中出现的问题。

■ 尽量根据演员最自然的行动来设计走位，但要记住摄像机和话筒的位置及移动情况。有些导演会走到摄像机的预定位置，然后从摄像机的视点观看行动过程。如果设计非戏剧性的表演，首先要在没有摄像机的情况下观察出镜人的活动，然后尽可能以适应出镜人活动的位置来放置摄像机。

■ 如果有帮助，喊出所有重要指令，如"提示丽莎""准备 2 号机，2 号机开拍"等。

■ 把所有场景按照录制顺序排练一遍。如果是直播或现场录制节目，应把整个脚本排练至少一遍。如果不能排练整个脚本，就挑选最复杂的部分进行。在非戏剧性节目中，如果时间允许就多排练几次开场。没有经验的出镜人常常在念开场白时结结巴巴，导致之后的整个节目都不顺畅。

■ 计算各段落和整个节目的时间长度。为摄像机的长距离运动，过渡音乐，播音员的引言和结束语，开头和结尾的字幕留出足够的时间。

■ 再次确认下次排练的时间和日期。

## 走场排练

走场（walk-through）是熟悉场景的环节，能帮助制作人员和出镜人理解所需的媒介和表演要求。你既可以要求做技术性走场，也可以要求做出镜人走场。当时间紧迫或应对小型制作时，可以把两者结合在一起进行。

走场与摄像机排练在实际播出或录制开始前不久进行。走场对于现场实景制作尤其重要。出镜人可感受一下新环境，而制作人员也能发现可能妨碍摄像机和话筒运动的潜在问题。

**技术性走场** 一旦布景就位，就应该召集摄制人员（导演助理、现场导演、现场工作人员、技术导演、灯光师、摄像师、声音工程师和吊杆话筒操作员）进行技术性走场。向他们解释过程信息和自己对节目的基本设想，然后带他们到场景中走场并解释以下主要因素：出镜人的基本走位和动作、摄像机的位置和运动、特殊的镜头和构图、话筒位置和移动、导演的基本指令、场景及道具的变更（如果需要），还有主要的灯光效果。

技术性走场对于电子现场制作（EFP）和大型实况转播尤其重要。导演应让导演助理或制片助理记下所有重要的决定，然后再次查阅并讨论这些记录，让技术人员能对各种问题加以注意。

**出镜人走场** 当制作人员着手做自己的工作时，导演可以带出镜人在布景区或实景现场做一次简短走场，并向他们再次说明其主要活动、位置和换场穿行轨迹。告诉他们表演时摄像机的位置，以及他们是否需要直接面对摄像机说话。下面是出镜人走场时一些较为重要的方面：

■ 指出每位演员或出镜人的主要位置和走动情况。如果出镜人需要直视摄像机，指出是哪台摄像机以及摄像机具体的位置。

■ 向他们简短介绍特定道具的摆放位置和使用说明。例如，告诉演员咖啡壶将摆在这里，应该怎样拿着咖啡杯走向沙发——从桌前而不是桌子后方走过去。从摄像机的视点向出镜人解释自己的调度方案。让出镜人演示一部分，然后从摄像机的视点观看，检查他是否挡住了所展示物品的特写镜头。

■ 让所有出镜人过一遍他们的开场白，然后跳到各自的提示台词上（常常是对话的结束句）。如果脚本中要求即兴发挥，就要求出镜人做一次，这样大家就会对这部分形成大致的印象。

■ 在摄像排练之前，让每个人都有足够的时间化妆和换装。出镜人走场时，要尽量给摄制人员多留些通道。同样，让导演助理或制片助理记笔记。

最好尽早结束走场排练，这样导演才能赶在每个人进行摄像排练之前的休息时间，再过一遍笔记。

尽量在摄像排练之前自己排练节目的开场和结束部分。拿着脚本找一个安静的角落坐下，然后开始喊出开场镜头的一些指令：开录像机，准备场记板、打板，准备黑场、准备哔哔声，黑场、哔哔声，准备提示林恩，准备渐显2号机，打开话筒，提示林恩开始、渐显2号机，等等。等进入控制室后，你就已经记住节目的开场和结束部分的指令了，因此也能全身心专注于控制室的监视器和声音了。

## 摄像排练和彩排

以下对摄像排练的讨论主要针对在控制室中进行操控的演播室制作和大型多机实况转播。（针对 EFP 的摄像排练在 17.2 讨论。）

基本上，摄像排练（camera rehearsal）是一种包含所有摄像机和其他工作设备的完整排练。在小规模的制作中，摄像排练和最后的彩排（dress rehearsal）几乎总是相同的，唯一区别在于出镜人是否为最后的录制化妆并着装。摄像排练时间经常会因技术问题而缩短，如灯光或话筒的调整。如果看到多数技术人员在播出前5分钟还在内部通话系统或调音台上慌乱地工作，不要紧张，要有耐心并保持冷静。要知道，与你共事的是一群技术娴熟的团队成员，他们和你一样清楚此刻顺利完成任务有多重要。电视系统和其他系统一样，有时也会出费。如果出现问题，随时准备提供其他选择建议。

现场直播或现场录制节目的摄像排练有两种基本方法，即断续排练和持续排练。断续排练一般在控制室里进行导演，且可以（至少部分）在演播室里进行现场导演；持续排练总是在控制室里进行导演。

在以上两种排练方式中，只有碰到严重而且之后无法弥补的错误时，才能叫"停"（停止所有活动）。所有小错误和失误可以在排练后再纠正。向导演助理或制片助理口述所有小问题，让他们在日程安排的"笔记"环节再过一遍。要提供足够时间纠正记下的这些问题（重新规划）。

在大型制作中，摄像排练和彩排是分开进行的。在摄像排练中，演员还没有正式着装，导演为纠正一些调度或技术问题可能会偶尔中断排练。而彩排时，演员已着装完毕，而且排练会持续进行，只有在发生重大制作问题时才会叫停。很多时候，比如在对在现场观众前表演的情景喜剧进行录制时，彩排录像同正式表演时的录像将被结合在一起，共同用来制作最终播出的剪辑版本。

## 走场和摄像联合排练

以上的排练程序似乎是必要的，但在小型摄制中却几乎用不到。首先，多数非广播或非电视网节目是非戏剧性的，它们不像戏剧性节目那样需要大量排练；其次，由于时间和空间限制，如果能得到等于或略高于整个节目时长的排练时间，那已经非常幸运了。对于半小时的节目来说，只用45分钟或30分钟来排练是时常发生的事。有时你不得不从粗略的脚本阅读直接跳到摄像排练，而之后就是直播或录制。在这种情况下就得求助于走场和摄像联合排练了。

因为不能排练整场节目，只能尽量排练最重要的部分。一般来说，这里指的是画面切换部分，而不是切换部分之间的那些内容。最好在演播室执导这种排练。如果希望从控制室执导，那就需要在内部通话系统上解释镜头和指挥调度，这会浪费大量宝贵时间。

下面是指导走场和摄像联合排练时需要注意的几点：

- 让所有制作人员就位：所有摄像师站到摄像机旁（取下镜头盖准备拍摄）；吊杆话筒准备跟随声源；现场导演准备做指令；技术导演、录音师和灯光师（如果需要的话）准备执行控制室的指令。
- 让技术导演为演播室监视器安置一块分三区或四区的屏幕，每一块小屏幕显示各个摄像机的画面。分区屏幕画面充当预览监视器。如果没有无线内部通话系统，那就用无线领夹式话筒从演播室现场向控制室传达你的指令。如果演播室监视器上无法做分区屏幕显示，让技术导演执行你的所有切换命令，并把线路输出图像传输到演播室监视器上。这样，每个人就都能看到你选择的镜头和镜头序列了。

■ 让出镜人对节目重要的部分进行走场，只排练重要的切换、换场和特殊镜头。在演播室监视器上观看他们的动作。

■ 通过开放式演播室话筒将音乐、声效、灯光、录像机启动、打板程序等全部指令传达给技术导演，但不要执行这些指令（除了音乐，因为重设音乐很方便）。

■ 即便导演自己在演播室现场，也要让现场导演提示出镜人并用粉笔或胶带在演播室地板上标记出关键位置。

如果进展顺利，导演就可以到控制室去了。不要让自己或制作人员在一些无关紧要的细节上耽搁时间。

你一旦进入控制室，可以通过叫号与摄像机取得联系，并确定操作员是否能与你保持交流。然后在控制室里对节目最重要的部分再次进行简短排练，如开场、结尾、出镜人的主要活动和摄像机的运动等。

在控制室中，导演观看演播室活动的唯一方法就是通过摄像机预览监视器。因此导演应在心里设想主要出镜人和摄像机的运动轨迹，以及摄像机在主要表演区的摆放位置。为了便于形成并记住头脑中的这些图像，导演始终要试着按照逆时针方向布置摄像机，把 1 号机放在左边，最后一台摄像机放在最右边。

尽管可能会赶时间，但仍然要冷静并礼貌地对待每个人。这不是进行大幅度改动的时候。总有其他方法对节目进行执导甚至改进，但摄像排练不是做试验的时候。把突如其来的创作灵感留到下一次导演节目时再用吧。不要一直排演至直播或实际录制开始。让制作人员和出镜人在实际录制之前稍事休息。如前面提到的那样，不要只告诉他们"休息 5 分钟"，要告诉他们回到演播室的确切时间。

## 17.1.4 节目执导

执导直播节目或最后的录制阶段显然是执导工作中最重要的部分。毕竟，观众没有观看排练，他们看

到和听到的是最终播出的节目。本节提供了一些关于预备程序和执导直播节目的建议。我们再次假设，导演正在指挥一个多机拍摄的现场直播或连续录制节目，或一个只需少量后期制作的较长的连续节目片段。导演会发现，将多机拍摄的执导技巧转换为用于单机拍摄，比起相反的转换会更容易。

### 预备程序

下面是在录制和直播前需要遵守的最重要的部分预备程序：

■ 通过内部通话系统呼叫摄制组中需要对导演指令做出反应的每位成员 —— 技术导演、摄像师、话筒操作员、现场导演和其他演播室人员、录像操作员、灯光师、声音技术人员以及字幕机操作员，并询问他们是否已经准备就绪。

■ 与现场导演核实并确认是否每个人均已到达演播室并做好准备。告诉现场导演谁接收开始指令，哪台摄像机最先拍摄。从现在起，现场导演是导演和演播室之间重要的纽带。

■ 宣布距播出或录制还剩多少时间。如果你需要执导录制节目或节目片段，那就让技术导演、字幕机操作人员和声音技术人员准备开场时的场记板。在播出前，让导演助理或技术导演指挥录制视频片头（彩条和测试音），可以帮你节省一些时间。检查场记板显示内容是否正确，并核实作为插入及滚动字幕的人名拼写是否有误。

■ 再次提醒每个人注意第一个指令。

### 播出程序

假定你要执导一个连续的录制节目，如在 16 章中提到的歌手访谈节目，那就必须先将通常的录制程序排练一遍（见表 17.5）。

**控制室执导**　一旦录像机正常开启并且已经打过场记板，就可以开始正式录制了。你现在处于播出状态，设想下面的开场次序：

准备3号机（访文节目主持人林恩的特写）。准备提示林恩。开话筒，提示林恩，进3号机或淡入3号机（林恩对着3号机作开场白）。准备字幕机开头标题，切入文字，提示解说员。换页。换页。准备3号机（仍然拍摄林恩）。提示林恩，切3号机（介绍采访嘉宾）。1号机拍摄两位歌手的双人镜头，2号机拍摄全景（所有三个人的全景）。准备1号机，切1号机。准备2号机，开话筒（布置在采访区的被采访人的话筒），切2号机。准备3号机，切3号机（林恩问第一个问题）。1号机对着朗（歌手之一的特写）。准备1号机，切1号机。2号机对着玛丽莎（另外一位歌手）。准备2号机，切2号机。

此时你已经顺利地进入节目的录制程序。仔细听正在说的内容以便更想出恰当的镜头。让现场导演准备好给林恩换场的时间提示。到需要中止录像以便换场时，要等歌手走上画面后再中断录制，这样可以从林恩介绍歌手的特写镜头顺利切换到表演区的定场镜头。歌手回到采访区后，仔细计算时间并给林恩做结束时间的提示。给出"只剩1分钟"的提示后，你必须开始为结束做准备。结尾名单是否已经准备妥当？再注意一下时间。

30秒，让她加快-让她加快（或直接给出结束提示）。15秒，字幕机准备结尾名单。2号机变焦推至朗的吉他。准备2号机，准备字幕机。切掉林恩镜头。关话筒。滚动名单。切2号机。嵌入字幕到2号机画面。除去字幕。准备黑场，淡出。稍顿。关录像机。行，很好，各位，干得好。

其实，并不是每个节目都能这么流畅顺利。但只要注意下列播出指挥程序就能保证节目的流畅性：

■ 给出的所有信号要清楚而准确。既要放松又要警觉。如果太随公了，每个人都会变得无精打采，他们会认为你没有真正严肃地录制节目。

■ 拍摄出镜人之前先给他提示。在他说话的同时，

技术导演将渐显图像。

■ 以名字指代出镜人，不要告诉现场导演指挥"他"或"她"，尤其在出镜人中有好几个"他"或"她"都在等待命令的时候。

■ 不要太早发出准备指令，否则到真正需要执行指令时，技术导演或摄像操作员有可能已经忘记了。重复相同的准备指令会让技术导演误以为是执行指令。

■ 在说"切"和摄像机号之间不要有停顿，不要说"切（停顿）2号机"，这样，有些技术导演在导演说号码之前就开始切换了。

■ 记住正在播出的摄像机号码，不要再要求切或淡入这台摄像机。多观看预览监视器，不要埋头看脚本或详情单。

■ 不要让一台摄像机准备而让另一台摄像机拍摄。换言之，不要说"1号机准备，2号机拍摄"。如果要改变主意，先取消准备指令，说"不"或"换掉"，然后再对另一摄像机下指令。

■ 以号码指代摄像机，不要用摄像师的名字。

■ 先叫摄像机号然后再下指令，例如："1号机，仍然拍吉他。2号机，拍朗的特写。3号机，玛丽莎的特写。1号机，变焦推至吉他。"

■ 将一台摄像机用于播出之后，马上告诉另一台摄像机下一步做什么，不要等到最后1秒才说。例如，说："切到2号机，1号机继续拍摄中景镜头，3号机仍然拍吉他特写。"如果要重新设置一台摄像机的位置，要给摄像师一点时间重新设置变焦镜头，否则在之后的变焦过程中摄像机会对焦不实。

■ 如果出错了，尽量纠正然后继续拍摄。不要在怎样避免错误上纠缠而忽视节目的其余部分。要把注意力集中在正在进行的拍摄上。

■ 如果分开录制每个镜头，要在每个镜头录制完成后检查视频录制情况，以确保镜头录制成功，没有任何技术问题。检查声音没有问题后，再继续过行下一个镜头的拍摄。马上重拍一个镜头总比在紧张地录制工作结束后再返回来重拍，重新找回原先的气氛和精力要容易得多。

■ 如果导演在控制室必须解决出现的技术问题，那就通过内部通话系统告知现场导演或用演播室扩音系统向演播室全体人员说明临时中断的原因。这样出镜人则知道此时出现了技术问题引起的延误，这一延误不是他们引起的。当导演在控制室里忙碌时，演播室工作人员可以利用这段时间稍事休息。

■ 在节目录制中，只有在必要时才说话。如果说得太多，大家会失去继续听下去的耐心，因此可能会漏掉重要的指令。更糟的是，制作人员会仿效导演，开始在内部通话系统中闲聊起来。

■ 当要上黑场（最后的淡出）时，告诉录像师停机并给出明确的信号。感谢制作人员和出镜人所做的努力。如果出现差错，不要奔进演播室去抱怨。用几分钟时间缓和自己的情绪，然后平静地与问题负责人沟通。具有建设性地批评能帮助他们避免再犯此类错误，在这个时候如果仅仅指责他们犯错意义不大。

## 17.1.5 控制时钟时间

在商业电视中，时间就是金钱。播出时间的每一秒都是金钱。销售人员把时间当作有形商品出售给顾客。播出时间的每一秒值多少钱取决于节目可能拥有的观众数量。导演要负责按时播出和结束节目，还要负责节目各部分的准确计时，如新闻包装。

### 节目表时间和播出时长

节目表时间（schedule time）是节目开始和结束的时钟时间。拍摄现场直播节目时，导演需要严格按照日常节目日志上规定的节目表来播出和结束节目。拍摄视频录制节目时，不用担心节目表时间，但仍然要对实际播出时长（running time，即一个节目或节目片段的实际持续时间）负责，这样才能符合全天节目计划中规定的播放时段。

执导如新闻播报这样的直播节目时，可使用控制室时钟，以满足节目表时间（何时切换到电视网新闻）的要求，并用秒表计算插入节目片段（各个视频录制

故事）的播出时长。

### 倒计时和顺计时

虽然主控计算机能算出几乎所有节目和节目插入片段的开始和结束时间，而且各种便携式计算器也能帮助做时钟时间的加减，但导演还是应该知道在没有电子工具的情况下怎样计算时间。例如，演员可能会要求最后一分钟的时间提示，此时导演还是需要手算计时。注意，在秒数和分钟之间进行换算时，单位是 60 而不是 100。

**倒计时** 最常用的一种时间控制方式包含对出镜人的提示，这样，出镜人才能按照节目表时间结束节目。在 30 分钟的节目中，出镜人一般期望在节目剩下 5 分钟以及随后的 3 分钟、2 分钟、1 分钟、30 秒和 15 秒时得到提示。为了能快速计算出这些提示时间，只需按计划的结束时间或下一节目开始的时间（二者是同一回事）做倒计时即可。例如，如果节目日志显示在你的直播节目《你的意见是什么？》结束之后，将于 4：29：30 开始播放救世军的公共服务公告，假设录好的结尾需要 30 秒，那应该在什么时候（时钟时间）给出镜人做标准时间提示呢？

你应该从讨论的结束时间，即 4：29：00 开始计时，然后再减去各时间片段（不要从节目结束时间 4：29：30 开始倒计时，因为录好的标准结尾会用去 30 秒）。举个例子，什么时候给主持人 3 分钟提示或 15 秒结束提示？

我们来对这个节目做倒计时：

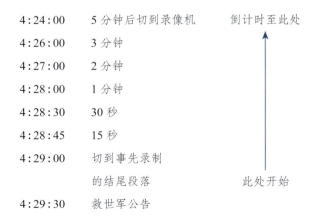

| 4：24：00 | 5 分钟后切到录像机 | 倒计时至此处 |
| 4：26：00 | 3 分钟 | |
| 4：27：00 | 2 分钟 | |
| 4：28：00 | 1 分钟 | |
| 4：28：30 | 30 秒 | |
| 4：28：45 | 15 秒 | |
| 4：29：00 | 切到事先录制的结尾段落 | 此处开始 |
| 4：29：30 | 救世军公告 | |

**顺计时**　为了保证一个节目（如将很多录制片段插在其中的直播新闻）准时进行，不仅需要知道节目的开始和结束时间，以及各种插播片段的播出时长，还需要知道何时（时钟时间）插入插播片段，否则就无法知道现在时间是超前还是落后了。

为各中断或插播片段计算额外的时钟时间，只需在节目日志或节目表上显示的最初节目表时间上加上播出时长就行了。

### 将帧转换成时钟时间

在 NTSC 系统中，因为一秒有 30 帧，所以每 29 帧之后就会进一次位，以第 30 帧作为新一秒的开始。而分钟和秒钟都是在 59 后进位一次。所以正数或倒数时间码时，就需要把帧转化成秒数，或将秒数转化成帧。同样，可以先单独算出帧数、秒数、分数，再用 30 进制来换算帧，用 60 进制来换算秒数和分数。

例如：

$$00:01:58:29$$
$$-\ 00:00:03:17$$
$$\overline{\qquad\qquad\qquad}$$
$$00:01:61:46 \longrightarrow 00:01:62:16 \longrightarrow 00:02:02:16$$

注意，只需把帧数相加，然后减去 30 进位到秒。

所幸，计算机时间码会自动计算。此外，一些计算机程序和小型手掌计算器也可用来计算时钟时间和帧时间。

SECTION

# 17.2

# 单机和数字电影执导工作

在单机执导工作（single-camera directing）中，你的主要任务是指导各个镜头的拍摄，以便将它们在之后的后期制作中进行组接。单机拍摄与多机拍摄的执导工作间有一个很大的不同：多机拍摄是连续的，单机拍摄是不连续的。在这种情形中，连续意味着你不需要在拍摄完每一个镜头之后都停下来，而是通过不间断的或只有很少间断的实时剪辑（切换），将一系列镜头进行排序。在演播室单机拍摄中，录像是不连续的：这时你的目的不再是录制一个完整且只需少量或根本不需要后期制作就可以播出的节目，而是拍摄有效的节目素材，这些素材之后可通过大量的后期制作剪辑成连续的节目。

本节也提到了数字电影，因为大多数字电影是单机拍摄，但也可多机拍摄。

▶ **单机执导程序**
　形象化、脚本分解、排练和录制

▶ **执导数字电影**
　演播室执导和现场执导

## 17.2.1 单机执导程序

本节关注的是演播室单机拍摄导演工作的以下主要方面：形象化、脚本分解、排练和录制。

**形象化**

即使你正在一个镜头接一个镜头地进行不连续拍摄，你的基本形象化并不会与多机拍摄且实时剪辑的连续摄制有多大不同。如第16章所述，在第一次阅读脚本时可能会形成一些同步想象要点——为整个节目建立某种风格的关键形象化。这个过程是凭着一种直觉产生的，而且很大程度上取决于你对环境和情景的理解，同时也取决于你如何理解纪录片剧本中的人物或戏剧性脚本中的人物个性发展。

一旦确定了决定镜头总体风格的同步想象要点，你就必须回到脚本上，对它进行分解，以便进行不连续拍摄。录制镜头的顺序不再依据脚本上下文、叙事乃至审美的连续性，而是严格依据拍摄的方便程度和效率来设定。例如，你可能希望先录制所有医院走廊的镜头，然后是所有候诊厅的镜头，然后是手术室，再然后是病房，等等，而不管这些镜头最终以什么顺序出现在故事中。

为了了解多机和单机拍摄在脚本准备上的不同，请再参看图16.12，该图显示了导演对一个采用多机拍摄的简单戏剧脚本所做的标记。那对于一个采用单机拍摄的同样的剧本片段，你会怎样分解呢？写下尤兰达和卡里在医院大厅走廊上相见的一系列镜头，然后与图17.1中的分解进行比较。**见图17.1**

**脚本分解**

如你所见，对脚本的分解可以使脚本更加细化，而且不必完全依照动作的顺序进行。注意这种脚本分解只不过是多种可能中的一种而已。

一些脚本分解清单列出了与主脚本的对应页码和一些连续性信息，如一天中的时间。同时，如果你在同一地点拍摄多组镜头，那你可能应该先录制包含特定人物的场景，然后再移到另外一组人物。这样的话你就可以将不同的演员安排到一天中不同的时间段。

### 接待室和走廊

1. 尤兰达在接待室
2. 走廊：尤兰达在靠近急诊室的走廊里来回走动
3. 走廊：典型的医院环境——护士、一台轮床、一辆轮椅、拿着花的探访者、一名医生和一名护士、一名保护拄拐病人的理疗师
4. 走廊：医生用轮椅推着卡里
5. 卡里的主观镜头：尤兰达
6. 尤兰达的特写
7. 尤兰达的主观镜头：医生和卡里

---

### 尤兰达冲向医生和卡里

1. 走廊：尤兰达冲向医生和卡里
2. 过肩镜头（卡里的主观镜头）：尤兰达
3. 同样的镜头拍摄移动的轮床挡住了尤兰达的去路（斯坦尼康设备）

---

### 卡里和尤兰达

1. 卡里特写："嗨，妈妈！"
2. 尤兰达特写："卡里，你没事吧？出了什么事？"
3. 从卡里的特写快速摇到尤兰达的特写："卡里，你没事吧？出了什么事？"
4. 卡里的特写和大特写
5. 尤兰达的特写和大特写
6. 医生的特写和大特写

---

**图 17.1 单机拍摄的脚本分解**

为了方便和效率，对镜头进行分组归类，而不根据叙事顺序进行拍摄

拍摄零碎镜头要求演员多次一致无误地重复台词和动作；你必须仔细观察，确保最后单个的镜头能剪辑成一个天衣无缝的场景。这意味着你也必须将不同形象化要点连接起来，使场景和场景序列具有叙事（故事）和审美上的双重连续性。

**连续性**　所有镜头必须无缝连接，这样观众识别出的将是一个独立场景，而不是一个个孤立镜头。如第 16 章所述，详细的故事板很大程度上将有助于你把单个镜头看作整体序列。即使没有时间或资源为每个序列设计故事板，你也必须尽力想象各镜头组接在一起的效果如何，并在拍摄中注意影响连续性的错误。举个例子，如果尤兰达在中景别镜头中吻了她女儿的左脸颊，那在同一场景的特写镜头中就不能让她转换到右脸颊了。

**特写和切出镜头**　不管脚本如何分解，都要确保获得场景中所有人的一些特写和大特写镜头，以便后期进行强化处理，或作为可能的切出镜头。可以让助理导演或第二摄制组导演来进行这些特写的拍摄。怎样开始和完成一个特定的镜头将决定后期剪辑的工作是否顺利。作为一名导演，你的责任是向剪辑师提供最终能连接成连续且有意义的序列的镜头。

### 排　练

之前讨论过，在单机拍摄的导演工作中，应该在录制前立即排练每个镜头。在每个镜头中带着出镜人、摄像机及话筒操作员走场，向他们解释应该做什么，不应该做什么。将摄像机与一台监视器相连，这样你就能观看屏幕上的活动，并在录制前做一些必要的纠正（如果需要的话）。拍摄外景时，你可以在轻便小桌上设置靠电池供电的小型监视器，然后通过专线内部通话系统向摄像机操作员传达指令。

### 录　制

拍每一个镜头都要打场记板。拍摄实景时使用一个简单的手持场记板。如果赶时间，可以进行声音打板（让现场导演对着拍摄话筒念下一个镜头号和标

题）。让录像机操作员或制作助理做精确的场记。注意连续性方面的明显错误，但不要让出镜人和摄制人员做太多的重拍工作，因为出镜人和摄制人员会因疲劳产生抵触情绪。最后，让录像机操作员或制片助理在所有录制媒介和带盒上贴上标签，并根据场记进行核对。

## 17.2.2 执导数字电影

为数字电影或复杂的电子现场制作采用多机拍摄，并假定你有一位有能力的副导演，那就能在演播室执导全脚本镜头，这种情况非常类似走场和摄像联合排练的情况。你也能在实景现场临时搭建的控制室内进行执导工作。

### 演播室执导

在这种情况下，所有摄像机都充当独立摄像机，同时也能将画面传入切换台。副导演在控制室喊镜头的同时，你可以在现场排练每个镜头，然后在演播室监控器上观看表演。通常，一台摄像机拍摄定场镜头，另一台配有稳定器的摄像机拍摄特写和更流动的镜头，剩下其他摄像机负责不同角度的镜头。类似走场和摄像联合排练，你可以让演播室监视器显示为四分屏，其功能就像各种摄像机上的小型预览监视器。

### 现场执导

除非使用大型实况转播车（见第 18 章），否则现场执导都需要在取景地设置一个控制中心。这种控制室通常包括：一个有预览图像的大型平板显示器（用于预览单个摄像机的较小屏幕，以及较大的预览和线路监控显示器），一个便携式切换台，以及将控制中心同摄像机和现场导演连接起来的内部通话系统。

类似演播室中的拍摄情况，现场拍摄中的每台高清摄录一体机都要独立放置，而且还要能将画面传入切换台。因此，你可以通过内部通话系统要求各种镜头，也可以在观看表演的同时让副导演做实时剪辑。这种设置在报道仅一次完成机会的事件时特别有用，如复杂的特技表演和爆炸等类似场景。如果一切顺利，

那平常对特写和不同角度镜头的重复拍摄也就不需要了。

　　这种多机拍摄的优势在于，你既可以将各种摄像机拍摄的镜头用于后期剪辑，也可以在导演发出"切"的指令后进行实时剪辑。你可以观看单个场景或多个场景的流畅性，并当场进行一些重拍（如果需要的话）。

### 要点

▶ 就像多机拍摄一样，单机执导工作也始于对主要镜头的形象化。

▶ 单机执导中的脚本分解更多考虑的是摄制的便利性和效率，而不是形象化和序列化。拍摄顺序不是由事件发生顺序决定的，而是取决于地点以及获得同一动作的不同视点镜头或特写镜头等拍摄因素。

▶ 每个镜头通常在录制前立即进行排练。

▶ 录制每个独立镜头时，都要使用手持场记板进行打板，或至少进行声音打板。在所有的录制媒介和带盒上面做标记。

▶ 为数字电影或一个复杂的电子现场制作采用多机拍摄时，导演可以在演播室，或者从设置在现场的临时控制室中，对一些全脚本场景进行指导。

# 18

第 18 章

# 现场制作与大型实况转播

　　当你看到大型电视转播车停下来，制作人员开始卸下摄像机、微波碟形天线、卫星上传碟形天线、数公里长的连接线和其他电视设备时，你就知道大型实况转播要开始了。如果我们可以用小型摄录一体机拍摄同一个现场事件，那为何还要大费周折地进行大型实况转播呢？本章将给我们提供一些答案。

　　18.1 "现场制作"将分别介绍三种现场制作的方法：电子新闻采集（ENG）、电子现场制作（EFP）和大型实况转播。18.2 "重大事件的摄制"将提供一些关于体育赛事实况转播和其他现场事件的标准电视布置方法，如何理解现场草图，主要的现场联络系统和信号传送等内容。

**大型实况转播**（big remote） 在演播室外对事先安排好的大规模事件进行现场直播或现场录制，这些事件不是专为电视拍摄安排的，例如体育比赛、游行、政治集会和在路上拍摄的演播室节目。也称为实况转播。

**宽带**（broadband） 电缆上能同时发送信息（声音、数据和音视频）的一种高带宽标准。

**直播卫星**（direct broadcast satellite，缩写 DBS） 这种卫星装有功率相对较高的收发机。该收发机能从卫星向独立的小型下传碟形天线传播信号，在 Ku 频带运行。

**下传线路**（downlink） 接收卫星信号的天线（碟）和设备。

**现场制作**（field production） 所有发生在演播室外的摄制活动，一般指 EFP。

**实时回放**（instant replay） 在关键片段或重大事件发生之后，立即对其进行回放，方便观众重看。实时回放在戏剧性节目中用于对之前的事件进行直觉化回忆。

**独立摄像机**（isolated camera，缩写 iso camera） 独立摄像机能将信息传入切换台和与其自身相连的独立录像机。

**Ku 频带**（Ku-band） 某些卫星用于进行传输和分配信号的一种高频率频带。Ku 频带的信号会受到大雨或风雪的影响。

**现场录制**（live recording） 一个现场节目的连续视频录制，录制结束后进行无剪辑播放。现场录制之前称为磁带现场（live-on-tape），包含所有录制装置。

**现场草图**（location sketch） 实况转播现场的草图。室内现场草图要显示房间大小，家具和窗户的位置；室外现场草图要包括建筑物、转播车、电源和播出时太阳的位置。

**微波中继**（microwave relay） 一种从转播现场到电视台和（或）传送器的传输方法，涉及多个微波单元的使用。

**微型连接**（mini-link） 几个连接在一起的微波装置，用于传送音视频信号，使其越过障碍物到达目的地（通常为电视台或传送器）。

**转播现场调查**（remote survey） 在前期筹备阶段对现场摄制场所和事件环境进行的调查。也称为现场调查（site survey）。

**实况转播车**（remote truck） 装有节目控制设备、音频控制设备、视频录制和实时回放控制设备、技术控制设备以及传送设备的车辆。

**上传线路**（uplink） 用于将音视频信号发送给卫星的地面站传送器。

**上传车**（uplink truck） 将音视频信号发送给卫星的一辆卡车。

**视频记者**（video Journalist，缩写 VJ） 拍摄、剪辑并撰稿的电视新闻记者。

# SECTION

# 18.1

# 现场制作

在演播室外进行电视制作时，我们就将其称为现场制作（field production）。我们一般会做一些区分：电子新闻采集（ENG）常用于日常新闻的拍摄；电子现场制作（EFP）主要用于事先安排好的小型事件的摄制；而大型实况转播则用于重大事件，如体育比赛、游行和政治会议等。

在演播室外进行现场制作具有以下优点：

■ 可将事件置于其真实场景中进行观察和拍摄，也可以为虚构事件选取一个特定的场景。
■ 有大量多样和极其真实的场景可供选择。
■ 只要能达到技术和美学方面的制作要求，就可以利用现有的光线和背景声。
■ 可以节省制作人员和设备，因为相比类似的演播室制作，很多EFP制作需要的设备和人员更少（除非是做复杂的EFP或大型实况转播）。
■ 可以避开租用演播室的花销，如果为电视台工作，则可避免演播室日程安排方面的问题。

当然，它同时也存在一些缺点：

■ 无法像在演播室那样对拍摄活动进行控制。不

论在室内还是室外进行现场拍摄，都很难获得好的照明条件和高质量的声音。
■ 在室外拍摄时，天气始终是件令人头疼的事。例如，下雨或下雪会严重耽搁拍摄，因为在这种天气状况下，在室外拍摄会太湿或太冷。如果先前拍摄时天空晴朗，那之后出现的几朵云就可能破坏画面的连贯。
■ 始终要依赖实景现场，而这意味着有些现场拍摄需要与非制作人员进行密切合作，例如，在市中心繁忙的街道上拍摄，就需要警察帮助控制交通和围观者。
■ 在市、县或联邦产业拍摄时，可能还需要得到这些部门的批准，满足它们提出的额外保险要求。
■ 通常，现场制作还需要解决制作人员的交通、住宿以及设备运输的问题。

作为电视制作专业人员，需要克服这些局限。毕竟，总不能把足球比赛现场塞进演播室吧。利用ENG和相对简单的EFP，现场制作的制作效率通常还是可以弥补制作控制不足这个缺陷。虽然本书已讨论过ENG和EFP，但此处还是要着重谈一下它们特定的现场制作要求。

▶ **电子新闻采集（ENG）**
ENG制作特性和卫星上传

▶ **电子现场制作（EFP）**
EFP的前期筹备，拍摄阶段的设备检查、布景设置、排练、视频录制、拆景和设备检查，后期制作

▶ **大型实况转播**
前期筹备的现场调查以及导演、现场导演和出镜人的工作步骤

## 18.1.1 电子新闻采集

电子新闻采集是最灵活的现场拍摄方式。正如前面章节中指出的那样，一个人用一台摄录一体机就能完成全部的ENG任务。即使信号必须传回电视台或传

送站，ENG 所需的设备和人员也仅仅是大型实况转播的一小部分。有时记者或视频图像师（新闻摄像师）甚至视频记者（video journalist，缩写 VJ）也会处理从新闻转播车到电视台的信号反馈。连接无线网就能上传视频片段，像发送邮件一样将其发送到电视台。

## 电子新闻采集的制作特性

　　ENG 的主要制作特性是，能对一起事件做出迅速反应，报道事件时具有高度机动性，设备和人员的灵活度也非常大。ENG 设备非常紧凑和独立，所以用它拍摄、录制或播出新闻事件比其他类型的电视设备速度更快。ENG 和 EFP 或大型实况转播之间的一个重要操作区别就是：ENG 不需要标准的前期筹备工作，它是专为对突发事件做出快速反应而设计的。ENG 不能对事件进行控制，而只能尽最大努力通过摄录一体机和麦克风捕捉这一事件。

　　即使在极端条件和时间紧迫的情况下，经验丰富的视频记者和摄像师也能快速分析事件，挑选出事件中最重要的部分，并录制适合剪辑的画面。对于重要的事件，ENG 团队一般包括两个人：摄录一体机操作员和现场记者。多数 ENG 故事只由一位视频记者或摄像师拍摄，然后在之后的新闻播出中由播音员进行解说。ENG 设备可以带到任何地方，可以在汽车、电梯、直升机或小厨房内进行拍摄。摄像师的肩膀经常替代笨重的三脚架。

　　ENG 设备既可以用来拍摄事件，又可以用来传送信号进行直播。注意　视频录制包含各种录制介质，如录像带、硬盘、光盘以及闪存设备（闪存盘）。现在的传送设备已经变得非常紧凑，灵活性也很高，一位摄像师就能进行现场直播传送。许多 ENG 转播车都配备有一台微波传送器，能在实况转播现场和电视台之间建立传送连接。见图 18.1 一些 ENG 摄录一体机配有传送器，以便进行相当短距离的信号传送。

　　进行直播传送时，要把摄像机和微波传送器连接起来。你也能使用这种微波连接将摄录一体机或 ENG 转播车中未剪辑的现场录像直接传到电视台。

**图 18.1 带有可伸缩传送器的 ENG 转播车**
这种普通规模的转播车装有可伸缩的微波传送设备和各种录制设备、内部通话联络设备。

## 卫星上传

　　如果在 ENG 现场和电视台间不能建立信号连接，那就需要一辆卫星上传转播车。这种货车外观像小型的实况转播车，内部装有计算机辅助上传设备，如果用于新闻制作，还配有一或两台视频录像机和剪辑设备（通常是手提电脑）。可以直接在摄录一体机上重放捕捉到的连续镜头。如果时间允许，最好在转播车中将视频从摄录一体机传到录像机中。见图 18.2

　　新闻人员一般更喜欢上传录制好的节目（在传输前的片刻间录制完成），不喜欢实况转播。因为如果在卫星传送时信号暂时受到干扰或完全消失，录好的视频仍然可以重复传送。为应对信号消失的情况，有时

**图 18.2 卫星上传转播车**
卫星上传转播车犹如一个活动的地面站，能把电视信号发送到 Ku 频带通信卫星上。

可以采用两台录像机同时对同一新闻事件进行录制和播放。一旦某台机器出现故障，你就可以很快切换到另一台机器上，继续播出同样的内容。

这种卫星上传常用三大型且极具新闻价值的事件上，如总统竞选、州首脑的最高级会议或世界杯足球决赛。不过，上传转播车也可用于当地的新闻报道、国内国际电视电话会议，以及信号无法通过微波或线缆传送时的特殊情况。

### 18.1.2　电子现场制作

众所周知，电子现场制作（EFP）既运用了 ENG 技术又采用了演播室技术。因此，它既能借用 ENG 的机动性和灵活性，又具备演播室制作的细致和对质量的严格控制。接下来要讨论的是，作为一名导演，你在现场制作的前期筹备、拍摄阶段和后期制作中的一些基本工作步骤。你必须处理制作中的一些细节问题，它们对于 EFP 队伍中的每一位成员来说都极其重要，不管他们的具体工作任务为何。

#### 前期筹备

ENG 只是对情境做出反应，但 EFP 需要周密的计划。总的来说，EFP 的前期制作步骤和演播室制作几乎是一样的。第一步，研究脚本，制定可行的过程信息。然后，你需要将过程信息转变成最有效和最高效的制作方法——在室内还是室外拍？用单机还是多机拍？按事件的正常顺序拍还是逐个镜头非连续拍摄？

#### 拍摄准备工作

实际的摄制准备首先需要决定媒介条件，即设备和人员需要。假设你已经练习过如何将过程信息转换成制作需求（见第 1 章），现在我们就跳到拍摄阶段和制作的最初步骤：现场调查、召开初步摄制会议和制定现场制作时间表。

**现场调查**　为了了解拍摄地点的环境，应该画出准确的现场草图（location sketch）——一张转播的现场地图。如果在室内拍摄，草图应显示房间大小，家具和窗户的位置；如果在室外拍摄，草图应标出拍摄时建筑物、转播车、电源和太阳的位置。

请看图 18.3 中画家工作室的现场草图。见图 18.3 这张草图提供了有关照明和声音需求、机位，以及拍摄顺序等重要信息。虽然技术准备可能不是你马上要关注的问题，但还是应该留心一下电源（墙上的插座）是否可用，声音效果（小房间，反射性墙面和地板，附近公路上的交通噪音），以及潜在的照明问题（大

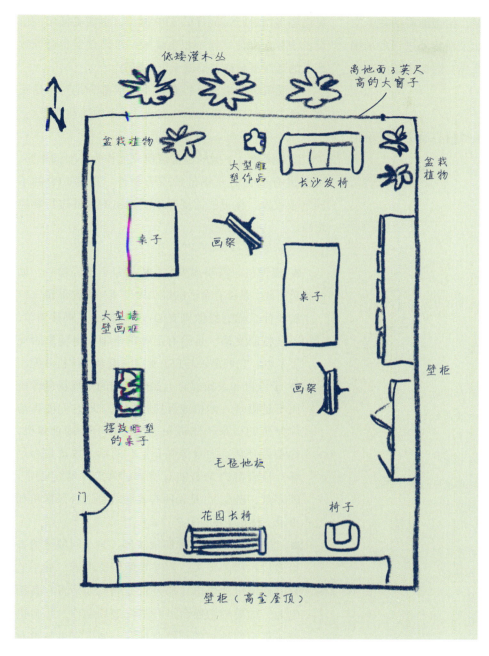

低矮灌木丛

离地面3英尺高的大窗子

N

盆栽植物

大型雕塑作品

长沙发椅

盆栽植物

桌子

画架

桌子

大型壁画

壁柜

画架

摆放雕塑的桌子

毛毡地板

门

花园长椅

椅子

壁柜（高至屋顶）

**图 18.3** 室内现场草图：艺术家的画室

这张艺术家画室的现场草图展示了基本布局，门、窗和家具。

窗户。

如果制作确实在现场进行，那是否能得到最基本的便利条件？（本章后面的大型实况转播部分还将继续针对现场调查进行详细的讨论。）

**初步摄制会议**　理想情况下，初步摄制会议包含所有主要摄制人员，包括制片助理、现场寻演、摄影指导或摄像师。对于包含几个室内场景的更加复杂的现场制作，你可能还需要照明指导的参与。至少你也

应该和制片助理（他可能兼任录音师或录像机操作员）及摄像师碰碰头。向与会人员解释过程信息和你希望达到的效果，然后发现场草图给他们并讨论主要的摄制步骤。

告知每个人确切的拍摄地点以及到达该地点的途径，这一点十分关键。转播车能坐下所有人吗？车上有哪些人？谁需要第一个回到电视台检查设备？谁直接去拍摄地点？谁来开转播车？制定出制作时间表后让制片助理分发（通过传真或电子邮件）给其他可能

没来参加会议的人员。如你所见，拍摄地点的往返交通也是日程安排的问题之一。如果在室外进行现场拍摄，那碰到下雨或下雪天该怎么办？因此应始终准备一份备用的时间表。

**现场制作时间表**　为现场拍摄精心制定的一份拍摄时间表是这样的：

时间表：现场制作

| | |
|---|---|
| 7：30—8：15a.m. | 设备出库检查 |
| 8：15a.m. | 出发 |
| 9：15a.m. | 预计到达时间 |
| 9：30—10：00a.m. | 与出镜人和工作人员开摄制会议 |
| 10：00—11：00a.m. | 技术准备 |
| 11：00—11：30a.m. | 午饭 |
| 11：30a.m.—12：00p.m. | 技术人员和出镜人走场 |
| 12：00—12：20p.m. | 做记录并重新规划 |
| 12：20—12：30p.m. | 休息 |
| 12：30—1：00p.m. | 第一部分录制 |
| 1：00—1：15p.m. | 做记录并重新规划第二部分 |
| 1：15—1：45p.m. | 第二部分录制 |
| 1：45—1：55p.m. | 休息 |
| 1：55—2：10p.m. | 做记录并重新规划第三部分 |
| 2：10—2：40p.m. | 第三部分录制 |
| 2：40—3：00p.m. | 预留时间 |
| 3：00—3：30p.m. | 拆卸布景 |
| 3：30p.m. | 离开 |
| 4：30p.m. | 预计回到电视台的时间 |
| 4：30—4：45p.m. | 设备入库检查 |

**拍摄阶段的设备检查**

再次告知工作人员制作计划和目标。仔细查看时间表及主要拍摄地点和录制部分的详情单。在装载设备时要格外小心。对于演播室制作，所有的设备都在手边，而现场制作需要把每一件设备都带到现场。就

算已经多次进行过同样的 EFP 制作，也需要使用一份设备清单。即使拿错一根电缆或一个转接器也会导致严重的延误甚至整个拍摄工作的取消。

在设备装车之前，检查每个组成部分是否工作正常。至少在前往拍摄现场之前试录一下画面和声音。

**设备清单**　下面的设备清单只能作为一般的参照，可能没有包含需要携带的所有物件。根据 EFP 的不同复杂程度，你可能需要对以下列出的物件进行相应增减。

■ 摄像机。需要多少台？机器是否已经检查？如果需要，是否有合适的镜头附件（一般是滤镜）？需要什么样的摄像机支架：三脚架、三脚移动车，还是特制支架？是否有足够的电池？电池是否充足了电？它们是否与EFP所用的摄录一体机匹配？

■ 录像机和录像媒介。如果使用的是现场摄像机而不是摄录一体机或外接录像机，那它们能否与你使用的摄录一体机相连接？对于外接录像机，你是否有合适的录像媒介？有的话，数量是否足够？检查盒内是否装有所需的媒介（特定磁带、闪存盘、光盘）。是否所有音频线都适合录像机和摄录一体机上的插孔？

■ 监视器、遥控装置和示波器。为了回放或检查摄像机拍摄的镜头，你需要使用监视器。如果监视器使用电池供电，那是否充满电？是否有备用电池？如果用切换台进行多机现场制作，每台摄像机都需要独立的预览监视器。如果有讲解员对活动进行描述，还要为他配一台监视器。在使用高质量单机摄像机拍摄的重要（电影风格）现场制作中，和技术主管检查遥控装置和测试设备，使你可以调节摄像机以达到最佳效果；检查波形监视器（示波器）以便调整亮度（将黑白对比度控制在可接受的范围内）；还要查看矢量显示器，它有助于调节摄像机以产生真实的色彩。是否为摄像机提供内部通话系统和指示灯？在这种拍摄情况下，便携式切换台会非常有用。这个手提箱通常包含所有预览和线路监视器，有时甚至包含一

个测试设备显示器。此外，它还包含一个混音器，并连接了内部通话系统和指示灯。

■ 声音。如果没有检查现场的声音效果，那就多带几种类型话筒。检查一下无线领夹式话筒。无线话筒传送器的电池是否够用？便携话筒是否适合接收器的频率？包括领夹式话筒在内的所有现场话筒都应配有防风罩。枪式话筒还需要配备额外的防风套。选择最适当的支架设备，如夹子、落地支架和吊杆。是否需要小型现场混录台？它是否工作正常？如果使用独立录音机，将它带到现场之前先做一次检查。不要忘记为吊杆操作员和录音师准备耳机。

■ 电源。是否为监视器、摄录一体机或现场摄像机、音频设备准备了合适的电池？电池是否已充足电？如果使用交流电，是否有正确的交直流电适配器？是否有足够的交流电连接线以便连接交流电的插头？除非采用电池驱动，否则也要为监视器准备交流电源和连接线。再带上一些电源插板，但要注意不要使线路超负荷。

■ 电缆线和连接器。是否有足够长的摄像机电缆线，尤其在摄像机与遥控组件或便携式切换台之间距离较远的时候？是否有足够的同轴电缆和交流电电缆提供给监视器？即使计划采用无线话筒，也要带上一定数量的话筒连接线。如果无线话筒出故障或在现场无法使用，话筒连接线就能让你在这一天里继续工作。是否有适合于话筒连接线和插孔的音频连接器（通常是XLR连接器，但有时也用RCA连接器）？带一些适合于音视频电缆线的适配器（BNC适配RCA，XLR适配RCA，以及相反方向）。虽然要尽可能避免使用太多的适配器，但为了保险还是应该带上几只适合于连接线和各种输入插孔的适配器。

■ 照明。可以用便携式灯具照亮大部分内景。带上几只灯具，检查灯具是否已包含标准配件，如灯架和附件。灯是否工作正常？带上一些备用灯泡。灯泡是否适合所用灯具？灯泡是否达到了所需色温（3200K或5600K）？是否带够反光板（白色泡沫塑料板）、反光伞、散射材料（柔光纸、滤

光金属网、磨砂板）以及校正色温的彩色滤光纸？彩色滤光纸最常用的颜色是用来降低色温的琥珀色或浅橙色和用于提高色温的浅蓝色。

其他需带上的重要物件还有：测光表、灯架、灯夹、沙袋（以保证便携灯架的安全）、一些1×3的木片（用来提供背光）、一卷隔热用的铝箔、额外的遮扉、旗板，以及一堆将柔光纸或彩色滤光片夹在遮扉上的木夹子。

■ 内部通话系统。如果在较小的区域内进行单机现场制作，就不需要用复杂的内部通话系统，可以在拍摄区域直接指挥。但如果在室外较大的区域拍摄，就要使用小型扩音器、步话机和手机，以便与分散的摄制人员和电视台联系（需要的话）。如果采用便携式切换台进行现场直播或现场录制（live-recording），如针对一场州冠军高中篮球比赛，就需要头戴式耳麦和内部通话线路（常用普通音频连接线）。

■ 杂物。在现场制作中常常需要的物品还有：额外的脚本和制作时间表，场记表，场记板和记号笔，普通雨伞和遮挡摄像机用的"雨衣"（塑料），调白平衡用的白纸，一台提示器（平板显示器和笔记本电脑，适用的情况下），空白提示卡或大号新闻纸便笺和记号笔，画架，电工胶带和标记胶带。还需要白粉笔、额外的沙袋、木夹子、绳子、化妆用品、瓶装水、毛巾、手电筒、垃圾袋和急救箱。

### 拍摄阶段的布景设置

如果每个人都知道即将发生什么事情，布景搭建就会相对顺畅并有条理一些。虽然作为导演，不需为技术布景负责，但还是应该仔细检查设备是否放在正确的位置上。

例如，在室内拍摄时，光线是否超出了摄像机的拍摄范围？灯具离易燃材料（特别是窗帘）是否足够远？是否进行隔热处理（如覆上铝箔）？背光是否足够高，不会出现在镜头中？背景上是否有窗户会影响照明？（图18.3中画家工作室的窗户就肯定会在拍摄大型雕塑品时带来一些麻烦。）房间看起来是否太杂乱或过于干净整洁？有没有一些可预见的声音方面的问题？

如果出镜人使用领夹式有线话筒，话筒线是否会限制他的活动？如果使用的是枪式话筒，那吊杆操作员离出镜人是否足够近，特别是在他随出镜人一起移动时是否会撞到家具？摄像机能拍到挂图片的地方吗？看看出镜人身后的背景是否会出现问题（如灯或树看上去似乎从出镜人的头上长出来一样）。

在室外拍摄时，检查一下可能会出现在摄像机、吊杆操作员和出镜人活动线路上的障碍物。回顾一下拍摄地的背景是否适合这一场景的拍摄。灌木丛、树或电线杆是否看上去像从出镜人的头上长出来一样？大型广告牌永远是背景中的危险物品。声音方面是否存在潜在问题？虽然乡村公路可能现在比较安静，但某些时段车流是否会增多？附近工厂的汽笛声会不会在拍摄时响起？拍摄点附近是否有航空运输？

### 拍摄阶段的排练

通常，排练方式仅限于一次快速走场，但如果EFP要求多于一个或两个人之间的互动，那就可能需要更多排练。

**走场**　在正式排练或录制开始之前，应该先和工作人员走场，然后再和出镜人走场，向他们解释制作要点，比如机位、特定的镜头和主要的动作。在相对简单的制作中，可将技术走场和出镜人走场安排在一起。走场结束后，记录下所有需要解决的制作问题，然后让工作人员注意这些问题。不要忘了在开始排练和录制之前让出镜人和工作人员短暂休息一下。

**排练**　如前面所述，单机现场拍摄有自己的排练技巧。基本上，在录制每一个镜头之前，你都会进行即刻排练。导演每个镜头都和出镜人、摄像师及吊杆操作员走一次场，向他们解释应该和不该做的动作。录制一些关键场景，并观看和监听它的回放效果。你可能会希望更换一下话筒或改变一下话筒位置，以便提高拾音的效果、减少噪音。

### 拍摄阶段的视频录制

在正式开始视频录制之前，向摄影指导或摄像师

核实是否为拍摄地调好摄像机白平衡。有时云层或雾气会在排练和录制阶段之间出现，引起光线色温的变化。为所有镜头打场记板，并让制片助理或录像师记录在现场场记中。

留意背景活动和主要的前景活动。例如，看热闹的人可能突然不知从哪儿冒出来并闯入拍摄画面，或者出镜人停住的位置刚好与远处喷泉形成一条直线，看上去喷泉像从她头上喷出的一样。在拍摄时仔细监听前景和后景中的声音，但不要因为飞机微弱的噪音而中断拍摄。多数情况下这种噪音会被主要对白或后期添加的声音（比如音乐）盖过。但如果在拍美国内战场景时附近出现了直升机的声音，那就一定得叫停重拍。

在每个镜头结束时，让出镜人安静地站一会，并让摄像机多拍几秒钟，这段时间缓冲对后期剪辑将会有很大的帮助。拍摄一些有用的切出镜头。对于每一个场景，都要录制现场音和房间环境音。记录下的"静默"音将有助于后期制作中连接声音间的间隙。

当自己感觉有一些好镜头，可以通过现场监视器观看它们是否符合后期制作的要求。如果察觉到一些小问题，可以在转到下一场景或拍摄地之前进行重拍，但需要注意时间安排。

### 拍摄阶段的拆景和设备检查

在离开前将拍摄现场恢复原状（如家具、窗帘及类似物品），并收拾干净。收拾好脚本、分镜表和场记表。不要把强黏性胶带遗留在地板、门或墙上。把垃圾带走。将EFP设备装车时，现场导演、工作人员主管或制片助理应浏览一遍设备清单，在离开或转移拍摄场所之前检查是否所有设备都已装车。检查一下素材是否都已贴上了正确的标签，还有最重要的是，素材是否已经装车。有些导演坚持亲自携带素材。

### 后期制作

实际上，EFP的后期制作活动和单机演播室制作一样：制作保护性副本和视窗副本，记录素材媒介上的所有镜头，在剪辑电脑的硬盘驱动上采集各种镜头，先进行粗剪，然后再进行在线剪辑，并将最终完成的

成品存存到剪辑母带或 DVD 上。

### 8.1.3 大型实况转播

大型实况转播（big remote）又称为实况转播，适合对安排好的大型事件进行现场直播或现场录制，但这些事件不是专为拍电视而安排的，如体育比赛、游行或政治集会。所有大型实况转播都在主要机位采用高质量的现场摄像机（具有高倍率变焦镜头的演播室摄像机），还会采用许多 ENG/EFP 摄像机和大量的音频设备。摄像机和各种声音设备间的协调是在移动的控制中心，即实况转播车（remote truck）里进行的。实况转播车一般由便携式发电机供电，还备有一台备用发电机，以防第一台发电机发生故障。如果现场有足够的电源供应，实况转播车可以连接现场电源，用一台发电机作为备用即可。

实况转播车就像一间紧凑的演播室控制室和设备室，其中包括下列控制中心：

■ 节目控制中心。也称为制作中心。配有预览监视器和线路监视器，一台带特效的切换台，一台字幕机和各种内部通话系统，如 P. L. 系统，P. A. 公共扩音系统（public address）和精良的 I. F. B. 系统。

■ 声音控制中心。配有一台相当大的调音台、数字录音机、监听扬声器和内部通话系统。

■ 视频录制控制中心。配有几台高质量录像机，能做常规录制、实时回放，并具备慢动作和静帧画面模式。

■ 技术控制中心。配有摄像机控制器、线路监视器、接线板、发电机和信号传送设备。**见图18.4和18.5**

对于特大型实况转播，可能还需要一辆或更多辅助转播车，用于补充的摄制和控制设备。

因为转播是在演播室外进行的，因此有些制作步骤与演播室制作大不相同。下面来看看专门针对现场的制作方面内容：现场调查，设备布置和操作，以及现场导演和出镜人的工作步骤。

#### 现场调查

与其他有详细计划的制作一样，大型实况转播也需要做充分的准备工作。准备大型实况转播的一大问题是，你通常只有一次机会拍摄事件，不能对制作进行排练。如果让两个国家曲棍球队重复整场比赛，要求政府领导人逐字重述现场辩论，以便让你进行拍摄排练，这简直是荒谬不堪的。但对于一次颁奖典礼的现场制作来说，则允许你进行一些有限的排练。你可以找一些替身代替典礼主持人和获奖人进行排练。但你仍然无法控制真实活动本身，只能尽量跟随活动的

**图 18.4 实况转播车**

实况转播车是移动的完整控制中心，上面配备了节目、音频、视频、技术控制中心和字幕机以及录制设备。

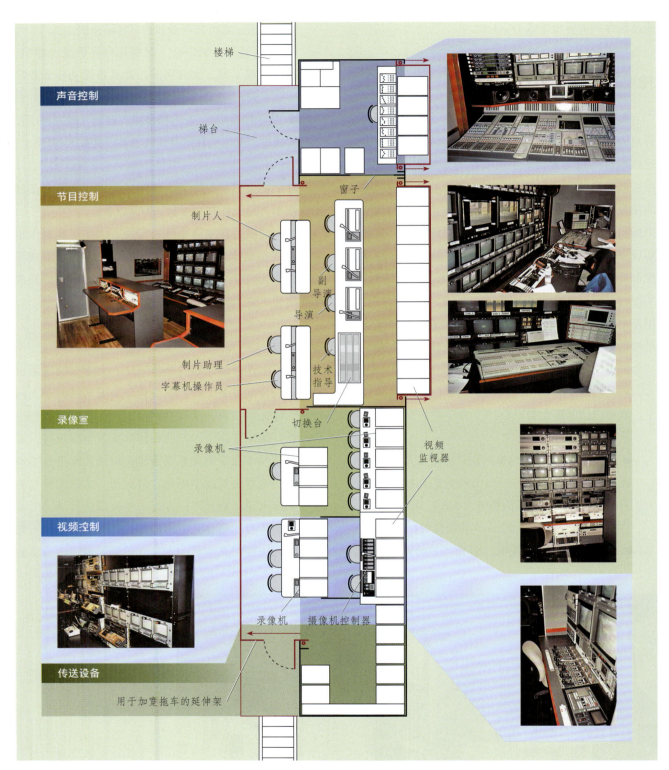

楼梯

声音控制

梯台

节目控制

制片人

窗子

副导演

导演

制片助理

字幕机操作员

技术指导

录像室

切换台

录像机

视频监视器

视频控制

录像机

摄像机控制器

传送设备

用于加宽拖车的延伸架

**图 18.5 实况转播车中的控制中心**

实况转播车上装有节目控制中心、声音控制中心、视频录制和实时回放中心、视频控制中心和传送设备。

发展。在进行拍摄准备时，必须把这些和其他一些情况考虑进去。另外一个问题是，你只能把控制室和技术设备带到现场，而不能把整个演播室带去。我们需要把摄像机、话筒、通常还有灯光设备带到转播现场，并保证它们能正常运作。

主要的准备工作之一是现场调查。针对大型实况转播的很多调查项目也同样适用于其他各种 EFP，如拍摄 MTV 片段或观摩一家汽车制造厂。顾名思义，转播现场调查（remote survey）就是对拍摄现场和事件环境的前期调查研究。现场调查能解答关于事件性质及电视拍摄所需技术设备的一些主要问题。

**联系人**　首先你要考虑的是与了解事件情况的人交谈。这个人就作为联系人，或者简称为联系。他可能是某机构的公共关系工作人员或担任管理职务的人。打电话给联系人了解事件情况，询问是否能介绍其他人回答你的问题。任何情况下，都要记下联系人的全名、职位、职业、电子信箱，以及办公室和家中的联系电话、传真号码、手机号码。然后跟其约定时间做实际现场调查。

理想情况下，调查当天的时间段应与计划现场转播的时间段一致。在室外现场制作中，太阳的位置非常重要，而如果室内拍摄会拍到窗户，也是如此。让联系人在拍摄过程中始终跟着你。同时再找一位后备联系人，将你发给主要联系人的信息也拷贝一份给他，以防主要联系人在摄制当天感冒生病不能到场。

**调查组**　现场调查本身关注的是摄制和技术方面的因素，因此调查组包含来自摄制组和工程组人员。一般调查组至少包括制片人、导演，以及现场技术指导或技术主管。其他摄制和技术管理人员，如制片主任和总工程师也能参加调查组，尤其当进行实况转播的是重要事件，或涉及要用到微波或卫星传送等复杂元素时。

通常情况下，首先要决定的是制作需求，然后技术人员要设计出在技术上可行的摄制步骤。视播出的复杂程度不同，摄制人员和技术人员常常要做出大量妥协。

作为导演，你只有在了解具体的技术布置和摄录方面存在的问题，以及怎样更改进程来克服这些问题之后，才能做出妥协。因此导演应该熟悉实况转播的制作和技术需求。虽然在调查中很多摄制和技术调查问题是重叠的，但最好还是将它们分开考虑，以便更加清晰了解。

**摄制调查**　下面几页篇幅中列出的是在摄制调查中你可能会问的一些主要问题。**见表 18.1** 一张好的现场草图有助于摄制的准备工作，而且还能预见到一些重要的问题（见图 18.13 到 18.16）。

**技术调查**　表 18.2 上的技术调查只列出了会直接影响摄制过程和最终会影响现场调查部分的那些条目。**见表 18.2** 在摄制调查中已经提到的技术要素，如摄像机、话筒，此处则不用再次列举。

**设备的布置和操作**

实况转播的设备布置没有明确的模式。类似演播室制作，摄像机数量、话筒类型和数量以及灯光等完全取决于事件的性质，或更准确地说，取决于前期筹备会议上设定的过程信息。使用大量摄像机、话筒及其他类型的技术设备并不一定比少用设备时能保证获得更好的播送效果。实际上，相比装有异常复杂的录像机、录音工具和切换装备的一台笨重的转播车，使用一台或两台摄录一体机通常会更灵活有效。就算是多机 EFP，一台便携式切换台通常也比大型转播车更容易设置和操作。但对于现场播报体育赛事的这种大型实况转播，可能需要使用 20 台或更多摄像机，转播车则能提供基本的设备和摄制控制。

一旦布置完毕，大型实况转播的许多摄制步骤与演播室制作就没有明显的差别了。尽管如此，仍然有些步骤，如实时回放，在一般的演播室摄制中是没有的。在下面的讨论中，假设你的角色首先是一名大型实况转播的导演，然后是现场导演，最后是出镜人。

**指导布置工作**　因为大型实况转播通常是直播进行，所以指导步骤和其他现场制作之间没有多少相同

**表 18.1 实况转播调查：摄制**

这些是摄制调查中询问的主要问题。

| 调查项目 | 主要问题 |
| --- | --- |
| 联系人 | 谁是主要联系人和替代联系人？头衔，办公地址和电子信箱，办公室和家里的电话号码以及手机号码，传真号码。 |
| 地点 | 转播具体地点在哪？街道地址和电话号码。如果你需要对交通进行控制，是否已告知交警？ |
| 时间 | 何时做实况转播？日期和时间。转播车何时到达？谁在现场接应你停放转播车？ |
| 事件的性质 | 事件的确切性质是什么？活动在何处进行？你预期是什么类型的活动？联系人应该能提供必要的信息。 |
| 摄像机（固定） | 需要多少台摄像机？尽可能少用几台。在哪摆放摄像机？不要让不同的摄像机处在活动的不同侧。总之，不同摄像机离得越近，剪切就越不容易失误。顺光拍摄，不要逆光拍摄。在整个播出过程中，设法保持太阳在摄像机的后方或侧面。较大体育场的新闻记者席一般都置于阴影侧。 |
| | 如果可能，在计划播出的准确时间段内调查现场。如果现场调查时没有太阳，尽可能确定太阳的位置。 |
| | 是否有大型物体挡住摄像机的视线，如树、电线杆或广告牌？实际播出时是否会有相同的视线？例如，虽然在调查时，视线畅通无阻，但体育场拥挤的人群是否会挡住摄像机的视线？ |
| | 是否可以避免在镜头背景中出现大广告牌，尤其是刚好与电视台赞助商相竞争的广告？ |
| | 是否需要摄像机平台？放在何处？多高？在某个特定位置上是否能设置平台？可否用转播车做平台？如果有竞争电视台也拍摄这一事件，你是否获得某摄像机位的专有权？你希望把独立摄像机放在何处？ |
| 摄像机（活动） | 是否需要移动摄像机？那里的地面是什么类型？用现场移动车还是用大型移动车（通常采用大型充气橡胶轮）移动摄像机？装上摄像机的移动车是否能通过狭窄的楼道和门？是否用 ENG/EFP 摄像机而不用大型演播室或现场摄像机？他们的活动半径有多大？是否能用电缆线将摄像机与转播车连接（信号干扰或信号损失少），还是要用微波把信号传回转播车？ |
| 照明 | 如果需要附加灯光，要在何处用？需要什么类型的灯？灯具的悬挂是否方便？是否需要灯架？是否需要为背光做特殊安排？若需要避开摄像机的拍摄范围，灯具是否悬挂得足够高？是否必须对着窗户拍摄？如果是，是否要将窗户挡上或过滤掉不需要的日光？能使用反光板吗？ |
| 声音 | 需要什么类型的拾音设备？需要在哪儿放置话筒？从声音方面考虑，具体的活动范围半径是多少？话筒线需要多长？哪些是固定话筒？哪些是出镜人的手持话筒？是否需要远距离话筒如枪式话筒或抛物面话筒？是否需要无线话筒？信号是否能传到无线接收器那边？ |
| | 是否需要特殊的声音安排，如把节目的声音传送到现场的声音反馈系统或扬声系统？是否能连接"室内"公共扩音系统？是否需要远距离话筒做远距离的声音采集？ |

**表 18.1** 实况转播调查：摄制（续）

| 调查项目 | 主要问题 |
|---|---|
| 内部通话 | 需要什么类型的内部通话系统？是否需要架设内部通话线路？需要多少可中断反馈频道和站点？它们都传向何处？是否需要 P.A. 公共扩音对讲系统？如果移动电话在这个区域不可用，是否有足够的电话线可供使用？ |
| 摄制杂项 | 是否需要一个时钟？置于何处？是否需要线路监视器，尤其是给讲解员？需要几台？应该置于何处？讲解员是否需要预览监视器以便跟随特定的独立摄像机的回放？在字幕机不能使用的情况下是否有摄像机场记板？ |
| 执照和许可证 | 你（或制片人，如果你不是制片人兼导演）是否已经从警方和消防部门得到安全许可证？是否已经从事件发起人处得到书面许可证书？是否为实况转播车和其他摄制车辆拿到停车许可证？ |
| | 是否已经为所有技术人员和摄制人员领到通行证和停车证，尤其是事件需要门票或有某些入场限制的时候？ |
| 其他摄制辅助 | 每个人是否都有说明事件大致顺序的详情单？这种详情单对于导演、现场导演和讲解员是必不可少的，尤其对于摄像师、声音工程师和其他现场工作人员特别有帮助。导演是否配有一名能辨认主要活动和相关人员的顾问？在体育活动中，顾问是必不可少的。 |

之处。但较类似于演播室的直播或现场录制。

■ 一旦转播车就位，就开始指导详细的技术走场。告诉技术人员固定摄像机的位置，需要拍摄什么景别的镜头（每个镜头的拍摄与摄像机的距离）。但摄像机尽量靠近表演的地方以避免造成变焦镜头变焦位置过窄。告诉摄制人员摄像机大致的运动方向和范围以及需要什么样的声音。除非在摄影棚里，否则应该指定解说员的位置，这样才能正确布置监视器、话筒和内部通话系统。

■ 当技术人员在做布置时，召集联系人、制片人、副导演、现场导演、制片助理和出镜人举办一次摄制会议。如果技术指导或技术主管没有直接参与设备的布置，也应让他们参加会议。让联系人描述一下预期的事件，导演再说明如何进行转播。尽管应由制片人提醒出镜人注意拍摄事件的一些突出特征，如游行队列中获奖者的彩车，但导演也要准备好随时接手，以免制片忙于处理其他问题。指派副导演、现场导演和技术指导监督设备布置，不要自己包办所有事情。

■ 注意所有联络系统，尤其是内部通话系统。播出过程中没有时间跑进跑出转播车、跑去现场，导演的所有指令都将通过转播车中的通话联络系统进行传送。与现场导演讨论拍摄事件的细节，现场导演在实况转播中的角色非常重要。

■ 一般来讲，作为导演，你控制不了事件本身，只能尽量如实地对其进行观察。再次与联系人和解说员确定拍摄详情单和与事件相关的具体信息。让出镜人再次确认事件参与者的姓名发音和地名信息。

■ 再次到现场去，从摄像机的视点对事件进行形象化处理。检查摄像机是否处在最佳拍摄位置？为避免镜头切换时屏幕上出现反方向的运动，所有摄像机是否处于主要运动方向的同一侧？如果在室外拍摄，是否存在摄像机因为逆光而无法正常拍摄的情况？太阳光会直接从摄像机后面照射过来吗（这样就无法看清取景器了）？有经验的摄像师会把伞或旗板绑在摄像机上，避免出现太阳光直射取景器而无法看清画面的情况。

■ 记住，在进行实况转播时导演自己就是嘉宾。

**表 18.2 现场调查：技术**
技术调查只列出那些直接影响摄制步骤的项目。

| 调查项目 | 主要问题 |
| --- | --- |
| 电源 | 假定不使用电池或自己的发电机工作，现场是否有足够的电力供应？如果有，在何处？联系人是否有权使用电源插座？如果不允许，那谁有权使用？在现场布置和实际摄制时要保证联系人随叫随到。是否需要特别长的电源线？如果使用发电机，是否还配有另外一台备用？ |
| 转播车和设备的停放点 | 转播车应该停放在何处？如果没有发电机，那就需要靠近电源。你是否离事件现场足够近？要记住摄像机电缆线都有长度限制，超出后就会发生图像损耗。了解视频和音频信号可能的干扰，如附近的 X 射线机器、雷达或其他高频率电子设备。<br><br>转播车是否妨碍正常的交通？是否影响事件本身？为转播车留出停车位置。是否已要求警方提供协助？ |
| 录制设备 | 如果节目是录制的，在转播车内是否备有所需的录像机？是否有额外的录像机做实时回放？如果要把视频和音频信号分开传回电视台，那进行音频传输的电话线路是否通畅？是否有足够的录制媒介拍摄整个事件？为了不漏掉事件的任何一个片段，你将怎样进行录制媒介的更换？独立摄像机是否正确地接入切换台和独立的录制设备？ |
| 信号传送 | 如果把事件传回电视台进行录制，或者直接发至传送器进行现场直播，是否有较好的微波或卫星上传地点？是否需要微波的微型连接？仔细检查卫星上传传输的各种要求。 |
| 连接线的铺设 | 需要多少摄像机电缆线？电缆线连向何处？需要多少音频电缆线？连向何处？需要多少内部联络连接线？连向何处？需要多少电源线？连向何处？尽可能使转播车到采录地点的连接线铺设最短，但不要使连接线挡住重要的走廊、门和过道等。连接线是否需要拉很长距离？如果距离很长，就用绳子绑牢连接线以减小拉伸张力。 |
| 照明 | 是否有足够的交流电源插座以供所有灯具使用？灯具插座是否装有保险丝？不要使普通家用电路过载（通常是 15 安培）。是否有足够的延长线和电源板（或多路墙上插座），以便给所有灯具、监视器以及电子时钟供电？ |
| 通话系统 | 具体的通话要求是什么？专线？可中断反馈频道？电话线？移动电话？扬声系统？远距离步话机？双向无线电？ |

除非像多数体育赛事那样，电视转播是事件本身的组成部分之一，否则尽量迅速且低调地完成工作。不要让拍摄过程太显眼。要知道你其实是事件的闯入者，而且参与其中的人通常都会承受一定压力。

**执导直播** 一旦直播开始，尽量掌握这一事件的最新进展。如果你有一位好向导（联系人、事件的专家或副导演），那就可以预测可能发生的突发情况并做好拍摄准备。下面有一些需要记住的要点。

■ 大声并清晰地说话。通常现场的噪音较大，摄像师和现场工作人员可能听不清。把耳机话筒靠近嘴巴，必要时可以大声喊话，但不要因此而忙乱。告诉摄制人员关闭耳机回话功能以避免外部环境的声音进入内部通话系统。

■ 征求现场导演和摄像师的意见。他们可以协助洞察事件的细枝末节并在这些细节问题出现时向你报告。

■ 仔细观看监视器。没有切入的摄像机常常会显示非常有趣的镜头，但不要切换到画面有趣但毫无意义或甚至有损事件的镜头上。例如，如果绝大多数观众都在专注地听管弦乐队演奏，就不要单独拍摄在后排指挥的那个人，尽管这个镜头可能会很有趣。

■ 听听声音。好的解说员会在事件发展过程中给出提示，这些提示有时会引导你注意某个有意义的细节。

■ 如果出现差错，要保持镇静。例如，一名观众挡住了主摄像机，或摄像师认为自己的摄像机没有播出而将镜头快速摇至别的场景，这种情况下，马上切换到另一台摄像机就行了。不要对着仍在工作的摄像师大喊大叫，或对现场导演大喊"让这个混蛋滚出去"之类的话。

■ 向观众展示的内容要得体和体现出高品位。不要抓取那些可能会让镜头中的人物难堪的偶发事件（尤其是在体育赛事中）或情况，尽管当时这些情况在你或摄制人员看来可能觉得很有意思。

**实时回放** 实时回放（instant replay）指向观众重放一个重要的演出或事件片段。实时回放操作通常使用独立摄像机（iso camera），独立摄像机可将画面传入切换台和与其相连的独立录像机。一些大型体育实况转播还会利用第二台独立切换台，专门用于插入实时回放。

回放时，我们常常用数字视频特效对某个具体瞬间进行说明。屏幕可能被分成几个缩小的区域，或进行屏幕角落划像，每个画面区域呈现不同的内容。或者让屏幕发挥电子黑板的作用，在实时回放的静帧画面上勾画一些简单的线条，就像在一块普通黑板上勾画线条一样。赛事或选手的统计数据通过字幕机来显示。有的信息在前期就已制作完毕并储存在电脑磁盘中，但最新数据统计仍需要熟练的字幕机操作员录入。通常由制片人或副导演者导整个实时回放和字幕机的操作工作。导演则总是忙于实时拍摄，无暇顾及实时回放和特效。

在观看一个关键动作的回放时，你会注意到回放要么按照之前所见的片段顺序进行播放，要么采取更为常见的方式，从一个稍微不同的角度展示这个动作。

在第一种情况下，常规体育报道的画面序列（线路输出画面）被记录下来并回放；在第二种情况下，则是将独立摄像机所拍摄的镜头记录下来并回放。在体育比赛中，独立摄像机的主要功能就是跟随重要比赛或选手以便进行实时回放。独立摄像机也常常用于现场制作中，如利用多机拍摄录制的摇滚音乐会或管弦乐表演。在拍摄管弦乐表演时，你可能全程都需要一台独立摄像机对着乐队指挥，这将在后期制作中为你切换镜头提供方便。

当实况录制是为后期制作而非直播准备时，所有摄像机都能用于独立拍摄，每一台摄像机的输出信号都由独立的录像机进行录制。这样，所有独立摄像机的输出内容都可用作大量后期剪辑中的素材。

**节目拍摄完成后的活动** 所有设备拆卸、装车完毕，现场恢复原样之后，实况转播才算结束。作为大型实况转播的导演，应该格外注意下列拍摄完成后的程序：

■ 如果出现差错，不要冲出转播车指责所有人，而认为自己毫无责任。首先应该保持冷静。

■ 感谢付出努力的所有工作人员和出镜人。每个人都希望现场制作顺利完成。尤其要感谢联系人和其他促成该事件并让现场转播顺利完成的负责人。尽量让你自己和制作团队留下好印象。记住，在实况转播现场，你代表整个公司乃至整个媒体的形象。

■ 感谢警察的合作，他们为转播车留出了车位，协助控制现场观众等。记住在下次实况转播时还会需要他们的协助。务必让现场导演把所有制作设备归还电视台。

### 拍摄阶段现场导演和出镜人的工作步骤

现场导演在大型实况转播中的角色非常重要，其需要掌控的"现场"活动规模更大，复杂程度也更高。

**现场导演的工作步骤** 现场导演（在大型实况转播中也称为舞台监督或拍摄组监督）对实况转播的成

功所负的责任仅次于导演和技术指导。因为现场导演离场景更近，而导演被隔离在转播车中，因此现场导演常常能比导演更好地观察事件的发展。下列几点将有助于现场导演成功进行大型实况转播：

■ 提前熟悉事件。了解该事件在何处发生，会怎样发展，以及摄像机和话筒相对于转播车的位置。画一张关于该事件主要发展和设备布置的草图（见18.2）。

■ 反复检查所有内部通话系统。检查是否可以听到从转播车传来的指令以及转播车是否能听到你的声音。检查其他现场人员的内部通话设备是否正常工作。检查所有无线耳机、可中断反馈频道、步话机和其他现场通信工具。

■ 了解制作区域的交通情况。设法让路人远离设备和活动区域，有礼貌但口气坚定。与其他电视台的摄制人员共同完成工作。特别注意其他媒体的记者，新闻摄影记者刚好站在主摄像机前的情形也不是一次两次了。要唤起摄影记者的责任感，告诉他你也是在为公众做报道工作。

■ 进行实况录制，如果不用字幕机做场记标记，就要准备好场记板。

■ 检查所有电缆线是否安全可靠，尽量减少它们对摄制区域人员带来的潜在危险。如果技术工作人员还未检查，那就用胶带把电缆线粘在地面上或路边。在主要的行人交通区域，用垫子盖在电缆线上。

■ 向被委派到现场的警察做自我介绍，并向他们说明主要的事件细节。向出镜人介绍这些警察。当警察遇到这些直播人物并感到自己也是转播工作的一部分时，一般会更加合作并给予更多的帮助。

■ 帮助摄像师发现主要事件细节。与电缆牵引员（现场工作人员）讨论移动式摄像机的活动范围。这些人员通常是利用可移动EFP摄像机或摄录一体机（也连接在遥控装置上）获得好镜头的关键。

■ 迅速而准确地传达导演的所有指令。找准自己的位置，这样出镜人不必寻找你就可以看见指令。

（通常出镜人是通过小型耳机与可中断反馈系统联系的，所以导演可以不通过现场导演这一中间环节而直接对他们下指令。）

■ 在手边准备几块3×5的纸板，以便在可中断反馈频道出故障时，能够写下指令并传达给出镜人。

■ 当镜头暂时离开出镜人时，随时告知他们正在发生的事情。帮助他们维持外表，以便当镜头再次回到他们身上，保持外表与之前一致，同时鼓励他们并给予他们一些积极的建议。

■ 播出结束后，现场导演需要收拾他直接负责的所有摄制设备，如画架、平台、沙袋、场记板和耳机。离开现场之前仔细检查是否遗留下任何物件，可使用导演或技术指导的设备清单进行核对。

**出镜人的工作步骤**　第15章中讨论过出镜人的大致工作步骤，它们也适用于实况转播。但这里还有几条对出镜人特别适用的要点：

■ 完全熟悉事件和自己的具体任务。了解过程信息并做好自己的本职工作以获得相关效果。和制片人、导演和联系人一起对事件进行复查。

■ 测试耳机和内部联络系统。如果使用可中断反馈系统，就和导演或制片人检查系统是否正常。

■ 检查监视器是否正常工作。请现场导演要求技术指导，只要摄像机取下镜头盖，就立即将线路输出画面传送至监视器。要求至少要在监视器上显示彩条。

■ 在某具体赛事中，如果你为了确定运动员的情况得到了联系人或顾问的帮助，那么也请与他们讨论一下赛事的主要情况，以及当直播开始后你们之间如何进行通话。例如，当直播话筒开着时，顾问怎样告诉你接下来的情况。

■ 确定人名和地名的发音。没有什么比电视解说员念错当地有名人物的名字更尴尬的了。

■ 播出时，告诉观众他们所看不到的内容，不要重述显而易见的部分。例如，当你看到名人从机舱出来，和迎接他的人握手时，就不要说"某位名人正在和某某握手"，而要准确地说出是谁在和

请握手。如果有一名足球运动员躺在场地上起不来，不必告诉观众这名运动员受伤了，因为他们自己可以看到。你应该告诉他们这名运动员是谁以及受伤原因。此外，还需要定期跟进报道，提供关于这次受伤更详细的内容以及受伤运动员的情况。

■ 不要过多卷入赛事本身，以免有失客观。但也不要太过冷淡，显得对什么都没有感觉。

■ 如果在报道中弄错了某个人或某件事，尽快承认错误并加以改正。

■ 不要单用色彩来标示事件的细节，因为家用电视机的色彩经常会出现偏差。例如，点明某个赛跑者时，不要只说穿红色裤子的那一个，还要提示是屏幕左边的那个。

■ 尽量让赛事本身来说话，在特别紧张的时刻保持沉默。例如，在百米赛跑决赛中，在预备命令发出和信号枪发出之间的这段极其紧张的停顿中，不要说话。[1]

## 要点

▶ 现场制作的三种类型是：电子新闻采集（ENG）、电子现场制作（EFP）和大型实况转播。

▶ ENG是最灵活的现场制作方式，它能对事件做出最快反应，具有最大的现场机动性。不管是对某事件进行直播，还是用摄录一体机录制该事件，用于电视台即时播放或后期剪辑，ENG都可以提供很强的灵活性。

▶ ENG方式拍摄突发事件时，只需极短的准备时间甚至不需要准备时间，而EFP则必须制订详细的计划。从这一点上讲，后者和大型实况转播相似。

▶ EFP通常可以中途打断和重新安排，以便重复录制事件的不同部分。它通常采用单台摄像机拍摄，有时也用多台独立摄像机同时拍摄一个事件。

▶ 大型现场实况转播或现场录制的对象，是提前安排好但并非专为电视拍摄而安排的大型事件，如体育比赛、游行、政治集会或国会听证会。

▶ 所有大型实况转播都在主要位置采用高质量摄像机，并用ENG或EFP摄像机做更灵活的拍摄。大型实况转播一般需要布置大量声音设备。

▶ 转播车统一控制大型实况转播。转播车上配备有节目控制中心、声音控制中心、视频录制和实时回放控制中心，以及包含摄像机控制器和传送设备的技术中心。

▶ 大型实况转播要求拍摄活动中包含大量拍摄和技术方面的调查。

▶ 在体育比赛的实况转播中，实时回放是较复杂的摄制步骤之一，它一般由一位实时回放制片人或副导演负责。

---

① 想了解更多有关实况转播的主持播音细节，请参看斯图尔特·海德《电视和广播播音》。

# 18.2

# 重大事件的摄制

现在我们已经了解，EFP 和特别大型的实况转播需要进行细致的筹划。这种详细的准备工作对于一次性事件尤其重要，如体育比赛。没有哪两次实况转播是完全相同的，总有一些特殊情况需要对制作计划进行调整和妥协。这一节主要介绍体育赛事转播的一些典型布置方式，如何分析现场草图，一些室内和室外现场的典型布置实例，以及现场联络沟通系统和信号传送。

▶ **体育赛事的实况转播**
棒球、橄榄球、足球、篮球、网球、拳击或摔跤以及游泳比赛的拍摄要求

▶ **现场草图和实况转播布置**
阅读现场草图，室内和室外实况转播

▶ **通话系统**
ENG、EFP 和大型实况转播的通话系统

▶ **信号传送**
微波传送、电缆传送和通信卫星

## 18.2.1 体育赛事的实况转播

很多大型实况转播都是针对体育赛事进行的。摄

像机的数量以及它们的功能几乎完全取决于谁来进行此次实况转播。电视网利用大量设备和人员进行普通体育赛事的现场直播。对于特别重要的赛事，如超级碗橄榄球赛或世界杯足球比赛，会准备上百名摄制人员，布置并操作 20 或更多台摄像机、无数个话筒、多种监视器以及内部联络和信号传送系统。装载控制室和摄制设备需要好几辆大型转播车。然而拍摄地方高校举办的比赛时，需要的设备就少得多，可能只需要两台摄像机和三个话筒就可以拍摄了。地方电视台或小型制作公司通常只提供主要的制作和技术人员（制片人、导演、副导演、制片助理、现场导演、技术指导、工程主管和声音技术人员），然后租用实况转播服务，包括一辆转播车、所有设备和额外的技术人员。

图 18.6 到图 18.12 显示的是进行棒球、橄榄球、足球、篮球、网球、拳击或摔跤及游泳比赛实况转播时音视频方面的最低要求。**见图 18.6—18.12** 有时小型 ENG/EFP 摄像机会用来替代大型高质量演播室摄像机或现场摄像机，或添加至此处提到的最低布置要求中去。[①]

## 18.2.2 现场草图和实况转播布置

为简化前期筹备工作，导演或副导演应该准备一张现场草图。类似演播室平面图，现场草图显示事件发生地（体育场和比赛场地、街道和主要建筑，或走廊和房间）的主要环境特征。现场草图有助于导演决定摄像机位置，帮助录音师决定话筒类型和可能的放置位置，还能协助技术指导安排转播车的停靠点和连接线的走向。如果在室内拍摄，现场草图还可以帮助灯光师解决灯具类型和布置问题。

### 阅读现场草图

拍摄室内事件的现场草图应该体现屋子或走廊的大致尺寸，以及门窗和家具的位置。理想情况下，还应体现主要的动作（人坐在何处或他们将走向何处）和一些细节，如电源插座，特别窄的走廊、门和楼梯

---

① 想了解关于多种体育赛事的录音设置细节，请参看斯坦利·阿尔滕《媒介声音》，第 213—224 页。

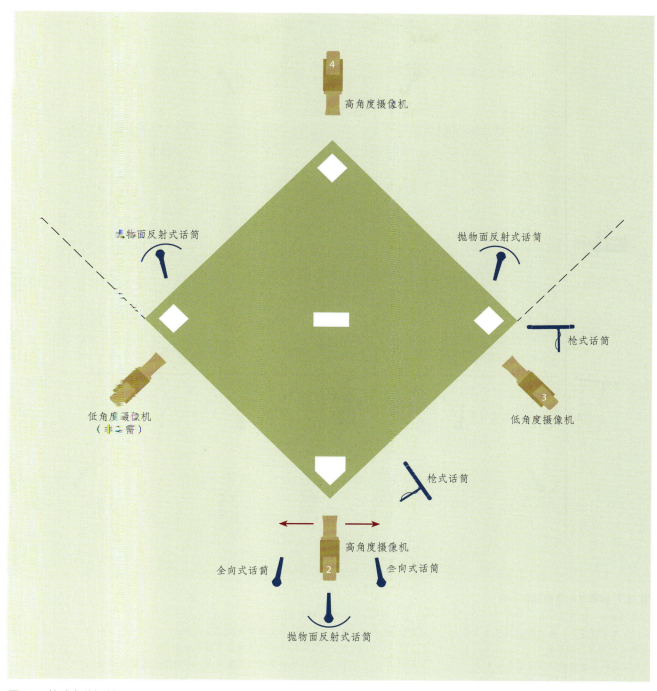

**图 18.6 棒球赛的摄制位置**

摄像机数量：3 台或 4 台

1 号摄像机：靠近 3 垒，低角度，非必需

2 号摄像机：在本垒后，高角度

3 号摄像机：靠近 1 垒，低角度，当与 1 号机切换时，要注意动作方向的反转

4 号摄像机：与 2 号摄像机相对，拍摄中心区域，注意动作方向的反转

话筒数量：5 只或 6 只

2 只全向式话筒采集高看台上的观众声音

2 只枪式话筒或 1 只移动抛物面话筒在本垒后面，采集比赛的声音

2 只或 3 只抛物面话筒采集场内和观众的声音

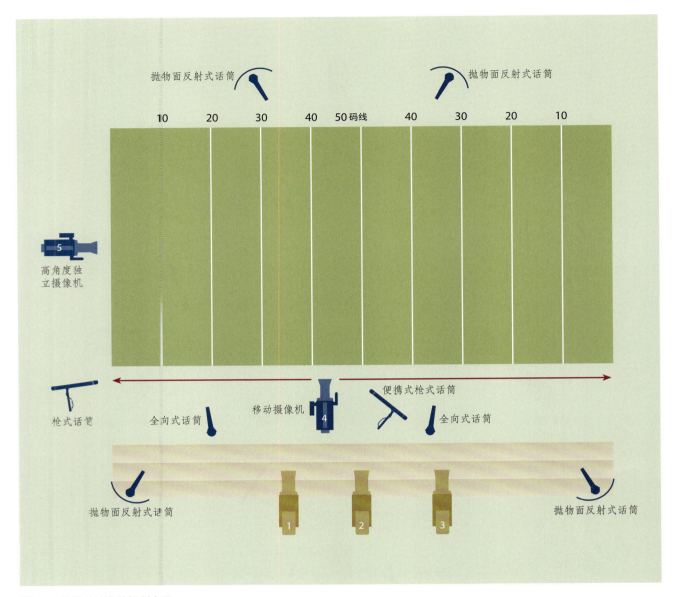

**图 18.7 橄榄球比赛的摄制布置**

摄像机数量：4 台或 5 台

1、2、3 号摄像机：高角度，架设在支架上，分别靠近 35、50、35 码线（记者席，阴影侧）

4 号摄像机：便携式或架设在移动车上

5 号摄像机：在球门后的独立摄像机（便携式 ENG/EFP 或大型摄像机），非必需

话筒数量：8 只

2 只全向式话筒采集观众的声音

2 只枪式话筒或抛物面话筒置于场边。

2 只抛物面筒支在支架上，另外 2 只在球场对面

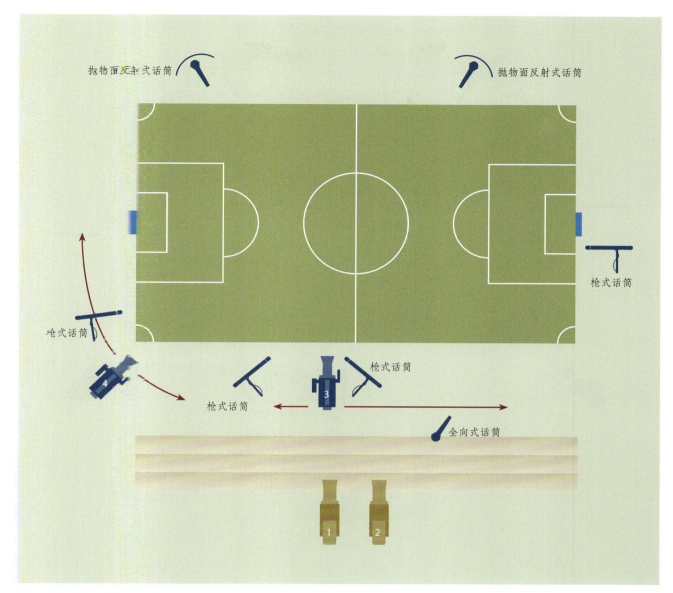

**图 18.8 足球比赛的摄制布置**

摄像机数量：3 台或 4 台
1 号摄像机：在中线左边，宽角度。
2 号摄像机：在中线右边，宽角度。
3 号摄像机：在场边移动。
4 号摄像机：非必需，设在球场左角；也可用作独立摄像机和在场边的移动机位摄像机。
所有 4 台摄像机都架设在场地的阴影一侧。

话筒数量：7 只
1 只全向式话筒装在支架上，采集观众的声音
4 只枪式话筒设在场边
2 只抛物面反射式话筒设在球场对面

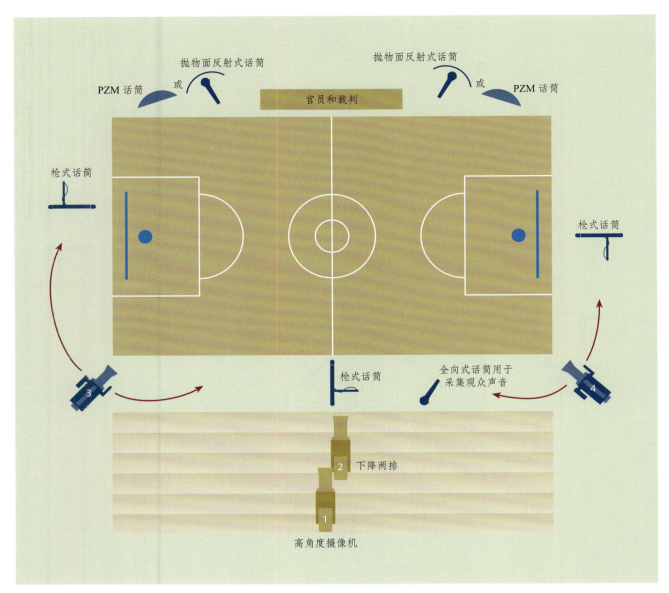

**图 18.9 篮球比赛的摄制布置**

摄像机数量：4 台

1 号摄像机：在高处支架上，中线左边——追踪拍摄比赛

2 号摄像机：在高处（下降 2 排）支架上，中线右边（非常靠近 1 号摄像机）——获取特写镜头

3 号摄像机：在球场左角（移动机位）

4 号摄像机：在球场右角（移动机位）

话筒数量：6 只

1 只全向式话筒架在支架上，采集观众的声音

2 只 PZM 话筒或抛物面反射式话筒装在支架上，采集观众的声音

2 只枪式话筒设在篮球架后采集比赛声音

1 只枪式话筒设在篮球场中间

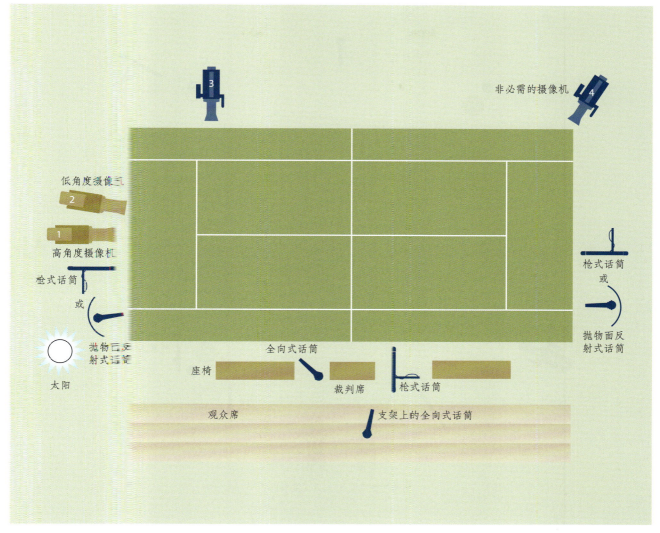

**图 18.10　网球比赛的录制布置**

摄像机数量：3 台或 4 台

1 号摄像机：在球场一端，机位足够高，能够拍摄全场镜头，和太阳同一方向拍摄

2 号摄像机：靠近 1 号机，但架设在较低的位置

3 号摄像机：在球场一端，对着官员席和运动员场间休息处（移动机位）。同时还拍摄运动员的特写镜头

4 号摄像机：如果使用四台摄像机，3 号摄像机拍摄左边运动员的特写镜头，4 号摄像机拍摄右边运动员的特写镜头

话筒数量：5 只

1 只全向式话筒架在支架上，采集观众的声音

1 只全向式话筒采集裁判员的声音

3 只在球场中间和球场两端的枪式话筒，或球场两端的 2 只抛物面话筒，采集比赛声音

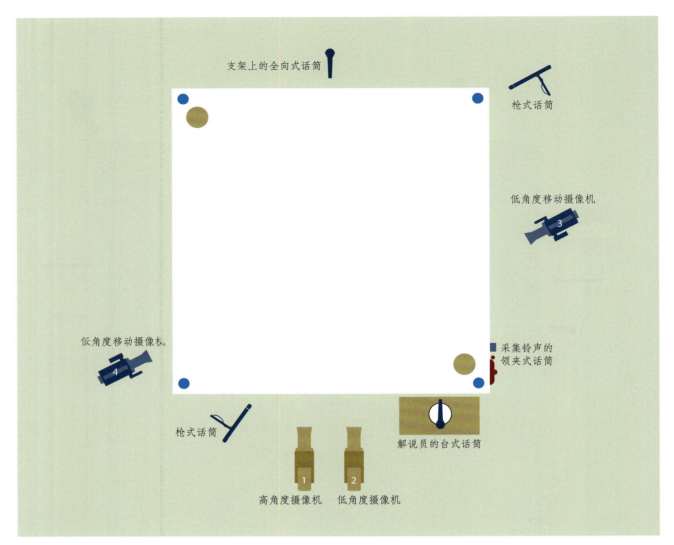

**图 18.11 拳击或摔跤比赛的摄制布置**

摄像机数量：3 台或 4 台

1 号摄像机：在很高的位置，能俯瞰整个场内的情况

2 号摄像机：大约在距 1 号机 10 英尺远的一侧，稍高于绳圈，用于回放

3 号 ENG/EFP 移动摄像机：由摄像师站在地面上肩扛拍摄，越过绳圈拍摄

4 号 ENG/EFP 移动摄像机：由摄像师站在地面上肩扛拍摄，越过绳圈拍摄

所有移动摄像机都配有自己的摄像机枪式话筒

话筒数量：5 只

1 只全向式话筒采集观众的声音

2 只枪式话筒采集拳击声音和裁判的声音

1 只领夹式话筒采集铃声

1 只桌面话筒供解说员用

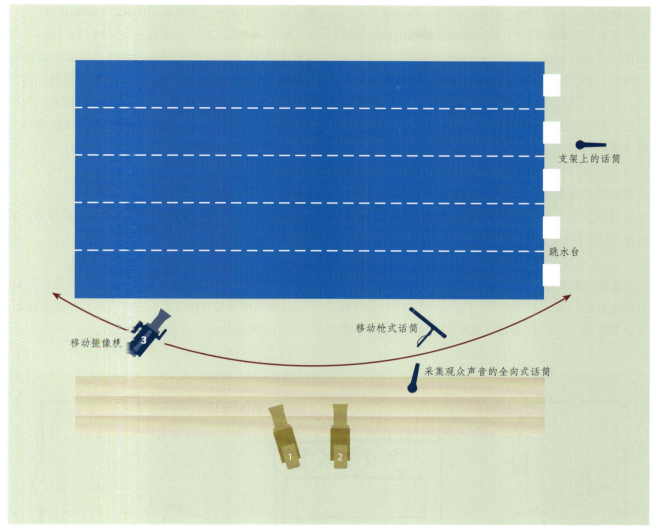

支架上的话筒

跳水台

移动摄像机

移动枪式话筒

采集观众声音的全向式话筒

**图 18.12 游泳比赛的摄制布置**

摄像机数量：2 台或 3 台

1 号摄像机：在高处支架上，大约在游泳池的中部——跟拍游泳选手

2 号摄像机：1 号机旁边——获取特写镜头

3 号摄像机：非必需的 ENG/EFP 移动摄像机，在泳池的两端或一侧

话筒数量：3 只

1 只全向式话筒设在支架上，采集观众的声音

1 只枪式话筒设在和泳池同等的高度，采集运动员的声音

1 只全向式话筒设在支架上

的实际宽度，开门方向，凸起的门槛、地毯和其他可能会使装在三脚移动车上的摄像机移动时出现问题的物件。下面分别是一张有关公共听证会的现场草图和一张关于游行的室外现场草图。

**公共听证会**　市政大厅的公共听证会是一个具有报道价值的场合。见图 18.13 假定你是一名实况转播的导演，你能分析这张草图吗？能做多少准备工作？这张草图存在的主要问题是什么？如果把问题限定在听证室的布置上，那需要怎样的摄像机、照明、录音和内部通话条件？

**游行**　某室外实况转播预定在星期天下午进行多机现场直播，播出时间估计从下午 3：30 到下午 5：30。现场草图 18.14 显示了活动区域及主要的设施，你从现场草图中能获得哪些布置和制作线索？见图 18.14

继续下一步之前，先研究一下室内（图 18.13）和室外（图 18.14）现场草图，尽量列出你能决定的制作需求，然后标出摄像机和话筒的类型和位置。接下来的部分是对制作需求的讨论并附有相关图表，你可以将你所列清单、听证室的设备布置和这些图表进行对比。

**公共听证会（室内实况转播）的摄制需求**

图 18.15 显示了公共听证室可能的摄像机位置、话筒设置和照明条件。见图 18.15

■ 摄像机。将两台摄像机装在三脚移动摄像车上，并用连接线将其和转播车连接。1号机拍摄监督员，2号机拍摄代理人、证人和旁观者。

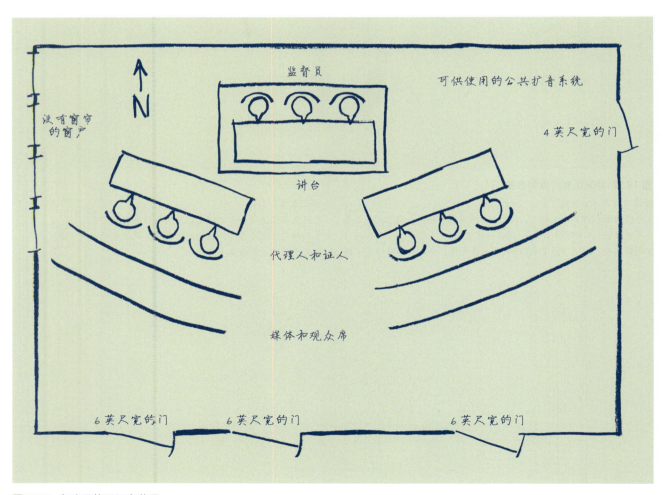

**图 18.13　市政厅的听证室草图**

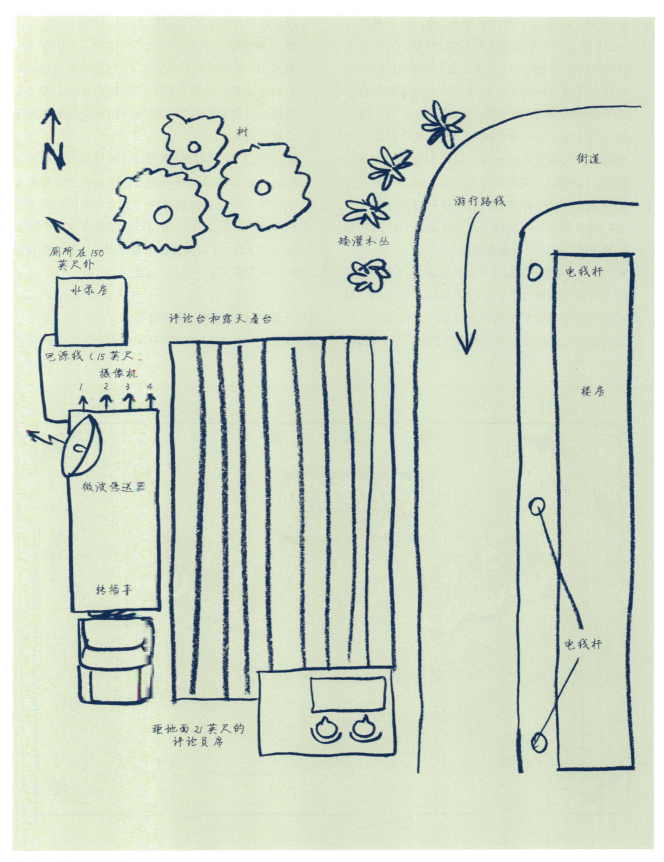

**图 18.14 游行现场草图**

■ 照明。听证会安排在下午3点钟。有两种办法可以解决大窗户引起的光线问题：一、为窗户安上窗帘并增添泛光灯；二、让装载2号摄像机的移动车靠近监督员的桌子，而且在拍代理人坐在窗边桌子旁的场景时尽量避免拍到窗户。现在，窗户能充当主光。在这种情况下，所有额外的泛光照明都必须配备蓝色滤光片，以增加色温达到室外标准（5600K）。如果听证室空间足够高，再安置几只背光灯。灯具是否具有足够的交流电插座？它们是否处在不同线路上？如果话筒和灯具连接线要通过门口，是否会影响出入？

■ 声音。因为听证室已装有扩音系统，所以只需接入现有话筒即可。如果这一系统不能使用，最好的解决方案就是使用台式话筒。三张桌子（监督员和两个证人的桌子）上都应多准备一只话筒，以防现有音频系统出故障。

■ 内部通话。因为不需要或仅需一丁点指令（一般仅用在录制开始和结束时），现场导演可以把耳机插头插在一台摄像机上。如果采用ENG/EFP摄像机，可能就需要为现场导演和每位摄像师连接单独的通话连接线。

■ 其他方面的考虑。摄像机连接线可以通过侧门拉入。如果室内是硬木地板，摄像机为拍摄到合适的镜头可以移动到各种位置。因为屋内的走动较多，所以所有连接线都必须粘贴在地面上并用橡皮垫盖住。1号摄像机所处位置的人流会比较拥挤，因为那里正好是门的通道。

### 游行（室外实况转播）的摄制要求

现在把你为游行列的清单和草图与下一张图表中

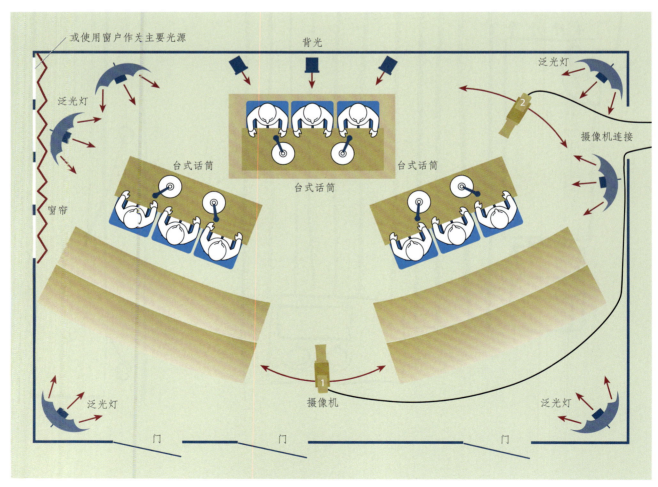

**图 18.15** 装上设备的听证室

布置进行对比。见图 18.16

■ 转播车的停靠点。把转播车停在合适的地方，最好靠近电源（水泵房）和摄像机的位置，这样能缩短使用缆绳的长度。

■ 摄像机。这种情况下至少需要4台摄像机：1号和2号摄像机（演播室/现场摄像机）安放在露天看台上；3号和4号摄像机（ENG/EFP）安放在街道上。2号摄像机也可拍摄出镜人。4号摄像机也能安装在现场摇臂上，保持街道高度。

■ 光线。因为录制安排在下午3：30至5：30，所以在整个播出中有足够光线。因为太阳几乎都处在摄像机的后面，所以可能需要设备避免过强的太阳光反射，导致无法看清1号和2号摄像机的取景器。

■ 声音。有三种声音需要采集：一、两位评论员的评论；二、游行中乐队的声音；三、路人的声音。出镜人佩戴带有防风套的领夹式话筒或头戴式耳机话筒。使用两只枪式话筒或抛物面话筒采集游行队伍的声音（一只放在高处的看台上，另一只放在高于地面的高度）。再用一只全向式话筒靠近评论员席采集人群的嘈杂声。所有话筒都需要防风套，并且枪式话筒需要防风毛套。

■ 内部通话。摄像师与摄像机连接线的普通专线通话系统相连。现场导演的耳机需要独立的内部通话线路。信用可中断监听反馈系统与出镜人通话。至少需要两条电话线路用于与转播车进行内部通话：一条直达线路用于连接电视台和传送站，另一条线路用于一般的通话联络。

■ 信号传送。宜用直接的微波链路连接发射塔（再从那里连接电视台）。音频通过电话线路传送（独立于微波传送）。在微波连接失败的情况下，这种分开传送仍能保证音频不间断。

■ 其他方面的考虑。1号和2号摄像机需要一个现场镜头（4C信号）来抓拍转弯处的特写镜头。你需要一台大型监视器观察出镜人，还需要另外一台作为备用。不要让太阳直射监视器。将连接线缆设置在平台下面，避免人们绊倒。除了摄像师，

ENG/EFP摄像机3号和4号还需要配备一名拉连接线的人员。洗手间靠近水泵房。可能还需要为制作人员、出镜人和摄像机准备雨衣和雨伞，即使天气预报是晴天，也有可能会下雨。

## 18.2.3　通话系统

无论"现场"设在电视台对面还是伦敦街头，运行良好的通话系统对于现场摄制人员来说都特别重要。这些系统必须高度可靠，确保总部人员能利用它们和现场人员联络，而且现场人员之间也能互相通话。做ENG时，必须能收到新闻部门和警方以及消防部门的信息。作为制片人或导演，你需要与出镜人直接对接具体信息（就算出镜人正在直播）。

无论电视图像和声音从市长办公室还是月球上传来，我们都希望能尽量完美地将其传送。虽然通话系统和信号传送属于技术人员的工作范围，但制片人和导演仍应熟悉，这样才知道如何物尽其用。本节将简要介绍 ENG、EFP 和大型实况转播的通话系统。

### ENG通话系统

电子新闻采集具有如此高的灵便性，不仅因为它拥有灵活完备的摄像、录像和录音设备，还因为它精细的通话设备。多数 ENG 车辆都配备有移动电话、持续监测警察和消防部门频率的扫描器、寻呼系统和双向无线电。一旦发现信号，扫描器就能将其锁定在特定频率上，使人听到这一频率上的对话。

这些联络系统还能使电视台的新闻部与正赶往或离开拍摄现场的制作人员联系，而且能让你对警察和消防部门的电话立即作出反应。有时，新闻部采用密码和"巡游"现场记者联络，以免竞争者获取有关突发事件的线索。

### EFP通话系统

单台摄像机的 EFP 不需要复杂的通话系统。因为导演可以在拍摄现场与摄制人员和出镜人直接联络，不必通过内部通话系统。分散的摄制人员之间可以使用步话机或移动电话进行联络。正如先前指出的那样，

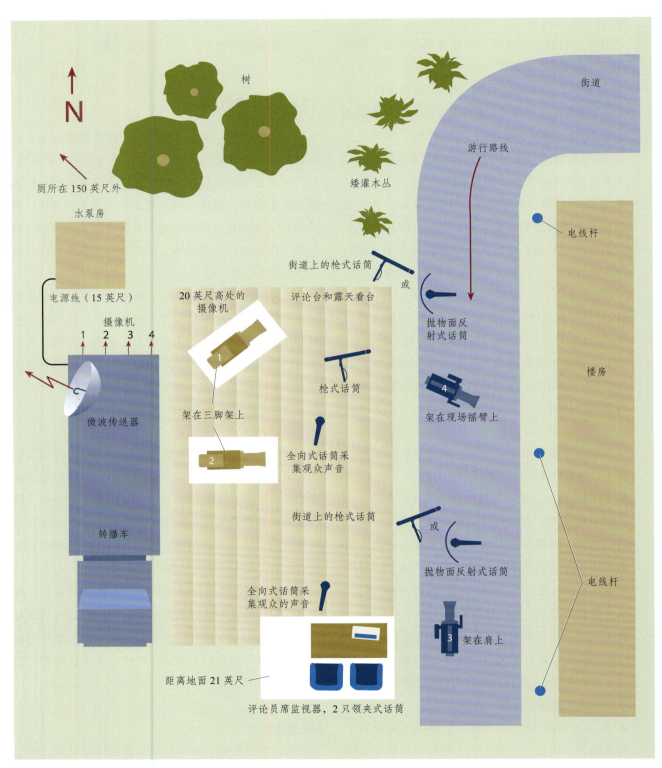

**图 18.16** 游行的现场布置

同时给出镜人和摄制人员发指令时，只要有一只小型电子扩音器就不必大喊大叫了。

EFP 拍摄车一般配有常规电话连接的电话插孔，但一般移动电话就足够了。如果 EFP 采用由控制中心进行协调的多台摄像机，那就必须在导演、技术指导和摄像人员之间建立三机内部通话系统。在进行现场直播时，还要增加可中断监听反馈系统。

### 大型实况转播通讯系统

大型实况转播需要在转播车（或其他转播控制室）和制作人员之间、转播车和电视台之间、转播车和出镜人之间建立通话系统。转播车和制作人员之间的通话可以通过常规专线系统（专用线路或电话线路），该系统采用摄像机连接线中的专线频道、独立的有线或无线专线进行联络沟通。在制作人员很分散的复杂布置（如拍摄下坡滑雪之赛）中，也可以使用步话机。如果有必要，专线通话可以利用转播车到电视台之间的电话线路来完成。

在大型实况转播之中，制片人或导演与出镜人之间的可中断反馈系统是最重要的通话系统之一。如果多名记者或评论员参与到同一事件中，导演可以在几个可中断反馈频道之间进行转换，这样可以分别与现场记者和评论员通话。如果需要，对出镜人的可中断反馈指令可以通过卫星进行远距离传送。但要知道，出镜人收到指令前必然会有些许的延迟。在体育赛事实况转播中，有时出镜人通过耳机获取从转播车传来的指令。

当然，转播车还装有一些有线电话线、双向无线电、移动电话、寻呼系统和步话机。

## 18.2.4 信号传送

信号传送指将音视频信号从源点（话筒或摄像机）传送到控制设备或传送器，或从源点传送到多个接收点时所用的系统。信号传送包括微波传送、电缆传送和通信卫星传送。

### 微波传送

在直播拍摄中，如果要保持最大的摄像灵活性，如在会议场所进行采访拍摄，就不能用摄像机连接线，而应采用微波把信号传回转播车。

**从摄像机到转播车**　有一种能安装在摄像机上的小型便携式电池供电传送器。如果摄像机离接收站的距离不太远，使用这个系统能很容易将摄像机的音视频信号传送到转播车。为减少其他电视台拍摄同一事件时产生干扰，可以用几个频率同时传送，称为频率捷变（frequency agility）。

如果需要更强的微波传送器，可以将小型微波碟装在三脚架上，并放置在摄像机活动范围的附近。这样，在摄像机和微波传送器之间用较短的连接线，就能在离转播车较远的距离进行拍摄。如果从摄像机到转播车的连接线铺设会产生潜在的麻烦，如需要从某一建筑穿过高压电线或穿过繁忙的街道时，那上面这种连接就特别有用。见图 18.17

摄像机到转播车微波连接的主要问题是干扰，尤其在几家电视制作人员同时拍摄同一事件时。即使采用的系统拥有较好的频率捷变，竞争电视台有可能也与你一样灵活，而且发送的信号更强。

**从转播车到电视台或传送器**　通常，从转播车到电视台的距离越远，信号连接就越长并越复杂。（尽管有时会直接将信号发送至传送器，我们也把在实际播出前的最后连接终点称为"站点"［station］①。）只有在视线清晰无阻时才能把信号从转播车直接传送到电视台。见图 18.18

因为微波信号以直线运行，在转播车和站点之间挡住视线的高楼、桥梁或高山都有可能阻挡信号的传送。遇到这种情况，可建立几种称作微型连接（mini-links）的微波连接，它们能携带信号越过这些障碍物。见图 18.19

---

① "电视台"的英文是"television station"。——译者注

**图 18.17** 架在三脚架上的微波传送器

这种架在三脚架上的小型微波传送器能在较远距离范围内进行摄像机的信号传送。

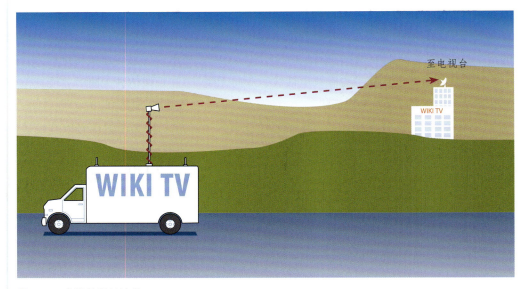

**图 18.18** 直接的微波连接

在视线清晰、不受阻挡的情况下，你可以通过微波连接把信号从转播车传送回电视台。

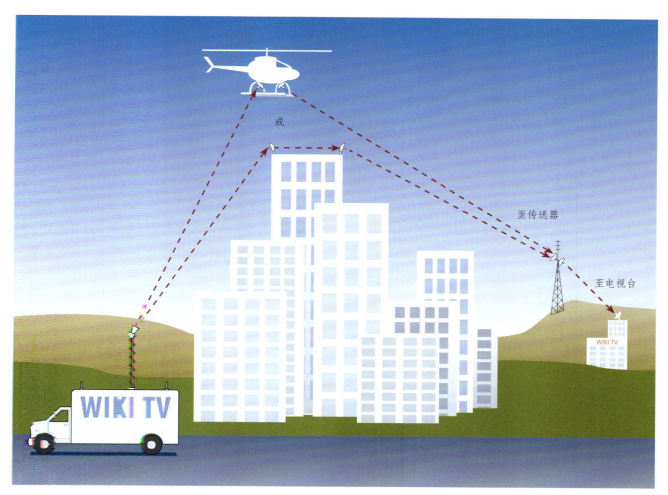

**图 13.19 转播车到电视台的微型连接**

如果现场和电视台之间没有清楚的视线，微波信号必须通过微型连接进行发送。

　　大城市的各电视台在重要地点都装有固定的微波中继（microwave relays），以便转播车能在任何拍摄地点传回信号。如果这些固定装置不能满足需要，直升机也可以充当微波中继站（见图 18.19）。这种固定的微波中继也用于传送永久性摄像机（用来监视天气或交通）的视频信号。

　　把信号从转播车传到电视台还有其他几种方式。重点掌握这些内容是播映工程师的职责，但你也应该了解一下现有的信号传送方式有哪些。

### 电缆专送

　　电讯公司可以提供宽带高清数字电缆服务（同轴或光纤），能传送包括 1080i 高清电视在内的所有音视频信号。宽带（broadband）是在电缆上同时发送信息（声音、数据、视频和音频）的一种高带宽标准。

### 通信卫星

　　用于广播的通信卫星都位于地球上方 22300 英里（约合 35888 千米）处，沿地球同步轨道运行。在这个轨道上，卫星和地球同步运行，因此可保持与地球的相对位置不变。

　　通信卫星有两个操作频率带：低频率的 C 频带和高频率的 Ku 频带。有些卫星装有传送 C 频带和 Ku 频带（Ku-band，"K" 和 "u" 分开读）的收发机，并能在内部将一种频带转换成另外一种。

　　直播卫星（direct broadcast satellite，缩写 DBS）有一个功率相对较大的收发机（传送器／接收器），能从卫星向小型独立的下传碟形天线传播信号（碟形卫星天线可以从大型电子市场买到并可自行安装）。直播卫星在 Ku 频带上运行。

　　C 频带不受气候的影响，是极其可靠的系统。因为 C 频带是以微波频率工作的，因此可能会干扰地面站的微波传送。为避免这种干扰，C 频带的运行采用较低功率。又因为 C 频带功率较低，所以地面站需要 15—30 英尺的大型碟形天线。如此巨大的碟形天线显然不适合移动上传车辆采用。要使用 C 频带，电视信号必须由固定的地面站发送和接收。

　　另一方面，Ku 频带的运行采用较大的功率和较小的碟形天线（3 英尺或更小），能安装在移动转播车上或家里，便于操作。此外它比 C 频带出现的拥挤状况更少，并可以在几乎未提前安排的情况下即时上传。Ku 频带的一个主要问题是对天气特别敏感，下雨和下雪都会严重影响信号传送。

**上传和下传**　　电视信号通过上传线路（uplink，地面站传送器）送至卫星，卫星接收信号并将其加强，然后用传送器将它们以不同频率发射回一个或几个地面接收站（称为下传线路［downlink］）。卫星上的接收传送器结合了传送器和接收器的功能，称为收发机。很多用作国际电视信号传送的卫星都配有内置译制器，能自动对一种电子信号标准进行转换，如把 NTSC 制式转换成欧洲的 PAL 制式。

　　因为卫星传送覆盖很大区域，因而简单的接收站（下传线路）可以广泛建立在世界上许多地区。见图 18.20 事实上，这些在战略位置上的卫星能覆盖整个地球。

　　特殊转播车能为电视信号的传送提供移动上传线路。这种上传车（uplink truck）的操作与微波转播车完全是同一原理，唯一不同的是上传车把电视信号送

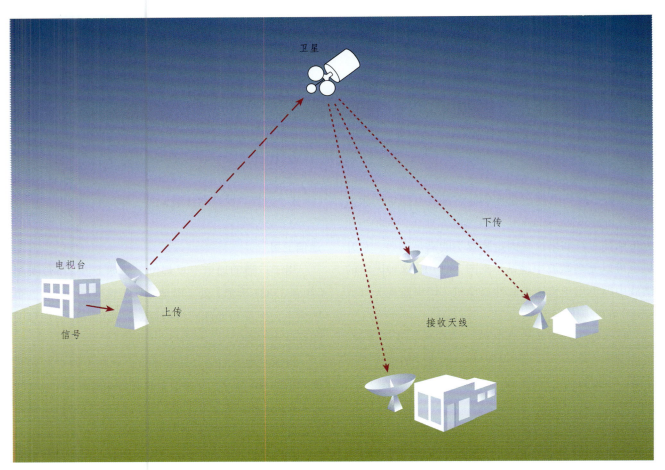

**图 18.20 卫星的上传和下传**
上传指把电视信号发送至卫星，下传则是接收从卫星发送的电视信号。

至卫星，而不是送到微波接收天线上。如 18.1 中所提到的那样，卫星上专门通常包含一些额外设备，如录像机和剪辑计算机。

▶ 很多大型实况转播都针对体育赛事进行，电视联播网通常采用大量设备和人员进行体育赛事的转播，但使用较少设备同样也可以拍摄。

▶ 多数体育赛事都有标准的布置要求，当然也可以添加更多的摄像机和录音设备。

▶ 现场草图对大型实况直播的制作前期是非常有用的。室内现场草图应显示出房间或走廊的大致尺寸，门、窗、家具的位置，以及主要的活动区域；室外现场草图则应显示楼房、转播车、电源、陡坡或台阶的位置，太阳的轨迹，以及主要活动的地点和（或）方向。

▶ 好的现场草图能协助导演和技术主管决定摄像机的位置，变焦镜头的焦距长度，照明和音频布置，以及内部通话系统。

▶ 实况转播很大程度上依赖于可靠的内部通话系统，包括专线系统、步话机、寻呼机、移动电话和多频道可中断反馈系统。可中断反馈信息可通过电话线路或卫星发送至分散在现场的出镜人。

▶ 实况转播信号的发送一般通过微波、电缆或卫星。

▶ 用于广播的通信卫星在低频率的 C 频带和高频率的 Ku 频带上运行。

# PART

# IV

## 第四部分
# 后期制作

**第 19 章 后期剪辑的工作原理**

19.1 非线性剪辑工作原理

19.2 线性剪辑工作原理

**第 20 章 剪辑的功能和操作原理**

20.1 剪辑的功能和连续性剪辑

20.2 复杂剪辑

# CHAPTER

# 19

第 19 章

# 后期剪辑的工作原理

几乎所有电视节目在某种程度上都是在实际拍摄中或拍摄之后剪辑过的。拍摄之后的剪辑称为后期剪辑。后期剪辑与切换，即拍摄阶段中的实时剪辑截然不同。后期制作中你有更多时间思考自己的作品需要融入和删去哪些镜头，但也要负责挑选最能生动描述故事的那些镜头。

以前的后期剪辑都是借助磁带录像机，把所选镜头从一盘磁带复制到另一盘磁带来完成的，然而今天，多数剪辑工作通过电脑和剪辑软件来完成。如果使用电脑剪辑，那就是非线性剪辑；如果把镜头按照特定顺序从一台录像机传到另一台，那就是线性剪辑。

不管使用哪种系统，你的审美选择对于后期制作将非常重要。你必须运用所学电视制作的所有相关知识挑选出最令人印象深刻的镜头，然后按顺序排好，以便故事情节清晰，有冲击力。

19.1 "非线性剪辑工作原理"将检验非线性剪辑系统的基本构成和步骤，并描述一些剪辑前的任务。19.2 "线性剪辑工作原理"将对基本线性剪辑过程进行概述。

二对一剪辑（AB-rolling editing） 通过结合包含一组镜头（如远景、中景镜头）的 A 卷素材和包含相关但不同景别镜头（如同一场景切出镜头或特写镜头）的 B 卷素材，来制作一盘剪辑母带。

组合剪辑（assemble editing） 以线性剪辑方式将镜头按连贯顺序添加到录像带上，不需要提前在剪辑母带上录制控制磁迹。

自动对白替换（automatic dialog replacement，缩写 ADR） 后期制作中使说话人嘴唇运动与说话声音同步。

批量采集（batch capture） 让计算机使用场记信息采集所有用于剪辑的所选片段。

采集（capture） 把音视频信息传到计算机硬盘进行非线性剪辑，也称为导入。

剪辑片段（clip） 硬盘上采集的一个镜头或简短的一系列镜头，以文件名识别。

控制磁迹系统（control track system） 一种剪辑系统，能对控制磁迹的同步脉冲予以计数，然后将这个数字转换成经过的时间和帧数，但帧的记数不一定精确。也称为脉冲计数系统。

剪辑控制器（edit controller） 协助执行各种剪辑功能（如标出剪辑起止点、转动素材到录像机以及调用特效）的机器。通常是一个安装有特殊软件程序的台式计算机。也称为剪辑控制装置（editing control unit）。

剪辑决策清单（edit decision list，缩写 EDL） 以时间码数值形式表示的剪辑起止点和镜头之间的转换方式。

剪辑母带（edit master recording） 在录像带或其他媒介上录制的最终剪辑版本。用于播出或复制。

插入剪辑（insert editing） 插入剪辑要求事先在剪辑母带上铺设一条控制磁迹。之后，根据顺序对镜头进行剪辑或将其插入现有的录制视频中。这是分开剪辑音频磁迹和视频磁迹的一种必要程式。

线性剪辑（linear editing） 使用录像带系统的模拟或数字剪辑。镜头的选择不是随机的。

非线性剪辑（nonlinear editing，缩写 NLE） 允许即时随机访问素材和镜头序列，并能轻松进行镜头的重新排列。音视频信息以数字形式存储在计算机硬盘或可读写光盘上。

离线剪辑（off-line editing） 在线性剪辑中，利用离线剪辑制作剪辑决策清单或不打算用于播出的录像带。在非线性剪辑中，为了节省电脑储存空间，通常在低分辨率下采集所选镜头。

在线剪辑（on-line editing） 在线性剪辑中，利用在线剪辑制作以播出或节目复制为目的的高品质剪辑母带。在非线性剪辑中，在线剪辑指以高分辨率重新采集所选镜头。

录制录像机（record VTR） 将素材录像机提供的节目片段剪辑成最终剪辑母带的录像机，也称为剪辑录像机。

镜头（shot） 视频和电影中最小的便于操作的单位，通常是两次画面切换之间的间隔部分。在电影中则可能指某个特定的摄像机设置。

场记板（slate） 为每个视频片段做的视觉说明或口头说明。传统场记板是指写有主要制作信息的一块小黑板或白板。在每次拍摄开始时录制场记板。

电影与电视工程师协会 / 欧洲广播联盟时间码（Society of Motion Picture and Television Engineers/European Broadcasting Union time code，缩写 SMPTE/EBU time code） 录制在录像带提示轨道或地址轨道，或一条多轨录音带轨道上的电子信号，为每帧提供特定的时间地址。时间码阅读器会再将这个信号转换成一个特定数字（小时、分钟、秒和帧数）。

素材媒介（source media） 保存录制的摄像机素材的媒介（录像带、硬盘、光盘或闪存设备）。

素材录像带（source tape） 拥有摄像机原始素材的录像带。

素材录像机（source VTR） 素材录像机向录制录像机提供节目片段，以便后者进行组合，也称为播放录像机。

拆分剪辑（split edit） 从技术上讲，一个镜头的音频部分会由相关声音或解说代替。通常情况下，音频会先于镜头出现或者渗到下一个镜头中去。因此，观众可能先听到下一个镜头的声音，然后才看到视频；或者在他们刚看到下一个新镜头时，仍能听到前一个镜头的声音。

条数（take） 在视频录制或拍摄中获取的任何一个类似的重复镜头，通常以数字进行标注。好的一条指成功地完成了一个镜头的录制，而差的一条指不成功的录制，需要重新拍摄一次。

时间码（time code） 为每个电视帧提供一个特定的地址（显示为已播放的小时、分钟、秒和帧数）。

矢量（vector） 指一种具有方向和大小的可感知的拉力。矢量类型包含图形矢量、指引矢量和运动矢量。

录像机（video recorder，缩写 VR） 能录制音频和视频的所有设备，包含录像带、硬盘、可读写光盘和闪存设备。

录像场记（VR log） 按场次和时间码地址连续排序的所有镜头的清单，包含所有好的（可用）和差的（不可用）镜头条数。录像场记常采用计算机化场记程序来完成。列出矢量有助于镜头的选择。

视窗复制（window dub） 每一帧上都嵌有时间码的对所有素材媒介的"降格"拷贝。

# 非线性剪辑
# 工作原理

▶ **准备阶段**
时间码、场记、采集和音频转录

▶ **视频剪辑阶段**
按照音频剪辑视频、按照视频剪辑音频，以及切换和特效

▶ **音频剪辑阶段**
线性音频剪辑、非线性音频剪辑、压缩、校正、混音、音质控制和自动对白替换

## 19.1.1 非线性剪辑

非线性剪辑（nonlinear editing，缩写 NLE）的操作原理就是选择音视频信息文件，然后在电脑上按特定顺序对它们进行回放。所有非线性剪辑，都是通过对从摄录一体机传到剪辑系统中的计算机硬盘的镜头进行选择和排序来完成的。只要使用剪辑软件将摄录一体机中的原始素材传入计算机硬盘，那就属于非线性剪辑的范畴了。

在上传过程中，数字摄录一体机无论使用录像带、硬盘、光盘还是某种闪存设备来录制活动以备后期制作都无关紧要。但如果剪辑系统使用一台录像机提供所选镜头，然后用另一台录像机按想要的顺序进行录制，那则是线性剪辑的做法了。

本节解释非线性剪辑系统的工作原理和其在后期剪辑中的运用。

▶ **非线性剪辑**
为何选用非线性剪辑？

▶ **非线性剪辑系统**
计算机硬件和软件、素材媒介、音视频采集和导出最终剪辑

▶ **预剪阶段**
考虑镜头连贯性、保存记录并对原始素材进行审看和排序

如本章引言部分所述，线性和非线性剪辑的基本差别就在于线性系统从素材录像带中复制所选部分到另一盘录像带（剪辑母带）中（见 19.2），而非线性剪辑则不必复制，计算机真正要做的所有工作就是标注包含具体剪辑片段（clips）的文件，然后再按特定顺序回放这些片段。非线性剪辑不是把一个镜头接到另一个镜头后面，而是涉及对文件的管理工作。

非线性剪辑可以实现对任意多的剪辑版本进行尝试、对比和保存。你需要做的就是创建一份剪辑决策清单（edit decision list，缩写 EDL），这样计算机便能识记你的决策，并在需要时运用于剪辑片段。一旦对镜头排序做好决定，就可以把决定好的版本传到剪辑母带录像机，剪辑母带录像机可能会使用录像带或其他数字储存媒介。

### 为何选用非线性剪辑？

为什么将这些剪辑模式称为线性和非线性剪辑？剪辑胶片和录像带的时候，你需要从第一个镜头开始，然后按顺序添加第二个、第三个镜头，直到添加最后一个镜头。整个过程以线性模式发展开来，从标题开始，然后以片尾字幕结束。就算在素材录像带中寻找某个片段，也不能直接跳转到该部分，只能耐心滚动素材，直到找到那部分。如果片段恰巧在录像带中部，那搜寻过程就特别费劲了。最后的剪辑工作一旦完成，如果再想修改，或者导演或客户希望替换最终剪辑版本中部出现的某个镜头或场景，那就只得重新剪辑插入部分以后的全部内容了。

但非线性剪辑系统允许随机访问。要想找到想要的镜头，不必从头至尾滚动素材。如果原始素材储存在剪辑系统的硬盘上，那就可以随机并几乎即时获得任意一帧或一个片段。你也可以在剪辑序列上的任意一处插入或删除一个镜头，而不影响改动前后的素材。储存和重新找到原始素材，或甚至组合所选片段的过程都不是线性的。因为连最终剪辑都是非线性的，所以你可以完成导演或客户提出的在产品中部进行改动的要求，而且这一改动就像改变开头标题或最后一句字幕一样简单。但学习这种文件管理方式比简单的文字处理程序稍微复杂些。

因为市场上有很多非线性系统出售，所以我们专注于基本非线性系统的工作原理，就不对某个具体的软件程序深究了。如果你希望学习某个特定 NLE 系统，那需要研究那些通常有很大篇幅的操作指南和教程。

## 19.1.2 非线性剪辑系统

一个非线性剪辑系统由以下几部分组成：原始素材回放设备，用于采集、储存和处理音视频片段的一台高速计算机和相关软件，以及一台用于录制最终剪辑母带（edit master recording）以进行播出或分发的录像机（video recorder，缩写 VR）。**见图 19.1**

让我们再进一步了解 NLE 系统的各个组成部分和主要步骤：计算机硬件和软件、素材媒介、音视频采集和最终剪辑成果的导出。

### 计算机硬件和软件

所有非线性剪辑系统基本上都是由在高容量硬盘上储存数字音视频信息的计算机和对音视频片段进行选择和排序的兼容软件组成的。选择剪辑电脑的一个重要因素就是要选择具有大储存容量和高速处理器的电脑，就算在音视频文件仅稍微压缩的情况下也能保证通畅的回放功能。一些 NLE 系统有自己的电脑配置标准，其他一些则配有专门键盘，键盘上的按键标注有各种剪辑指令。但多数剪辑软件都会提供相应标签，提示使用哪种标准键盘。

就算你可能有一个相对大些，能分成两个屏幕的平板监视器，你仍会发现，另外准备一个独立监视器会大大提高剪辑效率。你可以使用稍大的那一台显示剪辑界面，另一台作为已剪辑片段的回放监视器。有时你可能需要在将声音导入电脑前进行混音，那么就

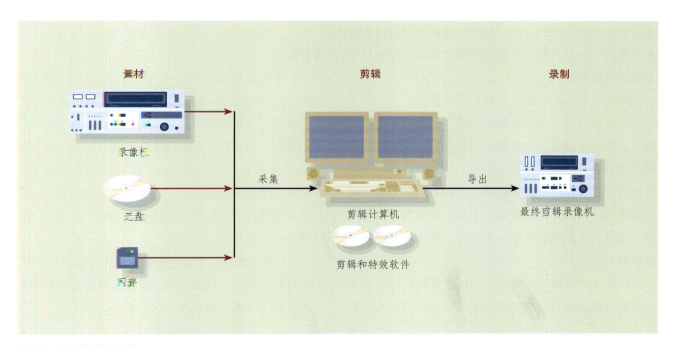

**图 19.1 非线性剪辑系统**
非线性剪辑系统由以下几部分组成：原始素材回放设备、配有软件的计算机和一台生成最终剪辑的录像机。

**图 19.2　基本非线性剪辑设置**

非线性系统通常配有一台高速大容量计算机、一个键盘、一个剪辑界面显示器和一个用于查看剪辑序列的显示器、一个小型混音器，以及立体声音响。

需要一台与电脑相连的小混音器了。见图 19.2

　　有了这种现成且精细的剪辑软件，就算是一台手提电脑都能成为一个强大的非线性剪辑系统。其实你会发现，一些相对简单的剪辑软件如 Apple's iMovie，能在满足普通剪辑工作需求的基础上提供更多功能。在观看最终剪辑成果的时候，谁也看不出这个作品是使用 iMovie 软件还是 Final Cut Pro 最新版进行镜头间的切换的。简单剪辑软件的主要缺点是在音频和特效方面的性能相对局限。

　　描述一个具体的非线性剪辑程序意义不大，因为尽管大多剪辑程序拥有相似的特征，但它们还是差别很大，需要大量学习和实践。就算最简单的非线性剪辑都具备多种功能，使用时不得不翻看使用说明和查看教程。但也有对多数剪辑软件通用的功能。见图 19.3 你会发现，两个不同系统间的术语和功能都是不一样的。不过，只要熟悉一种 NLE 程序，那学习其他程序会更容易上手。

　　如果打算在高清电视制作中做大量色彩校正或插入多种切换和特效，那就必须使用高端的剪辑系统和特效软件了。非线性剪辑能处理音频片段，还能完成大量切换和数字视频特效工作，而且所有工作都能相对轻松地完成。例如，只要使用 Adobe's After Effects 软件，你就能在短时间内完成甚至很复杂的动画特效。

　　最后一个警告：制作数字视频特效的便捷很可能会让你更加注重特效，而忽略故事本身。记住：只有在它们适合故事内容并能赋予信息活力的情况下，才使用这种让人震撼的特效。

## 素材媒介

　　不管在迷你或标准尺寸的录像带、便携式硬盘、光盘，还是在如同一张 P2 卡的闪存设备上录制，所有用摄录一体机摄制或从摄制组收到的素材都将成为原始素材。使用数字素材媒介（source media）时，可以通过火线接口（IEEE1394）或者高清多媒体接口（HDMI）电缆直接把摄录一体机与剪辑电脑相连。一些系统还能在剪辑电脑中直接插入闪存卡（如 P2 卡）以便轻松采集。

　　只要在采集前或采集期间对素材进行数字化处理，那也可以使用旧一些的模拟录像带。多数计算机都配有内置数字化卡，能将模拟信号转换为数字信号。也可以使用一个外部数字化装置或桥接器，即一种配有 RCA 插孔和火线输出的外接设备，RCA 插孔用于插入

| 模块 | 也称为 | 功能 |
|---|---|---|
| ① 项目面板 | 浏览窗口、素材库、整理器 | 存放所有视频和音频素材片段 |
| ② 素材监视器 | 预览监视器、预览器、监视面板 | 显示即将剪辑的所选素材片段 |
| ③ 录制监视器 | 节目监视器、画面、监视面板 | 显示所选剪辑序列（有效时间线） |
| ④ 飞梭控制<br>素材和录制 | 传输控制、点动控制 | 可以以各种速度向后或向前拖动视频片段或剪辑序列 |
| ⑤ 搓擦条 |  | 在一个片段或片段序列中移动播放指针时，提示你的当前位置 |
| ⑥ 播定指针 |  | 触发搓擦功能（移动）以定位某一帧。速度则根据你用鼠标移动播放指针的速度而决定 |
| ⑦ 时间线 | 场景线 | 剪辑过程的主地图，由带有播放指针的搓擦条、视频轨和音频轨组成。显示所有视频和音频片段相对于彼此的选择顺序 |
| ⑧ 视频轨 | 片段预览器 | 如果不止一个影像轨，那1号轨通常离音频轨最近，其余的叠在上面 |
| ⑨ 音频轨 | 声轨 | 两个或更多。1号轨在顶部，其余的叠在下面，显示为每个片段的色彩条或波形 |
| ⑩ 工具面板 | 工具箱、特效面板、任务面板 | 包含特效和音视频片段的处理选项 |

**图 19.3 非线性剪辑界面**

这个一般非线性剪辑界面显示了 NLE 系统的主要组成部分。注意，该菜单并未显示或列出所有不同可用模块。

与模拟摄录一体机或录像机相连的音视频电缆（附加 S 端子仅供视频使用），火线输出则用于连接电脑。

**音视频采集**

选择好需要进行剪辑的原始素材之后，你必须将其传入正在使用的 NLE 系统的电脑硬盘中。这个过程称为采集（capture）或导入过程，常常通过火线传输（IEEE1394 400 和 800 版本）或 HDMI 电缆完成。桥接器有助于这个过程的完成，能促成输入各种视频

和音频文件，包括标清（SD）、高清（HD）和甚至要转换成 NLE 计算机采集标准的模拟视频。如果使用这种桥接器，那你明显不需要外部数字化设备转换模拟素材了。见图 19.4

导入原始素材时，你通常会选取一个能将视频压缩到一定程度的特定编解码器。第 4 章曾提过，压缩的图像越多，文件在硬盘上占据的空间越小，导入过程也会更快。但缺点是压缩度越高，画面质量就会越差（低清晰度和色彩保真度）。

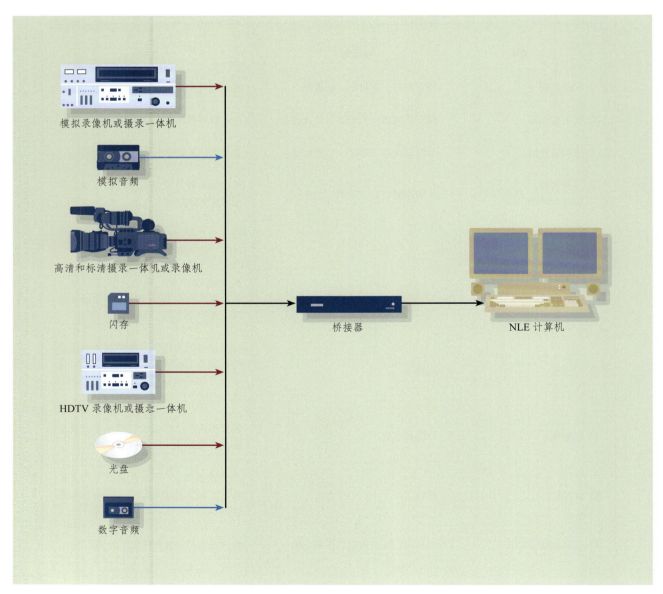

图 19.4  素材媒介连接

原始素材通常通过火线接口传给 NLE 计算机。一个桥接器能连接大量音视频输入并将其输送至计算机，使信号转换成 NLE 系统的采集标准。

除非你已为原始素材做了场记，否则就要在采集阶段完成场记。本章后面部分会介绍更多关于场记的内容。

### 导出最终剪辑

完成实际剪辑之后，你需要导出最终剪辑版本，并将其录制在录像带或其他媒介中。预计播出时，最终剪辑成果必须转换成 NTSC 扫描标准。

## 19.1.3　预剪阶段

打开摄录一体机，剪辑工作就开始了。这听上去似乎不可理解，但这意味着经验丰富的摄制人员在拍摄阶段录制视频时就已经开始考虑后期剪辑了。同时，如果能花一些时间查看原始素材，并根据预期的事件顺序对录像带或其他媒介进行排序，那在实际剪辑的时候也会更加得心应手。具体来说，预剪阶段包括：考虑镜头间的连续性、准确做记录以及对拍摄素材的审看和排序。

### 考虑镜头间的连续性

素材的拍摄方式预先决定了剪辑工作的诸多方面。一些导演或摄像师新手在拍摄的不同镜头或场景之间根本不留出任何转接区（重叠动作），也不考虑镜头的连续性。而有些导演则能预见镜头和场景之间的切换，为后期制作提供有利于剪接的影像。关键是不仅要能想象单个镜头，还要预见一组镜头。想象一组镜头将有助于你组接好镜头，以实现无缝切换。以下是一些建议：

■ 录制一个事件如一场站立现场报道时，最好在提示之前和报道者结束发言之后多录几秒钟。这些停顿可以充当视频转接区，称为修剪手柄（trim handle），方便你在合适的时机切到下一个镜头。另外，在镜头之间改变拍摄角度和景别（将摄像机移近或远离被拍摄物）也有利于剪切的自然流畅。

■ 别忘记拍摄一些切出镜头。切出镜头（cutaway）指在两个镜头间建立连续性的简要镜头，它们能在根据音频单位（视频访谈中，我们看到并听到人物说话的部分）进行剪辑时提供必要的视频转接区。在更具野心的制作中，它还能帮助连接时间或地点的跳跃。切出镜头可以是也可以不是主要表演的一部分，但主题上必须与实际事件有某种联系。好的切出镜头在屏幕方向上是相对静止和中立的，例如旁观者、操作照相机或摄录一体机的记者、显示地址和房号的标志性建筑以及事件有关物体（比如嘉宾写的书）的正面镜头。

■ 如果要完成 ENG 任务，那就尽量拍一些能体现事件发生地的切出镜头。例如，在拍摄完市中心火灾后，可以再拍一下离得最近的十字路口的街道指示牌，因火灾而瘫痪的交通，以及一些路人和筋疲力尽的消防队员的特写。若想得到好的效果，还可以拍几个事发地点的全景镜头。这样，你不仅获得了有利转接的切出镜头，而且还能体现火灾发生的确切地点。

■ 在拍切出镜头时通常还应录制环境声音。这些环境声对于流畅切换的重要性往往与画面一样。此外，即使镜头剪接得不理想，环境声的连续性也能极大地帮助保证镜头的连续性。

■ 即使摄像机没有任何有趣的内容可拍，也要录一两分钟"室内音"或其他环境声。

■ 在 ENG 中，只要有可能，就应该尽量以口头场记（slate）的形式记录各个镜头的条数，或至少记录下镜头系列号。口头场记只用说出事件名称和镜头条数编号即可，比如"市场街警察局，第 2 条"。你既可以用摄像机话筒，也可以用便携话筒（记者的）做场记。说出拍摄编号之后，再从 5 或 3 倒数到 0。这种计数类似于演播室制作中打场记板后的哔哞测试音。虽然不重要，但这种倒数有助于找到镜头的准确位置，并且在剪辑过程为你提供提示，特别是在不使用地址码的时候。

### 保存记录

摄制过程中，在场记中录入数据或为录制媒介贴上标签，似乎是在不断打断你的摄制创新热情，显得毫无必要。但在为后期剪辑整理原始素材的时候就不是这样了。那时可能需要重新搜集某些场景素材，特别是素材没拍好的时候，而你可能会发现记不清楚这些素材都保存在原始素材中的什么位置。这就是为什么摄制过程中的准确记录对于后期制作如此重要的原因了。

**现场场记**　回忆一下第 12 章的内容，除非进行 ENG，否则所有镜头都要打场记板并记在场记单上。你应该在场记单中写下录像带或其他录制媒介的号码、场景和镜头条数，以及所有镜头的起止时间码。如果没有时间码，那就记下场景标题、场景号和镜头条数，不管镜头拍摄结果是好（OK）还是不好（NG）。

必要时可为每个镜头做声音打板。如果你正在操作摄像机，那就迅速喊出"场景 3，第 5 条"，并把它录在摄像机话筒轨道上。如果摄录一体机使用内置硬盘作为录制媒介并在同一硬盘上录制所有原始素材，那场记信息和场记板就尤为重要了。有了现场场记单，在后期制作中做录像场记时能节约大量时间。

**标记录制媒介**　尽管这似乎是浪费时间和精力，但当为一部纪录片视频录制一些难度大的场景时，你必须花时间对每一个录制媒介进行标记（从摄录一体机中取出来时）。盒子和盒子内的媒介都要进行标记。对照现场场记条目仔细检查信息。一个良好系统要连续标记（从 1 开始）盒子和里面的媒介，并注明制作的标题。

## 对原始素材进行审看和排序

现在可以审看手边获得的素材内容了。如果你曾进行的是现场拍摄或演播室拍摄，你需要从第一个素材媒介开始看，无论一共拍摄了多少素材。这样做的目的只是检查所有镜头是否录制完好，不必检查每条镜头的录制质量。这个过程更像查看自己在度假时拍下的一堆照片，以便考虑保留哪些照片。

如果你要处理从新闻摄像师或一部纪录片或电视连续剧制片人那里获得的一堆录像带或其他录制媒介，那你在审看时的第一印象甚至比你作为摄制组成员时更重要。你不仅将获得对镜头质量的整体印象，而且也能首次感受故事情节。

**了解故事**　如果你剪辑的是一个有完整或不完整脚本的节目，那脚本将在剪辑中起到主要引导作用。没有脚本的情况下，通过首次快速审看素材通常也能稍微了解故事或过程信息内容。

如果你在电视公司工作，很多摄制工作都有具体的指导目标，而且就算审看几遍原始素材也无法了解过程信息。这种情况下就去请教其他人。毕竟，故事和传播目的都会很大程度上影响镜头、场景的选择和它们之间的排序。阅读脚本，并与作者或制片人讨论节目传播目的。剪辑纪录片和戏剧性节目的时候，对整个故事、基调和风格的讨论非常重要。审看原始素材的时候，不仅要查看内容，还要注意方向的连贯性。镜头剪在一起能得到好的效果吗？需要插入切出镜头吗？

然而，在剪辑 ENG 素材时，你很难有机会去充分了解整个事件。更糟的是，你必须遵守严格的时间框架（"确保故事长度为 20 秒!"），还得应对素材有限的问题（"对不起，我没法靠近，所以拍不到好镜头"或"我检查的时候话筒还在使用中"）。此外，允许你完成工作的时间也是少之又少（"你还没完吗？我们 45 分钟后就要播出了!"）。ENG 剪辑人员就像一位 ENG 摄像师或急诊室大夫一样，常常要在准备很少的情况下快速而精确地展开工作。虽然镜头连贯也很重要，但明显仍比不上讲故事。

除非你是负责摄像的视频记者，并且现在正在做剪辑工作，否则，在开始剪辑前必须尽量获得有关故事的信息。多向记者、摄像师或制片人讨教。经过一些实践之后，你便能学会如何感受故事，并能相应进行剪辑了。

在所有剪辑中你还会发现，听一听录像带上的声音往往比看画面更能快速了解故事。

**为录制素材排序**　粗略审看完原始素材后，你便可以参考现场场记单，以讲故事的顺序为录像带、光盘和闪存盘排序。这个顺序可能与摄制过程中的媒介编号不同。如具 NLE 系统能随机访问，那这个过程还有必要吗？答案是肯定的。这主要是为了方便你开始记录和整理素材（录像场记）。这样一个基本的镜头排序不仅能节省时间，而且也能协助寻找一些特定镜头，并且保证整个故事连贯。

### 19.1.4 准备阶段

在投入实际剪辑工作之前，需要注意以下内容和操作步骤：时间码、场记和采集。

#### 时间码

时间码（time code）就是标注视频录制每一帧的特定数字地址，它代表录制经过的时间：小时、分钟、秒和帧数。例如，如果看到时间码显示 00：45：16：29，那意味着录制素材时长为 45 分 16 秒 29 帧。如果多录制一帧，时码上的读数则为 00：45：17：00。因为 NTSC 系统中每秒有 30 帧，所以时码计数在 29 帧后则跳到下一秒，59 秒后跳到下一分钟，59 分钟后又跳到下一小时。① 见图 19.5

但就算时间再往上会变得有些复杂，但凡涉及电视制作行业的所有内容都是这样的。最常用的时间码之一称为 SMPTE，即电影与电视工程师协会／欧洲广播联盟的缩写，时间码，它能让你在无掉帧和掉帧两种模式中进行选择。

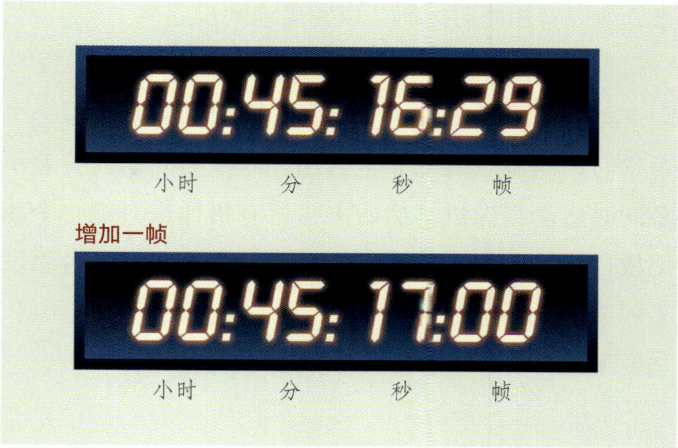

**无掉帧模式**　在无掉帧模式（non-drop frame mode）中，时间码会忠实地用一个唯一的地址标注每帧，但当视频片段较长的时候，与实际运行时钟时间相比，这个模式下的时间码会有点不对劲。例如，当无掉帧时间码显示某个节目时长为 1 小时整（01：00：00：00），但秒表却显示节目已结束 3.5 秒。出现时间差的原因是实际 NTSC 帧频并不是每秒 30 帧，而仅仅是每秒 29.97 帧。每秒消失的 0.03 帧并不会在较短视频片段中造成任何影响，但当你在较长节目中

**图 19.5** 时间码
时间码为每一电视帧提供一个特定地址，是显示音视频经过的小时、分钟、秒和帧的一个数字。

使用时间码作为真实时间的准确指标时，就着实是个问题了。

**掉帧模式**　要想使时间码读数和实际时间同步，你需要把摄录一体机切换到掉帧模式（drop frame mode）。这样计数器会在一定时间间隔跳过几帧，从而使时码窗和秒表显示的时间保持一致。注意，掉帧模式不会丢失任何实际帧数，只是在计数过程中跳过几帧。

在 DV 摄录一体机中通常使用的是 DV 模式，而不是 SMPTE 模式。DV 模式自动默认为掉帧模式。对于所有迷你 DV 磁带，它都是从 00：00：00：00 开始对第一帧计时的。

以上内容说明，除非需要确定每一帧，否则你应该使用掉帧模式。那样的话不管播放多长时间都可以了解片段的实际时长了。②

**时间码的使用**　时间码通常和每个镜头一起录制。时间码能协助你标注一个片段开始和结束时的准确位置。这对于为片段做场记和查找它们非常重要。时间码对于音视频的匹配非常重要。在剪辑屏幕上，原始素材的音频部分很像视频部分，以片段的形式显示出

---

① 在使用每秒 25 帧的 PAL 系统的国家中，24 帧之后就会转到下一秒，而不会像每秒 30 帧的 NTSC 系统那样直到 29 帧后才会跳转到下一秒。

② 因为 PAL 系统的刷新频率是每秒 25 帧，所以无须选择掉帧或无掉帧模式。

来，所以音视频时间码可以完美地同步起来。

**同步时间码** 当你采用多台摄像机同时拍摄一个场景时，同步时间码非常有用。同步时间码需要差不多同时启动摄像机，然后再将所有摄像机对准一个场记板，让某人伸出双手击掌，或者最好对准一台触发了闪光灯的照相机。就算所有摄像机没有同时开启，过度曝光的第一帧也会成为时间码的同步点。

## 场 记

之前不是已经做过场记了？是的。那不能在剪辑中使用做好的现场场记吗？不行。现场场记只是寻找某特定素材媒介中的镜头的一个粗略向导，对于剪辑来说通常不准确。录像场记（VR log）虽然以现场场记作为粗略向导，但之后会用场景号和时间码地址以连续顺序为所有镜头（好的和差的）编号。见图 19.6

如图 19.6 所示，这个场记类似于现场场记，只是它还包含场景号和实际录制在素材媒介上的每个镜头的起止时间码。它还包含剪辑过程中特别有用的其他信息。

下面我们再进一步了解每条录像场记信息。

■ 素材媒介编号。素材媒介编号指你或其他人写在素材媒介和盒子上的号码，如S1（素材1）、S2（素材2）等。

■ 场景/镜头和条数编号。如果你已经为各个场景、镜头和条数打了正确的场记板，那就从场记板上抄录数字。否则就以升序列出出现在素材媒介上的所有镜头。一个镜头（shot）指视频和电影中最小的便捷操作单位，通常是两次画面切换之间的间隔部分。在电影中也可能指某个特定的摄像机设置。一个条数（take）则指在视频录制或拍摄中

| 拍摄标题：交通安全 | | | | 拍摄编号：114 | | 日期：7月15日 | | |
| --- | --- | --- | --- | --- | --- | --- | --- | --- |
| 制片人：哈米德·卡尼 | | | | 导演：埃兰·弗兰克 磁带编号 | | | | |
| 媒介号 | 场景/镜头 | 条数 | 进 | 出 | OK/NG | 声音 | 备注 | 矢量 |
| 4 | 2 | 1 | 04 44 21 14 | 04 44 23 12 | NG | | 话筒问题 | ↖m |
| | | 2 | 04 44 42 06 | 04 47 41 29 | OK | 汽车声 | 小汽车A经过停车标志 | ↖m |
| | | 3 | 04 48 01 29 | 04 50 49 17 | OK | 刹车声 | 小汽车B刹车（对着镜头） | ⊙m |
| | | 4 | 04 51 02 13 | 04 51 42 08 | OK | 反应 | 行人的反应 | →i |
| 5 | 5 | 1 | 05 03 49 18 | 05 04 02 07 | NG | 汽车刹车声 行人大叫 | 球没有出现在车前方 | ⊙←m / m 球 |
| | | 2 | 05 05 02 13 | 05 06 51 11 | NG | " | 再次出现球的问题 | ⊙ m 球 |
| | | 3 | 05 07 40 02 | 05 09 12 13 | OK | 汽车刹车声 行人大叫 | 汽车突然转向，避开球 | m 球 |
| | 6 | 1 | 05 12 03 28 | 05 14 12 01 | OK | 行人大叫 | 小孩跑到街道上 | →i m 小孩 |
| | | 2 | 05 17 08 16 | 05 21 11 19 | OK | 汽车 | 汽车移动切出 | ⊙ m ↘ |
| | | 3 | 05 22 15 03 | 05 26 28 00 | NG | 街道 | 人行道边线 | ↔g |

**图 19.6 录像场记**

录像场记包含涉及素材带所录的视频和音频的所有必要信息。注意矢量栏中的记号：g、i、m 分别指图形、指引和运动矢量。箭头显示指引矢量和运动矢量的主要方向。Z 轴的指引矢量和运动矢量用⊙（朝向摄像机）或·（离开摄像机）标示。

拍摄的任何一个类似的重复镜头，通常以数字进行标注。好的一条指成功地完成了一个镜头的录制，而差的一条指一次不成功的录制，需要重新拍摄。

■ 时间码。不论镜头拍摄结果好坏，把镜头第一帧的时间码数值输入起始栏，把镜头最后一帧的时间码数值输入终止栏。

■ 好或不好。在镜头编号上画圈或在对应栏内填写"OK"（好）或"NG"（no good 的缩写，意思是不好），以此来标明哪些是可用的镜头。除非你已经删除现场场记中所有标注"NG"的镜头，否则现在需要琢磨一下是否还坚持先前的优劣评定。评估镜头时，要注意明显的错误，但同时也要考虑该镜头是否适合既定的传播意图和整体故事。某个虚焦镜头可能在某场景中不可用，但如果你要表现模糊视觉，它就极为合适。另外，还要看到主要活动背后的内容：背景是否合适？是否太匆忙或太杂乱？往往背景比前景更有助于构建视觉的连续性。如果将这些镜头剪辑在一起，背景是否能加强流畅性？

■ 声音。注明在剪辑时需要注意的对话和音效的起止点。不仅要仔细听前景声音，还要注意背景的声音。环境声是否太多了？是否不充分？请注明所有明显的声音问题，比如卡车经过的声音、某人敲击话筒或踢桌子的声音、工作人员在内部通话系统中的说话声，或者演员在一个本应很好的镜头中的失误。请写下声音问题的性质和其时间码地址。

■ 备注。用这一栏来说明镜头内容，比如"观看特写"，还要记录声音提示（除非另有一个指定的音频栏）。

■ 矢量。矢量（vector）指镜头中线条或运动的主要方向。注意，这种对矢量的标注有助于你找到与主方向同方向或故意反方向的特定镜头。矢量分为三种：图形矢量、指引矢量和运动矢量。图形矢量由一个引导我们视线转向某一特定方向的静止元素生成，比如由窗框或一本书的边缘形成的线条。指引矢量由明确指向某一具体方向的

事物生成，比如箭头或注视的目光。运动矢量则由某一运动事物生成。让我们再来看看图19.6中"矢量"这一栏。g、i、m 代表矢量的类型（图形、指引或运动）；箭头表示主要方向；圆圈套点标志表示指向摄像机或向摄像机方向移动；单独一个点则表示指向摄像机之外或离开摄像机。

**场记方法**　你可以用手写或用剪辑软件做这个场记。

如果用手写方式做场记，可以按照场景号依次拿取每个素材媒介，然后进行审看，最后再填写相关信息。在这个场记过程中不要使用摄录一体机。除了不含移动部分的闪存驱动器，摄录一体机的驱动机制并不是为不断往返的走走停停设计的。因此，最好在做场记或剪辑之前，将原始素材复制到更坚实的录制设备上，如录像机、硬盘或服务器上。

你现在可以使用通常使用的视频显示监视器播放每个镜头，然后再用笔在场记表上输入素材媒介号、场景号、起止时间码以及想保留片段的额外备注（见图 19.6）。更好的方法是把信息录到基本的电子表格上（不必使用任何剪辑软件），这样可以把电子表格保存为文档，并在之后的采集阶段（即把所选片段传入剪辑系统的硬盘）作为向导使用。

多数高精尖的剪辑软件能在实际采集之前为原始素材做场记。使用场记功能时，你可以先导入素材设备（摄录一体机硬盘、服务器、录像机、光盘和闪存设备）中的素材，然后录入素材媒介号、场景号、起止时间码和备注等方面的场记信息。唯一消失的类别是矢量信息，但你能为矢量的三种类型设计自己的符号，然后把它们输入场记的备注部分。

## 采　集

完成对原始素材的场记工作以后，你就能接着进行音视频的采集了。这意味着你现在就必须得把所选片段导入 NLE 系统硬盘的实际剪辑文件中。采集过程也有不同方式。其中一种是使用录像场记，然后再一个个导入素材媒介或用来做场记的素材副本中的片段。另一种方式是使用场记信息（每张电子表格或计算机

场记中的片段名或时间码），然后让计算机进行批量采集（batch capture），这样计算机就可以读取你的场记信息，并根据名称和时间码导入片段。这就要求你保证一切设置正确，以确保完成此项操作。对于更小的项目，你会发现导入每个片段通常比进行批量采集更快。

**离线和在线采集**　一些参与到大型剪辑项目中的剪辑人员为了节省磁盘空间，更倾向于在低清晰度条件下着手原始采集，利用低清晰度素材进行粗剪，然后再在高清条件下重新采集片段以便进行终剪。低清晰度导入称为离线，而高清导入则称为在线。这些名称沿用了线性剪辑中的术语，在线性剪辑中，离线剪辑使用稍微便宜的设备，随后当每个人都对这种离线版本满意时，就使用最好的设备进行重复剪辑。能生成剪辑母带的线性剪辑版本称为在线剪辑。在非线性剪辑中，离线剪辑通常能生成剪辑决策清单（EDL），EDL 能确定哪些片段需要在高清条件下再次导入。

### 音频转录

在整理画面和声音之前还有一件事要做。除非你剪辑的是体育类节目、完整脚本的戏剧性节目或日常新闻，否则仍需要进行音频的转录。转录对于协助剪辑访谈节目和纪录片非常重要。转录音频需要键入录制片段上的每个字。你会发现，看文字内容比听声音能更快获取内容。印刷的纸质页面并不像录音那样具有线性特征，你在阅读时可以跳过某些部分，而不必反复听录音。

例如，如果你需要把一个时长 64 分钟的访谈节目剪为 30 秒，那就算你的记性不错，那也需要花上几个小时来回听录音，才能找到最重要的部分。但通过看文字内容，你就能很快掌握最重要的部分，而且还可用高光笔标注出来。

## 19 1.5　视频剪辑阶段

如何进行剪辑完全取决于你使用的 NLE 系统。尽管存在一些主要的操作区别，但这里介绍实际剪辑阶

段的基本剪辑原理和方法基本上是适用于所有节目的。记住，如果你只需要为镜头排序，然后再通过硬切和一些叠化效果将它们连接起来，那就没必要使用最新且复杂的剪辑系统。但如果你的操作涉及大量特效，需要做大量的色彩校正，并且还要进行精密的声音混合和音视频匹配，那就需要能提供不止剪切和插入功能的高端剪辑系统了。

不管使用什么系统，不要希望一夜就能成为专家。出色的剪辑需要耐心，而且特别需要实践，这个过程就像学习乐器一样。只要熟练使用软件，你会发现真正的剪辑技能体现在正确选择最有效的镜头，并对之进行排序。第 20 章会详细介绍这方面的内容。

### 按照音频剪辑视频

不管任何时候处理谈话，你都必须匹配视频和音频。在此，声音转录能帮你免去几个小时无聊听音的过程。转录的音频能让你快速定位访谈节目的某个部分，而不必反复重放音轨。如果音频片段配有时间码，那就能像视频片段那样轻松定位到音频片段了。

声音文本是剪辑的主要依据。尽管不管谁发言，你通常都会在一句话结束的地方切掉，但在这种类型的拆分剪辑（split edit）中，你可以在一句话中间，切到采访人听对方讲话或被采访人听问题，这样可以捕捉到所有重要的反应镜头。

如果某人发言，你能用新闻主持人的话外音替代发言人的声音，同时让画面在发言人身上多停留一会儿，这样可以节约时间。见图 19.7

如果你做的是主要由话外音（镜头之外）叙述的专题报道，或者甚至是简短新闻，那最好先放好叙述的音轨，然后再对应相应的视频。实际上，声音变成了 A 卷，而视频则变成了 B 卷。这样，相比将说话部分匹配到视频序列中去，你能更轻易地为视频片段的长度和序列节奏创立一个向导。见图 19.8

很明显，把视频剪辑成音乐片段的时候，不管与视频匹配的是经典音乐还是摇滚歌曲，声轨都是主要的剪辑指导。尽管通常都剪在节拍上，但你也能决定把剪辑点放在节拍稍稍靠前或靠后的地方。只要不是做得太过分，这种"在节拍周围剪辑"的方法能大大

主要由其戏剧性发展、故事的内部矛盾和导演的形象化主导，而不是由对白或背景音乐。音乐只是在戏剧性节目剪辑好后才添加的，而不是作为视频剪辑的主要依据原则。

## 切换和特效

接下来就要在镜头和特效间选择切换方式了（如果有的话）。剪辑软件能提供大量的画面切换方式和效果，而且你还能使用其他特效软件扩充特效库。但要记住第13章的提示：任何没有加强场景或处于不恰当位置的特效，即便不会使你前功尽弃，但肯定也会在多数情况下导致镜头质量的下降。如果之前和接下来的镜头连续性好，那一个简单的切，就能给你带来最不突兀的切换效果。所有其他切换方式都会占据屏幕时间，因此减缓了剪辑序列的速度。通常，这些切换方式也会带来新的元素，但如果这些新元素与节目感觉相悖，那就会不适合，甚至让人感到可笑和业余。

但非线性剪辑中可轻松制作切换方式和效果也是一种福音：你能尝试任意数量的切换而不影响整体剪辑效果。你只需点击切换或特效菜单，然后预览选项即可。如果是你不喜欢看到的效果，那就尝试其他切换，或者返回最初状态。在过去的电影剪辑中，这种尝试是不可能的。每个切换方式或特效都不得不在实验室中渲染，这样增加了大量制作时间和成本，而且就算你不喜欢某个特效，也不得不接受。

**图19.7 旁白**

旁白不时替代说话人自发言，并总结她的讲话内容。

增强场景效果。[1]

## 按照视频剪辑音频

当视频成为主导对白的因素，如在录制足球比赛中，那视频就成为A卷，音频则成为B卷。这意味着比赛最精彩部分的剪辑由现场赛事指引，而不是由现场解说员的解说词。一部完整脚本戏剧性节目的剪辑

---

[1] 想了解按照音频剪辑视频的清晰过程，请参看南茜·格拉汉·霍姆的《方便观众的电视新闻》，第43—46页。也可参看赫伯特·策特尔《图像·声音·运动：媒介应用美学》，第372—384页。

**图19.8 剪辑A卷旁白和B卷画面**

在这个序列中，音频轨代表A卷（剪辑旁白），视频轨代表B卷（由音频A卷决定的视频片段序列）。视频的剪辑由旁白所指引。

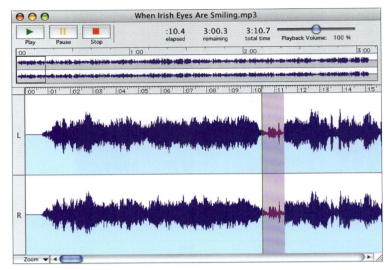

**图 19.9 音频波形**

所有非线性剪辑系统都会
把音轨呈现为可视图形，
即一段波形。

## 19.1.6 音频剪辑阶段

回忆第 9 章关于音频后期制作室和设备的简要介绍。音频后期制作系统类似视频后期制作系统，可以相对简单，但也会变得很复杂。

如果你只需要从一个访谈节目中选择一些重要的谈话，那么就没必要使用大型音频后期制作室（就算你有资金）。但如果你的音频剪辑工作涉及对话和声效的混合，那你就明显需要一个更加复杂的设备了。

音频制作工作一般包含压缩、校正、混音和控制声音质量。和视频一样，线性和非线性音频剪辑之间存在大量区别。尽管你剪辑时接触到的大多是非线性系统，但也需要了解一下如何进行线性声音剪辑。

### 线性音频剪辑

剪辑录像带上的音轨时，你需要从包含原始素材的素材录像机中选择其音视频部分，然后再将这些音视频（或仅音频）复制到录制录像机的剪辑母带上。你可以调整录制录像机，使其独立于视频轨读取音轨信息。要完成这种拆分，视频剪辑系统必须处于插入模式。如果你需要添加素材带以外的声音，那需要通过一个小型混合器把新的声音传入录制录像机。

### 非线性音频剪辑

如果你使用非线性视频剪辑系统，那所有音频文件（很类似视频文件）都储存在剪辑系统的硬盘里。和视频剪辑一样，音频剪辑也类似于利用文字处理程序进行文字和句子的剪切和粘贴。非线性剪辑最大的优势就是你不仅能听到声音，而且还能看到它们以波形图像出现在屏幕上。声音的这种视觉呈现能让你在声音对应的那一帧上精确剪辑。另一个优势是，你能把具体的声音和所选视频进行同步，或者相对轻松地把它们从一个地方移至另一个地方。[1] 见图 19.9

### 压　缩

你会发现，多数普通后期制作中的音频处理任务就是搞清楚说话者在说什么，就算说话者的评论需要大幅剪掉也是这样的。你会在一则新闻报道中看见一位政治候选人站在讲台后发言，但听不到她在说什么。不过，在我们听到候选人关于降税的原声（发言的同步音视频）之前，新闻主播会总结她的实际说话内容。或者，先播原声，然后，当摄像机仍然对准站在讲台后的候选人时，再把声音切换到主播总结的她发表的其他承诺部分。

如果要将孩童玩火柴的危险进行戏剧化处理，你可能要从消防车的警报声悄悄开始，与此同时，画面显示阁楼中玩耍的孩子们大笑着划着了第一根火柴，

---

[1]　对非线性音频剪辑的详细讨论请参看斯坦利·阿尔腾《媒介声音》，第 386—411 页。

然后，再将画面切到消防车冲到火灾现场的场景。你也可以在显示消防车冲到火灾现场的同时，仍然让观众听到孩子们谈论点燃一根根火柴的乐趣。两个案例都属于拆分剪辑形式。最普通的一种拆分剪辑就是让某镜头的声音先于图像出现或渗入下一个图像。这意味着观众在看到下一个镜头前就先听到它的声音了，或者在刚看到下一个新镜头时仍能听到前一个镜头的声音。

虽然在看电视的时候觉得很简单，但这种音频剪辑工作也会变得很复杂，需要不断实践。在把一次演讲浓缩成一些声音片段的时候，你应该感恩声音转录功能。因为在寻找合适的声音片段时，借助于声音转录，你不必一遍遍来回播放录音带，只要浏览一下纸质页面就可很快确定下来。

## 校　正

改正一个看似很简单的错误，如主播念错一个词或地址说错了，也有可能会变成一项艰难的后期制作任务。当一位政治人物为自己辩护时，如果他在视频录制中把"我不是骗子（crook）"说成了"我不是厨师（cook）"，这个错误在后期制作中修正起来就非常麻烦。更容易的一种做法是当时马上改正，让这位政治人物重说这句话以及这句话之前的几句话。到了后期制作中，你将不得不拿一个词或几个词的配音对口型，那这种问题几乎就不可能解决了。

你可以用顶级设备过滤室外拍摄中的隆隆风声或直播室中照明设备发出的嗡嗡声，但过程十分耗时。某个看似相对简单的问题，就算让经验丰富的音频制作人员来解决，也要花上好几个小时。如果在音频采集过程中多注意这些问题，你在后期制作阶段就可以节省更多时间。

## 混　音

后期制作中的混音和直播混音区别不大，只是你需要重新混合单独录制的音轨，而不是直播输入音频。因为需要将录制音轨混合起来，所以你需要在如何组合不同声音以达到最佳质量方面具备更强的辨别能力。在数字电影中，声音设计师和工程师不花上数月也会

花上数周时间进行声音后期制作。但不必为此担心，没有谁会让你马上着手复杂的声音后期制作工作。但是，如果在电视制作中声音制作是你的主要兴趣，那就算刚开始只能观摩、听别人解说，也要尽量多参与混音部分的工作。

## 音质控制

声音质量的管理可能是音频控制中最难的一部分。你必须完全熟悉信号处理设备（如均衡器、混响控制器和过滤器），而且最重要的是，还要有一对训练有素的耳朵。和直播混音中的音量控制一样，你必须注意如何使用这些音质控制设备。如果发现一个明显嗡嗡声或嘶嘶声能过滤掉，尽量处理掉，但是，在至少做完初步混合之前，不要尝试调整每个输入的质量。

例如，你可能会觉得警笛的声音听上去过于单薄，但一旦与交通噪声混合在一起，这种单薄且具有穿透力的警笛声就刚好有利于传达不断加剧的紧张感。在做任何最终质量评价前，听听和视频相关的音轨信息。听上去温暖丰富的声音，如果配到高冲击力的视频场景中去，也会丢失它们原有的这些属性。和电视制作的所有其他方面一样，决定音质控制的因素不是设备的数量或制作能力，而是传播目标和你自身对美学的敏感度。世界上没有哪一个音量表或均衡器能替代美学判断。

## 自动对白替换

一些大型后期制作楼专门设有一间房间进行自动对白替换（automated dialogue replacement，缩写ADR）。从技术上来看，ADR指对话的后期配音，但有时也指声效同步。这种配音过程是直接从电影中借用过来的。很多与画面同时录制的声音（包括对话）不一定总能达到预期的声音效果，这个时候就要用演播室中重新制作的对话和声音替代。大多时候，ADR需要不断进行对话、声音效果和环境声的再创造和混合工作。

精细的ADR需要演员在大屏幕投影上观看自己的素材，同时重复台词。通常使用效果录音棚（Foley stage）录制声音效果。效果录音棚的录制室内配有大

量道具和设备，以便制作一些普通声效，如脚步声和开关门声等。效果录音棚使用的声效设备类似于传统广播和电影制作中使用的设备。录音棚在提供设备时，会将这些设备高效打包在箱子内，方便卡车运走，同时他们还提供声效专业人员。

## 要点

▶ 非线性剪辑允许随机访问所有原始素材、多种剪辑版本和任意数量的切换方式和特效。

▶ 非线性剪辑（NLE）系统包含一个素材媒介回放设备，一台配有采集、储存和处理音视频片段软件的高速电脑和用于录制最终剪辑母版的录像机。

▶ 非线性剪辑能生成剪辑决策清单（EDL），电脑在调取某些片段时可回忆并应用这份清单。

▶ 预剪阶段包括思考拍摄阶段的镜头连贯性；标注素材媒介并把每个镜头精确录入现场场记中，准确做记录；审看原始素材；以及根据故事序列为不同媒介（录像带、硬盘、光盘和闪存盘）排序。

▶ 准备阶段包含使用和同步时间码，制作一个录像场记，采集原始素材，以及转录音轨。

▶ 时间码以小时、分钟、秒和帧数的形式显示录制经过时间。SMPTE/EBU 时间码有两种模式：无掉帧模式和掉帧模式。

▶ 录像场记会列出素材媒介编号、场景/镜头号和所有镜头条数的起止时间码。通常录像场记还会显示其他信息，如镜头评估（好或不好）、声音指示信息、矢量和一般备注。

▶ 所有由摄录一体机录制的素材都必须用剪辑电脑以数字形式导入，这一过程称为采集过程。

▶ 音视频采集通常由火线或 HDMI 电缆完成。用闪存盘作为录制媒介时，可直接将其插入剪辑电脑进行采集。

▶ 某些情况下，音轨上的所有发言都会转为可读形式，这将有助于剪辑工作。

▶ 可以先剪辑音轨，然后再用视频匹配音轨，从而完成剪辑工作，也可以反过来。

▶ 在把最终剪辑导出至剪辑母版录像机之前，还要做最后一项剪辑工作：添加切换方式和特效。

▶ 音频剪辑阶段包含线性和非线性剪辑、压缩、校正、混音、控制质量和自动对白替换（ADR）。

# 19.2

# 线性剪辑工作原理

因为可用的还有线性剪辑系统，而且线性剪辑系统中的某些技巧同样适用于非线性剪辑，所以本节着重讲述线性剪辑的主要元素和实践原理。

▶ **基本和扩展线性剪辑系统**

　　单素材源系统、真转控制器、多素材源系统、二对一剪辑、时间码和视窗复制

▶ **控制磁迹和时间码剪辑**

　　找到某个片段戈帧

▶ **组合剪辑和插入剪辑**

　　两种主要的线性剪辑模式

▶ **离线和在线线性剪辑**

　　制作一个粗剪和最终剪辑母带

## 19.2.1 基本和扩展线性剪辑系统

　　线性剪辑系统（linear editing）最基本的原理就是从一盘录像带中选择镜头，然后再根据某特定顺序把它们复制到另一盘录像带中。称为线性是因为，只要素材录到录像带上，就不能再随机重新获取它们了。

　　例如，如果要找到录像带上第 25 个镜头，那需要拖曳前面 24 个镜头才能找到第 25 个。不能略过之前

的所有镜头直接跳到第 25 个。不管录像带包含的是模拟还是数字音视频信息，所有磁带式剪辑系统都是线性的。

　　不管磁带式线性剪辑系统有多复杂，它们的基本工作原理都是一致的：由一台或多台录像机回放原始素材带的一部分，然后由另一台录像机录制从素材带上选取的材料。基于播放素材带的录像机的多少，磁带式系统可分为两种类型：单素材源系统和多素材源系统。

### 单素材源系统

　　仅拥有一台录像机提供剪辑素材的基本系统称为单素材源系统，或仅切（cuts-only）剪辑系统。回放原始素材带的机器称为素材录像机（source VTR）或播放录像机，用于复制所选素材的机器称为录制录像机（record VTR）或剪辑录像机。同样，录有原始素材的录像带是素材录像带（source tape），以特定剪辑顺序录制所选素材的录像带则是剪辑母带（edit master tape）。若想查看素材带和剪辑母带上的内容，就必须给两台录像机分别配备监视器。见图 19.10

　　在实际剪辑过程中，对于要复制到剪辑母带上的某段素材，需要使用素材录像机来准确定位其入点和出点。由录制录像机复制素材录像机提供的内容，并

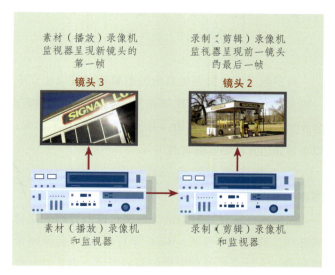

**图 19.10 基本单素材源系统**

素材录像机提供素材带上的特定片段（显示在素材录像机监视器上）。录制录像机以特定顺序复制镜头，并向先前录制镜头增添每一个新镜头（显示在录制录像机监视器上）。

将其与预先决定的点（剪辑点）相连。你必须在录制录像机上设置好何时开始或停止录制（复制）素材。"插入"指令（in-cue 或 entrance cue）提示录制录像机何时开始录制；"切出"指令（out-cue 或 exit cue）则提示何时停止录制。

**剪辑控制器**　帮助你完成这一任务的是一种叫剪辑控制器（edit controller）或剪辑控制装置的设备。这种机器在一定程度上能使剪辑工作自动化。它能记忆你的一些指令，并准确可靠地加以执行。

大多数剪辑控制器具备下列基本功能：

- 分别控制素材录像机和录制录像机的搜索模式（多种前进和倒退速度），以查找镜头。
- 读取并显示经过的时间和帧数或时间码（帧的地址），以便精确提示素材带和剪辑母带。
- 精确地标注并记忆入点和出点（插入指令和切出指令）。
- 将两台录像机准确地退回到同一个预卷点。在某些剪辑控制器上，一个切换能提供若干个预卷选择，比如 2 秒或 5 秒的预卷。预卷能帮助录像机获得无抖动录制的最佳速度。
- 同时启动两部机器并同步它们的录像带速度。
- 使录制录像机采取组合或插入模式（本节在后面将对此展开讨论）进行剪辑。

大多数单素材源剪辑系统的剪辑控制器也能完成一些额外的剪辑任务，比如在实际剪辑前进行预览；分别剪辑视频轨和音频轨，并使它们之间互不影响；以磁带快进速度制作清晰的声音。

### 多素材源系统

磁带式多素材源剪辑系统由两台或两台以上素材录像机（通常用字母 A、B、C 等标识）、一台录制录像机和一个计算机辅助剪辑控制器组成。多素材源剪辑系统通常包括音频混合器、切换台和特效设备。计算机化的剪辑控制器能指导素材录像机、字幕机或特效生成器（除非是软件程序的一部分）、音频混合器，还能指挥录制录像机的剪辑和录制功能。**见图 19.11**

多素材源剪辑系统允许同步开启两台或两台以上的素材录像机，并可以通过各种画面切换方式或其他特效，快速有效地组合由任意一台录像机提供的镜头和（或）音轨。这种系统的一大优点是，它有助于大量切换工作（如切、叠化和划像）的进行，并能从两个或更多素材带上进行音轨混合。它的另一个优点是，你能在 A 带（素材录像机 A 上的磁带）上编排所有偶数镜头，在 B 带上（素材录像机 B 上的磁带）编排所有奇数镜头。通过剪辑时从素材 A 到素材 B 的切换，你能很快组合出"预剪"镜头。

### 二对一剪辑

下面这个剪辑案例很好地借助了二对一剪辑（AB-roll editing）方式。假设素材带 A 带主要包含一个摇滚乐队的中景和全景镜头，而素材带 B 带则是乐队成员的各种特写镜头。同时，假设这两盘素材带的时间码和音轨（乐队表演）相同。那么，你就能在某个特定的剪辑点，决定剪辑控制器何时从 A 带中的全景镜头切换到 B 带中的特写镜头了。**见图 19.12**

### 时间码和视窗复制

只要录像带上附上了时间码，为方便做场记，你就可以做一个磁带视窗拷贝，记录 A 带和 B 带中的时间码，显示什么时候可以从 A 带切换至 B 带。视窗复制（window dub）是对每帧内都嵌有时间码的所有素材带所制作的一种"降格"（质量更低，比如 VHS）拷贝。为线性剪辑制作初步剪辑决策清单时，视窗复制版本也非常有用。**见图 19.13**

## 19.2.2 控制磁迹和时间码剪辑

所有线性剪辑系统都是靠控制磁迹或时间码来引导的。回忆第 12 章中的内容，控制磁迹即录像带中用于录制同步信息（同步脉冲）的部分，可为录像机的转速和帧数计数提供参考。控制磁迹系统（control track system）对同步脉冲进行计数，然后将这个数据转换成经过时间和帧数，类似于时间码。但和时间码

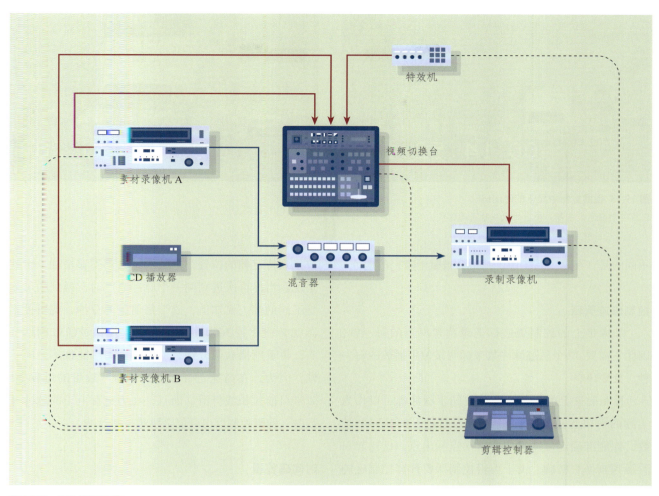

**图 19.11 多素材源系统**

多素材源线性剪辑系统由两台或者更多素材录像机（A 和 B），它们与特效、音频和切换台设备或功能相连。

**图 19.12 二对一剪辑至同一音轨**

在这个二对一剪辑的实例中，A 卷素材带包含乐队的全景和中景镜头，B 卷素材带包含各个乐队成员的特写镜头。由于两个素材录像机是同步的，因此我们能将 A 卷素材带的音轨插入 B 卷素材带的视频中。

**图 19.13 视窗复制中显示的时间码**
视窗复制显示嵌在每一帧上的唯一时间码数字。

不同的是，在这一系统中，帧不会被赋予唯一的地址。

### 控制磁迹剪辑

录像带上的控制磁迹标记录制素材上的每一帧，因此它需要 30 个磁迹脉冲数来标明录像带播放的每一秒。见图 19.14

控制磁迹上的任何一个单独同步脉冲都可以作为实际的剪辑起止点（帧）。通过为磁迹上的脉冲数计数，你能准确定位特定的剪辑入点和出点，这比起只看视频画面更精确。由于剪辑控制器要计算控制磁迹的脉冲数，因而控制磁迹剪辑又称为脉冲计数剪辑。

剪辑控制器从一开始就计算素材录像带和剪辑母带的脉冲数，然后将数值显示为经过的时间：小时、分钟、秒和帧数（类似于时间码）。

**找到正确地址** 虽然控制磁迹系统能利用脉冲计数找到特定帧的位置，但帧的计数却不够精确。也就是说，当你再次进到同一个脉冲数字时，得到的可能是不同的帧。要知道，磁带每前进两分钟，剪辑控制器就必须计数 3600 个脉冲。如果你将录像带倒回开头，再重新播放两分钟，那你得到的可能就不是同一帧，因为，在高速走带或反复卷带、放带的过程中，磁带可能拉长或打滑，而且，在为成百上千的脉冲计数时，剪辑控制器也可能会跳过一些脉冲。

### 时间码剪辑

如果需要更精确的剪辑，比如使视频与音乐节拍相匹配，或使对话或特定声音效果与视频轨同步，那需要用时间码进行剪辑。每一帧配有特定的时码地址，因此，即使需要找到的某一帧被掩埋在数小时的录制节目中，即使在反复的高速走带中录像带偶尔打滑，你也能快速准确地找到它的位置。一旦选定以某一帧

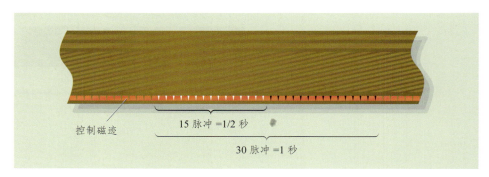

**图 19.14 控制磁迹脉冲**
控制磁迹系统或脉冲计数系统对同步脉冲进行计数，从而在录像带上标记特定位置。每 30 个脉冲代表录像带经过 1 秒钟。

作为剪辑点，那不管磁带快进或快倒多少次，剪辑控制器都会在找到正确地址后才启动剪辑。

许多演播室录像机、便携式专业录像机和摄录一体机都配有内置时间码生成器，用于在摄制过程中写入时间码，并在回放中读取。如果没有内置时间码生成器，那就需要一个与摄录一体机相连的时间码生成器和一个回放录像带时用的时间码阅读器。有各种类型的时间码，但它们的工作原理都是一样的。

### 19.2.3 组合剪辑和插入剪辑

多数专业录像机能在组合剪辑和插入剪辑两种剪辑模式之间进行切换。

#### 组合剪辑

在组合剪辑模式中，录制录像机会在复制素材录像机提供的材料之前，将自身录像带上的所有内容抹掉（视频、音频、控制磁迹和地址磁迹）。如果你用录有去年假期画面的录像带来记录新的冒险经历，那摄录一体机每拍摄一个新的场景，实际上都在运用组合剪辑（assemble editing）模式：消除录像带上原有的内容，再用新的音视频内容取而代之。

在更复杂的剪辑系统中，情况也同样如此。即使剪辑母带上有过去的录像内容（并不建议），组合剪辑模式仍将清除新的录制所需的那一部分录像带内容。如果把镜头 2 剪到镜头 1 上，录制录像机就将抹掉剪辑母带上镜头 1 后面的所有内容，以腾出空间复制新的音视频信息。然后录制录像机将提供一个新的控制磁迹，完全模仿素材带中镜头 2 包含的控制磁迹信息。组合接下来的镜头时也是同样步骤。**见图 19.15**

如果你能选择并按照镜头录制顺序来连接素材带中的某些镜头，那组合剪辑模式将非常快速有效。但组合剪辑的问题是，由录制录像机从各种素材带中的素材片段重组而成的控制磁迹，并不总是分布得那么流畅和均匀。同步脉冲稍有一丁点儿不匹配就会导致有些剪辑"断裂"，产生同步滚动，即画面在剪辑点上出现短暂的破碎或抖动，这在第 12 章讨论过。

组合剪辑最大的优点就是速度快。与在插入模式下的剪辑不一样，组合剪辑不需要准备录制了一个连续控制磁迹的剪辑母带。

#### 插入剪辑

插入剪辑（insert editing）首先需要在剪辑母带上录制一个连续控制磁迹。最简单的方法就是在音视频输入设置在关闭位置的情况下录制"黑场"。一些剪辑师倾向于录制彩条作为连续的色彩参照。如同要录制一件重大事件一样，录像机在这个过程中忠实地设定了一个控制磁迹。这盘录有"黑场"的录像带现在变

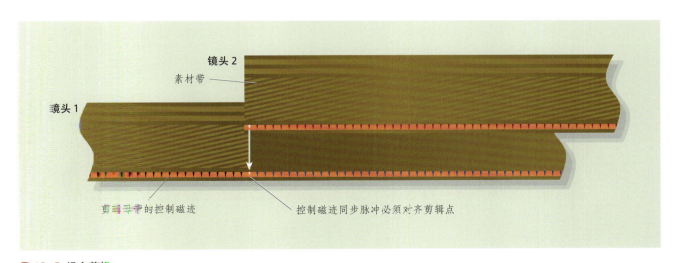

镜头 2
素材带

镜头 1

剪辑母带的控制磁迹　　　控制磁迹同步脉冲必须对齐剪辑点

**图 19.15 组合剪辑**

在组合剪辑中，录制录像机生成零星分布的控制磁迹。录制录像机复制素材录像机中镜头 2 的所有音视频信息。镜头 2 的控制磁迹与素材录像机一致，但会重新生成，并连接在录制录像机中的镜头 1 控制磁迹上。

成了一个空的剪辑母带，准备从素材带上接收那些重要的场景。注意，你不需要把摄录一体机中要使用的任何素材带进行黑场，只需把那盘你打算把所选镜头复制到上面的录像带进行黑场即可。**见图 19.16**

黑场或彩条的录制（因此设定磁迹）按真实时间进行，也就是说不能人为地加快速度，铺设 30 分钟的控制磁迹必须要耗费 30 分钟。虽然这看起来似乎有点浪费时间，但它却具有以下优势：

- 所有插入剪辑内容都不会出现晃动或碎裂的现象。
- 可以在录像带的任何地方插入新的视频和音频材料，而不影响插入前后的任何内容（因此称为"插入剪辑"）。
- 能在不影响音轨的情况下剪辑视频，反之亦然。当你希望先剪辑音轨，然后再插入画面与音轨进行匹配时，这一点非常重要。这个过程和二对一剪辑（本章前半部分讨论过）相同。

因此，多数专业剪辑工作都是在插入模式下进行的。

## 19.2.4 离线和在线线性剪辑

离线剪辑和在线剪辑在线性和非线性剪辑环境中是完全不同的两个概念。非线性剪辑中的离线剪辑（off-line editing）指低清晰度片段导入，而在线性剪辑中，离线剪辑则指用低质量的剪辑系统进行初步剪辑（并不会用于播放或复制），以制作一个剪辑决策清单或粗剪。非线性环境中的在线剪辑（on-line editing）指为最终剪辑重新采集高清影像，在线性剪辑中则指使用高精端剪辑系统制作最终剪辑母带。

### 离线剪辑

线性离线剪辑能向你大致呈现预期镜头序列的样子和感觉。但它只是草图，而不是最终成品。它能让你有机会检查镜头编排在一起的节奏感，决定使用哪一种切换方式和效果，并了解音频的需求。你甚至可以使用两台 VHS 录像机做离线粗剪：一台用于输入素材带内容，另一台则按照想要的顺序录制所选镜头。不要在意那些粗枝大叶的切换或音频，只要序列安排合理，能把故事讲圆满就行了。离线剪辑还能带来最珍贵的一个副产品——最终剪辑决策清单，你可以在在线剪辑的时候使用这份列表。

**纸笔剪辑** 当你需要剪辑更长且更复杂的摄制内容，如一部纪录片或剧集时，你主要的考虑应该是选择最能有效讲述故事的镜头，并保证镜头序列的流畅性。只要观看视窗复制（在线性剪辑中）或片段（在非线性剪辑中），并为每个所选镜头制作剪辑起止点列

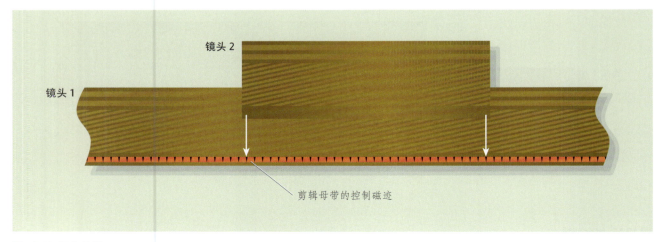

镜头 2

镜头 1

剪辑母带的控制磁迹

**图 19.16 插入剪辑**

在插入剪辑模式中，原始素材会在无控制磁迹的情况下被转录，并依据剪辑母带上预录的连续控制磁迹受到编排。

表，就能节约大量实际剪辑时间。这份列表将作为你的初步剪辑决策清单。因为列表通常是手写稿，所以这种决策行为又称为纸笔剪辑，或简称为纸剪辑。见图19.17。

## 在线剪辑

与非线性剪辑非常相似，线性剪辑中的在线剪辑可生成最终剪辑母带。这实际上就是根据离线剪辑过程中生成的剪辑决策清单再次剪辑的一个过程。这一剪辑版本中将包含所有切换和特效，以及一条干净的音轨。毫无疑问，你要使用最好的设备来制作在线剪辑版本。

### 重点

▶ 所有线性系统都是顺序式的，并且不能随机读取信息。

▶ 基本的单素材源剪辑系统由一台素材（或播放）录像机和一台录制（或直录）录像机组成。线性剪辑的基本原理是从素材录像机中选择镜头，然后再将它们按照特定顺序复制到录制录像机上。

▶ 剪辑控制器有助于标识素材录像机上所选镜头的起止点，以及将镜头按特定序列复制到录制录像机上。

▶ 多素材源剪辑系统包含两台或两台以上素材录像机，一台单机录制录像机和一台计算机辅助剪辑控制器。多素材源系统也可以包含一台混音器。为了实现镜头间的各种切换，它还可以包含一个切换台和特效设备。

▶ 控制磁迹（或脉冲计数）线性剪辑系统采用同步脉冲数来确定特定剪辑起止点的位置。不过，控制磁迹系统无法提供唯一的帧地址，因此不能精确计帧。

▶ 时间码剪辑利用一个具体时间码作为每个帧独特的地址，计帧精确。

▶ 在组合剪辑中，要将剪辑母带上所有的视频、音频、控制磁迹和地址磁迹都抹掉，以便给从素材带（有自己的视频、音频和空制磁迹信息，将用于录制录像机）上复制过来的镜头腾出空间。如果新组合的控制磁迹没有完全对齐，那剪辑点上就会出现短暂的视频断裂或同步滚动。

▶ 插入剪辑中，整个控制磁迹会在任意剪辑工作开始之前提前连续录制在剪辑母带上。这一控制磁迹可以帮助避免剪辑点上的断裂，并允许对视频和音频分别进行剪辑。

▶ 在线性剪辑中，离线指使用低质量设备进行粗剪，这样可以生成剪辑决策清单。在线指用高端设备准备最终剪辑母带。

| 拍摄标题 | 交通安全 | | 拍摄编号：114 | | 日期：7月15日 | |
|---|---|---|---|---|---|---|
| 制片人： | 查米德·卡尼 | | 导演：埃兰·弗兰克 | | | |

| 卷号 | 场景/镜头 | 镜头 | 进 | 出 | 切换 | 声音 | 备注 |
|---|---|---|---|---|---|---|---|
| 1 | 2 | | 01 46 13 14 | 01 46 15 02 | 切 | 汽车声 | |
| | | | 01 51 10 29 | 01 51 111 21 | 切 | 汽车声 | |
| | 3 | | 02 05 55 17 | 02 04 56 02 | 切 | 行人大叫——刹车声 | |
| | | | 02 07 43 17 | 02 08 46 01 | 切 | 刹车声 | |
| | | | 02 51 40 02 | 02 51 41 07 | 切 | 行人大叫——刹车声 | |
| | | | | | | | |

**图 19.17 手写剪辑决策清单**
线性离线剪辑通常会生成一份手写的剪辑决策清单，这份清单所包含的信息类似于计算机系统生成的信息。

# 20

第 20 章

# 剪辑的功能和操作原理

你可能使用某新款的剪辑软件，帮助你的朋友剪辑过一部关于水资源保护的短纪录片。他喜欢你的后期制作工作，尤其对你用来"让事件变得生动一点"的特效感到印象深刻。但是当你将自己这部大作，拿给家里某位碰巧是专业视频剪辑师的朋友看时，她却没显现出多少热情。她一开始只是说："嗯，不错——不过……"当你要求她坦率地进行评价时，她告诉你，她喜欢你在第一个部分使用的无缝剪辑，但却不喜欢片中偶尔出现的跳切。她觉得在第二个部分中，你应该减少对叠化的使用，因为它们会破坏原本会相当不错的蒙太奇的节奏。她还指出，在运动方向的连续性上，你也存在问题，这会妨碍观众构建心理地图。最后，她还告诫你，使用这么多的切换特效，太过于突兀，这会让人的注意力从故事中抽离，另外还会使整个剪辑看起来很业余。

她到底在说些什么？你会在这最后一章中找到答案。实际上，你很快就会明白，剪辑最难的环节不在于操作剪辑设备，而是如何进行正确的美学选择——究竟该留下哪个镜头，丢掉哪个镜头，才能讲述一个让人印象深刻的故事。这就是该剪辑师所谈论的东西：剪辑，和其他的电视制作活动一样，是一个混合了技术和创造性美学的手艺。

20.1 将介绍剪辑的主要功能和连续性剪辑的基本原理——如何让剪辑看起来没有痕迹。20.2 将介绍复杂剪辑方法——如何通过剪辑来强化故事。

复杂剪辑（complex editing） 主要（但不是唯一）通过镜头的并置来突出事件，常常有意违反连续性剪辑所倡导的剪辑规则。

连续性剪辑（continuity editing） 保持一个镜头到下一个镜头的视觉连续性——从而使整个镜头系列看起来仿佛没有剪辑痕迹（无缝）。

切出镜头（cutaway） 一个在主题上与整个事件相关的镜头，当把它插入到彼此存在跳跃感的镜头之间时，可以用于掩饰拍摄位置的变换。切出镜头用于维系镜头的连续性。

图形矢量（graphic vector） 由直线或者静止不动的物体构建，这些物体的摆放方式更人获想到一条线。

指引矢量（index vector） 由某人看某个方向或某物明确指向某个方向而形成。

跳切（jump cut） 主体一致而屏幕位置略微不同的镜头之间的剪辑，或者任何违反现有连续性的不连贯画面切换。

心理地图（mental map） 告诉观众事件在或理应在屏幕内或屏幕外的哪个位置发生。

蒙太奇（montage） 两个或更多独立事件细节的并置，结合形成一种更大或更强的整体——一种新的格式塔 ①。

运动矢量（motion vector） 由实际运动的物体或感觉在屏幕上运动的物体产生的方向感。

矢量（vector） 指一种具有方向和大小的可感知力。矢量包括图形矢量、指引矢量和运动矢量。

轴线（vector line） 面对面的两个人所形成的方向线，或在某个方向上做明显运动而形成的主导方向线。也被称为轴、对话和运动轴线，以及 180 度线。

---

① 格式塔（gestalt），心理学概念，也称为完形，指整体具有个体所没有的特性。——译者注

# 剪辑的功能和
# 连续性剪辑

作为一名剪辑师，你要做的工作就是处理你拍摄的，或者，更经常的情况下，别人交到你手上的拍摄素材。在一些罕见的情况中，比如在数字电影制作中，你也许可以找回一些丢失的素材，哪怕是在后期阶段，在通常情况下，你将对你已有的素材进行处理。正如本章引言中提到的，你在剪辑时所选用的镜头，不仅应该能构筑故事的连续性，也应该能构筑镜头序列的连续性。这一节内容将帮助你完成此项目标。

▶ **剪辑的功能**

组接、缩短、修正和构建

▶ **连续性剪辑**

故事连续性、主体连续性、矢量和心理地图、屏幕位置连续性、运动连续性、光线和色彩的连续性，以及声音连续性

## 20.1.1 剪辑的功能

人们出于不同的目的而进行剪辑。有时，你需要编排镜头的顺序来讲述一个故事；有时，出于成片时间的限制，你不得不剪掉所有无关的内容；或者，则需要剪掉演员说台词结巴的镜头；又或者，用一个特写镜头代替一个无趣的中景镜头。这些不同的目的都

可以归结为剪辑的四种基本功能：组接、缩短、修正和构建。

### 组 接

最简单的剪辑就是以合理的顺序将各种录制片段连接在一起，组合成节目部分。拍摄阶段费的心思越多，后期制作时就越轻松。例如，大多数肥皂剧采取的都是拍摄较长的完整场景的方式，有的甚至还采用演播室的多机组合拍摄更长的段落，这样，在后期制作中，这些段落就可以很简单地被组接起来。再如，你可以先挑选在朋友婚礼上拍到的各种镜头，然后再按发生的顺序将它们简单地组接起来。

### 缩 短

许多剪辑任务都涉及缩短，即将可用素材加以修剪，使最终的完成版符合规定的时长，或删除与主题无关的材料。作为一名 ENG（电子新闻采集）剪辑人员，你将发现自己常常不得不在极短的时间里讲完一个完整的故事，因此你不得不将素材缩减到极限程度。比如，制片人可能只给你 20 秒钟的时间讲故事，去交代一辆汽车被困在洪水淹没的桥上的营救场面，哪怕 ENG 小组拍摄人员带回来了 30 分钟的激动人心的素材。

反之，在剪辑 ENG 的素材时，你也有可能发现，虽然你有充裕的同类素材，但还是缺少能将事情讲得清晰连贯的镜头。比如，在查看水灾素材时，你也许会发现其中有许多漂亮镜头，洪水越涨越高，直到与窗户齐平的高度，但你却找不到任何一个关于孩子们被救援到另一边的安全地带的镜头。

### 修 正

许多剪辑活动的目的是纠正错误，其方法是删除不能使用的场景部分，或用好的部分来代替它们。这种类型的剪辑既可能非常简单，比如只需剪掉演员咳嗽的那几秒，然后换上重拍的同样内容的另一条镜头；但它也可能很具挑战性，特别是当重拍的这条镜头与原来镜头的其他部分不十分协调的时候。比如，你可能会发现，更改过的场景在几个方面都与其他部分具

有明显的差异，如色温、音质或景别（与其他素材相比景别太紧或太松）。在这种情况下，原本相对简单的剪辑工作就变成了一项艰巨的后期制作挑战，甚至是一场噩梦。

尽管大部分的非线性剪辑（NLE）软件都提供了相当强大的调色功能，但是使用此功能不仅乏味，而且还会耗费大量时间。这也是为什么你在拍摄阶段就应该特别留意色彩匹配问题（白平衡）。哪怕你能在后期制作阶段修正很多错误，但永远也不应把剪辑视为便捷的灵丹妙药，用来弥补你拍摄中的粗心大意。

### 创建

最困难，但也是让人满足的剪辑工作是从大量镜头中创建一个节目。这时，后期制作不再附属于制作，而成为主要的制作手段。比如，如果一场戏剧或者纪录片是用电影风格拍摄的，那么你需要选择的镜头，应该能既揭示事件的过程信息，又呈现主要的动作。电影化指的是按照既定的电影语言进行拍摄，即并不按照剧本的事件顺序，而是从不同的角度，以不同的景别，对同一个情节场景拍摄数次。在剪辑这样的镜头时，你不能只是按照录制它们的顺序来选择和组接镜头，而是应该回到剧本，重新排列镜头以适应整个故事线。故事实际上就是由一个又一个的镜头排列而成的。

## 20.1.2 连续性剪辑

连续性剪辑（continuity editing）意味着实现故事的连续性，不管故事素材实际上是否缺失了一大块。它也意味着以让观众几乎察觉不到剪辑的方法来组合镜头。连续性剪辑尤其需要注意以下这些美学因素：故事连续性、主体连续性、矢量和心理地图、屏幕位置连续性、运动连续性、光线和色彩连续性，以及声音连续性。[1]

### 故事连续性

在进行剪辑决定的时候，最重要的考虑因素是如何讲述故事。在大多数时候，你的剪辑工作可能不会涉及主流电影，而是广告、纪录片、新闻报道或者你的私人影像。你很快就会发现，大多数困难的剪辑工作，不一定是那些篇幅更长的项目，反而是那些让你在 30 秒甚至更少的时间里讲一个故事的任务。

如果你要剪辑的是五个顺序颠倒的镜头片段，故事讲的是一个年轻女人下班后正准备开车回家，你将如何排列这些镜头呢？见图 20.1 先不要偷看后面的内容，试着按照你想象的故事发展顺序给镜头编号。现在看一看三个不同的剪辑版本。见图 20.2—20.4 找出你

---

① 更多关于连续性剪辑的内容，参见赫伯特·策特尔《图像·声音·运动：媒介应用美学》，第 289—313 页。

镜头 1——车开动了　　　　镜头 2　　　　镜头 3

镜头 4——倒车　　　　镜头 5

**图 20.1　录制的镜头顺序**
该故事表现了一个女人下班后上车，准备开车回家的情景。图中的顺序是表演和拍摄顺序。

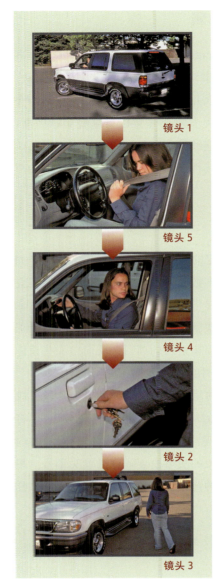

镜头 1

镜头 5

镜头 4

镜头 2

镜头 3

**图 20.2 剪辑顺序 1**
请观察图中的镜头顺序，看看这种镜头排列方法能否保证剪辑的连续性。

镜头 5

镜头 3

镜头 2

镜头 1

镜头 4

**图 20.3 剪辑顺序 2**
请观察图中的镜头顺序，看看这种镜头排列方法能否保证剪辑的连续性。

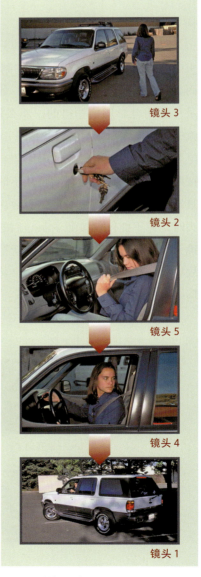

镜头 3

镜头 2

镜头 5

镜头 4

镜头 1

**图 20.4 剪辑顺序 3**
请观察图中的镜头顺序，看看这种镜头排列方法能否保证剪辑的连续性。

认为镜头组合最佳的那一个。

如果你选择了第三种排列方法，那么恭喜你找到了正确的答案。理由如下：很明显，司机必须走到车面前（镜头3），在系安全带（镜头5）之前必须先开门（镜头2）。下一个动作就是将车倒出去（镜头4）。最后，我们能看见她将车开走（镜头1）。

如果你现在必须将镜头减少至三个，那么你会选用那几个镜头？你肯定会减去她向车子走去的那个镜头（镜头3），这样的话你就可以选用镜头2（钥匙）或者镜头5（系安全带）来完成"进入汽车"的故事任务。更好的一种排列方法可能是减去镜头4，然后按如下顺序排列镜头：镜头2（钥匙），镜头5（系安全带），以及镜头1（车开走的全景镜头）。见图20.5

### 主体连续性

观众应该能够辨认出上一个镜头到下一个镜头中的人物或物体。因此，要避免在离摄像机的距离变化过大的镜头之间进行剪辑。见图20.6 如果可能，你可以切入一个从不同角度拍摄的中景镜头（MS），或者使用缓慢的变焦推镜头。

### 矢量和心理地图

学习矢量和心理地图不仅能在连续性剪辑方面，而且也能在前期筹备阶段极大地帮助你，尤其是当你在对镜头如何构图、画面如何衔接、演员如何调度进行形象化想象的时候。

**矢量** 可以将矢量（vector）想象为一种带有方向和大小（强度）的图形牵引力。在视频和电影中，我们会碰到三种矢量——图形矢量、指引矢量和运动矢量。

图形矢量（graphic vector）是由直线或静止物体创建的，这些物体的摆放方式使人联想到一条线。看看你的周围，你都能看到图形矢量：门框、写字台的线条、电脑屏幕。建筑工地上那些按线条排列的红色交通锥标，也形成了图形矢量。见图20.7

| 镜头2 | 镜头5 | 镜头1 |

**图20.5 剪辑顺序**
这场戏有数种剪辑可能，其中一种就是按如下顺序进行剪辑：镜头2（打开车门），镜头5（准备开车），镜头1（驾车离开）

**图20.6 景别的大幅变化**
当从一个大远景切入特写镜头的时候，观众可能会一时看不出究竟是哪个演员的特写。

**图 20.7 图形矢量**

三屯板灯光形成的线条、行李传送带的边缘和斜线、立柱的垂直
线、垂直行李传送带形成的线条，以及地板上的线条——都是强
烈的图形矢量。

**图 20.8 指引矢量**

指引矢量指向一个具体的方向。摄像机的镜头和话筒无疑指向了屏
幕的右侧。

镜头 1

**图 20.9 图形矢量的连续性**

地平线所形成的明显的图形矢量必须在镜头与镜头之间相匹配。

镜头 2

指引矢量（index vector）是由某人看某个方向或
某物明确指向某个方向形成的。见图 20.8

运动矢量（motion vector）是由实际运动的物体或
让人感觉在屏幕上运动的物体产生的。你只可以通过
摄像机而不是书本来感受这种类型的矢量。

**心理地图** 和我们驱车离家去一处我们很喜欢的
餐馆一样，当我们在屏幕上观看某个事件的时候，我
们自然而然会生成心理地图（mental map），引导我们
去领会某物在哪里，它们应该处在屏幕上的哪个位置。
因为哪怕是再大的平板电视屏幕，与电影银幕相比也
很小，所以通常情况下，在屏幕空间上，我们是看不
清场景的全貌的。相反，许多特写镜头都会暗示，或
者说应该暗示事件延伸到了屏幕之外。因此，屏幕内
所显示的内容限定了屏幕外的空间。所有类型的矢量，

在达成和维系镜头连续性、保持观众心理地图在屏幕
内外空间的完整性方面，都起到了重要的作用。

例如，如果你不是通过横摇，而是在前后相继的
镜头中展示地平线，那么地平线所含有的强烈的图形
矢量，就需要在不同镜头中保持在大致相同的屏幕高
度上。见图 20.9 如果地平线的位置在镜头之间发生了
跳跃，那么图形矢量就不会被视作连续的了，相反却
暗示了一个新的场景。

在剪辑中，恰当地处理指引矢量对于维系心理地
图来说非常关键。例如，如果屏幕上是一个特写：人
物 A 正看着屏幕右侧，显然在和屏幕外的人物（B）
说话，那么在接下来的特写镜头中，观众的预期就会
是人物 B 看着屏幕的左侧。见图 20.10 和 20.11

一旦心理地图建立了，观众就会期待在接下来的
镜头中，屏幕位置与心理地图相吻合。心理地图的作

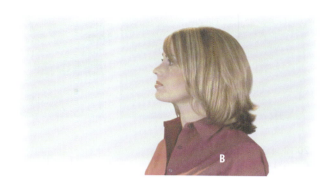

**图 20.10　心理地图镜头 1**

这里，人物 A 面朝屏幕的右边（他的指引矢量），提示出人物 B 必须位于屏幕右边的画外位置。

**图 20.11　心理地图镜头 2**

当我们看到人物 B 在特写镜头中面朝屏幕左边的时候，我们会假定人物 A 位于屏幕左边的画外位置。

非常强烈，因此，如果后面的镜头显示人物 B 也朝屏幕的右侧看，那么，观众就会认为人物 A 和人物 B 在和第三者谈话。**见图 20.12**

　　如你所见，屏幕上的指引矢量对于我们感知屏幕外的方向至关重要。如果你打算在图 20.10 和 20.11 中的屏幕内人物 A 和屏幕外人物 B 的谈话中运用指引矢量，那么，剪辑时就应该使 A 的朝向屏幕右侧的矢量与 B 的朝向屏幕左侧的矢量相对应。尽管两个人的指引矢量都朝向屏幕外空间，但是我们还是能感受到，A 和 B 正在面对面地交谈，而不是彼此相背。很明显，如果你要切入一个双人镜头，那么他们的指引矢量也要和单人特写中的朝向一致。

### 屏幕位置的连续性

　　按照心理地图，我们感知到图 20.10 和 20.11 中的

人物 A 和 B 是在与对方进行交谈，在接下来的双人镜头中，我们希望人物 A 保持在画左的位置，而人物 B 保持在画右的位置。如果将人物 A 换到画右的位置，将人物 B 换到画左的位置，虽然并不妨碍认出这两个人物，但是一定会干扰观众的心理地图。这样的话，不仅不能促进，反而会妨碍与观众的沟通。

　　在过肩镜头中保持屏幕位置特别重要。例如，如果你利用过肩正反打镜头拍摄一名记者正在采访某人，那么观众的心理地图就会希望这两个人继续待在他们原来的屏幕相对位置上，不要在反转镜头角度时调换他们的位置。**见图 20.13**

　　**轴线**　保持观众心理地图，并在反打拍摄中使主体待在观众所期望的屏幕位置上的一个重要辅助元素是轴线。轴线（vector line，也称为轴、对话轴、运动

镜头 1

镜头 2

心理上第三个人的位置

**图 20.12 心理地图镜头 3**

当人物 A 和人物 B 在相连的镜头中都看向屏幕的右侧时，我们会推断，他们都看着位于屏幕右边画外的某个人。

**图 20.13 在反打镜头中保持屏幕位置的固定**

在这一对过肩的正反打镜头序列中，采访者和被采访对象的基本屏幕位置都是固定的。

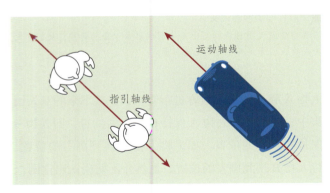

运动轴线

指引轴线

**图 20.14 轴线**

轴线由交会的指引矢量延长线或运动矢量延长线构成。

轴或 180 度线）是交会的指引矢量的延长线，或在物体运动方向上的运动矢量的延长线。**见图 20.14**

在 1 号摄像机和 2 号摄像机之间切换反打角度时，必须将摄像机架在方向轴线的同一侧。**见图 20.15** 如果一台摄像机越过轴线进行拍摄，那么主体的屏幕位置必然会发生改变，使他们看起来像在玩占椅子游戏，从而破坏心理地图。**见图 20.16**

**跳切** 接连两个镜头之间同一物体在位置上的小小改变会带来一个更大的问题——跳切（jump cut）。如果在拍摄一个舞蹈节目的表演时，导演因为布光的原因先停了下来，然后又要求舞蹈演员精确地回到她之前停下的位置，那么她在这两个镜头中的位置会很难精确匹配。**见图 20.17** 当将两个镜头剪辑到一起的时候，你可以看到，她的手臂突然抬了起来，像被一种看不见的力量猛然往上拉了一下一样。尽管位置的改变相对很小，但是这次切带来了一种很明显的位置跳跃的感觉，这就是"跳切"这个名字的由来。

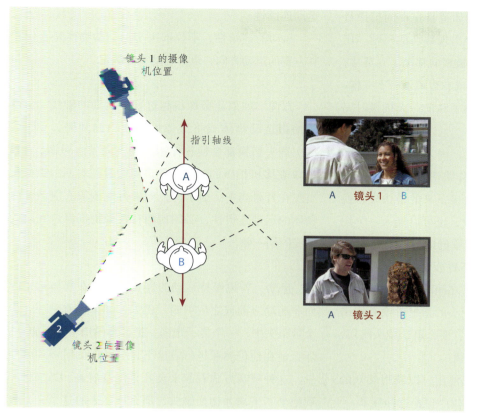

**图 20.15 轴线与摄像机的恰当位置**
为了在过肩镜头的拍摄中保持人物 A
和人物 B 的屏幕位置，摄像机必须在
轴线的一侧进行拍摄。

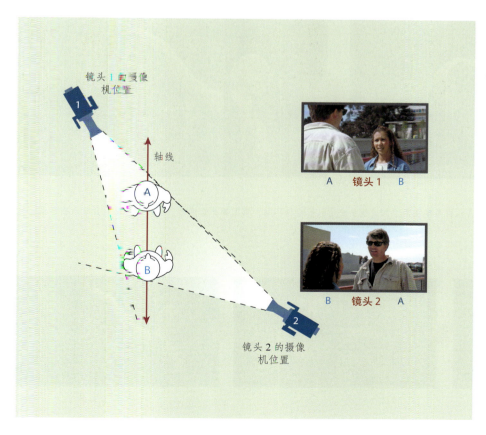

**图 20.16 越过轴线**
当其中一台摄像机跨过轴线，到另一
侧拍摄时，人物 A 和人物 B 在每次
镜头切换时，位置都会改变。

如果在现场或外景拍摄，假如道具在不同拍摄日之间被人移动过，那么镜头也会出现跳切的问题。比如，假如位于背景橱柜上的花瓶被横向移动了几英寸，那么你就会发现花瓶好像向左边或右边跳了一下一样，哪怕对前景中的被拍摄对象采用了和前一天拍摄时完全相同的构图。

通常情况下，没有任何动机，因为一次切而引起的任何屏幕位置的跳跃，都被看作跳切。

为了避免跳切，可以尝试在接下来的镜头中，换个角度或者景别来拍摄被摄对象，也可以加入一个切出镜头。见图20.18 回忆下第19章的内容，切出镜头（cutaway）是从主题上和整个事件发生关联的镜头，当把它放在两个有跳跃感的镜头之间时，可以掩盖屏幕中物体位置的改变。如果你手头的素材中没有切出镜头，那么你能做的选择就很少，要么就让镜头跳切，要么使用叠化效果来应付这个问题。

有的时候，跳切也会被故意使用，以获得观众的注意力。我们将在20.2的复杂剪辑中讨论这种技术。

## 运动连续性

运动的连续性，不仅取决于运动的物体是否保持其主要的运动方向，也由运动本身决定。

**方向**　如果让摄像机越过物体运动的轴线（从两侧拍摄运动物体或将摄像机架在轴线两侧），那么，每次镜头切换都会使物体运动的方向发生对调。见图20.19 在多机拍摄的时候，你也可能看到对面的摄像机出现在背景当中。为了保证向屏幕左侧或右侧运动的物体的运动连贯性，必须使两台摄像机都保持在运动轴线的同一侧。

**运动**　若想保持运动的连贯性，请在物体运动时而非运动之前或之后剪辑。例如，如果你看到在一个全景镜头中，一个男子走向一把公园的椅子然后坐下，那么请在他仍然在进行着坐下这个动作的时候切到中景。这种剪辑方式看起来会几乎没有痕迹。如果你等到他坐了下来才切换镜头，那么接下来的这个中景镜

**图 20.17 跳切**
如果被拍摄对象的大小、屏幕位置，或者拍摄角度在两个相连镜头之中只有略微不同，那么镜头切换时，被拍摄对象就会给人在画面上跳了一下的感觉。

**图 20.18 切出镜头**
为了避免跳切，可以改变画面的景别和（或）拍摄视角，或者在两个镜头之间加入一个切出镜头，如图所示。

**图 20.19  越过运动轴线**

如果使用摄像机越过运动轴线进行拍摄，被拍摄对象在每个镜头切换中会朝相反方向运动。

头就将把观众注意力吸引到男子的下一个动作，而非用于连接两个镜头。如果你切得太早，那么将会重复一部分坐下这个动作。

要让这两个镜头看起来是无缝剪辑，就得让第二个镜头（更近的景别）的入点与第一个镜头（更广的景别）的出点精确匹配。

如果一个镜头中含有一个运动的物体，不要用镜头跟拍，以免让活动的物体看起来像静止的物体。同样，如果在某个镜头中用摄像机跟随摇拍一个运动的物体，那就不要在下一个镜头切到静止的画面。从一个静止的物体切到一个运动的物体也同样不协调。必须上前面和后面的镜头里的主体或摄像机都处于运动状态。

如果要处理的素材含有从运动轴线两侧拍摄的镜头（导致相反的屏幕方向），则必须通过一个切出镜头或正面镜头来隔离这两个相对的镜头，这样，相反的屏幕方向就可以给人连贯的感觉。见图 20.20

**光线和色彩的连续性**

当你剪辑拍摄于室内的事件时，很显然你必须确保在接下来的镜头当中，白天不会变成黑夜，也不会再变回来，尤其是当展示的动作只是在某个起居室里的一次简短对话时。而在外景现场制作中，你会遭遇一些更加不明显的变化。导演很可能利用早上的时间，在某房间的入口处拍摄了欢迎和告别的场景，而该节目的剩余部分则是在其他浓云密布的地方拍摄的。如果这种从阳光到阴天导致光线的逐渐改变和故事的时间进展顺序一致，那么剪辑就没有问题。但是如果在拍摄屋外门阶上的告别场景时，明亮的阳光又照射了下来，那么就会带来很大的连续性问题。如果这种差

**图 20.20  使用切出镜头采应对运动方向反转**

如果要告诉观众两个不同方向的镜头（吉普车向相反方向行驶）其运动方向是连续的，你需要在它们中间加入一个与事件有关联的切出镜头（在这个案例中，吉普车的后视镜）。

异太过于明显，整个告别场景就必须重拍。在任何情况下，你都应该咨询导演以寻找可能的解决办法。

即使你非常仔细地给摄像机调整了白平衡，你也会发现，镜头之间的色彩并不总能保持前后一致。尽管观众通常都能忍受略微有出入的色彩改变，但是诸如看到某新娘的白婚纱，随着新娘从教堂踏入阳光下，突然变成了蓝色，这一类的情况就变得不可接受了。这时你就必须求助于高级剪辑软件的色彩校正功能。一定要记住，无论如何。色彩校正所需的技术，远远超出了本书描述的常规剪辑方法。

### 声音连续性

如果是剪辑对话或解说，一定要确保普通的说话节奏。连续谈话镜头之间的停顿不应该短于或长于没经过剪辑的版本。在采访中，镜头的切换（通过剪辑或切换台）通常发生在提问或回答结束的时候。不过，如果能在段落或句子的中间进行切换，反应镜头看上去通常会比在结尾进行切换显得更流畅。但要注意，动作往往比对话更适宜作为镜头切换的依据。如果某人在对话时移动了位置，那镜头就应该切至他的移动，即使这时另一个人仍在说话。

正如在第 9 章中所探讨过的，环境（背景）声在保持剪辑的连续性中起着非常重要的作用。如果以背景噪声作为环境声，以此来暗示事件发生的地点，那么对这些声音的使用应贯穿整个场景，即使构成这一场景的镜头是从不同角度、在不同时间拍摄的。你可能必须在后期制作润色时混入其他声音，以便实现声音的连贯一致。

在为音乐剪辑视频画面时，要尽力依据节拍进行剪辑。剪辑决定了画面序列的节拍，并使动作保持有节奏的紧凑，就像音乐中划分小节的小节线一样。如果整个音乐的节奏平和舒缓，那么用叠化一般比硬切更合适。但也不必拘泥于这种惯例。偶尔在"节拍周围"剪辑（比节拍略早或迟）可以弱化剪辑节奏的机械感，并突出场景。

### 要点

▶ 剪辑的四个基本功能是：组接，基本按照录制顺序将各种视频录制片段连接起来；缩短，使节目适应给定的时间并删除无关的材料；修正，切掉场景中有误的部分并代之以好的镜头；构建，对素材的镜头进行选择和排序，从而推进故事。

▶ 连续性剪辑包括故事连续性、主体连续性、矢量和心理地图、屏幕位置连续性、运动连续性、光线和色彩连续性，以及声音连续性。

▶ 图形矢量、指引矢量和运动矢量在建立和保持镜头之间的连续性上发挥着极为重要的作用。

▶ 要注意方向的连续性，它可以帮助观众建立心理地图，从而领会被拍摄对象在屏幕内外的位置及其移动时的空间关系。

▶ 如果物体在接连两个镜头之间产生了轻微的位置变化，就被称为跳切。

▶ 运动的连续性，不仅取决于运动物体是否保持其主要的运动方向，也由运动本身决定。

▶ 如果让摄像机越过轴线，那么，每次镜头切换都会使物体的位置和运动方向发生对调。你必须使两台摄像机都保持在运动轴线的同一侧。

▶ 若想保持运动的连续性，请在物体运动时而非运动之前或之后剪切。

# 20.2

# 复杂剪辑

复杂剪辑（complexity editing）超越了无痕迹排列镜头的方式，更关注于如何加强对屏幕事件的叙述。它对镜头的选择和排序不再是为了保持视觉和听觉的连贯性，而是要吸引和保持观众的注意力，提高他们的情感投入程度。要加强场景的复杂性和张力，这样的剪辑通常会有意打破我们在 20.1 中讨论的常规剪辑惯例。尽管做不到事无巨细，但本节的内容还是能让你对复杂剪辑有一个初步的认识。

▶ **复杂剪辑中的镜头切换**
切、叠化、淡入淡出、划像和动画转场

▶ **轴线的跨越**
背景位移、位置位移和运动方向反转

▶ **特殊的复杂剪辑特效**
闪回和闪前、实时回放、画面分屏

▶ **蒙太奇**
电影化速写、复杂性、意义、结构

▶ **职业道德**
保持客观与诚实

## 20.2.1 复杂剪辑中的镜头切换

随手可得的各种镜头切换方式，可能既让你感到诱人，又让你感到困惑。但是如果你了解它们的功能，以及复杂剪辑中情境的重要性，那么你的选择就不会那么随性了。我们首先看看切、叠化、划像和淡入淡出这四种技术，之后，我们将研究动画特效是如何在不同的情境中被感知到的。

回忆一下在第 13 章中提到过的那些更为常见的数字视频特效（DVE）。我们将重温一下这些数字视频特效，看看当它们作为切换特效使用时，是如何被观众感知的。

### 切

作为最常见的镜头切换方式，切通常是看不见的。它不占据任何的屏幕时间，因为它事实上并不存在。"切"这个词是从电影剪辑师那里来的，和字面上的意义一样，从前他们会将电影胶片从某一格画面处切开，对片段进行整理，再按某种顺序将每条胶片粘到一起。"切"究竟看不看得见，意味着我们是否会注意到镜头从一个换到了另一个，这完全取决于画面、声音和前后镜头的总体矢量结构。和音乐乐谱中的小节线一样，切的任务主要是建立镜头序列的基本节奏感。

### 叠 化

叠化是一种镜头之间的渐变效果，会将两个影像短暂地重叠在一起。切本身不能在屏幕上看到，但叠化是一种清晰可见的过渡。叠化时常被用来平滑地关联各个动作，或者暗示时间的流逝。依据事件整体节奏的不同，你可以使用较慢或较快的叠化。很快的叠化看起来和切很像，但是镜头的转换要稍微柔和一些，因此它也被称为柔切（soft cut）。例如，如果要将一个舞蹈演员跳舞的全景，平滑地切换到其特写，那么只需要将一台摄像机的画面叠化到另一台摄像机就可以了。当你让叠化保持在叠化过程当中，你就创造出了叠印效果（superimposition）。较慢的叠化暗示相对较长的时间流逝，较快的叠化则相反。

因为叠化技巧在非线性剪辑系统中随时可以调用，

所以，你可能会忍不住频繁地运用它们，超出了你的实际需要或意图。叠化会不可避免地减慢切换的速度，因此，也会减慢场景的叙事速度。如果叠化用得太多，就会使内容的表述缺乏精准性和重点，同时让观众感到乏味。

## 淡入淡出

在淡入淡出效果中，画面或者渐渐变黑（淡出），或者从黑场中慢慢显现出来（淡入）。你可以使用淡入淡出效果来明确表示一个场景的开端（淡入）和结束（淡出）。就像剧场中的幕布一样，这种效果表现出了一个屏幕事件中某个部分的开始和结尾。因此，淡入淡出从技术上讲并不是一种真正的切换特效，尽管有的导演或者剪辑师会使用交叉淡入淡出（cross-fade）或者黑场过渡（dip-to-black）这一类术语，表示在快速淡出的画面后立即淡入下一个影像，从而将两段故事间隔开来。在这种情况下，淡入淡出就成了一种转场的技巧，明显地将相续的两个影像区分开。但是不要过多地使用这种淡出的技巧，因为节目的连续性将被淡出多次打断，而每一次淡出都在暗示这是故事的最终结尾。

## 划　像

划像的类型有很多种。其中最简单的一种就是新的图像醒目地从屏幕的一边移动到另一边，从而替代了原有的图像。划像是一种从不加掩饰的转场技术，通常被归类为特效。在大型的 16×9 高清电视屏幕上，划像效果会很突出。

**垂直划像**　水平划像和垂直划像都可以将我们拉入一个新的场景。这种感觉就好像当我们在看电视的时候，有人突然换台。划像标志着一个新的主题的开始。如果划像发生在故事的进程当中，就会破坏故事的连续性，而非维系它。

**环形划像**　出于某种原因，扩展环形划像和收缩环形划像看上去会比较好玩有趣。因此不要在严肃的纪录片当中使用它们。当你使用扩展划像淡入某场景，

你肯定不希望看到一场意外事故。收缩划像标志着"全片结束"，是无声电影经常使用的一种手段。

**锯齿划像**　任何类型的锯齿划像都能呈现一种切割特效。在那些展现微妙而亲密内容的场景中不要去使用它。如果你用它来给一组母亲和婴儿的镜头添加情趣，显然不是个好主意，划像中的锯齿会割裂宁静祥和的场景。

## 动画转场

一定要慎重使用动画转场，如果内容不适宜，就不要去使用它。例如，用计算机生成一本相册，然后让各种视频片段显示在这一相册中，对于家庭视频来说，这种效果可能很合适，但是在表现那些包裹着国旗的棺材时，就非常不合适了。

**翻页效果**　在翻页效果中，前一个影像会被卷起来，同时新的影像从底下露出来，就像一张纸从一叠纸上被撕下来一样。当你要展现孩子们在世界各地踢足球的时候，这样的效果也许可以强调地点的不同，但是，如果你要展示各大城市贫民窟的孩子时，这种效果就不合时宜了。

**翻动效果**　翻动效果是一种扩展的翻页效果，它会模仿一摞静态的照片或视频片段，让某个画面从画面堆中飞出，并在空中翻滚。你也许见过，电视里在介绍下一条新闻故事时会用这种特效。除非整个新闻节目都是那种油嘴滑舌的报道，否则不要使用这种动画效果。这种效果或许能够吸引人们的注意力，但是也会让人们不自觉地认为，哪怕是那些最悲伤的事件，也仅仅是图片而已。因为影像在空中的翻滚，就好像是一种用后即丢的东西一样，这种效果会让我们从心理上和事件拉开距离。我们会观看它们，但绝不会对其感同身受。

就算是最普通的非线性剪辑软件也会提供各式各样的切换效果，在使用它们之前，问问你自己这些效果在表现你的节目内容方面是否合适。非线性剪辑系

统统好处在于，你可以尝试使用各种特效，不过，或许最后你会发现，"看不见"的切，才是最合适的。

## 20.2.2 轴线的跨越

在 20.1 中你学到了如何利用轴线来进行连续性剪辑。现在你将学习如何打破轴线的规则，从而加强事件的张力。这种方法总的来说就是有意地跨过轴线，从而打破背景的连续性，造成位置的改变，同时干扰运动方向的连续性。

### 背景位移

有的导演为了表现人物心智的混乱，会倾斜摄像机，在轴线的两侧拍摄人物。跨过轴线会导致明显可察觉的、让人感觉混乱的背景位移。倾斜水平线也会让事件处于一种不稳定的状态。在剪辑时加入一系列短镜头，用 POV（视点）的转移和倾斜的水平线，暗示主人公心理的不稳定性。见图 20.21

### 位置位移

尽管不是越轴的后果，大部分不和谐的位置位移——跳切，其实一开始是不可原谅的剪辑错误造成的，后来却被免去指控，变成了强化事件的一种流行手段。你或许在商业广告当中见过类似的效果，广告产品突然向左或向右动了一下。难道剪辑师、导演和客户都没有发现这是一个跳切？当然发现了。实际上，他们在此使用跳切，是为了打破观众看广告时的看顿感，提起他们对产品的注意力。

MTV 中的跳切更是常见。有时是创作者的无心之作，但更多情况下则是有意设计的。尽管很多情况下并不是非用跳切不可，但是不和谐的位置位移，以及对镜头连续性的打破，确实能够加强音乐和表演的张力。当然，尽管在音乐电视中，这是一种有效的强化技巧，但我肯定不会把它用在校长每月的校园讲话视频上。在后面这种情境中，跳切只可能被人理解为剪辑出了错。

### 运动方向的反转

正如你所知道的，先从轴线的一侧拍摄运动的物体，之后再从相反的一侧拍摄，会造成物体运动方向的反转。但是这种运动方向的反转有时却可以用来强调运动物体的力量感。例如，如果你要强化一辆卡车在行驶时的原始力量，你可以从卡车运动轴线的两侧进行拍摄，然后让相对的两种运动方向交汇在一起——镜头 1 中的卡车向画右行驶，而在镜头 2 中向画左行驶。在改变运动方向前，加入一个拍摄卡车正面的镜头作为切出镜头，这样便于观众将屏幕方向的改变（运动方向的交汇）理解为连续的，并且仍然可以强化力量感。见图 20.22

## 20.2.3 特殊的复杂剪辑特效

只要你观看一个晚上的电视节目，你就会发现各种各样的复杂剪辑特效。其中最流行的有闪回、闪前、实时回放以及画面分屏。

### 闪回和闪前

你肯定在犯罪题材类节目中见过这种技术，比如在受害者回忆某个戏剧性遭遇的时候节目就会运用闪回。此时，屏幕会闪一下，然后我们看到，受害者向有关方面所做的描述，被作为场景重现了出来。屏幕的闪回通常伴随着"嗖"的一声，从而确保观众明白眼前的场景是受害者的回忆。这种技巧也会出现在闪前场景中，即主人公预见到一个即将发生的事件。这样的复杂剪辑效果通常会在画面色彩上进行调整，从而让其区别于进展过程中的"真实"事件。

### 实时回放

在体育实况节目的播出中，实时回放时常被用于再次展示某个激动人心的瞬间，或者确认运动员是否有犯规行为发生。在复杂剪辑中，实时回放和闪回很相似，只是实时回放中的回忆更多会紧接在真实事件的发生之后立即出现。例如，它能展示当两个人在面对同样一个陈述或情境时，其各自不同的感悟方式。当然，你必须当心，不要让回放变成一种意料之外的

**图 20.21 复杂剪辑中不稳定性的建立**
在这里，镜头从轴线的两侧都进行了拍摄，造成了指引矢量和背景的突然转变，从而传达出主人公的困惑。

**图 20.22 越过轴线增加张力**
在拍摄明显运动中的物体时，运动方向的交汇可强化力量感。在这里，正面拍摄的卡车车头镜头是作为切出镜头来连接前后镜头的。

喜剧套路，尽管在伍迪·艾伦（Woody Allen）式的自我反省情节中，它确实是一种行之有效的手段。

### 画面分屏

你可以利用画面分屏来展示事件某个瞬间的复杂性。这种技巧最通常的做法，就是在多个分屏画面中展示同时在不同地点发生的相关事件。通过分屏画面，你也可以从不同的视点展示整个事件，或者展示随着时间推移，我们对同一个事件的感知变化。当然，你应该明白，当你在电视屏幕上放置第二个影像画框的时候，该影像更容易被观众感知为一幅画，而非之前已出现在屏幕上的第一层空间的最初事件。[1]

### 20.2.4 蒙太奇

蒙太奇（montage）一词来源于法语，意思是"装配"（assembly）。它可以用来指汽车零部件的装配，但在媒介的语境中，它通常用来形容将各镜头有意识地组合在一起。蒙太奇指的是将两个或更多独立的事件细节并置，组合形成一个更大且更强有力的整体——

实际上，它被认为是构筑复杂剪辑的基本构件。

在默片时代，蒙太奇是表达特定理念的重要手段，但在今天，它已成为一种电影化速写手段，用于引导事件叙述，或者像画面分屏一样，描述某个时刻的复杂程度。蒙太奇也可以作为一种结构化手段，将一系列镜头以某种节奏统一起来。很多商业广告都是以蒙太奇的理念来建构的。

### 电影化速写

例如，假若你要剪辑一段关于某醉驾司机撞到一个骑自行车的人的公益广告，你就可以运用蒙太奇的方法，在很短时间内讲述整个故事：这个男人坐在酒吧里，又喝下一杯酒；他太醉，以致把车钥匙插进锁孔都很困难；雨很大，他看不清路；浑身湿透的骑自行车的人正在奋力骑车上坡；来回飞快地切上几个司机和骑车人的特写镜头；警车和救护车停在已经被撞变形了的自行车旁边。究竟发生了什么事故？

在这种蒙太奇中，主要的事件往往被省略了，让观众自己去想象。

### 复杂性

如果要展现诸如法官宣读陪审团判决这种时刻的复杂性和张力，也能使用蒙太奇的理念。你可以先剪

---

[1] 更多关于画面分屏的内容，参见赫伯特·策特尔《图像·声音·运动：媒介应用美学》，第 145—150 页，第 186—189 页。

入一个横摇法庭示意的镜头，再加上几个主要当事人的短暂的特写镜头。在宣读判决结果之前，你可以将镜头逐渐变短，以此加强张力。这种蒙太奇方式在体育报道中也很常见，尤其是在运动员做某个关键动作之前。

## 意义

并置两个不同的镜头，可以生成新的意义。例如，你可以在某坐在长椅上的老兵的镜头后，加上一个年轻的女孩快乐地蹦跳着经过他的镜头，来增强前者内心的痛楚。这样的冲撞蒙太奇（collision montage）在默片时代非常流行且有效，但如果今天再用的话，它的产生更可能会让观众感觉到疏离，而不会对内容产生共情。还要小心那种并非有意而为的并置。比如，在一支关于泻药的广告后面加上一支关于厕纸的广告，并不是个好主意。

## 结构

通常情况下，一个蒙太奇的效果，更多是由其长度和节奏决定的，而非由其内容决定。所有的蒙太奇相对来说都很短，而且其中每个镜头都会被剪成相等的长度，或者，正如在前边关于交通事故和法庭的例子中提到的，在事件向着高潮发展时，镜头会越来越短。

在蒙太奇的剪辑中，你应该可以跟着节奏拍起手来。

## 20.2.5 职业道德

作为剪辑师，你甚至拥有比摄像师更大的权力，你可以决定要展示什么，不展示什么，你也有能力从事件的原始拍摄素材中构建出不同的意义。因此，本节的结尾，我们会简要讨论道德伦理，也就是正确行为的原则。

通过剪辑手段刻意歪曲真实事件，并不是一个美学判断是好是坏的问题，而是一个道德伦理问题。对于剪辑师，以及对于所有从事呈现非虚构类事件（新

闻和纪录片，而非剧情片）的制作人员而言，最重要的一条准则，就是尽可能真实地反映事件的原貌。例如，你喜欢的政治候选人说了一些你恰好很赞同的事情，可是现场听演讲的观众毫无反应，但是你却在片子中加上了鼓掌的声音，那么这就是一种不道德的行为。同样，如果你把演讲中所有你并不同意的东西都删去，只留下你认同的东西，这也是一种不道德的行为。如果某人给出的观点中既有赞成又有反对，一定要确保两种观点的主要部分都在片子中得到表达。不要为了片子的规定时长而删去其中任何一个方面。

更要特别留心的是，当两个镜头并置时，可能会产生第三个意义，而这个新的意义在这两个镜头中并没有。比如，如果你在一段关于某政治家呼吁加强军备的内容后面加上了原子弹爆炸的镜头，可能就会不客观地暗示该政治家拥护核战争。这些类型的蒙太奇很强大，同时也很危险。

在声音和画面之间构建的蒙太奇，其效果也非常明显。它们可能比画面之间的蒙太奇更隐蔽，但效果却是一样的。例如，在某个富裕社区中几栋房屋"待售"标示的镜头当中，加上尖锐烦人的警笛声，可能会传达该社区正变得越来越糟糕的信息，暗示人们不要在这个"犯罪猖獗"的地区买房子。

不要为了得到精彩的画面而对事件进行搬演。例如，如果某警官成功地解救了人质，而你所得到的画面只有人员躺在担架上的镜头，那么你也不要让警官回到事件现场去再现其英勇行为。尽管这种类型的搬演已经成为其些电子新闻采集摄制组的惯用伎俩，你也不要加入他们的行列。如果你离得够近，画面拍得够好，那么所有事件本身的戏剧性就已经足够了。你没有必要去搬演任何东西。

最后，如果你选择做剪辑师，你就是最终对观众负责的人。不要背弃了他们对你的信任。正如你所看到的，通过谨慎的剪辑来加强事件叙述，与随性且不道德地用剪辑歪曲事件之间，有一个明确的界限。对于不负责任的歪曲和操纵，观众只有一道防线，那就是你作为专业传播人士的责任，以及你对观众最基本的尊重。

▶ 复杂剪辑是对常规剪辑手法的有意打破，以便让场景更有层次，增加场景的强度。

▶ 只要画面切换方式符合故事的内容和情境，那么这些切换方式，不管是切、淡入淡出、划像还是动画专场，都可以起到增强复杂剪辑的作用。

▶ 在复杂剪辑中，有时会故意跨越轴线。由此产生的背景位移、位置移动以及运动方向反转可以增强场景。

▶ 特殊的复杂画面切换效果，如闪回和闪前、实时回放和画面分屏，已成为复杂剪辑中广泛使用的技术。

▶ 蒙太奇是一种电影化速写手段，它通过一系列有节奏的剪辑来推进故事，展示不同的视点，利用画面并置创造新的意义，并帮助建立节奏。

▶ 作为剪辑师，你有权控制观众在最终剪辑中会看到什么，因此，你的决定不仅需要基于审美判断，也要符合道德伦理。

# 后　记

　　现在，你已经掌握了一种最有力的传播和说服工具。明智而负责任地去使用它吧。

　　带着同情和尊重去对待你的观众。无论你在电视制作过程中是何种身份，是电缆人员还是联播节目导演，你都会影响很多人。因为观众不能非常及时地交流反馈，所以他们必须，也一定会信赖你的专业技术和判断力。

　　不要辜负他们的信任。

# 重要词汇

480i 标准电视系统（STV）中可见或活跃的扫描行数量（总共有 525 个扫描行）。其中，i 代表"隔行扫描"（inter-laced），即每一帧完整的电视画面由两个隔行扫描的场组成，每个场各带一半的画面信息。

480p 最低分辨率的数字电视扫描系统，p 代表"逐行扫描"（progressive），即每一帧完整的电视图像包含 480 条可见或活跃的行，每条行均会被逐一扫描（总共有 525 条扫描行）。

720p 高清电视逐行扫描系统，每一帧完整的电视图像由 720 个可见或活动的行组成（总共有 750 条扫描行）。

1080i 一种隔行扫描的高清晰度电视扫描系统。i 代表"隔行扫描"，即每一个完整帧的图像由两个隔行扫描的场形成，每个场各带一半的画面信息。每个场又由 540 条可见的或活动的扫描行组成（一共有 1125 条扫描行）。与标准的 NTSC 制式模拟电视系统一样，高清 1080i 数字电视系统每秒钟产生 60 场，也就是 30 帧完整的画面。

AB-roll editing 二对一剪辑 将包含一组镜头（比如远景和中景镜头）的 A 卷素材带，和包含其他不同但相关镜头（比如切出镜头或相同场景的特写镜头）的 B 卷素材带，混合在一起进行剪辑，来制作一盒剪辑母带。

AC 交流电流（alternating current）的缩写。使用诸如普通墙壁插头进行供电。

actor 演员 以戏剧性角色出现在摄像机前的人（男性或女性）。演员总是扮演某个其他人物。

AD 副导演（associate director）或助理导演（assistant director）的缩写。在整个制作过程中协助导演完成工作。

additive primary colors 加色法原色 红色、绿色和蓝色。普通白光（太阳光）可被分离成红、绿、蓝三种原色光。这三种色光以不同比例叠加便会再现出所有其他色彩，此过程被称为"加色法混色"（additive color mixing）。

address code 地址码 一种电子信号。其作用是将每一帧标上一个明确的地址。参见 SMPTE/EBU 时间码。

ad-lib 即兴表演 没有剧本参照也没有事先排练的台词和表演动作。

ADR 见 automated dialogue replacement 自动对白替换。

advanced television 高级电视 见 digital television（DTV）数字电视。

AFTRA 美国电视与广播演员联合会（American Federation of Television and Radio Artists）的缩写。

AGC 见 automatic gain control 自动增益控制。

ambience 环境声 背景周围的声音。

444

analog 模拟信号　　一种在波形上与原始信号完全一致的信号。

analog recording systems 模拟录制系统　　录制由音视频源发出的持续波动的音视频信号。

aperture 光孔　　镜头的光圈开口，通常以 f 光圈值来衡量。

arc 弧线运动　　通过轨道或者移动摄像车，使摄像机做弧线运动。

aspect ratio 画幅比　　标准电视屏幕宽与高之间的比例是 4:3，因此所有标准电视画面宽高比也是 4:3。高清晰度电视的画幅比为 16:9。小型的便携式媒体（如手机）屏幕会有多种画幅比。

assemble editing 组合剪辑　　在线性剪辑中，按顺序将镜头添加到录像带上。不必提前在剪辑母带上录控制磁迹。

ATR　　见 audiotape recorder 磁带录音机。

ATV　　高级电视（advanced television）的缩写。见 digital television（DTV）数字电视。

audio 音频　　电视的声音部分及其制作。从技术上讲，指声音的电子还原。

audio control booth 音频控制室　　一个声音的控制室。配备有调音台和混音台、模拟和数字回放机、唱机、接线板、计算机显示器、扬声器、内部通话系统、钟表以及线路监视器等。

audio monitor 监听器　　见 program speaker 节目扬声器。

audio postproduction room 音频制作室　　一个工作间，用于后期音频制作活动，包括润色声音，合成音乐轨，增加音乐、音效或笑声轨，以及组接音乐过渡和旁白等工作。

audiotape recorder（ATR）磁带录音机　　卷带式（轴到轴）磁带录音机。

audio track 音频磁迹　　录像带上用于录制声音信息的区域。

auto-cue 自动提示器　　见 teleprompter 提示器。

auto-focus 自动对焦　　摄像机自动将焦点对准它认定你要拍摄的目标物的功能。

auto-iris 自动光圈　　镜头光阑的自动控制。

automatic dialog replacement（ADR）自动对白替换　　在后期制作中使说话声音与讲话者嘴唇运动同步。

automatic gain control（AGC）自动增益控制　　能够调节声音的音量，以及视频的亮度和对比度。

auto-transition 自动过渡器　　功能像叠化杆一样的一种电子装置。

A/V format 声画分栏格式　　以分栏（声音／画面）格式写作的脚本的别称。

background light 背景光　　针对布景、景片和舞台背景幕布的照明，也称布景光。

back light 背光　　从摄像机对面、被拍摄物背后发出的光。

back-timing 倒计时　　从日程表所显示的节目结束时间减去播出时长来计算特定时钟时间的方法。

balanced mic or line 平衡话筒或平衡线路　　一种专业话

筒线路，它有三根线缆或三个接头，其中两根将实际上相同的音频信号异相输出，第三根线起接地屏蔽的作用。相对而言，这种话筒具有较好的抗嗡嗡声及抗其他电子干扰的能力。

**barn doors 遮扉**　位于照明器材前部用以控制光束传播的金属板。

**base 底子光**　见 baselight 基础光。

**baselight 基础光**　操作摄像机所需要的最理想的非定向（漫射）光。常规基础光，当光圈位于 f/8 至 f/16 时，光量为 150 至 200 英尺烛光（1500 至 2000 勒克司），也称作底子光（base）。

**batch capture 批量采集**　使用电脑读取场记信息来采集所有用于剪辑的视频片段。

**batten 照明吊杆**　在演播室中用于支撑灯具的水平金属管。

**beam splitter 分光器**　电视摄像机里一体化的光学棱镜系统，它可以将白光分解成三原色：红、绿、蓝（RGB）。也称为棱镜块（prism block）。

**big boom 大型吊杆**　见 perambulator boom 移动车吊杆。

**big remote 大型实况转播**　在演播室以外对大规模的事先安排好的事件进行电视直播或现场录制。这些事件不是专为电视拍摄安排的，例如体育比赛、游行、政治集会，以及演播室节目的外景拍摄环节。也被称为实况转播（remote）。

**binary 二进制系统**　逢 2 进位的数字计数体系。

**binary digit（bit）二进制数字（比特）**　计算机能够接受并处理的最小信息量。一个命令的存在状态由 1 来表示，而缺失状态则由 0 表示。1 个比特可以描述两种状态，例如开 / 关，或黑 / 白。标准十进制系统有 10 个数字：0 到 9。而二进制系统只有两个：0 和 1。

**bit 比特**　见 binary digit 二进制数字。

**black 黑**　灰度等级中最暗的区域，约只有 3% 的反射率。也被称为电视黑（TV black）。"渐黑"（to black）的意思则是让电视画面逐渐变成黑屏。

**blocking 走位**　为出镜人和所有可移动电视设备仔细规划的运动和动作方案。

**blocking rehearsal 走位排练**　见 dry run 无机排练。

**BNC**　用于专业视频设备的标准同轴电缆接头。

**book 书式景片**　将两块布景墙用铰链拼接在一起。也被称为两折景片（twofold）。

**boom 吊杆 / 吊臂 / 吊臂升降**　对音频来说，指话筒支撑吊杆。对视频来说，则指吊臂，是摄像机摇臂的一部分。此外，它还可以表示通过摄像机摇臂移动摄像机，因此也被称为摇臂升降（crane）。

**boundary microphone 区域话筒**　话筒架设或放在一个反射表面上，以便生成一个压力区，在此压力区内，所有声波将同时到达话筒。这种话筒非常适合录制小组讨论和观众反应。也被称为压力区话筒（pressure zone microphone，缩写为 PZM）。

**brightness 亮度**　色彩的一种属性，它决定黑白电视屏幕上色彩的明暗程度或反射光的多少。也被称为明亮度（lightness）或照度（luminance）。

**broad 散光灯**　侧边装有盘形反光罩的泛光灯。

**broadband 宽带**　通过线缆来同时传送信息（声音、数据、视频和音频）的一种高带宽标准。

bump-down 降级考贝　将图像和声音信息从高质量的录像带版本复制（或拷贝）为低质量的录像带版本。

bump-up 升级考贝　将图像和声音信息从低质量的录像带版本复制（或拷贝）到高质量的录像带版本。

burn-in 烧屏　一帧影像在视频显示器上留下的永久性残影。

bus 总线／信号转移通路　（1）切换台上的一排按钮。（2）中控电路，用于从多个输入源接收电子信号，再把这些信号传送到同一个或多个不同的目的地。

bust shot 近景　拍摄一个人从上半身到头顶部分的画面。

byte 字节　一个字节相当于 8 个比特。可用来定义 256 个相互独立的级别（28 比特），如黑和白之间的灰度程度。见 binary digit（bit）二进制数字（比特）。

cake 粉饼　一种底妆用品。通常是水溶性的，配有一块海绵。

calibrate 校准　（1）音频：使所有音量表（通常是调音台和录像机）以相同方式响应某个具体的音频信号。（2）视频：为了保证在变焦过程中被摄物一直处于焦点范围以内而预先对变焦镜头的调整。

camcorder 摄录一体机　内置有录像机或其他录制装置的便携式摄像机。

cameo lighting 浮雕照明　在背景保持昏暗的同时，用高反差的光照射前景人物。

camera 摄像机　对摄像机头部（camera head）的统称，它包括（一个或多个）镜头和主摄像机，后者带有成像装置、内部光学系统、电子附件和取景器。

camera chain 摄像机系统　指电视摄像机（头部）以及辅助电子设备，包括摄像机控制器、同步发生器和电源。

camera control unit（CCU）摄像机控制器　独立于摄像头之外的设备，内含各种视频控制器，用以调节色彩保真度、色彩平衡、对比度和亮度。摄像机控制器能使视频工作人员在节目进行过程中调节摄像机的画面。

camera head 摄像机头部　实际的电视摄像机，通常位于摄像机配套设备的最前端。它包含成像装置、镜头和取景器。用于 ENG 电子新闻采集和 EFP 电子现场制作的摄像机，其摄像机头部已内置了摄像机的配套设备组件。

camera light 摄像机灯　安装在摄像机前部的小型聚光灯，可以当作额外的辅助光用（常与指示灯混淆）。也被称为眼灯（eye light）或小型聚光灯（inky-dinky）。

camera mounting head 云台　摄像机支架安装设备，它可以使摄像机平滑地进行倾斜横摇运动和纵摇运动。也被称为万向云台（pan-and-tilt head）。

camera pickup device 拾像装置　见 imaging device 成像装置。

camera rehearsal 摄像排练　用摄像机和其他制作设备进行完整的排演。常常和彩排完全相同。

camera stabilizing system 摄像机稳定系统　一种摄像机支撑系统，其机械结构可以保证操作者在移动的时候，仍然保持摄像机稳定。

cant 倾斜拍摄　使肩扛或手持摄像机斜向一边。

capacitor microphone 电容话筒　见 condenser microphone 电容式话筒。

capture 采集　将音频和视频信息传到电脑硬盘上，用于非线性剪辑，也被称为导入（importing）。

cardioid 心形拾音模式　指向性话筒的心形声音拾取模式。

cassette 盒式磁带　一些设备使用盒式磁带进行音频、视频的录制或回放。盒式磁带是一种塑料盒，内有两个卷轴：供带轴和收带轴。

C-band C 频带　某些卫星使用的频带。该频带相对不受天气的影响。见 Ku-band Ku 频带。

CCD　见 charge-couple device 电荷耦合器。

C-clamp C 形夹　一种金属夹，用它可以将照明设备固定在照明吊杆上。

C channel C 信道　见 chrominance channel 色度信道。

CCU　见 camera control unit 摄像机控制器。

CD　见 compact disc 光盘。

C. G.　见 character generator 字幕机。

character generator（C. G.）字幕机　一种专门化的计算机系统，能对字母、数字和简单图形画面进行电子化处理，从而用于视频显示。只要配上相关软件，任何台式电脑都可以变成一台字幕机。

charge-coupled device（CCD）电荷耦合器　电视摄像机中的成像传感器，由纵向和横向排列的微小成像传感元件，也就是像素（pixels）组成，这些像素能够把视觉（光学）影像转换成电荷并最终成为视频信号。

chip 芯片　摄像机成像装置的俗名。见 imaging device 成像装置。

chroma-key backdrop 抠像幕布　一种饱和的蓝色或绿色帆布，可以从照明格架垂下来一直拖到演播室的地板上，用作抠像背景。

chroma keying 抠像　先利用彩色（通常为蓝色或绿色）作为背景，随后，在抠像的过程中用新的背景图像将其替换的一种特效。

chrominance channel 色度信道　由视频系统中的三种颜色（色度）信号组成。色度信道负责每一种基本的颜色信号：红、绿、蓝（RGB 三原色）。也被称为 C 信道（C channel）。

classical dramaturgy 经典剧作法　戏剧性创作的技巧。

clip 信号修剪／视频片段　（1）对白和（或）黑的图像信息加以压缩或防止视频信号干扰同步信号。（2）一个镜头或简短的一系列视频画面，通常被采集并存储于硬盘上，并标示有文件名。

clip control 剪切控制器　见 key-level control 嵌入水平控制。

clip light 夹灯　用夹子夹在布景或家具上，内部装有反光碗的小型灯具。也被称为 PAR 灯。

clipper 剪切器　见 key-level control 嵌入水平控制。

close-up（CU）特写　显示近处某一个物体或其任何一个部分的紧凑画面。特写也可以是非常近的（大特写 ECU）或稍微远一些的（近景 MCU）。

closure 补足　心理补足（psychological closure）的缩写形式，指在心里自行补足不完整的画面。见 mental map 心理地图。

CMOS 互补金属氧化物半导体　一种和 CCD 很相似的影像成像传感器，但二者的工作原理不同。它能将光裁转换为电子视频电荷，并最终成为视频信号。

**codec 编解码**　编码（compression）和解码（decompression）的简称。指用某种特定的方法来对数码数据进行压缩和解压缩。

**coding 编码**　将量化的值转化成二进制数字，并用 0 和 1 表示的做法。也可以称作 encoding。

**color bars 彩条**　电视工业用来校准摄像机和录像机的颜色标准。大部分专业便携式摄像机都可以生成彩条。

**color compatibility 色彩兼容性**　能够在黑白电视机上以为黑白画面接收的彩色信号。通常用来表明配色方案拥有足够的亮度对比，因而可以获得具有良好灰度对比的单色再现。

**color media 彩色透明介质**　见 gel 滤光片 / 色纸。

**color temperature 色温**　测量白色光线偏暖或偏冷程度的标准，单位为开氏度（用符号 K 表示）。通常室内电视制作照明的色温为 3200K，室外为 5600K。从技术上来说，数字代表光线的开尔文（Kelvin）色温。

**compact disc（CD）光盘**　以数字形式储存信息（通常是声音信号）的一薄圆盘。CD 播放机使用激光束读取编码的数字信息。

**complexity editing 复杂剪辑**　主要通过镜头的并置来突出强化屏幕事件，但这并不是其唯一一种手段。常常有意违反连续性剪辑所提倡的剪辑惯例。

**component system 分量系统**　在整个记录和存储过程中都使亮度（Y 或黑白）信号和色彩（C）信号，或所有三原色信号（RGB）保持分离状态的一个过程。见 Y/C component system Y/C 分量系统，Y/color difference component system Y/ 色差分量系统，和 RGB component system RGB 分量系统。

**composite system 合成系统**　亮度（Y 或黑白）信号和色度（C 或红、绿、蓝）信号以及同步信息经过编码合成为一个视频信号并通过一条线进行传送的过程。也称为 NTSC（国家电视系统委员会）信号。

**compression 压缩**　（1）数据：通过使用编码方案（编解码），将所有原始数据塞进较小的空间（无损压缩）或通过舍弃一些不太重要的数据（有损压缩）来减少数据量，以便存储或传送。（2）光学：用长焦（远摄）镜头制造出拥挤、饱满的效果，从而使被摄物的大小增加、相对距离减小。

**condenser microphone 电容式话筒**　其振动膜由电容板构成的话筒。这块电容板会在声压作用下随着另一块称为背面板（backplate）的固定电容板振动。也称为驻极体话筒（electret microphone）或者电容话筒（capacitor microphone）。

**contact 联系人**　通常是公共关系工作人员，了解事件并能够在现场实况播出期间协助摄制队伍。

**continuity editing 连续性剪辑**　保持一个镜头转换到下一个镜头的视觉连续性，让整个镜头序列看起来无缝。

**continuous-action lighting 动作连续照明**　使用相互重叠的三点布光，对所有主要的表演区提供照明。也称为区域照明（zone lighting）。

**contrast ratio 对比度**　画面中最亮部分与最暗部分之间的差异（通常用英尺烛光的反射光进行测量）。低端摄像机和摄录一体机的对比度一般为 50:1，也就是说，画面中最亮部分的亮度不应超过最暗部分亮度的 50 倍，这样可以确保不损失亮部和暗部细节。高端数字摄像机的对比度可以极大地超过这个比值，容许 1000:1 甚至更高的对比度。

**control room 控制室**　与演播室相邻的一个房间，导演、技术指导、声音技术人员，有时还有灯光师在这里执行他们各自不同的工作。

**control room directing 控制室执导** 见 multicamera directing 多机执导。

**control track 控制磁迹** 录像带上面用于录制同步信息（同步脉冲）的区域。为录像机的运转速度、视频磁迹的读取以及画面帧数的计算提供参考。

**control track system 控制磁迹系统** 一种供剪辑使用的系统，它将控制磁迹的脉冲予以记数，然后将这个数字转换成所经过的时间和帧数，但帧的记数不一定非常准确。也被称为脉冲计数系统（pulse-count system）。

**cookie 饼干** 术语"影阴模版"（cucoloris）的常用别称。从薄金属片上切下来的模具，当它们被放置在椭圆形聚光灯（图案投射机）前面时，能产生特定图案的阴影。也被称作剪影遮光板（gobo）。

**crab 侧移** 摄像机升降移动车的侧向侧动。

**crane 摇臂 / 摇臂升降** （1）移动式摄像机支架，在外表和操作上都和起重机十分相似。它能够把靠近演播室地面的摄像机提升到 10 英尺以上的高空。（2）利用摇臂把摄像机升高或降低。也被称为吊臂 / 吊臂升降（boom）。

**crawl 移动字幕** 电子生成字幕的水平运动（垂直运动称为 roll，即滚动）。也可以指激发此运动的程序。

**cross-fade 交叉淡入淡出** （1）音频：在使正在进行的声音淡出的同时，使紧接着的声音淡入的过渡方法，两种声音会暂时叠在一起。（2）视频：在使正在进行的画面淡出至黑场的同时，让接下来的画面从黑场淡入的过渡方法。

**cross-keying 交叉主光** 分别照在面对面两个人身上的主光的交叉。

**cross-shot（X/S）交叉镜头** 类似于过肩镜头，但靠近摄像机的这个人完全出画。

**CU** 见 close-up 特写。

**cucoloris 影阴模版** 见 cookie 饼干。

**cue card 提词板** 大尺寸手写台词卡片，通常由演播室工作人员手举在摄像机镜头旁。

**cue-send 提示传送** 见 foldback 返送。

**cue track 提示磁迹** 用于内部标识或 SMPTE 地址码等信息的录像带区域。该区域也可用作额外的音频轨道。

**cut 切 / 停** （1）镜头（影像）与镜头的无间隔瞬时变化。（2）导演中断动作的指示信号。

**cutaway 切出镜头** 与整个事件存在主题联系的镜头。当插入在跳切的镜头之间时，可以掩盖位置的变化。通常用于保证镜头的连续性。

**cuts-only editing system 仅切剪辑系统** 参见 single-source editing system 单素材源剪辑系统。

**cyc** 见 cyclorama 环幕。

**cyc light 环形灯** 见 strip light 条形灯。

**cyclorama 环幕** 呈 U 形的连续帆布或细平布，用作动作或布景的背景。也被称为 cyc。

**DAT** 见 digital audiotape 数字录音带。

**DBS** 见 direct broadcast satellite 直播卫星。

**DC** 直流电（direct current）的缩写。

decoding 解码　从数字编码重建音频和视频信号。

definition 清晰度　影像显现出来的锐利程度。在电视技术中，指向上屏幕图像的像素尺寸和数量。见 resolution 分辨率。

delegation controls 指派控制键　切换台上将具体功能指派给某个总线的按钮。

demographics 人口统计　针对年龄、性别、婚姻状况以及收入等因素所做的观众调查。

depth of field 景深　指距镜头不同距离的所有被摄对象都能被焦点涵盖的区域。景深取决于镜头的焦距、光圈以及被摄对象与摄像机之间的距离。

depth staging 纵深调度　对电视屏幕上的事物进行安排，使前景、中景和背景得以明确地区分。

diaphragm 振动膜／光阑　（1）音频：话筒内部的振动物，随着来自声音的空气压力运动。（2）视频：见 iris 光圈。

dichroic filter 二向色滤镜　一种镜式滤光镜，它能从白光中分离出红光（红色二向色滤镜）和蓝光（蓝色二向色滤镜），剩下绿光。也被称为 dichroic mirror 分色镜。

dichroic mirror 分色镜　见 dichroic filter 二向色滤镜。

diffused light 漫射光　照射在较大区域上、光束不明显的光。漫射光由泛光灯发出，可以产生柔和的阴影。

diffusion filter 柔光镜　安装在镜头前面的一种滤镜，使场景看起来更柔和，略微虚焦。

digital 数字　通常意味着二进制系统——以二进制数字形式（开／关脉冲）表示数据。

digital audictape（DAT）数字录音带　以数字形式将声音信号编码加以记录的录音带。涉及数字录音机和数字录音处理。

digital cart system 数字驱动系统　采用内置硬盘、便携式高容量硬盘或可读写光盘为录制介质，实时储存和处理音频信息的数字音频系统。通常用于简短解说和音乐过渡的播放。

digital cinema camera 数字电影摄影机　高清质量的电视摄像机，常规帧速率设置为每秒 24 帧，在拍摄慢动作和快动作的时候，每秒帧数可变。大部分的数字电影摄影机都使用高质量的 CCD 或 CMOS 传感器、顶级的镜头，以及高清画质的取景器。

digital recording systems 数字录制系统　对模拟格式的音频和视频信号进行采样，并把它们转换成不连续的"开／关"脉冲信号。这些数字会被记录为 0 和 1。

digital television（DTV）数字电视　数字电视系统，通常比 STV（标准电视）拥有更高的图像分辨率。也被称为高级电视（advanced television，缩写 ATV）。

digital versatile disc（DVD）数字多媒体光盘　标准 DVD 为只读式高容量（可以存储 4.7G 或更多）的存储装置，用于存储数字音频和视频信息。

digital video effects（DVE）数字视频特效　由计算机或切换台上的数字特效设备生成的一种视觉特效。

digital zooming 数字变焦　通过剪裁影像的中心区域，并对其进行电子化放大，来模仿变焦的效果。使用数字变焦会损失画面的分辨率。

digital zoom lens 数字变焦镜头　通过内置计算机程序来控制变焦和调整焦点的一种镜头。

digitize 数字化　将模拟信号转变成数字（二进制）的

形式，或者转成数字代码。

dimmer 调光器　通过阻截流向灯具的电流来控制光的强度的一种设备。

direct broadcast satellite（DBS）直播卫星　这种卫星装有功率相对较高的收发机（具备传送和接收功能）上，该收发机能从卫星向独立的小型下传碟形天线传播信号，在 Ku 频带上运行。

direct bus 直接总线　见 program bus 节目总线。

direct input 直接输入　见 direct insertion 直接插入。

direct insertion 直接插入　一种录音技巧，即电子乐器的声音信号直接输进调音台而不使用扬声器和话筒。也称为直接输入（direct input）。

directional light 定向光　照射在较小区域上、有明显的光束的光。定向光由聚光灯发出，可以产生锐利、清晰的阴影。

director of photography 摄影指导　见 DP。

disk-based video recorder 盘式录像机　所有将信息记录或存储在硬盘或可读写光盘上的数字录像机。所有盘式录像机都是非线性的。

dissolve 叠化　指一个镜头逐渐转变成另一个镜头，两个图像短暂地叠在一起。也被称为 lap dissolve。

distortion 失真　声音不自然的改变或损坏。

diversity reception 多机接收　为单个无线话筒设置多个接收站，这样当一个接收器的信号变弱时，还有一个可以接替。

dolly 移动拍摄车 / 推拉移动　（1）移动拍摄车是能使摄像机向各个方向移动的摄像机支撑物。（2）推拉移动指使摄像机靠近目标（即 dolly in，推摄）或远离目标（即 dolly out，拉摄）。

double headset 双耳受话器　一种电话耳机，一个耳机传送节目声音，另一个耳机传送工作人员的内部通话声音。也被称为分路耳机（split intercom）。

downlink 下传线路　接收卫星信号的天线（碟）和设备。

downloading 下载　接收按数据包形式发送的文件。由于这些数据包通常都是无序传送的，所以文件在传送过程结束之前不能被看到或听到。见 streaming 流式传输。

downstream keyer（DSK）顺向位移控制键　一种能在画面（线路输出信号）离开切换台时让标题嵌入（切入）画面的控制装置。

DP　摄影指导（director of photography）的简称。在大部分电影的拍摄中，其主要责任为负责灯光（类似于电视拍摄中的 LD 即照明指导）。在小型的电影拍摄和 EFP 电子现场制作中，负责操作摄像机。在电视制作中，指摄像机操作人员，或摄像师。

drag 阻力　摄像机云台做平滑的横摇和纵摇拍摄时所需的摩擦程度。

dramaturgy 剧作法　戏剧性创作的技巧。

dress 服装 / 装饰 / 彩排　（1）在摄像机前人们所穿的服装。（2）用道具装饰布景。（3）彩排。

dress rehearsal 彩排　指所有拍摄设备共同参与，演员着全部戏装的排演。彩排通常都会进行录像。也被称为摄像排练（camera rehearsal），只是在摄像排练的时候，有时并不要求出镜人着全部戏装。

crop 垂幕　绘有图案，在场景中用作背景的大型帆布。

crop frame 掉帧　一种视频录制模式。SMPTE 时间码重做时间计算时会周期性地略过（丢掉）单帧画面，从而让视频匹配经过的时钟时间。

cropout 信号丢失　视频信号的部分损失，在屏幕上显示为白色或彩色信号干扰。这是由录像带上不平坦的氧化物（磁带品质不良或使用过度）或灰尘引起的。

dry run 无机排练　不带摄像设备的排演，只排演出镜人的基本活动，所以也称作走位排练（blocking rehearsal）。

DSK　见 downstream keyer 顺向位移控制键。

DTV　见 digital television 数字电视。

dual-redundancy 双重保险　指用两只完全相同的话筒拾取同一音源，但只有一只在任何工作时间都保持开启状态。这种保障手段使人能在工作中的那只话筒出现故障时切换到另一只话筒上。

dub 拷贝　电子录制品的复制品。复制品既可以从磁带复制到磁带上，也可以从硬盘或光盘复制到磁带上，还可以从磁带复制到硬盘或光盘上。每个新的拷贝总是比用于复制的那个版本晚一代。在模拟系统中，每一次复制都会使损失加重，但数字复制制作的拷贝品质几乎和母版相同。

DVCAM　由索尼（SONY）公司研发的录像带式数字录制系统。

DVCPRO　由松下（Panasonic）公司研发的录像带式数字录制系统。

DVD　见 digital versatile disc 数字多媒体光盘。

DVE　见 digital video effects 数字视频特效。

dynamic microphone 动圈式话筒　其声音拾取装置由一个附在活动线圈上的振动膜构成的话筒。当振动膜随着声音产生的气压而振动时，线圈在一个磁场内移动，产生电流。也称为移动线圈话筒（moving-coil microphone）。

echo 回声　一种从一个单一表面反射回来，被人感觉为连续、迅速衰退并不断反复的声音。见 reverberation 混响。

ECU　见 extreme close-up 大特写。

edit controller 剪辑控制器　一种帮助执行各种剪辑功能（比如标出剪辑起止点、转动素材和录制录像机以及调用特效）的机器。通常为一部安装有相关软件程序的台式计算机。也称为剪辑控制装置（editing control unit）。

edit decision list（EDL）剪辑决策清单　包括以时间码数值形式表示的剪辑起止点和镜头之间的转接方式。

editing 剪辑　按照逻辑顺序对镜头的选择和组接。

editing control unit 剪辑控制装置　见 edit controller 剪辑控制器。

edit master recording 剪辑母带　在录像带或其他媒介上录制的最终剪辑版本。用于播出或复制。

edit master tape 剪辑母带　在其上对从素材带中选取的部分进行剪辑的录像带。用于录制录像机。

edit VTR 剪辑录像机　见 record VTR 录制录像机。

EDL　见 edit decision list 剪辑决策清单。

effects bus 特效总线　切换台上的节目和预览总线，用于执行视觉转换特效。

effect-to-cause mode 果因模式　从节目创意推导出预期的收视效果，再返回来考虑为获得这一效果必须具备的媒介条件。

EFP　电子现场制作（electronic field production）的缩写形式。指在演播室之外进行电视制作，一般是为后期制作（不是为直播）拍摄的。属于现场制作（field production）的一种。

EFP camera 电子现场制作摄像机　高质量的肩扛便携式摄像机，在电子现场制作时使用，必须连接到外部录像机。

electret microphone 驻极体话筒　见 condenser microphone 电容式话筒。

electron gun 电子枪　在电视接收机上产生电子（扫描）束的一种工具。

electronic field production 电子现场制作　见 EFP。

electronic still store（ESS）system 电子静态图像存储系统　可以从任何视频素材上选取一帧并将它以数字形式存储在硬盘上的一种电子装置。它能瞬时随机读取任意一帧。

ellipsoidal spotlight 椭圆形聚光灯　产生的光束界线分明，并可以通过金属遮扉进一步塑造光的形态的一种聚光灯。

ELS　见 extreme long shot 大远景。

electronic news gathering 电子新闻采集　见 ENG。

encoding 编码　见 coding 编码。

ENG　电子新闻采集（electronic news gathering）的缩写形式。指使用便携式摄录一体机、照明灯具以及录音设备摄制每日新闻报道。ENG 通常不是事先计划好的，通常是现场直播或会在后期剪辑之后立即播出。

ENG/EFP camcorder 电子新闻采集/电子现场制作摄录一体机　高级便携式现场制作摄像机，录制部件内置于机身中。

environment 整体环境　布景的整体环境或氛围。

equalization 均衡化　通过突出某些频率、消除另一些频率来控制音频信号。

essential area 基本区域　居于扫描区域中心的电视画面部分，不管电视接收器是否遮挡画面或产生轻微错位，都能被家庭观众观看到。也叫安全字幕区域（safe title area）或安全区域（safe area）。

ESS system　见 electronic still store（ESS）system 电子静态图像存储系统。

establishing shot 定场镜头　见 extreme long shot（ELS）大远景和 long shot（LS）远景。

event order 事件顺序　事件细节的排列方式。

extender 增距器　见 range extender 焦距延长器。

external key 外部嵌入　切掉原来画面的一部分并用外部信息源（如第二摄像机）的信号来填充。

extreme clouse-up（ECU）大特写　显示极近处被拍摄物的镜头。

extreme long shot（ELS）大远景　显示极远处被拍摄物的镜头，也被称为定场镜头（establishing shot）。

eye light 眼灯　见 camera light 摄像机灯。

facilities request 设备需求　制作所需的所有技术设备的清单。

fact sheet 详情单　列出将出现在镜头上的项目及其主要特征，可能包括对如何描绘某一产品的建议。也被称为浏览表（rundown sheet）。

fade 淡入淡出　指画面逐渐变黑（fade-out，即淡出）或从黑屏中逐渐显现出来（fade-in，即淡入）。

fader 音量控制器　通过在刻度上水平滑动按钮来控制音量，作用就像电位器一样。也称为滑动式音量控制器（slide fader）。

fader bar 叠化杆　切换台上用于以不同速度启用预设转换特效（如叠化、淡入淡出和划像）的一根操纵杆。它也可以用于创造画面的叠印效果。

falloff 减退　（1）直线强度下降的速度。（2）画面的明亮部分向阴影区之间逐渐过渡的速度（程度）。快速减退（fast falloff）意味着明亮区突然变成阴影区，且明亮区和阴影区之间的亮度差异很大；慢速减退（slow falloff）表示从明亮区到阴影区的过渡是一个逐步变化的过程，且明亮区和阴影区之间的亮度差异很小。

fast lens 快镜头　一种最大光圈能让大量光线通过的镜头（镜头最大光圈的数字相对较小），可在低照度条件下使用。

fc　见 foot-candle 英尺烛光。

feed 传输　信号从一个节目源向另一个节目源传送，例如电视网传输或工程传输。

feedback 音频干扰 / 通信反馈 / 视频干扰　（1）音频：从扩音器中发出刺耳的声音，是由于扩音器中的声音偶尔进入话筒中，然后声音被过度放大而造成的。（2）通信：通信接收方对通信源的反应。（3）视频：视频信号重新进入切换台并在随后被过度放大而造成的监视器屏幕上强烈的波动和闪耀。

fiber-optic cable 光纤　用玻璃或塑料制成的细而透明的纤维，用于把光从一点传到另外一点。当用在广播信号的传送时，电子视频和音频信号使用光频率作为传送载波（需调制）。

field 现场 / 场　（1）现场：不在演播室内的拍摄场地。（2）场：一次完整扫描循环的一半，一帧电视画面必定由两个场组成。对于标准 NTSC 电视系统来说，每秒有 60 场即 30 帧。

field log 现场场记单　在录像的过程中对拍摄的每个镜头所做的记录。见 VR log 录像场记。

field of view 景别　通过某个镜头看到的场景范围，即视野。可以用符号表示各种不同的景别，例如用 CU 表示特写镜头。

field production 现场制作　所有发生在演播室以外的摄制，一般指 EFP 电子现场制作。

figure/ground 主体-背景　（1）音频：使最重要的声源强于整个背景声音的做法。（2）视频：在背景前面显示某物体，背景在感觉上比主体更稳定。

fill light 辅助光　位于主光对面摄像机的另一侧，照亮阴影区、降低减退的补充光。通常由泛光灯提供。

film-style shooting 电影风格拍摄　参见 single-camera directing 单机执导。

fishpole 鱼竿式吊杆　一种话筒悬挂装置。话筒绑在一根杆子上，短时间内举在场景的上方。

fixed-focal length lens 固定焦距镜头  焦距不能改变的镜头（相对于拥有多种焦距的变焦镜头而言）。也称为定焦镜头（prime lens）。

flag 旗板  防止光线照射到某个特定区域的一块矩形薄金属片、塑料片甚或布片。也称为遮光板（gobo）。

flash drive 闪存驱动  见 flash memory device 闪存设备。

flash memory card 闪存记忆卡  见 flash memory device 闪存设备。

flash memory device 闪存设备  一种可读写的便携式储存设备，可以以很快的速度（一闪之间）下载、存储和上传大量的数字信息。也被称为闪存驱动（flash drive）、闪存卡（stick flash）、闪存棒（flash stick）和闪存记忆卡（flash memory card）。

flash stick 闪存棒  见 flash memory device 闪存设备。

flat 平调照明 / 布景墙  （1）照明：几乎没有阴影的均匀照明（慢速减退）。（2）布景：一片用作背景或模仿房间墙壁的直立布景。

flat response 平坦响应  对话筒在整个频率范围内等效地接收声音的能力的衡量。也可以用于测量录制和回放设备的具体频率响应范围。

floodlight 泛光灯  能产生边缘较模糊的漫射光光束的照明仪器。

floor plan 演播室平面图  画在坐标网格线上面的示意图，标注了道具和布景的位置。见 floor plan pattern 演播室平面图案。

floor plan pattern 演播室平面图案  用来显示墙壁、主要的门、控制室，以及灯光吊杆和网格架方位的计划图。见 floor plan 演播室平面图。

floor stand 落地灯架  安装在三脚移动车上的重型支架，专用于支撑各种照明器械。其上的延长伸缩管能让人调整照明器械的垂直位置。

fluorescent 荧光灯  一种通过激活充气灯管发出紫外线辐射，再将涂在灯管内壁上的磷涂层照亮，从而发光的灯具。

focal length 焦距  当镜头调到无限远而又能使图像保持在焦点之上时，从镜头的光学中心到摄像机成像装置前部表面之间的距离。焦距用毫米或英寸来表示。短焦（short-focal-length）镜头有广角视野（视野广阔）；长焦（long-focal-length）或远摄（telephoto）镜头有窄角视野（特写）。在可变焦距（variable-focal-length）镜头即变焦（zoom）镜头中，焦距可以在广角位置（变焦拉）到窄角（变焦推）之间不断变化，反之亦然。固定焦距（fixed-focal-length）镜头即定焦（prime）镜头只有一个设定好的焦距。

focus 焦点  如果出现在屏幕上的图像很清楚，就说明图像在焦点上。从技术上来说，焦点指镜头折射的光线汇聚的点。

foldback 返送  通过耳机或 I. F. B. 频道将全部或部分的混合音频返回给出镜人。也被称为提示传送（cue-send）。

Foley stage 效果录音棚  录制室里配有大量道具和设备，用来制造各种普通的声音效果，比如脚步声、开门关门声、玻璃打碎的声音等。

follow focus 跟焦  在一定的景深范围内控制镜头焦点，以便摄像机或拍摄目标无论移动与否，图像都能一直保持清晰状态。

follow spot 追光灯  营造强烈特殊灯效的聚光灯。主要用于模仿剧院的舞台效果。通常用来跟随动作，如舞蹈演员、滑冰运动员或在幕布前表演的某个演员的动作。

foot-candle（fc）英尺烛光　测量照明强度或投射在物体上的光量大小的单位。1 英尺烛光，指的是一支蜡烛发出来的，落在距离光源一英尺处的一平方英尺区域内的光线量。见 lux 勒克司。

format 格式　表明主要节目步骤的电视脚本类型，这些脚本通常包括完整的节目开头和结尾。

foundation 底妆　化妆的基础，在这层底色上可进一步化妆，如上腮红和眼影。

fps　每秒帧数（frames per second）的缩写。见 frame rate 帧速率。

frame 帧　（1）电影中的最小画面单位，单格图像。（2）电子束从顶部到底部对所有图像行进行的一次完整的扫描循环。或运动序列帧中的单帧画面。见 interlaced scanning 隔行扫描 和 progressive scanning 逐行扫描。

frame rate 帧速率　视频系统中，每一秒钟所产生的完整视频帧的数量。也用 fps 来表示。在传统美国电视的 NTSC 标准中，帧速率为 30fps。480p 和 720p 扫描系统的帧速率通常为 60fps。有的高清数字电影摄影机帧速率为 24fps，同时（或者）还有其他各种不同的帧速率。标准 1080i 高清电视系统的帧速率为 30fps。

framestore synchronizer 帧存储同步器　用于影像的稳定和同步的系统。可以存储和读取完整视频帧。用于将来自不同视频源的同步锁定的信号进行同步。

freeze-frame 定格　连续播放同一帧画面，给人带来静止镜头的感觉。

frequency 频率　每秒循环数，用赫兹（Hz）测量。

frequency response 频率响应　话筒能够接收和还原的频率范围。

Fresnel spotlight 菲涅耳聚光灯　最常见的聚光灯之一，根据其镜片发明人的名字命名。其镜片拥有阶梯状的同心圆环。

front-timing 顺计时　给节目开始的时钟时间加上已播出时长来计算时钟时间的过程。

f-stop 光圈值　用来衡量光孔或光圈开口的镜头校准数值（因此也可以衡量通过镜头的光量大小）。光圈值越大，说明光圈越小；光圈值越小，光圈越大。

full shot 全景镜头　见 long shot 远景。

fully-scripted show format 完整脚本格式　完整的剧本，包括全部的对话和叙述以及主要的形象化指令。

gain 增益　（1）音频：音频信号放大的程度。"增益调节"（riding gain）就是指让声音音量维持在合适的水平。（2）视频：利用电子手段将视频信号放大，主要是增强画面的亮度。

gel 滤光片／色纸　放在聚光灯或泛光灯前，为光束增添特殊色调的彩色滤光片的俗名。"gel"一词来源于"gelatin"（明胶），是耐热、耐湿能力更佳的塑料发明出来之前用于滤色的材料。也被称为彩色透明介质（color media）。

generating element 声音生成元件　构成话筒的主要部分，它将声波转变成电能。

generation 版数　从原始录制版本上进行复制的次数。第一版拷贝直接从原始带复制而来。第二版拷贝是第一版拷贝的复制品（原始带的第二次复制），以此顺推。在模拟录制系统中，非数字的复制次数越多，质量损失就越大。数字录制系统翻录很多版也不会损失质量。

genlock 同步锁相　将两个或更多的视频信号源（比如

摄像机和录像机），或实拍信号源（演播室或现场）进行同步，从而避免图像在信号源的切换过程中发生断裂。室内同步可以将演播室中的所有视频源进行同步。

**gigabyte 千兆字节** 1 073 741 824 个字节（$2^{30}$ 个字节）。通常粗略地算为 10 亿个字节。

**cobo 前景景片 / 遮光板** 在电视中，指作为前景的布景片，拍摄时放在摄像机前面。这种装饰性前景可以和背景中的动作有机融为一体。在电影中，指不透明的遮挡物，主要用于挡光，也指那种带有中空图案，能够让光线穿过，从而将图案形状投射到平直表面的小金属板。见 cookie 饼干和 flag 旗板。

**goal-directed information 目标导向信息** 打算让观众记住的节目内容。

**graphics generator 图形生成器** 专门的电脑或软件，设计师可以用来进行电子化绘制、着色、激活、存储和读取图像。任何有高容量的内存和硬盘的台式电脑，只要借助 2D 和 3D 软件，都可以成为图形生成器。

**graphic vector 图形矢量** 由直线或者静止不动的物体构建的一种方向性，这些物体的摆放方式使人联想到一条线。

**grayscale 灰度等级** 电视中从白到黑的过渡等级。对于标准电视而言，通常使用 9 个等级。

**hand props 小型道具** 由演员拿在手中使用的物件，也被称为道具（properties）。

**hard drive 硬盘驱动器** 高容量的计算机存储盘，常称为硬盘（hard disk）。

**HDMI** 高清多媒体接口（High-Definition Multimedia Interface）的缩写。这种接口具有高带宽和高传输速度，能够传输大量的音频和视频信号，能够连接各种不同的音频、视频设备。

**HDV** 见 high-definition video 高清视频。

**HDTV** 见 high-definition television 高清电视。

**head assembly 磁头组** （1）音频：从磁带上抹掉信号（抹音磁头）、将信号放到录音带上（录音磁头）和从磁带上读取（引导）信号（播放磁头）的小型电磁体；（2）视频：将电子信号放到录像带上或从录像带上读取（引导）信号的小的电磁体。和磁带一样，视频磁头始终处于运动状态。

**headroom 头顶空间** 从头顶到屏幕上边缘之间的空间。

**headset microphone 耳麦式话筒** 小型优质的指向性或全向性话筒，通常附加在头戴式耳机上。和电话的头戴式耳机很相似，但话筒的质量更好。

**helical scan 螺旋扫描** 视频信号被记录在录像带上时采取的斜线路径。也被称为螺旋 VTR（helical VTR）或倾斜磁迹（slant-track）。

**high-definition television（HDTV）高清电视** 其画面细节至少是标准（NTSC）电视的两倍。720p 使用 720 个可见或活跃的行，通常按 1/60 秒一次的速度进行逐行扫描；1080i 标准每秒使用 60 场，每场由 540 条可见或活跃的行组成。在隔行扫描中，一帧完整的画面由两个扫描场构成，每个场都拥有 540 条可见的行。不同的高清电视拥有不同的刷新率（refresh rate）——完整的一个扫描周期。

**high-definition television（HDTV）camera 高清电视摄像机** 能够传送高分辨率、高色彩还原度和高明暗对比度的视频摄像机。使用高质量的成像传感器和镜头。

**high-definition video（HDV）高清视频** 一种录制系

统，能够使用类似标准数字摄录一体机的设备，生成和高清电视同等字率（720p 和 1080i）的影像。其视频信号和 HDTV 相比，压缩率更高，因此其图像的整体质量相对较低。

**high-key 高调**　场景中背景明亮、光线充足的照明效果。与主光的垂直位置无关。

**High-Z 高阻抗**　见 impedance 阻抗。

**HMI light 镝灯**　HMI 是中弧长碘化汞（hydragyrum medium arc-length iodide）的缩写。这是一种通过特定类型气体传递电流以产生光亮的高强度灯。需要单独的稳流器。

**horizontal blanking 水平消隐**　电子光束返回扫描另一个扫描行时的暂时消失。

**hot 热的**　（1）形容一根电线正在传送电流或信号。（2）形容一台机器正在运转中，比如：开着的摄像机（hot camera），正在工作状态的话筒（hot microphone）。

**hot spot 热斑**　光线汇聚在一个点上产生的恼人的光斑。

**house number 内部编码**　对每一段记录下来的节目素材进行编码的内部标识系统。之所以被称为内部编码，是因为不同的电视台之间、部门与部门之间的数字编码不同。

**hue 色调**　颜色的三种基本属性之一。色调就是颜色本身——红、绿、黄等。

**hundredeighty 180 度线**　见 vector line 轴线。

**HUT 正观看电视用户**（households using television）的缩写。用于计算收视份额，表示所有正在收看电视节目的用户总数的100%。见 share 收视份额。

**IATSE**　美国和加拿大的影剧院与摄影棚雇员、影视技术人员、艺术家和工匠国际联盟（International Alliance of Theatrical Stage Employees, Moving Picture Technicians, Artists and Allied Crafts of the United States, Its Territories and Canada）的缩写。属于行业工会组织。

**IBEW**　国际电工兄弟会（International Brotherhood of Electrical Workers）的缩写。演播室和总控工程师的工会联盟，也会包括现场工作人员。

**I. F. B.**　见 interruptible foldback 可中断监听 或 interruptible feedback 可中断反馈。

**I-F lens**　见 internal focus（I-F）lens 内部聚焦镜头

**imaging device 成像装置**　摄像机上面的成像元件。它的传感器（CCD 或 CMOS）能够将光线转换成电能，并最终变为视频信号。也被称为拾像装置（camera pickup device）、芯片（chip）或传感器（sensor）。

**impedance 阻抗信号**　信号流中的阻力类型。在将高或低阻抗的录音机与高或低阻抗的话筒进行匹配时特别重要。

**impedance transformer 阻抗转换器**　使高阻抗话筒得以连接到低阻抗录音机（或相反）上的一种装置。

**importing 导入**　见 capture 采集。

**incandescent 白炽灯**　通过普通玻璃灯泡或石英碘灯泡内的钨丝发热来发光的灯具（与荧光灯相反）。

**incident light 入射光**　从光源直接照射在目标上的光。入射光读数是从物体到光源的英尺烛光（或勒克司）的测量值。测量时将测光表直接对准光源或摄像机。

**index vector 指引矢量**　图像中由某人看某个方向，或某物指向某个方向，从而形成的某个具体明确的方向感。

inky-dinky 小型聚光灯　见 camera light 摄像机灯。

input overload distortion 输入过载失真　当话筒遭受异常高音量的声音时产生的失真。电容式话筒特别容易产生输入超载失真。

insert editing 插入剪辑　要求先在剪辑母带上铺一条控制磁迹。之后，按照顺序对镜头进行剪辑，或者是将其插入一段已经存在的录制视频中。在对音频和视频磁迹分别进行剪辑时，这种模式很必要。

instant replay 实时回放　在某关键片段或重要事件发生后，即刻为观众重放该片段或事件。在电视剧中，可以用作对过去某事件的一种视觉化回顾。

instantaneous editing 实时剪辑　见 switching 切换台切换。

intercom 内部通话系统　为部通话系统（intercommunication system）的简称，所有摄制人员和技术人员都会使用这个系统。运用最广泛的系统配有头戴式耳机麦克风，借助几条有线或无线频道进行声音联络。内部通话系统还包括其他的系统，如可中断监听反馈系统（I. F. B.）和移动电话。

interframe compression 帧间压缩　一种压缩技术，即从先前的帧中借用重复的像素，从而减少像素的数量。

interlaced scanning 隔行扫描　在这个系统中，电子束在第一次扫描中实行跳行扫描，也就是说只读奇数行。当电子束扫描至最后一个奇数行的中间时，再跳回屏幕上端，将未扫描的半段首行扫描完毕，然后再扫描所有的偶数行。每次对奇数行和偶数行的扫描都生成一个场，两场组成一帧。标准 NTSC 制式电视的扫描模式为每秒 60 场，相当于每秒 30 帧。

internal focus（I-F）lens 内部聚焦镜头　不必让镜头的前部进行伸缩和转动即可聚焦的一种 ENG/EFP 摄像机镜头机制。

in-the-can 已完成拍摄　从电影领域借用的一个术语。原指拍摄完毕存在胶片盒里的底片（字面意思即"在盒里"）。现在指录制完成的电视节目——节目已存储，可以随时用于播出。

intraframe compression 帧内压缩　寻找和消除每一帧里多余像素的一种压缩方式。

inverse square law 平方反比定律　光线强度从光源的方向以 $1/d^2$ 的比率衰减，d 指距光源的距离。即光线强度随着距光源距离的增加而减少。该定律只适用于各向同性（在各个方向上均匀分布）光源，而对有部分光束集中（汇聚）的光源无效，比如来自菲涅耳灯或椭圆形聚光灯的光线。

ips 英寸/每秒（inches per second）的缩写。磁带速度的一种指示。

iris 光圈　控制通过镜头的光量的一个可调节镜头开口。也称作光阑（diaphragm）或镜头光阑（lens diaphragm）。

iso camera 独立摄像机（isolated camera）的缩写。独立摄像机能将信息传入切换台和与自身相连的独立录像机。

jack 插座/支架　（1）插座或电话插头的插孔。（2）一种布景支架。

jib arm 小摇臂　类似于演播室摇臂。通过小摇臂，操作者可以让摄像机进行升高、降低和左右运动（向两侧移动），而在此过程中，摄像机同时还可以进行横摇和纵摇。

jogging 慢进　用录像机一帧一帧地向前走录像带。见 stop-motion 逐格拍摄。

JFEG　主要用于静态画面的一种视频压缩格式。由静止图像专家组（Joint Photographic Experts Group）开发研制。

jump cut 跳切　（1）在主体一致而屏幕位置稍微不同的镜头间的剪接。（2）镜头间任何违反现有连续性的不连贯切换。

Kelvin（K）开　开尔文，色温单位。在布光中，它是色温的测量单位，用于测量白光的相对红度或蓝度。K 的数值越高，白光就越偏冷（蓝），K 的数值越低，白光就越偏暖（红）。

key 嵌入　一种电子特效。嵌入过程（keying）指利用电子信号将一个影像（通常是文字）嵌进一个不同的背景影像中。

key bus 嵌入总线　切换台上用于选择插入背景影像的视频素材的一排控制键。

key-level control 嵌入水平控制　调整嵌入的信号，使计划嵌入的标题显得更加明显和清晰的切换台控制键，也称为剪切控制器（clip control）或剪切器（clipper）。

key light 主光　照明的主要光源。

kicker light 轮廓光　从被拍摄物侧面和背面发出的、位置比较低的定向光。

kilobyte 千字节　1024 个字节（$2^{10}$ 个字节）。通常粗略地算作 1000 个字节。

kilowatt（kW）千瓦　1000 瓦特。

knee shot 膝全景　从大约膝部以上拍摄一个人的镜头。

Ku-band Ku 频带　一种高频率的频带，某些卫星用来专输和分配信号。Ku 频带的信号会受到大雨或大雪天气的影响。见 C-band C 频带。

kW　见 kilowatt 千瓦。

lag 拖尾　在低亮度水平下，跟随一个运动物体或摄像机穿过一个静止物体运动时发生的视频画面迟滞现象。

lap dissolve　见 dissolve 叠化。

lavalier microphone 领夹式话筒　可以夹在衣服上的小话筒。

layering 分层　合并两个或更多嵌入特效以达到一种更复杂的效果。

LCD　液晶显示器（liquid crystal display）的缩写。一种平板电视显示器，使用电荷激活液晶，这些液晶依次为每一个像素过滤白光中的颜色。

LD　照明指导（lighting director）的简称。

leader numbers 片头数字　在播放时用于精确提示录像带和电影的数字。数字以 1 秒的间隔从 10 闪到 3，有时会伴有短促的同步哔声。

leadroom 引导空间　人或物体朝屏幕一侧移动时前方留出的空间。见 noseroom 鼻前空间。

lens 镜头　光学镜头，将一个场景的光学（光线）影像投射到胶片或摄像机拾取装置前部表面上的必要设备。镜头有各种固定的焦距或可变动的焦距（变焦镜头）。不同镜头的最大光孔（光圈开口）也各不相同。

lens diaphragm 镜头光阑　见 iris 光圈。

lens prism 镜头棱镜　一种棱镜，在装备到摄像机镜头上时会产生特殊的效果，比如造成水平线的倾斜或创建多重影像。

**letterbox 信箱模式** 把全画幅 16×9 的影像放到 4×3 的屏幕中，并用横条遮挡上下视频边缘时出现的宽高比。见 pillarbox 邮筒模式。

**level 音量/电平** （1）音频：音量。（2）视频：信号强度（幅度）。

**libel 诽谤** 书面或电视播放形式的诽谤。

**lighting 照明** 为了给摄象机提供充足的灯光，以便在技术上获得令人满意的画面，为了使我们清楚地看到屏幕上的被摄物体，或者为了营造拍摄事件的整体氛围，而对光线和阴影进行的操纵。

**lighting triangle 三点布光法** 主光、背光和辅助光的三角形布局，也称为 triangle lighting。见 photographic lighting principle 摄影照明原理。

**light level 亮度级** 以勒克司或英尺烛光（fc）为单位进行测量的光线强度。见 foot-candle 英尺烛光和 lux 勒克司。

**lightness 明亮度** 见 brightness 亮度。

**light plot 灯光设计图** 平面图的一种，与演播室平面图相似，显示灯具的类型与大小（瓦特），它们同被照射场景的位置关系，以及光束的总体方向。

**light ratio 光比** 主光、背光和辅助光的相对强度。主光和背光之间的比率若为 1:1，意味着两个光源的强度相同。主光和辅助光之间的比率若为 1:1/2，意味着辅助光的强度只有主光的一半。因为光比会因为制作节目的不同而发生变化，所以并不固定。1:1:1/2 的主光、轮廓光、辅助光的光比，常常用于一般的三角照明。

**limbo 白背景** 具有朴素、浅色背景的任何布景区域。

**line 轴** 见 vector line 轴线。

**linear editing 线性剪辑** 使用磁带系统的模拟或数字剪辑。在镜头的选用上不是随机的。

**line monitor 线路监视器** 只显示正在播出的或录像带上的输出画面的监视器。也称为主监视器（master monitor）或节目监视器（program monitor）。

**line of conversation and action 对话和运动轴线** 见 vector line 轴线。

**line-out 线路输出** 传输最终播出的视频和音频信号的线路。

**line producer 执行制片人** 在拍摄现场监督每日的制作活动。

**lip-sync 对口型** 声音和嘴唇动作的同步。

**live recording 现场录制** 不间断的录制某个现场事件，以供之后对此事件进行不加剪辑的播放。以前被称为磁带现场（live-on-tape）。现场录制会用到所有的录制器材。

**location sketch 现场草图** 实况转播现场的草图。对于内景现场来说，草图要显示房间的大小、家具和窗户的位置；对于外景现场来说，草图要包括建筑物、转播车、电源和播出时太阳的位置。

**location survey 场地评估** 对现场拍摄场地的制作需求所做的书面评估，通常采用核对表的形式。

**locking-in 同步想象** 一种特别逼真的心理影像，产生于脚本分析的过程中，决定了随后的视觉图像及其顺序，往往是视觉上的或听觉上的。

**lockup time 上锁时间** 录像机在录像带启动后让画面和声音保持稳定所需的时间。

log 工作日志　重要的操作记录，是针对特定日期播出的每个节目列出的精确到秒的列表。内容包括节目的来源、预定节目时间、节目长度、视频和音频信息、编号（比如内部编码、节目名称、节目类型以及附加栏目信息等。

long-focal-length 长焦镜头　见 narrow-angle lens 窄角镜头。

long shot（LS）远景　显示远处被拍摄物或构图较松的镜头。也被称为定场镜头（establishing shot）或全景镜头（full shot）。

lossless compression 无损压缩　在储存和传送的时候重新排列但不丢弃像素的压缩形式。见 compression 压缩。

lossy compression 有损压缩　在压缩时丢弃多余像素的压缩形式。大多数压缩方式都是有损类型的。见 compression 压缩。

low-angle dolly 低角度移动　利用移动车和低支座，把摄像机安放在很低的位置，从而拍摄低角度的镜头。

low-key 低调　场景中背景很暗，只对选择性区域进行照明的布光效果。与主光的垂直定位无关。

low-Z 低阻抗　见 impedance 阻抗。

LS　见 long shot 远景。

lumen 流明　光量单位。1 流明相当于 1 支蜡烛的光强度（光源发出的光线在各个方向均相同）。

luminaire 照明设备　表示照明仪器的技术术语。

luminance 照度　是视频信号的测量亮度（黑白）信息亮度还原。也被称为 Y 信号（Y signal）。

luminance channel 亮度信道　在彩色摄像机内处理亮度变化，使之产生能为黑白电视机所接收的信号的单独信道。亮度信号通常以电子的方式从色度信号导出。也被称为 Y 信道（Y channel）。

luminant 发光体　产生光的灯，或光源。

lux 勒克司　欧洲测量光强度的标准单位：1 勒克司相当于 1 流明（1 烛光）落在距离光源一米的一平方米表面上的光线量。10.75 勒克司 =1 英尺烛光。通常将 10 勒克司看作 1 英尺烛光。见 foot-candle（fc）英尺烛光。

macro position 微距位置　一种镜头设置，在此设置下，镜头可以在离对象非常近的距离内对焦。用于拍摄小物体的特写镜头。

makeup 化妆品　用于美化、改善或改变容貌的用品。

master control 主控室　所有电视转播的神经中枢。控制播出节目的输入、存储以及检索，同时对所有节目内容的技术质量进行监控。

master monitor 主监视器　见 line monitor 线路监视器。

matte key 遮罩嵌入　嵌入（电子方式切入）标题，其文字通常用灰色阴影或特定色彩填充。

MCU　近景。

MD　见 mini disc 迷你光盘。

M/E bus M/E 总线　混合 / 特效总线（mix/effects bus）的缩写形式。用于实现混合或特效功能的一排按键。

medium requirements 媒介条件　指生产设定过程信息所需的所有的内容元素、制作设备和人员。

medium shot（MS）中景　显示中等距离处被拍摄物

的镜头，是全景与近景之间的画面。也被称为半身镜头（waist shot）。

**megabyte 兆字节** 1 048 576 个字节（$2^{20}$ 个字节）。通常粗略算成 100 万个字节。

**megapixel 百万像素** 包含一百万像素的 CCD 或数字影像。像素的数值越高，图像的分辨率也就越高。通常用于标示数码照相机的质量等级。

**mental map 心理地图** 告诉观众事件在或理应在屏幕内、外哪个位置发生。见 closure 补足。

**mic** 麦克风（microphore）的缩写。

**microwave relay 微波中继** 从转播现场到电视台和传送器的传输方法，涉及多个微波单元的使用。

**MIDI** 见 musical instrument digital interface 乐器数字接口。

**mini-cassette 迷你盒式磁带** 用于数字摄像机的小型 1/4 英寸（$2^{1}/_{2}$ × $1^{5}/_{8}$ 英寸或 65mm × 47mm）盒式磁带。可以以标准录制速度录制一小时的节目内容。

**mini disc（MD）迷你光盘** $2^{1}/_{2}$ 英寸宽度的光盘，可存储 1 小时 CD 质量的音频。

**mini-link 微型连接** 几路微波装置连接在一起，将视频和音频信号越过障碍物传送到目的地（通常是电视台或传送器）的方式。

**minimum object distance（MOD）最近对焦距离** 摄影机与被摄物最接近而又能清楚地对焦的那个距离。

**mix bus 混音总线 / 混合总线** （1）音频：混音总线。用于声音信号的混合信道。混音总线将来自几个声源的声音合并到一起，产生混合的声音信号。（2）视频：混合总线。位于切换台上的一排按钮，允许视频素材的混合，比如叠化和叠印。

**mixdown 混录** 在录音带或录像带的单一或立体声轨道上进行最终音轨组合。

**mix/effects bus 混合 / 特效总线** 见 M/E bus M/E 总线。

**mixing 混音 / 混合** （1）音频：混音。依据事件（节目）情境将两个或更多的声音以特定的比例（音量变化）进行组合。（2）视频：混合。通过切换台实现叠印或叠化。

**mix-minus 混音减音** 一种多音频输出类型，进行输出时，正被录制的音频部分会被省略掉。例如向管弦乐采集现场输出声音时，会省略掉正被录制的独奏乐器的声音。也指为某些节目提供反馈时，会省略掉正在接受反馈的音源提供的声音。

**mm 毫米** 1 米的千分之一。25.4mm 等于 1 英寸。

**MOD** 见 minimum object distance 最近对焦距离。

**moiré effect 莫尔效应** 当某一设计的窄条纹反差较大而干扰电视系统的扫描行时，出现的色彩颤动现象。

**monitor 监听器 / 监视器** （1）音频：指独立于输出线路传送节目声音的扬声器。（2）视频：指在演播室及控制室中使用的高级电视机，不能接收电视播出信号。

**monochrome 单色** 一种颜色。在电视中指只读出亮度的各种级别并产生黑白画面的摄像机或监视器。

**monopod 单脚架** 安装摄像机的单脚支撑杆。

**montage 蒙太奇** 两个或更多看似不相关的镜头的并置，结合形成更大、更有强度的整体——一种新的格式塔（gestalt）。

mounting head 云台　一种将摄像机连接到三脚架或演播室机座上的装置。可以帮助摄像机实现更加平滑的纵摇和横摇运动。也被称为万向云台（pan-and-tilt head）。

motion vector 运动矢量　由实际运动的物体，或感觉在屏幕上运动的物体产生的方向感。

moving-coil microphone 移动线圈话筒　见 dynamic microphone 动圈式话筒。

MP3　一种被广泛运用于数字音频的压缩格式。大多数网络传播的音频文件都使用 MP3 格式。

MPEG　用于运动图像的一种压缩技术，由运动图像专家组（Moving Picture Experts Group）开发研制。

MPEG-2　运动视频的标准压缩格式。

MPEG-4　网络视频流的标准压缩格式。

MS　见 medium shot 中景。

multicamera directing 多机执导　同时协调两台或两台以上的摄像机进行实时剪辑（切换）。也被称为控制室执导（control room directing）。

multiple-microphone interference 多话筒干扰　因采用彼此靠近的两个相同的话筒，在同一条磁带上记录同一个声源，而造成的某些声音频率的抵消。

multiple-source editing system 多素材源剪辑系统　有两台或更多素材 VTR 的剪辑系统。

musical instrument digital interface（MIDI）乐器数字接口　使各种数字音频设备和计算机得以连接和交互的标准化协议。

NAB　全国（美国）广播工作者协会（National Association of Broadcasters）的缩写。

NABET　全国广播雇员和技师协会（National Association of Broadcast Employees and Technicians）的缩写。是演播室和总控工程师的行业联盟，可以包括演播室工作人员。

narrow-angle lens 窄角镜头　用于拍摄距离摄像机位置较远事件的特写的镜头。也被称为长焦镜头（long focal-length）或远摄镜头（telephoto lens）。

ND filter　见 neutral density filter 中灰滤镜。

neutral density（ND）filter 中灰滤镜　减少入射光量但不破坏场景色彩的一种滤镜。

news production personnel 新闻制作人员　专职负责新闻、纪录片和特别事件拍摄制作的人员。

noise 噪音／噪波　（1）音频：干扰所要声音的杂音，或音频设备的电流产生的不可避免的嘶嘶声和嗡嗡声。（2）视频：像"雪花"一样的电子干扰。

non-drop frame mode 无掉帧模式　一种视频录制模式，在此模式下，实际帧数和经过的时钟时间的轻微差别会被 SMPTE 时间码忽略掉。

NLE　见 nonlinear editing 非线性剪辑。

nonlinear editing（NLE）非线性剪辑　允许即时随机访问镜头和镜头序列，并能轻松进行镜头的重新排列。音视频信息以数字形式存储在计算机硬盘或可读写光盘上。

nontechnical production personnel 非技术性制作人员　主要关注从基本创意到最终屏幕影像中的非技术性制作事务的人员。

normal lens 标准镜头　焦距同正常视觉空间关系接近的定焦镜头或变焦位置。

noseroom 鼻前空间　一个人看向或指向屏幕边缘时，在他的前面留下的空间。见 leadroom 引导空间。

NTSC　国家电视系统委员会（National Television System Committee）的缩写。通常用于标示电视合成信号。包括合成的色度信息（红、绿和蓝信号）和亮度信息（黑白信号）。见 composite system 合成系统。

NTSC signal NTSC 信号　见 composite system 合成系统。

off-line editing 离线剪辑　在线性剪辑中，用于制作剪辑决策清单或不打算用于播出的录像带。在非线性剪辑中，选定的镜头会按低分辨率进行采集，从而节省电脑的存储空间。

omnidirectional 全向性拾音模式　话筒可以等效地从各个方向拾取声音的拾音模式。

on-line editing 在线剪辑　在线性剪辑中，利用在线剪辑制作以播出或节目复制为目的的高品质剪辑母带。在非线性剪辑中，在线剪辑指以高分辨率重新采集所选镜头。

operating light level 操作亮度级　摄像机产生视频信号所需的光量。对大部分高端摄像机而言，当光圈开到某一档，比如 f/8 时，仍需要 100 到 250 英尺烛光的照明来获得最佳表现。也被称为基础光级（baselight level）。

optical disc 光盘　通过激光束记录和读取信息的一种数字储存装置。

O/S　见 over-the-shoulder shot 过肩镜头。

oscilloscope 示波器　见 waveform monitor 波形监视器。

over-the-shoulder shot（O/S）过肩镜头　摄像机越过某人的肩膀（此人的肩和后脑勺应在镜头之内）拍摄另一人。

PA　制片助理（production assistant）的缩写形式。

P. A.　公共扩音系统（public address）的缩写形式，一种扬声器系统。也被称为演播室喊话器（studio talkback）或演播室扩音（studio address，缩写 S. A.）系统。

pace 节奏　人们感觉上的节目或节目片段的持续时间。主观时间的一部分。

pan 横摇　沿水平方向转动摄像机。

pan-and-tilt head 万向云台　见 camera mounting head 云台。

pancake 粉饼　见 cake 粉饼。

pan-stick 粉底条　化妆时用来打底的油脂，用来遮掩胡子茬或突出的皮肤瑕疵。

pantograph 伸缩架　用于照明器材的可伸缩的悬挂装置。

paper-and-pencil editing 纸笔剪辑　检验视窗复制的低质量（VHS）素材带，并通过为每个所选的镜头写下剪辑入点和出点，创建初步剪辑决策清单的过程。也被称为纸剪辑（paper editing）。

PAR（parabolic aluminized reflector）lamp PAR（镀铝抛物面反光碗）灯　见 clip light 夹灯。

parabolic reflector microphone 抛物面反射话筒　一种小型碟形接收器，话筒位于抛物面碟的中央，用于远距离声音的拾取。

partial two-column A/V script 不完整的声画分栏脚本　这种格式的剧本并不完全把节目对话写出来，而只有提要。见 two-column A/V script 声画分栏脚本。

patchbay 接线架　见 patchboard 接线板。

patchboard 接线板　将各种输入线路与特定输出线路相连的一种设备，也称作接线架（patchbay）或接插板（patch panel）。

pattern projector 图案投影仪　内含影阴模版的椭圆形聚光灯，它将模版的形状投射成阴影。

peak program meter（PPM）峰值音量表　在调音台上测量音量大小的仪表。对音量峰值特别敏感，能显示音量是否超负荷。

pedestal 摄像机机座／机座升降／基准黑　（1）在拍摄时可以升降摄像机的重型移动摄像车。（2）运用演播室摄像机机座升降摄像机。（3）电视画面黑电平，可以对照波形监视器上的标准进行调节。

pencil mic 铅笔话筒　小型枪式电容式话筒，通常安装在录音吊杆上。它的话筒头可在全向性或心形拾音模式之间更换。

perambulator boom 移动车吊杆　固定演播室话筒的一种工具。包括一个延伸装置或吊杆，安装在移动车上，也被称为"巡视者"（perambulator），能够快速并安静地到达演播室内的任何地方。也被称为大型吊杆（big boom）。

performer 演出者　指出现在非戏剧性节目的摄像机前的人，他们扮演的就是自己，而不是其他人。

peraktos 三面柱景片　安装在一个旋转基座上、能转动的三角形景片。

phantom power 幻路供电　为电容式话筒中的先期放大器供电，由调音台而非电池提供。

phone plug 电话插头　最常用于音频接线两头的 1/4 英寸大小的插头。这些插头也用关短距离传输各种乐器，比如电吉他或键盘的声音信号。

photographic lighting principle 摄影照明原理　主光、背光和辅助光的三角安排：背光对着摄像机，位于被拍摄物的正背面；主光和辅助光位于摄像机的两侧，在被拍摄物的前面和侧面。这一原理又被称为三点布光法（triangle lighting）。

pickup 拾取／补拍　（1）用话筒进行声音的接收。（2）为后期剪辑而进行的某个场景的重拍部分。

pickup pattern 拾音模式　指话筒周围某个区域，在此区域中话筒能"听得同样清楚"，也就是说，具有最佳的拾音效果。

picture element 图像元素　见 pixel 像素。

pillarbox 邮筒模式　用黑条遮挡屏幕左右边缘，从而让 4×3 的画面适应 16×9 的屏幕。见 letterbox 信箱模式。

pipe grid 钢管架　安装在演播室上方用以支撑照明器材的重型钢管。

pixel 像素　（1）图像元素（picture element）的简称。指能够用计算机识别的单一的成像元素（像报纸图片上的一个点）。像素越多，画面质量越高。（2）CCD 上包含电荷的感光元件。

P.L. 专线　专用线路（private line）或电话线（phone line）的缩写，是电视制作过程中的主要内部通话设备。

plasma display 等离子显示器　一种平板电视显示器，

其 RGB 像素由特殊的气体激活。

**playhead 播放指针** 在非线性剪辑中，可以用鼠标拖动它到达时间线搓擦条的任意位置，可以帮助在片段或序列中定位某一帧画面。

**play VTR 播放录像机** 见 source VTR 素材录像机。

**plot 构思** 对故事从一个事件发展到下一个事件的发展方式的设想。

**point of view（POW）视点** 从某个特定角色的角度观察事物。可以给导演如何摆放摄像机提供依据。

**polar pattern 极性图** 话筒拾音模式的二维表现。

**polarity reversal 两极反转** 灰度的反转。画面里的白区域变成了黑色，黑区域变成了白色。彩色两极反转的结果是原色彩的补色。

**pop filter 防喷罩** 话筒前面的球形附件（既可是永久的，也可是可拆卸的），用于过滤突然的气流爆破声，比如直接传进话筒的爆破音辅音（如 p、t、k 等发音）。

**ports 槽 / 接口** （1）话筒内帮助获得特殊拾音曲线和频率响应的槽。（2）计算机上用于连接外围硬件的接口。

**posterization 海报效果** 将各种亮度的值减少到只剩少许（通常为 3 到 4），使影像产生单调的、像海报一样的视觉效果。

**postproduction 后期制作** 发生在拍摄阶段之后的任何制作活动。通常指视频剪辑或音频润色（对录制声音的各种调整）。

**postproduction editing 后期剪辑** 在实际拍摄完成后对已录制素材的组合。

**pot** 电位器（potentiometer）的缩写形式。控制音量的一个仪器。

**POV** 见 point of view 视点。

**PPM** 见 peak program meter 峰值音量表。

**preamp 先期放大器** 先期放大器（preamplifier）的缩写。在电子信号获得进一步处理（操控）和放大到正常信号强度之前，将话筒或摄像机拾取装置产生的弱电子信号予以增强的一种装置。

**preproduction 前期筹备** 所有制作细节的准备工作。

**preroll 预卷** 在进入播放或录制模式之前启动录像带并卷动几秒钟，以使电子系统有时间稳定下来。

**preset background 预设背景** 见 preview/preset bus 预览 / 预设总线。

**preset monitor（PST）预设监视器** 在将某镜头或特效插入播出线路前对其进行预览的仪器。通过切（CUT）按钮，便可以激活它的输送。和预览监视器（preview monitor）相似或相同。

**pressure zone microphone（PZM）压力区话筒** 见 boundary microphone 区域话筒。

**preview/preset bus 预览 / 预设总线** 切换台上用来选择将要出现的视频（预设功能），并将它输往独立于线路输出视频的预览监视器（预览功能）的一排键。也被称为预设 / 背景总线（preset/background bus）。

**preview（P/V）monitor 预览监视器** （1）除线路监视器（主监视器）和非播出监视器之外的任何一台用于显示视频信号的监视器。（2）一种彩色监视器，用于为导演显示接下来的镜头中将要使用的画面。

prime lens 定焦镜头　见 fixed-focal-length lens 固定焦距镜头。

prism block 棱镜块　见 beam splitter 分光器。

process message 进程信息　观众在观看电视节目的过程中实际接收到的信息。

producer 制片人　电视节目的创作者和组织者。

production 制作　指一个事件得以被录制和（或）电视播出的实际摄录活动。

production schedule 创作日程表　关于项目进度的日程表，包括时间、地点、各人员分工，涵盖前期筹备、拍摄阶段和后期制作三个阶段。

production switcher 制作切换台　安放在演播室主控制室或转播车里，用于即时剪辑的切换台。

program 节目 / 程序　（1）指某个具体的电视节目。（2）为了完成既定任务，而采用的一种以特定计算机语言编码的指令序列。

program background 节目背景　见 program bus 节目总线。

program bus 节目总线　切换台上的总线。其输入会直接切到线路输出上。可实现仅切切换。也被称为直接总线（direct bus）或节目 / 背景总线（program/background bus）。

program monitor 节目监视器　见 line monitor 线路监视器。

program proposal 节目提案　对过程信息和电视节目主要内容进行概括的书面文本。

program speaker 节目扬声器　在控制室中传送节目声音的扬声器。可以在不影响实际节目信号输出的情况下调节其音量。又被称为监听器（audio monitor）。

progressive scanning 逐行扫描　在这个系统中，光束按下面的顺序进行扫描：先是第 1 行，然后是第 2 行，接着是第 3 行，以此类推，直到所有的行都扫描完毕，然后再跳回扫描的起点重新扫描所有的行。

project panel 项目面板　在非线性剪辑系统中，存储所有音视频素材的一个文件夹。也被称为浏览窗口（browser）或素材库（clips bin）。

props　道具（properties）的缩写形式。用于布景装饰和由演员或表演者使用的家具和其他物品。

PSA　公益广告（public service announcement）的缩写。

PST　见 preset monitor 预设监视器。

psychographics 消费心理调查　针对消费习惯、价值观和生活方式等因素做的受众调查。

psychological closure 心理补足　见 closure 补足。

pulse-count system 脉冲计数系统　见 control track system 控制磁迹系统。

P/V　见 preview monitor 预览监视器。

pylon 三角柱　三角形的景片，和立柱相似。

PZM　压力区话筒（pressure zone microphone）的缩写形式。见 boundary microphone 区域话筒。

quad-split 四分式画面分屏　一种切换台功能，可以将屏幕分成四个区域，并以不同影像分别填充各部分。

**quantization 量化** 见 quantizing 量化。

**quantizing 量化** 模拟信号数字化过程中的一个步骤。即将采样的点转化成离散值。也被称为 quantization。

**quartz 石英灯** 一种能产生高强度光的白炽灯，它有石英或硅外壳（代替普通的玻璃外壳），内部装有钨丝和卤素气体，能产生出色温（3200K）稳定的极亮的光。也被称为卤钨（tungsten-halogen，缩写 TH）灯。见 tungsten-halogen（TH）卤钨灯。

**quick-release plate 快装板** 用来把摄录机和电子新闻采集/电子现场制作摄像机固定在云台上的安装板。

**rack focus 移焦** 将焦点从靠近摄像机的一个物体或人身上调整到远离摄像机的物体或人的身上，反之亦然。

**radio frequency（RF）射频** 被分成各种频道的无线电频率。在射频分送中，视频信号和音频信号会叠加在射频载波上。通常称为 RF。

**radio mic 无线电话筒** 见 wireless microphone 无线话筒。

**range extender 焦距延长器** 变焦镜头上帮助延长焦距的光学辅助装置，也被称为增距器（extender）。

**rating 收视率** 收看特定电视节目的电视用户数量在电视机用户总量中所占的百分比。见 share 收视份额。

**RCA phono RCA 插头** 家用设备上的视频和音频接头。

**RCU** 见 remote control unit 遥控装置。

**rear projection（R. P.）背面投影** 从背面将影像投到半透明屏幕上，从前面拍摄。

**record VTR 录制录像机** 将素材录像机提供的节目片段剪辑成最终剪辑母带的带式录像机，也被称为剪辑录像机（edit VTR）。

**reel-to-reel 轴到轴录音机** 经过录音机磁头将磁带从一个轴（供带轴）传送到另一个轴（收带轴）的磁带录音机。

**reference black 基准黑** 布景中最黑的元素，用作摄像机画面黑电平（光束）调整的参考。

**reference white 基准白** 布景中最亮的元素，用作摄像机画面白电平（光束）调节的参考。

**reflected light 反射光** 从被照射的物体上反射回来的光。反射光读数用测光表测量。测光时，将测光表靠近被照射的物体。

**refresh rate 刷新率** 每秒完整数字扫描循环（帧）的次数。见 frame 帧。

**remote 实况转播** 见 big remote 大型实况转播。

**remote control unit（RCU）遥控装置** （1）从 CCU 中分离出来的 CCU 控制装置。（2）由电子现场制作摄像机带进现场的小型便携式 CCU。见 camera control unit（CCU）摄像机控制器。

**remote survey 转播现场调查** 在前期筹备阶段中对摄制场所和事件进行的调查。也被称为现场调查（site survey）。

**remote truck 实况转播车** 装有节目控制设备、声音控制设备、录制和实时回放设备、技术设备以及传送设备的大型拖车。

**resolution 分辨率** 对图像细节的测量单位。以每个扫描行所含的像素数以及可见扫描行的总数来表述。分辨率受成像装置、镜头以及显示画面的电视机的影响。

通常作为清晰度（definition）一词的同义词使用。

reverberation 混响　在声源停止振动后声音从多个表面的反射。通常用来使录音棚录制的沉闷声音变得生动。见 echo 回声。

RF　见 radio frequency 射频。

RF mic 射频话筒　见 wireless microphone 无线话筒。

RGB 红绿蓝　三种电视基本色——红、绿和蓝的缩写。

RGB component system 三原色分量系统　在整个录制和存储过程中保持红、绿、蓝（RGB）信号保持分离状态并由三条线分别予以传送的模拟视频录制系统。

ribbon microphone 带式话筒　其声音拾取装置由随着声场内声压变化而振动的带子构成的话筒。也称为振速话筒（velocity mic）。

riser 升降台／立柜　（1）小型平台。（2）支撑平台水平上部的垂直框架。

robotic 智能机座　见 robot pedestal 自动机座。

robot pedestal 自动机座　由马达驱动的演播室机座和云台。机座和云台由能够储存和执行多种摄像机动作的计算机系统来操纵。也被称作智能机座（robotic）。

roll 滚动／开录　（1）图形（通常是演职人员表）慢慢在屏幕上面移动。另见 crawl 移动字幕。（2）启动录像机的指令。

rough-cut 粗剪　按大致的顺序和长度进行的第一次尝试性的镜头排列组合。通过离线剪辑完成。

R.P.　见 rear projection 背面投影。

rundown sheet 浏览表　见 fact sheet 详情单。

running time 播出时长　一个节目或节目片段的长度。

runout signal 片尾信号　在每个录像带录制结束时所录的几秒钟黑场。目的是保持屏幕黑场以利于视频切换或剪辑。

run-through 排练　排练。

S. A.　演播室扩音系统（studio address）的简写。扬声器系统。见 studio talkback 演播室喊话器。

safe area 安全区域　见 essential area 基本区域。

safe title area 安全字幕区域　见 essential area 基本区域。

sampling 采样　从模拟电子信号中读取（选择和记录）大量同等间隔的微小部分（样本值），以便转换到数字编码的过程。

saturation 饱和度　对色彩浓度和强度的色彩属性描述。

scanning 扫描　电子光束在电视屏幕上从上至下、从左到右的运动。

scanning area 扫描区域　摄像机拾取装置扫描的画面区域，通常可以在摄像机取景器和预览监视器中看到。

scene 场景　通常在一个单独的地点和时间段内形成的有机单元的事件细节。一系列描绘这些事件细节的相关有机镜头。

scenery 布景　模仿某个特定环境的背景布景屏和其他部件（如窗户、门、立柱）。

schedule time 节目表时间　节目开始和结束的时间。

scoop 勺形灯　形状像勺子一样的泛光灯。

scrim 柔光纸／柔光布　（1）照明：一种玻璃纤维纸，放在灯具前增加光线的散射效果或使光线强度变柔和。（2）布景：松散编制的布帘，挂在环幕背景前面，用于散射灯光，从而制造出柔和均匀的背景照明。

script 脚本　一种书面文档，告诉你节目是什么样，谁在其中说了什么，会发生什么事，以及观众应该怎样看到和听到这些事。

script marking 脚本标记　导演在脚本上所做的表明主要指令的记号。

scrubber bar 搓擦条　帮助播放指针在剪辑素材或序列中移动，以定位某一帧。

SDTV　标准数字电视。

secondary frame effect 二级画面特效　屏幕显示几个影像的视觉效果，每个影像都清楚地包含在它自己的画框内。

SEG　（1）影视临时演员工会（Screen Extras Guild）的缩写，一个演员工会。（2）见 special-effects generator 特效生成器。

selective focus 选择性聚焦　在使前景和（或）背景不进入焦点范围的同时，通过聚焦来突出浅景深中的物体。

sensor 传感器　视频摄像机中的 CCD 或 CMOS 成像装置。

sequencing 序列化　在剪辑过程中控制和构建镜头序列。

servo zoom control 伺服变焦控制装置　启动马达驱动机制的变焦控制装置。

set 场景布置　对布景和道具的安排，从而暗示某个节目的地点和情绪。

set light 布景光　见 background light 背景光。

set module 布景组件　大小匹配的一系列墙面和三维布景物件，有垂直的、水平的，也可以以各种形式组合使用。

shader 视频师　见 video operator（VO）视频操作员。

shading 调光　调整画面的对比度，直到达到理想的对比范围；控制色彩和黑白电平。

share 收视份额　收看特定电视节目的用户数量占正在收看电视的观众的总人数百分比。也就是说，后者统计的是同一时段所有电视机都开着的用户。见 rating 收视率。

shooter 摄像师　ENG/EFP 摄像机操作员。有时在电子现场制作中也被称为摄影指导（director of photography，缩写 DP）。

shot 镜头　视频和电影当中最小的便于操作的单位，通常是两次画面切换之间的间隔部分。在电影中也可指某个具体的摄像机设置。

shot list 分镜头列表　见 shot sheet 分镜头表。

shot sheet 分镜头表　某台摄像机所要拍摄的每个镜头的列表，它与摄像机一起使用，可以帮助摄像师记住拍摄镜头的顺序。也被称为分镜头列表（shot list）。

shotgun microphone 枪式话筒　用于拾取远距离声音的一种高度指向性话筒。

show format 节目一览　按照播放顺序列出节目的主要内容，常常用于惯常的节目，如日播的游戏节目或采访节目。

shuttle 画面飞梭　使录像带快进快退，从而定位到某个特定的录像带位置（镜头）。

side light 侧光　通常为来自被拍摄物侧面的定向光，起辅助光或第二主光的作用，可产生轮廓。

signal processing 信号处理　对视频信号的电子调整或纠正，以确保画面的稳定或色彩的增强。通常依靠数字设备完成。

signal-to-noise (S/N) ratio 信噪比　预定信号强度同伴生电子干扰（噪音）之间的关系。高信噪比是比较理想的（噪音弱，画面或音频信号强）。

silhouette lighting 剪影照明　未被照亮的物体或人处于明亮背景前面。

single-camera directing 单机执导　为单机拍摄使用的导演方法。在数字电影当中，可指在拍摄同一动作的时候，先拍远景镜头，然后再转变为中景镜头和特写镜头。也称为电影风格拍摄（film-style shooting）。

single-column drama script 单栏剧情片脚本　用于剧情电视和电影的传统剧本格式，所有的对话和动作提示都写在同一栏中。

single-source editing system 单素材源剪辑系统　只有一台素材录像机的基本剪辑系统。也被称为仅切剪辑系统（cuts-only editing system）。

site survey 现场调查　见 remote survey 转播现场调查。

slander 诽谤　口头中伤。

slant-track 倾斜磁迹　见 helical scan 螺旋扫描。

slate 场记板　（1）为各录像片段做的图示和（或）口头说明。（2）写有主要制作信息的一块小黑板或白板。录在每次拍摄的开头。

slide fader 滑动式音量控制器　见 fader 音量控制器。

sliding rod 滑动杆　支撑照明器材并能移动到各种垂直位置的钢管，靠一只改进的 C 形夹夹在照明吊杆上。

slow lens 慢镜头　光圈开到最大时也只能让少量光进入（光圈的最小 f 值相对较高）的镜头。只能在光线条件好的场景下使用。

SMPTE/EBU time code SMPTE/EBU 时间码　电影与电视工程师协会（Society of Motion Picture and Television Engineers）/ 欧洲广播联盟（European Broadcasting Union）时间码的简称。录在录像带提示轨道、地址轨道或一条多轨录音带轨道上的电子信号，为每帧提供特定的时间地址。时间码阅读器可以将这些信号翻译为对应某一帧的某个特别的数字（小时、分钟、秒和帧数）。

S/N　见 signal-to-noise ratio 信噪比。

snow 雪花　电子画面干扰。像雪花一样的屏幕效果。

softlight 柔光灯　可产生极端漫射光的电视泛光灯。

soft wipe 软划像　两个影像之间的分界线被柔化而使影像互相渗透的切换效果。

solarization 负片效果　通过画面的剪极反转产生的特效。在黑白影像中，有时会在正负影像区域的相交处形成细黑线。在彩色影像中，这种反转能够产生原画面补色的组合。

SOS 声源声音（sound on source）的缩写。同时播放视频的画面和声音。正式的名称是 SOT（磁带声音）。

SOT 磁带声音（sound on tape）的缩写。同时播放录像带的画面和声音。见 SOS。

sound bite 原声片段 某人在镜头前陈述的简短部分。

sound perspective 声音透视 远距离的声音与远景镜头相匹配，近距离的声音与特写镜头相匹配。

source media 素材媒介 存储有录制素材的介质（磁带、硬盘、光盘、闪存记忆卡）。

source tape 素材带 录有原始摄像素材的录像带。

source VTR 素材录像机 为录制录像机剪辑提供节目片段的录像机，也被称为播放录像机（play VTR）。

special-effects controls 特效控制器 在切换台上用于操控特效的按钮组。包括用于特定划像图案、位置操纵、数字视频特效、色彩和抠像的按钮。

special-effects generator（SEG）特效生成器 切换台上内置的一种可制作划像和嵌入等特殊效果的影像生成器。

spiking 位置标记 在演播室地板上用粉笔或大力胶标记的位置，用于帮助出镜人、摄像机和场景进行精确的位置定位。

split edit 拆分剪辑 从技术上来说，镜头的音频会被相关的声音和解说所替代。在实际操作中，音频会在镜头之前出现，或者融入下一个镜头当中。观众会在看到下一个镜头之前先听见其声音，或者在下个镜头开始的时候，仍然能够听到上一个镜头的声音。

split intercom 分路耳机 见 double headset 双耳受话器。

split screen 分屏 通过在直接的划像完成之前将其打断，从而让多个影像同时出现的一种特效。因此屏幕所分割出来的每个部分，都能在自己的画框中展示不同的影像。

spotlight 聚光灯 能够产生边缘相当清晰的定向光而非漫射光的灯具。

spreader 伸展固定器 能保证平稳并将三脚架锁定在适当位置以防止支腿分开的三角形底座。

standard television（STV）标准电视 建立在 NTSC 扫描制式上的一种系统，拥有 525 个（其中 480 行可见）隔行扫描行。

stand-by 准备 在电视制作中，对于各种行为的预备指令。

star filter 星光镜 安装在镜头前面的一种滤镜，可将强光源变成星状的光束。

Steadicam 斯坦尼康 摄像机支架，其内置弹簧能在摄像师移动时保持摄像机稳定。

stick flash 闪存卡 见 flash memory device 闪存设备。

stock shot 资料镜头 一些常见事件的镜头，如云、暴风雨、交通、人群等，这些镜头可以在各种内容中重复使用。它们具有典型性。在资料镜头数据库中可以找到许多类似的镜头。

stop-motion 逐格运动 指从一帧跳到下一帧的一种慢动作效果，能让被摄物出现在不同的位置。见 jogging 慢进。

storyboard 故事板 一系列包含某事件视觉化关键点以及与之相关的音频信息的草图。

streaming 流式传输　一种以不间断数据流传递和接收数字音频或数字视频的传输方式，可以在传递的过程中观看和聆听音频或视频。见 downloading 下载。

strike 拆景　移走某个物品。在拍摄结束后，从演播室的地面上将场景和设备移走。

striped filter 条纹滤镜　安装在独立拾取装置（单独的芯片）前表面上，非常窄的垂直红、绿、蓝色条纹滤镜。它们能将进来的白光分离成三种原色光而不需要分光器的帮助。一些更有效果的滤镜会采用类似马赛克的图案而非条纹来分离光线。

strip light 条形灯　几个自给式灯泡呈条状排列，通常用于环幕或抠像区域内照明。也叫环形灯（cyc light）。

studio camera 演播室摄像机　装有大型变焦镜头的高质量摄像机，如果不借助摄像机机座或其他摄像机支具便难以操作。

studio monitor 演播室监视器　放在演播室的视频监视器，能够接入指定的视频源，通常是线路输出视频。

studio pan-and-tilt head 演播室万向云台　用于重型摄像机的摄像云台，可以进行特别平滑的横摇和纵摇运动。

studio talkback 演播室喊话器　连接控制室与演播室的扬声器，也被称为演播室扩音（studio address，缩写 S.A.）系统或公共扩音（public address，缩写 P.A.）系统。

STV　见 standard television 标准电视。

subtractive primary colors 减色法三原色　品红（偏蓝的红色）、青色（偏绿的蓝色）和黄色。当混合时，这些颜色彼此充当滤镜，会减去某些颜色。当所有三种颜色混合在一起时，它们会互相过滤并形成黑色。

super 叠印　叠印（superimposition）的简写形式。两个影像的重叠显现，其中处于下面的影像透过处于上面的影像显现出来。

supply reel 供带轴　提供胶片或磁带的轴，它将胶片或磁带输往收带轴。

surround sound 环绕声　通过在听者前面、后面，或在其前、后以及侧面放置扬声器，进而在听者周围形成的一个声场。

S-video S 端子　见 Y/C component system 亮度 / 色度分量系统。

sweep 环壁　弧形景片。相当于被劈成两半的一个立柱。

sweetening 声音润色　在后期制作中对声音质量进行的多样调整。

switcher 切换人员 / 切换台　（1）操作视频切换的技术人员（通常是技术指导）。（2）上有许多按键的一个台面，可通过各种过渡设备执行各种视频源的选择和组合，并创建电子特殊效果。

switching 切换台切换　借助于切换台，在节目或节目片段中从一个视频素材到另一个素材的转换。也称为实时剪辑（instantaneous editing）。

sync generator 同步发生器　摄像机系统中的一个部件，产生电子同步信号。

sync pulse 同步脉冲　能够将各种原始视频源（演播室摄像机或现场摄像机）和各种录制、处理和再现源（磁带、监视器和电视接收器）中的扫描同步的电子脉冲信号。见 control track 控制磁迹。

sync roll 同步滚动　在视频源之间切换时由于扫描暂时

失去同步性所导致的画面的垂直滚动。剪辑出现失误时，剪辑镜头的控制磁迹不匹配，也可能出现这一种现象。

**system microphone 系统话筒** 一种带有一个基座，可以在上面连接几个话筒头，进而改变其声音拾取特性的话筒。

**take 切 / 条数** （1）从一个视频素材切到另一个素材的指令性信号。（2）视频录制或电影拍摄过程中拍摄的任何一个相似的重复镜头。通常会为这些重复镜头标注一个数字。"好的一条"（good take）指成功地录制完成了一个镜头。"坏的一条"（bad take）指一次不成功的录制，需要另外再拍摄一次。

**takeup reel 收带轴** 从供带轴接受（收取）胶片或磁带的轴。必须和供带轴同样大小，以保持合适的拉力。

**talent 出镜人** 经常出现在电视镜头中的演员和主持人的统称。

**tally light 指示灯** 在摄像机上或取景器内的红灯，灯亮则表示摄像机正在传送信号。

**tape-based video recorder 磁带式录像机** 以录像带记录或存储信息（模拟的和数字的）的录像机。所有的磁带式录制系统都是线性的。

**tape cassette 盒式磁带** 见 cassette 盒式磁带。

**tapeless system 无磁带系统** 通过数字电子录制装置而非磁带来录制、存储和回放音视频信息的系统。

**tapeless video recorder 无磁带录像机** 所有将数字信息记录在非磁带介质之中的数字录像机。

**target audience 目标观众** 预先挑选的或期望其接收特定信息的观众。

**TBC** 见 time base corrector 时基校准器。

**TD** 技术指导（technical director）的缩写。

**technical production personnel 技术性制作人员** 操作制作设备的人。

**telephoto lens 远摄镜头** 见 narrow-angle lens 窄角镜头。

**teleprompter 提示器** 一种提词工具，可以把活动的台词（通常是由电脑生成的）投射到摄像机镜头前，从而让出镜人可以在阅读台词的同时仍保持与观众的眼神交流。也被称为自动提示器（auto-cue）。

**television system 电视系统** 指为制作某一特定节目所需的制作设备和操作人员。基本的电视系统由一台摄像机、一只话筒、一台电视机和扬声器组成。摄像机和话筒把画面与声音转换成电子信号；电视机与扬声器把信号转换回画面与声音。

**test tone 测试音** 调音台上产生的指示 0VU 音量水平的音调。0VU 的测试音会同彩条一起录制下来，为录制音量提供一个参照标准。

**theme 主题 / 主题音乐** （1）故事的核心及其基本思想。（2）节目开始和结尾的音乐。

**TH（tungsten-halogen）lamp 卤钨灯** 见 quartz 石英灯。

**threefold 三折景片** 用铰链连在一起的三片布景墙。

**three-shot 三人镜头** 对三个人进行构图的画面。

**tilt 纵摇** 将摄像机朝上或朝下。

**time base corrector（TBC）时基校准器** 协助录像机从电子上稳定地进行播放或传送的电子配件。

time code 时间码　为每个电视帧提供的特定地址（一串数字，显示磁带已经过的小时、分钟、秒和帧数）。见 SMPTE/EBU time code SMPTE/EBU 时间码。

time cues 时间提示　向出镜人提示节目所剩的时间长度。

timeline 时间表／时间线　（1）在节目摄制过程中，显示各种制作任务时间安排的计划表，比如召集组员、布置场景和摄影活等。（2）在非线性剪辑系统中，显示一个剪辑序列下所有视频和音频轨道，以及其中包含的剪辑片段。每条轨道都有独立的用于显示和操控这些片段的控制区域。

tongue 摇臂左右运动　通过移动摇臂或小摇臂使摄像机进行从左向右或从右向左的移动。

track 横移　摄像机长横向运动，truck 的另一种说法。

tracking 磁迹跟踪／横移　（1）对视频磁头进行电子调整，使其在播放时尽能与录制阶段的磁带相匹配。它能控制画面的偏移和错位，特别是当播放磁带的机器和录制磁带的机器不是同一台的时候。（2）truck 的另一种说法（摄像机向横向运动）。

transponder 收发机　卫星自带的接收器和传送器。

treatment 节目简述　对电视节目进行的简短叙述性描述。

triangle lighting 三点布光法　见 photographic lighting principle 摄影照明原理。

triaxial cable 同轴电缆　一条中心线被两层同心护套包裹的摄像机组电缆。

trim 修整／修剪　（1）音频：调整话筒或线路输入的信号强度。（2）视频：在剪辑时为镜头增加或缩减几

帧画面，从而拉长或缩短某个镜头；也指缩短所录制的故事的长度。

tripod 三脚架　一个有三条腿的摄像机支撑装置，通常为了操作方便而与移动拍摄车相连。

truck 横移　通过移动摄像支架横向移动摄像机。也被称为 track。

tungsten-halogen（TH）卤钨灯　用在石英灯里的灯丝。钨本身就是细丝。卤素是封闭在石英灯罩里围绕着细丝的像气体一样的物质。见 quartz 石英灯。

two-column A/V script 声画分栏脚本　传统电视节目脚本格式，画面信息写在页面的左边，声音信息写在页面的右边。应用于多种电视脚本写作中，比如纪录片和广告。也被称为声画脚本（audio/video format，缩写 A/V format）。

twofold 两折景片　用铰链连在一起的两片布景墙。也被称为书式景片（book）。

two-shot 双人镜头　对两个人进行构图的画面。

unbalanced mic or line 不平衡话筒或电缆　具有两条输出电线的非专业话筒：一条传送音频信号，另一条作为地线。易受嗡嗡声和电子干扰的影响。

unidirectional 指向性拾音模式　拾取前面的声音比拾取两侧和后面的声音更好的一种拾音模式。

uplink 上传线路　地面站发送器，用于将视频和音频信号传送到卫星上。

uplink truck 上传车　将视频和音频信号发送到卫星上的卡车。

variable-focal-length lens 可变焦距镜头　见 zoom lens

变焦镜头。

**vector 矢量**　指一种具有方向和大小的可感知的拉力，包括图形矢量、指引矢量和运动矢量。见 graphic vector 图形矢量，index vector 指引矢量和 motion vector 运动矢量。

**vector line 轴线**　彼此面对的两个人或通过向特定方向做明显运动而建立的明显的方向线。也被称为轴（line）、对话和运动轴线（line of conversation and action），以及 180 度线（hundredeighty）。

**vector scope 矢量显示器**　在电视摄像机里调整色彩的一个测试工具。

**velocity mic 振速话筒**　见 ribbon microphone 带式话筒。

**vertical blanking 垂直消隐**　电子束完成每次基本扫描循环后返回到屏幕顶部时出现的暂时减弱。

**vertical key light position 垂直主光位置**　主光到演播室地板的相对距离，尤其关系到它是在表演者视平线之上还是之下。不要将其与高调照明（high-key lighting）和低调（low-key lighting）照明混淆，后者关系到整个场景的相对亮度和对比度。

**VHS**　家用电视录像系统（video home system）的缩写。一种专门为消费者设计的 1/2 英寸 VTR 系统。现在广泛用于电视制作预览和离线剪辑的所有阶段。

**video 视频**　电视节目的画面部分。

**videocassette 盒式录像带**　一种塑料盒，它里面的录像带从供带轴移动到收带轴，通过录像机录制和播放节目片段。

**video leader 视频片头**　记录在节目素材前面的视觉材料和测试音，是播放时的技术参考。

**video operator（VO）视频操作员**　负责复杂节目录制前的摄像机调整（调节白平衡及将亮度对比度保持在可以容忍的限度内）和制作时的画面控制。也被称为视频师（shader）。

**video recorder（VR）录像机**　所有能够录制视频和音频的装置。其记录载体包括磁带、硬盘、可读写光盘和闪存设备。

**videotape recorder（VTR）磁带录像机**　将视频和音频信号记录在录像带上，以用于播放或后期剪辑的电子录像装置。

**videotape track 录像带磁迹**　大多数录像带都有一个视频磁迹，两个或两个以上的音频磁迹，一个控制磁迹，有时还有一个单独的时间码磁迹。

**videotrack 视频磁轨**　录像带上用于记录画面信息的区域。

**viewfinder 取景器**　通常指电子取景器（相对于电影拍摄中或静止画面拍摄中使用的光学取景器而言）；显示由摄像机生成的画面的小型电视机。

**visualization 形象化**　在脑海中将一个场景转换为一系列的电视画面，不必排列成序列。镜头的心理影像。

**VJ**　视频记者（video journalist）的缩写。指一个人承担起拍摄、剪辑和撰稿工作的电视新闻报道者。

**VO**　见 video operator 视频操作员。

**volume 音量**　声音的相对强度和响度。

**volume-unit（VU）meter 音量表**　用于测量音量单位即被放大声音的相对响度。

**VR**　见 video recorder 录像机。

VR log 录像场记　按场次和时间码地址连续排序的所有镜头的清单，包含所有好的（可用）和差的（不可用）镜头条数。常常采用计算机化场记程序来完成。列出矢量（方向栏）有助于镜头的选择。见 field log 现场场记。

VTR　见 videotape recorder 磁带录像机。

VU meter VU 表　见 volume-unit meter 音量表。

W　瓦特。

wagon 平台车　可以在演播室地面上移动的带脚轮的平台。

waist shot 半身镜头　见 medium shot 中景。

walk-through 走戏排练　摄制人员（技术性走场）和出镜人（出镜人走场）随导演熟悉场景和动作的环节。在此过程中，导演在场景各处走动，解释主要动作。

waveform monitor 波形监视器　指在小型阴极射线管（CRT）屏幕上显示电子信号图形的电子测量仪器。也被称为示波器（oscilloscope）。

wedge mount 楔形卡座　连接在演播室摄像机底部的楔形板，以便将重型电视摄像机安装到云台上。

white balance 白平衡　对摄像机中的色彩线路进行调整，使之在各种色温（白光的相对偏红或偏蓝程度）的照明下都产生白色的做法。

wide-angle lens 广角镜头　提供超大视野的短焦距镜头。

window dub 视窗复制　在每一帧上都嵌有时间码的所有拍摄素材的"降音"拷贝。

windscreen 防风套　覆盖在话筒头或整个话筒上，以减小风声的质料（通常为泡沫橡胶）。

wipe 划像　一种画面转换方式。指后一个画面以某种几何形状逐渐代替前一个画面的全部或部分。

wireless microphone 无线话筒　通过空气而非话筒导线传输音频信号的系统。这种话筒连接在一个小型发射器上，由一个连接在调音台或录音装置上的小接收机来接收信号。也被称为射频（radio frequency，缩写 RF）话筒或无线电（radio）话筒。

workprint 工作样片　（1）为了观看或离线剪辑而制作的原始素材录像带复制品。（2）在电影中为做粗剪而制作的原始素材复制品。

wow 抖动　由于录音带开始播放时速度过慢或播放速度变化而导致的声音失真。

XLR connector XLR 转接器　用于所有平衡音频电缆的三线音频连接器。

X/S　见 cross-shot 交叉镜头。

Y/C component system 亮度 / 色度分量系统　一种模拟视频记录系统，在这种系统中，亮度（Y）和色度（C）信号在信号编码和传送的过程中始终处于分离状态，但在实际录在录像带上的时候，两者就合并成一个，占用同一磁迹。Y/C 分量信号通过两条线传送。也被称为 S 端子（S-video）。

Y/color difference component system 亮度 / 色差分量系统　在整个记录和存储过程中使三种信号——亮度（Y）信号、减去亮度的红色信号（R-Y）和减去亮度的蓝色信号（B-Y）保持分离的一种视频记录系统。

Y signal Y 信号　见 luminance 照度。

z-axis Z 轴　代表镜头从摄像机向地平线方向延伸——纵深维度的一条假想轴线。

zone lighting 区域照明　见 continuous action lighting 动作连续照明。

zoom 变焦　在摄像机保持不动的情况下逐渐把镜头调到窄角位置（变焦推）或广角位置（变焦拉）上。

zoom lens 变焦镜头　焦距可以变化的镜头。在镜头的连续变焦运动中，它可以逐渐从广角镜头变成窄角镜头，反之亦然。

zoom range 变焦幅度　变焦镜头在变焦过程中，焦距从广角拍摄到特写拍摄的变化幅度。变焦幅度通常用比率来表示。20:1 的变焦比意味着这个变焦镜头可以将其最短焦距增大 20 倍。

# 图片来源

本书图片主要由 Edward Aiona 和赫伯特·策特尔提供。

图 5.12、图 5.13、图 7.16、图 11.25、图 12.10、图 18.2、图 20.20 由 Gary Palmatier 提供。

表 8.1 中的话筒图片由 AKG Acoustics、Beyerdynamic、Electro-Voice、Neumann USA、Professional Sound Corporation、Sennheiser Electronic Corporation、Shure、Sony Electronics 等机构提供。

图 15.3 由 QTV 提供。

手绘故事板（图 16.9）由 Detonation Films 公司的 Bob Forward 提供。

图 19.12 由旧金山州立大学广播与电子传播艺术系提供。

# 出版后记

当电视攻占了人们客厅的时候，有人预言电影院会"死"；当电子阅读得到广泛普及的时候，有人预言纸书会"死"；当电脑、手机逐渐显示出它们在影音传输方面即时、交互的优势时，预言电视要消亡的声音也在我们耳畔响了起来。

而实际上，电影院仍然是人们外出娱乐时的首选，是最容易诞生公共讨论议题的消费场所；人们在纸书方面的消费增多了，书籍的品类、质量、装帧都较以往有了大幅提升。而电视领域呢？电视节目变得更好看了——尽管对电视节目的观看不再局限于电视屏幕。

我们看到，近几年出现了越来越多的热播节目。这些节目用新颖的选题策划，兼具戏剧性和开放性的内容构建，精致的摄制技术，击中了最新潮、最挑剔也最具消费潜力的当代观众的内心。正是这一代随着互联网普及而成长起来的观众，在今天持续创造着内容方面的需求。电视节目似乎又开始"统治"起人们的生活，越来越多的节目进入了公共讨论空间。与这一进程同时进行的，是不同的媒介平台之间也发生了融合。人们可以在电脑和手机上观看卫视节目，而沙发前的那个长方形的大屏幕，则因为接入了互联网而获得了海量影音内容和交互功能，客厅重新焕发了生机。

作为一种诞生了将近百年的媒介，电视不仅没有走向没落，而且具备了新的可能性。这种新的可能性召唤着新的创造者。

作为一本诞生50余年的经典教材，赫伯特·策特尔教授的这本《电视节目制作完全手册》无疑对电视制作学科有着奠基性意义。自问世以来，本书被翻译成西班牙语、希腊语、韩语等多种语言，在全球各大影视制作机构得到了广泛使用，并且成为超过400所世界知名院校的影视课程指定教材。策特尔教授毕其一生都在进行影视制作实践、研究与教学，在该领域获得过很多荣誉。除本书外，他的《图像·声音·运动》《视频基础》等书均屡次重版，对全球影视传播行业产生了巨大影响。如今，策特尔教授的学生遍布世界各地，其中很多都已成为影视制作领域的中流砥柱。

基于行业和技术的最新发展，本次第10版从架构到内容都进行了大幅更新，向您提供更符合实际工作流程的电视节目创作理论和制作技术。无论您想做的是节目创意工作，还是摄像、照明、录音、剪辑这样的技术工作，乃至想直接面对观众进行讲述或表演，您都可以在本书中找到您需要的理论基础和实践指南。当然，如果您的志向是成为电视导演或电视制片人，您尤其需要对各部门工作有全面了解，这本书更是您的不二之选。

百对这样一本重磅教程，两位专业译者老师付出了巨大的心血，贡献了专业、细致的翻译。对此，我们深表感谢。

本书图文并茂，包含近 400 幅图片。为了给读者呈现最贴近原书风貌的版本，我们采用了全彩印刷，尽量遵循原书的每一处排版设计细节，大到图文节奏，小到每个图注序号都以红色黑体加以突出，方便读者在正文和图片之间迅速定位。图片中不同色彩的线条各自代表的视听要素也悉数保留。希望您在阅读这本专业书籍的过程中，能始终获得愉悦、轻松的阅读体验。

后浪电影学院之前出版过《韩国综艺节目如何讲故事》《韩剧如何讲故事》两本书，您可以在这两本书中找到更多关于内容策划和脚本写作的内容。如果您更感兴趣的是技术，《影视技术基础》将为您提供进阶参考。我们也向您推荐《新媒体的语言》一书，它也许可以成为您打开未来某个入门的一把钥匙。而在我们的"完全手册"书系里，您还可以找到《纪录片创作完全手册》《故事片创作完全手册》和《导演创作完全手册》。

为了开拓一个与读者朋友们进行更多交流的空间，分享相关"衍生内容""番外故事"，我们推出了"后浪剧场"播客节目，邀请业内嘉宾畅聊与书本有关的话题，以及他们的创作与生活。可通过微信搜索"houlangjuchang"来获取收听途径，敬请关注。

服务热线　010-8631-2326 188-1142-1266
服务信箱　reader@hinabook.com

后浪电影学院<br>2021 年 3 月

图书在版编目（CIP）数据

电视节目制作完全手册：全彩插图第10版 / (奥)
赫伯特·策特尔著；司达, 陈金金译. -- 成都：四川
文艺出版社, 2021.6
　　ISBN 978-7-5411-5951-0

　　Ⅰ. ①电… Ⅱ. ①赫… ②司… ③陈… Ⅲ. ①电视节
目制作—手册 Ⅳ. ①G222.3-62

中国版本图书馆CIP数据核字(2021)第046165号

DIANSHI JIEMU ZHIZUO WANQUANSHOUCE: QUANCAI CHATU DISHIBAN

# 电视节目制作完全手册：全彩插图第10版

［奥］赫伯特·策特尔 著

司达 陈金金 译

| | | | |
|---|---|---|---|
| 出 品 人 | 张庆宁 | 选题策划 | 后浪出版公司 |
| 出版统筹 | 吴兴元 | 编辑统筹 | 梁 媛 |
| 特约编辑 | 田朝阳 | 责任编辑 | 邓 敏 |
| 装帧制造 | 墨白空间 | 营销推广 | ONEBOOK |
| 封面设计 | 黄怡祯 | 责任校对 | 汪 平 |

出版发行　四川文艺出版社（成都市槐树街2号）
网　　址　www.scwys.com
电　　话　028-86259287（发行部）028-86259303（编辑部）
传　　真　028-86259306

邮购地址　成都市槐树街2号四川文艺出版社邮购部　610031
印　　刷　北京汇林印务有限公司

| | | | | |
|---|---|---|---|---|
| 成品尺寸 | 215mm×285mm | 开 本 | 16开 |
| 印　张 | 31.5 | 字 数 | 860千字 |
| 版　次 | 2021年6月第一版 | 印 次 | 2021年6月第一次印刷 |
| 书　号 | ISBN 978-7-5411-5951-0 | 定 价 | 218.00 元 |

# 《纪录片创作完全手册》（第5版）
## Directing the Documentary, 5e

- 南工大电影学院指定教材
- BBC金牌导演毕生经验总结
- 畅销全球20年的纪录片人必备指南
- 解读《帝企鹅日记》《人生七年》等卖座佳片
- 深度剖析国际通行的制作全流程
- 内含策划案、拍摄提纲、预算清单等样例
- 提供从求学到参加电影节等职业生涯建议

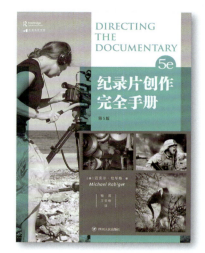

自初版以来，南加州大学纪录片系的所有纪录片课程都要求学生阅读这本重要著书……每一个专业纪录片创作者都可以经常参考和受到启发。

——多伊·迈耶　南加州大学电影艺术学院教授

作者始终如一地寻找艺术创作的哲学基础，从不迷失在电影制作的技术过程中，这造就了本书的价值。

——乔纳森·罗斯金　旧金山飞鹿影视公司

**著者:** ［美］迈克尔·拉毕格
（Michael Rabiger）

**译者:** 喻溟　王亚维

**书号:** 978-7-220-10790-0
**页数:** 632
**定价:** 99.80元
**出版时间:** 2019 10

**内容简介** | 想拍纪录片？无论你是迫不及待的新手，还是有经验的从业者，本书都能给予全方位的指导。书中系统展示了国际通行的商业纪录片创作全流程，囊括了创作者每个阶段必须具备的基础知识、创作观念和拍摄技术。

第5版进行了完整的修订和内容扩增，以反映技术变革和纪录片行业的新趋势，并针对不同阶段的读者分为基础篇和进阶篇。基础篇引导新手从个人生活经验出发，形成对纪录片的基本认识，并快速组建团队、上手拍摄创作；进阶篇则深入探讨了纪录片美学，剖析制作流程中的典型难题，并提供职业生涯建议。作者还结合多年实战经验，设计了大量实践项目，将复杂的纪录片制作过程拆解为五类动手练习项目，并附上步骤指引，让读者可以在实际操作中巩固知识和技能。

**著者简介** | 迈克尔·拉毕格，芝加哥哥伦比亚学院影视系主任，创立该学院纪录片中心，该中心于2001年更名为"迈克尔·拉毕格纪录片中心"。拉毕格曾为英国广播公司（BBC）导演了超过20部纪录片，2003年获得国际纪录片协会（IDA）典藏与学术奖，2005年获芝加哥国际纪录片电影节（CIDF）天才职业成就奖。他在欧洲为国际影视院校联合会（CILECT）主考各国纪录片讲习班，在纽约大学艺术学院任客座教授，主授故事创意、导演和高级制片课程。其他著作有《开发故事创意》《导演创作完全手册》，这些教材为世界各地电影院校、电影专业人士、电影爱好者所喜爱，并不断更新、再版，长销不衰。

著者： ［美］米克·胡尔比什-切里耶尔
（Mick Hurbis-Cherrier）

译者： 吴明　谭中维

书号： 978-7-5142-2051-3
页数： 634
定价： 138.00元
出版时间： 2020.07

# 《故事片创作完全手册》

Voice & Vision: A Creative Approach to Narrative Film and DV Production, 2e

- 全球顶尖电影学院都在看的金牌教科书！
- 导演必备，提升讲故事的效率
- 零距离贴近片场实战
- 既介绍标准工业拍法、极小成本变通方案，又提供"作者风格"进阶点拨
- 跟阿巴斯学创意构思、跟库布里克学移动摄影、跟王家卫学气氛营造、跟小津学精致构图
- 以《教父》《沉默的羔羊》《花样年华》等为例
- 从创作视角深度分析戛纳、威尼斯、奥斯卡获奖名作
- 收录剧本格式、故事板、预算清单、制作管理表等实用模板

如果你决心成为一名电影创作者，这本简明、生动、全面的手册会带你入门——技术方面，它提供实用的信息；艺术方面，它给你扎实的指导，启发你的灵感。

——迈克尔·拉毕格
《导演创作完全手册》《纪录片创作完全手册》作者

这本书不仅阐明创作方法，告诉读者"如何拍"，更鼓励读者积极尝试，"为什么不拍拍看呢"。如果你打算踏上影视创作之路，没有比这本书更好的指南了。

——肯·丹西格　纽约大学蒂施艺术学院教授

**内容简介** | 这是一本北美影视院校人手一册、零距离贴近实战的拍片指南。作者将20余年创作经验融入教学，针对新手共性问题，通过大量一手案例，详尽解读从创意构思、剧本策划、选角筹备、分镜设计，到现场拍摄、后期制作直至上映的全流程；梳理常用工具，确立制作标准，阐发变通方案，帮助你理解镜头的基本语法，避开典型雷区，成功将脑海中的构想转化为视听语言，进而驾驭充满挑战的片场。

书中特设"实践篇"，聚焦一线创作者面对的真实困境及解决方案，你可以跟大卫·林奇、阿巴斯学构思点子，跟罗德里格斯学"零成本"拍出惊艳处女作，跟索德伯格学群像调度，跟库布里克移动摄影，跟王家卫学气氛营造，跟小津学精致构图……将效果拔群的表现技法尽收囊中。

**著者简介** | 米克·胡尔比什-切里耶尔，毕业于美国西北大学，现任纽约城市大学亨特学院影视传媒系教授，讲授导演、摄影、制片、剧作、剪辑等课程，有二十余年的教学经验。曾获阿瑟·米勒剧作奖、美国国家艺术基金会奖励，执导的作品曾在安娜堡电影节等美国各地的电影、电视节上获奖。